《资本论》研究丛书
主编 陈 征 李建平

Das Kapital

《资本论》解说（第四版）

第三卷

陈 征 著

海峡出版发行集团 | 福建人民出版社
THE STRAITS PUBLISHING & DISTRIBUTING GROUP | FUJIAN PEOPLE'S PUBLISHING HOUSE

目　　录

第 二 篇
利润转化为平均利润

第三篇
利润率趋向下降的规律

第四篇
商品资本和货币资本转化为商品经营资本和货币经营资本（商人资本）

第五篇
利润分为利息和企业主收入。生息资本

资本主义生产的总过程（下）

第五篇
利润分为利息和企业主收入。生息资本（续）

第六篇
超额利润转化为地租

第 七 篇
各种收入及其源泉

对平均利润率和价值规律关系的探索

——介绍《资本论》第三卷序言

恩格斯为《资本论》第三卷写的序言，介绍了《资本论》第三卷原稿情况及编辑过程。第1—6段，着重叙述了编辑中碰到的问题以及解决情况；第7—16段，着重介绍了编辑各篇各章的具体情况；第17—21段，又谈了引文和例证问题。除了上述一般的编辑过程和情况以外，第22—53段，着重研究了：在平均利润率和价值规律的关系这个问题上，资产阶级庸俗经济学家怎样借此对马克思进行了攻击和歪曲；有些资产阶级学者对这个问题的探索虽然有一定的进步，但终归没有给予科学的解答；只有马克思，在劳动价值理论的基础上创建了平均利润和生产价格的理论，才在政治经济学史上对这一问题第一次作了由本质到现象的系统的科学的说明，进一步丰富了剩余价值理论。

恩格斯在《资本论》第二卷序言中谈到，李嘉图学派遭到破产的两个原因之一，是不懂得平均利润率和价值规律的关系，不懂得剩余价值和平均利润的区别，无法解释等量资本使用不等量劳动就能生产不等量的利润，和实际存在的等量资本使用不等量劳动只能取得等量平均利润的矛盾。资产阶级经济学家，有的借此攻击马克思，说马克思预计在《资本论》第一、二卷出版后，将在第三卷中说明这个问题，只是陷入困境时的江湖骗术；有的则攻击马克思的平均利润和生产价格理论不是建立在劳动价值论的基础上，而是放弃了第一卷中已经阐述过的劳动价值论，因为在资产阶级经济学家看来，平均利润率和价值规律必然相矛盾。趁《资本论》第三卷出版的机会，恩格斯专门写了这篇序言，系统地分析了资产阶级经济学家对这一问题的探索过程，彻底地批判了他们形形色色的诡辩和离奇的谬论，不仅指出了“对于前人一直未能说明的利润率的下降趋势，马克思在第三卷第三篇作出了正确的说明”①，而且指出了“在这个问题上，也只有马克思学派才取得了一些成就”②。

莱克西斯的含糊解释

恩格斯首先谈到德国资产阶级庸俗政治经济学的代表人物威·莱克西斯（1837—1914）对上述问题的解释。莱克西斯提出：如果商品都按价值出卖，或按等于价值的价格出卖，而不同的资本家又要求等量资本取得等量的平均利润，那么，价值规律和相等的平均利润率之间的矛盾就不可能解决。在这里，他把问题正确地提出来了。但是，怎样解决呢？他认为：首先要“放弃用劳动来计量各种商品价值的做法”，即放弃劳动价值论，然后只考察资本家阶级和整个工人阶级之间的分配，工人从总产品中取得一部分，资本家取得另一部分，即剩余价值，资本家对这另一部分的分配，不是按照他们使用的工人人数，而是按照他们投入的资本量。由于等量资本要求取得等量利润，这就达到实际价格。“实际价格则以等量资本要求等量利润为条件”，这是资本家在市场上的出售价格，但资本家又有观念上的价值或价格。实际价格或出售价格可以与观念上的价值相等，也可以不相等，或高于观念价值，或低于观念价值，但这高于或低于的不相等，从总体上看，会互相抵消，所以剩余价值总量和观念价值是一致的。莱克西斯沾沾自喜，以为经过实际价格和观念价值的分析，问题就得到了解决。其实，这仅仅是提出了问题，即由于等量资本必须取得相等的平均利润而产生的实际价格和观念价值在市场交换时的不相等的问题。但是，在这里，这种观念价值不是由劳动决定，而是由资本家主观决定的。这就背弃了劳动价值论，推翻了平均利润和生产价格的理论基础，使价值、价格都成为主观想象，成为仅仅存在于观念上虚无缥缈的东西。其次，这种实际价格怎样由等量资本要求等量利润而形成的呢？它的实际构成是些什么呢？由剩余价值的分配到实际价格的形成，要经过哪些中间环节呢？对这些问题，莱克西斯是没有回答的。他的上述解决方法仅仅是些不相连贯的粗线条。但即使是这些粗

① 《资本论》第3卷，人民出版社2004年版，第16页。
② 《资本论》第3卷，人民出版社2004年版，第26页。

线条，却也显出莱克西斯与一般的庸俗经济学家不一样，这就是：他认为上述资本家所取得的平均利润，是由工人生产出来的。

莱克西斯是怎样论证平均利润的来源的呢？他认为，资本主义的出售者、原料生产者、工厂主、批发商、零售商，每个人都高于买价出售商品，每人都通过提高价格而取得利润。至于工人的劳动，只能按等于劳动本身费用的价格来出卖，“也就是为了必要的生活资料而出卖劳动”。这样，工人用等价出卖劳动，用高价购进生活资料，工厂主、商人等一系列的加价，都是从工人身上取得的，这就构成所谓平均利润的来源。莱克西斯不赞成劳动价值论，也不懂得剩余价值论，不懂得剩余价值是由劳动新创造的价值超过劳动力本身价值的那部分所构成，但却得出和马克思相同的结论：利润来自工人生产的总产品，工人处于不利地位，是受剥削、受欺诈的。这些观点在庸俗经济学家中间出现，简直令人惊奇。如果他能运用一系列的正确的经济范畴，如价值、价格、劳动力价值、剩余价值等等，对上述结论加以分析，进行系统的说明，那他不是成为“一个伪装成庸俗经济学家的马克思主义者”了吗?！实际上，莱克西斯提出的问题虽然是正确的，但没有对这个问题作正确的系统的理论分析，没有一整套解决这一问题的规律、范畴和逻辑体系，即使他有可取的观点，也不能对上述问题给予科学的解释。他的解释是含糊的、肤浅的，“问题在这里远没有得到解决”。

施米特是真正试图回答这个问题的第一人

康拉德·施米特（1863—1932）是第一个真正试图回答这个问题的人。他是德国经济学家和哲学家。他在1889年出版的《在马克思的价值规律基础上的平均利润率》一书中，“试图把形成市场价格的细节既同价值规律又同平均利润率协调起来”。怎样协调呢？施米特认为：产业资本家从他的产品中首先取回预付资本，然后又取得没有支付任何报酬的剩余产品。为什么他能取得这种剩余产品呢？因为他预付了资本。对资本家来说，他的这种预付资本就是他为了获得这个剩余产品而付出的社会必要的对象化劳动的量。所以，剩余产品是按照生产它们所必需的资本的比例来互相交换的，而不是按照实际体现在它们里面的劳动的比例来互相交换的。那么，怎样按照资本量来分配这些剩余产品呢？这就是：把每个产品的成本价格，同剩余产品成本价格的总和平均分摊到有酬产品的部分相加，作为出售价格，不管是有酬产品还是无酬产品，都按这个价格出售。例如，假定总产品为100，消耗的资本为1000，每个产品由消耗资本而形成的成本价格为10，80个产品是有酬产品，20个产品是无酬产品。那么，由资本形成的成本价格是10，由无酬产品成本价格的总和200平均分摊到有酬产品，则每件产品是2.5，两者相加，即10＋2.5＝12.5，不仅有酬产品按12.5出售，而且无酬产品也要按12.5出售，这样，100个产品即可售1250，其中的250就是相等资本在相等期间内所提供的相等利润。“这样，尽管施米特认为单个商品的平均价格是按照价值规律决定的，但平均利润率还是形成了。”

施米特的上述构思非常巧妙，但实际上是不正确的。为什么不正确呢？按照价值规律要求，商品价值是由社会必要劳动时间决定的，是由活劳动创造的。但是按施米特的上述见解，商品价值的一部分是由资本构成的，另一部分则是由资本创造出来的、再按资本量来进行平均分配的剩余产品构成的。这样，形成价值的源泉就不是劳动，而是资本，即过去的对象化劳动了；这样，劳动价值理论就被抛弃，价值规律就不适用了，还谈得上什么价值规律和平均利润率的协调吗？如果说，资本和活劳动共同创造价值，这就是把价值规律本身抛弃了；如果说，资本即积累的劳动，对象化劳动不创造价值，施米特的上述论证就不能成立。可见，施米特是在丢掉了劳动价值论的基础上来空谈什么资本的平均利润率的。果然不久，在《资本论》第三卷出版以后，1895年2月25日，施米特在布劳恩的《社会政治中央导报》发表的论文中，“把价值规律叫作为说明实际交换过程而提出的一种科学**假说**”[①]。他甚至在一封私人信件中，还“直接宣称资本主义生产形式内的价值规律是一种虚构”[②]。这就证明：他的所谓平均利润率与价值规律的协调，不是建立在科学的劳动价值论的基础上，而是建立在“假设”和“虚构”的基础上。

① 《资本论》第3卷，人民出版社2004年版，第1013页。
② 《资本论》第3卷，人民出版社2004年版，第1013页。

此后，施米特还试图用另一种方法来解决问题。这种方法就是：由于竞争，资本由利润不足的生产部门转移到有超额利润的生产部门，平均利润率就是由竞争形成的。怎样形成呢？“利润的这种平均化等同于生产过多的商品的出售价格被归结为这样一种价值尺度，这种尺度是社会按价值规律能为这种商品支付的。”怎样实现这种“归结”呢？施米特是无法说明的。

法尔曼的发现

继施米特之后，美国化学家彼·法尔曼（1863年生），曾尝试解决这个问题。一方面，他在说明平均利润率形成的时候指出，“由于竞争，它就只好为自己获得一个对一切资本来说都是相等的利润率。没有相等的利润率，资本主义生产就不可能存在”。这就正确地指出，平均利润率是由竞争而形成的，只有竞争，才使利润率趋向平均化。另一方面，他还指出，在利润率平均化的条件下，社会上商品的总价格和总价值是一致的。他认为：有机构成较高的生产部门，商品价格可高于价值出售；有机构成较低的部门，商品价格则低于价值出售；只有社会平均的有机构成的部门，商品的出售价格才与它的价值相等。这种价格高于、低于价值现象，是一种干扰，如从全社会来看，这种不相等就消失了。“法尔曼在这里实际上已经接触到了问题的关键。”这就是说，和马克思对于平均利润、生产价格的分析相比，关于“有机构成不同产生不同的利润率”“从整个社会看，生产价格和价值相一致”等观点，法尔曼都已经接触到了。虽然，法尔曼的观点是正确的、可取的、很有价值的，但他还是不能解决平均利润率和价值规律之间的关系问题。为什么？因为“仍然需要有许多中间环节，才能完全地、明确地解决这个问题”。这些中间环节，如包含在商品中的不变资本与可变资本价值部分转化为成本价格问题，剩余价值转化为利润、利润转化为平均利润问题，以及价值转化为生产价格问题等等，法尔曼并没有提出，也没有进行分析，所以他对这一问题的研究，虽然有所发现，但还是处于“不完善的形式”，不可能彻底地科学地加以解决。其所以如此，直接的原因是：他把一切定义都看成是不变的和永远适用的，不懂得用辩证的方法从事物的转化过程中来分析问题。

沃尔弗的一派胡言

德国资产阶级经济学家、苏黎世大学教授尤利乌斯·沃尔弗（1862—1937），在上述难题面前，却百般出丑。他认为，整个问题要由相对剩余价值来解决。怎样解决呢？他说，相对剩余价值的生产以不变资本比可变资本相对增加为基础。随着生产力发展，不变资本增加，使生活资料便宜，引起剩余价值增加，“因此，在可变资本不变而不变资本增加时，剩余价值必然增加，这和马克思所说的一致”。

沃尔弗的上述说法，真是一派胡言。马克思在《资本论》第一卷中不断重复地指出：剩余价值是由可变资本带来的，不是由不变资本带来的，不变资本只是生产剩余价值的条件，只有可变资本才是带来剩余价值的唯一源泉。沃尔弗却硬说：可变资本不变、不变资本增加时，剩余价值必然增加，这不是等于说，剩余价值的增加不是可变资本增加的结果而是不变资本增加的结果，剩余价值不是可变资本的产物而是不变资本的产物吗？这和马克思所说的是完全相反的，怎能说成“和马克思所说的一致”呢？这不是恶意歪曲马克思的观点又是什么呢？其次，对平均利润率和价值规律之间的关系这个难题，他说要用相对剩余价值来解决。怎样用相对剩余价值来解决呢？这真是驴唇不对马嘴！再次，他还说，“相等的资本支出产生相等的剩余价值（利润），同样，相等的劳动支出产生相等的剩余价值（按量计算）”，“可是马克思不承认问题的这种提法”。他认为：马克思在《资本论》第三卷中证明，“这第二个论断并不是价值规律的必然结果，它甚至同他的价值规律相矛盾，因此……应该干脆推翻”。这真是奇谈怪论！其目的是要推翻马克思关于劳动价值论这个理论基础，硬把平均利润率和价值规律说成是互不相容、不能克服的矛盾。对于沃尔弗的这一派胡言，恩格斯讽刺地写道：“如果我对这番高论哪怕再多说一句话，那就是在侮辱我的读者，就是没有完全看透这种可笑的场面。”

洛里亚的惊人手法

马克思刚一去世，意大利资产阶级庸俗经济学家阿基尔·洛里亚（1857—1943）就大写文章，玩弄他惊人的手法。首先，他在 1883 年的文章中伪造和歪曲了马克思的唯物主义历史观。然后，他在 1886 年出版的《关于政治制度的经济学说》一文中，竟把曾经被他歪曲了的马克思的历史理论宣布为他自己的发现。他在该书中证明，政治状态和政治事件无论何时何地都可以在相应的经济状态中找到说明这样一个发现，根本不是马克思在 1845 年提出的，而是他自己在 1886 年提出的。多么惊人的手法啊！用别人的羽毛来装饰自己，却大肆鼓吹自己是天生的美丽。如果他这种行为不是剽窃的话，世界上还有什么能够算作剽窃呢？其次，洛里亚认为：马克思所主张的不变资本不提供任何利润，剩余价值量取决于所使用的可变资本，是同事实相矛盾的。他认为，实际上，利润不是取决于可变资本，而是取决于总资本。既然利润取决于总资本，又说剩余价值取决于可变资本，这不是矛盾吗？马克思怎样解决这个矛盾呢？那就是要读者们去看《资本论》的第二卷和第三卷。洛里亚诬蔑说："马克思经常拿第二卷来威胁自己的反对者，但这第二卷始终没有出版，这第二卷很可能是马克思在拿不出科学论据时使用的一种诡计。"在这里，洛里亚诬蔑马克思是在玩弄科学骗术。其实，真正玩弄科学骗术的倒是他洛里亚自己。《资本论》第二卷、第三卷陆续出版了，洛里亚认为"马克思的剩余价值理论是同利润率普遍相等这个事实绝对不能相容的"问题，在《资本论》第三卷中得到了科学的说明和解决。这时，厚颜无耻的洛里亚又将如何呢?！他只能用"最无聊的故弄玄虚和最庸俗的文字游戏"来谩骂《资本论》第三卷[①]，用精神上的"享受"来安慰自己的失败。再次，当洛里亚公开宣告平均利润率和价值规律的关系这个问题不能解决以后，转瞬之间，他从施米特的文章中得到启发，又宣告这个不能解决的问题被他解决了。洛里亚是怎样解决这个难题的呢？请看：他认为，价值既然是由劳动时间决定的，把资本投在工资上较多的资本家，就会比别的资本家取得较多的利益。但由于商业资本的存在，商业资本家会从取得较多利益的工业资本家那里索取较高的利息（应当说利润），这就使各个工业资本家之间的利润产生均等现象。他举例说，如果工业资本家有 A、B、C，各在生产中使用 100 个工作日，其中 50 个工作日用作工资，50 个工作日作为资本家取得的剩余价值，但不变资本在 A、

---

① 《资本论》第 3 卷，人民出版社 2004 年版，第 1011 页注（1）。

B、C资本家中是不同的，A的不变资本等于零，B的不变资本为100，C的不变资本为200，这样，“利润率对A来说是100%，对B来说是33.3%，对C来说是20%”。这时出现一个商业资本，有资本300，“凭此向A抽取40个工作日的价值，向B抽取20个工作日的价值”，但不向C抽取任何价值，这样A和B的利润率都下降到20%，和C一样，商业资本300取得60个工作日的价值，其利润率也是20%。这就是洛里亚对平均利润率形成的所谓计算。这是多么惊人的计算水平啊！在这里，第一，利润率是怎么计算出来的？从A来说，用于工资的50个工作日和取得剩余价值的50个工作日相比，这只是剩余价值率，的确，在不变资本等于零的情况下，剩余价值率是等于利润率的。但是从B来说，不变资本100，50个工作日用于工资，这50个工作日是多少可变资本呢？如果是100加50个工作日，不同的数字又怎能相加，这种相加，能够说明什么问题呢？又怎能据此就取得利润率是33.3%呢？C的情况也是如此。利润率是由总资本和总利润的比率决定的，但在大名鼎鼎的洛里亚那里，利润率却是由不变资本加用于工资的工作日和取得剩余价值的工作日的比率决定的，这样计算出来的究竟是怎样的利润率呢？第二，商业资本家究竟从何处取得权力，向A抽取40个工作日价值，向B抽取20个工作日价值，而向C就不抽取任何价值呢？为什么向A、向B抽取40和20，不再多或不再少呢？洛里亚的计算理论如此简单，即：只要商业资本家把不同工业资本家超过20%利润率以上的部分全部抽去，大家就都可得到20%的平均利润，那么，这20%的利润率是根据什么确定的呢？为什么不是15%、18%或22%、25%呢？再者，不足20%利润率的工业资本家又将如何呢？如果洛里亚这样没有任何理由的所谓计算还能成立的话，那么计算就成为一种可怜的游戏了。洛里亚就是用这种惊人的手法“解决了”这个极其复杂的难题的！实际上，对于这一问题的解决根本不起任何作用。恩格斯讽刺又挖苦地说：“极端的厚颜无耻，混不下去时又像鳗鱼一样滑掉；挨了别人的脚踢还充英雄好汉；抢占别人的研究成果；死皮赖脸地大做广告；依靠同伙的吹捧捞取声誉——在这一切方面，还有谁比得上洛里亚先生呢？”

斯蒂贝林的错误计算

最后再来看看美国统计学家乔治·斯蒂贝林的答案。

斯蒂贝林认为："在价值规律的基础上，在资本相等，时间相等，但活劳动的量不等时，由于剩余价值率的变动，会产生出一个相等的平均利润率。"其计算实例是：有两个工厂，总资本相同，但不变资本和可变资本的比例不同：工厂Ⅰ，总资本 1000（800c＋200v），剩余价值 200，$m'=\frac{200m}{200v}=100\%$，利润率是 20%。工厂Ⅱ，总资本量也是 1000，但不变资本和可变资本构成不同，其中 c－x，即不变资本减少，如由 800c 下降为 600c；v＋x，即可变资本增加，由 200v 增加为 400v，这样就是 600c＋400v，剩余价值仍是 200 不变，这样，$m'=\frac{200m}{400v}=50\%$，利润率仍然是$\frac{200}{1000}=20\%$。这就是斯蒂贝林解决这个难题的极其简单的计算。斯蒂贝林的上述计算是错误的，为什么？因为按照这种计算法，如果工厂Ⅰ和工厂Ⅱ生产的剩余价值都相等，在总资本量相等时，利润率也相等，这就是说，等量资本生产了等量剩余价值，从而有等量的利润率，这和不同部门有不同的利润率但要平均化为同一的利润率的问题，是完全不同的，这是两个完全不同的命题。如果是前者，就无所谓需要利润率的平均化的问题。如果是后者，上述计算却根本不能说明不同利润率如何平均化的问题，因为工厂Ⅰ和工厂Ⅱ的利润率已经是相同的了！相反，如果工厂Ⅰ和工厂Ⅱ生产的剩余价值不相等，运用上述计算，只能说明Ⅰ和Ⅱ的利润率不相等，但又不能说Ⅰ和Ⅱ的利润率能够相等、能够平均化。这就是说，如果工厂Ⅰ和工厂Ⅱ的利润率不等，也不能因上述计算而达到利润率平均化，取得相同的平均利润率。斯蒂贝林的计算只能说明：在不同的企业里，虽然剩余价值率不同，但可能有相同的利润率。但对于平均利润率和价值规律的关系问题的解决，上述计算没有任何作用。恩格斯指出，斯蒂贝林的所有计算几乎都是错误的。即使他的计算没有错，"那它们所证明的事情也完全不是他所要证明的事情"。

马克思的成就

从以上的分析可以看出，不管是大体上正确地提出问题的莱克西斯，还是试图回答这个难题的施米特，或是实际上已经接触到了问题的关键的法尔曼，或是胡言乱语的沃尔弗，以及手法卑鄙得可怜的洛里亚，一直到进行错误计算但文不对题的斯蒂贝林，对于平均利润率和价值规律之间关系这个难题，都没有能够正确地科学地加以解决。只有马克思和马克思学派，坚定地把剩余价值理论建立在劳动价值理论的基础上，运用唯物辩证法进行分析，才正确地科学地解决了这个极其重要而又极其复杂的难题。在《资本论》第三卷中，特别是在第一章到第十五章中，对于剩余价值转化为利润、利润转化为平均利润，以及价值转化为生产价格等一系列问题，从本质到现象、又从现象到本质地加以分析论证，不仅可以看到解决这一难题的途径和方法，而且可以看到关于这一难题的正确结论，这就在马克思经济理论的科学大厦中增添了一根重要的强有力的理论支柱。读者如要了解这方面的情况，通过认真学习《资本论》第三卷，自会得到具体而详细的答案。

第三册

资本主义生产的总过程（上）

在本卷第一章开头的第一段，马克思就联系第一、二卷的情况，指出了第三卷的研究对象。

第一卷是研究资本的直接生产过程的，第二卷是研究资本的流通过程的。资本主义的生产过程，就整体来看，是生产过程和流通过程的统一。在那里，所研究的对象都是产业资本。“至于这个第三册的内容，它不能是对于这个统一的一般的考察。相反地，这一册要揭示和说明**资本运动过程作为整体考察**时所产生的各种具体形式。”这就是说，不仅仅是研究产业资本，而且要研究资本的各种形式，即产业资本、商业资本、生息资本等等。资本的这些具体形式，在现实的经济运动中是互相对立着的。研究的结果，就可使我们对资本主义经济运动过程中所包含的复杂的矛盾，以及这些矛盾的发展规律，得到正确的说明。例如，资本是带来剩余价值的价值，对资本的各种具体形式研究的同时，也要研究剩余价值的各种具体形式（如产业利润、商业利润、利息、地租等），以及它们如何在各个剥削集团之间的分配，这就不仅论证了工人阶级和资产阶级之间的矛盾，同时也论证了资产阶级内部、资产阶级与大土地所有者之间的矛盾。可见，第三卷所研究的资本主义生产的总过程，是从全体上看的，是生产过程、流通过程、分配过程的统一，是在资本一般的基础上经过分化的各个资本共同活动的统一，是以无产阶级与资产阶级对立为基础的、各个剥削集团之间种种活动的对立统一，因此，资本运动的规律，剩余价值的生产、流通、分配的规律，都会得到科学的分析。这就自然形成资本主义生产的总过程，从而对资本运动的总过程作出正确的结论。

不仅如此，马克思还指出：“因此，我们在本册中将阐明的资本的各种形态，同资本在社会表面上，在各种资本的互相作用中，在竞争中，以及在生产当事人自己的通常意识中所表现出来的形式，是一步一步地接近了。”这就是说，资产阶级的错误的肤浅的理论，往往是从资本主义经济的表面现象产生的。研究资本的各种具体形式和剩余价值的各种具体形式，就能正确认识资本主义经济的各种表面现象，就能进一步揭露和批判资产阶级的形形色色的错误的肤浅的理论观点。

第三卷共七篇五十二章。从内容看，大体上可分为三个部分：第一至三篇为第一部分，着重研究剩余价值转化为利润，利润转化为平均利润，以及平均利润率在资本主义制度下的发展趋向问题；第四至六篇为第二部分，着重研究资本的各种具体形式，以及剩余价值如何以不同的具体形式在剥削集团之间分配的问题；第七篇为第三部分，针对资产阶级经济学家的三位一体公式，以批判的方式，对资本主义生产的总过程进行系统的总结，进一步证明了劳动价值理论、剩余价值理论的科学性和正确性。

《资本论》第三卷，是马克思对资本主义生产方式及其运动规律分析的最后完成，是对全部资本理论的最终结论。恩格斯在评价它的重要意义时曾经指出，第三卷"是卓越的，出色的。这对整个旧经济学确实是一场闻所未闻的变革。只是由于这一点，我们的理论才具有不可摧毁的基础，我们才能在各条战线上胜利地发动起来"①。如果说，当《资本论》第一卷出版时，马克思写给贝克尔的信中曾经说，第一卷"无疑是向资产者（包括土地所有者在内）脑袋发射的最厉害的炮弹"②，那么，第三卷的出版，恩格斯则认为"会像炸弹一样炸毁这些家伙"③。

怎样阅读《资本论》第三卷，恩格斯在致维克多·阿德勒的信中作了重要提示：

"再谈第三卷。

"第一篇的第一至四章是重要的，而第五、六、七章对**总的**联系不太重要，所以暂时不必在上面花费很多时间。

"第二篇。第八、九、十章**非常重要**。第十一和第十二章泛读一遍就行了。

"第三篇。第十三至十五章全都**非常重要**。

"第四篇。第十六至二十章也非常重要，可是容易读。

"第五篇。第二十一至二十七章非常重要。第二十八章不那么重要。第二十九章重要。第三十至三十二章总的说来对于你的目的是不重要的，第三十三和第三十四章谈的是纸币等等，也重要；第三十五章关于国际

① 《马克思恩格斯〈资本论〉书信集》，人民出版社 1976 年版，第 458 页。

② 《马克思恩格斯〈资本论〉书信集》，人民出版社 1976 年版，第 209 页。

③ 《马克思恩格斯〈资本论〉书信集》，人民出版社 1976 年版，第 483 页。

汇兑率，重要，第三十六章**你会感到**非常**有趣**，也好懂。

“第六篇。地租。第三十七和第三十八章重要。第三十九和第四十章不那么重要，但都需要通读。第四十一至四十三章（级差地租Ⅱ，各种特殊情况）可以比较粗略地读过去。第四十四至四十七章又是重要的，大部分也容易读。

“第七篇很精彩，遗憾的是只有一个骨架，而且叙述还带有失眠症的明显痕迹。

“如果你按照这个办法把主要的东西弄通，次要的东西开头先粗略地读一遍（最好先把第一卷中主要的东西再读一遍），那你就对全书有一个概貌，以后再钻研那些被忽略的地方也就比较容易了。”①

---

① 《马克思恩格斯〈资本论〉书信集》，人民出版社 1976 年版，第 581—582 页。

第　一　篇

剩余价值转化为利润和
剩余价值率转化为利润率

第　一　章

成本价格和利润

第一篇共七章，着重研究了两个方面问题。其一，在第一、二章中，分析剩余价值如何转化为利润，剩余价值率如何转化为利润率，利润和利润率这个现象形态，如何掩盖了剩余价值和剩余价值率的本质。其二，在第三至六章中，着重研究影响利润率变动的因素，如剩余价值率的高低，资本周转速度的快慢，不变资本是否节省，原料价格的变化等等。如果说，前一方面是着重从质的方面进行分析，那么后一方面则是着重从量的方面来进行研究的。至于第七章，则是对本篇研究的上述问题所进行的补充。

本章着重研究剩余价值转化为利润。这包括两方面的意思：一方面，利润实质上是剩余价值，是由剩余价值转化而来的；另一方面，作为现象形态的利润，既歪曲了商品价值的本质，也歪曲了资本和剩余价值的本质。

（一）资本主义的成本价格，是不变资本价值和可变资本价值的转化形式

资本主义的成本价格

研究剩余价值如何转化为利润，首先从研究不变资本价值和可变资本价值如何转化为资本主义的成本价格开始。

我们知道，商品价值有三个组成部分，即不变资本价值、可变资本价值、剩余价值，用公式表示，即 W＝c＋v＋m。如果从商品价值中减去 m 部分，那么剩下来的只是 c＋v，“商品价值的这个部分，即补偿所消耗的生产资料价格和所使用的劳动力价格的部分，只是补偿商品使资本家自身耗费的东西，所以对资本家来说，这就是商品的成本价格”。这里所说的成本价格，是资本主义的成本价格，是指耗费的资本，是对资本家而言的。我们必须把实际生产的成本价格和资本主义的成本价格区别开来。我们知道，为了生产一件商品，不仅要花费各种生产资料，即对象化劳动，而且要消耗一定量的活劳动，这样，实际生产的成本价格就要包括对象化劳动和活劳动这两个部分，这两部分的劳动消耗等于 c＋v＋m，即等于商品的全部价值。[①] 资本主义的成本价格则不然，“对资本家来说，商品的成本价格必然表现为商品本身的实际费用”。在资本家看来，他生产某一商品，花费了多少生产资料，为购买劳动力而付出了多少工资，都成为资本的支出，资本家是把成本价格作为他的资本消耗来看待的，因而，工人无酬劳动所创造的剩余价值部分，便从成本价格中消失了。因为这部分对资本家来说是没有任何支出、任何耗费的，所以马克思说：“商品使资本家耗费的东西和商品的生产本身所耗费的东西，无疑是两个完全不同的量。”前者只计算资本消耗，它形成资本主义的成本价格；后者则计算全部劳动消耗，它形成实际生产的成本价格。由此可见，资本主义的成本价格，只是不变资本价值和可变资本价值的转化形式。如果以 k 代表资本主义的成本价格，那么 W＝c＋v＋m 这个公式

① 社会主义商品的成本价格，即等于 c＋v＋m 的实际生产成本价格。

就转化为 W＝k＋m，即商品价值＝成本价格＋剩余价值。

资本主义成本价格这个范畴，有两方面的意义。一方面，它“表明资本主义生产的特殊性质”。如前所述，以资本消耗计算的资本主义的成本价格和以劳动消耗计算的实际生产的成本价格是不同的，前者由于减去了剩余价值部分而小于商品价值，后者则等于商品价值。资本主义的成本价格，是由资本主义生产的特性决定的。资本家是不劳而获的剥削者，他在生产商品时只花费资本，不花费劳动，因此，他们在确定商品的成本价格时，就只计算他们所耗费的资本的数量，这种只计算资本消耗的成本价格，反映着资本主义生产关系的特殊性质。另一方面，资本主义成本价格的独立存在，“在现实的商品生产中，会经常在实际中表现出来”。为什么呢？因为生产商品所消耗的这部分价值（即 c＋v），必须不断地得到补偿，再生产才能继续进行。如果出卖商品的收入低于成本价格，资本家就要亏本；如果高于成本价格，资本家不仅能收回成本，而且能赚钱。所以资本主义的成本价格是资本家赚钱或亏本的真正界限，也是资本主义企业能否继续进行再生产或积累资本、扩大再生产的重要标志。不仅如此，成本价格的高低还是决定资本主义企业在竞争中胜利或失败的关键。如果企业的成本价格低，就能以较低价格出卖商品，从而在竞争中处于有利地位；反之，如果成本价格高，就会在竞争中处于不利地位。可见，成本价格的高低，对资本家来说，对资本主义企业来说，是一个性命交关的问题。

资本主义的成本价格掩盖了商品价值的实质

本来，“成本价格这一范畴，同商品的价值形成或同资本的增殖过程毫无关系”。但是，“在资本主义经济中，成本价格具有一种假象，似乎它是价值生产本身的一个范畴”。这就是说，资本主义成本价格造成了一种假象，掩盖着商品价值的实质。为什么会如此呢？从第 33 页第 3 段到 38 页着重分析了这个问题。

资本主义的成本价格，是由不变资本价值和可变资本价值转化而来的。从不变资本价值的部分来看，它只代表在生产中已消耗的那部分生产资料的价值，这是旧价值的转移和补偿，是旧价值在产品中的再现，不是在这个商品的生产过程中产生的，它所以能形成商品价值的一部分，只是由于在生产前这部分价值就已存在了，但它的量的增加或减少，会直接影响商品价值量的变化。例如，某商品价值为400c＋100v＋100m＝600，如果400c增加为500c或600c，那么商品价值就要随之增加为700或800；如果400c减为350c或300c，那么商品价值就会减为550或500。这是“因为所耗费的不变资本会把它本身的价值转移到产品中去，所以在其他条件不变的情况下，产品价值将会随着这个资本价值的绝对量的增减而增减”。从可变资本价值的部分来看，和不变资本部分的情况完全相反，它是代表劳动力价值的部分，是补偿预付可变资本的。预付可变资本绝不会参与新价值的形成。但是，由于资本家用它购买了劳动力，在生产过程中，它就由活的劳动力所代替。劳动力的使用是劳动，而劳动则作为价值形成的要素执行职能。“在预付资本中出现的劳动力价值，在实际**执行职能**的生产资本中，为形成价值的活的劳动力自身所代替。”这个劳动创造了新价值，一部分用来补偿所使用的劳动力的价值，另一部分则形成剩余价值。可见，成本价格中的可变资本价值部分，只是新创造价值的一部分用于补偿所使用的劳动力价值。至于它的量的增加或减少，只是改变新创造的价值在两个组成部分之间的比例，不会使商品价值量发生变化。如上例：商品价值＝400c＋100v ＋100m＝600，在新创造价值的200（100v＋100m）中，如果100v增加为150v，则m就由100减为50；如果100v减为80v，则m就由100增至120，商品价值仍然是600不变。可见，成本价格的这两个构成部分在质上是不同的，在量的变化对商品价值量的影响上也是不同的，但是，这两者一旦转化为资本主义成本价格范畴以后，上述差别就消失了，看不见了，所看到的只是两者的共同点，即“都是商品价值中补偿预付资本的部分”。这样就造成一个假象：资本主义的成本价格只补偿资本的消耗；商品价值的实质，旧价值的转移，新价值的创造，以及价值量变化等因素，都被掩盖起来了。这样，成本价格好像成为价值生产本身的一个范畴了。有些资产阶级经济学者把成本价格与价值混为一谈，就是从上述假象而产生的错误结果。

资本主义的成本价格掩盖了资本的实质

资本主义的成本价格还掩盖着资本的实质。

我们知道不变资本和可变资本在生产中起着不同的作用，不变资本只是生产剩余价值的必要条件，可变资本则是带来剩余价值的唯一源泉，这体现着资本对劳动的剥削关系，是资本的本质。但是，在资本主义成本价格这个范畴的掩盖下，资本的本质看不出来了。这是因为在资本主义成本价格中，可变资本是以工资的形式支出的，它同支出在生产资料形式上的资本一样，都是作为预付资本，其区别仅仅是支出在不同的物质生产要素上，这样，不仅在商品价值的形成上，旧价值的转移和新价值的创造之间的区别看不见了，而且在资本价值的增殖过程中，不变资本和可变资本的区别也消失了，剩余价值的真正来源也看不见了。“我们看到的只是完成的现有的价值，即加入产品价值形成的预付资本的各个价值部分，而不是创造新价值的要素。不变资本和可变资本的区别也就消失了。”这种成本价格只说明：第一，它是补偿已消耗的资本；第二，之所以要补偿，是因为这部分资本价值在生产之前已经存在。

就成本价格本身的形成来说，只是显示出固定资本和流动资本的区别。资本家所看到的，只是一部分资本用于购买机器、厂房等生产工具，一部分资本用于购买原材料，一部分资本用于支付工资。由于机器、厂房的价值不是一下子转移到新产品中去，要以折旧费的形式逐步地在新产品中再现出来，因此成本价格中的这一部分只能从固定资本的角度计算它们的磨损、转移的部分；至于原材料则是一次性地全部地转移到新产品中去，而工资则以新创造价值的一部分来补偿，它们统统归入流动资本支出的项目下。“因此，所使用的固定资本只有一部分加入商品的成本价格，因为它只有一部分在商品的生产上消耗掉。所使用的流动资本则全部加入商品的成本价格，因为它在商品的生产上全部消耗掉了。而这无非是证明：所耗费的固定资本部分和所耗费的流动资本部分，会按照它们各自价值量的比例，同样加入商品的成本价格，商品价值的这个部分只是来源于商品的生产上所耗费的资本。”这样，在成本价格的计算上，我们只看到固定资本和流动资本的差别，只能说明成本价格是由商品生产上已经消耗的资本价值所构成。另一方面，从价值形成来说，可变资本和不变资本的区别看不见了，可变资本在流动资本的项目下，和不变资本的另一部分（原材料）等同起来了，“这样，资本的增殖过程的神秘化也就完成了”，资本的本质也就被掩盖起来了。

可见，资本主义的成本价格，不能简单地理解为只是不变资本价值和可变资本价值的总和，而应看成是：商品价值的不变资本价值和可变资本价值的转化形式。

（二）利润是剩余价值的转化形式

以上考察了商品价值的一个要素，即预付资本 c 和 v 如何转化为成本价格。现在再来考察商品价值的另一个要素，即剩余价值 m 如何转化为利润。

> **剩余价值表现为生产中所耗费的资本价值的增加额和所使用的资本价值的增加额**

本来，可变资本是创造剩余价值的唯一源泉，剩余价值只是可变资本的增加额，但是 c+v 转化为成本价格以后，c 和 v 的区别看不见了，剩余价值就表现为成本价格的超过额，表现为商品生产中耗费掉的资本价值的增加额。本来，c+(v+m) 这一公式表示着剩余价值是由可变资本产生的；现在，公式可以用 (c+v)+m 来表示，这说明剩余价值是由所耗费的资本带来的，剩余价值成为超过成本价格（即所费资本）的增加额，它的真正来源看不出来了。

剩余价值不仅对生产中所耗费的资本来说是一个价值增加额，而且对所使用的资本来说也是一个价值增加额。例如，在生产开始时，资本家有机器、厂房等固定资本价值 1200 元，生产出新产品后，它们转移到新产品中的价值为 20 元，还有1180元价值仍然以固定资本的形式存在于生产过程中。在新产品中，包括这部分转移来的 20 元旧价值以外，假定还有全部转移来的原材料的旧价值 380 元，补偿劳动力价值的工资 100 元，以及剩余价值 100 元，则该产品价值为 600 元。如以所耗费的资本价值（20c+380c+100v=500k）和 100m 相比，m 则表现为所费资本价值的增加额。但是资本家认为，生产该商品不仅要转移 20 元的固定资本，而且在生产过程中，1200 元的厂房、机器都要同时使用，只是价值没有转移而已；如果没有这 1200 元的固定资本，生产就不能进行，剩余价值也不能取得。因此，他们认为，剩余价值又是由所使用的资本带来的，是所使用的资本价值的增加额，以上例而言，即是由 1200c＋380c＋100v＝1680 的预付总资本而产生的。这样，“剩余价值不仅对进入价值增殖过程的预付资本部分来说是一个增加额，而且对不进入价值增殖过程的预付资本部分来说也是一个增加额；因而，不仅对用商品的成本价格来补偿的所耗费的资本来说是一个价值增加额，而且对生产中所使用的全部资本来说也是一个价值增加额”。把剩余价值不仅看成是所费资本的价值增加额，而且看成是所用资本的价值增加额，剩余价值就实现着向利润的转化。

剩余价值转化为利润

从资本家的立场看，作为成本价格增加额的剩余价值是从哪里来的呢？他们不承认这是由可变资本带来的，是由工人的劳动创造的。他们认为，它是用资本进行生产才产生出来的，是由资本本身生产出来的，“因为它在生产过程完成以后才存在，而在生产过程开始以前并不存在”。首先，他们认为，剩余价值好像是由所耗费的资本的不同价值要素生出来的，因为这些要素都同样参加成本价格的形成。其次，他们还认为，所耗费的资本之所以能带来剩余价值，不仅因为它们在生产中被耗费，而且因为它们在生产中被使用，“因而，就它形成剩余价值来说，它不是靠它作为所耗费的资本的特有属性，而是靠它作为预付资本，从而作为所使用的资本的特有属性，来形成剩余价值的”。这样，不仅不把剩余价值看作是可变资本的产物，也不把剩余价值仅仅看作是所费资本的产物，而是把剩余价值看成是全部预付资本的产物，看成是“由所使用的资本的一切部分产生的”。这样，“剩余价值，作为全部预付资本的这样一种观念上的产物，取得了利润这个转化形式”。这就是说，把剩余价值看成是由全部预付资本本身生产出来的，剩余价值就转化为利润了。如果把利润叫作 p，那么，商品价值＝c＋v＋m 就变成商品价值＝k＋p，即商品价值＝成本价格＋利润。

利润是剩余价值的神秘化形式

利润和剩余价值本来是一回事，是一样的东西；但也有区别，剩余价值是利润的内容，利润是剩余价值的表现形式，利润和剩余价值的关系，是形式和内容的关系。利润这个形式，是由剩余价值转化而来的，这种转化的关键在于把它当作谁的产物，如果把剩余价值当作可变资本的产物，就是剩余价值；如果把剩余价值当作全部预付资本的产物，就是利润了。所以马克思把这种转化称为“一种观念上的产物”。这样，利润就具有“一个神秘化的形式”了。在利润的形态上，剩余价值是工人劳动创造的、是由可变资本带来的这个真实情况被掩盖起来了，相反，利润却表现为是资本本身生产出来的，是全部预付资本的产物，这就把资本家剥削工人的雇佣关系完全掩盖起来了。因此，资本主义的剥削实质就深深埋藏在这个利润的神秘面纱之中。

剩余价值转化为利润，表现为全部预付资本的产物，并不是人们的主观错觉，而是客观存在的经济范畴，是资本主义主产方式的必然产物。正像价值必然要通过交换价值而表现出来一样，剩余价值也必然要通过利润的形式而表现。为什么必然如此呢？有两个原因：第一，由于不变资本价值和可变资本价值转化为成本价格的形态，不变资本和可变资本的区别看不出来了，这样，剩余价值就好像不是来源于可变资本，而是来源于总资本，“所以在生产过程中发生的价值变化的起源，必然从可变资本部分转移到总资本上面”。这样，剩余价值便被当成全部预付资本的产物了。第二，由于在一极上，劳动力的价值表现为工资，好像工人的全部劳动时间都是按价值支付了似的，因而，在另一极上，剩余价值就好像不是由劳动所创造，反而倒像是由资本产生出来的了。所以马克思说：“因为在一极上，劳动力的价格表现为工资这个转化形式，所以在另一极上，剩余价值表现为利润这个转化形式。”这个神秘化的形式必然会从资本主义生产方式中产生出来。

利润和剩余价值在数量上也可能不一致

以上从质的方面分析了剩余价值转化为利润的情况，以下再从量的方面来进行分析。

既然成本价格是不变资本价值和可变资本价值的转化，利润是剩余价值的转化，那么，商品价值＝c＋v＋m，也可以商品价值＝成本价格＋利润，“这个利润等于商品价值超过商品成本价格的余额，也就是等于商品价值中包含的全部剩余价值”。如果商品的市场价格和价值相等，就是说，商品是按价值出售的，利润就会被实现；如果商品的市场价格低于价值而与成本价格相等，资本家就无利可图，利润就不会实现了；如果商品的市场价格低于价值但高于成本价格，就会实现商品中包含的剩余价值的一部分，即实现一部分利润。例如：商品价值＝600 元，其成本价格为 500 元，剩余价值为 100 元，如果市场价格为 530 元，就能实现利润 30 元，但价格却低于价值 70 元；如果市场价格为 580 元，就能实现利润 80 元，但价格仍低于价值 20 元。这样，在商品中所包含的实际剩余价值量和售卖时所实现的利润量往往不一致。这种不一致，正如价格和价值可能不一致一样，是存在于利润形态本身中的。马克思说："在商品的价值和它的成本价格之间，显然会有无数的出售价格。商品价值中由剩余价值构成的要素越大，这些中间价格的实际活动余地也就越大。"这一情况也说明了日常的竞争现象。资本家为了在竞争中获胜，往往采取"倾销"或"大拍卖"等方法打击对手，虽然因此使价格低于价值，但只要价格仍然高于成本价格，就仍然有利可图。这种"中间价格"，即商品价值和成本价格之间的差额，是资本家之间竞争战的客观基础，也是以后说明平均利润率规律和生产价格规律的基础。

（三）批判两种错误的价值理论和利润理论

对托伦斯的批判

从第 46 页第 2 段到 47 页第 1 段，着重批判托伦斯的错误的价值理论和利润理论。

托伦斯认为：商品价值不是劳动所创造，而是由生产费用构成的，价值等于生产费用。托伦斯所说的生产费用，实即成本价格。既然成本价格等于价值，那么利润由何产生呢？托伦斯认为，利润不包括在价值之内，而是超过价值的余额，它不是在生产中产生，而是在流通中因价格高于价值所产生，由消费者支付的。托伦斯的上述错误的价值理论和利润理论，是从资本主义经济的表面现象出发的。从资本主义的表面现象看，成本价格是出售价格的最低界限。如果商品的市场价格和成本价格相等，资本家就无利可图，资本家就不成其为资本家了。如果市场价格低于成本价格，资本家就要亏本，甚至破产，再生产就不能继续进行。"从这个观点来说，资本家就乐于把成本价格看作商品的真正的**内在**价值"。不仅如此，成本价格又是资本家为生产商品所曾经支付的购买价格，即在生产商品以前用来购买生产资料和劳动力的价格。由于他是先付出资本购买生产资料和劳动力，然后再通过出售商品取得利润，这样，如果把付出的资本作为购买价格，作为商品的“内在价值”，那么，利润就成为这个“内在价值”以上的超过额，因此，利润就好像不是包括在价值之内，而成为价格超过价值的余额了。托伦斯的错误理论，就是从上述现象产生的。但这只是一种假象，一种错觉，马克思在《资本论》第一卷第四章第二节中早就批判过。在这里，马克思进一步指出，如果利润不是价值的一部分，不是在生产过程中创造出来的，那么，“怎样会从生产中得出一个比加入生产中的价值更大的价值，不然的话就是无中生有了”。托伦斯无法回答这个问题，只是说利润是从流通中产生的。这当然解决不了问题。拉姆赛当时就反驳过他说，既然利润不是在商品交换以前就已存在，它也就不能从商品交换中产生，因为商品交换是等价交换，它的价值在交换以后和交换以前应该是完全一样的。至于庸俗经济学家马尔萨斯，也是生产费用论的拥护者，也主张以生产费用决定商品的价值。但马尔萨斯与托伦斯有所不同，马尔萨斯所指的生产费用包括已消耗的资本加利润，这就是说，利润不是价值以上的超过额，而是包含在商品价值之内的一部分。但这种利润从何而来？马尔萨斯的看法和托伦斯一样，即认为从交换中产生，由消费者来支付。所以马克思批判地指出，“马尔萨斯明确地以托伦斯的权威意见作为根据，虽然他自己对于商品高于它的价值出售这个问题，提出过不同的解释，或者不如说没有作过什么解释”，因为马尔萨斯的解释，也像“燃素有负重量的说法”一样的荒谬，是不能说明任何问题的。

对蒲鲁东的批判

另一个错误理论的代表人物就是小资产阶级思想家蒲鲁东。他认为，商品成本构成商品的现实价值，利润或剩余价值是商品价格高于价值出售而产生的，因此，只要商品出售价格等于成本价格，利润就会被消灭。这种把价值和成本价格混为一谈的糊涂观念，“被那个惯于用科学招牌来招摇撞骗的蒲鲁东吹嘘为新发现的社会主义秘密。把商品价值归结为商品成本价格，实际上就是他的人民银行的基础”。蒲鲁东是怎样把商品价值作为他的人民银行的理论基础呢？蒲鲁东认为：商品的使用价值和交换价值有矛盾，只有通过“构成价值”才能得到解决。什么是“构成价值”呢？他认为：凡产品能够在交换时得到社会承认，被列入社会财富之内，它就成为“构成价值”，如果不被承认，就是“非价值”。但是，怎样才能使产品被社会承认，成为“构成价值”呢？蒲鲁东的答案是：直接根据生产产品所耗费的劳动进行交换，确定所谓“比例关系”。在蒲鲁东看来，商品生产者的产品卖不出去，不能实现价值，是由于货币在作怪。如果取消货币，把所有商品都直接根据各自所耗费的劳动直接进行交换，供求就会一致，商品生产的矛盾就不复存在。为了实现上述幻想，蒲鲁东企图成立人民银行，这种银行要在私有制的基础上组织市场，使商品生产者的产品能够直接进行交换，这样，他们的产品所耗费的劳动量就都能得到实现。由此可见，蒲鲁东的价值理论成为他改造社会的所谓“人民银行”的理论基础。

蒲鲁东的这种试图取消货币、按照商品价值直接交换的幻想，是以商品的价值等于成本、商品都按成本（价值）出售为前提的。马克思指出：“认为只要一切商品都按各自的成本价格出售，结果实际上就会和一切商品都高于各自的成本价格但按各自的价值出售一样，这是完全错误的。”为什么是错误的呢？因为即使劳动力的价值相等，工作日的长度相等，剥削程度相等，在不同的商品价值中所包含的剩余价值量，也会因有机构成高低不同而不相等，如果只按成本价格出售，那么，包含较多的剩余价值量的商品价值就要和包含较少的剩余价值量的商品价值相交换，显然，这就不是“一切商品都高于各自的成本价格但按各自的价值出售”了。

托伦斯、马尔萨斯、蒲鲁东的错误理论证明：错误的价值理论必然产生错误的利润理论；或者说，错误的利润理论是以错误的价值理论为基础的。

■ 初看起来，这一章是研究了两个转化，即不变资本价值和可变资本价值转化为成本价格，剩余价值转化为利润，但实际上，这一章着重研究的是剩余价值如何转化为利润的问题。不变资本价值和可变资本价值转化为成本价格以后，才有可能把剩余价值看成是所费资本的增加额，这是剩余价值转化为利润的一个环节。由此出发，才能进一步论证剩余价值不仅是所费资本的增加额，而且是所用资本的增加额，才能再进一步揭示出把剩余价值看成是全部预付资本的产物，从而完成由剩余价值到利润的转化。在这里，商品价值＝c＋v＋m，表面上采取了商品价值＝成本价格＋利润的形式，但实际上所研究的，既不仅仅是成本价格本身，也不仅仅是利润本身，而是把它们作为商品价值的转化形式来研究的。在c＋v转化为成本价格这一范畴时，劳动的消耗转化为资本的消耗；在m转化为利润这一范畴时，剩余劳动的占有转化为资本的自行增殖。正是由于这个转化，资本的消耗和资本的增殖，代替了旧价值的转移和新价值（包含剩余价值）的创造，这样，商品价值的实质被掩盖起来了，资本和剩余价值的本质也被掩盖起来了，资本主义的剥削关系更加看不出来了。研究这个转化过程，研究这些现象形式如何歪曲地表现着本质，它既是研究资本主义各种经济关系和各种经济活动的必要的理论环节，又为分析利润的进一步再转化，如利润转化为平均利润，提供理论前提。

对于利润的研究，马克思的研究方法和资产阶级经济学家的研究方法是完全不同的。资产阶级政治经济学一开始就提出利润范畴，他们的分析仅仅是围绕着利润这一形式兜圈子，根本不去接触它的实质。再好的资产阶级经济学家，如李嘉图之流，也不能说明剩余价值和利润的关系，不能说明利润的实质，当然更不能说明剩余价值如何转化为利润这个神秘化的问题了。他们这样做，是符合资产阶级的利益的，只有这样，才能把资本主义生产关系的剥削实质掩盖起来。马克思则不然，他从分析资本的直接生产过程中揭示出资本家对剩余价值的剥削，然后再逐步论证剩余价值如何转化为利润，所以他在第一、二卷研究生产过程和流通过程、研究了剩余价值的生产和流通以后，才在第三卷中研究利润问题。这是从抽象到具体、从本质到现象的分析方法。运用这种方法，才能科学地说明资本主义的经济实质和一切经济现象。

第二章
利　润　率

本章着重从资本的运动过程研究剩余价值和剩余价值率如何转化为利润和利润率，着重研究利润率这个范畴如何掩盖了资本主义剥削关系的实质。前一章已经研究了剩余价值如何转化为利润的问题，但是在那里，着重点是放在：商品价值的各个部分（c+v+m）如何转化为成本价格和利润。如 c+v 转化为成本价格，劳动的消耗转化为资本的消耗，商品价值如何和劳动消耗相脱离；m 转化为利润，剩余劳动的占有转化为资本的自行增殖，剩余价值如何和剩余劳动相脱离。本章的着重点则是放在：从资本运动过程的角度对剩余价值转化为利润进行独立的研究；着重指出，剩余价值如何表现为预付总资本的产物，剩余价值率如何转化为利润率，资本的剥削程度如何转化为资本的增长程度。

（一）剩余价值率转化为利润率的客观过程

从剩余价值率到利润率的转化

资本的总公式 G—W—G′说明，资本主义生产的目的是为了取得一个更大的价值量。这个更大的价值量是如何产生的呢？在本书第一卷中就已指出，它是由可变资本带来的，不是由不变资本带来的。但是，在资本家的心目中，不变资本和可变资本却完全混同在一起了。为什么呢？第一，虽然资本家预付了可变资本的价值，和活劳动相交换，对活劳动进行剥削，才能使原有资本价值转化为一个更大的价值，但他同时也必须预付不变资本的价值，才能为占有上述价值额提供必要的生产条件；“他所以是一个资本家，能完成对劳动的剥削过程，也只是因为他作为劳动条件的所有者同只是作为劳动力的占有者的工人相对立”。可见只有可变资本才能带来剩余价值，但又必须预付不变资本，才会带来剩余价值；“所以在他的心目中，这两种资本就完全混同在一起了”。第二，从资本家看来，花费了多少资本才取得多少利润，因而，实际获利的程度并不是由可变资本决定的，而是由全部预付资本决定的，也就是说，多少资本能取得多少利润，“不是决定于利润和可变资本的比率，而是决定于利润和总资本的比率，即不是决定于剩余价值率，而是决定于利润率”。因此，资本家就不关心不变资本和可变资本的区别，相反，却把两者完全混为一谈了。这样，尽管商品价值包括 c＋v＋m，但前两者必须在再生产过程中得到补偿，后者则是无酬劳动，“不需要资本家耗费什么东西”，所以资本家把前两者作为成本价格，把后者作为商品价值超过成本价格的余额，“或者说，就是商品包含的劳动总量超过它包含的有酬劳动额的余额”。这样，不把这个余额看成是可变资本的产物，而看成是预付总资本的产物，它就转化为利润。把这个余额和预付总资本相比，这个比率就是利润率。所以马克思说：“这个余额和总资本会保持一个比率，这个比率可以用分数 $\frac{m}{C}$ 来表示，其中 C 表示总资本。这样，我们就得到了一个与剩余价值率 $\frac{m}{v}$ 不同的利润率 $\frac{m}{C}=\frac{m}{c+v}$。”简单地说，利润率便是剩余价值与预付总资本的比率，它通常以百分数表示，以英文字母 p′来代表。

剩余价值率和利润率的关系

利润率既然是由剩余价值转化而来的，那么，它们两者之间的关系如何呢？“用可变资本来计算的剩余价值的比率，叫作剩余价值率；用总资本来计算的剩余价值的比率，叫作利润率。”作为剩余价值的量，它们是一样的，它们只是以同一剩余价值量用不同的计算方法而得出来的不同比率。

从量的方面看，利润率总是要比剩余价值率小。例如，总资本为 20 万元，其中不变资本 14 万元，可变资本 6 万元，剩余价值 6 万元，剩余价值率是：$m'=\frac{m}{v}=\frac{6万\ m}{6万\ v}=100\%$；而利润率则是：$p'=\frac{m}{c+v}=$

$\frac{6\text{万 m}}{14\text{万 c}+6\text{万 v}}=30\%$。同一个剩余价值量和两个不同量的资本相比，所得出的比率当然是不相等的。由于 c+v 大于 v，故利润率一定要比剩余价值率小。

从质的方面看，虽然剩余价值和利润本来完全是一回事，但剩余价值率一经转化为利润率，它们所表示的关系就完全不同。剩余价值率表示资本家对工人的剥削程度，而利润率“表示全部预付资本的增殖程度”。利润率不仅不能表示资本的剥削程度，相反，它却把资本对劳动的剥削关系掩盖起来了。

“剩余价值和剩余价值率相对地说是看不见的东西，是要进行研究的本质的东西，而利润率，从而剩余价值作为利润的形式，却会在现象的表面上显示出来。”这说明，剩余价值和剩余价值率是本质的东西，是要通过研究才能揭示出来的，而利润和利润率则是表面上的经济现象，是剩余价值和剩余价值率的转化形式。它们之间的关系，是本质和现象的关系。

剩余价值率和利润率是互相排斥的。在剩余价值率中，剩余价值只表现为可变资本的结果；但在利润率中，剩余价值则表现为预付总资本的结果，它不再被看成是可变资本的产物了，剩余价值率所反映的实际内容也被否定了，资本对劳动的剥削也在被歪曲的形式上表现出来。但是，剩余价值率和利润率又是互为条件的，这是因为：利润率是由剩余价值率转化而来的，而剩余价值率又只能在利润率中才得以表现出来。

“应当从剩余价值率到利润率的转化引出剩余价值到利润的转化，而不是相反。”这说明：先有剩余价值率到利润率的转化，然后才有剩余价值到利润的转化。为什么呢？利润首先表现为成本价格的增加额，剩余价值转化为利润，首先是由于商品价值中的 c+v 转化为成本价格，而商品价值中的 m，才转化为成本价格的增加额。在确定成本价格的增加额时，总是从现有的利润率出发的。资本家首先用预付总资本来乘利润率，得出利润部分，再加上成本价格。例如，预付总资本 10 万元，利润率 20%，两者相乘得利润 2 万元，假设商品的成本价格为 4 万元，以 4 万元的成本价格加 2 万元的利润，即得商品价格 6 万元。这说明：在计算时，是先从利润率出发的，利润率发生在利润之前，而不是从利润出发来计算利润率。可见，剩余价值转化为利润，必须以剩余价值率转化为利润率为前提。[①] 所以马克思又称之为“剩余价值通过利润率而转化为利润形式的方式”。

至于个别的资本家，“他唯一关心的，是剩余价值即他出售自己的商品时所得到的价值余额和生产商品时所预付的总资本的比率”。这就是说，个别资本家关心的只是利润率的高低。而这些剩余价值和资本的各个特殊组成部分即不变资本和可变资本的关系，以及剩余价值和可变资本的内在联系（如用公式可以表述为剩余价值率），资本家不仅不关心，而且要把它们掩盖起来，即既掩盖着资本的剥削程度，又掩盖着资本的剥削实质，这样做，是符合资产阶级的利益的。

流通过程造成的一种假象

剩余价值是在直接生产过程中产生的，又是在流通过程中实现的，它在市场上是否实现，实现到什么程度，都要取决于市场状况，“因此这个余额更容易造成一种假象，好像它来自流通过程”。为什么会产生剩余价值来自流通过程这个假象呢？第一，在流通中进行商品交换时，商品的价格往往高于价值或低于价值，因而，从个别资本家看来，剩余价值的实现，既取决于对劳动的直接剥削，也取决于在交换时的互相欺诈。这样一来，好像欺诈也会产生剩余价值了。第二，流通时间，“它也限制着可以在一定时间内实现的剩余价值的量”。例如，由于流通时间延长引起纯粹流通费用增加，一部分剩余价值转化为对增加了的纯粹流通费用的补偿，这就使得剩余价值不能全部转化为利润。流通时间的长短，直接关系到所实现的剩余价值量的多少，这就造成一个假象，好像剩余价值又是由流通中产生出来的。第三，“还有另一些来自流通的要素，也会对直接生产过程产生决定性的影响”。例如，商品在流通中的销售时间延长，需要的商品资本就要增多，与之相适应，产业资本就会相对地减少，这就会减少生产资本，从而引起剩余价值量的降低。这就是说，流通中的一些要素会直接影响生产，使生产的剩余价值量增加或减少，由此就

① 我国学术界曾有人主张利润率不是剩余价值率的转化形式。

造成一个假象，好像剩余价值量的增加或减少是由流通中的这些因素决定的。第四，在流通过程中发生直接关系的，不是资本家雇佣工人，组织生产，进行剥削，而是资本和资本（如产业资本和商业资本）之间发生的买卖关系，或者是买者和卖者，如工人是消费品的购买者，资本家是消费品的出卖者而发生的买卖关系，这就使在生产过程中产生剩余价值的实质，被流通过程中互相交错的关系模糊起来了，好像流通时间和生产时间都同样会决定着剩余价值。正是由于流通产生剩余价值的上述假象，资本剥削雇佣劳动的关系就被掩盖起来，剩余价值、成本价格、利润都会以歪曲的形式表现出来，这就是："剩余价值本身也不是表现为占有劳动时间的产物，而是表现为商品的出售价格超过商品的成本价格的余额。成本价格因此也就容易表现为商品的固有价值……结果利润就表现为商品的出售价格超过商品的内在价值的余额。"

虽然，在直接生产过程中，剩余价值的性质会不断地在资本家的意识中出现，如他们意识到延长劳动时间、提高劳动生产率、轮班制度等都会加强对剩余价值的榨取，但是，一进入流通过程，出现了新的情况，他们和他们的经济学家，又根据这些情况，产生了种种错误思想。这是因为：第一，由于生产出的商品要在流通中卖掉，还要在流通过程购买生产资料和劳动力，因此，直接生产过程要不断地推移到流通过程，而流通过程也要不断地推移到生产过程，所以，在资本家看来，不论生产过程和流通过程，都同样是产生利润的来源了。第二，把工资、原料、机器折旧都同等地列在成本价格的项目下，对剩余劳动的榨取表现为成本中某项支付的节省，这样，工资（v）和原料、机器折旧（c）的区别消失了，无酬劳动和剩余价值的关系不见了，剩余价值的独特关系也被弄得模糊不清了。由于上述原因，流通过程的性质，流通过程与生产过程的区别，在资本家看来，都是无关紧要了。他们重视的，只是他们的预付总资本在完成一次运动之后，不仅使原有资本价值得到补偿，而且带来一个增加额。在他们看来，这个增加额——利润，是由预付总资本的一切部分带来的，既是生产过程又是流通过程产生的结果。上述情况是资本家把利润看成是由预付总资本产生的客观原因，也是剩余价值率转化为利润率、剩余价值转化为利润的客观原因。

（二）利润率、利润这些转化形式，使资本关系神秘化

由于剩余价值率转化为利润率，剩余价值转化为利润，资本关系也就神秘化了。

> 剩余价值转化为利润，只是生产过程中主体和客体颠倒的进一步发展

首先，剩余价值转化为利润，只是生产过程中已经发生的主体和客体的颠倒的进一步发展。在《资本论》第一卷中就已指出，劳动生产力表现为资本的生产力，作为主体的人和作为客体的物的相互关系完全颠倒过来了。从一方面看，价值，对象化的过去的劳动，是客观物体，本来是应该受人支配的，但它们一旦转化为资本，作为资本的生产资料，却对劳动者起着支配作用，结果是人受物支配了。从另一方面看，工人作为劳动者，本来是生产中的主体，但在资本关系中，“工人反而仅仅表现为物质劳动力，表现为商品”。从这种人对物的关系颠倒为物对人的关系，人和人的关系为物和物的关系所掩盖出发，必然产生歪曲的意识。例如，把由剩余劳动所创造的剩余价值，歪曲地表现为超过成本价格的余额——利润；把由不变资本价值和可变资本价值转化而成的成本价格，歪曲地表现为商品的固有价值；把表示资本增殖程度的利润率，和表示资本剥削程度的剩余价值率混为一谈，等等。正是由于生产过程中的主体和客体、人和物关系的进一步颠倒，资本关系更加神秘化，看不清楚了。

> 总资本的价值量同剩余价值量没有直接的内在关系

其次，总资本的价值量同剩余价值量本来没有任何内在关系，至少说没有直接的内在关系。但把利润、利润率和总资本相比，把利润看作是总资本的产物，好像它们有了内在关系似的，这就把事实真相歪曲了，把资本的真实关系掩盖起来了。实际上，资本是要分解为不变资本和可变资本的，只有可变资本才能带来剩余价值，作为生产资料的不变资本，它的价值只能逐步转移到产品中去，因此，劳动创造多少价值，不是由不变资本决定的，不是由总资本的价值量决定的，而只是由可变资本决定的。例如，某一工人一天劳动 12 小

时，其中必要劳动 6 小时，剩余劳动 6 小时，1 小时内所推动和消耗的不变资本的物质量为 x，假定为 1 元，在 12 小时内要转移 12 元的不变资本价值；如果这个 x 量的价值发生变化，变为 5 角或 2 元，那么 12 小时转移的价值就会降低为 6 元或提高为 24 元；但是在这 12 小时新创造的价值中，6 小时剩余劳动创造的剩余价值，不会发生任何变化。可见，不变资本价值量的变化，从而引起的总资本价值量的变化，和剩余价值量没有直接的内在关系。当然，也有一种情况，即"在剩余价值量或剩余劳动量和生产资料量之间，也存在着一定的关系"。例如，本来 1 小时推动的不变资本的物质量为 x，由于劳动生产率提高之故，现在 1 小时可推动 2x，即增加了一倍，这就是说，劳动和生产资料的比例改变了，技术构成提高了。但是，在这里，重要的只是技术上必要的量，原料或劳动资料不管贵贱都是完全没有关系的；只要它们具有所要求的使用价值，并且和要被吸收的活劳动保持一个技术上规定的比例就行了。这种情况只能说明，不变资本是创造剩余价值的条件，不能说明剩余价值是由不变资本带来的。"因此，在不变资本价值和剩余价值之间，从而在总资本价值（＝c＋v）和剩余价值之间，没有任何内在的、必然的关系。"

利润率掩盖了不变资本和可变资本的区别

最后，以剩余价值和总资本价值相比的利润率，掩盖了不变资本和可变资本的区别。虽然已知超过成本价格的余额就是利润，但这个余额的来源依然是神秘的，它是在生产中产生的呢？还是在流通中产生的呢？还是既在生产中又在流通中产生的呢？仍然是弄不清楚的。把这个余额（利润）看成是预付总资本带来的，可以看出总资本的增殖程度，但它的来源却更加神秘化。"如果从这个利润率出发，那么就根本不可能推论出这个余额和在工资上支出的资本部分之间的任何独特关系。"这就是说，如从利润率出发，仅仅以利润和总资本相比，就不可能弄清楚剩余价值和可变资本的关系，无法知道不变资本和可变资本的区别，不能真正理解剩余价值的起源。可以说，"从这一观点出发，资本就根本没有显示出任何内在的区别"。当然，在计算利润率时，固定资本和流动资本的区别还是可以显示出来的。如以成本价格和利润相比较而计算的成本利润率，可以看出，在成本价格中，既有全部转移来的流动资本部分，也有部分转移来的固定资本的损耗部分。如以预付总资本和利润相比较而计算的资本利润率，在全部预付资本中，不仅包括全部流动资本，也包括全部固定资本（即不仅包括转移的固定资本部分，也包括正在使用尚未转移的固定资本部分）。可见，不管是计算成本利润率还是资本利润率，固定资本和流动资本的区别是可以显示出来的，但是，资本在生产中最本质的区别，即在剥削剩余价值过程中所起的不同作用的区别——不变资本与可变资本的区别，却被掩盖起来了，因而剩余价值的起源也就看不出来了。

在资本和利润的关系中，资本表现为一种对自身的关系

总之，尽管剩余价值和利润在实际上是一回事，剩余价值是利润的实际内容，利润是剩余价值的表现形式，但剩余价值转化为利润以后，在利润这个形式中，“剩余价值的起源和它存在的秘密被掩盖了，被抹杀了”。在剩余价值中，资本和劳动的关系，是赤裸裸地表现出来的；而在资本和利润的关系中，“**资本**表现为**一种对自身的关系**”，即原资本价值额带来一定的增殖额。这个增殖额好像是由资本自身产生的，即资本产生利润，资本本身存在着固有的神秘性质。这样，资本关系神秘化了，资本主义的生产实质和剥削实质进一步被掩盖起来了。“我们越往后研究资本的增殖过程，资本关系就越神秘化，它的内部机体的秘密就暴露得越少。”

■ 剩余价值和利润、剩余价值率和利润率的关系，是本质和现象的关系，利润是剩余价值的表现形式，利润率是剩余价值率的表现形式。但是，剩余价值一经转化为利润，剩余价值率一经转化为利润率，事物的本质就被现象歪曲地表现出来，所以利润和利润率是歪曲了事物本质的经济形式，是不合理的范畴。这种不合理性表现为，人和物的关系被颠倒，人和人的关系被物和物的关系所掩盖，资本带有无限的神秘性，由剩余劳动所创造的剩余价值表现为资本价值的自行增殖。

但是，在资本主义经济中，利润和利润率又都是客观的经济范畴。利润和利润率不是由资本家自己想象出来的，而是在资本主义经济生活中必然存在的；利润率的高低也不随资本家的主观意志为转移，而是由客观经济条件和经济规律的运动所决定。利润和利润率的运动，反映着资本主义经济的运动过程，反映着资本主义生产关系的运动过程。有些资产阶级经济学家硬把利润、利润率这些不合理的范畴说成是合理的，把事物的现象说成是和本质完全一致的；也有些资产阶级经济学家把利润看成是纯粹主观的产物，把客观和主观混为一谈。马克思运用唯物辩证法分析资本主义经济，既揭示了剩余价值、剩余价值率和利润、利润率之间的本质和现象的关系，又揭示了它们之间的转化及其歪曲了本质的不合理的形式；把它们放在资本主义生产关系中来研究，既分析了它们的客观性，又揭示了它们的不合理性，从而对资本主义经济的本质和现象才能有一个正确而全面的认识。

第三章

利润率和剩余价值率的关系

第一篇研究剩余价值转化为利润、剩余价值率转化为利润率问题。马克思是从质和量两个方面来进行研究的。第一、二章从质的方面着重研究它们的转化；第三至六章着重从量的方面研究影响利润率的各种因素。在第三章中，马克思把数学运用到经济学中来，用数学的方法来论证深刻的经济问题。借助数学公式来研究经济学，虽然在《资本论》中经常使用，但在本章提供了典型范例。保尔·拉法格说：马克思认为，“一种科学只有在成功地运用了数学之后，才算达到了真正完善的地步。”[1] 马克思正是成功地运用数学使经济科学达到完善地步的创始人。我们从本章中要认真学习马克思所采用的经济数学方法。

本章着重说明：利润率的变动，由于种种原因，可以和剩余价值率相独立发生变动。也可以说，同一个利润率，可能是不同的剩余价值率；反之，同一个剩余价值率，也可能有不同的利润率。虽然利润率是由剩余价值率转化而来的，利润率和剩余价值率并不一定完全相同。但是，归根到底，剩余价值率还是决定利润率的重要因素之一。

研究的前提

从第58页第1段到62页第4段，马克思首先指出了研究这个问题的前提条件。在第58页第1段，马克思指出，这里的研究，“假定一定量的资本所取得的利润额，和这个资本在一定流通期间产生的剩余价值总额相等”。

第2段，马克思指出，这里研究的是“单纯数量的关系”，“在纯粹

① 参见〔法〕保尔·拉法格：《回忆马克思恩格斯》，人民出版社1959年版，第72—73页。

数学的范围内进行研究”。

第 3 段，指出了研究本章问题的基本公式，这就是：

$$p' = m'\frac{v}{C} = \frac{m}{c+v}$$

第 4—17 段（即第 59 页第 2 段至 62 页第 2 段），简略地提出影响利润率的其他因素，这里提到了六个因素，其目的是指出这些因素对利润率的影响，以便在进一步分析时把它们暂时舍象掉，然后运用抽象的方法研究剩余价值率和利润率的关系。这六个因素是：货币的价值、资本周转速度、劳动生产率、工作日长度、劳动强度和工资状况。马克思指出，“工资对剩余价值量和剩余价值率的影响，同工作日长度和劳动强度对它们的影响是相反的；工资的增加会减少剩余价值，而工作日的延长和劳动强度的提高则会增加剩余价值”。因此，“工作日、劳动强度和工资的变化，一定会使 v 和 m 以及它们的比率同时发生变化，从而也会使 p'，即 m 和 c+v（总资本）的比率同时发生变化”。

第 18、19 段，指出本章研究的方法和顺序，即把本章的基本公式，“上述的利润方程式 $p' = m'\frac{v}{C}$，应用于各种可能的情况”：1. 先假定：把 m' 看作不变的，研究 $\frac{v}{C}$ 各种可能的变化；2. 然后把 $\frac{v}{C}$ 看作不变数，研究 m' 各种可能的变化；3. 最后，假定一切因素都是可变的，由此推论出利润率变化的各种规律。

m' 不变，$\frac{v}{C}$ 可变，对利润率的影响

从第 62 页第 5 段到 74 页第 2 段，马克思首先从四个方面研究了：m' 不变，$\frac{v}{C}$ 可变，对利润率的影响。

第一，从第 62 页第 5 段到 65 页第 1 段，马克思首先分析了这里所用的主要数学公式。

利润率（p'）等于剩余价值（m）除以总资本（C）。公式是：$p' = \frac{m}{C}$。剩余价值用剩余价值率（m'）乘可变资本（v）代替，又可得公式 p'

$=m'\frac{v}{C}$。如果$\frac{v}{C}$发生变化，利润率就会发生变化。我们用 p'_1 来代表变化了的利润率，那么，这个变化了的利润率的公式则是 $p'_1=m'\frac{v_1}{C_1}$，这就是：$p'=m'\frac{v}{C}$；$p'_1=m'\frac{v_1}{C_1}$。使 C 与 C_1、v 与 v_1 相比，并假设$\frac{C_1}{C}$之值为 E，$\frac{v_1}{v}$之值为 e，因此，$C_1=EC$，$v_1=ev$。以所得之值，在上述 p'_1 的方程式中代 C_1 和 v_1，就得到公式 $p'_1=m'\frac{ev}{EC}$。只要把前后两个利润率的方程式变为比例，就得到 $p':p'_1=m'\frac{v}{C}:m'\frac{v_1}{C_1}$，$m'$相约则得出：$p':p'_1=\frac{v}{C}:\frac{v_1}{C_1}=vC_1:v_1C$。

上述方程式指出了一条规律，这就是："就任何两个以相同的剩余价值率发生作用的资本来说，利润率之比，等于按各自总资本的百分比计算的可变资本部分之比"。

第二，从第 65 页第 2 段到 69 页第 3 段，着重分析可变资本变化对利润率的影响。

这里又有两种情况：一是可变资本变化，总资本不变；二是可变资本变化，总资本也跟着发生变化。

第一种情况，即可变资本变化，总资本不变。因为 $p'=m'\frac{v}{C}$，$p'_1=m'\frac{v_1}{C}$，所以，$p':p'_1=m'\frac{v}{C}:m'\frac{v_1}{C}=v:v_1$。"也就是说，在剩余价值率和总资本不变时，原利润率和由可变资本的变化而产生的利润率之比，等于原可变资本和变化以后的可变资本之比。"

可变资本的变化，可以增加，也可以减少。

以可变资本增加为例：

Ⅰ. $100c+20v+10m$；$C=120$，$m'=50\%$，$p'=8\frac{1}{3}\%$。

Ⅱ. $90c+30v+15m$；$C=120$，$m'=50\%$，$p'=12\frac{1}{2}\%$。

以Ⅰ和Ⅱ相比，Ⅱ式的v比Ⅰ式的v增加10，即由20v增加到30v，但总资本都是120未变。这时，v的增加就会引起利润率的增加，即p′由$8\frac{1}{3}\%$增加为$12\frac{1}{2}\%$。v的增加如果是由于使用工人人数增加而引起的，必然是“劳动生产率的降低与不变资本同时减少联系在一起”；如果是由于提高工资而引起的，原有数量的工人不会使用更多的劳动资料，而原有劳动资料价格下降，即由100降为90，这种情况也是可能发生的，那么，“资本家由于他的不变资本贬值可能遭受的损失，至少会由较大的利润，得到某种程度的补偿”。

以可变资本减少为例：

将上述二例颠倒过来：

Ⅱ. $90c+30v+15m$；$C=120$，$m'=50\%$，$p'=12\frac{1}{2}\%$。

Ⅰ. $100c+20v+10m$；$C=120$，$m'=50\%$，$p'=8\frac{1}{3}\%$。

以Ⅱ和Ⅰ相比较，v由30降为20，虽然总资本量120仍不变，但p′却下降，由$12\frac{1}{2}\%$降至$8\frac{1}{3}\%$了。

由此可见，在上述假设条件下，利润率与可变资本成正比，即：可变资本增加，利润率提高；可变资本减少，利润率下降。

第二种情况，即可变资本变化，总资本也跟着发生变化。这同第一种情况没有本质的区别，只有程度上的区别，例如：

Ⅰ. $100c+20v+10m$；$C=120$，$m'=50\%$，$p'=8\frac{1}{3}\%$。

Ⅱ. $100c+30v+15m$；$C=130$，$m'=50\%$，$p'=11\frac{7}{13}\%$。

以Ⅰ与Ⅱ相比较，可变资本由20增加到30，总资本由120增加到130，随着可变资本增加，利润率也由$8\frac{1}{3}\%$增加到$11\frac{7}{13}\%$。这说明：

可变资本增加，利润率也增加。但如与第一种情况相比，在第一种情况下，总资本不变，可变资本由 20 增加到 30，利润率则由 $8\frac{1}{3}\%$增加到 $12\frac{1}{2}\%$。在这里，可变资本同样由 20 增加到 30，但由于总资本也增加了，故利润率只由 $8\frac{1}{3}\%$增加到 $11\frac{7}{13}\%$。这就是说，利润率提高在程度上有所不同。不过，在第二种情况下，值得注意的问题是："在可变部分增加时会有追加资本被束缚，在可变部分减少时会有原来使用的资本被游离"。

第三，从第 69 页第 4 段到 71 页第 2 段，着重分析不变资本的变化对利润率的影响。

假设剩余价值率不变，可变资本不变，不变资本发生变化，从而总资本也发生变化，在这种情况下，所得出的规律是："在剩余价值率相等，可变资本部分也相等时，利润率和总资本成反比"。这就是：不变资本增加，从而总资本增加，利润率就下降；反之，不变资本减少，从而总资本减少，利润率就提高。其方程式是：$p'_1 : p' = C : C_1$。

例如：

Ⅰ. $80c+20v+20m$；$C=100$，$m'=100\%$，$p'=20\%$。

Ⅱ. $100c+20v+20m$；$C=120$，$m'=100\%$，$p'=16\frac{2}{3}\%$。

Ⅲ. $60c+20v+20m$；$C=80$，$m'=100\%$，$p'=25\%$。

三者的可变资本都是 20，剩余价值率都是 100%；但由于不变资本不同，从而引起总资本也不同，结果有不同的利润率。如以Ⅰ与Ⅱ比，不变资本由 80 增加到 100，总资本由 100 增加到 120，则利润率由 20%下降为 $16\frac{2}{3}\%$。相反，如以Ⅰ与Ⅲ比，不变资本由 80 下降到 60，总资本由 100 下降到 80，利润率则由 20%提高到 25%，这就充分证明了"利润率和总资本成反比"的规律性。

实践证明：数字的变化，是以实际经济的变化为根据的。例如，大工业、农业的发展，社会劳动生产率提高，劳动者就要逐步推动更多的生产资料，如由Ⅲ到Ⅰ、由Ⅰ到Ⅱ的顺序来转变，20劳动者由推动60生产资料发展为推动80、100的生产资料。相反，如果社会劳动生产率下降，就会由Ⅱ到Ⅰ、由Ⅰ到Ⅲ的顺序来转变，同量劳动所推动的生产资料量就要减少，生产就会受到限制。

马克思还指出，在这里，“不变资本的变化，不论是由c的物质组成部分的增加或减少引起，还是由c的物质组成部分的单纯价值变化引起，都同样会对利润率发生影响”。

第四，从第71页第3段到74页第2段，着重分析剩余价值率不变，但可变资本、不变资本、从而总资本都发生变化，对利润率的影响。

马克思指出，“v、c和C同时发生变化的情况，没有提出任何新的观点。它最后总是化为只有一个因素可变的情况”[①]。

但在这里要注意，由不变资本、可变资本变化而引起总资本的变化，对利润率发生的各种影响，也和有机构成的变化有关。这可能有三种情况：一是由上述变化使资本有机构成提高，这时利润率下降；二是上述变化不会引起有机构成的变化，这时利润率不变；三是由上述变化使资本有机构成降低，这时利润率提高。上述三种情况，如用前述变化了的利润率的总公式，即 $p'_1=m'\frac{ev}{EC}$ 表示，就是：“（a）如果E大于e，也就是说，如果不变资本的增加，使总资本比可变资本按更大的比率增加，那么，利润率就会下降。”“（b）只有e=E，也就是说，只有 $\frac{v}{C}$ 这个分数在表面上发生变化，但其值不变，也就是说，只有分子和分母以同数乘除，利润率才会保持不变。”“（c）如果e大于E，也就是说，如果可变资本比总资本按更大的比率增加，利润率就会提高。”这就充分显示了利润率对资本有机构成的依赖性。

总之，从以上四点分析证明，在m′不变，$\frac{v}{C}$ 可变的情况下，同一的剩余价值率可以表示不同的利润率。

---

① 《资本论》第3卷，人民出版社2004年版，第72页。

m'可变，$\frac{v}{C}$不变，对利润率的影响

从第75页第1段到77页第2段，马克思接着分析了：剩余价值可变，不变资本和可变资本的比例不变（绝对数可以变化），对利润率的影响。

求得各种不同剩余价值率下的利润率，有一个共通的公式，即：

$$p' : p'_1 = m'\frac{v}{C} : m'_1\frac{v_1}{C_1}。$$

如果我们以m'_1表示变化了的剩余价值率，在不变资本和可变资本之比不变时，利润率的变化规律就是："具有相同构成的两个资本的利润率之比，等于它们的剩余价值率之比"。用公式表示就是：

$$p' : p'_1 = m' : m'_1。$$

这是由$p' = m'\frac{v}{C}$，$p'_1 = m'_1\frac{v}{C}$得来的，因为在这两个方程式中，$\frac{v}{C}$是等值的。

那么，资本的绝对构成或百分数构成相等，为什么剩余价值率会是可变的呢？这是由工资不等、劳动强度不等、工作日长度不等这三种方式所引起的。其结果是："工资的提高或降低会以相反的方向，劳动强度的提高或降低和工作日的延长或缩短会以相同的方向，影响剩余价值率，从而在$\frac{v}{C}$不变时，影响利润率。"

m'和v可变，C不变，对利润率的影响

从第77页第3段到78页第5段，马克思又分析了：m'和v都可变，C不变，对利润率的影响。

这里可能有三种情况：

"（a）v和m'按照相反的方向，但是以相等的数量发生变化"。

"（b）m'和v也按照相反的方向，但不是以相等的数量发生变化"。

"（c）m'和v按照相同的方向发生变化；这时，一种变化会加强另一种变化的影响"。

所有这三种情况，有一个规律都是适用的，这个规律是："利润率之比，等于相应的剩余价值量之比。"其公式是：

$$p' : p'_1 = m'\frac{v}{C} : m'_1\frac{v_1}{C} = m'v : m'_1 v_1 = m : m_1。$$

这就是说，在总资本不变，m′与 v 可变时，利润率是提高还是降低，就看由 m′与 v 的变化所引起的剩余价值量是增加还是减少而定。

m′、v 和 C 等一切因素都可变，对利润率的影响

马克思指出，如果 m′、v 和 C 等一切因素都可变，“这个场合不会提供任何新的观点，可以用Ⅱ即 m′可变这一节中求得的总公式来解决”。

剩余价值率大小的变化对利润率的影响

从第 79 页第 2 段到 81 页第 2 段，马克思又综合以上的分析，进一步系统地指出，剩余价值率大小的变化对于利润率的影响，有如下五种情况：

“1. 如果$\frac{v}{C}$不变，那么 p′和 m′会按照相同的比率提高或降低。”

“2. 如果$\frac{v}{C}$和 m′按照相同的方向变化，即 m′提高，$\frac{v}{C}$也提高，m′降低，$\frac{v}{C}$也降低，那么 p′会比 m′按照更大的比率提高或降低。”

“3. 如果$\frac{v}{C}$和 m′按照相反的方向，但是$\frac{v}{C}$比 m′按照更小的比率变化，那么 p′会比 m′按照更小的比率提高或降低。”

“4. 如果$\frac{v}{C}$和 m′按照相反的方向，但是$\frac{v}{C}$比 m′按照更大的比率变化，那么，尽管 m′降低，p′还是会提高，或者尽管 m′提高，p′还是会降低。”

“5. 最后，如果$\frac{v}{C}$和 m′按照相反的方向，但是恰好按照相同的比率在大小上发生变化，那么，尽管 m′提高或降低，p′还是会保持不变。”

以上情况说明：同一的利润率可以建立在极不同的剩余价值率上。

结　论

综合本章的分析，可以得出如下结论。

利润率是由剩余价值率和资本的价值构成这两个主要因素决定的。这两个因素对利润率的影响，概括地说，有下列几种情况：

“两个资本的利润率或同一个资本在两个连续的、不同的状态下的利润率，在下列情况下，**是相等的**：1. 资本的百分比构成相等，剩余价值率也相等。”2. 资本的百分比构成不等，剩余价值率也不等，但剩余价值量相等。

“在下列的情况下，**是不等的**：1. 资本的百分比构成相等，但是剩余价值率不等。”“2. 剩余价值率相等，资本的百分比构成不等。”3. 剩余价值率和资本的百分比构成都不等。

■ 在这一章中，马克思用数学的方法（用方程式）来说明利润率和剩余价值率的关系，由于进行了一系列详细的繁复的计算，不断地运用方程式，阅读时往往感到很难懂。但只要从总体上把握住分析的主要问题，以及分析的目的，也不难掌握其要领。马克思通过这一章的分析论证，证明：第一，剩余价值率和资本的价值构成，是决定利润率的两个主要因素；第二，同一的利润率可以有不相同的剩余价值率，同一的剩余价值率也可以有不相同的利润率。这说明：利润率虽然是剩余价值率的转化形式，但由于种种因素，利润率可以和剩余价值率相独立发生变动，因此，不仅在质上，而且在数量上，利润率都可和剩余价值率不同，有它自己运动的特殊的规律性。只有研究利润率运动的规律性，以便进一步研究资本主义平均利润率规律，研究资本主义制度利润率趋向下降的规律等等，才有可能对资本主义经济作出正确的说明。

通过对利润率的独立变动的研究，还证明：资本主义的剥削关系更进一步地被掩盖，更看不清楚了。

当然，现实经济生活是复杂的，利润率的变动不能仅仅从剩余价值率的变动来说明，还须从影响利润率的其他因素的变动来说明。马克思对本章的分析，是使用抽象法，暂时把其他因素舍象掉。接着，在第四、五、六章，马克思又从生产和流通等不同领域，对影响利润率的因素作了进一步的分析。研究影响利润率的诸因素，必须把这几章综合起来系统理解。

第 四 章

周转对利润率的影响

如果说，前一章是在假设的条件下，研究影响利润率的一般因素，那么，第四至六章就是从流通与生产等方面，进一步研究影响利润率的具体因素了。第四章着重研究总资本的周转速度对利润率的影响，这是从资本流通的角度出发来研究影响利润率的具体因素的。

关于第四章，在马克思的手稿中只有一个标题，恩格斯认为这一章研究的问题“极为重要”，就根据马克思的提示和设想进行补写。虽然本章全文是恩格斯写的，但这个问题却是马克思提出来的。

资本周转对利润率的影响

恩格斯首先综合地复述了马克思在《资本论》第二卷中关于资本周转对剩余价值的影响的原理。恩格斯指出：资本周转是要经过生产过程和流通过程的，一部分资本直接用于生产资本上，另一部分资本则要用于货币资本、商品资本，以及原材料等的贮存上。如果流通中所占用的资本减少，那么，生产中使用的资本就增多。这就是说，周转时间越短，用于闲置的资本越少，用于直接生产的资本越多，其中可变资本也会越多，因而所占有的剩余价值也就越大。既然周转时间缩短会增加所生产的剩余价值量，而利润率无非是所生产的剩余价值量和预付总资本的比率，因此，剩余价值量增大，它和预付总资本的比率也就会增大，利润率也就高。可见，资本周转时间的缩短会提高利润率。

用什么办法才能缩短资本的周转时间呢？

资本周转时间是由生产时间和流通时间组成的，“缩短生产时间的主要方法是提高劳动生产率”。这是和科学技术的进步密切联系着的。例如，转炉炼钢与平炉炼钢相比会大大缩短生产时间；如用钢制零件淬火，一般需要数十分钟至数小时，但改用高周波电流淬火，就只需二三秒钟。当代科学技术的发展对劳动生产率的提高有极其重要的作用。据统计，20 年来现代工业劳动生产率的提高，有 70%～80%是由科学技术的进步而取得的。恩格斯当时就已深刻地分析了这个问题。但是在这里必须注意，劳动生产率提高，如果不增加昂贵的机器设备，不增加不变资本的支出，从而缩短生产时间，就会使利润率提高。相反，如果劳动生产率提高，增加了不变资本的支出，从而使预付总资本增加，剩余价值量与预付总资本相比的利润率，也有因预付总资本增加而降低的可能性。

“缩短流通时间的主要方法是改进交通。”恩格斯论述了 18 世纪下半叶到 19 世纪上半叶交通运输的发展情况，指出了它是缩短流通时间的主要方法。这一情况，在近 20 年来又有了新的重大的发展。在海上，已不是不定期的帆船被定期的轮船所排挤，而是几万吨、几十万吨的远洋巨轮，在充分利用现代科学技术，如无线电遥控、卫星探测等先进技术的基础上进行运输了。在陆地上，已不是碎石路被铁路所排挤，而是利用电力如机车动力，使用高速公路、地下铁道等进行运输了。在空中，利用飞机进行运输已不是偶然现象而是经常现象了。例如，我国新疆的名产葡萄，如用火车运到香港，要一周左右时间，现改用飞机运输，只要半天就可以到达目的地。可见，缩短流通时间的主要方法是改进交通，而改进交通的主要途径，仍必须依赖于科学技术的进步和发展。

接着，恩格斯又从资本周转不同，因而利润率不同的例证中，揭示了它们之间的内在规律。

假定有两个企业的资本 A 与 B，它们的剩余价值率相等，工作日相等，特别是资本有机构成相等，但资本 A 比资本 B 的数量小一半，周转速度快一倍，资本 A 的利润率就会比资本 B 的利润率高一倍。

A：$80c+20v=100C$，m'为 100%，每年周转两次，年产品是：$160c+40v+40m=240$，$p'=\frac{40m}{100C}=40\%$。

B：$160c+40v=200C$，m'为 100%，每年周转一次，年产品是：$160c+40v+40m=240$，$p'=\frac{40m}{200C}=20\%$。

可见，资本 A 的数量尽管只有资本 B 的 50%，但由于资本周转速度比资本 B 快一倍，虽然它们取得的剩余价值量相等，但 A 的利润率却比 B 的利润率高一倍。由此得出的规律是："在资本百分比构成相等，剩余价值率相等，工作日相等的时候，两个资本的利润率和它们的周转时间成反比。"这就是说，资本周转的时间越长，利润率就越低；资本周转的时间越短，利润率就越高。

资本周转为什么会影响利润率

既然资本周转时间缩短会引起利润率的提高，那么，能不能认为，利润是由流通本身产生出来的呢？当然不能。利润是剩余价值的转化，剩余价值只能在生产中产生。但是，为什么资本周转时间的缩短会引起利润率的提高呢？"周转时间的缩短对剩余价值的生产，从而对利润的生产的直接影响，在于使可变资本部分由此提高效率。"这就是说，一定量的可变资本（如 500v），在 m′为 100%的条件下，一年周转一次，m 为 500；如周转 5 次，m 为 2500；周转 10 次，m 则为 5000。如以 500 或 2500或 5000 与一定量的预付总资本相比，就可得出不同的利润率。可见，资本周转时间的缩短之所以会引起利润率的提高，关键还是在于生产了更多的剩余价值。

假定有甲、乙两个企业，其他条件完全相同，只是资本周转次数不同，因而年利润率也不同。

甲：80c＋20v，一年内周转一次，m′为 100%，则有 20m，以 20m 与总资本 100 相比，年利润率为 20%。

乙：80c＋20v，一年内周转二次，m′为 100%，则有 40m，以 40m 与总资本 100 相比，年利润率为 40%。

可见，关键在于资本周转次数增加时，可变资本带来了更多的剩余价值。

"一年内占有的剩余价值量，等于**可变**资本一个周转期间所占有的剩余价值量乘以一年内可变资本周转的次数。"以上述甲、乙企业为例：甲企业：20×1＝20；乙企业：20×2＝40。这是年剩余价值率，在第二卷第十六章中已经研究过了。现在，以不同的年剩余价值量与预付总资本相比，就可得出不同的利润率。这时，年剩余价值率就进一步转化为年利润率了。

年剩余价值率和利润率的关系

我们知道，实际的剩余价值率是以周转一次的可变资本和带来的剩余价值相比。如果可变资本一年周转一次，实际的剩余价值率就会与年剩余价值率相同。如果在一年内可变资本周转多次，它们就会不相同。年剩余价值率等于实际的剩余价值率乘一年间可变资本周转的次数。用公式表示为 $M'=m'n$。

“利润率的公式 $p'=m'\frac{v}{C}=m'\frac{v}{c+v}$，只有在分子中的 v 和分母中的 v 是同一个东西的时候，才是正确的”。公式中的分母 v，是预付的可变资本，分子 v，是所用的可变资本，只有这两个 v 是一致的时候，年剩余价值率和实际的剩余价值率才能一致，从而 $p'=\frac{m}{c+v}$这个方程式转化为 $p'=m'\frac{v}{c+v}$这个方程式才是正确的。这就是说，这个利润率的公式只适用于可变资本一年周转一次的情况。

如果可变资本一年周转一次以上或不到一次，这时，分子的 v 和分母的 v 就不等了，实际的剩余价值率和年剩余价值率也就不相等了。因为利润率是以年为单位计算的，年利润率的计算应依据年剩余价值率，而不是依据实际的剩余价值率。所以，“要使年利润率的公式完全正确，我们必须用年剩余价值率代替简单的剩余价值率①，即用 M'或 $m'n$ 代替 m'”。这样，年利润率的公式应该是：$p'=m'n\frac{v}{C}$，而不应该是 $p'=m'\frac{v}{C}$。

年剩余价值率是实际剩余价值率转化为利润率的中间环节。在年剩余价值率上，预付的可变资本和使用的可变资本之间的区别消失了，从表面看来，好像剩余价值不仅取决于对劳动的剥削，而且也取决于可变资本的流通速度。这样，使实际剩余价值率通过年剩余价值率再转化为

---

① 这里所说的简单的剩余价值率，亦即《资本论》第二卷第十六章所说的实际的剩余价值率。

利润率，不变资本和可变资本本身的区别也消失了，利润看起来就好像是预付总资本本身运动的产物了。

要把实际的剩余价值率和年剩余价值率区别开来，首先必须把预付的可变资本和使用的可变资本区别开来。“投在一个企业中的可变资本究竟有多大，在绝大多数场合，连资本家自己也不知道。”“要确定这个 v，他必须进行一种特别的计算。”从第 88 页第 4 段到 90 页第 1 段，恩格斯举了一个实例来进行这种特别的计算。从计算中证明：一般地说，年剩余价值率要比实际剩余价值率高得多。

■ 资本周转时间的长短对利润率的影响，在实际经济生活中是比较容易理解的，但要从理论上真正说清楚这一事实产生的原因，就不那么容易。长期以来，不少资产阶级经济学家产生一种错觉，好像流通时间会创造剩余价值，利润是在流通过程产生的。至于坚持劳动价值理论的李嘉图学派，不懂得区分不变资本与可变资本，对于资本周转为什么会影响利润率这个问题，也不能作出正确的解答。马克思创造性地把资本区分为不变资本和可变资本，指出资本周转次数的增加会提高可变资本的使用效率，使实际使用的可变资本大于预付的可变资本，因而由可变资本带来的剩余价值量也会增加，从而利润率也会提高。马克思在《资本论》第二卷第十六章对上述问题作了创造性的回答，恩格斯在本章中又出色地进行了补充。在这两章中，虽然研究的都是同一内容，但命题却有所不同。马克思在《资本论》第二卷中所研究的是，可变资本周转的速度对剩余价值的影响；而恩格斯在本章中所研究的是，预付总资本的周转速度对利润率的影响。他们从两个不同的出发点都论证了：资本周转速度加快，特别是由可变资本周转速度加快而带来的剩余价值量增加，利润率才提高。不过，马克思是直接分析可变资本周转对剩余价值量的影响，恩格斯则是从分析预付资本总周转入手，通过可变资本周转对剩余价值量的影响，然后再转化为对利润率的影响。这说明：马克思、恩格斯关于资本周转对利润率的影响的分析，完全符合于他们所创造的劳动价值理论和剩余价值理论，是他们的利润理论的一个有机组成部分。

第五章

不变资本使用上的节约

第五、六章着重从生产方面研究影响利润率的因素。第五章主要说明：为什么不变资本使用上的节约会提高利润率？其本质原因是什么？

本章共五节，第一节是对不变资本使用上的节约作理论上的概括，一方面研究了这种节约的各种形式，另一方面又研究了这些形式所掩盖的本质。第二至五节属例解性质，运用大量的实际材料，论证了不变资本使用上节约的各种形式及其实质。

Ⅰ. 概　　论

为了提高利润率，资本家还力图节约不变资本的使用。这是因为利润率是剩余价值和预付总资本的比率，在剩余价值量已定的情况下，不变资本使用上的节约就会使不变资本减少，从而使预付总资本减少，利润率就会提高。由于不变资本使用上的节约，一方面，会改变不变资本与可变资本的比例，即改变资本有机构成；另一方面，使产品价值中由生产资料转移来的部分减少，其结果都使利润率提高。

在生产过程中总体工人共同使用生产资料而造成的节约

在生产过程中，总体工人共同使用生产资料而造成的节约，是不变资本使用上的节约的一种形式。这种节约的形式，是由下述因素产生的。

其一是由工作日的延长而产生。在可变资本不变，工资和使用的工人人数都不变的情况下，延长工作日，就会增加绝对剩余价值，“会相对地降低不变资本同总资本、同可变资本相比的价值，并由此提高利润率”。这就是说，在使用的机器、厂房等固定资本不变的情况下，通过工作日的延长，资本家可以不增加固定资本的支出就取得更多的剩余价值或利润。例如：把 8 小时一班制改为二班制、三班制，使用同样的机器、厂房，会生产出一倍、二倍的产品，相当于二倍、三倍机器和厂房所产生的作用。这样，一方面，在不增加固定资本支出的情况下，剥削的剩余价值量增加了；另一方面，固定资本价值向产品中转移的速度加快了，从而引起资本周转时间的缩短。“因此，现代工业制度下不断增长的增加固定资本的必要性，也就成了唯利是图的资本家延长工作日的一个主要动力。”

但是，这里有一个问题：正如在第一卷中就已阐明过的，延长工作日，会增加绝对剩余价值，提高剩余价值，因此，利润率的提高好像是由剩余价值率的提高所引起，而不是由不变资本使用上的节约所引起。例如，假定不变资本为 80（其中，转移来的固定资本部分为 20，流动的不变资本部分为 60），可变资本为 20，m'为 100%，剩余价值为 20，利润率为 20%，如果工作日由 8 小时延长到 10 小时，绝对剩余劳动由 4 小时增加到 6 小时，m'即增加到 150%，20v 带来 30m，利润率增加为 30%，这样，由工作时间延长而引起的利润率的提高，好像不是来源于不变资本使用上的节约，而是来源于剩余价值率的提高。其实，上述例证是不够的。在剩余价值率不变的情况下，工作日的延长不仅会增加流动不变资本（如原料）的支出，同时也会增加可变资本的支出（即增加工资）。如上例：工作时间由 8 小时延长到 10 小时，在不变资本 80 中，转移来的固定部分 20 不变（这是由不变资本使用上的节约而产生的），[①] 消耗的原材料等流动不变资本部分要增加$\frac{1}{5}$（即增加 12），由 60 变为 72，可变资本也相应地增加$\frac{1}{5}$（即增加 4），由 20 变为 24，剩余价值率仍为 100%，取得剩余价值 24，这样，不变资本 92（20＋72）＋可变资本 24

① 这里应该用全部固定资本来计算，才是资本利润率。如仅用转移的固定资本部分计算，只是成本利润率。但那样计算，更加复杂。为简单明确起见，暂用这种算法。

(20＋4)＝116，可得剩余价值24，假定这24都转化为利润，以24与116相比，即得利润率20.7％。与前例相比，剩余价值率不变，但利润率提高了。在这里，利润率的增加，即是由不变资本使用上的节约而产生的。

其二是由生产资料集中和大规模应用而产生。在本书第一卷第十一、十二章论述协作、工场手工业时就已指出，劳动的社会结合，会使劳动条件节省，使相对剩余价值的生产提高。但那是从资本主义工场的角度进行研究的。在本章，从资本主义的大工厂出发，就更进一步看出，大规模的生产有可能更充分更合理地使用劳动工具和劳动条件。例如，以机器体系为基础的工厂，发动机、传动机、工作机的费用，不会和它们发挥作用的范围，按相同的比例增加；至于厂房、仓库、燃料、照明等等，不管由多少人利用，会仍旧不变。这说明，由于资本主义工厂是社会化的大生产，生产资料和劳动力都达到高度集中，集中的劳动者共同使用集中的生产资料，这就有可能在不变资本的使用上大大节约。这种生产资料即不变资本使用上的节约，会使利润率提高。马克思说："这种由生产资料的集中及其大规模应用而产生的全部节约，是以工人的聚集和协作，即劳动的社会结合这一重要条件为前提的。"因此，"这种节约来源于劳动的社会性质"。

必须注意，这里研究问题的角度和第一卷第十一、十二章研究问题的角度，还是有所不同的。在那里，从手工劳动为基础的小生产出发，从结合劳动引起劳动条件的节省出发，论述劳动生产率的提高和相对剩余价值的产生；在这里，则是从资本主义生产社会化的性质出发，从不变资本使用上的节约出发，来论证利润率的提高。

其三是由大规模地利用废料而产生。生产中的废料，即生产排泄物，如车床在加工机件时产生的铁屑，铣床在制造机件时产生的铁刨花之类，它们往往被作为无用之物抛弃掉。这些废料如果集中起来，再回到生产过程中，仍然能够作为原材料来利用。这种废料，"会按照它可以重新出售的程度降低原料的费用，因为正常范围内的废料，即原料加工时平均必然损失的数量，总是要算在原料的费用中"。这样，就会使一定量的原材料得到充分利用，生产出更多的使用价值。因而，"在可变资本的量已定，剩余价值率已定时，不变资本这一部分的费用的减少，会相应地提高利润率。”

必须注意，这些废料的充分利用，是“大规模社会劳动的结果”。如果是个别手工工人，只好把少量的铁屑、铁刨花当作垃圾丢掉，或者以极低廉的价格卖出去。在大工厂生产过程中会产生大量的废料，特别是由于科学技术的不断发展，可以利用物理的化学的各种办法，使大量的废料重新作为原料再投入生产过程，得到充分和合理的利用。不管资本家是把它们重新投入本企业的生产过程，还是卖给其他企业，都会由此节约大量用于支付原材料方面的不变资本。马克思说：“这种废料，只有作为共同生产的废料，因而只有作为大规模生产的废料，才对生产过程有这样重要的意义，才仍然是交换价值的承担者。”

现代科学技术的发展，对原材料多方面的综合利用，使废料的利用范围日益扩大。如以甘蔗榨糖，糖当然是主产品。但在有些糖厂里，甘蔗渣堆积如山，既占用面积，又影响卫生。如果科学地利用甘蔗渣，先把它用于提炼酒精，然后再用它制作纸板，在不增加甘蔗的情况下，就能提供更多的物质财富。所以在综合利用原材料的糖厂，附设有酒精车间与制板车间，是使生产排泄物得到充分利用的一个具体实例。

以上所说的由于生产资料使用上的节约而提高的利润率，并不是由生产资料产生的，而是由于活劳动的增长，即无酬劳动增加的结果。但是在表面上，利润率的这种提高，却好像是由生产资料本身创造出来的，是资本本身所固有的能力的结果。这种由劳动社会性质而产生的节约的实质，却被由资本节约而产生的现象掩盖起来。在表面上，这部分利润率的提高，仿佛与劳动无关，仅仅是资本本身的产物。

以科学发展、技术进步、劳动生产率提高为条件的生产不变资本的劳动的节约

以科学发展、技术进步、劳动生产率提高为条件的生产不变资本的劳动的节约，是不变资本使用上的节约的另一种形式。

由于科学技术发展而引起的机器本身的不断改良，引起了不变资本使用上的节约。第一，机器的材料改良了，如以铁质的机器代替木质的机器，以钢代替铁，以高级合金钢代替一般的钢等等。第二，由于机器制造上的改良，机器便宜了；这就是说，由于机器制造上的改良，如用机器大规模地生产机器之类，虽然因此花费了更多的社会劳动，但同时也生产出更多的机器，因而每一机器本身所包含的价值比以前小规模生产时为少，这样，机器本身的价值就会降低。第三，对机器某一部分的特殊改良，使它更有效、更便宜，如改良蒸汽锅炉之类。四、由于使用较好的机器，废料减少了，这就是说，原料的利用率提高了。由于上述结果，尽管固定资本的总支出有可能增加，但生产单个机器的社会劳动减少了，机器的价值降低了；或者是，在这期间内相应的资本支出减少了，从而分摊在商品中的价值减少了，单位商品价值也就随之降低。此外，由于机器的改良，机器更加坚固耐用，因而修理劳动也减少了，修理费用也降低了，这也会相应地降低机器的价格。

由机器改良而引起的生产机器费用的节约和机器价格的降低，会使不变资本的价值减少，从而相应地提高利润率。

必须注意，这种由机器改良而引起的利润率的提高，一方面，往往是在大规模的劳动下才能实现的，这就是说，必须在较大生产规模的条件下，社会劳动在较大程度上的结合，才能充分利用先进的科学技术成果，才能对机器进行很好的改良。另一方面，“**一个**产业部门利润率的提高，要归功于**另一个**产业部门劳动生产力的发展”。如果生产纺纱机的机器厂改良纺纱机，使纺纱机价值降低，生产效率更高，更加坚固耐用，使用纺纱机的纺纱厂的不变资本就会降低，利润率就会提高。在这里，纺纱厂利润率的提高，是机器厂进行技术改良、提高劳动生产率的结果。资本家得到的，是整个社会分工所产生的利益，并不是他自己直接剥削的工人的产物。由此可见，由机器改良而引起的利润率的提高，是生产力发展的结果，而“生产力的这种发展，最终总是归结为发挥着作用的劳动的社会性质，归结为社会内部的分工，归结为脑力劳动特别是自然科学的发展”。但在表面现象上，却是由于机器改良所产生的直接利益，提高了的利润率似乎是由机器改良产生的。

不变资本本身使用上的节约

不变资本本身使用上的节约，是不变资本使用上的节约的又一种形式。

首先，“这种节约或者是直接来源于一定生产部门本身内的协作和劳动的社会形式，或者是来源于机器等的生产已经达到这样一种规模，以致机器等的价值不是和它们的使用价值按相同的比例增加”。一种情况是工人的集中和大规模的协作，使得厂房、机器、取暖和照明设备等等，比用于小规模生产相对地说要少一些，这就产生对生产资料使用上的节约。虽然绝对地说，这些生产资料的数量和价值都可能增加，但相对地说，即一定量的生产资料和所推动的劳动力的量相比，后者的量增加了，而前者的量却相对减少了，这是由协作劳动的社会性质所产生的结果。另一种情况是采用新机器，新机器的使用价值即它的效能提高了，但机器本身价值的却减少了，这样，一方面，新机器在一定时间内可以生产出更多的使用价值产品，另一方面，转移到这些单位产品中的价值量却减少了，这就使单位产品中的活劳动比重增加，对象化劳动的比重减少，这也会提高利润率。这种生产资料使用上的节约，不是由协作劳动直接产生，而是由劳动生产率的提高、机器本身价值的降低的结果。上述两者所引起的节约是有区别的。前者所产生的节约，“首先是并且直接是劳动的节约，即本部门内工人的有酬劳动的减少”；后者所产生的节约，“却是用最经济的方式，也就是说，在既定的生产规模上，用最少的费用，来实现对他人无酬劳动的这种尽可能大的占有”。

其次，对生产资料使用上的节约来说，生产资料本身的质量有决定作用。作为生产资料，一方面，它要与活劳动按一定的技术构成来确定比例，如一个工人操纵一台机器，推动 A 量原料，两个工人就要推动两台机器、两个 A 量的原料；另一方面，工人所推动的机器和原料，由于在质量上不同，也会引起对不变资本使用上的节约程度不同，从而使利润率有所不同。如使用性能较好的机器，在一定时间内会生产出 10 个产品，而且产品质量合乎规格；使用性能较差的机器，也许只生产七八个产品，而且产品质量较差，可能多出次品或废品。又如使用质量较好的原料，第一，废品率、次品率就比较低，为吸收同量劳动所需要的原料数量也会减少。100 斤优质棉花可以纺出 90 磅棉纱，次质棉花也许只能纺出 80 磅或 70 磅。第二，工作时遇到的障碍就会少，劳动效率就会大，剩余价值率也会提高。如果使用质量差的原料，不但产品质量差，而且工人加工同量的原料需要更多的时间，包含在单位产品中的工资就会多。

如加工 100 斤优质棉，要劳动 10 小时，工资 10 元，每 10 斤棉花分摊的工资为 1 元；加工 100 斤次质棉，需要劳动 15 小时，工资就要由 10 元增加到 15 元，每 10 斤棉花中分摊的工资就要由 1 元增加到 1 元 5 角。由此可见，生产资料本身的质量好坏，对单位产品中工资部分的可变资本支出，机器价值转移部分的多少，产品的质量、数量和次品、废品率的关系，以及剩余价值率的高低，有直接影响。马克思指出："因此不仅要有性能好的机器，而且要有优质的原料和辅助材料。利润率部分地取决于原料的优劣。"

再次，不变资本使用上的节约，和工人的受训练、受教育的程度，以及工厂中的劳动纪律有关。如果工人受训练、受教育的程度较高，工人的科学技术水平也就较高，因而生产时更能熟练地操纵机器，合理地使用原材料，提高产品质量，降低生产消耗。相反，如果工人的科学技术程度低，不善于按照科学要求合理地使用生产资料，就会出现生产事故，产品数量少，质量低，次品和废品多，这不仅不会节约生产资料，而且会造成浪费现象。可见，提高工人的科学技术水平，在社会化的大生产中有着极其重要的作用。同时，资本主义工厂强加给工人种种纪律，这些纪律是实现生产资料使用上的节约的保证。当然，这种纪律往往是以加强对工人的剥削、给工人带来灾难和不幸为前提的。在社会主义制度下，这种为巩固资本家的剥削利益的工厂纪律必然要废除，但由社会化大生产确定的必要的劳动纪律，仍然是要存在的。马克思说："这种纪律在工人为自己的利益而劳动的社会状态中是多余的"，这里指的是资本主义工厂中为巩固资本主义剥削制度而制定的工厂纪律，而不是指社会主义大生产中的必要的劳动纪律。

更次，不变资本使用上的节约使不变资本的价值从而使费用减少而引起的利润率的提高，同发生这种现象的产业部门生产什么产品是没有关系的。不管是生产工人所需要的生活资料，还是生产资本家所需要的奢侈品，还是生产生产资料本身，同样地都会达到提高利润率的结果。为什么呢？因为我们在这里假定剩余价值和剩余价值率是已定的。如果不变资本增多，一定的剩余价值量与总资本相比的比率就会降低，这就是说，利润率就会降低；相反，如果不变资本减少，一定的剩余价值量与总资本相比的比率就会提高，这就是说，利润率就会提高。在这里研究的问题，是不变资本价值的高低对利润率的关系问题。而生产什么产品，那是使用价值的构成要素问题。“在这种情况下，剩余价值和总资本的比率如何，——这个比率决定利润率，——完全取决于不变资本的价值，而决不是取决于不变资本的构成要素的使用价值。”

最后，不变资本使用上的节约，不管是由协作劳动的社会性质而产生的结果，还是由提供机器等生产资料部门的劳动生产率提高的结果，还是由社会劳动生产力发展的结果，总是和生产劳动者有内在关系，总是和劳动者的劳动密切联系着的。但是，在资本家看来，不变资本使用上的节约，与劳动者毫无关系，而是资本的一种固有的力量，是资本主义生产方式的特征。这种假象，是由资本主义生产关系的性质引起的。这是因为，在资本主义生产关系下，劳动条件和劳动者是对立的，是处在相外化和相异化的状态中，这就把内部联系的本质掩盖起来了，这就是说，劳动生产力这个实质，却表现为资本生产力的这个现象形式了。这种现象形式怎样掩盖着它的内在联系的本质呢？第一，构成不变资本的各种生产资料，只代表资本家的货币。这个价值是增加还是减少，丝毫不涉及工人和资本家的关系。第二，生产资料在资本主义生产过程中是剥削劳动者的手段，它是贵还是贱，和劳动者无关。第三，工人的劳动的社会性质，他的劳动和别人的劳动为一个共同目的的结合，是由资本实行着的，因此，劳动者也把资本看成是别人的权力，看成是别人的财产，因而对它是节约还是浪费的，工人们是不关心的。第四，由劳动生产率提高而引起的生产资料的便宜和改良，好像只和资本有关，因为这些生产资料是由资本家占有的，加上一个企业的产品要和另一些企业的产品在流通中不断发生广泛的联系，这样，就只看到资本和资本的关系，把劳动和资本的关系又掩盖起来了。第五，由于资本家追求利润而产生激烈的竞争，不断地促使资本家改进生产技术，提高劳动生产率，这就又造成不变资本在使用上的节约。所以，“资本主义生产方式一方面促进社会劳动生产力的发展，另一方面也促进不变资本使用上的节约”，但却歪曲地表现为：这是资本固有能力的结果，与劳动者无关。

把节约劳动条件作为提高利润率的手段

资本家还把节约劳动条件从而节约不变资本，作为提高利润率的手段。

工人一生的大部分时间是在生产中度过的，生产中的劳动条件也就是工人的生活条件。资本主义节约劳动条件的范围有：一、生产建筑物的节约，如让许多工人挤在狭窄的车间里工作，空气闷塞，温度很高，有害于工人的身体健康；二、安全设备的节约，有些操作过程本来必须装置安全设备，资本家节约这部分设备的支出，往往因此造成工伤事故；三、对于像采矿业中那样有危险的生产过程，或那些有害健康的生产过程，不采取预防措施，等等。这就明显看出，资本对劳动条件的节约，是在浪费工人的生命与健康。随着资本主义生产的发展，一方面，把所使用的不变资本尽量节约到它的最低限度；另一方面，却对工人的劳动、生产和健康进行无情的浪费。所以马克思说，“总之，资本主义生产尽管非常吝啬，但对人身材料却非常浪费”。

从以上几个方面对不变资本使用上的节约的分析中可以看出：本来，这种节约是由劳动者的劳动而产生的，但表现出来的形式，却好像是由资本本身带来的，劳动的生产力表现为资本的生产力，这样，各种节约的形式就把它的本质掩盖起来了。马克思不仅分析了这些节约的形式，而且还分析了这些形式是如何掩盖着它的本质的。通过由形式到本质的分析，就揭示出了不变资本使用上的节约的资本主义的特征。

Ⅱ. 靠牺牲工人而实现的劳动条件的节约

在这节中，马克思引用了大量的实际材料，揭露资产阶级为了节约劳动条件以提高利润率，不惜牺牲工人的生命，损害工人的健康。在煤矿中，“大部分煤矿只有极不完善的排水设备和通风设备；往往是竖井建造得很差，支架很糟，机械师不够格，坑道和车道设计和修建得不好；结果是生命、肢体和健康遭到损害，关于这方面的统计展示出一幅令人不寒而栗的景象”。在工厂中，缺乏保障工人安全、舒适和健康的一切措施，厂房拥挤，通风很差，伤亡事故不断出现；但工厂主却宁愿花更多的钱结成协会，来论证他们“为利润而杀人，那么，杀人并不就是杀人犯”，而不愿意为工人装置起码的安全设备。在室内劳动中，使工人拥挤在狭小的空间劳动，再加上劳动时间过长，缺乏通风设备，使呼吸器官的疾病大量增加，很多工人得肺病而死。马克思列举了纺织业、裁缝业、排字工人、小工场等等的实际情况，统计了他们中间因肺病而死的惊人的高度死亡率，深刻地揭露了资本家节约劳动条件对工人所造成的不幸。总之，这节大量的实际材料的分析证明，“资本主义生产对已经实现的、对象化在商品中的劳动，是异常节约的。相反地，它对人，对活劳动的浪费，却大大超过任何别的生产方式，它不仅浪费血和肉，而且也浪费神经和大脑”。

旧中国工人阶级受到国内外资产阶级的残酷剥削，劳动条件也很差，工厂、矿山缺乏起码的安全设备，劳动保护措施少得惊人，资本家为了榨取高额利润，根本不顾工人的死活，如与资本主义国家相比，有过之而无不及。

Ⅲ．动力生产、动力传送和建筑物的节约

在这节中例证了：机器改良，劳动生产率提高，使不变资本的使用得到节约，从而提高了利润率。

马克思首先指出，对发动机所进行的改良，如何大大地节省煤炭，节约燃料；如何对蒸汽机进行改良，使蒸汽生产费用显著减少，得到巨大的经济效果。接着，马克思又指出，如何对传动装置和工作机进行改良，使工厂主能够不增加动力而扩大生产，又能减少支出。至于改良了的机器，又必须安装在适宜的新厂房中，才能充分发挥作用。因此，马克思又指出：如何适应改良了的机器而建造新厂房，对这种建筑物的车间和库房如何精确地利用，如何达到节省10％劳动的经济效果。

Ⅳ. 生产排泄物的利用

在这节中例证了：由于劳动的社会结合，生产排泄物能够利用，这就节省了原料费用，提高了利润率。

在这节中，必须注意以下几个问题：

第一，必须把生产排泄物和消费排泄物区别开来。生产排泄物是指工业和农业生产中的废料，如制造机器时产生的碎铁、铁屑、铁刨花之类。消费排泄物大体上又可分为两种：一种是人体的排泄物，如粪便之类；一种是消费品消费后残留下来的东西，如衣服穿破以后残留下来的破衣布之类。不管是生产排泄物还是消费排泄物的利用，都随着资本主义生产方式的发展而扩大。至于人体的消费排泄物，如粪便，是天然的有机肥料，对农业生产有极其重要的意义。

第二，扩大对生产排泄物的利用的条件。第一，这种排泄物必须是大量的，而这只有在大规模的生产过程中才能得到。第二，科学技术必须有一定程度的发展。特别是化学的发展，为充分利用废料提供了更大的可能，“例如，把以前几乎毫无用处的煤焦油转化为苯胺染料，茜红染料（茜素），近来甚至把它转化为药品”。

第三，“应该把这种通过生产排泄物的再利用而造成的节约和由于废料的减少而造成的节约区别开来”。这就是说，要把利用废料和减少废料区别开来。利用废料，是使已有的排泄物重新回到生产过程中去。减少废料，是在生产过程中提高原材料的利用率和成品率，降低废料率。这种废料的减少，一是取决于所使用的机器和工具的质量，一是取决于原料本身的质量。可见，减少废料与利用废料，在产生的原因上是不同的。

Ⅴ. 由于发明而产生的节约

由于有了新发明而产生的固定资本使用上的节省，“是劳动条件大规模使用的结果，一句话，是劳动条件成为直接社会的、社会化的劳动的条件，或成为生产过程内直接协作的条件的结果”。这就是说，由于发明而产生的不变资本使用上的节约，是大规模的结合劳动产生的结果，是以劳动的社会化作为条件的。第一，发明会使生产资料的价值降低，而发明往往是化学、力学等自然科学发展的结果，而科学的发展则是广大劳动者长期实践的产物。第二，新的发明是和技术进步联系着的，新技术的采用又是和生产社会化、生产规模的扩大紧密相关联。只有在大规模的生产中，才能从共同的生产消费中产生节约。第三，只有在大规模的结合工人的劳动中，才能发现：哪些地方有障碍和如何克服，什么地方可以节约和应该怎样节约，用什么样的最简便的方法来实行节约等。

马克思附带指出，在研究由于发明而产生的节约时，要把一般劳动和共同劳动区别开来。“一般劳动是一切科学劳动，一切发现，一切发明。它部分地以今人的协作为条件，部分地又以对前人劳动的利用为条件。”这就是说，一般劳动是指一定历史条件下产生的劳动，它既吸收了历史上的科学技术成果，又包括了当前的最新科学技术发明，这是着重就劳动的技术水平而言的，它在不同的社会里，在科学技术发展水平不同的历史条件下是不同的。“共同劳动以个人之间的直接协作为前提。”这就是说，共同劳动是指协作中的个人和个人的关系，不管在什么社会形态里和历史条件下，只要有协作，必然有这个劳动者和那个劳动者之间的协作关系。共同劳动不反映劳动技术水平的高低，只反映劳动者之间的关系。可见，一般劳动着重反映劳动的技术水平，反映劳动的技术性质；共同劳动着重反映劳动的社会关系，反映劳动的社会性质。由于科学技术发展而出现的新发明，一般劳动会随之发生变化，而共同劳动的协作关系则可能不变。

对由发明而产生的不变资本使用上的节约，还必须注意两个问题：

其一，初次制造一台新机器，会支付较多的制造费用；以后再大规模地生产，制造费用就会降低。这就是说，大规模地生产机器，就会大量地节约不变资本。对不变资本使用上的节约，不能以初次试制的制造费用来衡量，而应以大规模生产时的制造费用来计算。

其二，初次经营建立在新发明基础上的工厂，需要较多的生产费用，以后再经营同样的工厂，所需的费用就会少得多。这说明，由新发明产生的不变资本使用上的节约所引起的利润率提高的经济利益，往往为后来的资本家所得。所以马克思说："从人类精神的一般劳动的一切新发展中，以及这种新发展通过结合劳动所取得的社会应用中，获得最大利润的，大多是最无用和最可鄙的货币资本家。"

■ 学习这一章，首先必须注意：由不变资本使用上节约而引起的利润率的提高，从现象上看，利润率的提高是由不变资本带来的。实际上，利润是由剩余价值转化而来的，利润率是由剩余价值率转化而来的；剩余价值是可变资本的产物，不是不变资本的产物。这是问题的实质。但实质一旦转化为现象形式，不仅看不出可变资本是剩余价值的唯一源泉，相反，却表现为不变资本的产物了。同样，不变资本使用上的节约，本来是由劳动者的劳动产生的，是结合的社会劳动的结果，但表现出来的形式，却好像是由资本产生的，是资本生产力的结果，各种节约的形式歪曲地表现着它的实质。学习这一章，必须注意，在资本主义社会，不变资本使用上的节约的各种形式，是如何歪曲地表现着它的实质的；而这又和利润、利润率等现象形式，如何歪曲地表现着剩余价值、剩余价值率等本质关系密切相关联。现象歪曲地表现着本质，本质与现象相颠倒。

其次，必须注意，马克思关于不变资本使用上的节约的原理，如果舍去其资本主义的性质，着重研究在生产过程中如何节约生产资料的使用，这对中国社会主义经济建设来说，也有极其重要的现实意义。例如：提高设备利润率，充分发挥机器运转的效能；充分利用先进的科学技术成果，不断采用新技术，进行技术革命和技术革新；加强对原材料的综合利用，扩大对废料利用的范围和途径；改进企业管理，加强对工人的技术教育，不断提高工人的技术水平，以促使产品质量的不断提高，次品率和废料率的不断降低，等等，都是中国当前经济建设中的重要课题。运用马克思的基本原理，调查、分析中国当前经济的实际情况，给予理论上的论证，探索改进措施，是理论工作者面临的重要任务。

第六章

价格变动的影响

本章着重研究原料价格变动对利润率的影响。

原料价格的变动，可能是由供求关系的变化引起的，本章所研究的不是这种情况，而是研究：原料本身价值的变动所引起的原料价格的变化。

原料本身价值的变动，是由劳动生产率的变化引起的。劳动生产率提高，单位商品的价值量就降低，价格也会随之降低；反之，则相反。所以，本章所研究的实质是：劳动生产率的变化如何通过价格的变化对利润率发生影响。

第五、六章实际上都是研究劳动生产率变化对利润率的影响。但劳动生产率和利润率之间的联系，是间接地表现出来的，它的中间环节，一是不变资本的节约（第五章），另一是原料价格的变动（第六章）。由于原料在单位商品价格中占有较大比重，因而原料价格的变动对利润率有很大影响。

本章共分三节，第一节研究原料价格波动对利润率的直接影响，第二节研究原料价格波动对利润率的间接影响，第三节是原料价格波动对生产和利润率影响的例证。

Ⅰ. 原料价格的波动及其对利润率的直接影响

原料价格变动对利润率影响的普遍规律

研究原料价格变动对利润率的影响，必须作如下假定：

1. 假定剩余价值率没有发生任何变化。

2. 假定剩余价值量也没有发生变化。尽管因原料价格波动，雇佣的工人数会增加或减少，在剩余价值率不变的情况下，剩余价值量会发生变化，但这种情况可以暂时舍象掉，不在这里的研究范围之内。

3. 假定机器改良所发生的影响和原料价格的变动是同时发生的，但在这里也不去分析它。

4. 这里所研究的，“是指加入商品的生产过程的原料”。既不是指制造机器时所用的原料，如铁、木材、皮革等，也不是指使用机器时所用的辅助材料，因为这种原料价格的变动，只是影响机器本身的价值，这是属于不变资本中的固定部分，不属于本章研究的范围。本章所研究的，属于不变资本中的流动部分，即直接作为商品生产过程中的原料部分，如织布厂的棉纱、纺纱厂的棉花之类。

作了上述假定后，现在就来研究原料价格变动对利润率影响的规律性。

利润率是$\frac{m}{C}$或$\frac{m}{c+v}$，所以，凡能使c（不变资本）的量发生变化、从而使C（预付总资本）的量发生变化的原因，尽管m和v的比例（剩余价值率）保持不变，也会使利润率发生变化。例如：假定原料价格的降低或提高额等于d，那么，在原料价格降低时，$p'=\frac{m}{C-d}=\frac{m}{(c-d)+v}$，利润率就提高。例如，假设商品价值构成为：400c＋100v＋100m，m′为100％，p′则为20％。如果原料价格降低，使不变资本由400降至300，m′仍为100％，而p′则为$\frac{100m}{300c+100v}=25\%$。这就是说，因原材料价格降低之故，p′由20％提高为25％了。

反之，在原料价格提高时，$p'=\frac{m}{c+d}=\frac{m}{(c+d)+v}$，利润率就降低。如上例：如果原料价格提高，使不变资本由400提高到500，m′仍为100％，而p′则为$\frac{100m}{500c+100v}=16.67\%$。这就是说，因原料价格提高之故，p′由20％降低为16.67％了。

由此可见，“在其他条件不变的情况下，利润率的高低和原料价格成反比”。如果原料价格提高，利润率就降低；如果原料价格降低，利润率就提高。马克思把这种情况称之为“普遍规律”，并且指出“这个规律对于新投入企业的资本来说，是无条件正确的”[①]。

当然，在资本主义经济的实践中，这个规律是不会纯粹地表现出来的。因为要使它能纯粹地表现出来，必须有下列条件：原料价格的变动和产品、半成品的价格相一致；工厂主完全没有原料贮备；剩余价值率和剩余价值量都不发生变化；不变资本的其他部分和可变资本的比例不变，等等。这些情况在实际经济生活中是很少可能同时存在的。虽然如此，这个规律的意义是不会消失的，而是要通过种种变化来发挥它的作用。

对上述情况所作出的两种错误解释

对于原料价格变动对利润率的影响，资产阶级经济学者作出了两种不同的错误解释。

一种错误解释是：英国庸俗资产阶级经济学家托伦斯，不了解原料价格为什么和如何对利润率产生影响，而把这种影响归结为一般的供求关系。托伦斯认为，成本价格等于价值，利润是超过成本价格的余额，是在流通领域产生而由消费者支付的。正是由于他把利润看成是在流通中产生，他虽然看到原料价格对利润率有很大影响，但却错误地认为，对外贸易提供了廉价原料，从而提高了资本家的利润率。他认为：如果英国的棉布业资本迅速增加，比美国的植棉资本增加得更快，棉花供不应求，这时，棉花价格上涨，棉布业的利润率就下降。反之，如果棉花因丰收而供过于求，价格下降，棉布的价格虽下降，但不如棉花价格下降得快，这时，棉布业的利润率就提高。在这里，他把利润率的提高或下降，看成是由供求关系引起的原料价格变动而产生的。马克思批判地指出：“即使在原料的价格波动时产品出售领域完全没有发生变化，就是说，即使完全撇开供求关系，原料价格的低廉对工业国来说也是非常重要的。”“有些经济学家强调原料价格对利润率的由实际经验得出的重大影响，而在理论上却作了完全错误的解释（托伦

---

① 《资本论》第3卷，人民出版社2004年版，第127页。马克思指出：“以上我们考察了原料的价格或价值的变动及其对利润率的影响，并且得出了一个普遍规律：在其他条件相同时，利润率和原料价值的高低成反比。”

斯）”。

另一种错误解释是：古典学派的李嘉图，坚持一般原理，不承认对外贸易对利润率的影响。他认为，对外贸易和机械改良，会增加一国的商品量，但不能增加一国的价值总额，一般也不会影响利润率。只有对外贸易使工人所必需的生活资料价格低廉时，利润率才会提高。李嘉图的这种看法是片面的。他由于不懂得剩余价值率和利润率的区别，把利润与剩余价值、利润率与剩余价值率混为一谈，而完全忽视了原料价格的下降对利润率的影响。原料价格下降虽然不会提高剩余价值率，但会提高利润率。因为利润率不是剩余价值与可变资本之比（$\frac{m}{v}$），而是剩余价值与全部预付资本之比（$\frac{m}{c+v}$）。马克思批判地指出："即使撇开对外贸易由于使必要生活资料便宜而对工资产生的任何影响，对外贸易也会影响利润率。这就是说，它会影响工业或农业所使用的原料或辅助材料的价格。"

原料价格变动，为什么会对利润率产生重大影响

原料价格变动，为什么会对利润率产生重大影响呢？

首先，原料的价值是全部一次加入新产品的价值，而机器等固定资本的价值，则是按其损耗程度逐渐地部分地加入新产品的价值。因此，虽然利润率是由所使用的全部预付资本的价值总额所决定，但由于原料价值在新产品价值中比固定资本价值所占的比重大，因而“原料的价格对产品价格的影响，比固定资本的价格对产品价格的影响要大得多”。因此，如果原料价格和产品价格不是按相同比例提高，利润率就会下降得更低；相反，如果原料价格和产品价格不是按相同比例下降，利润率就会上升得更高。

其次，随着劳动生产力的发展，所使用的机器的数量和价值会增加，从而吸收一定量的劳动需用更多的原料。“因此，随着劳动生产力的发展，原料的价值会在商品产品的价值中形成一个越来越大的组成部分”，这不仅因为原料会全部加入商品产品的价值，而且因为在总产品中，由机器磨损而转移来的价值部分和新创造的价值部分会越来越小，由原料转移来的价值部分越来越大。这就使得不变资本增大，预付资本量增大，从而使利润率降低。在这种情况下，如果要提高利润率，就必须提高劳动生产率，使原料价值相应减少，以便抵消因原料形成的价值部分增长而带来的利润率降低。

再次，原料是流动资本的一个组成部分，必须在每次出售产品中全部得到补偿。如果由于原料价格提高，出售商品所得的价格不够补偿商品价值的一切要素（包括机器价值的转移部分、原料价值的转移部分、新创造的价值补偿工资的部分），再生产过程就会受到阻碍。或者是，一部分机器继续开动，一部分机器被闲置；或者是，全部机器开动的时间比以前为少。生产规模的缩小，会直接影响到剩余价值量和利润率。可见，原料价格的变动，对再生产过程和利润率都有很大的影响。

最后，“废料所引起的费用的变动和原料价格的波动成正比”，原料价格提高，废料价格提高，利润率下降；原料价格下降，废料价格下降，利润率提高。可见，以废料作原料的价格的变动，对利润率的影响也很大。

以上说明的原料价格变动对利润率的影响，都是通过流通过程而表现出来的，这就容易造成一种错觉：好像利润是由流通中的原料价格的变动产生的。托伦斯所作的错误解释，就是上述错觉在理论上的结果。其实，这种错觉只是表面现象，不是本质。托伦斯的错误，就是把现象当作本质来看待了。

Ⅱ. 资本的增值和贬值、游离和束缚

资本价值的增加和减少，同资本的游离和束缚的关系

这一节着重研究原料价格变动对利润率的间接影响。

首先必须弄清楚，资本的增值和贬值、游离和束缚的基本含义。

什么是资本的增值和贬值？就是说，现有资本由于某些共同的经济情况，它的价值增加了或减少了。

所谓资本的束缚，是指："当生产要按照原有的规模继续进行时，产品总价值中的一定部分就必须重新转化为不变资本或可变资本的各种要素。"例如，总产品价值1000，其中600c＋200v ＋200m，由于原料价格提高，如提高100，那么，为了按原有规模进行再生产，600c就必须用700c来替换，这样，就要从200m中抽出100来（不管这100原来是打算用于积累，还是用于资本家的个人消费），加入不变资本中去，使它束缚在生产过程，不能挪作他用。这就是："本应用来扩大生产的一部分积累，现在只好用来填补缺口，或者，原定作为收入来花费的那个部分必须追加到原有的资本中去"。这就"把原来可供支配的资本束缚起来"[①]。所谓资本的游离，是指："当生产要在原有规模的限度内继续进行时，产品总价值中一个一直必须再转化为不变资本或可变资本的部分，现在成为可以自由支配和多余的了。"例如，由于原料价格降低之故，按原有规模进行再生产，不变资本不需要600，只要500就够了，这样，就有100c从生产过程中游离出来，成为多余的资本，可以另行支配。

其次，我们看看，资本的增值和贬值与资本的游离与束缚的关系究竟是怎样的？简单地说，它们之间的关系，是既互相联系，又互相区别。

资本的"增值和贬值，既可以发生在不变资本上面，也可以发生在可变资本上面，或者同时发生在二者上面"。现在，先考察不变资本部分。

不变资本是以固定部分（如机器、厂房等）和流动部分（如原料、辅助材料等）的形式表现着的，它在执行职能过程中必须是：一部分以生产资料的最初形式或半成品形式存在于生产过程；另一部分以产品形式存在于仓库中或进入市场流通；再一部分则是以货币形式存在，需要再转化为各种生产条件。这三部分必须以互相适应的比例同时存在着。如果不变资本中的流动部分，即以原材料形式存在的部分，发生增值或贬值，对利润率、对资本的游离和束缚有怎样的影响呢？例如：作为原料的棉花价格提高了，那么，在以前用较便宜的棉花制成的棉纱的价格也会相应地提高，同样，还未进入生产过程处于贮备状态的库存的棉花

① 《资本论》第3卷，人民出版社2004年版，第132页。

价值以及正在加工的棉花价值也会提高。本来棉花（原料）价格提高会使利润率下降，现在由于棉制品（棉纱）和库存棉花（原料）价值的同时提高，则“这种商品的价值就会提高，同时现有资本的价值也会随之提高”，产生资本增值，这就会使因原料价格上涨引起利润率下降的损失得到补偿，“甚至补偿之后还有余”。反之，作为原料的棉花价格降低了，就会使已经生产出来的棉制品及库存或正在加工的棉花的价值降低。本来原料价格降低会使利润率提高，现在由于棉制品和原料棉花的贬值，引起资本的贬值，而资本贬值又会引起利润率降低，这就是“对同时发生的利润的提高起相反的作用”，使因原料价格降低引起利润率提高的现象，为资本贬值引起利润率降低所抵消。由此可见，“由预付资本贬值造成的利润率的提高，是和资本价值的损失结合在一起的，同样，由预付资本增值造成的利润率的降低，也可能和资本价值的收益结合在一起”。在上述情况下，不管不变资本是增值还是贬值，都没有资本游离出来。

至于不变资本的另一部分，如机器等固定部分的增值，特别是和建筑物、土地等有关部分的增值，和地租学说有关，这是要到本书第六篇中才研究的问题。它的贬值可能有两种情况，一种是，由于技术改良，用新机器代替旧机器，即由精神损耗而产生的贬值；一种是，采用同一机器，但由于劳动生产率提高之故，再生产同一机器的劳动时间减少了，因而它的价值降低了，这就是机器本身价值的贬值。上述两种情况，一方面，会使资本价值贬值，使资本家遭受损失；另一方面，资本家就要延长工作日，加快机器运转，提高折旧率，提高劳动生产率，这就又会引起利润率的提高。可见，这部分固定资本的贬值，也可以由利润率的提高来补偿。

现在，再考察可变资本部分。

可变资本价值的增值或贬值，会使剩余价值增加或减少，产生资本的游离或束缚。

可变资本价值是由劳动力的价值决定的。如果劳动生产率提高，再生产劳动力所必需的生活资料的价值下降，劳动力价值下降，可变资本价值就会下降；反之，劳动力价值提高，可变资本价值也会提高。“可变资本的增值和贬值不外就是这两种情形的表现”。在工作日长度不变时，如果可变资本增加，剩余价值就会减少，资本会被束缚；相反，如果可变资本减少，剩余价值就会增加，这时，以前投在工资上的资本，就会有一部分游离出来，这就是可变资本的游离。例如：某一资本家雇佣500个工人，每天需支付工资500元，$m'=100\%$，则剩余价值也是500元，合计新创造的价值为1000元。如果由于可变资本贬值，工资下降为400元，但劳动时间不变，新创造的价值仍为1000元，剩余价值量就由500元增加到600元，剩余价值率增加为150%。这时，对于资本家来说，不仅剩余价值率提高了，剩余价值量增加了，而且需支付的可变资本由500元减为400元，因而有100元的可变资本游离出来，可以自由支配，或用于开办新企业，或用于扩大企业等等。这就是说，在可变资本贬值时，会出现资本游离现象。

相反，如果可变资本增值，同样雇佣500个工人，现在要支付工资600元，在以上条件都不变的情况下，就会引起剩余价值率的降低和剩余价值量的减少，就要有追加资本100元作为可变资本而束缚于生产过程。

必须注意，“由可变资本的游离产生的利益和由可变资本的束缚造成的损失，只有对已经投入的、因而是在一定关系下进行再生产的资本来说，才是存在的”。这就是说，资本的游离和束缚，是对已经投入的资本来说的，是这次生产过程与上次生产过程对比而言的。如果对新开设的企业来说，对新的投资来说，那只是剩余价值率或利润率的高低问题，并不存在资本的游离和束缚问题。

此外，马克思还研究了劳动生产力对资本游离和束缚的影响。就可变资本来说，如果由于生产力的发展，在工资率不变时，推动同量不变资本所需要的工人减少了，那么可变资本就会游离出来；相反，如果劳动生产力降低，推动同量不变资本就要增加工人，这时就会产生追加可变资本的束缚。就不变资本来说，如果劳动生产力增长了，同量劳动可以生产更多产品，从而可以推动更多的不变资本，这时，不变资本就可能被束缚；反之，如果生产力降低，同量劳动生产的产品减少了，从而能够推动的不变资本也减少了，这时，不变资本就可能被游离。在第133页第2段中，马克思还以农业为例证，说明上述情况。

原料价格变动和再生产的关系

从第133页第3段到第137页第3段，马克思还进一步研究了原料价格变动与资本主义再生产的关系。

资本主义的生产过程，同时也是再生产过程。从生产过程来说，需要机器、原料、劳动力的互相结合。机器折旧部分，是从观念上加以计算的，是固定的。如果撇开可变资本不说，原料（包括辅助材料在内）价格的变动，对资本主义再生产有着极其重要的作用。马克思是从下述几点进行考察的。

首先，原料和固定资本的机器不同，它的价值是一次全部地移转到新产品中去，然后通过产品出卖，再补偿它的价值。“如果原料的价格上涨了，那么，在扣除工资以后，它就不可能从商品的价值中得到完全补偿。”这时，再以原有的资本就购置不到同等数量的原料，再生产的规模就会缩小，甚至引起再生产过程的中断或崩溃，使企业倒闭或破产。

其次，随着资本主义发展，劳动生产力不断提高，单位时间内加工的原料越来越多，原料问题就成为资本主义生产的迫切问题。尽管原料生产不断发展，仍然很容易产生剧烈的价格变动，这在农产品原料和从有机自然界得到的原料上更为突出。因为第一，像农产品这类原料，受自然条件影响很大，在丰年，可以获得较好的产量，在灾年，产量就会剧烈减少。这就是说，由于无法控制的自然条件，在不同年份里，可取得不同的使用价值量；在一单位的使用价值中，也可能有不同的价值量。这样，它的价格就会产生剧烈的变动。第二，“按照事物的本性，植物性材料和动物性材料不能以例如机器和其他固定资本、煤炭、矿石等等那样按同样的程度突然增加”。这就是说，原料增长速度，要受到一定的时间性或季节性的影响，如棉花，它的生产速度和数量，都要经过一段自然时间的间隔，并取决于收成的好坏。相反，如机器等生产工具，只要具备一定的生产条件，就不会受时间性、季节性的影响，在最短时间内就能大量生产出来。如织布机、纺纱机，它们可以在一次棉花生长的季节里，生产若干倍。这样，机器等固定资本部分的增加会比原料部分的增加更快，“结果对有机原料的需求会比它的供给增长得快”，致使原料供不应求，价格上涨。这种原料价格的上涨，又会导致如下的结果：1.

有些原料会从较远的地区运来；2. 原料的生产会相应地增加；3. 代用品和废料会被利用，从而增加对原料的供给。这样，在一定时间内，也会产生供过于求现象，因此，原料价格也会下降。可见，随着资本主义的发展，原料价格是在上涨和下降的剧烈变动中进行的。

最后，原料价格的变化，和资本主义生产的特点密切相联系。资本主义工业的生产是周期性进行的，它不断处在危机、萧条、复苏、高涨等阶段中。原料的生产随工业再生产的扩大而扩大，随工业再生产的紧缩而缩小。这就往往出现如下情况：由于工业再生产的扩大而引起原料生产的扩大，在原料生产还未充分展开以前，工业生产就开始紧缩了，“这时，在一部分次要的原料产地，刚刚开始增长的再生产会再次遇到严重的障碍”。这就使得原料价格变化频繁和加剧。因此，“原料生产部门的发展不过是跳跃式的，有时突然扩大，然后又急剧缩小”。“从有机自然界获得的原料，是处在一种不断重复的变动中：先是相对的昂贵，然后是由此引起的贬值。”这就使资本主义的危机更加复杂化。

马克思最后指出，历史的教训是：“资本主义制度同合理的农业相矛盾，或者说，合理的农业同资本主义制度不相容”。为什么呢？因为合理的农业，不管是小农经济，还是社会主义的大农业，都需要有计划地经营；可是资本主义制度却是在盲目的无政府的状态中进行生产的，它在不断的周期中，使农产品原料的价格不断发生剧烈的变动，从而对再生产过程不断产生激烈的影响。

Ⅲ. 一般的例证：1861—1865 年的棉业危机

这一节，马克思以棉花为例，运用大量实际材料，说明作为原料的棉花价格的变动对棉纺织业的影响，而资本家又如何把损失转嫁给工人，加强对工人的剥削，使工人失业，工资降低，生活更困苦。

■ 第三至六章，都是对影响利润率诸因素的分析，从不同的角度研究了利润率变动的原因。与此同时，马克思也不断揭露剩余价值转化为利润以后，利润、利润率又如何掩盖着剩余价值、剩余价值率的实质。例如：上一章所研究的不变资本使用上的节约，着重揭露了不变资本中的固定部分好像是利润源泉的秘密，而在本章中，又着重揭露了不变资本中的流动部分好像是利润源泉的秘密。这也就是说，不变资本使用上的节约和原料价格变动对利润率的影响，会产生一种假象，这种假象掩盖了利润、利润率和剩余价值、剩余价值率以及剩余劳动之间的关系。通过分析，揭露这种假象后面所包含的实质，才能从现象到本质，认识由剩余价值转化为利润、剩余价值率转化为利润率的全部秘密。

其次，本章所分析的，由劳动生产率变动而引起的原料价值的变动，由原料价值变动而引起的价值变动，从而引起产品价值的变动和利润率的变动等原理，如果舍去其资本主义特质，对社会主义经济也是适用的。在社会主义经济建设过程中，如何提高劳动生产率和降低原料消耗，以促使生产成本的降低；如何使原材料工业的生产与加工工业的生产按比例地向前发展；如何合理地利用原材料，节约原材料，综合利用废料，采用新原料，以促使生产的发展；如何改善原料运输，缩减流通费用，以增加社会主义赢利等等，都是必须研究的重要课题。马克思对原料价格变动的理论分析，对研究中国社会主义经济的实践有极其重要的现实意义。

第七章
补充说明

本章是对第一篇所作的重要补充，也可说是概括第一篇的研究成果，是第一篇的简单的小结，共讲了三个问题。

为什么资本家不把利润和剩余价值看成是同一的东西

第一个问题是：为什么资本家不把利润和剩余价值看成是同一的东西。

本来，利润无非是剩余价值的转化，两者是同一的东西。但是，即使在个别资本主义企业里，利润量和剩余价值量完全相等，“资产者也不会把利润和剩余价值即无酬的剩余劳动，看作是同一的东西”。其原因何在呢？

第一，在资本家看来，商品价值的实现和剩余价值的实现，也就是剩余价值的生产。他们把剩余价值的生产和实现混为一谈，这样，就误认为流通过程创造利润，这就看不出剩余价值生产的实质，看不出剩余价值转化为利润的过程了。

第二，在不同的企业里，虽然劳动的剥削程度相同，剩余价值率相同，但利润率却可能不一样，因为“这取决于采购的原料的价格的贵贱，原料采购人员的内行程度；取决于所使用的机器的生产效率、适用程度和便宜程度；取决于生产过程各个阶段的总安排的完善程度，即原料的浪费是否被杜绝，指挥和监督是否简单而有效，等等”。这就是说，在一定量的可变资本雇佣一定量的工人剥削到一定量的剩余价值的情况下，这个剩余价值量会表现为多大的利润率，则取决于预付总资本量。而预付总资本量所产生的效率，又取决于资本家、经理和职员的经营本领、管理技能。如果经营管理得好，资本更有效地被使用，利润率就高；反之，如果经营管理得不好，资本的效率不高，利润率就低。这样，就产生了一种错觉：好像利润不是由工人的劳动创造的，“而是至少有一部分也来自与此无关的另外一些事情，特别是来自他个人的活动”，即由他们的经营管理的本领而产生的。既然资本家经营管理的本领能产生利润，那么，利润和剩余价值的关系也就弄不清楚了。

资本量的变化不会影响利润率的观点是错误的

第二个问题是：批判洛贝尔图斯关于资本量的变化，不会影响利润率的错误观点。

洛贝尔图斯在《给冯·基尔希曼的社会问题书简。第三封：驳李嘉图的地租学说，并论证新的租的理论》一书中说：“据以计算盈利的资本价值总额，是同随产品价值增加而增加的资本盈利额按同一比例增加的，盈利和资本之间的原来比例不因资本盈利的增加而有丝毫改变。”[①] 这就是说，资本量的变化，不会影响利润和资本之间的比率，即不会影响利润率。因为如果利润量增大，作为计算利润基础的资本量也会增大；反过来，如果利润量减少，作为计算利润基础的资本量也会减少。在这里，洛贝尔图斯把利润率和剩余价值率混为一谈了，他既看不到原料价值对利润率的影响，也看不到机器价值对利润率的影响。实际上，剩余价值率是由可变资本和剩余价值之比来决定，在剩余价值率已定、剩余价值量已定的情况下，以剩余价值量和预付总资本量相比才能得出利润率。预付总资本量中减去可变资本以后，还有不变资本，这种不变资本量的增加或减少（不管是属于机器等固定部分，还是属于原材料等流动部分），都会影响到预付总资本和剩余价值量之间的比率，即影响利润率。在这里，洛贝尔图斯看不到利润率和剩余价值率的区别，看不到不变资本部分对利润率的影响，从而得出资本量的变化不会影响利润率的结论，这显然是错误的。

洛贝尔图斯的看法只有在下述两个场合才是正确的。第一个场合是：其他一切条件不变，特别是剩余价值率不变，只是货币本身的价值发生变化。例如：原来总资本 100 元，剩余价值 20 元，利润率是 20%。如果货币价值增加一倍，代表 100 元总资本的物质形态，只要用 50 元货币就可买到，同样，代表 20 元剩余价值的产品也只要用 10 元就可买到，资

---

① 转引自《马克思恩格斯全集》第 34 卷，人民出版社 2008 年版，第 93 页。

本由100降为50，资本量发生变化，但利润率（10∶50）仍然是20%。反之，如果货币贬值，代表原来总资本的部分要用200元才可买到，同样，体现剩余价值的剩余产品也必须用40元购买，这时，虽然总资本由100元增到200元，资本量发生变化，但利润率（40∶200）仍为20%。这种场合说明，“所使用的资本只是表面上发生了量的变化”，即只是表现资本价值的货币价值的变化，而不是资本本身价值的变化。另一个场合是：资本本身的价值量虽然发生了变化，但资本的有机构成，即不变资本与可变资本的比例并没有发生变化。例如，总资本100，其中：80c+20v，m′为100%，m为20，p′是20%。如果总资本增加到200，相应地，不变资本与可变资本之比仍为8∶2，即160c+40v，m为40，p′仍然是20%。这种场合说明：“所使用的资本实际上发生了量的变化”，即资本本身的价值量在实际上是增加了，但“利润率在这里保持不变，因为资本的构成没有发生变化，没有受到资本的量的变动的影响”。上述这两种场合，都是偶然的非本质的情况，虽然在一定条件下是可能出现的，但绝不能由此得出资本的量的变化不会影响利润率的普遍性结论。实际上，马克思在本书第三章中早已指出，不变资本价值的变化，必然引起利润率的变化。例如：在利润率的总公式 $p'=m'\frac{v}{C}=m'\frac{v}{c+v}$ 中，如果C发生变化，分数 $\frac{v}{C}$ 的大小也就发生变化，从而利润率也会发生变化。

最后，马克思还指出，除了上述两种特殊场合以外，如果所使用的资本量发生变化，剩余价值并未按比例地发生变化，或者是，资本量变化，有机构成也发生变化，都会引起利润率的变化。“因此，在所有这些场合，在其他条件不变的情况下，所使用的资本量的变化，必然会同时伴有利润率的变化。”

有关利润率变动的几个问题

首先，利润率的提高，就其实质来说，无非是由剩余价值量的相对增加或绝对增加引起的（由于剩余价值量增加，才会引起它和预付总资本的比率提高），或者说是由利润率和剩余价值率之间的差额缩小所引起的。

其次，在资本有机构成不变，资本的绝对量不变的情况下，利润率也可能发生变化。这是因为：劳动生产率提高或降低，使再生产某些商品的社会必要劳动时间减少或增加，从而使商品价值减少或增加，在这种情况下，预付总资本的价值也会减少或增加，因此，一定量的剩余价值与它的比率就会发生变化，这就是说，利润率会因再生产过程中资本价值的变化而变化。

再次，在其他条件不变，只是资本有机构成发生变化的情况下，"利润率就会随着可变资本的相对提高而提高，随着可变资本的相对降低而降低"。

最后，如果其他条件不变，只是由于货币价值的变化而引起预付资本的提高或降低，那么，剩余价值的货币表现也会按相同的比例提高或降低，这时，利润率保持不变。

■ 第一篇是研究剩余价值如何转化为利润，剩余价值率如何转化为利润率，研究利润、利润率的本质及其变化的各种因素。紧紧围绕这个中心，马克思从各个不同方面进行了研究。第一章从商品价值的两部分来进行研究，分析了成本价格（c＋v）和利润（m）这两个不同范畴，论证了剩余价值如何向利润转化。第二章论证剩余价值率到利润率的转化，进一步完成了对剩余价值转化为利润的分析。第三章从利润率的变化可以和剩余价值率的变化相独立，进一步说明了由剩余价值率到利润率的转化。第四章从流通过程、从资本周转速度方面分析这种转化的必然性。第五、六章又着重分析了不变资本中的固定部分和流动部分对利润率变动的影响，从而揭示出剩余价值、利润好像是由机器、原料本身而产生的假象，更具体地说明了剩余劳动创造剩余价值的实质，如何为不变资本本身带来利润的假象所掩盖。这样，就完成了对剩余价值转化为利润，剩余价值率转化为利润率的分析，并为下一篇研究利润如何转化为平均利润奠定坚固的理论基础。学习这一篇，必须牢牢掌握上述中心，从质和量两方面，从现象与本质的关系，从逻辑的分析和历史的分析相结合等等，加深对上述转化的系统理解。

第 二 篇

利润转化为平均利润

第 八 章

不同生产部门的资本的不同构成和由此引起的利润率的差别

在第一篇研究了剩余价值转化为利润，剩余价值率转化为利润率的基础上，第二篇就接着研究：利润如何转化为平均利润、价值如何转化为生产价格的问题。通过这一研究，一方面揭示了，上述转化怎样进一步掩盖了利润和剩余劳动之间、价值和社会必要劳动之间的本质联系；另一方面又揭示了，资本家之间的激烈竞争怎样掩盖着整个资产阶级剥削整个工人阶级的秘密。

上一篇的研究是以个别资本作为前提的，它研究了在个别资本主义企业里，各种不同因素的变化对利润率所产生的影响；但无论从哪一方面来分析，都不可能论证由利润到平均利润的转化。要论证利润如何转化为平均利润，价值如何转化为生产价格，必须以社会资本为前提。因此，在本篇中，从社会资本出发，研究在不同的生产部门中，为什么等量资本会带来相同的利润率。正是以社会资本作为前提来研究，就会看出，资本主义的生产关系怎样因资本家彼此之间的激烈竞争而变得更加复杂化。

本篇共五章。第八章研究利润转化为平均利润的出发点和基本因素；第九章研究由利润到平均利润、价值到生产价格的转化过程；第十章进一步详细地分析了部门内部的竞争，个别价值如何转化为社会价值，部门之间的竞争，价值如何转化为生产价格的具体过程，从而完成了本篇所分析的全部问题。第十一、十二章是对本篇研究的问题所进行的补充说明。

现在先来看第八章。第八章实际上是提出问题。它指出，在剩余价值率相同的条件下，由于资本有机构成不同、资本周转速度不同，同量资本有不同的利润率，但资本主义发展的趋势是同量资本都要取得相同的利润率，这是个矛盾，怎样从理论上解决这个矛盾呢？这就是本章提出的问题。

假定一切部门的剩余价值率都是一样的

“在这一章中，我们假定，劳动剥削程度，从而剩余价值率和工作日的长度，在一个国家的社会劳动所分成的一切生产部门都一样大，一样高。”这就是说，假定一切部门的剩余价值率都是一样的。但实际上，各个部门的剩余价值率，因为各种具体条件不同而各不相等，那么，上述假定能否成立呢？能够成立。这是因为，从一方面看，不同生产部门的劳动剥削程度固然有差别，但资本主义生产方式是建筑在自由竞争的基础上的，不仅劳动者可以自由地出卖劳动，资本家也可以自由地投资，或把资本自由地由这一部门转入另一部门，这种运动趋势要求一切生产部门中的工作日长度相等，工资相等。斯密就曾论证过这种情况，指出各部门的剥削程度虽然有差别，但只是表面的暂时的差别，在研究一般关系时不应加以考虑。从另一方面看，虽然不同部门的工资有差别，但不同部门的劳动有简单劳动和复杂劳动之分，这是产生工资差别的客观基础，这决不会影响不同部门的劳动剥削程度。“如果金匠的劳动报酬高于短工的劳动报酬，那么，金匠的剩余劳动所创造的剩余价值，也会按相同的比例大于短工的剩余劳动所创造的剩余价值。”这就是说，复杂劳动比简单劳动在同一时间内会创造更多的价值，也会创造更多的剩余价值，所以，从事复杂劳动的工人工资虽高，并不等于他受的剥削就少。随着资本主义的发展，不同部门的工作日长度和工资日益平均化，虽然这种平均化会受到各种原因的阻挠，但这种平均化还是会日益形成的。在进行这种一般的研究时，“可以把这些阻力看作偶然的和非本质的东西而搁在一边”。因此，我们关于一切部门的剩余价值率都是一样的假定，是和资本主义生产本质完全一致的，是能够成立的。

从不同的国家来说，由于生产条件不同，劳动剥削程度不同，利润率也不同，能够据此推翻上述假定吗？也不行。因为“我们在这一篇中要说明的恰恰是，一般利润率在一个国家内是通过什么方式形成的”，国与国之间的差别可以暂时舍象掉。但是，如果研究国与国之间的利润的差别，这种差别是由剩余价值率的差别引起的，就要研究剩余价值率的差别；如果国与国之间的利润率差别不是由剩余价值率的差别引起的，那么在研究利润率时，也可以假定以剩余价值率相等为前提。

在第五、六章中已指出，假定剩余价值率不变，不变资本中的固定部分或流动部分的价值发生变化，就会引起利润率的提高或降低。在第四章也已指出，假定剩余价值率不变，由于资本周转时间不同，也会引起利润率的提高或降低。不变资本价值的变化，必然引起资本有机构成的变化，因此，在剩余价值率不变的情况下，由于资本的有机构成的不同，由于资本周转时间的不同，就会使不同生产部门的同量资本，提供不同的利润率。所以马克思作出结论，认为“如果其他条件不变，不同生产部门所使用的资本的周转时间不同，或者这些资本的有机组成部分的价值比率不同，那么，同时并存的不同生产部门的利润率就会不同”。

由于资本有机构成不同，不同生产部门的同量资本有不同的利润率

现在先来看看，由于资本有机构成不同，不同生产部门的同量资本有怎样不同的利润率。

首先，要准确地理解资本有机构成的含义。

什么是资本有机构成？马克思说：“我们把由资本技术构成决定并且反映这种技术构成的资本价值构成，叫作资本的有机构成。”关于这个定义，在《资本论》第一卷第二十三章中已经作了研究。不过在那里，是从资本积累的方面来研究；在这里，是从它对利润率的影响方面来研究。

在这里，要考察两个比率。

第一个比率：生产资料的数量和劳动力的数量之间的比率，形成资本的技术构成。一定量的生产资料，必须有一定量的活劳动来推动它，才能生产出一定数量的产品来。这种比率，随技术条件的不同而不同。一个纺纱工人推动一架手摇纺纱机，8 小时内可以纺出 10 磅棉纱，这是一种技术构成；如果一个机器纺纱工人推动 20 个纱锭，8 小时内可以纺出200磅棉纱，这又是一种技术构成。可见技术构成“是建立在技术基础上的，它在生产力的一定发展阶段可以看作是已定的”。但是，由于不同产业部门生产的产品不同，生产过程不同，因而技术构成也往往不相同；甚至同一产业部门，由于机器设备有先进和落后的差别，它们的技术构成也不相同。有怎样的技术构成，就要有怎样的生产资料与劳动力的比例，后者又可以不变资本价值和可变资本价值的比例体现出来，因而技术构成就决定着价值构成。由于技术是不断发展的，技术构成也随技术的发展而发展，技术构成改变，价值构成也必须相应地改变，所以技术构成是“能动组成部分”，“是资本有机构成的真正基础”。

第二个比率：不变资本和可变资本的比率，形成资本的价值构成。可变资本只是劳动力的指数，不变资本则是劳动力所推动的生产资料量的指数。这个比率在不同的产业部门可能是相同的，但大量的情况是不相同的。这种价值构成是由技术构成所决定，它的变化又是由技术构成的变化引起的，所以它是“被动组成部分的比率”。只有由技术构成所决定，并反映着技术构成变化的价值构成，才是资本的有机构成。但是价值构成也可与技术构成相独立地发生变化。如果价值构成变化不反映技术构成变化，在其他条件不变的情况下，这种变化虽然能影响利润率，但不一定都会影响利润量。所以，在技术构成不变时，价值构成可能发生变化；在技术构成变化时，价值构成也可能不变。这时，它们对利润率的影响是不同的。在考察有机构成对利润率的影响时，必须注意上述两方面变化的差别。

其次，在不同的产业部门里，同量资本由于有机构成不同而有不同的利润率。

例如，有A和B两个产业部门，他们的总资本都是700元，但他们的有机构成不同。A企业700元资本的构成是：600c＋100v，B企业700元资本的构成则相反，100c＋600v，假设它们的剩余价值率都是100%，A企业得剩余价值100元，B企业得剩余价值600元，他们的利润率分别是：

A企业：$p'=\frac{100m}{700C}=\frac{1}{7}=14\frac{2}{7}\%$

B企业：$p'=\frac{100m}{700C}=\frac{6}{7}=85\frac{5}{7}\%$

这说明："即使资本额相等，利润率在这里也不等，因为在剩余价值率相等时，由于所推动的活劳动量不等，所生产的剩余价值量就不等，因而利润也就不等。"如A企业，可变资本100元，只推动100元的劳动力。B企业，可变资本600元，则推动600元的劳动力。"可变资本不仅是它本身所包含的劳动的指数；在剩余价值率已定时，它同时还是超出这个限度所推动的超额劳动或剩余劳动的指数。"这就是说，如果100元可变资本可以雇佣100个工人，700元可变资本则可雇佣700个工人，在剩余价值率均为100%的情况下，100个工人除创造100元价值补偿作为可变资本的工资外，还会创造出100元的剩余价值；700个工人除创造700元价值补偿工资外，还会创造出700元的剩余价值。可见，可变资本不仅包含补偿劳动力价值（即工资）的指数，而且包含剩余劳动所创造的剩余价值的指数。所以，在上例资本额相等的情况下，由于有机构成不同，因而可变资本量不同，致使推动的劳动量不同，创造出的剩余价值量也不同，从而利润率也不同。

上例是就技术构成不同、因而价值构成也不同的情况而言的。如果出现另一种情况，即技术构成相同，但价值构成不同，又将如何呢？仍以A、B企业为例，这两个企业每100个工人都推动同等数量的机器和原料，但B企业的机器和原料比A企业贵。

A企业：200c＋100v＋100m，则利润率为：$p'=\frac{100m}{200c+100v}=\frac{1}{3}=33\frac{1}{3}\%$。

B企业：400c＋100v＋100m，则利润率为：$p'=\frac{100m}{400c+100v}=\frac{1}{5}=20\%$。

在这里，剩余价值率、剩余价值量、利润量都是相等的，因为可变资本是相等的，但由于不变资本的量不相等，从而有不同的利润率。如用百分数计算，仍能还原为资本构成不等的情形。在A企业，每100元资本中有$\frac{1}{3}$是可变资本；在B企业，每100元资本中只有$\frac{1}{5}$是可变资本。在剩余价值率相同的条件下，A企业100元资本所推动的活劳动较多，因而剩余价值或利润也较多；B 企业 100 元资本所推动的活劳动较少，剩余价值或利润也较少。所以，这里利润率的不同，再还原为 100 元资本所带来的剩余价值或利润量也就不同了。由此可见，在技术构成相同，但价值构成不同的 A、B 企业里，每 100 元资本的利润率也是不相同的。

结论是："资本的有机构成不同，同资本的绝对量无关。问题始终只是：每 100 中有多少可变资本，有多少不变资本"。有机构成是以不变资本价值与可变资本价值的比率为标准。由于有机构成不同，不同企业的同量资本就会有不同的利润率。

再次，由有机构成不同而形成的这种不同的利润率的基础是什么？是预付资本的绝对量吗？不是，资本本身不能创造价值，预付资本绝对量的增减不是形成利润率高低的基础。是生产资料使用上的节约吗？也不是，这是第五章已经研究过的问题。由有机构成不同而产生的利润率不同的基础是劳动，是创造剩余价值的剩余劳动。"在不同生产部门，总资本的大小相等的部分，包含着剩余价值的大小不等的源泉，而剩余价值的唯一源泉是活劳动。"这就是说，在剩余价值率相等时，不同生产部门的等量资本，由于有机构成不同，可变资本就不同，因而推动的劳动力不同，创造出的剩余价值量也不同，结果就会有不同的利润率。例如，在 100 元总资本中，A 企业的有机构成是 8∶2，80c＋20v，创造出 20 元的剩余价值，利润率是 20％；B 企业的有机构成 6∶4，60c＋40v，创造出 40 元的剩余价值，利润率是 40％。由此可见，他们的总资本虽然相同，但由于可变资本不同，创造出的剩余价值不同，因而有不同的利润率。这说明，利润率的基础仍然是工人在剩余劳动时间所创造的剩余价值，如果离开这一点，"政治经济学就会失去任何合理的基础了"。

根据以上分析，马克思指出，不同生产部门的等量资本，由于有机构成不同，会生产出不等的利润，这就是："不同生产部门的利润，不和各部门分别使用的资本量保持比例"。也就是说，等量资本不会提供等量利润。这是由有机构成不同而产生的。

最后，关于国与国之间的利润率的比较问题。由于不同国家的生产发展水平不同，劳动剥削程度不同，剩余价值率也不同，这就会形成不同的利润率。即使在剩余价值率相同的情况下，由于各国的资本有机构成不同，也会有不同的利润率。“各国的不同的利润率，大多是以各国的不同的剩余价值率为基础的”。但我们在本章中所研究的，只是在剩余价值率相同的情况下，由于有机构成不同而产生不同的利润率，这只是一种特殊情况，而不是一般情况。因此，在研究国与国之间的利润率时，首先要注意对剩余价值率作比较，然后再对有机构成作比较。

由于资本周转时间不同，不同生产部门的同量资本有不同的利润率

不同生产部门的同量资本，除了因有机构成不同而有不同的利润率以外，还会因资本周转时间不同而产生不同的利润率。在本书第四章中已经研究过：同一生产部门的同量资本，由于资本周转时间不同，会有不同的利润率。该章所讲的原理，用于不同的生产部门，也是完全适用的。这就是：“在资本构成相同，其他条件也相同时，利润率和周转时间成反比”。假设A、B企业资本量都是100元，有机构成相同，都是80c+20v，剩余价值率都是100%。如果A企业资本一年周转一次，带来剩余价值20元，$p'=\frac{20}{100}=20\%$；B企业资本一年周转二次，带来剩余价值40元，$p'=\frac{40}{100}=40\%$。可见，“周转时间的差别，是等量资本在不同生产部门在相等时间内生产出不等量利润的另一个原因，因而也是这些不同生产部门利润率不等的另一个原因”。

至于由固定资本和流动资本之间形成的比率差别，会不会对利润率发生影响呢？“就它本身来说，它根本不会影响利润率。”但要注意两种情况。一种情况是：固定资本和流动资本的比率和不变资本和可变资本的比率相符合，这时，利润率的差别，是由不变资本与可变资本的比率差别所引起，并不是由固定资本和流动资本的比率差别引起的。另一种情况是：由于固定资本和流动资本的不同比率，引起了资本周转时间的差别，这时利润率的差别，是由资本周转时间不同直接引起的，但固定资本和流动资本的比率差别，也会起着间接影响。因为在固定资本比重较大的部门，资本周转较慢，在流动资本比重较大的部门，资本的周转则较快，在其他条件都相同的条件下，前一种部门的利润率较低，后一种部门的利润率则较高。但这只是间接作用，不是直接影响，所以马克思说，“如果出现了利润率不等的现象，这并不是由于流动资本和固定资本的不同构成本身造成的，相反地，是因为在这里，这种不同的构成只是表明了一种会对利润率发生影响的周转时间上的不等”。但是必须注意，在资本主义发展过程中，由于固定资本增加，往往同时表现为不变资本比可变资本占有更大的比重，利润率会发生变动。根据这一现象，人们往往不懂得这是有机构成的变化，而错误地认为是固定资本和流动资本的比率变动对利润率所产生的影响。

必须解决的一个问题

根据以上分析，得出的结论是：在商品按照价值出售的条件下，不同生产部门的同量资本，尽管剩余价值率相同，但由于资本有机构成不同和资本周转时间不同，产生了不同的利润率。但是，在资本主义的实际经济生活中，不同部门的同量资本，不管有机构成和周转时间如何不同，都要求获得同量利润，有同等的利润率。如果得不到同等的利润率，那些投在利润率低的部门的资本，就会全部转移到利润率高的部门中去，这样，资本主义生产过程的联系就会被破坏。“所以，在这里，价值理论好像同现实的运动不一致，同生产的实际现象不一致”。这是一个矛盾，也是需要解决的问题。解决这个问题，一方面，要遵循劳动价值理论，另一方面，又要揭示等量资本必须取得等量利润的客观规律性。在这一章中，马克思只提出了上述问题；对这一问题的回答，是本书第九、十章的任务。

■ 本章提出问题的实质是：如果按照商品价值交换，同量资本就不能取得同量利润，即平均利润；反之，如果要取得平均利润，商品就不能按照价值交换。这个问题，资产阶级古典学派是无法解决的。斯密无法说明这个问题，只好承认劳动创造价值的原理在资本主义以前是适用的，到了资本主义社会，价值就要由工资、利润、地租所构成，这就放弃了劳动价值论。李嘉图一贯坚持劳动价值理论，但无法解决平均利润和价值规律的矛盾，结果成为李嘉图学派彻底破产的两个难题之一。[①]

---

① 参阅恩格斯：《资本论》第2卷序言，人民出版社2004年版。

马克思第一次科学地解决了这个问题。他创造了平均利润和生产价格理论，在坚持劳动价值理论的基础上，论证了平均利润率规律和生产价格等一系列范畴，科学地分析了资本主义经济本质和现象之间的关系，使剩余价值理论的内容更加丰富、更加完善。

第九章

一般利润率（平均利润率）的形成和商品价值转化为生产价格

在上一章中曾经提出了这样的问题：不同生产部门的同量资本，由于有机构成不同和周转时间不同，有不同的利润率；但在资本主义的实际经济生活中，同量资本却要有相同的利润率。这个问题，就要在本章中通过对平均利润和生产价格范畴的研究来解决。本章的中心，就是着重研究平均利润和生产价格的问题。

本书第一篇研究了剩余价值转化为利润的问题，这是转化的第一层次，这个转化的过程是：商品价值中的不变资本价值和可变资本价值采取成本价格的形式，商品价值中的剩余价值部分则采取利润的形式。现在所研究的，是利润的“再转化”，即转化的第二层次，利润转化为平均利润，价值转化为生产价格，这个转化过程是：利润采取平均利润的形式，价值采取生产价格的形式。必须注意，马克思是通过对剩余价值转化为利润、利润再转化为平均利润的分析，从而论证价值转化为生产价格的问题的。

平均利润率的形成

马克思指出，利润的“平均化显然是结果，而不可能是起点”①。要研究平均利润，首先要研究平均利润率。

平均利润率是怎样形成的呢？

马克思是用两种图表来进行说明的。假定社会有五个生产部门，它们不变资本的价值一次全部转移到产品中去，它们的剩余价值率都相同，把资本周转时间不同的因素暂时撇开，由于有机构成不同，从而有不同

① 《资本论》第3卷，人民出版社2004年版，第195页。

的利润率。

资　　本	剩余价值率	剩余价值	产品价值	利润率
Ⅰ 80c＋20v	100％	20	120	20％
Ⅱ 70c＋30v	100％	30	130	30％
Ⅲ 60c＋40v	100％	40	140	40％
Ⅳ 85c＋15v	100％	15	115	15％
Ⅴ 95c＋5v	100％	5	105	5％
合计 390c＋110v＝500		110	610	

从上表可见，这五个部门投下的资本总额为500，它们生产的剩余价值总额是110，商品价值总额是610。如果不把它看成是五个不同部门，而把它看作是一个资本，分别投在一个企业的五个车间，即看成只是一个资本的不同组成部分，我们就会看到：

1. 500资本的平均有机构成为390c＋110v，以每100资本计算就是78c＋22v；

2. 假定m′都是100％，每100资本都可带来22的剩余价值；

3. 每100资本所取得的平均利润率都是22％；

4. 因此，上述产品五分之一的价格都是122，全部预付资本的任何五分之一的产品，都必须按122的价格出售。

上述例表是假定不变资本价值一次全部转移到产品中去的，但实际情况并不是一次都转移过去，而转移的部分又是有多有少，各不相同的，如果简单地看问题，就会得出完全错误的结论。但是，马克思为什么又要作上述假定，并作为第一个例表来分析呢？这是因为：利润率是剩余价值量与整个预付资本的比率，如把剩余价值量仅直接和转移来的这部分不变资本对比，从理论上说也是不对的。

马克思提出第一例表后，接着又提出了第二例表，着重说明产品价值中只包含已转来的不变资本部分的价值。

资　　本	剩余价值率	剩余价值	利润率	已经用掉的 c	商品价值	成本价格
Ⅰ 80c＋20v	100％	20	20％	50	90	70
Ⅱ 70c＋30v	100％	30	30％	51	111	81
Ⅲ 60c＋40v	100％	40	40％	51	131	91
Ⅳ 85c＋15v	100％	15	15％	40	70	55
Ⅴ 95c＋5v	100％	5	5％	10	20	15
合计 390c＋110v	—	110	—	—	—	—
平均 78c＋22v	—	22	22％	—	—	—

表中“已经用掉的 c”，指不变资本中的固定资本转移到商品价值中的部分和转移来的原材料价值部分。“利润率”系指不同企业的特殊的利润率，不是指平均利润率。

这样，再把这五个资本看成是一个资本，和第一表一样，这五个资本的平均有机构成是：78c＋22v，平均剩余价值也是 22，平均利润率也是 22％。

由此可见，五个部门投入的资本虽然是相同的，由于有机构成不同，利润率也不同。但由于竞争之故，这种不同的利润率，就要均衡化为一般利润率，即平均利润率，[①] 上表中的 22％，就是平均利润率。“按照这个一般利润率归于一定量资本（不管它的有机构成如何）的利润，就是平均利润。”[②] 可见，整个过程是，先由不同利润率产生平均利润率，再由平均利润率计算出平均利润。

生产价格的形成

现在，再来看生产价格是怎样形成的。

首先，什么是生产价格？马克思指出：“求出不同生产部门的不同利润率的平均数，把这个平均数加到不同生产部门的成本价格上，由此形成的价格，就是**生产价格**。”为了说明生产价格的形成，马克思特制了第三表。

① 至于如何因竞争而达到均衡化的过程，在下一章，即第十章中将进行研究。

② 《资本论》第 3 卷，人民出版社 2004 年版，第 177 页。

资　　本	剩余价值	商品价值	商品成本价　　格	商品价格	利 润 率	价格同价值的　偏　离
Ⅰ 80c＋20v	20	90	70	92	22％	＋2
Ⅱ 70c＋30v	30	111	81	103	22％	－8
Ⅲ 60c＋40v	40	131	91	113	22％	－18
Ⅳ 85c＋15v	15	70	55	77	22％	＋7
Ⅴ 95c＋5v	5	20	15	37	22％	＋17

表中的“商品价值”，系由第二表“已经用掉的 c”部分＋v＋m 组成。表中的“商品成本价格”部分，系由“已经用掉的 c”＋可变资本部分组成。表中的“商品价格”部分，系由本表“商品成本价格”＋按“利润率”22％计算应得的利润组成。表中的“利润率”部分，系指平均利润率。

根据上表，商品按照价格出卖，有的价格高于价值，有的价格低于价值。如Ⅰ、Ⅳ、Ⅴ，都是价格高于价值，价格高于价值的部分共计有：2＋7＋17＝26。如Ⅱ、Ⅲ，都是价格低于价值，价格低于价值的部分共计有 8＋18＝26。两者之间，价格与价值之差，因利润平均化而互相抵消。这样，一部分商品价格在价值以上售卖，一部分商品价格在价值以下售卖，只是因为这样，不同的利润率（见第二表）才均衡为平均利润率 22％。这就是，把不同利润率均衡为平均利润率，由此产生平均利润，再以成本价格加平均利润，就是生产价格。所以马克思又说：“因此，商品的生产价格，等于商品的成本价格加上依照一般利润率按百分比计算应加到这个成本价格上的利润，或者说，等于商品的成本价格加上平均利润。”可见，生产价格是以平均利润率的存在为前提，而平均利润率又是以各特殊生产部门不同的利润率通过竞争、资本转移、使利润率均衡化为前提。

本来，不同生产部门的同量资本，由于有机构成不同，周转时间不同，利润率是极不相同的。“这些不同的利润率，通过竞争而平均化为一般利润率，而一般利润率就是所有这些不同利润率的平均数。按照这个一般利润率归于一定量资本（不管它的有机构成如何）的利润，就是平均利润。”这就是说，一定量的资本依据平均利润率计算它所应得的利润，就是平均利润。例如，资本 100 元，平均利润率 22%，平均利润为 22 元；如资本是 500 元，平均利润率仍是 22%，平均利润为 110 元。

其次，再对商品生产价格构成的两个部分进行分析。

成本价格和平均利润都是生产价格的组成部分，但两者之间还是有区别的。从它们的区别看，成本价格是特殊的，而平均利润则是相等的。

为什么说成本价格是特殊的呢？商品生产价格中的成本价格部分，是用于补偿不变资本价值和可变资本价值的消耗，而不同生产部门，由于它们生产的产品不同、生产的条件不同，它们支出的不变资本和可变资本是不同的。资本家消耗了这部分不变资本和可变资本，还必须再买回这些用掉的资本价值部分，“也就是说，成本价格，完全是由各生产部门的支出决定的”。例如：Ⅰ的成本价格是 70，Ⅱ的成本价格是 81，Ⅴ的成本价格是 15，它们是各不相同的，所以说它是“特殊的”。

为什么说平均利润是相等的呢？不同生产部门的同量资本可以剥削到不同的剩余价值量，有不同的利润量，但是他们在出售商品时，由于平均利润率规律发生作用，价格可以高于或低于商品价值；这样，不同生产部门的资本虽然通过出售商品能够把在生产上消耗的成本价格部分全部收回，但不一定能把本部门生产的剩余价值或利润全部占有。“他们不是得到了本部门生产这些商品时所生产的剩余价值从而利润，而只是得到了社会总资本在所有生产部门在一定时间内生产的总剩余价值或总利润均衡分配时归于总资本的每个相应部分的剩余价值从而利润”。这就是说，这种平均利润，不是由这一定量资本在这个生产部门所实际生产的剩余价值量或利润量决定，“而是由每个所使用的资本作为总生产所使用的社会总资本的一定部分在一定时间内平均得到的利润量决定的”。例如：预付资本 100 元，平均利润率为 22%，可得平均利润 22 元；如预付资本 300 元，平均利润率不变，则可得平均利润 66 元。不管是什么生产部门，不管资本有机构成的高低或资本周转时间的快慢，是Ⅰ、Ⅱ还是Ⅴ等等，同量资本都会得到同量的平均利润，所以平均利润不以“特殊生产部门为转移，而只是归于每 100 预付资本的平均数”。尽管在Ⅰ到Ⅴ的部门中，成本价格各不相同，而一定量资本所取得的利润则都是相等的。

这就说明，生产价格构成的这两个因素是不一样的。

再次，还要弄清楚个别部门的商品生产价格和全社会商品生产价格的关系。

“如果把社会当作一切生产部门的总体来看，社会本身所生产的商品的生产价格的总和等于它们的价值的总和”。这也等于说，全社会的商品生产价格总和，等于全社会的成本价格总和加剩余价值或利润的总和。

这个论点从表面看来好像是矛盾的。这是因为：从一方面看，在资本主义生产中，资本家必须购买生产资料，这些生产资料是另一资本主义企业生产出来的，就是说，它是按照其生产价格从另一企业购买来的，这样，按生产价格购买来的生产资料中已包含着另一资本主义企业的平均利润，“就是说，一个产业部门的利润会加入另一个产业部门的成本价格”。这样，利润不是重复计算了吗？全社会的商品生产价格等于成本价格加剩余价值总和，不是不准确了吗？不是矛盾吗？从另一方面看，一个产业部门的商品生产价格和它的价值往往不一致，因为它的平均利润和它实际剥削的剩余价值不一致，那么，商品的总生产价格等于总价值的原理，不是又好像发生矛盾了吗？

其实，从个别生产部门看，上述情况确实是存在的；但如从整个社会的生产来看，这个矛盾就已解决了。我们现在研究的，不是个别生产部门的商品生产价格，而是社会全部商品的生产价格。虽然一个生产部门的利润会加到另一生产部门的成本价格中去，但当计算总生产价格时，把全国商品的成本价格的总和放在一方，把全国的剩余价值或利润的总和放在另一方，就不会有重复的现象出现，“我们就会得到正确的计算”。因为，不管哪个生产部门，都不会把自己的利润加到自己的成本价格中去，所以就整个商品的成本价格总和来说，不会出现重复计算利润的情况。至于另一方面，本部门的剩余价值和所实现的平均利润往往不一致，“不过这一切总是归结为这样的情形：加入某种商品的剩余价值多多少，加入另一种商品的剩余价值就少多少，因此，商品生产价格中包含的偏离价值的情况会互相抵消”。这就是说，从个别生产部门看，这种价值与生产价格相偏离的情况是存在的，但从全社会看，生产价格总和同价值总和是完全相等的，不同部门、不同企业产品的价值与生产价格不相等的差额会互相抵消。这种互相抵消的计算法，好像是数学习题，那么，在资本主义社会里，谁来自觉地进行这种计算，进行相加、相减呢？没有，只是通过竞争，通过市场，自发地实现着的。“总的说来，在整个资本主义生产中，一般规律作为一种占统治地位的趋势，始终只是以一种极其错综复杂和近似的方式，作为从不断波动中得出的、但永远不能确定的平均数来发生作用。”这就是说，利润率的平均化只是资本主义经济中的一个内在趋势，要从数学意义上把各个生产部门的剩余价值量、利润率以及各生产部门的资本在整个社会总资本中所占的比重，准确无误地计算出来，然后再求得数学意义上的平均利润率，那是不可能的。

由此可见，上述两方面表面上是矛盾的，实际上是不矛盾的，这种情况正好说明了个别生产部门的商品生产价格和全社会商品生产价格之间的关系。

最后，还要注意决定平均利润率的因素问题。

前面说过，平均利润率是由各生产部门的不同利润率加以平均得到的。但如果把平均利润率仅仅理解为各部门的不同利润率的简单平均则是不够的。因为除去不同生产部门的利润率不同这一因素外，不同生产部门的资本量在总资本中所占的比重多少，对平均利润率也有决定作用。“所以很清楚，社会资本每 100 的平均利润，从而平均利润率或一般利润率，由于投在不同部门的各自的资本量不等而差别很大。”假设有四个资本 A、B、C、D，它们的资本都是一样大，即都是 100，剩余价值率都是 100%；又假设每 100 的资本中，可变资本不同，A 是 25，B 是 40，C 是 15，D 是 10，这样，总资本 100 的剩余价值或利润，A 是 25，B 是 40，C 是 15，D 是 10，合计是 90。由于这四个资本一样大，平均利润率就是 $\frac{90}{400}\%=22\frac{1}{2}\%$。

如果这四个资本的量不是一样大，假定 A 是 200，B 是 300，C 是 1000，D 是 4000，资本合计是 5500；按照以上可变资本在每 100 资本中所占的比例由 $m'=100\%$ 而带来的剩余价值，A 为 50，B 为 120，C 为

150，D为400。[①] 利润合计是720，平均利润率则是：$\frac{720}{5500}\%=13\frac{1}{11}\%$。

这就是说，只用不同生产部门的不同利润率相加还不够，还要从不同生产部门的资本量在社会总资本中所占的比重方面来研究。所以马克思说："在一般利润率的形成上，问题不仅在于不同生产部门利润率的差别，求出它们的简单平均数，而且还在于这些不同利润率在平均数形成上所占的比重。而这取决于投在每个特殊部门的资本的相对量，也就是取决于投在每个特殊生产部门的资本在社会总资本中占多大的部分。"这也就是说，平均利润率是由两个因素决定的，一是不同生产部门的不同利润率，二是不同生产部门的资本在社会总资本中所占的比例。如果仅仅以前者作为决定平均利润率的因素显然是不够的，平均利润率是按各生产部门资本数量为权数计算的各部门利润率的加权平均值。[②]

还须注意，马克思在论述决定平均利润率的两个因素时，把周转速度的差别暂时撇开了，他是假定资本在一年周转一次的情况下来论述平均利润率的，这种平均利润率实际上是年平均利润率。马克思说："因为一般利润率是由每100预付资本在一定期间比如说一年内的不同利润率的平均数形成的，所以，在一般利润率中，由不同资本的周转时间的差别引起的差别，也就消失了。但这种差别，对不同生产部门的不同利润率有决定作用，而这些不同的利润率的平均数形成一般利润率。"[③]

从本质上来看，平均利润率不过是把社会总资本作为一个整体看待时

---

① 为什么A、B、C、D取得如上利润，因为：

A. 100资本中，可变资本占25，m′为100%，每100资本带来的m为25。A的200资本，即可带来m或利润50。

B. 100资本中，可变资本占40，m′为100%，每100资本可带来m为40。B的资本是300，即可带来m或利润120。

C. 100资本中，可变资本占15，m′为100%，每100资本可带来的m为15。C的资本是1000，即可带来m或利润150。

D. 100资本中，可变资本占10，m′为100%，每100资本带来的m为10。D的资本是4000，即可带来m或利润400。

② 在计算若干个数量的平均数时，根据每个数量在总量中所具有的重要性不同，可分别给予不同的权数（即对各个变量值具有权衡轻重作用的数值）。按不同权数计算的各个数量的平均数，叫作"加权平均"。

③ 《资本论》第3卷，人民出版社2004年版，第181页。

所得的利润率，它是剩余价值总额与社会总资本的比率。用公式表示就是：

$$\text{平均利润率}=\frac{\text{剩余价值总额}}{\text{社会总资本}}$$

这就明显看出，平均利润率不能仅仅看成是不同利润率的简单平均，还要看社会总资本在不同生产部门之间的分配。在其他一切条件已定的前提下，"平均利润率取决于总资本对总劳动的剥削程度"[①]。

生产价格和价值的关系

现在，"商品的**生产价格**作为价值的一个转化形式而发展起来了"，因此，就要进一步研究生产价格和价值的关系。

生产价格是价值的转化形式，它们之间是形式与内容的关系。价值是内容，生产价格是价值表现所转化的形式。也可以说，两者之间是本质和现象的关系。价值是本质，生产价格是经济现象。但现象与本质往往不一致，因为现象往往是本质的歪曲的表现。

要弄清价值与生产价格的关系，必须研究以下几个问题。

首先，要弄清楚个别生产部门的生产价格和价值的关系。从整个社会来看，商品的生产价格总和等于它们的价值的总和，它们在量上是完全一致的。如果从个别生产部门来看，商品的生产价格与价值相等只是偶然现象，它们的不相等则是经常发生的。为什么呢？这是由于不同企业的资本有机构成不同而造成的。

资本有机构成是由社会劳动生产力的发展水平决定的，劳动生产力在不同生产部门的特殊发展，在程度上往往是不同的，有的高，有的低。在社会劳动生产力较高的部门里，一定量的劳动力能推动较多的生产资料，因而产生高的资本构成。在社会劳动生产力较低的部门里，资本构成就较低。这里所说的资本构成的高或低，是与平均的资本有机构成相比而言的。马克思指出，"我们把那种同社会平均资本相比，不变资本占的百分比高，从而可变资本占的百分比低的资本，叫作**高**构成的资本。反之，把那种同社会平均资本相比，不变资本比重小，而可变资本比重大的资本，叫作**低**构成的资本。最后，我们把那种和社会平均资本有同

---

① 《资本论》第3卷，人民出版社2004年版，第219页。

样构成的资本，叫作平均构成的资本”。如果 80c＋20v 是社会的平均构成，那么，90c＋10v 或 85c＋15v，都是高构成的资本，70c＋30v 或 75c＋25v，都是低构成的资本。现在假定，有三个企业，总资本相同，剩余价值率和平均利润率都相同，资本周转时间的情况暂时撇开不说，只是由于有机构成不同，因而在不同的企业里，价值与生产价格的关系就不一样。列表如下：

有机构成	资　本	剩　余价值率	剩余价值	平　均利润率	价值	生产价格	生产价格与价值之差
Ⅰ. 平均有机构成	80c＋20v	100%	20	20%	120	120	相　等
Ⅱ. 高构成	90c＋10v	100%	10	20%	110	120	＋10
Ⅲ. 低构成	70c＋30v	100%	30	20%	130	120	－10
合　　计	240c＋60v		60		360	360	

由此可见，高构成的资本，如企业Ⅱ，价值小于生产价格；低构成的资本，如企业Ⅲ，价值大于生产价格；只有企业Ⅰ，是平均构成，价值才等于生产价格。但是从这三个企业的总和来看，价值 360 与生产价格 360，则是完全相等的，并没有发生量的变化。这就说明，虽然从全社会来看，价值与生产价格是相等的，但就个别企业来看，价值与生产价格相一致是偶然现象，它们的不一致则是经常发生的。

其次，要弄清楚商品成本价格定义的修改和生产价格的公式。

如上所说，个别生产部门产品的价值和生产价格往往不一致，这“对商品成本价格的规定是一种修正”。为什么呢？以前我们假定，商品的成本价格，等于生产该商品所消费的各种商品的价值，即转移来的不变资本价值与可变资本价值，即成本价格＝c＋v。现在呢？情况不同了，生产该商品所消耗的各种商品（生产资料和劳动力），不是按其价值购买并转入新的产品中去，而是按照生产价格购买来的。由于这些商品的生产价格可以大于或小于其价值，往往与价值不相等，因而转移到新产品中去的这些商品的生产价格部分，也往往与价值不相等。这样，计算加入商品的成本价格的，就不是转移来的商品价值，而是转移来的商品的生产价格了。这样，成本价格等于转移来的不变资本与可变资本价值的定义，就要修改为：成本价格等于转移来的所消耗的各种商品的生产价格了。“因为生产价格可以偏离商品的价值，所以，一个商品的包含另一个商品的这个生产价格在内的成本价格，也可以高于或低于它的总价值中由加到它里面的生产资料的价值构成的部分。必须记住成本价格这个修正了的意义”。

现在，成本价格的定义虽然有如上修改，但成本价格比价值小这个命题，仍然是正确的。这就是说，资本家花去成本价格，生产出新的产品来，新产品中除成本价格外，还包括由工人所创造的剩余价值转化而来的利润，尽管成本价格高于或低于所消耗的商品的价值，但在新商品的价值中，成本价格只占一部分比重，另一部分则体现为利润。所谓成本价格比价值小，系指成本价格必然小于产品的价值而言。但是这个命题现在也要做进一步的修改，这就是，把商品的成本价格比价值小的命题修改为商品的成本价格比生产价格小的命题了。马克思说，“成本价格小于商品价值的论点，现在实际上转化为成本价格小于生产价格的论点”。为什么呢？因为价值转化为生产价格，生产价格取代原来的价值的位置了。但这是就个别生产部门来说的。如果就全社会来看，成本价格比价值小和成本价格比生产价格小的观点，是完全一致的，因为全社会的生产价格总和等于价值的总和。在这里，我们必须弄清楚成本价格、价值、生产价格三者之间的严格区别：“商品的成本价格，只是涉及商品中包含的有酬劳动的量；价值，是涉及商品中包含的有酬劳动和无酬劳动的总量；生产价格，是涉及有酬劳动加上不以特殊生产部门本身为转移的一定量无酬劳动之和。”

现在，商品生产价格的公式，要作更严密的规定。过去，说商品生产价格＝成本价格＋利润，这就不够了，应该是：生产价格＝成本价格＋平均利润，即“生产价格＝k＋kp′”[①]。

---

① k是成本价格的缩写，“kp′”，系指由成本的支出所能得到的利润，相当于我们现在所说的成本利润率。这里的公式，应是以总资本计算的平均利润率，那么，用“kp′”是否妥当呢？应该说是可以的。这是因为：《资本论》第3卷曾假定，“在一年周转一次的前提下”，资本一年周转一次，则既是“成本利润率”，也是资本利润率，在这里，把“kp′”作为平均的资本利润率来理解，才是正确的。参见《资本论》第3卷，人民出版社2004年版，第184页。

再次，还要弄清楚：生产价格变化的基础是什么？

从具体的生产部门看，商品生产价格的变化是由下述情况所引起：或者是，加入商品的价值量不变（即加入商品的死劳动和活劳动的量不变），平均利润率变化，因而平均利润变化，导致生产价格发生变化；或者是，平均利润率不变，但加入商品的价值量发生变化，从而造成生产价格的变化；或者是，两者都变化，从而引起生产价格的变化。这就是说，生产价格的变化，是由加入商品的价值和平均利润率的变化引起的。加入商品的价值变化，引起生产价格的变化，这正好说明，商品生产价格变化的基础是商品价值的变化。但是，平均利润率的变化引起生产价格的变化，这又将如何解释呢？必须注意，平均利润率的变化，也是要以商品价值的变化为前提。所以商品生产价格的变化，归根到底，都是要以商品价值的变化为基础的。

怎样理解这个问题呢？

第一，第 186 页第 3 段，马克思指出，个别生产部门的利润率会经常发生变动，但平均利润率要在较长时期内才会发生变动，因为个别生产部门的利润率的变动，必须在长期内才能互相结合、互相均衡，形成新的平均利润率。“因此，在任何一个较短的时期内（把市场价格的波动完全撇开不说），生产价格的变化显然总是要由商品的实际的价值变动来说明”。这就是说，在短时期内，平均利润率是不会发生变动的，只有加入商品的实际价值的变动才会引起生产价格的变动。

第二，第 186 页第 4 段，马克思指出，从社会总资本看，商品价值等于不变资本价值加可变资本价值加剩余价值。如果剩余价值率不变，剩余价值量也不变，只有不变资本的价值变化或可变资本的价值变化，或者两者的价值都变化，才会引起利润率的变化，从而引起平均利润率的变化。这就是说，利润率和平均利润率的变化，都要以作为资本要素的商品价值的变动为前提。

第三，第 186 页第 5 段和第 187 页第 1 段，马克思又指出，在商品价值不变时，剩余价值率的变化就会引起平均利润率的变化。如果剩余价值率不变，但资本有机构成变化，也会引起平均利润率的变化。有机构成的变化往往是由资本技术构成变化所引起，从而导致价值构成的变化，所以，平均利润率的变化，还必须以商品价值的变动为前提。

由此可见，商品生产价格的变化，是以商品价值的变化为基础的。离开商品价值的变化，就无法说明与生产价格有关的一切问题。

利润转化为平均利润、价值转化为生产价格，进一步掩盖了资本关系的本质

在第一篇已经研究了剩余价值转化为利润，剩余价值率转化为利润率，把资本剥削雇佣劳动的本质掩盖了。由于剩余价值转化为利润，利润表现为预付总资本的产物，可变资本的特殊作用，剩余价值的源泉，就模糊起来看不清楚了。“因此，实际上，剩余价值本身在它的这个转化形态即利润上否定了自己的起源，失去了自己的性质，成为不能认识的东西”。这主要是从质的方面来考察的。至于量的方面，剩余价值量和利润量还是一致的。“而在转化的这个第一阶段上，实际的量的差别还只存在于利润率和剩余价值率之间，而不是存在于利润和剩余价值之间”。为什么说实际的量的差别只存在于利润率和剩余价值率之间呢？因为剩余价值率转化为利润率以后，利润率同剩余价值率完全不相同，它们以不同的比率表示着不同的关系，一方面，利润率的变化可以和剩余价值率的变化不一致，在量上可以独立地发生变化；另一方面，利润率是以剩余价值量与预付总资本相比较而发生关系，好像利润是全部预付总资本产生的，这就是说，利润率从两个不同方面掩盖着资本的本质。但是尽管如此，人们还可以觉察到利润和剩余价值之间，利润和工资之间，还存在着某种联系。这说明，在转化的第一层次上，剩余价值和利润，还只是质的变化，还没有发生现实的量的差别。

现在研究的，是转化的第二层次，即利润转化为平均利润，价值转化为生产价格，这时又出现了新的情况。“现在，不仅利润率和剩余价值率，而且利润和剩余价值，通常都是实际不同的量。”这就是说，不仅有质的差别，而且在量上也不同了。现在，对个别生产部门来说，平均利润和剩余价值相等，只是偶然的现象，它们的不相等，却是经常的大量存在的现象了。因此，在个别生产部门的资本家看来，他们剥削到的剩余价值量并不那么重要了，因为不管你剥削了多少剩余价值量，商品按生产价格出售时，只能取得平均利润的那一部分；这时，他们的利润量并不与本部门生产的剩余价值量相等，而是与本部门的总资本量成比例，即等量资本取得等量利润，这时他们所关心的，“只是因为他那个部门生产的剩余价值量作为决定因素参与平均利润的调节”。这样，平均利润无论在性质上，还是在数量上，都表现为全部预付资本的产物，“把利润的真正性质和起源完全掩盖起来”。

“随着价值转化为生产价格，价值规定的基础本身就被掩盖起来。”在剩余价值转化为利润的第一层次中，商品价值中的利润和成本价格相对立，因而在资本家看来，利润是存在于商品的内在价值以外的东西，好像利润不属于价值本身的一部分了。到了价值转化为生产价格的第二层次，资本家的上述看法又得到进一步的确认，好像加在成本价格上的平均利润，不是生产中形成的商品价值的一部分，而完全是由外在的条件所确定的。这样，作为生产价格基础的价值，就进一步地被掩盖起来了，资本关系的本质，也就看不清楚了，从剩余价值到利润再到平均利润之间的，不仅有质的差别，而且有量的差别，因为有了量的差别，又进一步掩盖着质的差别了。

利润转化为平均利润、价值转化为生产价格，“这个内在联系在这里还是第一次被揭示出来”。以前的资产阶级经济学家，如李嘉图，虽然坚持了劳动价值论，但却不能建立科学的剩余价值理论，无法说明上述问题，而斯密，在无法说明这些经济现象时，只好承认工资、利润、地租构成价值，放弃了劳动价值论。至于“那些陷在竞争斗争中，无论如何不能透过竞争斗争的现象来看问题的实际资本家，必然也不能透过假象来认识这个过程的内在本质和内在结构”。只有马克思第一次揭开了现象和本质的秘密，科学地揭示了平均利润不过是剩余价值的转化形式，生产价格也无非是价值的转化形式，而这些又都是资本关系的表现形式，但又反转过来掩盖着资本主义的剥削关系。

利润率提高和降低的规律与平均利润率规律的关系

现在我们再来看看利润率提高和降低的一切规律（即特殊利润率规律）与平均利润率规律的关系。

首先，在本书第三章研究过的影响利润率的诸因素，在平均利润率形成的条件下，还是发生作用的，只是作用的形式有所不同。这些因素对特殊利润率来说，起着直接影响，它们的变化直接引起特殊利润率的变化；但对平均利润率来说，则起着间接影响，由它们的变化引起特殊利润率的变化，从而再引起平均利润率的变化。某一生产部门的特殊利润率是经常发生变动的，而平均利润率的变动则是缓慢的、长期的，不会每天都发生。为什么会造成这种现象呢？这是因为：某一生产部门影响利润率的因素是多方面的，会互相交错在一起，一方的提高同时会为另一方的降低所抵消。再者，个别生产部门利润率的变动，可能是突然的，但涨价后会跌价，跌价后会涨价，因而这种利润率的变动是局部的，不同的局部波动最后会趋向中和。再次，由于这一生产部门与另一生产部门利润率变动的趋向不一致，这个部门提高了，另一部门降低了，在一定时期内会互相抵消；平均利润率不只是由某一部门自己的平均利润率所决定，而且还由总资本在不同部门之间的分配决定，只要部门与部门之间的利润率提高或降低出现互相抵消的现象时，平均利润率就不会变动。由此可见，引起某一部门特殊利润率变动的因素，虽然它对平均利润率的变动也起作用，但只是间接的，不能直接引起平均利润率的变化。

其次，在某一生产部门中，总会有一个或长或短的时间，在这个时间内，该部门利润率的变动还不能超出局部范围来影响平均利润率。这时，第三章所研究过的影响利润率诸因素的变动规律，在这样的空间和时间的界限内，当然是完全适用的。

批判资本的每个部分都同样产生利润的错误观点

由于剩余价值转化为利润，剩余价值由可变资本带来的这个事实表现为：利润是由一切资本带来的，是全部预付资本的产物。现在，由于利润转化为平均利润，上述现象就更加固定化，更加看不出平均利润和可变资本的关系，更表现为平均利润是由资本的一切部分产生的。资产阶级经济学家马尔萨斯认为，资本的每个部分都同样地产生利润的见解，就是上述现象的错误概括。但是，同量资本取得同量利润的秘密，即关于平均利润的理论，资产阶级的理论家、政治经济学家一直都没有揭露过，他们只是把利润由资本的一切部分产生，看作更加合理化而已。

从第191页第2段到第192页本章完，马克思进一步分析了劳动生产力变化引起价值变化的事实，如何因利润转化为平均利润，价值转化为生产价格而进一步被掩盖起来，从而使利润与价值、价值与劳动的关系，更加看不清楚了。

就某一生产部门来说，劳动生产力的变化，对成本价格中那个代表不变资本价值的部分是会发生影响的（例如，劳动生产力提高了，生产资料的价值就会降低，因而不变资本价值会减少，从而引起成本价格的降低；如果劳动生产力降低了，情况则相反），虽然对代表可变资本价值的部分即工资总额不会发生影响，但由于这些工资总额现在要分摊在更多或更少的使用价值中，因而单位商品价值中所包含的工资部分也会发生变化，这就是说，劳动生产力的变化，会对个别商品的成本价格发生影响，从而对商品的生产价格发生影响。这种情况实际上就是商品价值因劳动生产力的变化而发生变化。可是，在资本家看来，无论劳动生产力的变化怎样引起成本价格和生产价格的变化，同量资本得到同量的平均利润则是不变的，这样，好像平均利润与劳动生产力完全无关，只是与资本有直接关系，因而利润是由全部资本产生的错误观点就更加牢固了。

谈到可变资本，事情就更加神秘化了。劳动生产力的变化，引起商品生产上必要劳动时间的变化，从而使商品的价值量发生变化。就成本价格和生产价格来说，只表现为同量工资分配在更多或更少的商品上。在这里看到的，只是有酬劳动归于每个商品的部分会随劳动生产力的变化而变化（即每一商品价值中包含的工资部分更多或更少），却根本看不到，每个商品中包含的无酬劳动也会随劳动生产力的变化而变化，因为资本家关心的那个平均利润，只是偶然地才由他的企业所剥削的无酬劳动决定，一般地说，平均利润是由社会规定的，与他的企业剥削到的无酬劳动的多少无关。这样，商品价值是由劳动决定的这个事实，只在模糊的概念中表现出来，完全看不清楚了。利润由资本的一切部分产生，而与劳动无关的庸俗观点，就是建立在上述这个“基础”上的。

■ 列宁在《卡尔·马克思》一文中指出：“在《资本论》第三卷

里，解决了在价值规律的基础上形成**平均利润率**的问题。马克思把经济学推进了一大步，这表现在他是根据普遍的经济现象、根据全部社会经济来分析问题，而不是像庸俗政治经济学或现代的'边际效用论'那样，往往只限于分析个别偶然现象或竞争的表面现象。"[①] 这就明确地告诉我们，马克思所以能在劳动价值理论基础上建立平均利润理论，是由于对社会经济全面地、从现象到本质地进行辩证分析的结果。资产阶级经济学者孤立地、片面地、表面地看待资本主义经济现象，从个别生产部门的角度出发，必然会发现，利润量与剩余价值量、价值和生产价格是不同的。但是他们不懂得，从整个社会看，利润量和剩余价值量，价值与生产价格，则完全是一致的；他们更不懂得，这种平均利润和生产价格，无非是从剩余价值和价值转化而来的。马克思运用唯物辩证法，进行了由本质到现象，再由现象到本质的全面分析，不仅论证了价值和生产价格、剩余价值和利润在量上的一致性，而且从质的方面，详细分析了它们的转化过程，揭示了平均利润和生产价格的基础无非是剩余价值和价值，这就在劳动价值理论基础上，对平均利润和生产价格理论作了科学的说明。事实上，平均利润这个重要范畴，离开了剩余价值就不能说明；生产价格这个重要范畴，离开了价值就变成无源之水、无本之木了。很明显，如果没有工人所创造并为资本家所占有的剩余价值，根本就不可能有利润，更不可能有平均利润和生产价格。平均利润和生产价格是经济现象，价值和剩余价值则是本质问题，离开本质就没有现象，而现象又往往歪曲地表现着事物的本质。研究问题，既要从大量的普遍的现象出发，不能被个别的偶然的现象所蒙蔽，更重要的是通过对现象的分析，认识事物的本质，揭示事物发展的规律性，而不被现象所迷惑。马克思的研究证明了：生产价格的变动是由价值的变动所决定，利润和平均利润的变动也是由剩余价值所决定，只有从价值出发才能说明生产价格，只有从剩余价值出发才能说明利润和平均利润，这就是说，只有从劳动价值理论出发才能建立平均利润和生产价格理论，这就是列宁所说的"解决了在价值规律的基础上形成**平均利润率**的问题"。资产阶级经济学

① 《列宁选集》第 2 卷，人民出版社 1972 年版，第 594 页。

者，如庞巴卫克之流，胡说什么平均利润、生产价格理论与劳动价值理论是矛盾的，马克思的《资本论》第三卷否定了第一卷，等等，说明他们不仅是别有用心地进行恶毒攻击，还说明他们对马克思的经济学说完全是一窍不通，不仅不懂得马克思的劳动价值理论，也不懂得马克思的平均利润和生产价格理论。

马克思在《剩余价值理论》第二册中，对劳动价值理论和平均利润、生产价格理论之间关系曾经作了深刻的总结。他指出："一切商品的这些**费用价格**[①]加在一起，其总和**将等于这一切商品的价值**。同样，总利润将等于这些资本加在一起比如说在一年内提供的总剩余价值。如果我们不以价值规律为基础，那么，**平均利润**，从而费用价格，就都成了纯粹想象的、没有依据的东西。各个不同生产部门的剩余价值的平均化丝毫不改变这个总剩余价值的绝对量，它所改变的只是剩余价值在不同生产部门中的**分配**。但是，这个**剩余价值**本身的**规定**，只有来自价值决定于劳动时间这一规定。没有这一规定，平均利润就是**无中生有的**平均，就是纯粹的幻想。那样的话，平均利润就既可以是10%，也可以是1000%。"[②]

平均利润、生产价格理论，是马克思经济理论的重要组成部分。马克思依据这一理论，进一步说明了资本主义的商业利润、利息、地租等问题。特别是对《资本论》第三卷来说，平均利润是个关键性问题。如果不把这个问题弄清楚，对以后各章，如资本主义商业、利息、地租等问题，也是弄不清楚的。平均利润和生产价格理论，不仅对研究资本主义经济有极其重要意义，而且对研究社会主义经济也有一定意义，我们必须认真地学习它，研究它。

---

① 费用价格，即生产价格。

② 《马克思恩格斯全集》第34卷，人民出版社2008年版，第210页。

第十章

一般利润率通过竞争而平均化。市场价格和市场价值。超额利润

上一章研究了利润转化为平均利润、价值转化为生产价格，着重从平均利润和生产价格范畴本身进行了分析。在本章中，进一步研究利润到平均利润的转化，价值到生产价格的转化，是通过怎样的具体形式、具体道路，以及在什么条件下实现的。可以说，这一章是上一章所研究问题的进一步具体化。

马克思在本章中，根据逻辑与历史的发展，辩证地研究了个别价值、社会价值、市场价格以及竞争、供求关系和价值规律等一系列问题，进一步发展了他的劳动价值理论。如果说《资本论》第一卷第一篇着重研究了劳动价值论，但那里的分析还是抽象的，特别是把竞争和供求关系暂时抽象掉，以便直接揭示资本主义生产的实质；那么，在本章中，对劳动价值的理论分析则具体化了，更加接近资本主义经济生活的现实。可以说，这一章是马克思劳动价值理论的继续与完成。

这一章较难读，但又是极其重要的一章，不仅它所论述的问题在《资本论》中占有重要地位，而且对社会主义建设也有重大的指导作用，它直接关系到市场调节等一系列理论与实际问题，必须认真学习。

（一）商品按生产价格交换，是资本主义发展达到更高水平的结果

竞争使利润平均化，商品按生产价格交换

从第1至第4段，马克思对上一章的研究结果进行了概括。第一，在具有资本中等构成或接近中等构成的生产部门，生产价格同价值是完全一致或接近一致的，利润同这些资本所生产的剩余价值，是完全一致或接近一致的；但对于资本构成较高或较低的生产部门，价值和生产价格、剩余价值和平均利润，则往往不一致，从而有不同的利润率。第二，竞争，使不同生产部门的利润率平均化，使每个生产部门的利润表现为平均利润，这样，每个部门都按照成本价格加平均利润的生产价格来出售商品，因而每个部门的生产价格都要按照中等资本构成的生产部门的生产价格来形成。第三，随着利润转化为平均利润，价值也同时转化为生产价格。从质的方面看，它们都是以价值、剩余价值为基础的，是由价值、剩余价值的转化而形成的。从量的方面看，“一切不同生产部门的利润的总和，必然等于剩余价值的总和；社会总产品的生产价格的总和，必然等于它的价值的总和”。第四，资本主义发展的趋势是：不管某个生产部门所生产的剩余价值量有多大，都要按照每个生产部门所使用的资本量来分配平均利润。所谓平均利润“只能是社会平均资本的利润”，“按参加平均化过程的那一部分社会资本来计算”，“只要资本的量相等，那就不管资本的构成如何，它们都会从社会总资本所生产的总剩余价值中分到相等的份额（可除部分）”。正是由于这个平均利润加入商品价格，从而使价值转化生产价格。过去，商品是按照价值来进行交换，现在，商品就要按生产价格来进行交换了。

上述问题，在第九章中已经研究过，但是，现在要研究的问题，也是真正困难的问题，即研究利润到平均利润率的转化是如何进行的，也就是说，利润转化为平均利润、价值转化为生产价格，其具体的发展过程是怎样的？

商品按照生产价格交换，是由商品按照价值交换发展而来的

利润转化为平均利润、价值转化为生产价格的具体过程，也就是商品按价值交换发展为按生产价格交换的具体过程，这既是一个逻辑的发展过程，也是一个历史的发展过程，马克思就是从逻辑与历史的发展过程相结合来分析这个问题的。

“因此，商品按照它们的价值或接近于它们的价值进行的交换，比那种按照它们的生产价格进行的交换，所要求的发展阶段要低得多。按照它们的生产价格进行的交换，则需要资本主义的发展达到一定的高度。”

为什么说商品按照价值或接近于价值进行交换，代表着更低的发展阶段呢？这是因为，要使商品的价格接近或符合价值来进行交换，只需要具备下述三个具体条件就可以了：第一，商品交换已不是偶然现象，而是普遍的经常的现象；第二，交换双方的供给量和需要量大体相符合；第三，交换双方不存在自然的或人为的垄断，不能强使某一方价格高于价值或价格低于价值来交换。上述条件，随着产品发展成为商品，在简单商品生产的情况下就已具备，“这种状态，无论在古代世界还是近代世界，都可以在自耕农和手工业者那里看到”。它不仅适用于原始状态，也适用于以奴隶制和农奴制为基础的状态，同时也适用于手工业行会组织。

为什么说商品按照生产价格进行交换，需要资本主义的发展达到一定的高度呢？这是因为：“全部困难是由这样一个事实产生的：商品不只是当作**商品**来交换，而是当作**资本的产品**来交换。”就是说，不是当作一般的小商品生产者的商品来交换，而是当作资本所生产的商品来交换。这些商品既然是由资本生产出来的，而资本家生产商品的目的，不是为了使用价值，而是为了剩余价值，即为了赚钱，每个资本家都想用一定数量的资本取得较多的剩余价值或利润，因而在资本家之间必然产生竞争，哪一种商品价高利大，利润率高，就生产那种商品；哪种商品价低利小，利润率低，就少生产或停产转业，这就发生资本转移。由于资本转移的结果，价低利小的商品产量少了，产生供不应求，市场价格就要高于价值；而原来价高利大的商品，由于有新资本转来，产量大大增加，因而产生供过于求，以致市场价格低于价值，这就使得原来利润率较低的企业转为利润率较高的企业，而原来利润率较高的企业又转为利润率较低的企业。通过激烈竞争，这些资本就要求从剩余价值总量中，按照它们的资本量分到成比例的一份，这就是等量资本取得等量利润，即取得平均利润。但是，这种要求不是资本主义一开始就已实现了的，它也必须具备一定的条件才能实现。这个条件就是：资本和劳动力都能够自由地大量地转移，为此，还须具备一系列条件。[①] 这些条件必须到资本主义生产方式发展到更高的水平才出现。“随着资本主义生产的发展，这种生产的各种条件也发展了”。“资本主义在一国社会内越是发展，也就是说，该国的条件越是适应资本主义生产方式，资本就越能够实现这种平均化”。[②] 价值规律是商品生产的共有经济规律，平均利润率是资本主义所特有的经济规律，在发展了的资本主义社会里，价值规律要通过平均利润、生产价格才能表现出来。

在谈到上述问题时，恩格斯引证了马克思一段话后，接着指出：“如果马克思来得及把这个第三册再整理一遍，他毫无疑问会把这段话大大加以发挥。现在这段话，不过是关于这个问题所要说的内容的一个大概轮廓。”[③] 关于这个问题，恩格斯有较详细的分析，参阅《资本论》第三册增补。[④]

个别价值、市场价值、市场价格

研究商品按价值交换如何发展为按生产价格交换，还要弄清楚个别价值、市场价格以及生产价格之间的关系。从第 199 页第 1 段到第 201 页第 1 段，马克思着重论述了这个问题。

在《资本论》第一卷第一章中，马克思早已指出，形成商品价值量的是社会必要劳动时间，而不是个别劳动时间。在第一卷第十章中，马克思又指出了个别价值和社会价值的概念[⑤]，这里所说的个别价值，即是由个别劳动者生产商品时的个别劳动时间形成的。这里所说的社会价值，是由社会必要劳动时间形成的。商品按照价值来出售的这个假定，是指

① 这些具体条件在第 218—219 页有详细论述，以后再解说。
② 《资本论》第 3 卷，人民出版社 2004 年版，第 218 页。
③ 《资本论》第 3 卷，人民出版社 2004 年版，第 1015 页。
④ 《资本论》第 3 卷，人民出版社 2004 年版，第 1013—1027 页。
⑤ 《资本论》第 3 卷，人民出版社 2004 年版，第 369 页。

价格围绕着它的价值而上下波动，这里所说的价值，系指社会价值，不是个别价值。这也就是说，在市场上进行交换时，商品价格是围绕着社会价值，以社会价值为中心而上下波动的，而且价格的不断涨落也是围绕这个中心来拉平的。马克思所说的社会价值，也就是这里所说的市场价值，“社会价值，即上述市场价值”[①]。因此，在研究商品如何按价值相交换时，首先要把个别价值和社会价值（即市场价值）区别开来。由于商品生产者的个别劳动时间可能与社会必要劳动时间不一致，如果商品的价格等于社会价值，即商品按社会价值相交换，有些商品的个别价值就会低于社会价值，有些商品的个别价值又会高于社会价值，但在交换时，个别价值必须平均化为社会价值，以社会价值为依据。这就是个别价值和市场价值的关系。

怎样理解“市场价值”这个概念呢？马克思精辟地指出：“市场价值，一方面，应看作一个部门所生产的商品的平均价值，另一方面，又应看作是在这个部门的平均条件下生产的并构成该部门的产品很大数量的那种商品的个别价值。只有在特殊的组合下，那些在最坏条件下或在最好条件下生产的商品才会调节市场价值，而这种市场价值又成为市场价格波动的中心，不过市场价格对同类商品来说是相同的。”为什么从一方面看，市场价值是一个部门所生产的商品的平均价值呢？这就是说，按一个部门所有的个别商品生产者的商品个别价值的总平均，来规定市场价值，即通过用商品总额来除个别价值总额的方法而形成的。为什么从另一方面看，市场价值“是在这个部门的平均条件下生产的并构成该部门的产品很大数量的那种商品的个别价值”呢？这就是说，把在这个部门平均条件下生产的，而且占很大数量产品的这部分个别劳动时间的耗费（即个别价值），用来规定市场价值，这是以平均生产条件下生产的大量产品来决定的市场价值。这样看来，好像市场价值有两个定义，一个是商品个别价值的总平均，一个是平均生产条件下生产的大量商品的个别价值。其实，上述两方面，只是从不同的角度论述的，其内容都是同一的，是一个意思。不能把商品的市场价值，看成简单的数学平均。

① 《资本论》第3卷，人民出版社2004年版，第210页。

该生产部门生产的大量商品，其生产条件也往往是符合社会必要劳动时间的正常生产条件，也就是说，市场价值受中位平均社会必要劳动决定。至于那些个别价值高于社会价值或个别价值低于社会价值的部分，大致上可以抵消而趋于均衡。这样，由平均生产条件下生产的大量产品的社会价值，和由各个商品生产者的商品价值的总平均所形成的社会价值，基本上是一致的。当然，在盲目的、自发的资本主义市场上，这种个别价值平均化为市场价值的过程，是不可能用数学来精密地直接加以计算的，而是自发地、客观地进行着。[①] 但是，为什么又说“只有在特殊的组合下，那些在最坏条件下或在最好条件下生产的商品才会调节市场价值”呢？这是因为：一般地说，市场价值是由上述平均生产条件下的大量产品的个别价值形成的，即由平均中位的个别价值所决定的，但在特殊的情况下，并不一定由平均中位的个别价值所决定，因为这时的产品，不是以平均中位的产品占大量，而是以优等生产条件生产的产品或劣等生产条件生产的产品占大量，如果以个别价值来加权平均，则占大量的产品在平均中占优势，从而市场价值就要按它来规定。可见，“特殊的组合”，系指产品是否占大量而言，绝不是像有些人所说的系指供求关系的不平衡。事实上，马克思在这里是揭示市场价值本身是如何规定的，是研究市场价值如何由高位、中位、低位产量所规定的规律，而不是研究市场价格和市场价值的关系，所以在这里，是把供求关系暂时撇开的，因为供求关系只能说明市场价格如何围绕市场价值而上下波动，但不能说明市场价值本身是如何确定的。总之，市场价值是由平均生产条件下生产的占大量的商品的个别价值决定的，但在特殊的情况下，也可以由较优或较劣生产条件下生产的占大量的商品的个别价值所决定。

现在还要进一步看看，市场价值和超额剩余价值即超额利润的关系是怎样的呢？马克思说：“如果满足通常的需求的，是按平均价值，也就是按两端之间的大量商品的中等价值来供给的商品，那么，其个别价值低于市场价值的商品，就会实现一个额外剩余价值或超额利润，而其个

---

① 曾启贤认为：前一方面系“简单平均”，后一方面系“加权平均”。骆耕漠认为二者都是“加权平均”，但前一平均数系理想值，后一平均数系典型的近似值。

别价值高于市场价值的商品，却不能实现它们所包含的剩余价值的一部分。”这就是说，当商品按照市场价值进行交换时，个别商品生产者由于劳动生产力提高之故，使个别劳动时间低于社会必要劳动时间，从而在出售商品时，会取得更多的价值部分，这更多的价值部分，即超额剩余价值，它又会转化为超额利润。可以说，超额利润是个别价值低于市场价值的部分，它是个别商品生产者劳动生产力提高、超过了一般社会的劳动生产力水平的结果。[①]

“而这种市场价值又成为市场价格波动的中心”，就是说，市场价格是以市场价值为中心而上下波动的。什么是市场价格呢？我们知道，价格是价值的货币表现，用货币来表现商品的市场价值，就是市场价格，或者简称市价。如果市场上商品的供给与需求相一致，商品的市场价格就会符合市场价值。如果供求发生变化，市场价格也会随之变化。如果供不应求，出卖者感到奇货可居，从而抬高市价，市场价格就会高于市场价值；如果供过于求，商品卖不出去，大家为了抛售商品，削价出售，市场价格就会低于市场价值。这就是说，由于供求变动，引起了市场价格围绕市场价值而上下波动。但是这时候，并没有引起市场价值本身的变化。可是，如果需求非常强烈，供给远远赶不上需要，以致在最坏条件下生产的产品，也能大量生产出来，并卖出去，这时，“在最坏条件下生产的商品就决定市场价值”。反之，如果供给大大超过需要，一般条件下生产的商品也卖不出去，只要较好条件下生产的产品就能满足市场的需要，市场价格不断低于市场价值，这时“那种在最好条件下生产的商品就调节市场价值”。这就是说，由供求关系的变动引起市场价格的变动，进一步发展可能引起市场价值的变动。在这里，市场价值的变动虽然是由供求关系所引起的，但归根到底，还是由这个部门的平均生产条件或较优、较劣等生产条件所生产的大量产品所花费的社会必要劳动决定的。

“这里关于市场价值所说的，也适用于生产价格，只要把市场价值换成生产价格就行了。”这就是说，一个部门商品的市场价值究竟是由生产

① 这个原理，在《资本论》第一卷第十章中已经论述过。

条件较好、较差或中等的条件决定，取决于何种条件生产的产品占支配地位。如果较好条件下生产的产品占大量，它的个别价值就决定社会价值；如果中等的生产条件下生产的产品占大量，它的个别价值就决定社会价值，市场价格就围绕这个市场价值而上下波动。与上述原理相同，生产价格的平均利润水平较高、较低或中等，是由社会总资本中，有机构成是中等构成占大量、还是由高位构成占大量或低位构成占大量而决定的。正如由不同的生产条件生产的产品占大量决定商品的不同市场价值一样，不同的有机构成占大量决定着不同的平均利润水平，从而形成一定的生产价格，这时，市场价格不再是围绕价值这个中心而上下波动，而是围绕生产价格这个中心而上下波动了。“生产价格是在每个部门中调节的，并且是按照特殊的情况调节的。不过它本身又是一个中心，日常的市场价格就是围绕着这个中心来变动，并且在一定时期内朝这个中心来拉平的。”这种市场价格围绕生产价格而上下波动，是否违背价值规律呢？不会的，恰恰相反，正是价值规律在资本主义生产发展的条件下发生作用的具体表现形式。这是因为：第一，生产价格的变动，归根到底，是由价值量的变动决定的。“生产上所需要的劳动时间的减少或增加，会使生产价格降低或提高。”价值规律支配着价格的运动，现在，也支配着生产价格的运动了。第二，平均利润是由剩余价值的再转化而来的，剩余价值的总量和平均利润的总量是相等的，在个别企业里，平均利润的量与剩余价值的量虽可能不同，但基本上也是接近的。“既然商品的总价值调节总剩余价值，而总剩余价值又调节平均利润从而一般利润率的水平，……那么，价值规律就调节生产价格。”

（二）部门内部的竞争与市场价值的形成

个别价值必须平均化为市场价值

个别价值平均化为市场价值，市场价值转化为生产价格的具体过程，都必须通过竞争。但这是两种不同的竞争。一种是同一生产部门内部的竞争，它使个别价值平均化为市场价值；另一种是不同生产部门之间的竞争，它使市场价值转化为生产价格。马克思说：“竞争首先在一个部门内实现的，是使商品的不同的个别价值形成一个相同的市场价值和市场价格。但只有不同部门的资本的竞争，才能形成那种使不同部门之间的利润率平均化的生产价格。”马克思在这里指出了资本主义竞争的两种形式，以及它们在资本主义经济中起着不同的作用，产生不同的结果。

首先来看看，同一生产部门内部的竞争怎样引起个别价值平均化为市场价值。

市场价值即社会价值，是在生产中创造的，但它又是在流通中，即在市场上实现的。个别价值要平均化为市场价值，就必须有一个市场，让各种商品在市场上自由交换。如果没有市场，也就不会有市场上的商品交换，当然也就不会有买者和卖者以及他们各自的内部的竞争了。马克思研究市场价值形成的问题时，总是和它形成的条件联系在一起进行分析的。但是必须注意，市场价值形成的条件和创造市场价值的源泉是不同的，不能混为一谈。

要使同一生产部门商品的个别价值平均化为统一的市场价值，“为此就需要在同种商品的生产者之间有一种竞争，并且需要有一个可供他们共同出售自己商品的市场”。在这个市场上，如果供给与需求相一致，市场价格就会和市场价值相一致；如果供求不一致，市场价格就会高于或低于市场价值，围绕市场价值而上下波动。从一方面看，供求调节着市场价格。例如：如果供过于求，商品卖不出去，卖者与卖者之间就会产生竞争，卖者降低售价，商品就会按低于市场价值的市场价格来出售。反之，如果供不应求，买者之间就会竞相购买，卖者乘机抬高价格，商品就会按高于市场价值的市场价格来出售。这就是“供求调节着市场价格，或者确切地说，调节着市场价格同市场价值的偏离”。必须注意，这里所说的只是供求对市场价格的作用，不是对市场价值的作用。市场价值不是由供求关系所决定，而是由平均生产条件下生产的占大量的商品的个别价值来决定。如果供求一致，市场价格等于市场价值；如果供求不一致，市场价格就会围绕市场价值而上下波动，这就是供求关系调节着市场价格同市场价值的偏离。从另一方面看，市场价值又调节着供求关系。例如：如果因劳动生产率提高之故，某商品的市场价值降低了，相应地，市场价格也随之降低，这时，因价格降低之故，社会需要便会扩大；相反，如果某商品的市场价值提高了，市场价格也会相应地提高，这时，有些购买者因价格提高之故就不想购买它，这就使该商品的社会需要量缩减，市场上只能吸收较少的商品量。上述需要的扩大或缩减，都会改变市场上的供求关系，或者使原来供不应求的商品变为供过于求，或者使原来供过于求的商品变为供不应求，这就是市场价值调节着供求关系的情况。

马克思说："那么另一方面，市场价值调节着供求关系，或者说，调节着一个中心，供求的变动使市场价格围绕着这个中心发生波动。"这里所说的"调节着一个中心"，是指什么呢？应该说是指市场价值。但是，如果指的是市场价值，不是等于说市场价值调节着市场价值吗？那又怎样理解呢？从资本主义的经济实际来看：如果供过于求，引起市场价格下降，以致利润降低甚至亏损，这时，资本家不得不改进生产条件，采用先进技术，结果，使较好的生产条件下生产的产品成为大量的，因而使它们的个别价值决定市场价值；反之，如果供不应求，就会引起市场价格上涨，以致利润增加，连较差条件下生产的产品也有利可图，因而使较差生产条件下生产的产品成为大量的，使它们的个别价值决定社会价值。这两种情况说明，由于价值规律的调节作用，通过供求的不平衡和市场价格偏离市场价值为中介，经过相应的过程，把原来的市场价值调节为另一位的市场价值（如将原来一般生产条件形成的市场价值调节为较好生产条件下形成的市场价值或较差生产条件下形成的市场价值），这就是市场价值调节着市场价值，或者说，市场价值调节着一个中心，由于供求的变动，使市场价格再围绕着这个新的中心（市场价值）而发生变动。由此可见，单纯从文字上看，市场价值调节着市场价值，是难以理解的；如果从实际情况看，这是对资本主义经济实际运动的科学概括。

从个别的商品来说，个别价值必须与社会价值相一致。为什么呢？从买和卖的行为上看，对卖者一方，商品代表使用价值；对买者一方，货币代表交换价值。从商品的卖者说，一方面，他的商品必须具有使用价值，对买者有用，买者才会用货币来购买它；另一方面，必须把私人劳动转化为社会劳动，把个别劳动时间实现为社会必要劳动时间，使劳动消耗得到补偿，这就是必须使个别价值实现为社会价值，生产者的个人劳动才会为社会所承认。如果个别劳动时间高于社会必要劳动时间，即个别价值高于社会价值，生产者就会吃亏，处于不利地位。因此，从个别的商品来说，个别价值必须与社会价值相一致。

作进一步考察，把上述对个别商品所作的这个结论，应用在一个部门的总商品量上，也是完全适用的。如果我们把一个部门的商品总量当成一个商品，把商品价格总额当成一个总价格，那么，商品的个别价值必须与社会价值相一致的观点，就被进一步规定为“这个商品总量包含着为生产它所必要的社会劳动，并且这个总量的价值＝它的市场价值”。这就是确定市场价值的基础。具体地说，可以有下列三种情况（从第 203 页第 4 段到第 206 页第 1 段，都是分析这三种情况）。

一种情况是：如果商品的很大数量是在大致相同的正常社会条件下生产出来的，该商品的“市场价值就会由中等条件下生产的商品的价值来决定”。这时，生产条件较好的企业生产的商品，个别价值就会低于市场价值；而生产条件较差的企业生产的商品，个别价值就会高于市场价值。如果高的和低的这两端互相平衡，即两者可以相等、相抵，那么，“商品总量的价值，也就同所有单个商品合在一起……的价值的实际总和相等”，这就是说，该商品的个别价值的总和同该商品的市场价值的总和相等。

又一种情况是：如果商品的很大数量是在较坏生产条件下生产出来的，“市场价值或社会价值就由在较坏条件下生产的大量商品来调节”。

再一种情况是：如果商品的很大数量是在最好的生产条件下生产出来的，“市场价值就由在最好条件下生产的那部分商品来调节”。

在这里，关键在于，在该部门生产的商品中，“相当大的量”的商品是在什么生产条件下生产出来的，只有那些占相当大的量的商品的个别价值才决定市场价值。但是必须注意，这里所研究的，只是市场价值本身如何确定的问题，并不涉及因供求关系而产生的市场价格围绕市场价值而波动的问题，后一问题是在下面才进行研究的。

在第一种情况下，“由中等价值调节的商品总量的市场价值，等于它们的个别价值的总和”，这是一个平均价值。但与此同时，生产条件差的企业的商品，必然是个别价值高于市场价值；生产条件好的企业的商品，必然是个别价值低于市场价值。

在第二种情况下，较坏条件下生产的商品对市场价值起决定作用，那么，在较好和一般条件下生产的商品的个别价值，就都会低于市场价值。这是因为：较坏条件下生产的商品是大量的，如果把它和较好、一般条件下生产的产品的个别价值全部相加，然后再进行平均，它的市场价值仍然是接近较坏条件的个别价值。马克思说：“这样得到的市场价值，不仅会高于有利的一端生产的商品的个别价值，而且会高于属于中等部分的商品的个别价值；但它仍然会低于不利的一端生产的商品的个别价值。至于它和后一种个别价值接近到什么程度，或最后是否和它相一致，这完全要看不利的一端生产的商品量在该商品部门中具有多大规模。”如果需求稍微占优势，较坏条件下生产的商品的个别价值即形成市场价值。

在第三种情况下，最好条件下生产的商品对市场价值起决定作用，“市场价值就会降低到中等价值以下。”为什么呢？因为最好条件下的产品是占大量的，把它们同最坏和一般条件下的全部产品的个别价值相加，然后进行平均，它的市场价值仍然会在一般条件下生产的中等价值以下，接近最好条件的个别价值。如果这时候供不应求，市场价值就会向平均条件下的个别价值的方向靠拢；如果供过于求，市场价值就会向最好条件下生产的商品的个别价值靠拢，直至以最好条件下的个别价值来确定市场价值。

一般地说，市场价值大都由平均生产条件下生产的大量商品来确定，这代表一定社会条件下的劳动生产力发展水平。如果是较坏生产条件生产的产品占大量，并以之确定市场价值，这就说明该部门的劳动生产力水平还处于较低阶段。“但市场价值决不会同在最好的条件下生产的商品的这种个别价值相一致”，否则，中等条件企业的生产就不可能得到发展了。

以上是抽象地说明市场价值是如何确定的，这是假定在供求完全一致的情况下来进行分析的，这是第一点。第二点，我们要从资本主义的实际市场情况出发，研究供求、竞争和市场价值、市场价格的关系。

供求和市场价值、市场价格的关系

从第206页第3段到第207页第1段，着重分析了供求和市场价值的关系。

只有当供给的量与需要的量完全相一致时，商品的市场价格才会与市场价值相一致。如果需要量大于供给量或供给量大于需要量，市场价格就会背离市场价值、围绕着市场价值这个中心而上下波动。

供求关系的不一致，即供给量与需要量不平衡，引起市场价格的变动，是较清楚的，但供求关系的变动与市场价值的关系是怎样的呢？简单地说，供求关系的变动，不会直接引起市场价值的变化，但它能通过市场价格的变动，反作用于市场价值。马克思概括地指出："如果这个量小于或大于对它的需求，市场价格就会偏离市场价值。第一种偏离就是：如果这个量过小，市场价值就总就由最坏条件下生产的商品来调节，如果这个量过大，市场价值就总是由最好条件下生产的商品来调节，因而市场价值就由两端中的一端来决定"。为什么这样呢？我们假定，在原来以中等平均生产条件的产品占大量，以它们的个别价值确定社会价值的情况下，由于最好生产条件的企业增加，它们生产的商品量大大增加，同时也由于劳动生产率的迅速提高，市场上的商品量供过于求，这就造成市场价格降低到市场价值以下。这种市场价格的下降不是由于一般的供求关系的变动，而是由于最好生产条件的企业增加，以及它的商品量增加而引起的供求变动。这就会造成一些最坏生产条件的企业破产，甚至连一部分中等生产条件的企业也会倒闭，这时，由于最好生产条件企业的产品占大量，因而它们的个别价值就确定为社会价值，这就是价值量本身发生了变化，价值降低了，由原来以中等条件产品的个别价值确定为市场价值，改变为以（或接近以）最好条件产品的个别价值确定为市场价值。反之，如果由于市场上的商品量供不应求，最坏条件下生产的商品量也不能满足需要，市场价格高于市场价值，在最坏条件下生产的商品也有利可图，这就促使最坏生产条件的企业迅速增加，它们生产的商品量也大大增加，这时，由原来以中等条件产品的个别价值确定为市场价值，改变为以最坏条件产品的个别价值（或接近这一个个别价值）

确定为市场价值。上述情况，从表面看来，好像是由于供求关系的变动引起的，其实，这只是供求关系的变动，引起市场价格的波动，从而引起资本转移，使劳动生产力提高或降低的结果。市场价值的变动，不过是占大量的商品由哪种生产条件、在怎样的劳动生产力水平下生产出来的结果，是由劳动生产力水平所决定，由工人的劳动所创造出来的，但在表面现象上，却为供求关系所掩盖了。可见，供求关系本身不能直接影响市场价值，而是通过市场价格来影响劳动生产力的变化；只有劳动生产力发展到一个更高水平，或降低到一个更低的水平，才会使市场价值本身发生变动。

供求之间的不平衡，可以由双重原因产生：或者是需求量不变，但供给量本身发生了变化。例如，原来是供不应求的，但由于供给量增加之故，也可能反过来造成供过于求；反之，如果原来是供过于求的，但由于供给量减少之故，也可能反过来造成供不应求。或者是供给量不变，但需求量却发生了变化，也会与上例出现同样的现象。这就是说，供求不平衡可能是由于供给量的变化引起的，也可能是由于需求量的变化引起的，当然也可能是由于供给量和需求量同时变化引起的，这种变化，或者是方向相反，或者是方向相同，但程度不同，也都会使供求关系产生新的不平衡。

从第 207 页第 2 段到第 214 页第 2 段，马克思又进一步分析了供求和市场价格的关系。

如果要为供给和需求下一般的定义，它们好像只是同义反复。实际上，供给和需求是对立的统一。如果把这种统一性看成是同一性，那就会发生“同义反复”的错误。供给和需求，不仅从数量上看，它们往往不一致，而且在时间上、在空间上，它们也是分开的。

首先考察供给。什么是供给？“这就是处在市场上的产品，或者能提供给市场的产品”。从使用价值方面看，每年生产的产品都表现为一定的量，因而供给市场的商品也必须有一定的量，如多少斤、多少件、多少个，这是由不同的使用价值形态来计量的，所以，这种量首先是以一定的使用价值量的形式而出现在市场上。从价值方面看，这些商品量有一定的市场价值，它们通过商品交换，表现着人和人之间的社会关系。上述供给于市场上的使用价值量和它的市场价值之间的关系又是如何呢？从一方面看，它们之间没有必然联系。例如，如果一只手表的市场价值等于100小时的社会劳动，用货币表现为100元，不管市场上手表的量是一个，还是十个、百个、千个、万个，每一只手表的市场价值都是100元货币的价值表现，所以说，“市场上现有商品的数量和它们的市场价值之间，没有必然的联系”。从另一方面看，它们之间还是有联系的，这就是，在一定的劳动生产率的基础上，每一个特殊生产部门所生产的一定量商品，都需要有一定量的社会必要劳动时间。这也就是说，一定量的劳动时间凝结在一定量的商品中，形成商品的价值，如果生产的使用价值量多了，单位商品中凝固的劳动时间就少；反之，如果生产的使用价值量少了，单位商品中凝固的劳动时间就多，“在市场上现有的物品量和这些物品的市场价值之间只有这样一种联系”。这也说明，一定劳动时间只和所生产的使用价值量中所包含的价值有联系，而和使用价值本身没有联系，例如手表的准确与不准确，是不好用市场价值的大小来说明的。以上是从单个商品的角度来说明这种联系的，如果从整个社会生产的角度，则又具有新的含义。从整个社会来说，需要供给X产品多少量、Y产品多少量，但生产一定量的X产品和Y产品，都需要一定量的社会必要劳动时间。如果市场上供给的X商品的量超过了社会需要，供过于求，X商品就只好以低于市场价值的市场价格来出售，其中有一部分根本卖不出去，成为废品，这就是说，有一部分劳动不能实现，白白地浪费掉了。“这时，这个商品量在市场上代表的社会劳动量就比它实际包含的社会劳动量小得多。”相反，如果市场上供给的X商品的量不能满足社会需要，供不应求，X商品的市场价格就会高于市场价值，它就能实现为较大的社会劳动量。只有在供给与需求完全相一致的情况下，商品才会按照市场价值来出售。这说明，市场上供给的X商品的量的多或少，对市场价值的大小也有间接影响。可见，市场上供给的商品量和这些商品的市场价值之间还是有一定的联系的。马克思说：“商品按照它们的价值来交换或出售是理所当然的，是商品平衡的自然规律。应当从这个规律出发来说明偏离，而不是反过来，从偏离出发来说明规律本身。”这就告诉我们研究这个问题的方法论。价格是价值的货币表现，只有从决定价值的劳动出发，研究价值，以及价值所表现的形式——价格，才能弄清楚为什么价格要围绕价值这个中心而上下波动。相反，如果从价格出发，来说明为什么价格要围绕价值而上下波动，像有些资产阶级经济学者那样，是怎么说也说不清楚的。

其次，再考察需求。

生产者和消费者都对商品有需求。从生产消费方面说，如果纺纱厂的资本家一年要生产 10 万支棉纱，需要消费原料棉花 5000 吨，若维持简单再生产，就要继续购买 5000 吨棉花，若扩大再生产，就要购买更多的棉花。从生活消费方面说，劳动者要维持通常的生活水平，必须消费一定数量的生活资料，如果考虑到人口的增长和生活水平的提高，还要有追加的生活资料。为了满足上述需要，就要求市场上有一定量的商品。如果从表面上看，商品的需要量好像是固定的，“但是，从量的规定性来说，这种需要具有很大弹性和变动性。它的固定性是一种假象”。为什么呢？因为：第一，如果生活资料的价格便宜了，消费者就会购买它或更多地购买它；反之，如果价格较高，消费者可以不去购买它或少去购买它。第二，如果工人的货币工资增加了，工人就会去购买它或更多地购买它；反之，如果工资降低，工人就不再去或少去购买它。这就是说，对商品的需求量，除了实际需要的商品量以外，还会因“商品的货币价格发生变化时可能要求的商品量”（指商品价格的变化），或因“买者的货币条件或生活条件发生变化时可能要求的商品量”（指工资水平的变化）的变化而变化。因此，“**市场上**出现的对商品的需要，即需求，和**实际的社会**需要之间存在着数量上的差别，这种差别的界限，对不同的商品说来当然是极不相同的”。因此，对这些商品的需求量是有很大伸缩性和变动性的。如果从资本主义生产来看，资本家购买生产资料，组织生产，进行生产消费的真正目的，是为了生产剩余价值，这是资本家的需求，是由资本主义生产的实质所决定的。从表面看，资本家购买某一商品，是为了该商品的使用价值，但这种表面上的需要，只是掩盖他榨取利润的需要。所以，研究资本主义市场对商品的需求，必须注意资本主义需求的实质。

再次，供给与需要和市场价格的关系究竟是怎样的呢？从第 210 页第2段到第214页第3段，马克思着重分析了下述三个要点：

第一，市场价格不是由供求关系决定，而是由市场价值决定的，也就是由价值规律决定的。如果说供求决定市场价格，那么，供求相一致时，市场价格由什么决定呢？“资本主义生产的实际的内在规律，显然不能由供求的互相作用来说明”。但是，在实际上，供求从来是不会一致的，如果达到一致，那只是偶然现象。“可是，在政治经济学上必须假定供求是一致的。”为什么呢？这是因为：政治经济学必须首先在纯粹的形态上来研究规律的作用，以便更好地把握事物的本质，因此，就要撇开供求变动所引起的假象来进行考察；同时，供求虽然是经常不一致的，但“它们会由它们的相反的方向，由它们互相之间的矛盾而互相平衡”。所以从短期看，供求是不平衡的，但从一个较长时间看，供求又由于偏离的互相抵消而达到平衡。马克思说，“从一个或长或短的时期的整体来看，使供求总是互相一致；然而这种一致只是作为过去的变动的平均，并且只是作为它们的矛盾的不断运动的结果”。因此，在一个短时间内，市场价格会偏离市场价值，但从长时间看，按平均数来看，这种偏离会作为正负数互相抵消。这说明，供求本身只能使市场价格围绕市场价值而上下波动，不能直接决定市场价格本身。

第二，供求关系不仅只是说明市场价格同市场价值的偏离，而且说明这种偏离有抵消的趋势，“也就是抵消供求关系的作用的趋势”。为什么呢？如果需求减少，市场价格低于市场价值，这时候，或者是，生产该商品的资本无利可图，把资本抽走，经营其他商品，这样，该商品的生产量减少了，供给就会相应减少，与需求的减少相适应；或者是，“由于某种发明缩短了必要劳动时间，市场价值本身降低了，因而与市场价格平衡”。这就是说，由于供过于求，价格下降，经过一定时期，生产技术被迫革新，使市场价值由较好生产条件的商品个别价值来决定，这时，市场价格就不再低于市场价值，而是因市场价值下降之故，市场价格与市场价值相一致了。反之，如果需求增加，市场价格高于市场价值，其结果：或者是，因价格高于价值之故，生产该商品有利可图，资本就会从其他生产部门转移到这个生产部门中来，但因为转来的资本过多，使得生产出的商品量反而超过了需要，又促使市场价格降到市场价值以下；

或者是，由于市场价格高于市场价值之故，购买者因价高而不愿购买，这也会引起需求减少，使需求量与供给量相接近；或者是，由于求过于供，价格高于价值，但经过一段时间以后，较坏条件下生产的产品大量增加，使市场价值由较坏条件生产的个别价值来决定，这就是说，市场价值提高了，提高了的市场价值与原来高于市场价值的市场价格相适应，又趋于平衡。上述情况说明：供求不平衡只能改变市场价格，使它在市场价值之上或之下发生波动，但决不能改变市场价值本身；但是，由于供求不平衡而引起的变化，会对生产起着调节作用。如果一种商品的需求量大于供给量，市场价格就会涨到市场价值以上，但随之而来的是资本转移，产量增加，又会使供过于求，反转过来使市场价格降到市场价值以下；相反，如果一种商品的需求量小于供给量，市场价格低于市场价值，但又会因为资本转移或改进生产技术、提高劳动生产率之故，使市场价格高于市场价值。这就是由供求关系的变动引起市场价格的变动，而市场价格的变动又起着抵消供求关系的影响的趋势。

第三，如果说，供求决定市场价格，市场价格又决定供求，这是不妥当的。因为市场价格只能由市场价值来决定，不能由供求来决定。但是如果说，由于供求不平衡，市场价格围绕市场价值而上下波动，说明价值规律发生的作用，既调节生产，又调节流通，这是对的。一个商品的市场价格提高了，对它的需要就会相应地减少；反之，一个商品的价格下降了，购买者对它的需要就会增加。这说明，价值规律对流通也起着自发的调节作用。有些资产阶级经济学家，不懂得供求之间的关系，以及供求和市场价格、市场价值的关系，认为价格决定供求，供求又决定价格，需求决定供给，供给又决定需求，这只是形而上学的循环论，是不可能说清楚问题的。总之，从资本主义发展的趋势看，“耗费在这种商品总量上的社会劳动的总量，就必须同这种商品的社会需要的量相适应，即同有支付能力的社会需要的量相适应。竞争，同供求比例的变动相适应的市场价格的波动，总是力图把耗费在每一种商品上的劳动的总量归结到这个标准上来”。

在商品的供求关系上所反映的社会生产关系

商品的供求关系，首先反映着商品生产者之间的社会关系。

一般说来，商品交换反映着“使用价值和交换价值的关系，商品和货币的关系，买者和卖者的关系”，与此同时，还反映着“生产者和消费者的关系”。这种关系在简单商品生产存在的情况下就已出现，《资本论》第一卷第一篇所考察的商品货币关系，就是这样的生产者之间的关系。这是从个别商品形态的变化出发的，在这种情况下，竞争、供求等复杂关系都暂时被撇开了，只是假定在供求相一致、没有竞争的情况下进行的，所以价格也和价值相一致。现在，从整个社会来考察，“供给等于某种商品的卖者或生产者的总和，需求等于这同一种商品的买者或消费者（包括个人消费和生产消费）的总和”。个人在这里只是作为社会力量的一部分，这时候，对某种商品来说，如果需求超过了供给，就会出现买者与买者之间的竞争，一个买者就会比另一个买者出更高的价钱，使商品昂贵起来，使市场价格高于市场价值，在卖者方面，就会共同努力，力图按高昂的市场价格来出售。相反，如果供给超过了需求，就会出现卖者与卖者之间的竞争，一个人开始廉价抛售，其他的人不得不跟着干，而买者则会共同努力，力图压低市场价格。由此可见，在商品交换较为发展的市场上，商品的买者和卖者的关系，生产和消费的关系，都是通过竞争来实现的，都是以个别价值转化为市场价值为前提的。这说明：在简单商品生产条件下的供求关系，反映着一般商品生产者之间的社会关系。

在资本主义生产的基础上，产品不仅当作商品相交换，而且当作资本的产品相交换，“当商品是资本的产品的时候，供求以资本主义生产过程为前提，因而是从和单纯的商品买卖完全不同的复杂化了的关系”。这种复杂化表现在：首先，这种供求关系所反映的，既不是个别价值到社会价值的转化，也不是市场价格围绕市场价值而波动，而是反映着市场价格围绕着生产价格而波动了。其次，这种供求关系也反映着不同阶级的收入与消费。不同阶级共同分配社会的总收入，并把它当作收入来消费，这就产生那种由收入而形成的需求。例如，资本家除了一般的生活资料的需求外，还有穷奢极欲的享乐需要，而工人则只能有为了维持劳动力再生产的生活需求。不同阶级的收入是不一样的，他们的需求也是不一样的，马克思说，“调节需求原则的东西，本质上是由不同阶级的互相关系和它们各自的经济地位决定的”[1]，可见，资本主义的供求关系，也反映着资本主义社会各阶级之间的经济关系。

（三）部门之间的竞争与平均利润率的形成

平均利润率的形成及其条件

以上是一种竞争的情况，即生产同一商品的部门内部的竞争，如何使个别价值平均化为市场价值，即社会价值，这种竞争不会产生平均利润率；还有另一种竞争的情况是：生产不同产品的各个生产部门之间的竞争，这种竞争会使利润率转化为平均利润率，价值转化为生产价格。

这种平均利润率的形成过程是怎样的呢？第 218 页第 1 段作了精辟的分析。马克思指出：如果商品都按照它们的价值出售，投在不同生产部门的同量资本，即使在剩余价值率相同的情况下，由于有机构成不同，周转时间不同，就会产生极不相同的利润率。但是，资本主义生产的目的，不是为了取得商品的使用价值，而是为了取得剩余价值，只要能取得剩余价值或更多的剩余价值，是生产富有营养的面包还是生产杀人的毒气，资本家都是不管的，他们所考虑的只是有利可图还是无利可图，或利大、利小的问题。因此，同一资本量投入不同的生产部门，产生不同的利润率，这对投资于那些利润率低的部门的资本家来说，是不利的，他们会千方百计地把资本从利润率较低的部门抽走，投入那些利润率较高的生产部门，这就会使得利润率较高部门的产品量增加，以致供过于求，价格低于价值，使利润率降低；相反，原来利润率较低的生产部门，由于一部分资本转走，产品量下降，以至价格高于价值，使利润率提高。“通过这种不断的流出和流入，总之，通过资本在不同部门之间根据利润率的升降进行的分配，供求之间就会形成这样一种比例，使不同的生产

① 《资本论》第 3 卷，人民出版社 2004 年版，第 202 页。

部门都有相同的平均利润，因而价值也就转化为生产价格。”由此可见，平均利润率的形成，是通过不同生产部门之间的竞争、资本转移而实现的。

在竞争中不断地使利润率平均化，由于下述两个条件会进行得更快：其一，资本有更大的活动性，容易从一个部门、地点，转移到另一个部门、地点；其次，劳动力也有很大的活动性，也能够从一个部门、地点转移到另一个部门、地点。从第一个条件来看，它的前提是：第一，要有完全的商业自由，消除了自然垄断以外的一切垄断；如果还有垄断存在，利润率的平均化就会受到阻碍。第二，信用制度已经发展，因为资本转移往往要依靠信用和银行。第三，不同的生产部门都受资本家支配，资本主义生产已占统治地位。第四，还必须有很高的人口密度。只有具备上述前提，资本才具有更大的活动性，便于自由转移。从第二个条件来看，要使劳动力能迅速地随资本的转移而转移，它的前提是：第一，要有保障工人人身自由的法律；第二，工人对自己劳动的内容是无所谓的，不会有职业偏见；第三，一切生产部门都已化为简单劳动，不会受到技术差别的限制；第四，工人完全受资本主义生产方式所支配。只有在具备上述前提条件时，利润率的平均化才会进行得更快。这些条件，随着资本主义发展而逐渐形成和发展。平均利润率的形成，是以资本主义发展到成熟程度为前提的，即随着资本主义大工业的出现和发展而完成的。由价值转化为生产价格、利润转化为平均利润，反映着资本主义由较低阶段向较高阶段的发展。

平均利润率规律所说明的问题

根据以上分析，可以得出结论：在其他条件不变时，“平均利润率取决于总资本对总劳动的剥削程度”。所以全体资本家会关心对全体劳动者的剥削程度，这是由直接的经济利害关系所决定的。

一方面，从特殊生产部门的资本家来说，他们关心对本企业劳动者的剥削程度，只是因为这种剥削程度的提高会带来超过平均利润的超额利润。另一方面，每一个特殊生产部门的个别资本家，“都同样关心总资本所使用的社会劳动的生产率”。这是因为：社会劳动生产率的提高，会使平均利润借以表现的使用价值量增加，从而使资本家的积累基金和消费基金同时增加；同时，社会劳动生产率的提高，又能降低全部预付资本的价值，从而提高平均利润或一定量资本所获得的利润量。而特殊的劳动生产率的提高，又会为资本家带来超额利润。

由上所述，平均利润率规律说明了资本家之间瓜分剩余价值的矛盾和竞争，同时也说明了，不仅仅是个别资本家剥削个别工人，而是整个资产阶级和整个工人阶级都处于敌对的对立地位。马克思精辟地指出："因此，我们在这里得到了一个像数学一样精确的证明：为什么资本家在他们的竞争中表现出彼此都是假兄弟，但面对着整个工人阶级却结成真正的共济会团体。"

生产价格也是存在于庸俗经济学家意识中的形式

生产价格这个概念，在古典学派那里就已提出来了。重农学派所说的"必要价格"，斯密所说的"自然价格"，李嘉图所说的"生产价格""生产费用"，都是一个意思，都是指的生产价格范畴。他们虽然看到生产价格是再生产的条件，就是说，在再生产过程中，必须对生产价格中的成本部分取得补偿；但是他们都不懂得生产价格和价值的区别，即不懂得生产价格是由价值转化而来的，平均利润是由利润转化而来的，这就只看到表面现象，看不到事物的本质。他们都是主张劳动价值论的，但却不能把生产价格建立在劳动价值论的基础上。他们或者是坚持劳动价值论，但不能解释生产价格等经济现象；或者在不能说明生产价格的一系列复杂问题时，就放弃了劳动价值论。此后的庸俗经济学家否定劳动价值理论，否定商品价值对生产价格的决定作用，只是把生产价格说成是市场价格围绕着波动的中心。如果说，市场价格围绕生产价格而波动，那么，生产价格又是由什么决定的呢？他们无法弄清这个问题，只好把生产价格看成是主观想象的、存在于资本家的意识之中的东西，这就不是科学的概念，而是庸俗的概念了。显然，庸俗经济学者所说的生产价格概念，和马克思的科学的生产价格概念，是完全不同的，不能混为一谈的。

超额利润的两种形式

第 221 页的第 2、3 段，马克思又分析超额利润的两种形式。

超额利润的一种形式是：由于个别企业劳

动生产率的提高，个别劳动时间低于社会必要劳动时间，个别价值低于社会价值，但在市场上，“对同种商品支付相同的价格”，这样，个别价值低于社会价值的企业就会取得超额剩余价值，即超额利润。这种超额利润是由个别价值低于社会价值而取得的，这是超额利润的一种形式。(这个问题在《资本论》第一卷第十章中就已研究过)

超额利润的另一种形式，就是“某些生产部门可以不把它们的商品价值转化为生产价格，从而不把它们的利润化为平均利润”。这是在研究资本主义地租时所要分析的问题，在那里，超额利润是价值高于生产价格的差额，超额利润不是为资本家所有，而是转化为地租，为土地所有者攫取去。

■ 在《资本论》第一卷第一篇中，马克思已经阐明了社会必要劳动量决定商品价值量的原理。从这个意义说，价值本身就是社会价值。但是在那里，马克思是把供求和竞争暂时撇开，在假定价格和价值相一致的情况下来研究的，这样做，是为了更好地揭示资本主义的生产实质，更好地揭开剩余价值生产和实现的秘密，所以暂时把一些表面的经济现象撇开。因此，在那里，社会价值的形成问题，供求对市场价格、市场价值的关系问题，竞争问题，都没有进行具体的分析。在本章中，对社会必要劳动量决定商品价值量这一规律的分析，比第一卷第一篇大大具体化了，但这只是在上述基本原理上的具体化，绝没有改变劳动价值论的原理本身。从什么地方看出它的进一步具体化呢？这着重表现在以下两点：其一是，引入了市场竞争，说明了市场价值的形成过程，特别是市场价值是由最好、或最坏、或一般的生产条件来决定，主要看哪一种条件生产的商品占大量，这是在第一卷第一章中所略而不论的。[①] 另一是分析了供求关系，特别着重分析了供求不平衡所引起的市场价格围绕市场价值而上下波动，揭示了供求运动现实趋势的规律性，具体分析了抵消供求不平衡的扰乱作用的各种形态和过程。这都是对第一卷所研究的劳动价值理论的重要补充。可以说，马克思的劳动价值理论在本章中得

① 第一卷第一章中，只指出“正常的生产条件”，并未进一步说明。

到完成。学习这一章，还可联系阅读恩格斯的《资本论》第三卷序言和恩格斯的《资本论》第三卷增补。

这一章所谈的供求问题，竞争问题，市场价格和市场价值问题，超额利润等问题，不仅深刻分析了价值规律在市场经济中的表现形式，还为市场调节奠定了重要的理论基础，不仅对于研究自由市场经济是十分重要的，对于研究现代市场经济和社会主义市场经济也十分重要的。因此，本章有关原理，对于研究社会主义市场经济有十分重要的现实指导意义，必须认真学习，联系实际地研究和运用。

第 十一 章

工资的一般变动对生产价格的影响

本章着重研究工资变动对生产价格所发生的影响。

为研究这个问题，马克思作了下述假定：一、“假定工作日不变，一切必要生活资料的价格也不变”①；二、“一般利润率的形成，平均利润的形成，从而价值到生产价格的转化，都假定为既定的事实”。② 因此，“问题只是，工资的一般提高或降低怎样影响被假设为既定的商品生产价格”③。这个问题，同本篇考察的其他问题相比，是一个很次要的问题。但是，马克思为什么又另辟专章进行论述呢？这是因为：不管是古典学派的斯密还是李嘉图，都认为工资的变动会对商品价值发生影响。马克思批判了这种错误观点，指出：工资的变动，虽然在一定条件下会影响生产价格的变动，但不会使商品价值发生变化。就这点而论，可以说，本章是马克思同李嘉图关于价值和生产价格问题争论的一个简单概述；也可以说，本章是对李嘉图混淆价值同生产价格的错误观点所进行的批判。

工资提高对生产价格的影响

首先，马克思研究了工资提高对生产价格的影响。在这里，由于个别企业的资本有机构成不同，就会有三种不同情况。

一种情况是：如果个别企业的资本有机构成与社会平均的有机构成相等，工资提高，商品的生产价格不变。例如：社会资本的平均构成是80c+20v，m′为100%，则剩余价值为20m，据此，平均利润率为20%。

---

① 《资本论》第3卷，人民出版社2004年版，第226页。

② 《资本论》第3卷，人民出版社2004年版，第226页。

③ 《资本论》第3卷，人民出版社2004年版，第226页。

这样，平均利润和剩余价值是一致的。假定某个企业的资本构成与上述情况完全相等，但由于工资提高之故，如工资提高 25%，原有 20v 增加到 25v，新创造的价值 40 仍不变，其中 25 用于可变资本，剩余价值就只有 15 了，这样，商品生产价格就是 80c+25v+15p，仍然等于 120。“利润 15，按 105 计算，等于 $14\frac{2}{7}\%$，这是新的平均利润率。”在这里，商品的价值不变，生产价格不变，“工资的提高，虽然引起利润的降低，但不会引起商品价值和价格的变动”。

另一种情况是：如果个别企业的资本有机构成低于社会平均的有机构成，工资提高，就会引起商品生产价格的提高。例如：某个企业的资本有机构成不是 80c+20v，而是 50c+50v，取得平均利润 20，该商品的生产价格仍为 120。但由于工资提高 25%之故，50v 就要增加为 $62\frac{1}{2}$v，这样，如果生产价格 120 仍不变，减去 50c+$62\frac{1}{2}$v，即得利润 $7\frac{1}{2}$，利润率只是 $6\frac{2}{3}\%$。如上例所述，新的平均利润率为 $14\frac{2}{7}\%$，所以这个 50c+$62\frac{1}{2}$v 的资本，不能只取得利润率为 $6\frac{2}{3}\%$的利润，而应取得平均利润率为 $14\frac{2}{7}\%$的平均利润，因此，50c+$62\frac{2}{7}$v 的资本，按 $14\frac{2}{7}\%$的新的平均利润率计算，应得平均利润 $16\frac{1}{4}$。因此，该商品的生产价格为：50c+$62\frac{1}{2}$v+$16\frac{1}{14}$p=$128\frac{8}{14}$。该商品按生产价格 $128\frac{8}{14}$出售，比原来的生产价格 120 提高了 $8\frac{8}{14}$。“在这里，由于工资提高 25%，同量该种商品的生产价格就由 120 提高到 $128\frac{8}{14}$，也就是说，提高 7%以上。”

但是必须注意，在这里，生产价格的提高，是由于平均利润率比个别利润率高而产生的平均利润量高于个别利润量的结果，但该商品的价值量仍不变。

再一种情况是：如果个别企业的资本有机构成高于社会平均的有机构成，工资提高，就会引起商品生产价格的降低。例如，某个企业原来的资本构成是 92c+8v，按照 20 的平均利润出售，该商品的生产价格为 120。现在，由于工资提高 25%之故，可变资本就由 8 增加到 10，商品的成本价格就由 100 增加到 102。原来，成本价格 100，利润 20，个别利润率是 20%；现在，由于工资提高，可变资本增加之故，成本价格 102，按新的平均利润率 $14\frac{2}{7}\%$计算，可得平均利润 $14\frac{4}{7}$，这样，该商品的生产价格为：$92c+10v+14\frac{4}{7}p=116\frac{4}{7}$。这就是说，生产价格由 120 下降到 $116\frac{4}{7}$，即下降 $3\frac{3}{7}$。[①] 当然，在这里，生产价格的下降，是由于平均利润率比个别利润率低而产生的平均利润量低于个别利润量的结果，该商品的价值量仍不变。

前面说过，商品的生产价格是由成本价格和平均利润这两个因素构成的，这两个因素中，只要有一个因素发生变化，都会引起生产价格的变化。但如果这两个因素同时发生变化，又都向相反的方向变化，而且这种变化又能互相抵消，在这种情况下，生产价格就不会发生变化。因此，在上述第一种情况下，在个别资本构成与社会平均构成相等时，虽然工资提高了 25%，但平均利润率却由 20%降低到 $14\frac{2}{7}\%$，这就是说，由工资提高对生产价格所发生的影响，和由平均利润率降低对生产价格所发生的影响，能够互相抵消，所以它的生产价格保持不变。在第二种情况下，即个别企业的资本构成低于社会的平均资本构成时，由工资提高对生产价格发生的影响，大于平均利润率下降对生产价格所发生的影响，因而它的生产价格会提高。在第三种情况下，即个别企业的资本构成高于社会的平均资本构成时，由工资提高对生产价格所发生的影响，小于平均利润率下降对生产价格发生的影响，所以它的生产价格会降低。

① 原文为“即下降 $3\frac{3}{7}\%$”，似为笔误。应为：“即下降 $3\frac{3}{7}$”；或为：“即下降 $2\frac{6}{7}\%$”。

马克思说："因为平均资本的商品的生产价格保持不变，和产品的价值相等，所以一切资本的产品的生产价格的总额也保持不变，和总资本所生产的价值的总额相等；一方面的提高，和另一方面的降低，对总资本来说，会平均化为社会平均资本的水平。"这就是说，个别企业的资本因工资提高而引起的商品生产价格的变动，不会引起整个社会商品价值总量的变动。个别企业的工资提高，并不是由价格来补偿。不管生产价格是提高或降低，"利润都和价格保持不变的平均资本的利润相同"。这是因为，以整个社会平均的资本构成为尺度，个别资本构成高的企业，因工资提高而引起的商品生产价格下降的部分，正好与个别资本构成低的企业，因工资提高而引起的商品生产价格提高的部分相抵，所以从社会总产品来说，利润量仍然与剩余价值量相等，平均利润量仍然与利润量相等，生产价格仍然与价值相等。由上述第二、三种情况所产生的商品生产价格的提高或降低，"这只是由于利润平均化为新的已经下降的平均利润"，即只是由于平均利润率变化，引起平均利润量的变化，从而引起的生产价格的变化，这只是改变资本家和工人对新创造价值的分配比例，但不会影响商品价值量本身，也不会影响社会总产品中的总剩余价值量和总利润量本身。

工资降低对生产价格的影响

其次，马克思又研究了工资降低对生产价格的影响。在这里，工资降低，必然引起与之相适应的利润率的提高，从而引起平均利润率的提高，在不同资本构成的企业里，对商品生产价格的影响，"我们只要把以上的说明反过来，就可以得到结果"。

一种情况是：个别企业的资本构成和社会平均的资本构成相等，工资降低，商品的生产价格保持不变。例如：社会平均资本构成为：80c＋20v，m′为100％，则该商品价值为80c＋20v＋20m，利润率为20％。假定工资降低$\frac{1}{4}$，即由20v降低为15v，新创造的价值40仍不变，只是改变了资本家和工人之间的分配比例，即可变资本由20降为15，剩余价值由20增加到25，这样，以成本价格80c＋15v＝95与利润25相比，即得$26\frac{6}{19}$％的平均利润率。生产价格仍为80c＋15v＋25p＝120。这就是说，虽然工资降低了$\frac{1}{4}$，但由于平均利润由20%提高到$26\frac{6}{19}$%之故，可以互相抵消，故商品生产价格不变。

另一种情况是：个别企业的资本有机构成低于社会平均的有机构成，如果工资降低了，商品的生产价格就会下降。例如：50c+50v，如果工资降低$\frac{1}{4}$，可变资本就减少为$37\frac{1}{2}$，全部预付资本就减少为$50c+37\frac{1}{2}v=87\frac{1}{2}$。把新的平均利润率$26\frac{6}{19}$%应用到这个资本上，就得平均利润$23\frac{1}{38}$，这样，商品的生产价格就由120降到$50c+37\frac{1}{2}v+23\frac{1}{38}p=110\frac{10}{19}$，生产价格几乎降低了10。这是由于：工资降低的影响，大于平均利润率提高对生产价格所发生的影响，从而造成商品生产价格下降。

再一种情况是：个别企业的资本构成高于社会平均的有机构成，如果工资降低了，商品的生产价格就会提高。例如，原来是92c+8v=100，现在因工资降低$\frac{1}{4}$，8v减至6v，总资本由100减少到98。以新的平均利润率$26\frac{6}{19}$%来计算，98资本可得平均利润$25\frac{15}{19}$，这样，商品生产价格以前是92c+8v+20p=120，现在是$92c+6v+25\frac{15}{19}p=123\frac{15}{19}$，生产价格提高了$3\frac{15}{19}$，几乎提高4。这是由于：工资降低的影响，小于平均利润率提高对生产价格发生的影响，从而造成商品生产价格的提高。

总之，从以上对工资的提高和降低的分析中，可以看出它对商品生产价格有如下的影响：

第一，工资的提高或降低，对和社会平均资本构成相等的资本来说，商品的生产价格保持不变。

第二，工资的提高或降低，对低于社会平均资本构成的资本来说，工资提高，生产价格也提高，工资降低，生产价格也降低；这就是：会引起同一方向的变动。

第三，工资的提高或降低，对高于社会平均资本构成的资本来说，工资提高，生产价格降低；工资降低，生产价格提高；这就是：会引起相反方向的变动。

李嘉图在这个问题上的片面观点

以上说明了：在假定工作日不变，一切必要生活资料的价格也不变的情况下，工资的提高或降低，只是由于它高于或低于劳动的正常价格，在这种情况下，生产价格虽然发生变化，但商品的价值量不变。如果工资的提高或降低，不是由于它高于或低于劳动的正常价格所引起，而是由于工人消费的商品价值发生变动、从而生产价格发生变动所引起，这时，不仅仅是该消费品本身价值的变动引起价格的变动，而且它作为可变资本要素，加入新的商品中去，引起该商品中的可变资本的增加或减少，而且这种商品进一步投入生产过程，“也作为构成要素进入不变资本”，这时，工资的变动，不仅仅引起生产价格的变动，而且也会引起价值的变动。例如：生产一吨钢铁需花费不变资本 500 元，可变资本 500 元，由于生活资料的价值降低引起工资的降低，可变资本减少为 400 元，这时，生产一吨钢铁只要花费资本 900 元，但钢铁要作为原料进入机器厂，作为机器厂的不变资本构成要素，这就会引起机器本身的价值的降低。如果不是上述情况，消费资料价值的变动仅仅是影响工资，“那么以上所说就已经包含所要说的一切了”。

以上说明了，在一定条件下，工资的变动会影响生产价格的变动，但不会使商品的价值发生变动。这是因为：工资的变动，只是使工人创造的新价值在资本家和工人之间的分配比例发生变化，如工资提高，利润会减少，工资降低，利润会增加，但不会使商品价值量本身发生变化，这是需要特别注意的问题。但是，斯密从商品价值由工资、利润、地租所构成的庸俗观点出发，错误地认为：工资提高，会引起商品价格上涨，工资减少，会引起商品价格下降。他认为，工资是生产费用的一部分，工资的增加或减少，会引起生产费用的增加或减少，从而引起商品价值的增加或减少。李嘉图坚持劳动价值理论，反驳了斯密的庸俗观点。一方面，他认为工资的变化只会影响利润，即工资提高时利润会降低，工资降低时利润会提高；另一方面，由于他不懂得生产价格和价值的区别，也错误地认为，工资的变动会对商品价值本身发生影响。其实，他所看到的，只是工资的变动对生产价格的影响，而不是对价值的影响。所以马克思说："但在这里提到的问题中，只有这个问题是李嘉图研究过的，并且我们将会看到，他对这个问题的研究也是片面的和有缺陷的。"对于李嘉图上述错误，马克思在《剩余价值理论》第二册中作了详细的批判和考察[①]，学习时可以参看。

■ 本章着重论述：在一定条件下，工资的变动只能引起生产价格的变动，不会引起价值的变动。这一原理，对当前一些资本主义国家经济生活来说，仍然具有一定的现实意义。有些资产阶级经济学家认为：工资提高会引起商品价格提高，通货膨胀是工资提高的结果，因此，要稳定通货，制止物价上涨，就要冻结工资，这就成为有些资本主义国家采用冻结工资政策加强对工人剥削的理论依据。事实上，工资提高不会引起商品价值的变化，它只会引起生产价格的变化，引起平均利润率的变化，从而只引起在新创造的价值中资本家和工人之间分配比例的变化。用冻结工资政策来抑制通货膨胀，一方面，通货膨胀仍然无法抑制，另一方面，只是把由通货膨胀所引起的损失转嫁到工人身上。马克思关于工资变动不会影响商品价值的观点，是对上述谬论的深刻的批判。

---

① 《马克思恩格斯全集》第26卷第2册，人民出版社1973年版，第209—225页。

第十二章
补 充 说 明

本章由三小节组成，是对第二篇所阐述的一些基本原理的补充。

Ⅰ. 引起生产价格变化的原因

这一节着重说明，商品生产价格的一切变动，归根到底是由商品价值变动所引起的；从而进一步证明，商品生产价格只是商品价值的转化形式。

在第九章已经指出：商品生产价格等于成本价格加平均利润，即生产价格＝k＋p，或＝k＋kp′。既然生产价格由成本价格和平均利润这两个因素构成，如果其中的一个因素发生变化，或两个因素同时发生变化，必然引起生产价格的变化。

现在，就对这两个因素分别进行考察。

第一，从平均利润方面的变化看：假定成本价格不变，只是平均利润发生变化。我们知道，平均利润是由平均利润率决定的，平均利润的变化，必然是由平均利润率的变化所引起。而平均利润率的变化，又是由两种情况而产生，一种情况是平均剩余价值率本身发生变化；另一种情况是剩余价值总额和预付资本总额的比率发生了变化。

先看第一种情况：我们知道，剩余价值率是剩余价值与可变资本之比，它表示资本家对工人的剥削程度。剩余价值率越高，一定量的可变资本带来的剩余价值量就越多，利润量就越多，因而平均利润率也就越高。但是，剩余价值率的变化，除去工资压低到劳动力价值以下或工资提高到劳动力价值以上的这些特殊的暂时的情况以外，一般说来，平均剩余价值率的变动，总是由于劳动力价值的变化而产生。而劳动力价值的变动，又是由于劳动者所消费的生活资料的价值变动而产生。只有生产这些生活资料的部门的劳动生产率变化了，从而这些生活资料的价值降低或提高了，才会引起劳动力价值的变化，从而引起平均剩余价值率本身的变化。“如果生产生活资料的劳动的生产率不发生变化，从而，进入工人消费的商品的价值不发生变动，这种降低和提高是不可能的”。

再看另一种情况：如果平均剩余价值率不变，预付资本的总额发生了变化。我们知道，利润率是剩余价值和预付资本的比率，如果预付资本总额发生了变化，不管是增加还是减少，它和原有一定量的剩余价值总额相比，其比率必然发生变化，这就会引起平均利润率的变化。而预付资本总额的变化，又总是由不变资本的变化引起的。为什么呢？因为预付资本总额要区分为不变资本和可变资本，而可变资本的增加和减少，就会相应地引起剩余价值总量的增加和减少。现在假定剩余价值总量是不变的，当然这个可变资本部分也应该是不变的，那么，预付资本总额的变化，就只能是由不变资本的变化所引起的了。不变资本发生变化、可变资本仍不变，这就意味着不变资本对可变资本的比例发生变化，即技术构成发生变化，从而引起资本有机构成的变化，这种变化，意味着劳动生产率的提高或降低。“如果同量劳动推动较多的不变资本，劳动就有了较高的生产效率。反过来，情况也就相反。”由于劳动生产率的变动，使得构成不变资本要素的那部分商品价值也发生变动。

上述两种情况都表明：不论是哪一种情况引起的平均利润率的变化，都和劳动生产率的变动，从而引起商品价值变动有关。所以马克思说：“因此，对这两种情况来说，下述规律都是适用的：如果一个商品的生产价格由于一般利润率的变动而发生变动，它本身的价值可以保持不变，但一定有另一些商品的价值发生变动。”这就是说，如果商品生产价格的变动，不是由于成本价格的变动，而是由于平均利润率的变动引起的，必然和劳动生产率的变动、和商品价值的变动紧密联系着（不管是决定劳动力价值要素的生活资料价值的变化，还是作为不变资本要素的生产资料价值的变化）。即使该商品本身的价值不变，一定会有另一些商品价值发生变动，对该商品产生直接影响。这说明，由平均利润率变动而引起的商品生产价格的变动，归根到底是和商品价值的变动分不开的。

第二，从成本价格方面的变化看：假定平均利润率不变，仅仅是成本价格发生变化。成本价格是由不变资本价值和可变资本价值所组成，不管是不变资本的价值发生变化，还是可变资本的价值发生变化，或者两者同时发生变化，都会引起成本价格的变化，这种情况表明："这时，一个商品的生产价格能够变动，只是因为它本身的价值已经变动"。商品本身价值的变动则"只是因为它本身的再生产所需要的劳动增多了或减少了"，这就是说，该商品的再生产所花费的社会必要劳动时间发生了变化。我们知道，社会必要劳动时间决定着商品的价值量，再生产所需要的社会必要劳动时间的变化，必然引起该商品价值量的变化。这有两种情况。第一，"这或是由于生产取得最终形式的商品本身的劳动生产率发生了变动"，这就是说，生产社会最终产品的劳动生产率变动了。例如，布匹是社会最终产品，过去是 8 小时生产 8 匹布，每匹布包含 1 小时的社会必要劳动（生产资料价值的转移暂不计算），由于劳动生产率提高一倍，8 小时生产 16 匹布，每匹布只包含 $\frac{1}{2}$ 小时的社会必要劳动，可见，由于劳动生产率的提高，该商品的价值降低了。第二，"或是由于生产那些进入该商品生产中的商品的劳动生产率发生了变动"，这就是说，为生产社会最终产品而提供生产资料的那些企业的劳动生产率变动了，因而这些生产资料的价值发生变动，最后必然引起社会最终产品的价值发生变动。例如：生产一匹布需要消费一定量的棉纱，棉纱的价值是要转移到布中去的，如果生产棉纱的企业（纺纱厂）劳动生产率提高了，棉纱的价值会降低，因而由棉纱转移到布中去的价值要减少，从而引起布的价值降低。这说明：成本价格部分发生变动，只是由于劳动生产率的变动引起商品价值变动而产生的结果。可见，商品生产价格的变动，如从成本价格方面的变动来考察，也是由于商品价值变动的结果。所以马克思说，"商品生产价格的一切变动最终都可以归结为价值的变动"。也就是说，商品生产价格的一切变动，归根到底是由商品价值的变动所引起的。

必须注意：商品生产价格的一切变动，归根到底是由商品价值的变动所产生；能不能反过来说，商品价值的一切变动，都要表现为生产价格的变动呢？不能这样说。这是因为：某些商品价值的变动，不一定都会引起商品生产价格的变动。“生产价格不只是由特殊商品的价值决定，而且还由一切商品的总价值决定。”如果某一商品的价值提高了，可是另一商品的价值却下降了，提高的部分与下降的部分可以互相抵消，以致社会的商品价值总量不变，因而商品生产价格也不变。可见，个别商品价值的变动，不一定都会引起商品生产价格的变动。只是社会商品价值总量的变动，才会引起商品生产价格的变动。

Ⅱ．中等构成的商品的生产价格

这一节着重说明：怎样看待中等资本有机构成部门生产的商品生产价格和商品价值相一致的问题。这种一致，表现为：中等构成部门的剩余价值和它的平均利润相一致，所以它的商品生产价格和商品价值也就相一致。

通过前几章的论述，已经知道，商品生产价格和商品价值是会发生偏离，是不相一致的。为什么会不相一致呢？它有两方面的原因。第一，价值是由 c＋v＋m 组成的，生产价格是由成本价格加平均利润组成的，成本价格部分可与 c＋v 部分相等，平均利润部分可与 m 部分相等。但实际上加入生产价格中去的平均利润部分，不一定和该商品中所包含的剩余价值相等，它可以比该商品中包含的剩余价值大，也可以比该商品中包含的剩余价值小，由此，就会引起商品价值与商品生产价格的不一致。第二，就成本价格方面而言，它是由不变资本和可变资本转化而来的。不变资本是以生产资料的形式、可变资本是以劳动力的形式投入生产过程的，生产资料的价值和它的成本价格也可能不一致。例如，作为布的原料——棉纱的价值和棉纱的生产价格不一致，因而，用棉纱的成本价格纳入布中，那么，在布中所包含的这部分转移来的棉纱的价值，是按棉纱的生产价格计算的，不是按棉纱的价值计算的，作为棉纱的生产价格与价值的差别，就会转到布中来，使得布的价值和生产价格不一致。

所以马克思说，“撇开商品本身由于平均利润和剩余价值的差额而发生的偏离不说，一个商品的成本价格，就已经能够包含同该商品中所消费的生产资料价值的偏离”。以上两点都说明：商品价值和商品生产价格是会不一致，是会发生偏离的。但是，我们以前又说：中等资本有机构成的部门生产出来的商品，其生产价格等于价值，这是否正确呢？如果是正确的话，又如何解释上述必然产生的偏离现象呢？

上述偏离现象，对中等构成部门所生产的商品来说，是存在的。假定中等构成是 80c＋20v，作为 80c 的生产资料，可能大于或小于 80c 的不变资本的价值；作为 20v 的工资，由于生活资料的价值和它的生产价格不一致，也可能引起这 20v 的工资和 20v 的可变资本的价值不一致。但是必须注意，“这种可能性根本不影响关于中等构成的商品所提出的各个论点的正确性”。为什么呢？这是因为：“归于这些商品的利润量，等于其中包含的剩余价值量。”这就是说，在中等构成部门生产的商品中，它的平均利润量与它的剩余价值量完全相等。因为中等构成的部门产品的剩余价值，不会因利润平均化流入其他部门，这部分剩余价值量和平均利润量相等；如果因为生活资料的生产价格和价值发生偏离，从而引起工资的提高或降低，只能改变该部门创造的价值中工资和利润的分配比例，不会影响所创造的价值量本身，因而这部分价值也不会因工资的变动而发生变化。例如：中等资本有机构成是 80c＋20v，剩余价值率是 100％，其平均利润率是 20％，它的价值是 80c＋20v＋20m，它的生产价格是 100k＋20p，都是 120，正是因为剩余价值等于平均利润，所以它的生产价格实际上等于商品的价值，“这样，实际上就好像是这些具有中等构成的部门是按照实际价值出售它们的产品的”。正是由于中等构成部门产品的剩余价值都留在本部门，不会流到其他部门去，其剩余价值等于平均利润，在这个意义上，其生产价格实际上等于价值。当然，中等构成部门生产的某个个别商品中，剩余价值与平均利润不完全一致的现象是可能存在的，但作为整个中等构成的部门来说，则是基本上一致的、相等的。由此可见，以前考察过的、中等构成的部门所生产的商品，其价值和生产价格相一致的观点，仍然是正确的、有效的。

Ⅲ. 资本家的补偿理由

这一节着重说明：当平均利润、生产价格确立以后，等量资本要求取得等量利润，没有取得等量利润的资本家，就要采取加价的方法以得到补偿，这样，对利润的补偿理由，好像不是由于对剩余价值的平均化，而是由于商品在成本价格以上的加价出售而产生的。

首先，马克思重复地指出：平均利润和生产价格，是通过竞争、资本转移而产生的。由于竞争和供求关系的影响，资本就会从一个部门不断地转移到利润暂时高于平均利润的另一个部门，资本在不同生产部门之间的流出和流入，引起利润率的上升和下降，从而产生利润率平均化的趋势。但是在这里必须注意两点：其一是，资本转移不是轻而易举、没有困难的，“特别是因为存在着固定资本”，如果要把织布厂的资本转去经营皮鞋厂，这就要把已有织布机卖掉，再去购买生产皮鞋的机器，这在织布厂利润低于平均利润的情况下，要出售已有的织布机确是相当困难的。另一是，同一生产部门，由于原料丰收或歉收之故，在某些年份，利润率特别高，在某些年份，利润率又特别低，甚至亏损，但如以若干年进行平均，也可以得出一个大致相同的利润率。这种不同年份进行平均所得出的大致相同的利润率，产生在同一部门，不是由于部门之间的竞争引起资本转移的结果。“而资本很快就懂得了要考虑到这个经验。”

马克思又指出，部门之间的竞争所引起的资本转移，并不能表明竞争的实质。这个实质是，商品的生产和交换是由价值规律的作用所支配。竞争，使利润转化为平均利润，价值转化为生产价格；生产价格由价值决定的这个实质，是竞争本身所没有表明的。在竞争中所表明的，却是颠倒了的现象。因为竞争所表明的有三点。第一，不管资本有机构成如何不同，不管不同部门实际剥削的剩余价值量如何不同，同量资本都要取得同量的平均利润。这样，好像利润不是剩余价值的转化，而是由市场竞争创造出来的了。第二，工资的提高或降低，引起生产价格的变动，好像也引起了商品价值的变动。事实上，工资的变动，只会改变工资和利润之间的分配比例，不会引起商品价值的变动。这样，劳动创造商品价值的实质就和工资变动引起商品价值的变动这个现象相矛盾，好像价值不是由劳动创造，而是由工资等生产费用所决定的了。第三，价格是价值的货币表现，市场价格应该围绕市场价值而上下波动；但由于竞争形成了平均利润和生产价格，市场价格就不是围绕市场价值而上下波动，而是围绕着生产价格而上下波动了，这样，生产价格和市场价格归根到底都要由价值所决定的实质，在市场价格围绕生产价格而波动的现象下，就看不出来了。“**因此，在竞争中一切都颠倒地表现出来。**”这样，价值决定，这个经济关系的本质因素不能直接地表现出来，而是相反地、颠倒地表现出来，即表现为平均利润和生产价格，表现为等量资本必须取得等量利润。

其次，马克思接着指出：由于竞争、资本转移、平均价格和与之相适应的市场价格在一定时期确立之后，就不需要每次都由竞争和资本转移来形成，这时，“各个资本家**意识到**，在这种平均化中**某些差别**会互相抵消”，因此，资本家们就形成了一个基本观念：等量资本应该取得等量利润。他们在计算时，就在成本价格之上，加上平均利润，即使个别利润低于平均利润，其差额部分也要用加价的办法来得到补偿。例如，生产一匹布的成本价格为100元，平均利润率为15%，该布的生产价格为115元，如果生产该布的个别利润率只有12%，应得个别利润12元，则其中的差额3元，仍然要用加价的方法，即依115元的生产价格或市场价格来补偿。在这里计算时，不是根据价值来进行，而是用成本价格加平均利润的方法来进行，即用加价的方法来进行，“这一切在实际上可以归结为：每一种可以使某一投资获利较少而使另一投资获利较多的情况，……都会被作为永远有效的补偿理由加入计算，用不着总是要重新靠竞争活动来证明这个动机或计算因素的合理性”。本来，剩余价值转化为利润，利润转化为平均利润，资本家之间对利润的平均化，无非是对共同掠夺来的剩余价值、按资本的比例平均分配，但当平均利润和生产价格确立之后，等量资本取得等量利润就成为资本家的补偿理由。由于他们的这种补偿理由，好像平均利润并不是剩余价值的转化，而是根据这种或那种理由，对商品成本价格实行加价而产生的，由此产生了流通创造利润的荒谬观点。

总之，资本家的补偿理由是：等量资本必须取得等量利润，如果低于这个等量利润，就要用加价的办法来补偿。

■ 本篇研究的平均利润率，可以从三种意义上来理解：

第一，理想的平均利润率。由于每个个别资本都是社会总资本的一个有机组成部分，整个社会总资本像一个大工厂，每个资本家都是这个大工厂的股东，根据他们的资本股份，按照比例参与对剩余价值的分配。这种平均利润率，可以叫作理想的平均利润率，它是和一般利润率相同意义上的平均利润率，它表示着社会总资本对社会总剩余价值的分配。

第二，标准的平均利润率。这是指平均的资本有机构成的利润率，或中等构成的部门所产生的利润率。由于这个部门的利润和它的剩余价值相等，它的平均利润和剩余价值也相等。在这个意义上，它和理想的平均利润率是一致的。但由于这种平均构成并不是绝对的，而是近似的，因而它所取得的利润率和理想的平均利润率相比，也是近似的；加上有机构成会发生变化，因而平均构成也要发生变化，所以这种近似的利润率也是要不断变化的。可见，这种平均构成条件下产生的标准的平均利润率，与根据社会总资本而产生的理想的平均利润率也不是绝对相等的。

第三，实际的平均利润率。由于资本有机构成不同，资本周转速度不同，等量的资本取得的利润是不等的，这就要通过部门之间的竞争，转移资本，以实现等量资本取得等量利润的这一客观要求，在这个意义上产生的平均利润率，可以称为实际的平均利润率。实际的平均利润率和上述两者的区别在于，它是在竞争和资本转移过程中形成的。实际的平均利润率，是理想的平均利润率的具体化；如果没有实际平均利润率的实现，理想的平均利润率也就无从表现了。

区分上述三者，并不是说有三种完全不同的平均利润率；这只是说，同一的平均利润率可以从不同的意义上来理解。

第 三 篇
利润率趋向下降的规律

第 十 三 章
规 律 本 身

第一篇，研究了利润和利润率的本质，第二篇，研究了不同企业的利润率必须化为平均利润率的客观必然性，现在，第三篇，就要研究平均利润率发展趋向的规律性。

第三篇的标题是“利润率趋向下降的规律”。这里所说的“利润率”，不是指个别资本所取得的利润率，而是指平均利润率，即一般利润率。这里的“趋向下降”，就是说，随着资本主义的发展，资本积累规律发生作用，平均利润率将不断下降；与此同时，又有其他一些原因起着相反作用，阻碍平均利润率的下降，致使平均利润率的下降不会更大、更快，也就是说，这种下降只是一种“趋向”，并不是直接的，也不是不断发展的，“因此，我们也就把一般利润率的下降叫作趋向下降”[①]。“它的作用，只有在一定情况下，并且经过一个长的时期，才会清楚地显示出来。”[②]

本篇由三章组成。第十三章，研究平均利润率下降的必然性，以及

① 《资本论》第 3 卷，人民出版社 2004 年版，第 258 页。
② 《资本论》第 3 卷，人民出版社 2004 年版，第 266 页。

它的内在矛盾和表现形式。第十四章，研究阻碍平均利润率下降的一些因素。第十五章，研究这一规律对资本主义生产的意义和作用，以及它在资本积累和危机等方面的表现，从而进一步揭露了资本主义生产方式的内在矛盾及其历史局限性。

第十三章，规律本身，是在第二篇研究的基础上继续进行分析的。在第二篇中已经指出，由于不同部门之间的竞争，产生了利润率的平均化，即平均利润率。但是，平均利润率形成以后，并不是永远固定在这个平均水平上绝对不发生变化；随着资本主义的发展，随着资本积累规律发生作用，平均利润率也会发生变化。这种变化的趋向是什么呢？那就是：趋向下降。为要研究利润率趋向下降规律，首先要研究这个规律的实质、内在矛盾及其表现形式，这就构成本章研究的中心内容。

（一）平均利润率因资本积累、有机构成提高而不断下降的规律

平均利润率不断下降的规律

在工资和工作日已定时，一定量的可变资本代表着一定数目的被推动的工人。假定可变资本为 100，被推动的工人为 50，在剩余价值率 100%的情况下，资本家就可以从这 50 个工人身上，剥削到 100 的剩余价值。在不同企业的可变资本和剩余价值率都相同的情况下，只是由于不变资本的数量不同，因而总资本量也不同，就会有不同的利润率。马克思列举如下五种情况：

1. $50c+100v+100m=250$，$p'=\frac{100}{150}=66\frac{2}{3}\%$；

2. $100c+100v+100m=300$，$p'=\frac{100}{200}=50\%$；

3. $200c+100v+100m=400$，$p'=\frac{100}{300}=33\frac{1}{3}\%$；

4. $300c+100v+100m=500$，$p'=\frac{100}{400}=25\%$；

5. $400c+100v+100m=600$，$p'=\frac{100}{500}=20\%$。

这说明：可变资本相同，剩余价值率、剩余价值量都相同，但总资本量不同，资本有机构成不同，利润率就不同。

如果不把以上五种情况当成五个企业，而把它当成社会总资本发展的五个不同阶段，有机构成成为该阶段的社会平均有机构成，利润率成为该阶段的平均利润率，因而上述五个阶段的发展变化，就表现为"某一个社会的总资本的平均有机构成的变化"，其结果就是：在可变资本不变的情况下，"在剩余价值率不变或资本对劳动的剥削程度不变的情况下，**一般利润率会逐渐下降**"。如上例，即从 $66\frac{2}{3}\%$一直下降到 20%。

在可变资本不变的情况下，总资本量的增加是由于不变资本的增加。不变资本增加了，可变资本与不变资本的比例必然发生变化，即以技术构成为基础的价值构成发生变化，引起有机构成的提高。上述平均利润率的下降，是社会平均有机构成提高的结果。问题在于：随着资本主义的发展，社会平均有机构成是否会提高呢？马克思指出，"随着资本主义生产方式的发展，可变资本同不变资本相比，从而同被推动的总资本相比，会相对减少，这是资本主义生产方式的规律"。这是因为：在资本主义发展过程中，资本家不断把剩余价值转化为资本，进行资本积累，以便扩大生产，剥削更多的剩余价值。在资本积累的同时，生产方法也在日益发展，一定量的劳动就会推动更多的生产资料，这就表现为技术构成的提高，从而引起价值构成、有机构成的提高，这是社会劳动生产力发展的一种表现，是客观的必然性。因此在社会总资本增加，社会平均有机构成逐步提高的情况下，其直接结果是："在劳动剥削程度不变甚至提高的情况下，剩余价值率会表现为一个不断下降的一般利润率"。

马克思接着指出，"一般利润率日益下降的趋势，只是劳动的社会生产力日益发展**在资本主义生产方式下所特有的表现**"。为什么它是资本主义生产方式的特有表现呢？因为在其他社会生产方式条件下，劳动生产力的提高都不会表现为平均利润率的下降。平均利润率是资本主义的特有范畴，而平均利润率趋向下降也是资本主义的特有表现，这就是说，平均利润率下降的规律，是资本主义所特有的经济规律，这一规律是由资本主义生产的本质产生的。因为这个规律所说明的，不是平均利润率由于什么偶然原因而造成暂时的下降，而是说明，随着资本主义积累的进行，社会平均有机构成不断提高，“因为所使用的活劳动的量，同它所推动的对象化劳动的量相比，同生产中消费掉的生产资料的量相比，不断减少，所以，这种活劳动中对象化为剩余价值的无酬部分同所使用的总资本的价值量相比，也必然不断减少。而剩余价值量和所使用的总资本价值的比率就是利润率，因而利润率必然不断下降”。这说明，平均利润率的下降是客观必然性，是社会生产力的发展和资本积累的必然结果，是资本主义生产方式的本质表现。

资产阶级经济学不可能揭示这个规律

从以上说明看，平均利润率趋向下降的规律，既明显，又简单。可是，“以往的一切经济学都没有能把它揭示出来。经济学看到了这种现象，并且在各种自相矛盾的尝试中绞尽脑汁地去解释它”。例如，古典学派的代表人物亚当·斯密，已经看到利润率有下降的趋势，但他把下降的原因，说成是由于工商业的发展，相互竞争的资本不断增多。显然，斯密对于利润率下降原因的分析是不正确的，他只从资本主义的某些经济现象出发，并没有能对这一规律给予本质的说明。斯密还认为：利润率下降的趋势，表示了国民财富的增长和社会福利的增进，是符合社会发展的利益和要求的。在这里，斯密以愉快的心情，把利润率的下降和资本主义发展联系在一起，但还是仅仅看到现象，未能深入揭示这一规律的内在矛盾及其表现形式。

“亚当·斯密以来的全部政治经济学一直围绕着揭开这个秘密兜圈子，而且亚·斯密以来的各种学派之间的区别，也就在于为揭开这个秘密进行不同的尝试”。这里所说的“各种学派”，主要是指以李嘉图为代表的一些经济学家和以马尔萨斯为代表的一些经济学家在 19 世纪初关于利润率和资本积累问题所进行的激烈的争论。李嘉图等人代表工业资产阶级的利益，不同意斯密的上述观点，他们认为：由于农产品价格上涨，引起货币工资提高，从而引起利润率的下降。具体说来，他们的论点是：随着资本主义的发展，人口会增加，这就增加了对农产品的需求；由于对农产品需要量增加，就要耕种较坏的土地，这就使农产品价格上涨；农产品价格上涨，地租就愈来愈增大，生活资料的价格愈来愈提高，工人的货币工资也就愈来愈提高；在创造的新价值中，由于工资部分提高了，利润部分就会减少，这就造成利润率下降。在这里，李嘉图所论证的利润率下降趋势，是正确地反映了资本主义的实际情况的，但把利润率下降的原因归结为农产品价格的上涨和货币工资的提高，显然是不正确的。由于李嘉图的理论带有反封建性质，这就引起了以马尔萨斯为代表的反映封建土地贵族利益的经济学家们的反对。马尔萨斯从斯密关于竞争、资本积累引起利润率下降的观点中，得出了维护封建地主阶级的结论。在马尔萨斯看来，利润提高就会引起资本积累的增长，资本积累的增长就会造成普遍的生产过剩，因为积累增长造成了供求之间的不平衡，这就会使利润率下降；为了维持供求之间的平衡和一定高度的利润率，刺激“不生产的消费者”如地主、牧师、官吏等等的消费就是不可缺少的。马尔萨斯把维持和增加这些人的消费作为提高利润率的一个条件，这就明显地站在维持封建地主阶级利益的立场上。但是，不管是代表工业资产阶级利益的李嘉图学派也好，还是代表封建土地贵族利益的马尔萨斯之流也好，虽然在利润率下降的问题上绞尽脑汁地进行研究，试图从各种不同方面进行解释，但都没有能够正确地揭示出平均利润率下降规律的秘密。

为什么这些经济学者不能揭示平均利润率下降的规律呢？这是因为：他们不懂得不变资本和可变资本的区别，不懂得剩余价值和它的表现形式——利润及其具体表现形式的产业利润、商业利润、利息、地租的区别，这就不可能彻底分析资本有机构成的差别，当然也就不可能揭示平均利润率规律并论证平均利润的形成，最后也就不可能论证这个平均利润率下降的规律了。总之，由于他们没有建立正确的有机构成理论和剩余价值理论，就不可能理解利润率下降的真正原因，不可能揭示这一规律的实质。

恩格斯指出：“对于前人一直未能说明的利润率的下降趋势，马克思在第三册第三篇作出了正确的说明”①。这是马克思利润理论中的一个新的贡献。这个问题的解决，对马克思来说，并无任何困难，因为利润率下降的规律是以前整个研究的直接结果，是把以前所研究的一些理论、规律运用到这事上来所进行的具体说明，是把理论分析提高到新的更高的阶段。以往经济学家所不能解决的秘密，就“不再是什么谜了”。

这里还有一个问题：以往经济学家既然不懂得剩余价值和利润以及利润的各种具体形式的区别，就不能正确揭示平均利润率趋向下降的规律，那么，我们现在虽已研究过剩余价值和利润的区别，但还没有研究利润的各种具体形式，为什么也能揭示平均利润率趋向下降的规律呢？这是因为：说明这个规律，“同利润分割为归各类人所有的各个部分这一点无关”，“同这种分割所产生的各种利润范畴的相互关系无关”，因为在这里所研究的利润率，是以全部利润量同预付总资本之间的比率，全部利润量和剩余价值总量是一致的，这种利润不过是剩余价值本身的另一种名称。要研究这种利润率的平均化和平均利润率的发展趋向，只要弄清楚剩余价值和利润的关系即可，不一定要分析这个剩余价值在各个剥削阶级集团之间进行分配的具体情况。所以，马克思在研究利润分割为互相独立的范畴以前，有意识地先说明这个规律，是完全可以的。

以发达的资本主义国家和不发达的资本主义国家相比，剩余价值率和利润率的差别，甚至会颠倒过来，但上述规律仍然起作用

以上是从一个国家内发展的不同阶段来看的，如果从不同发展水平的各国之间来看，上述规律仍然会发生作用。

如果我们把 50c ∶ 100v 的有机构成作为一个国家的平均构成，把 400c ∶ 100v 的有机构成作为另一个国家的平均构成，前者的利润率为 $66\frac{2}{3}\%$，后者的利润率为 20%。我们知道，发达的资本主义国家，社会平均的有机构成较高，不够发达的资本主义国家，社会平均的有机构成较低。上例说明：在有机构成较低的不发达的国家，利润率较高；在有机构成较高的发达国家，利润率较低。可见，

① 《资本论》第 3 卷，人民出版社 2004 年版，第 16 页。

发达国家的利润率低于不发达国家的利润率。

但是，这两个国家的不同利润率，会因有不同的剩余价值率而互相抵消，甚至颠倒过来。这是因为，上例都是在假定剩余价值率为100%的前提下所得出的结果，如果这两个国家的剩余价值率不相等，就会出现另外的情况。一般说来，发达国家的劳动生产率较高，在同量的劳动时间内会生产出较多的商品，因而包含在单位商品中的价值量较少，也就是说，单位商品价值量低，个别生活资料的价值量低，因而用于补偿劳动力价值的必要劳动时间的部分，与剩余劳动时间相比就较少。这样，剩余价值率就会高于100%，利润率较低的现象就会因剩余价值率提高而得到补偿，甚至会相反地表现出来。

但是，尽管这两个国家的利润率的差别，会因为剩余价值率不同而有相反的表现，但利润率下降的规律在这两个国家中仍然起作用。因为"这个规律，换一个说法就是：某个一定量的社会平均资本（例如资本100）表现为劳动资料的部分越来越大，表现为活劳动的部分越来越小"。也就是说，由于劳动生产率提高，在社会总资本中，用于生产资料部分的价值增加了，用于补偿劳动力价值的部分减少了，取得的剩余价值的部分（无酬劳动部分）与总资本相比也减少了。总之，有机构成的提高必然造成利润率的下降。因此，只要两个不同国家社会平均有机构成的差异，不会为剩余价值率的差异所完全抵消时，这个规律仍能明显地表现出来。马克思在第240页第3段举了下述例证。假定：一个发达国家的资本是：80c＋20v，m′是100%，可生产20m，利润率为20%。如果另一个不发达国家的资本是：20c＋80v，但m′只是50%，可生产40m，则利润率为40%。可见，虽然发达国家的剩余价值率（100%）比不发达国家的剩余价值率（50%）高，但后者的利润率却是前者的二倍，这仍然证明了：发达国家有机构成高，利润率下降的规律仍然起作用。

在比较两个不同发展水平国家的利润率时，马克思还在第239页第1段到第240页第1段，指出两个必须注意的事实：

一个是：不能用一个国家的利息率水平来衡量另一个国家的利润率水平，因为不发达国家的利息率通常是比发达国家的利息率高。有的不发达国家，例如，劳动在形式上还不从属于资本的国家（像半封建半殖民地的旧中国），利息会包含全部利润，甚至比利润更多。因为这些国家的利息率，不像发达的资本主义国家那样，由利润率所决定，而是同利润率无关，只是和高利贷、地租等有关。

一个是：在资本主义发展阶段不同，因而社会平均有机构成也不同的两个国家中，正常工作日较短的国家，和正常工作日较长的国家相比，有更高的剩余价值率。这是由于工作日较短的国家有较高的劳动强度所产生的，它在利润率的决定上有着重大的影响。

（二）利润率下降和利润量增长同时并存

利润率下降的同时，剩余劳动量可以增大，从而利润的绝对量也增大

利润率下降，并不等于利润量的绝对减少。在资本主义的实际经济生活中，利润率的下降和利润量的绝对增加是同时并存的。马克思说："利润率不断下降的规律，或者说，所占有的剩余劳动同活劳动所推动的对象化劳动的量相比相对减少的规律，决不排斥这样的情况：社会资本所推动和所剥削的劳动的绝对量在增大，因而社会资本所占有的剩余劳动的绝对量也在增大；同样也决不排斥这样的情况：单个资本家所支配的资本支配着日益增加的劳动量，从而支配着日益增加的剩余劳动量，甚至在这些资本所支配的工人人数并不增加的时候，也支配着日益增加的剩余劳动量。"

为什么利润率下降的同时，利润量却能绝对地增加呢？这是因为：利润率的下降，不是由于总资本中的可变资本的绝对减少，而是由于总资本中的不变资本的绝对增加。假设在可变资本不变的情况下，不变资本增加了，总资本量就会增大，这时，以利润量和增大了的总资本相比的利润率就会下降，但由可变资本带来的剩余价值量或利润量，在剩余价值率不变的情况下，仍和以前一样。这只是说明，利润率的下降不是由可变资本的变动引起的，而是由不变资本的变动引起的。虽然这时总资本量已发生变动，但利润量仍不变。在这里，"利润率的下降，不是由于总资本的可变组成部分的绝对减少，而只是由于它的相对减少，由于它同不变组成部分相比的减少"。但是，不仅如此，在总资本增大时，不仅不变资本增大，而且可变资本也会增大，只要不变资本增大的比例快于可变资本的增大，有机构成还会提高，利润率也会下降。这时，从不变资本和可变资本的比例来说，不变资本的比例相对地提高了，可变资本的比例相对地下降了，但其绝对量却是增加的。这时可变资本的增加，有两种可能情况，一种情况是：可变资本所支配的工人人数并没增加，还和原来一样，但由于延长劳动时间，提高劳动强度，以及其他种种情况，引起剩余劳动时间增加，剩余劳动量增加，从而增加剩余价值量或利润量。例如：某一企业，原有资本 60c＋40v，m′为 100％，生产 40m，$p'=\frac{40}{100}\times 100\%=40\%$。现在，不变资本与可变资本的绝对量都增加为：240c＋60v，m′仍为 100％，生产 60m，则 $p'=\frac{60}{300}\times 100\%=20\%$。这时，有机构成提高了（由 6∶4 提高为 8∶2），不变资本与可变资本都增加了，剩余价值量或利润量增大了（由 40m 增加到 60m），但利润率下降了（由 40％下降为 20％）。原来 40v，雇佣 10 个工人，现在增加到 60v，但由于延长劳动时间，提高劳动强度之故，60v 所推动的仍然是这 10 个工人。这就是说，可变资本虽然增加，但推动的工人人数并未增加，仍可增加剩余劳动量，从而绝对地增加剩余价值量或利润量。另一种情况是：在不变资本、可变资本都增加的上述情况下，所支配的工人人数也增加了，因而，所支配的劳动量也增加了，剩余劳动量和剩余价值量也就增加了。如上例，60v 所推动的不是 10 个工人，而是增加到 15 个工人，这时，剩余价值量或利润量的增加，是由于增加了工人，从而增加了可变资本所推动的剩余劳动量引起的。前一种情况说明的是，剩余劳动量在内涵方面的增加，后一种情况说明的是，剩余劳动量在外延方面的增加。总之，不管是哪一种情况都说明：利润率都下降了，剩余价值量或利润量都绝对地增加了，利润率的下降和利润量的绝对增加是同时并存的。马克思说，“尽管利润率不断下降，资本所使用的工人人数，即它所推动的劳动的绝对量，从而它所吸收的剩余劳动的绝对量，从而它所生产的剩余价值量，从而它所生产的利润的绝对量，仍然**能够**增加，并且不断增加”。

利润率下降和利润量增加同时并存，是资本积累规律作用的必然结果

伴随着利润率下降同时存在的利润量的绝对增加，在资本主义生产的基础上，不仅“**能够**如此”，而且“**必然**如此”，就是说，有其客观必然性。为什么呢？

“资本主义生产过程实质上同时就是积累过程。”一方面，在积累过程中，随着劳动的社会生产力的发展，生产出来的使用价值量大大增加，剩余价值量也随之增加。由于资本积累，更多的生产资料转化为资本，就需要更多的工人来推动这些生产资料；随着积累而来的资本积聚，又促进了劳动生产力的提高，促进了生产规模的扩大；由于资本主义制度下存在着大量的相对过剩人口，资本家能够随时找到积累过程中所需要的更多的工人。这样，资本积累，生产扩大，资本家剥削的工人人数增加了，剩余价值量增加了，利润量也增加了。这就是说，随着资本积累规律发生作用，资本增加，支配的劳动量增大，剩余价值的绝对量或利润的绝对量增大。可见，利润量的绝对增大是资本积累规律发生作用在一方面的必然结果。另一方面，资本积累，劳动的社会生产力提高，有机构成提高，可变资本的比例相对减少，从而导致利润率下降，这又是资本积累规律发生作用的另一方面的结果。由此可见，利润率下降和利润量绝对增加同时并存，是资本主义积累规律发生作用的必然结果。所以马克思指出，从资本主义积累过程的性质来看，自然会得出如下的结论：“在生产过程和积累过程的发展中，可以被占有和已经被占有的剩余劳动的量，从而社会资本所占有的利润的绝对量，都**必然**会增加。”但是，“同样一些规律，使社会资本的绝对利润量日益增加，而它的利润率日益下降。”

从第 244 页第 3—5 段，马克思又进一步分析了引起利润量增加的三种情况：

其一，随着资本的积累和积聚，支配的劳动军越来越大，“他们占有的剩余价值量，从而利润量，会随着利润率的下降并且不顾这种下降而同时增长起来”。

其二，如果使用的工人人数不变，由于延长工作日或提高劳动强度，引起剩余价值率提高，“剩余价值量，从而绝对利润量，就必然会增加”。

其三，随着社会劳动生产力的发展，虽然可变资本同总资本相比相对减少了，但由于可变资本的绝对量会增加，“还表现为所使用的总劳动力越来越增加，表现为剩余价值的从而利润的绝对量越来越增加”。

利润率下降和利润量增加的二重性规律，只是在总资本的增加比利润率的下降更迅速时才能表现出来

但是，利润率下降和利润量绝对增加的二重性规律，必然会在什么形式上表现出来呢？

上述规律，是以剩余价值量或利润量的增加为基础的。如果出现这样一种情况：资本量不变，有机构成提高，不变资本增加，可变资本减少，在剩余价值率不变的情况下，剩余价值的相对量和绝对量都下降，利润量下降，这时，利润率也下降。

例如：m′为100%不变，有机构成发生变化。

Ⅰ　60c＋40v＋40m　p′＝40%，

Ⅱ　70c＋30v＋30m　p′＝30%，

Ⅲ　80c＋20v＋20m　p′＝20%。

在这里，利润率下降，即由40%降至30%、20%，利润量也下降，即由40降至30、20。所以，在总资本不变的情况下，只要社会平均资本有机构成提高了，利润率下降的同时，必然是利润量也下降。这是因为：总资本是一个已定的不变量，这时，如果利润率下降，不外是利润量下降的另一种表现。马克思说，“所以，剩余价值和这个不变量的比率的下降，就只能是剩余价值的绝对量和利润的绝对量减少的另一种表现”。在上述情况下，利润率下降和利润量绝对增加的二重性规律，就不可能表现出来。

上述的利润率下降与利润量减少相一致的情况，是以资本量作为一个已定的不变量为前提的。但是，计算利润率的这个资本量，并不是一个固定的不变量，而是一个可变量，不仅个别资本家握有的资本是个可变量，而且社会总资本也是可变量。随着资本积累、总资本量增加，有机构成提高，不变资本比例增加，可变资本比例减少，利润率下降；但同时，由于可变资本的绝对量增加，剩余价值量和利润量还是会增加的。

例如：（m′为100%）

Ⅰ　60c＋40v＋40m＝140　p′＝40%，

Ⅱ　240c＋60v＋60m＝360　p′＝20％。

在这里，总资本由100增至300，有机构成由6∶4提高为8∶2，利润率由40％下降为20％，但剩余价值量或利润量却由40增加到60。这就说明，利润率的下降和利润量的增加是同时并存的。为什么利润率下降的同时，利润量能够增加呢？这是因为：总资本量的增加和利润率下降相比，会以更大的比例来增加。如上例，利润率下降一半，资本却增加了两倍。马克思说："利润率下降50％，也就是下降一半。因此，要使利润量保持不变，资本就必须增加一倍。"如上例，利润率由40％下降为20％，要使利润量40保持不变，资本必须提高一倍，即由100增加到200，即160c＋40v＋40m，p′为20％，利润量仍为40。这就是："要使利润量在利润率下降时保持不变，表示总资本增加的乘数，就必须和表示利润率下降的除数相等。""资本100万在利润率为40％时生产40万，资本500万在利润率为8％时也生产40万。必须如此，结果才会保持不变。"但是，要使利润率下降的同时，利润量不仅保持不变，而且绝对增加，"资本增加的比例就必须大于利润率下降的比例。换句话说，要使总资本的可变组成部分不仅绝对地保持不变，而且绝对地增加（尽管它作为总资本的一个部分所占的百分比已经下降），总资本增加的比例必须大于可变资本所占百分比下降的比例"。如上例，总资本100时，不变资本60，可变资本40，如果有机构成由6∶4提高到8∶2，100资本中，以80c和20v相对比，那么，要保持原有40v，总资本必须提高到200，才会有160c和40v。这时，剩余价值率不变，剩余价值量和利润量也不变。只有当总资本由100提高到300时，有机构成8∶2，240c比60v，这时，可变资本由40增加到60，剩余价值量和利润量才会增加。这就是"总资本增加的比例必须大于可变资本所占百分比下降的比例"，即总资本增加两倍，可变资本的比例下降一半。由此可见，要使利润率下降和利润量增加同时并存，就必须是总资本量增加的比例大于可变资本所占百分比下降的比例，或者说，资本增加的比例大于利润率下降的比例。

通过以上分析，可以看出：随着劳动社会生产力的发展，随着资本主义生产方式的发展，一方面表现为利润率下降的趋势，另一方面却表现为利润的绝对量不断增加，结果，可变资本和利润相对地说是减少了，绝对的量却增加了。“这种双重的作用，只是在总资本的增加比利润率的下降更快的时候才能表现出来。要在构成更高或不变资本以更大程度相对增加的情况下使用一个绝对增加了的可变资本，总资本不仅要和更高的构成成比例地增加，而且要增加得更快”。由此可见，资本主义越发展，使用同量的劳动力，就要有越来越大的资本；如果要使用更多的劳动力，就要有更多的资本。如果在 100 资本中，原先可变资本占 40，使用 10 个劳动力；在资本有机构成提高的情况下，现在 100 资本中的可变资本下降为 20，使用 10 个劳动力，就要有 200 资本；这时，如果使用 15 个劳动力，就要有 300 资本；使用 20 个劳动力就要有 400 资本。

资产阶级经济学者不懂得利润率下降和利润量增加的二重性规律而产生的错误看法

资产阶级经济学者，不懂得不变资本和可变资本的区别，不懂得剩余价值和利润的区别，不懂得资本有机构成的原理和平均利润率的形成过程，因而不可能揭示资本积累的内在规律，这就不可能了解利润率下降和利润量增加同时并存的内在联系。他们中间有些人，“把利润量的增加，单个资本家或者社会资本的利润绝对量的增加，当作一种安慰的理由”。有些人只是说，利润量有可能不管利润率下降而同时增加。这只是在“同义反复”上打圈圈，无助于问题的解决。但问题不在于指出这些事实，而在于科学地论证这些事实，论证这样那样的可能所必需的条件，揭示它们内在的规律性，这是资产阶级经济学绝对做不到的。只有马克思，才第一次从资本积累内在规律的作用上，科学地说明和解决了这个问题。

有些庸俗经济学家，把竞争的假象当作本质，把利润率的下降和利润量的增加，看成是资本增大的单纯结果。他们认为：资本增大了，利润量增加了，资本家就降低利润率。他们把利润率的下降看成是由于利润量增加的结果，是由于资本增加的结果，是资本家们比较明智、比较人道的表现。这就是说，利润率的下降不是客观存在的规律，而是出于资本家的好心善意，是由资本家的主观意志所决定的。实际上，如果离开了剩余价值规律，离开了资本积累规律及其作用，离开了资本有机构成不断提高的规律，利润率下降和利润量增加同时并存的二重性规律就根本不会存在。但是，资产阶级经济学为什么会产生上述错误看法呢？“这是因为资本主义生产的内在规律在竞争中是以颠倒的形式表现出来的”，这个规律也同样如此。他们把竞争的假象当作本质，必然导致错误的说明。

（三）商品价格下降的同时，商品中所包含的并通过出售而实现的利润量却会相对增加，也是这个规律的表现

劳动生产力提高，单位商品价值量下降，因而价格下降，利润率也下降，但单位商品中的利润量仍能增加

“资本所生产的商品的价格下降，同时商品所包含的并通过商品出售所实现的利润量却会相对增加”，也是上述规律的表现。

随着劳动生产力的发展，有机构成不断提高，生产的商品量大大增加。但就个别商品来说，包含在其中的对象化劳动和活劳动都会减少，即单位商品价值量减少，价格就要下降。“尽管如此，单个商品中包含的利润量，在绝对剩余价值率或相对剩余价值率提高时仍能增加。”例如：原来某一单位商品，其价值为 20，其中对象化劳动为 14，活劳动新创造的价值为 6，在 6 中，必要劳动为 4，剩余劳动为 2，这就是说，该单位商品所包含的利润量为 2（这里假定剩余价值量与利润量完全相等）。但由于劳动生产率提高，有机构成提高之故，该单位商品价值量降为 16，其中对象化劳动为 12，活劳动新创造的价值为 4，在 4 中，必要劳动为 1，剩余劳动为 3，这就是说，该单位商品所包含的利润量由 2 增加到 3。这说明，尽管单位商品的价值量下降，但其利润量仍能增加。这种增加的必要前提是，剩余价值率的提高，如上例，剩余价值率由 50%提高到 300%，在单位商品中，虽然“它包含较少的新追加劳动，但是这种劳动的无酬部分同有酬部分相比却增加了。”“不过，只有在一定范围内情况才是这样”，即只是在剩余价值率提高时才能如此。如剩余价值率没有提高，或提高的比例没有超过新创造价值下降部分的比例，单位商品中的利润的绝对量也会减少。

资本主义生产是由许许多多的个别商品生产构成的，单个商品的价值和价格下降，意味着一定量劳动实现在较大量的商品中，意味着单位商品中所包含的对象化劳动和活劳动的减少，在这种情况下，即使剩余价值率提高，利润率也会下降。为什么呢？因为第一，商品中包含的无酬劳动比以前少了；第二，在单位商品中，代表新创造价值部分的活劳动，和转移来的对象化劳动部分相比，也相对地减少了，这正是有机构成提高在商品价格中的反映。“这种减少对一定量资本例如100来说是绝对的，同样，它对作为再生产的资本的一个可除部分的每一个商品来说，也是绝对的。”

总之，随着劳动生产力发展，单位商品价值量下降，利润率也会下降，但单位商品中的利润量，却能因剩余价值率的提高而增加。

只按单个商品价格要素计算的利润率和实际的利润率是不同的

在这里，必须注意，只按单个商品价格要素计算的利润率，和实际的利润率是不同的。

实际利润率，是按所使用的总资本（即全部预付资本）来计算的，也就是在一年内获得的全部利润量对总资本的以百分比计算的比率。（这种以年为单位计算的实际利润率和以资本周转期间来计算的利润率是不同的。如果资本一年周转一次，两者的利润率才会相同。如果一年周转数次或一年周转不达一次，两者就会不同。）只按单个商品价格要素计算的利润率，是所费资本、即单个商品中的成本和该商品所含利润量的比率。前者可以简称为资本利润率，后者可以简称为成本利润率。我们知道，所用资本和所费资本是不同的。所用资本中的固定资本部分，其价值是逐步转移到新产品中去的；所费资本是指所耗费的资本，即指转移到产品中去的固定资本部分，不包括固定资本中还未转移的部分，因此，所用资本就必然大于所费资本。总资本是由所用资本决定的，以所用资本作为总资本来计算的利润率，就必然低于以所费资本（成本）来计算的利润率。在同样情况下，运用这两种不同的计算法，成本利润率就必然要比资本利润率高。恩格斯把资本利润率表述为$\frac{p}{C}$（C指总资本，p指一年内实现的利润），把成本利润率表达为$\frac{p}{k}$（k 指一年内出售商品的成本价格总和）。只有在 C＝k，即总资本等于成本价格、恰好是资本一年周转一次时，两者才能互相一致。例如，某企业：

800c＋200v＋200m，实际 p′＝20％，

200c①＋200v＋200m，只按单个商品价格要素来计算的 p′＝50％。

可见，同一企业，用成本利润率计算比用资本利润率计算的利润率为高。

在第 253 页，恩格斯举了三个例子，证明：只有当周转的资本价值等于总资本（如一年周转一次）时，按每件商品计算的成本利润率，才等于资本利润率。如果周转额小于总资本时，成本利润率就是高于资本利润率。如果周转额大于总资本时，成本利润率就会低于资本利润率。

研究成本利润率和资本利润率的区别，目的在于说明：在资本主义社会中，不能对单个商品孤立地就它本身来进行考察，“而要把它作为预付资本的产物，就这个商品和生产它的总资本的关系来进行考察”。

即使单个商品中所包含的利润量下降，但商品总额中的利润量还会同时增加

不管是用资本利润率或用成本利润率来计算，单个商品中所包含的利润量都是不变的。因为计算方法不同，不能改变利润量本身的大小。

但是，单个商品中利润量和商品总额中的利润量，可以有如下不同情况：

一种情况是：如果劳动生产率提高了，单个商品的价格就会降低，单个商品的利润量就会减少，但商品总额中的利润量仍不变。这是因为：由于劳动生产率提高之故，在一定时间内生产的商品量增加了，但一定劳动时间仍然创造出一定量的价值，如果劳动者人数和剥削程度都不变，这一定量的新价值分解为工资和利润的比例也不变，虽然单个商品的价值量下降，其中包含的利润量减少了，但原有商品总额的利润量，会分

① 假定该企业不变资本 800，其中有 600 尚未转移，这 200 只是转移到产品中去的部分。

配在更多的商品中，这更多的单个商品利润量的总和，会等于原有的总利润量，只是以前这些利润量分别包含在一些商品上（如 100 个商品上)，现在则包含在更多的商品上（如包含在 150、180 等等商品上)。“总产品的利润量在所有的场合都不会下降到原利润量以下”，“因为单个产品的利润量减少的比例和产品的数量增加的比例相同”。

一种情况是：在劳动生产率提高的同时，总资本也增加，从而不变资本与可变资本都增加，尽管单个商品价值下降，利润量也下降，但商品总额中的利润量还会同时增加。这是因为：即使因劳动生产率提高之故，单个商品的价值、价格和利润量都下降，但由于资本总额增大了，可变资本也增加了，这时，或者是提高对工人的剥削程度，或者是增加被剥削的工人人数，或者是这两者同时发生作用，以致使用的劳动量和剩余劳动量都增加了，这时候，虽然单个商品的利润量下降，但商品总额中的利润量仍能增加。

在这里，关键在于资本总额的增大和可变资本的增加。“一切取决于参加商品生产的资本的总额有多大。”

马克思指出：“在劳动生产率提高时，单个商品或一定量商品的价格下降，商品数量增加，单个商品的利润量和商品总额的利润率下降，而商品总额的利润量却增加，这是从资本主义生产方式的性质产生的现象”。为什么呢？因为随着资本主义生产方式的发展，社会劳动生产力也在向前发展，资本积累、由剩余价值转化为资本的部分日益增大，资本积累规律发生作用，一方面使利润率下降，另一方面又使利润量增加。这一规律，表现在商品生产上，就是：商品量随劳动生产率提高而增大，即使单个商品中所包含的利润量下降，但由于资本积累引起资本总量增大之故，推动的劳动量和剩余劳动量也增大，因而商品总额中的利润量也会增大。由此可见，单个商品利润量的下降和商品总额中利润量的增加，是资本积累规律发生作用的必然结果，是由资本主义生产方式的本质产生的。

对“薄利多销”观点的批判

利润率下降和利润量同时增加的二重性规律，在现象上却表现为：单个商品的价格和利润量都下降，但商品总量中的利润量却增加。

资产阶级和它的经济学家，不懂得这一现象是上述规律的本质反映，而是用赚钱的观点来进行解释。有的资产阶级经济学家认为：资本家愿意在出卖单个商品时取得较少的利润，是为了卖出大量商品，以便取得更多的利润量，这就是所谓“薄利多销”。马克思指出：“这种看法的基础是让渡利润的观念，而这个观念又是从商人资本的看法引申出来的。”

“让渡利润”，是英国资产阶级经济学家、重商主义的后期代表人物之一詹姆斯·斯图亚特（1712—1780）提出来的。他认为：让渡利润，“即让出或卖出商品时实现的利润”，“是由于商品的价格高于商品的实际价值而产生的，换句话说，是由于商品**高于**它的价值出卖而产生的。”[①]这就是说，利润不是工人新创造的价值的一部分，而是由于在价值以上的加价，这种加价由资本家决定，是可以多、可以少的。资本家为了“薄利多销”，就把单个商品上的加价降低，以便通过出卖更多的商品，同样能取得更多的利润量。

资本家们的“薄利多销”观点，来源于竞争所造成的假象。竞争，把事物的本质颠倒地表现出来。资本家们从竞争中看出：用降低商品价格的办法以便卖出大量商品，即使降低单个商品的利润量还能从出卖更多商品中取得更多的利润量。他们计算时，“先确定单个商品的价格，然后用乘法决定总产品的价格”。例如：出售某一商品，可得利润 2 元，如出售 25 个商品，可得利润 50 元。实际上，利润量是由剩余价值量转化而来的，计算单个商品的价值量和剩余价值量，是除法的运算过程（具体计算例证见《资本论》第一卷第 352—353 页）。资本家们的这种“薄利多销”观点，本来是从现象出发的。资产阶级庸俗经济学家为了论证这些现象的正确性，煞费苦心地加以辩解，并使它理论化。实际上，庸俗经济学家的这些理论，只不过是对资本主义经济现象的描绘，完全没有涉及其本质，因此，他们也就不可能理解利润率下降和利润量增加同时并存的规律，以及这个规律表现为单个商品利润量下降与商品总额中的利润量增加同时并存这一客观事实了。

最后，马克思作出结论说：“商品价格下降，而变得便宜的更大量商

① 《马克思恩格斯全集》第 33 卷，人民出版社 2004 年版，第 12 页。

品的利润量增加，这种情况实际上只是利润率下降，而利润量同时增加这个规律的另一种表现。”

■ 读完本章，对利润率不断下降的规律，应该怎样系统地理解呢？

首先，在资本主义社会中，平均利润率不断下降，是资本积累、有机构成提高、劳动生产率提高的必然结果。马克思说，“这个规律，换一个说法就是：某个一定量的社会平均资本（例如资本100）表现为劳动资料的部分越来越大，表现为活劳动的部分越来越小”[①]。又说：“利润率不断下降的规律，或者说，所占有的剩余劳动同活劳动所推动的对象化劳动的量相比相对减少的规律……”[②] 这说明：资本积累，资本量增加，劳动生产率提高，有机构成提高，必然引起利润率下降。

其次，必须注意，这是一个二重性的规律，即“利润**率**的下降和绝对利润**量**的同时增加产生于同一些原因的这个二重性的规律”[③]。因为，“劳动的社会生产力的同一发展，在资本主义生产方式的发展中，一方面表现为利润率不断下降的趋势，另一方面表现为所占有的剩余价值或利润的绝对量的不断增加”[④]。这是一个矛盾，是这个规律本身存在的内在矛盾。这一矛盾，是资本积累规律发生作用的双重表现。由于资本积累，一方面，引起有机构成提高，使利润率下降；另一方面，引起总资本量增大，剥削的劳动量增大，使利润量增加。资本积累规律作用的这种双重表现，就决定着利润率下降规律的二重性矛盾。

最后，“这个规律也表现为：资本所生产的商品的价格下降，同时商品所包含的并通过商品出售所实现的利润量却会相对增加。”[⑤] 随着资本积累，劳动生产率提高，生产的商品量增加，单个商品价值、价格、利润量都会下降；但由于资本总量增加了，推动的剩余劳动增加了，致使商品总量中的利润量增大。表面看来，这也是一个矛盾，这个矛盾正是

---

① 《资本论》第3卷，人民出版社2004年版，第240页。
② 《资本论》第3卷，人民出版社2004年版，第241页。
③ 《资本论》第3卷，人民出版社2004年版，第245页。
④ 《资本论》第3卷，人民出版社2004年版，第248页。
⑤ 《资本论》第3卷，人民出版社2004年版，第251页。

这一规律的内在矛盾在实际经济生活中的具体表现，是利润率下降规律的具体表现形式，是资本积累规律在价格方面发生作用而产生的双重结果。

我们要通过对现象和本质的分析研究，从而理解平均利润率下降规律的本质、内在矛盾及其表现形式。至于现代资本主义经济生活中，平均利润率趋向下降规律的作用、形式及其后果等问题，国内外学术界都有不同看法，需要进一步研究。

第十四章

起反作用的各种原因

在上一章中研究了：随着资本主义生产力的发展，有机构成提高，平均利润率必然不断下降。但是，在18世纪40年代至60年代的30年间，社会劳动生产力有了巨大的发展，固定资本大大增加，而平均利润率的下降并不更大、更快。显然，在平均利润率下降规律发生作用的同时，也有一些因素阻碍和抵消平均利润率的下降。本章着重研究对平均利润率下降"起反作用的各种原因"，亦即研究阻碍利润率下降的因素，从而"说明这种下降为什么不更大、更快"，"使它只有趋势的性质"。

本章共六小节，都是研究阻碍平均利润率下降的"原因中最普遍的原因"。

利润率是总资本量和总利润量的比率。决定这个比率的是总资本量和总利润量这两个因素。如果总利润量减少或总资本量增加，就会使利润率下降；相反，如果总利润量增加或总资本量减少，就会使利润率提高。研究阻碍利润率下降的原因，就是要分析那些能使总利润量增加或使总资本量减少的各种因素。

Ⅰ．劳动剥削程度的提高

本节着重说明：劳动剥削程度的提高，一方面，会提高有机构成，使利润率下降；另一方面，又会增加剩余价值量，使利润率提高。

首先是提高劳动强度。提高劳动强度的因素是多种多样的。如果是增加工人看管机器的台数，像一个纺纱工由看管40个纱锭增加到60个纱锭，劳动强度提高了，剩余价值率也提高了，在同一劳动时间内就能推动更多的生产资料，消耗更多的原材料，这就会引起技术构成的提高，从而提高资本有机构成，增加不变资本，使利润率下降。如果是提高机器的运转速度，虽然在同一时间内会消耗更多的原材料，加速机器的磨损，“但是丝毫不会影响机器价值和使机器运转的劳动的价格的比率”，而且能使一定量劳动尽可能多地转化为剩余价值，增加利润量从而阻碍利润率的下降。

其次是延长工作日。由于工作日的延长，虽然同样的劳动力可以推动更多的原材料，但不需要增加机器设备，这就会使固定资本相对地减少，剩余劳动大大地增加，从而使不变资本和可变资本的比率即有机构成下降，剩余劳动时间增加，剩余价值量和利润量都增加，这就阻碍了利润率的下降。

最后是妇女劳动和儿童劳动的大量使用。这就扩大了剥削范围，增加了剩余劳动量，从而大大增加了剩余价值量和利润量。如果使用的资本量不增加，或资本增加量赶不上剩余价值的增加，利润率的下降就会受到阻碍。

在这里，还要注意下述事实：当采用新机器从而提高有机构成时，利润率有下降趋势；但个别资本家首先采用新机器而取得额外剩余价值即额外利润的现象，仍然是存在的。

由此可见，在使用绝对剩余价值的生产方法、提高对劳动的剥削程度时，不必提高有机构成，就能阻碍利润率的下降。在使用相对剩余价值的生产方法、提高对劳动的剥削程度时，由于劳动生产率提高，有机构成提高，不变资本增加，可变资本减少，从有机构成提高方面看，会使利润率下降；从增加剩余价值量方面看，又能阻碍利润率下降。可见，生产绝对剩余价值的方法和生产相对剩余价值的方法，对利润率发生的影响是不同的。马克思指出：一定资本所生产的剩余价值量，是由剩余价值率和使用的工人人数决定的。因此，在剩余价值率已定时，它取决于所使用的工人人数，在所使用的工人人数已定时，它取决于剩余价值率。“平均地说，使相对剩余价值率提高的同一些原因，都会使所使用的劳动力的量减少”，从而使利润率下降。但是，只要是增加剩余价值量的方法，不是同时使所用的资本量增加，或依同比例增加；只要是提高剩余价值率的方法，不是同时使资本有机构成提高，或不依同比例提高，其结果都会阻碍利润率的下降。“并且利润率下降的趋势特别会由于工作日的延长所产生的绝对剩余价值率的提高而减弱”。

那么，劳动剥削程度的提高，剩余价值率的提高，阻碍着利润率的下降，会不会使利润率下降的规律不发生作用呢？不会的。马克思说：“因为使剩余价值率提高……的同一些原因，具有使一定量资本所使用的劳动力减少的趋势，所以同一些原因具有使利润率降低的趋势，同时又使这种降低的运动延缓下来。”这就是说：一方面，剩余价值率的提高，使一定量资本所使用的劳动力减少，使利润率有下降趋势；另一方面，由于提高了剥削程度，使同一工人在一定时间内被迫支出更多的劳动，使剩余价值率提高，从而阻碍着利润率下降。在这里，相同的原因会引起二重结果。这是一个矛盾统一的运动。可见，劳动剥削程度提高的“这个因素不会取消一般的规律。但是，它不如说会使一般的规律作为一种趋势来发生作用，即成为这样一种规律，它的绝对的实现被起反作用的各种情况所阻碍、延缓和减弱”。

最后，马克思指出，在资本量已定时，剩余价值率的提高，不一定都会引起剩余价值量的增加。剩余价值率的高低和剩余价值量的大小可以向相反方向变化。在剩余价值率提高时，剩余价值量可以减少。相反，在剩余价值率下降时，剩余价值量也可以增加。“在资本价值量已定时，**剩余价值量**不增加或减少，**利润率**也就不可能提高或降低”。这就是说，如果资本量不变，剩余价值量不变，利润率也不变。利润率下降或阻碍利润率下降的各种因素，都和是否影响资本量和剩余价值量的变化有关。

Ⅱ. 工资被压低到劳动力的价值以下

这一节主要说明：把工资压低到劳动力的价值以下，就会使支付的可变资本减少，使剩余劳动相对地增加，从而阻碍利润率的下降。

在这一节，马克思并未作详细分析，只是概括地指出如下两点：

首先，马克思指出，“在这里，这种情况只是作为经验的事实提出，因为它和其他许多似乎应该在这里提到的情况一样，实际上同资本的一般分析无关”。为什么无关呢？因为在对资本的一般的分析上，都是假定工资与劳动力的价值或价格相等。这个事实在实际经济生活中是存在着的，但又属于竞争的研究范围，所以马克思指出这个原因，没有进行详细分析。

其次，马克思指出：工资被压低到劳动力的价值以下，“是阻碍利润率下降趋势的最显著的原因之一”。为什么呢？因为工资被压低到劳动力价值以下，一方面，使得预付的可变资本减少了，从而使总资本量减少；另一方面，在工人新创造的价值中，作为工资支付的部分减少了，作为剩余价值的部分则相对地增加了，这就会使剩余价值量增加。总资本量的减少和剩余价值量的增加，都会阻碍利润率的下降。

Ⅲ. 不变资本各要素变得便宜

这一节主要说明，不变资本要素的价值降低，也是阻碍利润率下降的因素之一。

首先，马克思指出，随着资本主义的发展，劳动生产率提高，一方面使不变资本的物质量（生产资料的数量）增多了，另一方面使某一单位生产资料商品所包含的价值量降低了。但是，不变资本的价值量不会和不变资本的物质量按同一比例增加，不变资本价值量的增加程度总是小于不变资本物质量的增加程度，甚至在个别情况下，生产资料数量增加了，但它的价值会保持不变或下降，这就会阻碍利润率的下降。为什么不变资本价值量的增加程度总是小于不变资本物质量的增加程度呢？这是因为：随着劳动生产率的提高，一定量生产资料的价值会降低。例如：现代化纺纱厂 1 个工人 1 个工作日的生产可以消费 20 磅棉花，过去 1 个手工纺车工人 1 个工作日的生产只消费 4 磅棉花，过去 1 磅棉花价值为 1 元，现在因劳动生产率提高之故，1 磅棉花价值下降为 5 角，这样，从棉花的价值方面看，过去 1 个工人推动棉花的价值为 4 元，现在为 10

元，即增加 $1\frac{1}{2}$ 倍；从棉花的数量方面看，过去 1 个工人推动 4 磅，现在 1 个工人推动 20 磅，即增加了 4 倍。可见，不变资本的价值量并不和它的物质量按同一比例增加。这也就是说，技术构成提高和价值构成提高的比例不一致，往往是技术构成提高比价值构成提高的倍数更大。这就会延缓资本有机构成提高的速度，从而延缓了利润率的下降。

其次，马克思又指出：随着劳动生产率的发展，单位商品价值量下降，现有的机器设备（它是资本的物质要素）就会发生贬值，这就会使现有的总资本的价值量减少。前面说过，总资本的价值量减少，就会引起利润率的提高，所以“它也是阻碍利润率下降的不断发生作用的原因之一”。

但是也必须注意，随着劳动生产率的提高，单位商品价值量减少，也会引起可变资本减少，由此减少利润量，使利润率下降。“这里再一次表明，造成利润率下降趋势的同一些原因，也会阻碍这种趋势的实现。”

Ⅳ. 相对过剩人口

这一节主要说明，由于相对过剩人口的存在，阻碍着有机构成的提高，因而也会阻碍着利润率下降。

首先，相对过剩人口的存在，会使资本家提高对在业工人的剥削程度，压低在业工人的工资，这就使剩余价值量增加，阻碍利润率下降。

其次，相对过剩人口的存在，会阻碍有机构成的提高，延缓利润率下降。这是因为：第一，由于相对过剩人口存在，工资低廉，使用活劳动的价格便宜，某些生产部门使用手工劳动比使用机器对资本家更加有利可图，这就使得一些落后的工业部门大量使用活劳动，从而阻碍着有机构成的提高，阻碍着利润率下降。第二，由于相对过剩人口的存在，使那些主要依靠活劳动来生产的部门，特别是生产奢侈品的部门，增加起来。“这些生产部门把其他生产部门中常常由于不变资本占优势而被游离的上述相对过剩人口作为基础，而这些生产部门本身又建立在活劳动要素占优势的基础之上，只是逐渐地走上其他生产部门所走过的路”。在上述两种场合，可变资本在总资本构成中占较大比重，工资则低于平均水平，这样，一方面有机构成较低，另一方面剩余价值率又较高，剩余价值量又较大，这就又会使利润率下降受到阻碍。“所以，造成利润率下降趋势的同一些原因，在这里又会产生一种和这种趋势相反的对抗力量，或多或少地抵消这种趋势的作用”。

Ⅴ. 对 外 贸 易

本节主要说明，对外贸易对利润率的二重作用。

首先，马克思指出，对外贸易对利润率的影响是二重的。一方面，由于对外贸易的发展，可以进口廉价的原料等不变资本的物质要素，使不变资本的价值降低；由于降低了不变资本的价值，因而能够降低部分生活资料的价值，加上还可以通过对外贸易进口廉价的粮食等生活资料，又可降低劳动力的价值和工资，提高相对剩余价值，这就使“它具有提高利润率的作用”。另一方面，由于对外贸易发展，促使国内生产规模扩大，这就加速了资本积累，“加速可变资本同不变资本相比的相对减少”，这就提高了有机构成，“从而加速利润率的下降”。这就是对外贸易影响利润率的二重作用。

李嘉图只看到对外贸易提高利润率的作用方面，完全忽视对外贸易加速利润率下降的作用方面。他认为：国外贸易的发展和国际市场的扩大，可以从国外输入廉价的生活资料，必然会使工资降低，从而提高利润率；这和改进技术，提高劳动生产率，从而降低劳动者必要生活资料的价值，促使工资降低，借以提高利润率，有着相同的作用。李嘉图的上述观点，是代表新兴的工业资产阶级，反对占统治地位的地主阶级所推行的阻止廉价粮食进口的保护谷物贸易法，主张自由贸易和反对保护关税政策的，在当时的历史的条件下有一定的现实意义。但由于他不懂得对外贸易的二重作用，在分析对外贸易对利润率的作用时，只作了片面性的解释与说明。

其次，对外贸易具有的较高的利润率，是否参与国内利润率的平均化，从而阻碍平均利润率的下降呢？第264页第4段到第266页第3段回答了这个问题。

“投在对外贸易上的资本能提供较高的利润率”。这是因为：第一，在不同国家间，由于劳动生产率不同，因而单位商品的价值量也是不同的。一般说来，在发达的资本主义国家中，单位商品价值量较低，在不发达的国家中，单位商品的价值量则较高。例如，同样的100斤谷物，在发达国家其价值表现为6元，在不发达国家则表现为10元。如果发达国家把这100斤谷物以8元或9元在不发达国家的市场上出售，不仅可以在竞争中处于有利地位，而且可以获得2或3元的额外利润。“这好比一个工厂主采用了一种尚未普遍采用的新发明，他卖得比他的竞争者便宜，但仍然高于他的商品的个别价值出售”，因而可以获得超额利润。第二，不发达国家或殖民地的生产力发展程度较低，资本的有机构成低，劳动力便宜，因而投在那里的国外资本，能够提供较高的利润。既然对外贸易能提供较高的利润率，这些利润又都是由发达国家的资本家所获得，那么就会产生一个问题：这些较高的利润率，是否参加发达国家国内的利润率的平均化，从而使平均利润率提高呢？对于这个问题的回答，斯密与李嘉图是完全相反的。斯密认为：由于资本过多超过了市场对产品的需要，就会引起利润率下降。但由于对外贸易的存在，开辟了国外市场，因而资本对市场而言就相对地少了，这就能够提高一般利润率。李嘉图认为：对外贸易虽然提供较高的利润率，但只是暂时的；同时由于资本大量涌入对外贸易，使利润率压下来，所以他认为，“特别有利的部门的利润会迅速下降到一般水平”[①]。这就是说，对外贸易会促使平均利润率下降。马克思指出：“就这一点说，亚·斯密是对的，李嘉图是错了。”[②] 因为对外贸易所产生的额外利润，虽然被那些为国外市场而生产的资本家们所获得，但由于竞争的结果，只要没有垄断组织，就会参加该国国内利润率的平均化，这就起着阻碍平均利润率下降的作用。所以

① 《资本论》第3卷，人民出版社2004年版，第265页注（36）。
② 《资本论》第3卷，人民出版社2004年版，第265页注（36）。

马克思说："平均化是会发生的，但不是像李嘉图认为的那样，平均化到原来的水平。"

以上的分析，是就对外贸易可以取得较高利润率从而起着阻碍利润率下降作用的方面而说的。从另一方面看，对外贸易又会引起本国资本主义生产方式的发展，使社会劳动生产力发展，积累增加，有机构成提高，"又会起反作用"，即起着促进利润率下降的作用。可见，我们仍应从对外贸易的二重作用来理解它。

最后，第 266 页第 4 段到第 267 页第 1 段，马克思又指出了在研究的进行中，必须注意对下述两个问题的区别，以免引起误解。

其一是：由于社会劳动生产力的发展，一方面，包含在单个商品中的相对费用（成本）的减少，以及这个费用中所包含的机器磨损费用等部分的减少；另一方面，在单个商品中所包含的不变资本的价值和可变资本的价值的比例会相对增加。这两个问题是不同的，不能混为一谈。而且它们对利润率的影响也是不同的，前者起着提高利润率的作用，后者则促使利润率降低。

另一是：由于社会劳动生产力的发展，单个商品的价值量下降，在单个商品中所包含的活劳动和转移来的对象化劳动相比，相对地减少了；但这种情况不能和单个商品中的活劳动分为有酬劳动和无酬劳动的比例混为一谈。尽管单个商品中所包含的活劳动和对象化劳动相比是减少了，活劳动中分割为有酬劳动部分相对地或绝对地减少了，但其中分割为无酬劳动部分，和有酬劳动相比，还可以相对地或绝对地增加。"因为使商品中追加的活劳动的总量减少的同一生产方法，也会引起绝对剩余价值和相对剩余价值的增加"。在这里，利润率趋向下降，和剩余价值率趋向提高是结合在一起的。因为利润率的下降，不是由于劳动生产率的降低，而是由于劳动生产率提高所产生的。李嘉图不了解这个问题，错误地认为：剩余价值率下降，利润率才会下降。他不懂得："剩余价值率提高和利润率降低，这二者只是劳动生产率的提高在资本主义下借以表现的特殊形式。"

Ⅵ. 股份资本的增加

本节主要说明：股份资本虽然不参加利润率的平均化过程，但从理论上说，它也起着阻碍平均利润率下降的作用。

随着资本主义向前发展，股份资本日益增加。股份资本和一般的生息资本不同，作为一般的生息资本，是把资本存入银行或钱庄，从而取得利息。作为股份资本存在的这种生息资本，则是把资本投入企业后，按期按股取得股息。这种股息不是平均利润，而是比一般利息为高的红利。股份资本“不参加一般利润率的平均化，因为它们提供的利润率低于平均利润率”。例如：社会总资本为2000，利润量为400，平均利润率为20%。如果这2000总资本中有1000作为股份资本，股息红利为100，则股息率为10%。可见，股息率低于平均利润率。“如果它们参加进来，平均利润率就会下降得更厉害。”为什么呢？如上例，总资本2000减去股份资本1000，尚有总资本1000，利润量400中减去股息100，尚余利润量300，以1000总资本与300利润量相比，则平均利润率应为30%。现在，把股份资本1000并入总资本内，有总资本2000，把股息100并入利润量内，有利润400，以2000总资本与400利润量相比，则平均利润率为20%。由此可见，把股份资本并入总资本一起参与利润率平均化，就会使平均利润率由30%下降为20%。所以“从理论上说，我们可以把它们计算进去，这样得到的利润率小于表面上存在的并且对资本家实际上起决定作用的利润率，因为恰好在这些企业内，不变资本同可变资本相比最大”。由此可见，股份资本不参加利润率的平均化，从理论上说，就会阻碍平均利润率的下降。

■ 剩余价值量（或利润量）和总资本量是决定利润率的两个因素。凡是能影响这两个因素使之发生变化的，都会对利润率的提高或降低起着影响作用。但在资本主义的现实经济生活中，往往同一因素既可影响剩余价值量，又可影响总资本量，可以使它们向同一方向发展，也可使它们向不同方向、不同程度发展。不仅如此，同一因素发生作用，从一方面看，可以使总资本量增长或剩余价值量增加，从另一方面看，又可以使总资本量减少或剩余价值量降低。事物的发展是复杂的、多方面的，对资本主义制度下平均利润率的发展趋向，就要从各种复杂因素的相互作用中来研究，这样，既要分析平均利润率有下降的一面，又要分析阻碍它下降的各种因素的作用，同时还要指出对它起着主导作用的方面。马克思运用唯物辩证法，从对内部矛盾的分析，以及各种因素的互相联系、影响、全面而辩证地发生作用中，指出资本主义制度下，平均利润率不断下降的规律虽然受到许多因素的阻碍，但这个规律仍然是作为趋势发生作用，只是“它的作用，只有在一定情况下，并且经过一个长的时期，才会清楚地显示出来”①。资产阶级经济学家往往用孤立的形而上学的方法进行研究，只看到一方面而看不到另一方面，像古典学派的集大成者李嘉图，在对外贸易对利润率的影响的分析上，仍然产生了片面性错误，就是一个鲜明的例子。马克思运用唯物辩证法，对决定利润率的各种因素进行辩证的全面的分析，深刻揭示了平均利润率趋向下降的规律；我们也一定要遵循唯物辩证法，辩证地全面地来进行学习和研究，才能对平均利润率不断下降规律有准确的理解。

---

① 《资本论》第 3 卷，人民出版社 2004 年版，第 266 页。

第 十五 章

规律的内部矛盾的展开

在第十三章研究了平均利润率趋向下降规律的本质、内在矛盾和表现形式，第十四章研究了阻碍平均利润率下降的一些因素以后，在本章中，则着重研究平均利润率趋向下降规律对资本主义生产的意义和作用，其结果，必然导致经济危机，从而反映了资本主义生产方式的历史局限性。前两章都是就这一规律本身进行分析的，本章则着重分析这一规律发生作用所导致的结果。

利润率趋向下降规律的内在矛盾，实质上就是资本主义生产方式内在矛盾在利润形式上的表现。平均利润率趋向下降规律的内部矛盾是：随着资本主义发展，一方面，资本家的资本越来越多，另一方面，对工人的剥削越来越重，可见，这个规律的作用和意义，是由资本主义生产的本质决定的，它在促进资本主义生产发展的同时，也起着阻碍资本主义发展的作用。所以这个规律的内在矛盾，不外是资本主义生产方式内在矛盾的转化，不外是资本主义生产力和生产关系矛盾的一种表现。

本章共四节。第一节概括地指出：在平均利润率趋向下降规律的作用下，资本主义生产方式的矛盾，如何表现为生产剩余价值的条件和实现剩余价值的条件之间的矛盾，以及这一矛盾如何因利润率下降规律而日益尖锐化。第二节具体分析了平均利润率趋向下降规律所反映的资本主义生产的目的和手段之间的矛盾，如何导致经济危机的爆发。第三节又具体分析了平均利润率趋向下降规律作用中的另一个矛盾，即人口过剩和资本过剩之间的矛盾，这是本章的中心，从而使第一卷第二十三章所研究的问题发展到一个更高的阶段。第四节是对本章阐述的一些原理所作的补充，特别是补充说明了资本主义生产方式具有一定的历史暂时性。

Ⅰ. 概　　论

批判李嘉图的利润理论

第 1—6 段，马克思从批判李嘉图的利润理论入手，开始进行研究。在这六段中，马克思指出了李嘉图的利润理论的三个方面错误。

第一，李嘉图错误地把剩余价值率和利润率混为一谈，他自以为考察了利润率，实际上只是考察了剩余价值率。

从以前的研究说明，利润率和剩余价值率是不同的。利润率是剩余价值与总资本之比，剩余价值率是剩余价值与可变资本之比。它们的变动趋向可能一致也可能不一致。首先，从一般的情况看，利润率总是低于剩余价值率；其次，它们的变动趋势也可能是相反的，即剩余价值率提高的同时，利润率却下降；再次，只有在不变资本等于零，全部预付资本都是可变资本的情况下，利润率才会等于剩余价值率，这种情况几乎是没有的；最后，只有在有机构成不变的情况下，利润率下降才表现为剩余价值率下降，这种情况在资本主义发展过程中也是少见的，因为资本主义的发展总是伴随着资本积累和有机构成的提高。

李嘉图所考察的利润率，实际上只是剩余价值率。他认为利润和工资成反比，工资多了，利润就少，工资少了，利润就多。这实际上是用利润和工资相比，即将剩余价值与可变资本相比，这只是剩余价值率，而不是以剩余价值与总资本相比的利润率。但他却错误地说成是利润率。这就把利润率和剩余价值率混为一谈，把剩余价值率误认为就是利润率。“而且只是考察了在工作日的内涵和外延都是不变量这个前提下的剩余价值率”。这就是说，他误认为是利润率的这种剩余价值率，只是相对剩余价值率，不适用于绝对剩余价值率，因为他是以工作日长度不变为前提的。

第二，李嘉图对利润率下降的原因和后果的说明也是错误的。

李嘉图把利润率下降的原因“归咎于自然”。他认为，随着资本主义发展，人口增加，增加了对农产品的需要量，就要耕种最坏的土地，这就引起农产品价格上涨，工资提高，从而造成利润率下降。可见，利润率下降是由于耕种最坏土地所引起的，是由“土地收益递减”所决定的，也就是说是由自然条件所决定的。显然，把利润率下降这个社会经济现象归咎于自然原因，是错误的。

马克思指出：由于社会生产力的发展，积累加速和利润率下降是同时出现的，它们都是生产力发展的必然结果。随着资本主义发展，积累不断增加，有机构成提高，必然造成利润率下降；随着利润率的下降，一方面加速资本的积聚，使更多的剩余价值转化为资本，另一方面又加速了大资本对中小资本的吞并，即加速资本的集中。“所以，虽然积累率随着利润率的下降而下降，但是积累在量的方面还是会加速进行。”这就是说，虽然剩余价值资本化的部分和预付总资本相比的比率——积累率，是下降了，但积累的绝对量却增加了。[①] 可见，利润率下降和利润量增加是同时存在的，利润量增加引起的积累量增加，与利润率下降也是同时存在的。这都是社会生产力发展的必然结果，与土地肥沃与否的自然条件无直接关系。

剩余价值或利润的榨取是资本主义生产的唯一目的，利润率是资本主义生产的刺激因素，因而，利润率的下降是对资本主义生产发展的一种限制，“利润率的下降在促进人口过剩的同时，还促进生产过剩、投机、危机和资本过剩”。李嘉图看到了利润率下降所造成的后果，即对资本主义生产发展的限制；但是由于他把资本主义生产和人类一般生产混为一谈，因而错误地认为，利润率的下降也是对人类社会一般生产的一种限制。实际上，资本主义生产力的发展是在与资本主义生产关系相统一的生产方式中进行的，由利润率下降而引起的对资本主义生产发展的限制，只是由资本主义生产关系所产生的特有的限制，这只是证明了资本主义生产关系已在阻碍生产力的发展，只是证明了“资本主义生产方式的局限性和它的仅仅历史的、过渡的性质”。显然，李嘉图把利润率下降所造成的后果，即对资本主义生产发展的限制，说成是对人类社会生

---

① 马克思在这里所说的积累率，是以剩余价值转化为资本部分与总资本相比的比率。有的地方，也把它和可变资本相比称为积累率。至于社会主义积累率，则是以积累资金部分与国民收入相比，即与 v+m 相比。

产发展的限制，是完全错误的。

第三，李嘉图及其学派把包括利息在内的产业利润看成是全部剩余价值，这也是错误的。

马克思指出："诚然，李嘉图及其学派只考察了包括利息在内的产业利润。但是地租率也有下降趋势，虽然它的绝对量在增加，它同产业利润相比也可以相对地增加。"这就是说，李嘉图所研究的利润率下降，仅仅是指产业利润（包括利息），不包括地租，因而地租率的下降问题，地租在剩余价值分割中的比例问题，他都没有进行研究。

在第十三章中就已研究过：利润率的下降和利润量的绝对增加是同时并存的。由此推论，在利润率下降的同时，总剩余价值量也会绝对增加。总剩余价值量可以分解为产业利润、利息、地租。由于总剩余价值的绝对量增加，因而产业利润、利息、地租的绝对量也会增加。与此同时，产业利润率、利息率、地租率也会和利润率下降一样而同时下降。可见，李嘉图把全部剩余价值总量仅仅看成是包括利息在内的产业利润，而丢掉了地租，这样，地租率也有下降趋势，从他研究的范围中消失了。

不仅如此，由总剩余价值量分割成的产业利润、利息、地租等形式，它们之间的比例也会发生变化的，有的可以增加，有的可以减少，因而产业利润率、利息率、地租率也就会发生各种不同情况的变化，但剩余价值总额和利润率的大小并不因此受到影响。例如：总资本为 1000，总剩余价值量为 200，利润率是 20%。在这 200 剩余价值中，产业利润为 80，利息为 60，地租为 60，则产业利润占 4/10，利息占 3/10，地租占 3/10。如果产业利润量、利息、地租分割的比例改变了，产业利润为 120，利息为 20，地租为 60，则产业利润占总剩余价值量的 6/10，利息占 1/10，地租占 3/10，由于它们之间比例的改变，因而产业利润、利息、地租对总资本的比率都会发生变动，提高或降低。但由于剩余价值总额 200 不变，因此利润率仍然是 20%。这就是说，在利润率已定的情况下，由于产业利润、利息、地租之间比例的变化，也会引起产业利润率、利息率、地租率的变化，但这种变化只是剩余价值在不同项目之间的不同分配而已。李嘉图看不到地租也应包括在总剩余价值量之中，当然也就不可能研究由这种分割比例的变化而引起的产业利润率、利息率和地租率的变化。

“此外，李嘉图关于产业利润（加上利息）原来包含全部剩余价值这个假定，从历史上和概念上来说都是错误的。”为什么呢？从历史上看，全部利润首先归于产业资本家和商业资本家，李嘉图只看到产业利润，却没有看到商业利润，但又看到利息，这是不符合历史发展过程的。因为在资本主义以前的社会里，利息是和利润相独立而存在的，只是到了资本主义以后，利息才是剩余价值的一部分。从概念上看，地租也是剩余价值的一部分，只不过这部分不归资本家所有，而归地主所有而已。把地租从剩余价值中排除掉，把地租看成是自然的产物，这显然也是错误的。

资本主义生产的规律

必须注意，马克思在这里批判李嘉图利润理论的主要目的，还是为了揭示资本主义生产的规律，为了揭示在利润率下降的同时，还会产生人口过剩、生产过剩、资本过剩，从而引起经济危机。

“资本主义的生产过程，实质上就是剩余价值的生产”，剩余价值的生产是资本主义生产的直接目的和决定性动机。这种剩余价值，第一步，要在直接生产过程中生产出来，第二步，要把商品卖掉，在流通过程中实现。从第一步，即从直接生产过程来看，剩余价值的生产受到如下三个方面条件的限制：一是受到一定数量资本积累的限制，一是受到劳动剥削程度的限制，一是受到所使用的工人人数的限制。如果资本量大，剥削程度高，被剥削的工人多，生产出的剩余价值量就会多。在资本主义制度下，由于过剩人口大量存在，剥削程度不断提高，因而剩余价值的生产主要受资本量的限制。但这些限制，归根结底还是由社会劳动生产力发展的程度所决定的。从第二步，即从剩余价值的实现过程来看，生产出来的商品必须卖掉，既要补偿已消耗的不变资本和可变资本的价值，又要实现剩余价值。如果卖不掉，虽然剥削到了剩余价值，但不能实现，甚至连资本价值也不能补偿。如果只卖掉一部分，或者卖掉时的价格低于生产价格，剩余价值只能部分地实现，或不能实现，资本家还是不能取得在生产过程中剥削到的全部剩余价值。“工人固然被剥削了，但是对资本家来说，这种剥削没有原样实现，这时，榨取的剩余价值就完全不能实现，或者只是部分地实现，资本就可能部分或全部地损失掉”。但是，商品能否卖出去，剩余价值能否实现，要“受不同生产部门的比例和社会消费力的限制”。为什么说受不同生产部门的比例的限制呢？我们知道，发达的资本主义生产，是以机器体系为基础的社会化大生产，但又是在资本家私人占有生产资料的情况下进行的，生产的社会性和资本家私人占有生产资料的矛盾，是资本主义的基本矛盾，这个矛盾又表现为：社会化生产客观上要求按照一定比例来进行，但由于私有制，整个社会生产经常处于盲目的无政府状态中，平衡经常遭受破坏，比例严重失调，这就造成商品实现的困难。这个问题，在《资本论》第二卷第三篇已经研究过，马克思在这里就没有再进行详细分析。为什么说受社会消费力的限制呢？首先，什么是社会消费力？马克思指出：“但是社会消费力既不是取决于绝对的生产力，也不是取决于绝对的消费力，而是取决于以对抗性的分配关系为基础的消费力；这种分配关系，使社会上大多数人的消费缩小到只能在相当狭小的界限以内变动的最低限度。”这里所说的“绝对的生产力”，是指一定条件下的生产水平，社会消费力不是由一定条件下生产的产品数量、质量和品种所决定的。这里所说的“绝对的消费力”，是指社会全体成员对消费品的客观需要，社会消费力也不是由他们实际的客观需要所决定的。所谓社会消费力，在商品经济的社会里，是指有购买能力的消费力，也就是社会的购买力。这种消费力，在资本主义社会里，是建立在对抗性的分配关系的基础上的。随着资本主义发展，资本家剥削的剩余价值增多，其中用于资本家个人消费的部分不断增加，广大劳动者的购买力则被限制在最低的水平上，至于失业工人，由于无钱购买，连最低的生活资料也得不到满足。这种由分配不同而决定的不同的购买力，是由资产阶级对工人阶级的剥削关系所决定的。在资本主义社会里，一方面，广大劳动者的购买力日益受到生活水平低下的限制，另一方面，资本家们的消费力也“受到追求积累的欲望，扩大资本和扩大剩余价值生产规模的欲望的限制”。这就是说，资本家们为了在激烈的竞争中保持优势，就要扩大企业规模，加速资本的积累，这就要把剥削到的剩余价值，少消费一些，多积累一些，这就是资本家的个人消费不得不受到资本主义生产规律限制的原因。当然，这并不是说：资本家们的消费减少了，他们更节约了；不是的，恰恰相反，随着资本家剥削的剩余价值量越来越大，他们用于个人消费和奢侈消费的部分越来越多。但是，如果从资本主义生产的规律看，资本家总不能把剥削到的全部剩余价值都用于个人消费，而是必须把其中的很大部分作为资本积累，这是一个客观要求，因而也就构成了对社会消费力的限制。由此可见，生产剩余价值的条件和实现剩余价值的条件是不同的，它们受着不同的条件所限制。马克思说："进行直接剥削的条件和实现这种剥削的条件，不是一回事。二者不仅在时间和地点上是分开的，而且在概念上也是分开的。前者只受社会生产力的限制，后者受不同生产部门的比例关系和社会消费力的限制。"

对剩余价值生产的限制和对剩余价值实现的限制是不相同的，但又相互制约着，也就是说，剩余价值的生产和实现，既是矛盾的，又是统一的，资本主义生产就是在剩余价值生产和剩余价值实现的矛盾统一运动中不断向前发展的，这是资本主义生产的规律。随着资本主义发展，剩余价值生产条件和实现条件的矛盾也在日益增长。一方面，资本积累和集中，生产不断扩大，出现了资本过剩和生产过剩；另一方面，过剩人口大量存在，社会购买力低下，有些商品卖不出去，生产的剩余价值得不到实现。资本家力图用扩大市场的办法来克服这个矛盾。但生产越发展，市场越扩大，社会购买力又受到限制，比例更加严重失调，必然爆发生产过剩的经济危机，使剩余价值生产和实现的矛盾尖锐化。

利润率下降规律加速了资本积累和集中的过程

在资本主义生产不断发展的过程中，利润率趋向下降的规律发生作用，不仅不会延缓资本的积累和集中，相反，却加速了资本积累和集中的过程。为什么呢？

首先，资本积累的多少，主要不是由利润率高低决定，而是由预付资本量的大小所决定的。我们知道，积累是剩余价值转化为资本的部分，如果剩余价值量大；转化为资本的积累部分就会大；反之，如果剩余价值量小，转化为资本的积累部分也会小。在利润率已定的情况下，剩余价值量或利润量是由预付资本的量决定的。如果以大资本和小资本相比，尽管大资本的利润率低，但由于他的资本大，取得的剩余价值多，因而他的资本积累量就会比小资本大。例如：甲企业有资本 1000，取得利润 100，其利润率为 10%，如以利润 100 中的 8/10 用作资本积累，即有积累资本 80。乙企业有资本 100，取得利润 20，其利润率为 20%，如以利润中的 8/10 用作资本积累，即有积累资本 16。可见，大资本的利润率（10%）虽比小资本（20%）为低，但积累的资本量却较小资本为多（前者为 80，后者为 16）。资本越大，取得的利润量越多，用于积累的部分也越多，尽管利润率下降，积累量仍能迅速增加。马克思说，“资本的源流，或者说资本的积累，将比例于资本已有的量而不是比例于利润率的高度而滚滚向前（撇开资本由于生产力的提高而发生的贬值）”。反之，“尽管利润率高，资本的积累还是很慢。”如乙企业，利润率虽然比甲企业高一倍，但由于资本量小，取得的利润量也小，因而积累量也小。

其次，“利润率下降，不是因为对工人的剥削少了，而是因为所使用的劳动同所使用的资本相比少了”。这就是说，利润率下降，不是由于资本家减轻了对工人的剥削，而是由于在资本总量中，不变资本比例增加，可变资本的比例相对减少。总资本中可变资本比例部分相对减少，表明资本有机构成提高，这是生产力发展的结果，而生产力的发展，就会降低单个商品的价值，降低生活资料的价值，从而降低劳动力的价值，这就会增加相对剩余价值的生产。可见，利润率下降，不是资本家减轻了对工人的剥削，而是加强了对工人的剥削程度。随着利润率下降，资本对劳动的剥削程度加强，在总资本中，不变资本比重增加，可变资本相对减少，“在劳动的年产品中，被资本家在资本范畴下占有的部分（作为已经耗费的资本的补偿）变大了，在利润范畴下被占有的部分相应变小了”，这正是资本积累增加，有机构成提高的表现，但这并不是利润量更少的表现。因为在利润率下降的同时，利润量会增加，资本积累的量也同时会增加。马尔萨斯的狂热支持者、英国的庸俗经济学家查默斯错误地认为：年产品中，资本家用作资本的量越小，他们吞掉的利润就越大。他认为，只要把剩余产品大部分用于消费，而不用于资本积累，就可以阻止利润率的下降。在这里，查默斯把原因和结果混淆起来了。其实，利润率的下降，不是由于工人被剥削程度的减轻，而是由于有机构成的提高，可变资本相对减少。如果把生产出的剩余产品全部消费掉，减少资本积累，但由于社会生产力的发展，有机构成仍然会提高，利润率仍然会下降。

最后，利润率下降和利润量增加，是资本积累过程的不同表现。即使在利润率较低时，利润量还会因所投资本量的增加而增加。利润率下降是资本积累的必然结果。因为随着资本积累，必然引起有机构成提高，从而造成利润率下降。但这个结果又会反过来变成加速积累的原因。因为积累增加，资本增大，虽然利润率下降，但利润量仍会增大，从而使剩余价值转化为资本的部分更加大，即资本积累更加大。随着资本积累的进行，又促进了资本的积聚和集中。由此可见，利润率下降规律，并没有延缓资本积累，而是加速了资本积累和集中的过程。

总之，利润率下降规律发生作用的结果，加速了资本积累的进程，使剩余价值生产和剩余价值实现之间的矛盾日益尖锐化。

Ⅱ. 生产扩大和价值增殖之间的冲突

资本主义生产目的和达到这一目的的手段之间的矛盾

资本主义生产的目的是为了取得剩余价值，以实现资本的价值增殖；而达到这一目的的手段，则是不断扩大生产，发展生产力，从而不断提高剥削程度和扩大剥削范围。“生产扩大和价值增殖之间的冲突”，体现着资本主义生产目的和达到这一目的的手段之间的矛盾。

现在就来看看，马克思是怎样分析这一矛盾的。

在资本主义制度下，劳动社会生产力的发展是两重性地表现出来的。从资本的方面看，一方面，“表现在已经生产出来的生产力的大小上，表现在新的生产借以进行的生产条件的价值量和数量上，表现在已经积累起来的生产资本的绝对量上”。简单地说，就是资本的数量不断增加。另一方面，“表现在投在工资上的资本部分同总资本相比的相对微小上，即表现在为一定量资本的再生产和增殖、为进行大量生产所必需的活劳动的相对微小上”。简单地说，就是资本有机构成的不断提高。从劳动的方面看，一方面，“表现在剩余劳动的增加，即再生产劳动力所必需的必要劳动时间的缩短上。”简单地说，就是剥削程度的不断提高，剩余劳动和剩余价值量的不断增加。另一方面，“表现在推动一定量资本所使用的劳动力的数量（即工人人数）的减少上。”简单地说，就是推动一定量资本所需要的工人人数的不断减少。“这两种运动不仅同时并进，而且互为条件，是表现同一个规律的两种现象”，即它们都是资本积累规律借以表现的两种不同现象。“但是，它们对利润率起着相反的影响。”这是因为：从前一方面看，提高剥削程度，增加剩余价值，可以提高利润率；从后一方面看，减少工人人数，提高资本有机构成，又会使利润降低。但是靠提高劳动剥削程度来补偿工人人数的减少，有某些不可逾越的界限。例如，一个人即使每天劳动 12 小时，也不能和 6 个人每天劳动 3 小时所生产的剩余价值量相等。如果一个人一天劳动 24 小时（这在生理上是完全不可能的），终究不可能达到 6 个人每天劳动 5 小时所创造的剩余价值量。所以，提高劳动剥削程度，达到一定限度时，就不可能和减少工人人数完全相抵消，因此，它只能阻碍利润率的下降，但不能制止利润率的下降，所以在资本主义发展过程中，利润率趋向下降的规律仍然在客观地起作用。

随着劳动社会生产力的发展，资本积累的不断增加，资本有机构成的不断提高，就会出现：一方面利润率趋向下降，另一方面利润量随资本量的增加而增加。这就使生产扩大和价值增殖之间发生冲突。为什么呢？首先，从资本积累引起利润率下降方面看：资本的积累量，一是取决于现有的资本量，一是取决于利润率。只有生产力的提高通过利润率的提高使年产品中转化为资本的剩余价值部分增加，才能直接增加资本的积累量。只有劳动生产力的提高，或者是提高相对剩余价值，或者是使生活资料的价值下降，才会增加资本的积累量。不管是生产力的提高还是劳动生产力的提高，它们都会降低单位商品价值量使现有资本贬值，都会使可变资本减少引起有机构成提高，都会在引起利润率下降的同时并延缓利润率的下降。其次，从资本积累引起利润量增加的方面看，“劳动生产力的发展间接促使现有资本价值增加”，这是因为：劳动生产力发展了，在同一劳动时间内所创造的价值虽然不变，但由于劳动生产力提高之故，生产的产品数量增加了，过去，体现100资本价值的生产资料为500件，要10个劳动力来推动它；现在，同样的100资本价值体现在800件生产资料上，如果技术构成不变，这800件生产资料就需要16个劳动力来推动它。可见，“资本所能支配的劳动量，不是取决于资本的价值，而是取决于构成资本的原料和辅助材料、机器和固定资本要素以及生活资料的数量，而不管这些物品的价值如何”。所以，尽管资本价值不变，但由于体现在生产资料上的物质量增加了，就要增加所使用的劳动力，即工人人数，就会使剩余劳动量和剩余价值量增加，这样，转化为资本的剩余价值部分，即积累的资本也会增加。

由于在资本积累过程中利润率下降和利润量增加这两个要素同时并存，“它们包含着一个矛盾，后者表现为互相矛盾的趋势和现象”。这就是：生产力发展了，生产扩大了，但工人人数却会相对减少；资本的绝对量增加了，但一定量资本所生产的剩余价值量会减少；资本量由资本积累而增大了，但现有的资本价值，又会因劳动生产力提高而贬值，因而资本家从流通终了收回的价值会减少。由于这些互相矛盾的要素的存在，同时又会“发生互相对抗的作用”，这种作用表现为：资本增加，从而使得工人人口增加了，但由于另外一些因素起作用，又出现了相对过剩人口；利润率下降了，但由于一些因素的作用，又阻碍着利润率的下降；生产力发展、资本有机构成提高，从而使相对剩余价值增加了，但可变资本部分同不变资本部分相比却越来越相对地减少。上述矛盾对抗及其作用，正是资本主义生产扩大和价值增殖之间矛盾的具体表现。

经济危机是资本主义内在矛盾的必然产物

上述情况，“时而主要在空间上并行地发生作用，时而主要在时间上相继地发生作用；各种互相对抗的因素之间的冲突周期性地在危机中表现出来”。这就是说，上述矛盾对抗必然导致经济危机的产生。危机是资本主义内部矛盾的必然产物。这些内部矛盾转化为外部矛盾，并会在危机中得到暂时强制的解决。

总的说来，资本主义生产目的和达到这一目的的手段的矛盾在于：一方面，资本主义生产方式包含着绝对发展生产力的趋势，另一方面，“它的目的是保存现有资本价值和最大限度地增殖资本价值”，为了达到迅速地增殖资本价值的目的，就要发展生产力，扩大生产，其结果，又会引起利润率下降和资本贬值，这就必然使生产扩大和价值增殖之间发生冲突。

资本家们为了追求更多的剩余价值，竭力扩大生产，从而刺激了工人人口的增加。但随着资本积累和生产的扩大，生产力向前发展，资本有机构成提高，又不断地创造出过剩人口，使劳动人民的购买力相对地缩小。这种生产与消费的矛盾发展到一定程度，必然爆发生产过剩的经济危机。可见，资本主义生产方式所固有的内在矛盾，是经济危机的基础。

资本家们为了摆脱危机，力图在利润率下降的情况下，积累资本、扩大生产，增加利润量，以补偿利润率下降的损失。但是，他们用来增加利润量的方法，如积累资本、扩大生产等，又会引起利润率的进一步降低，使生产目的和达到目的的手段之间的矛盾进一步加深。所以，危机虽然使内部矛盾转化为外部矛盾，并得到暂时强制性的解决，但由于矛盾进一步深化，又酝酿着下一次规模更大的更深刻的经济危机。马克思说："资本主义生产总是竭力克服它所固有的这些限制，但是它用来克服这些限制的手段，只是使这些限制以更大的规模重新出现在它面前。"

资本主义生产的目的和达到目的的手段之间的矛盾根源于资本主义生产方式本身

为什么会产生资本主义生产的目的和达到目的的手段之间的矛盾呢？马克思指出："资本主义生产的**真正限制**是**资本自身**"。这就是说，资本主义生产目的不是为了人民群众的需要，而是资本家们为了取得剩余价值，然后再把一部分剩余价值转化为资本，这就是为剩余价值而生产，为资本而生产，这种生产是以剥削和掠夺广大劳动群众为基础的，生产失去了消费的刺激，必然使劳动人民的购买力和无限扩大的生产日益相矛盾，"手段——社会生产力的无条件的发展——不断地和现有资本的增殖这个有限的目的发生冲突。""生产扩大"，意味着生产力的发展；"价值增殖"，显示着资本主义生产关系的特点。生产扩大和价值增殖之间的冲突，不过是生产力和资本主义生产关系矛盾的一个具体表现形式。这就充分表明：资本主义生产关系，虽然在历史上曾经起过促进生产力发展的作用，但很快就变成了社会生产力发展的阻碍。由此可见，资本主义生产的目的和达到目的的手段之间的矛盾，根源于资本主义生产方式本身。

Ⅲ. 人口过剩时的资本过剩

资本过剩的实质

在第二节分析了由利润率下降规律所反映的资本主义生产的目的和达到目的的手段之间的矛盾引起生产过剩的经济危机，在第三节中，再进一步分析由利润率下降规律的作用所引起的人口过剩和资本过剩之间的矛盾，也必然引起资本主义的经济危机。

随着资本主义发展，个别资本家为了生产而使用的资本最低限额增加了，这是因为：一方面，生产力向前发展，资本有机构成提高，为了剥削到一定量的剩余劳动，原有一定量工人必须推动更多的生产资料，这就需要有更多的不变资本。另一方面，个别资本家生产商品所消耗的劳动时间，必须不高于社会必要劳动时间，否则就要吃亏。但由于劳动生产率的发展，个别资本家如果不相应地采用新技术，个别劳动时间就会高于社会必要劳动时间。为此，他们就要改革技术，这也需要有更多的不变资本，这就会使资本的最低限额增加。在资本最低限额增加的同时，由剩余价值资本化而引起的资本积累也会同时增长。大资本虽然利润率低，但剥削到的剩余价值多，因而积累资本比小资本更迅速。资本积累的增长达到一定程度时，又会引起利润率的下降。这样，有些资本，特别是积累的一部分资本，由于利润率下降，不能由于利润量增加而得到补偿时，就不能用于生产，不能作为资本来发挥作用，这些资本就成为过剩资本。马克思说："所谓的资本过剩，实质上总是指利润率的下降不能由利润量的增加来抵消的那种资本——新形成的资本嫩芽总是这样——的过剩，或者是指那种自己不能独立行动而以信用形式交给大经营部门的指挥者去支配的资本的过剩。"这就是说，资本过剩的实质是，在利润率下降时，一部分资本用于生产，可以从利润量增加方面得到补偿，而另一部分资本却不能从利润量增加方面得到补偿，后者即不能用于投入生产而成为过剩的资本；或者是开设新企业的资本必须达到一个最低限额，没有达到最低限额的资本，不能用于开办新企业，只好以信用形式存入银行，或通过借贷，让大资本家去支配。总之，资本过剩，并不是实际生产中不需要的资本，而是如果用于生产，不能取得一定利润量，对以追求剩余价值为目的的资本家来说，是不合算的，因而不被使用于生产过程。所以这种过剩，是由资本家的追求剩余价值的实际利益决定的，不是由生产的客观实际需要决定的。从本质上看，这种资本的生产过剩，仅仅是资本的积累过剩。因为随着资本积累，资本有机构成提高，利润率趋向下降，有些资本不能取得一定的利润率，就不能用于生产过程，从而成为过剩的资本。正如资本主义的人口过剩只是相对的不是绝对的一样，资本过剩也只是相对的，并不是绝对的。“资本的这种过剩是由引起相对过剩人口的同一些情况产生的”，即都是由于劳动生产力提高，商品产量增加，资本有机构成提高，市场扩大等因素引起的，都是由资本积累规律决定的，它们是处在对立的两极上，“一方面是失业的资本，另一方面是失业的工人人口”。

所谓资本过剩，是相对的不是绝对的，就是说，这些资本不是实际生产中不再需要的资本，事实上，在实际生活中需要投资生产的部门还是很多的；而是如果把这部分资本用于生产，不能取得一定的利润量，对资本家来说是不合算的那部分资本。从对资本家是否合算这个要求来看，资本的生产过剩是会绝对存在的。马克思说：“只要为了资本主义生产目的而需要的追加资本＝0，那就会有资本的绝对生产过剩。”也就是说，“只要增加以后的资本同增加以前的资本相比，只生产一样多甚至更少的剩余价值量，那就会发生资本的绝对生产过剩”。例如，原有资本 10 万元，可取得利润 2 万元。现在，如果追加投资 2 万元，共有资本 12 万元，取得的利润仍为 2 万元，或者更少，那么追加这 2 万元的投资，就得不到利润，那又何必把这 2 万元投入生产呢？这就是追加资本等于零，完全得不到利润的情况，这 2 万元资本就不能投入生产，成为过剩的资本。这就是“资本的绝对生产过剩”。所以过剩资本的具体表现是：“一部分资本全部或部分地闲置下来”，“另一部分资本由于受到失业或半失业的资本的压迫以较低的利润率来增殖”，这时，利润率就会下降。例如：原有资本 10 万元，利润 2 万元，利润率是 20%。现在，又有追加的积累资本 10 万元，由于以“较低的利润率来增殖”，只取得利润 1 万元，利润率是 10%。如果把二者合在一起，共有资本 20 万元，共有利润 3 万元，利润率为 15%。可见，由于追加资本的利润率下降，从而引起原有资本的利润率也下降。

资本过剩与经济危机

资本过剩必然引起资本家之间的激烈竞争。原来执行职能的资本家，为了使原有的资本不致贬值，把追加的一部分积累资本（即 ΔC）暂时闲置起来，或者为了击败竞争对手，不惜自己遭受暂时损失，把追加资本的闲置转嫁给其他的竞争者；新的资本家，则把追加的一部分积累资本，想方设法地投入生产，力图排挤旧资本，以便取得旧资本的位置，强迫旧资本退出生产，这样，资本家之间就会产生你死我活的激烈斗争。事实很清楚，“不经过斗争，就不可能发生旧资本这种实际上的贬值，不经过斗争，追加资本 ΔC 也不可能作为资本执行职能”。究竟是哪一部分追加的积累资本成为过剩资本，是甲资本家的追加资本还是乙资本家的追加资本呢？这完全取决于竞争。由于部门之间的竞争，从而产生平均利润率的过程，资本家之间还表现着“兄弟情谊”。但是在资本过剩的情况下，不是分配利润，而是分配损失的时候，资本家们就力图把损失推给别人。“对整个阶级来说，损失是不可避免的。但是每个资本家要分担多少，要分担到什么程度，这就取决于力量的大小和狡猾的程度了，在这种情况下，竞争也就变为敌对的兄弟之间的斗争了。”资本家之间这种激烈竞争是怎样得到解决的呢？解决的办法就是：“把在价值上与全部追加资本 ΔC 或其一部分相等的资本闲置下来，甚至使它部分地毁灭。”这就是，通过竞争，一部分过剩资本实际投入生产，进入生产资本的行列，另一部分过剩资本，有的在竞争中被毁灭，有的被闲置，有的暂时地贬值，也就是说，资本家之间的竞争冲突，只有通过经济危机来解决。

危机，从物质和价值两个方面破坏资本。从资本的物质方面看，由于经济危机，有些企业倒闭或开工不足，一部分生产资料（以固定资本和流动资本形式存在的生产资料）被闲置，不起资本的作用，而且会受到自然的侵蚀而遭到破坏。从资本的价值方面看，受到的破坏更为严重，这种破坏表现为：股票价值下降，部分金银闲置，现有资本贬值，生产的商品卖不出去，造成价格下降，有些资本家到期不能支付债务，信用制度崩溃，“由此引起强烈的严重危机，突然的强制贬值，以及再生产过程的实际的停滞和混乱，从而引起再生产的实际的缩小”。

在危机对资本造成破坏的同时，“另一些因素也会起作用”，使资本主义生产重新归于平衡。“平衡都是由于一个或大或小的资本被闲置下来，甚至被毁灭而得到恢复。”但是，“已经发生的生产停滞，为生产在资本主义界限内以后的扩大准备好了条件。”这是因为：第一，由于危机造成了大量的失业工人，迫使在业工人的工资下降到劳动力价值以下，从而提高了资本所剥削的剩余价值量。第二，资本家为了避免危机所受的损失，采用新的机器设备，改良劳动方法，提高劳动生产率，以便使个别价值降低到社会价值以下，这就会降低可变资本和不变资本的比率，造成人为的相对过剩人口。第三，由于危机，导致不变资本要素贬值，这又促使利润率的提高。由于上述因素的作用，资本家们摆脱危机以后，生产得到恢复，资本就会在新的基础上发挥职能，“由于职能停滞而贬值的资本的一部分，会重新获得它原有的价值”。而且，随着生产的扩大，市场也会扩大，资本积累不断进行，在新的基础上，“同样的恶性循环会再次发生”，必然导致新的更深刻的经济危机。

资本过剩和人口过剩

首先，必须注意，资本的生产过剩，不是生产资料的绝对生产过剩。所谓生产资料的绝对生产过剩是指：社会上的生产资料过多，无法加以利用，成为多余的。实际上，在资本主义社会里，还有许多生产部门没有得到充分发展，还有一些有待发展的空白部门，社会上所需要的生产资料并未得到满足，所以根本不存在生产资料的绝对生产过剩的问题。“资本的生产过剩，从来仅仅是指能够作为资本执行职能即能够用来按一定剥削程度剥削劳动的生产资料——劳动资料和生活资料——的生产过剩”。本来，生产资料应当作为资本执行职能，并根据资本量按比例地取得剩余价值；可是现在，这些作为生产资料的资本，不能根据资本量按照一定比例来增加剩余价值了，从而它就不能作为资本来发生作用了。如果把这些过剩的生产资料作为资本来发生作用，“就会引起资本主义生产过程的混乱和停滞、危机、资本的破坏”。

其次，必须注意，资本过剩和相对人口过剩是同时并存，互为条件的。资本过剩和相对人口过剩是由同一些情况产生的。“使劳动生产力提高、商品产量增加、市场扩大、资本在量和价值方面加速积累和利润率降低的同一些情况”，既会不断地产生资本过剩，也会不断地产生相对过剩人口。过剩的人口和过剩的资本都同样不能得到合理的使用。如果把资本输出国外，并非说明国内资本过多，而只是说明资本输出到国外比投入国内可以取得更高的利润率。同时在资本输出国的国内，也还存在着大量的相对过剩人口。过剩资本和相对过剩人口，是同一些因素产生，同时并存，互为条件的。

再次，必须注意，资本的生产过剩，包含商品的生产过剩。有些资产阶级经济学家，否认商品生产过剩，却承认资本的生产过剩。他们认为：商品由商品来购买，不会出现买卖之间的不平衡，也不会出现商品生产过剩的经济危机。在第 285 页第 3 段中，马克思着重批判了这种错误观点。第一，资本生产目的是为了取得剩余价值。随着资本积累出现利润率下降，引起资本家之间的竞争，他们为了在竞争中获胜，大力发展生产，改进生产技术，提高劳动生产率，加强对剩余价值的榨取，从而降低了工人的购买能力，这样，资本主义生产的无限扩大和社会购买力有限之间的矛盾，直接引起生产过剩的经济危机。马克思说，“在立足于资本主义基础的有限的消费范围和不断地力图突破自己固有的这种限制的生产之间，必然会不断发生不一致。而且，资本是由商品构成的，因而资本的生产过剩包含商品的生产过剩”。第二，资本主义社会化大生产，从整个社会来说，客观上要求按一定比例来进行，才能使商品得到实现，再生产顺利进行。但资本主义生产又是在生产资料为资本家私人所占有的情况下进行的，“全部生产的联系是作为盲目的规律强加于生产当事人”，生产处于无政府状态，因而客观上存在的按比例发展的要求只能通过经济危机的强制破坏来实现。第三，就资本主义生产方式本身来说，生产过剩是绝对的。因为这种生产过剩是由资本主义生产关系产生的，是发展了的生产力和资本主义生产关系互相矛盾所产生的结果，它不可能依靠资本主义生产方式本身来克服。如果按照人们的需要来说，

“生产过剩只是相对的，这是完全正确的”。因为人们消费的商品不是太多，而是不足，只是因为购买力不足，不能形成市场上的社会需求而已。第四，资本主义生产的全部性质，是“资本的增殖，而不是资本的消费”，只有在能增殖资本的情况下才进行资本的生产消费的。如果不是商品生产过剩，一些商品卖不出去，而是市场繁荣，供求平衡，一定量的资本可以取得一定量的利润，这时，显然不会发生资本的生产过剩。可见，以商品由商品来购买为论据，否认商品生产过剩的经济危机的观点，是完全错误的。

总之，资本主义的经济危机，是由资本主义生产方式自身的矛盾决定的。“这种资本主义生产方式的矛盾正好在于它的这种趋势：使生产力绝对发展，而这种发展和资本在其中运动、并且只能在其中运动的独特的生产**条件**不断发生冲突”。

最后，还须注意，资本主义的生产过剩，不是绝对意义上的生产过剩。这是因为：从生活资料方面看，资本主义社会里的广大劳动人民，生活水平很低，许多必要的消费品都得不到满足，这就是说，生活资料不是太多，而是太少了。从生产资料方面看，如果要使有劳动能力的人都能充分就业，不断提高生产效率，缩短工作时间，不断用先进的科学技术代替繁重的体力劳动，已经生产出来的生产资料就不是太多，而是很不够。由此可见，资本主义的生产过剩，不是绝对意义上的生产过剩，而是相对的生产过剩。为什么说是相对的呢？这是因为：资本主义的生产过剩，只是对资本增殖的需要而言的，“要使劳动资料和生活资料作为按一定的利润率剥削工人的手段起作用，劳动资料和生活资料就周期地生产得太多了”。这就是说，这一部分生产资料和生活资料，如果转化为资本，投入生产，不能按原有资本比例取得一定的利润率，这部分资本就相对过剩了。同时，劳动人民虽然缺乏必要的生活消费品，但由于购买力低，无钱购买，以致商品过剩，卖不出去，这并不是商品真正生产太多了，而是和劳动人民的购买力相比，商品生产得太多了，这就产生了相对的商品过剩。马克思作出结论说：“不是财富生产得太多了。而是资本主义的、对立的形式上的财富，周期地生产得太多了。”总之，资本过剩，生产资料的生产过剩，商品的生产过剩，相对人口过剩，都是资本主义生产方式内在矛盾发展的必然结果，是由资本主义制度所产生的特有现象。

资本主义生产方式的历史局限性

在作了上述分析后，马克思结论性地指出：资本主义生产方式本身，存在着对资本主义生产的限制，这表现在如下两个方面：

第一，劳动生产力发展，使利润率下降，从而产生资本过剩、生产过剩，这又必须不断地通过危机来克服。这就是说，劳动生产力不是一直顺利地向前发展的，而是在周期性进行的经济危机的破坏中向前发展的。这种破坏，就表现着资本主义生产方式对劳动生产力发展的限制。

第二，“利润率是资本主义生产的推动力”，资本主义生产目的不是为了人和社会需要，而是为了取得一定水平的利润率。随着资本主义向前发展，利润率趋向下降的规律在起作用，“因此，当生产扩大到在另一个前提下还显得远为不足的程度时，对资本主义生产的限制已经出现了”。

资产阶级经济学家，像李嘉图这样的杰出代表人物，曾经认为，资本主义生产的动力是利润，但利润率却会由于生产力的提高而降低，这就会限制资本主义生产的发展，因而感到不安。李嘉图的这种担忧是完全正确的，“这正好表明他对资本主义生产条件的深刻的理解”，即认识到资本主义生产方式对资本主义生产的限制这个极其重要的本质问题。但瑞士的小资产阶级经济学家西斯蒙第却责难他：只看到生产力的发展，不注意“人”的利益。实际上，西斯蒙第的责难是错误的。李嘉图是从资本主义生产方式内在矛盾的分析出发的，西斯蒙第却是从“人”的感情、需要、欲望的研究出发的；前者反映了资本主义的内部矛盾，是根据资本主义的客观经济实际所得出的结论，后者则是无视资本主义社会的生产关系和阶级关系，在所谓抽象的“人”的利益的词句下，代表小生产者的利益，向资本主义现实所发出的抗议而已。所以马克思说：“有人责难他，说他在考察资本主义生产时不注意‘人’，只看到生产力的发展，而不管这种发展以人和资本**价值**的多大牺牲为代价。这正好是他的学说中的重要之处。”

资本主义生产方式本身存在着对资本主义生产发展的限制，这恰恰说明，“资本主义生产不是绝对的生产方式，而只是一种历史的、和物质生产条件的某个有限的发展时期相适应的生产方式”。这既表明了它的历史局限性，也表明了它的历史暂时性和过渡性。

Ⅳ. 补 充 说 明

对资本来说，劳动生产力提高的规律不是无条件适用的

在资本主义的不同产业部门，劳动生产力的发展水平是极不相同的。这是因为：第一，整个社会的生产处于竞争和无政府状态中，资本家们为了在竞争中处于有利地位，竞相改进生产技术，这就造成各个产业部门劳动生产力的发展不平衡。第二，“劳动生产率也是和自然条件联系在一起的”，富矿的劳动生产率必然比贫矿高。资本家们为了掠夺更多的利润，往往对自然资源进行破坏性的使用，使自然资源日趋枯竭，“这些自然条件的丰饶度往往随着社会条件所决定的生产率的提高而相应地减低”。这就是说，劳动生产力的提高，往往是和自然劳动生产力的下降结合在一起的，这也会造成各产业部门劳动生产力发展的不平衡。

劳动生产力的提高，对不变资本中的固定部分和流动部分的影响，也是不同的。就原材料的流动资本部分来说，它会随劳动生产力的提高成比例地增加。如果 8 小时生产 1 件商品，消耗的原材料为 4 元，8 小时生产 2 件商品，就要消耗 8 元的原材料；如果劳动生产力再提高一倍，8 小时生产 4 件商品，就要消耗 16 元的原材料。但就机器等固定资本部分来说，虽然它的价值会随劳动生产力的提高而增加，“但它远不是按同一比例增加”。[①] 如上例，8 小时生产 1 件商品，转移来的固定资本价值为 1 元；如果 8 小时生产 2 件商品，在同样时间里转移来的固定资本价值由 1

---

① 马克思这里所说的固定资本的价值“随着生产力的发展而增加，但它远不是按同一比例增加”，仅指劳动者熟练程度提高、劳动强度加强、组织管理改善、生产方法革新而固定资产本身（机器设备、厂房设施）没有重大改革、价值量没有重大变化的情况而言的。当有重大的技术革新，尤其是机器大量取代手工劳动时，劳动生产力的发展将和固定资本价值的大量增加联系在一起，新机器设备可能耗资巨大，这时，每一个商品价值中，固定资本的转移价值不仅相对份额会增大，绝对价值量也可能增大，但只要如恩格斯在本页下一段所补充的，“所减少的活劳动要大于所增加的过去劳动”，劳动生产率仍能提高。解说下一段时所举的例子，就是这种情况。

元增加到1元2角，但却分摊在2件商品中，每件商品只包含6角的固定资本价值。这就说明，随着劳动生产力的提高，转移的固定资本价值虽然会增加，但不会与劳动生产力的提高成比例地增加。

但是，劳动生产力提高的主要标志是什么呢？“劳动生产率的提高正是在于：活劳动的份额减少，过去劳动的份额增加，但结果是商品中包含的劳动总量减少；因而，所减少的活劳动大于所增加的过去劳动。”我们知道，商品价值是由不变资本、可变资本、剩余价值构成的，不变资本部分是转移来的过去的对象化劳动，可变资本和剩余价值部分是活劳动新创造的价值。如果1件商品价值表现为8元，其中不变资本中的固定部分转移来的价值为1元，转移来的原材料的流动资本部分为4元，补偿可变资本部分的工资消耗为1元5角，假设剩余价值率为100%，剩余价值为1元5角。现在，由于劳动生产率提高了一倍，在8小时内不是生产1件商品，而是生产2件商品，每件商品所包含的价值构成部分就会发生变化：固定资本消耗假定由1元增加为3元，将分摊到2件商品中，每件商品的固定资本转移部分为1元5角，原材料等流动部分不变，每件仍为4元，新创造的价值（v＋m）3元，也分摊在两件商品中，每件商品的补偿可变资本部分为7角5分，剩余价值也是7角5分，该件商品价值合计为7元。这就可以看出，由于劳动生产力提高一倍，每件商品中活劳动新创造的价值由3元降为1元5角；对象化劳动虽然由5元增加到5元5角，但过去对象化劳动与活劳动的比例是5元比3元，即5∶3，现在是5元5角比1元5角，即11∶3，转移来的过去劳动份额所占的比重增加了；但是，单个商品的价值量由8元降为7元，价值量下降1元，其中减少了1元5角的活劳动，增加了5角的对象化劳动，这就是减少的活劳动大于所增加的过去劳动。可见，劳动生产率提高的主要标志是：加入单个商品中的总劳动量减少了，或者说，单个商品的价值量降低了。这个主要标志，不仅对资本主义是适用的，对其他社会，包括社会主义社会，也是完全适用的。恩格斯写的补充特别指出，“加入商品的劳动总量的这种减少，好像是劳动生产力提高的主要标志，无论在什么社会条件下进行生产都一样。在生产者按照预定计划调节生产的社会中，甚至在简单的商品生产中，劳动生产率也无条件地要按照这个标准来衡量”。

我们在研究劳动生产力提高时，也必须运用这个原理。

一般说来，随着资本主义向前发展，劳动生产力是不断提高的。但是，资本主义提高劳动生产力不是无条件的，而是要受到资本主义生产条件的限制的。这种条件就是："对资本来说，不是在活劳动一般地得到节约的时候，而是只有在活劳动中节约下来的**有酬**部分大于追加的过去劳动部分的时候"。这就是说，被机器所代替的劳动力的价值超过了机器转移到商品上的价值时，资本家才采用新机器。第 291 页第 2、3 段的例证说明，如果采用新机器，虽然能提高劳动生产力，但却不会带来更多的剩余价值，资本家就不会对采用新机器感兴趣。在资本家的视野里，劳动生产力的发展，仅仅是达到目的的手段，而取得更多的剩余价值才是生产的目的。如果不能取得更多的剩余价值，他们是不愿意采用新机器，以促使劳动生产力的发展的。这就说明，在资本主义社会里，劳动生产力的发展不是无条件的，而是有条件的，它是受到资本主义生产关系的限制的。这同时也说明，资本主义生产关系虽然起着"推动人类劳动的生产率的发展"的作用，但同时也会"阻碍生产率的发展"。

资本积累在资本主义矛盾发展中的作用

对资本积累在资本主义矛盾发展中的作用问题，马克思补充论述了下列四点：

第一，在资本积累过程中，由于资本最低限额的增加，较小资本被排挤出生产之外，以及股份公司的形成，资本积累不一定都会引起利润率下降。本章第三节一开始，马克思就指出，随着劳动生产率的提高和利润率的下降，使用于生产的资本最低限额增加了。由于资本家之间的竞争，较贵的生产设备普遍得到采用，因此，还没有达到最低限额的资本，就不能独立投入生产。这时，虽然有这一部分积累资本，但由于没有投入生产之故，就不会因此使资本有机构成提高，造成利润率下降。另一方面，由于有规模极大的企业出现，需要巨额不变资本，如果这些巨额资本都参加平均利润率的形成，平均利润率就会降低；但是，这些巨额资本往往是通过股份公司的形式，由股份资本集合而成，它们根据股票所确定的股份，按期领取低于平均利润的股息，即利息。这就是说，创办极大企业虽然要有巨额资本，但这些巨额资本不完全直接参加平均利润率的形成，由于这种特殊情况存在，虽然有这种大量的资本积累，但不一定会引起利润率下降。

第二，在资本有机构成不变条件下的资本积累，不会引起利润率下降。前面说过，资本积累会引起资本有机构成提高，从而使利润率下降。但并不是所有的资本积累都会立即引起资本有机构成的提高。在一定时期内，资本积累会在原有的资本有机构成的平均比例的基础上进行，如进行外延上的扩大再生产，建立新企业，扩大生产规模，但资本有机构成不变，在这种情况下，并不会引起利润率下降。可见，不是所有的资本积累都会引起利润率下降。

第三，资本积累加深了资本主义生产的对立。随着资本积累的进行，随着资本有机构成的提高，投在工资上的可变资本相对减少，雇佣工人的人数也会相对减少（尽管可变资本和雇佣的工人数还会绝对地增加），这就造成了大量的工人失业，大量失业工人的存在，又使在业工人受到更重的剥削，生产与消费的矛盾尖锐地向前发展，导致生产过剩的经济危机。这是资本主义生产方式对资本主义生产的特有限制。这说明“资本主义生产决不是发展生产力和生产财富的绝对形式，它反而会在一定点上和这种发展发生冲突”。由于失业工人的大量存在，“断绝大多数人口的活路”，“它就会引起革命”。资本主义发展生产的目的，是为了更多地榨取剩余价值，资本主义生产是在资本和劳动的对立运动中进行的，随着资本主义生产向前发展，资本和劳动的对立也在资本不断积累过程中日益加深。

第四，资本积累，使由资本形成的一般社会权力和资本家个人对社会生产条件所拥有的私人权力之间的矛盾，发展得越来越尖锐。随着资本积累，一方面，实际生产者和社会生产条件日益相分离，工人丧失生产资料，只是劳动力的出卖者，但随着生产的发展，生产社会化的程度越来越高，“资本越来越表现为社会权力”，也就是说，社会化的大生产，表现为一种支配社会生产的巨大力量；但是，另一方面，这些生产条件却为个别资本家私人所占有，作为资本家的个人权力而出现，劳动者生产出来的产品，完全为资本家私人所占有，被资本家作为资本积累起来，投入生产，作为剥削工人的手段。“资本表现为异化的、独立化了的社会权力，这种权力作为物，作为资本家通过这种物取得的权力，与社会相对立”。这种“由资本形成的一般的社会权力和资本家个人对这些社会生产条件拥有的私人权力之间的矛盾”，即生产社会化和生产资料资本家私人占有之间的矛盾，随着资本积累的发展而越来越尖锐，从而促使生产条件向“一般的、公共的、社会的生产条件”的转化，即向生产资料公有制转化，这种转化，是由生产力的发展，生产力与资本主义生产关系的矛盾所决定的。

竞争在生产力发展中的作用

对于竞争在生产力发展中的作用问题，马克思作了如下的补充。

首先，竞争，会使新的生产方法普遍化，从而引起利润率下降。资本家生产的目的是为了取得更多的剩余价值，为了较高的利润率。如果新的机器设备、新的生产方法会降低利润率，资本家就不愿意采用。但是，首先采用新的生产技术和生产方法的个别资本家，可以提高劳动生产率，使商品的个别劳动时间低于社会必要劳动时间，即个别价值低于社会价值，因而在出售商品时，“会高于商品的生产价格出售商品，也许还会高于商品的价值出售商品”，从而得到个别价值低于生产价格或社会价值之间的差额，这种差额形成额外利润。由于个别资本家采用先进技术和新的生产方法可以取得额外利润，他们在竞争中就竞相采用先进技术，改良生产方法，其结果，就会引起同行业的所有资本家都采用先进技术和方法，并使其普遍化，从而使社会必要劳动时间降低，“于是，利润率就下降”。这是不以资本家的主观意志为转移的客观规律。可见，资本家为了追求较高利润的结果，反而引起利润率的降低，这是资本主义竞争对生产力发展作用的辩证法。

其次，在那些对生产工人生活资料有直接或间接关系的生产部门，采用新技术会提高相对剩余价值；但对工人生活资料的生产完全无关的部门，采用新技术不能直接增加相对剩余价值，那么，上述辩证规律是否也适用呢？马克思说：“这同一规律，对这样一些生产部门来说，也起着支配作用”。为什么呢？不管生产什么商品，只要生产这种商品的个别劳动时间低于社会必要劳动时间，就会取得额外利润。如果该部门的新技术已经普遍推广，有的资本家仍然在旧的生产技术条件下进行生产，个别劳动时间就会多于社会必要劳动时间，在竞争中就会处于不利地位。

在这种情况下，竞争迫使他们不得不采用新的生产技术和生产方法。可见，竞争会迫使所有的资本家，不管他们生产什么商品，都必须采用先进技术和生产方法，这就推动了社会生产力向前发展。

再次，新技术的采用使单个商品价值下降，从而使商品价格便宜，这是因为：单个商品中所吸收的劳动量少了，转移来的旧价值也少了，这是劳动生产力提高的必然结果。但同时，由于新技术的采用，用于不变资本中的固定资本部分的量和价值，同可变资本相比，都会增加，在这种情况下，如果资本有机构成发生变化，就会引起利润率下降。

最后，马克思指出，尽管由于竞争的影响，利润率下降，但“积累的欲望和能力仍然会增加”。为什么呢？因为在这里存在着阻碍利润率下降的因素，这些因素是：一、相对过剩人口的增加；二、资本物质量的增加；三、生产部门的多样化；四、信用制度和股份公司的发展；五、需要和致富欲望的增长；六、固定资本的巨额投资不断增长；等等。同时，竞争也在这里起着重大作用。因此，在利润率下降的同时，资本的积累量仍然会迅速增加。

资本主义生产的三个重要事实

从资本主义生产内部矛盾的分析，马克思着重指出下述三个重要事实：

第一，生产资料为少数资本家私人占有，直接生产的劳动者丧失生产资料。这些生产资料“转化为社会的生产能力”，但其全部果实都被资本家装进私囊。

第二，“劳动本身由于协作、分工以及劳动和自然科学的结合而组织成为社会的劳动。”这就是说，劳动也大规模地社会化了。

以上两方面，即生产资料的资本家私有制和生产劳动的社会化，是资本主义生产方式的基本矛盾，它既把劳动者个人占有生产资料条件下的私人劳动取消了，又在上述矛盾中建立了新的对立形式，这就为进一步取消资本主义私有制、实行生产资料公有制创造了前提。

第三，世界市场的形成。世界市场是资本主义生产方式发展的产物。它的出现，表面上是为了解决资本主义国内市场上狭隘的消费基础和生产扩大之间的矛盾，但实际上却使这种矛盾更加扩大化和复杂化，根本不可能解决资本主义生产方式的内在矛盾。

由此可见，资本主义生产方式所固有的内在矛盾，必然导致生产过剩的经济危机。要消灭资本主义经济危机，必须消灭资本主义制度。

■ 《资本论》虽然没有专门一章论述资本主义经济危机问题，但有关资本主义经济危机的理论，在第一、二、三卷中，在研究其他问题的时候，已结合其他有关问题对资本主义经济危机进行多方面分析。如果认为马克思在《资本论》中没有建立资本主义经济危机的理论，显然是不符合实际情况的。

在《资本论》第一卷第三章中，马克思指出：在简单商品的生产和流通中，由于物物交换被商品和货币的交换所代替，买和卖相分离而独立存在，这就包含着危机的可能性。“流通所以能够打破产品交换的时间、空间和个人的限制，正是因为它把这里存在的换出自己的劳动产品和换进别人的劳动产品这二者之间的直接的同一性，分裂成卖和买这二者之间的对立。说互相对立的独立过程形成内部的统一，那也就是说，它们的内部统一是运动于外部的对立中。当内部不独立（因为互相补充）的过程的外部独立化达到一定程度时，统一就要强制地通过危机显示出来。商品内在的使用价值和价值的对立，私人劳动同时必须表现为直接社会劳动的对立，特殊的具体的劳动同时只是当作抽象的一般的劳动的对立，物的人格化和人格的物化的对立，——这种内在的矛盾在商品形态变化的对立中取得了发展的运动形式。因此，这些形式包含着危机的可能性，但仅仅是可能性。”[①] 由此可见，危机的可能性在于商品本身所包含的矛盾，在于商品的形式变化自身。

随着货币作为支付手段职能的发展，商品生产者之间结成一系列的信用锁链，当少数人不能按期进行支付时，就引起一系列信用关系的破坏，使危机的可能性增大。马克思谈到这种支付手段的矛盾时说：“这种矛盾在生产危机和商业危机中称为货币危机的那一时刻暴露得特别明显。这种货币危机只有在一个接一个的支付的锁链和抵消支付的人为制度获

① 《资本论》第1卷，人民出版社2004年版，第135页。

得充分发展的地方，才会发生。”[①] 可见，危机的可能性是随着简单商品生产和商品流通的发展而增大。

在《资本论》第一卷第六、七篇中，马克思也说到了经济危机的问题，他着重指出了经济危机对工人阶级的影响。如在第626—627页中，指出了因“普遍的危机而产生的就业不足的现象”；在第741页中，指出了英格兰需要救济的贫民，在危机发生时就增多的情况；在第769页中，还着重研究了“危机对工人阶级中报酬最优厚的部分的影响”。从丰富的实际材料例证中说明，危机带给工人阶级的是失业、贫困和苦难。

在《资本论》第二卷的前两篇中，马克思研究资本循环和资本周转的同时，也分析了资本主义经济危机周期性的物质基础。他指出：“大工业中最有决定意义的部门的这个生命周期现在平均为10年。”“这种由一些互相连结的周转组成的长达若干年的周期（资本被它的固定组成部分束缚在这种周期之间），为周期性的危机造成了物质基础。在周期性的危机中，营业要依次通过松弛、中等活跃、急剧上升和危机这几个时期。虽然资本投入的那段期间是极不相同和极不一致的，但危机总是大规模新投资的起点。因此，就整个社会考察，危机又或多或少地是下一个周转周期的新的物质基础。”[②]

在《资本论》第二卷第三篇中，马克思在研究社会资本再生产时，指出了在简单再生产条件下，必须保持一定的比例平衡关系，如果比例平衡被破坏，“尽管是规模不变的再生产，但危机——生产危机——还是会发生”[③]。在扩大再生产条件下，“平衡本身就是一种偶然现象”[④]，而经常出现的却是不平衡。不管是第Ⅰ部类产品的生产过剩，还是第Ⅱ部类产品的生产过剩，都“只有通过一次大崩溃才能恢复平衡”。[⑤] 这就说明，在资本主义的社会资本再生产过程中，比例失调，平衡被破坏，只有通过经济危机，才能得到暂时的强制性的解决。

---

① 《资本论》第1卷，人民出版社2004年版，第161—162页。

② 《资本论》第2卷，人民出版社2004年版，第207页。

③ 《资本论》第2卷，人民出版社2004年版，第524页。

④ 《资本论》第2卷，人民出版社2004年版，第557页。

⑤ 《资本论》第2卷，人民出版社2004年版，第588页。

但是，平衡的被破坏不是产生资本主义经济危机的根本原因。危机的根本原因在于资本主义生产方式所固有的内部矛盾，在于资本主义制度本身。马克思在本章中对资本主义经济危机产生的根本原因，对资本主义产生经济危机的必然性，进行了深入的分析。在本章的末尾，他作出结论说："在资本主义生产方式内发展着的、与人口相比惊人巨大的生产力，以及虽然不是与此按同一比例的、比人口增加快得多的资本价值（不仅是它的物质实体）的增加，同这个惊人巨大的生产力为之服务的、与财富的增长相比变得越来越狭小的基础相矛盾，同这个不断膨胀的资本的价值增殖的条件相矛盾。危机就是这样发生的。"①

以上只是马克思关于经济危机的一般理论。当然，不同资本主义国家在不同时期内所发生的经济危机，都有其不同的具体情况和不同的特点。特别是资本主义发展到垄断阶段，尤其是第二次世界大战以后，资本主义经济危机又出现了许多新的情况和新的内容。我们必须依据马克思关于资本主义经济危机的一般理论，来研究不同资本主义国家所出现的经济危机，研究当代资本主义的经济危机。

在社会主义社会里，由于以生产资料公有制代替了私有制，生产社会化和生产资料资本家私人占有的对抗性矛盾已不再存在，生产资料公有制和生产社会化之间是处于基本适应又互相矛盾的关系中，盲目的无政府状态的生产，被有计划的经济建设所代替，因此，从理论上说，社会主义社会不会出现资本主义那样生产过剩的经济危机。但是，社会主义社会还存在着商品生产，各种经济联系还需要通过商品交换、货币流通、市场、价值、价格等各种经济杠杆来进行，由于商品的买和卖在时间上和空间上的彼此分离，存在着货币运动和实物运动的彼此分离，这就仍然存在着比例平衡被破坏，从而产生危机的可能性。如果我们在经济工作中造成失误，违背客观经济规律，也会产生比例失调的危机。斯大林曾经说过："我国经济中的每个严重失算，都不会只以某种个别危机来结束，而一定会打击到整个国民经济。每次危机，不论是商业危机、

---

① 《资本论》第 3 卷，人民出版社 2004 年版，第 296 页。

财政危机或工业危机，在我们这里都可能变成打击全国的总危机。”[①] 这是因为社会主义计划经济是以国民经济计划为指导的，如果由于工作失误，就不只是局部的个别的现象，而往往是带有全局的性质。中华人民共和国成立后 40 多年社会主义建设的实践，也充分证明了这一点。

当然，社会主义经济发展过程中虽曾出现过比例失调的危机，但和资本主义经济危机是完全不同的。首先，资本主义经济危机是由资本主义生产方式内在矛盾所决定的，是由资本主义制度所产生的，它的周期爆发带有客观必然性。社会主义社会曾经发生过的危机，却不是社会主义制度所固有的，仅仅是由于经济工作中的失误所造成，是违背经济规律的结果，它不具有客观必然性。其次，资本主义经济危机的一般表现是：生产过剩，消费不足，这是受资本主义经济的基本矛盾所制约的，是资本主义生产目的和达到目的的手段之间矛盾的具体体现。社会主义经济中曾经发生过的危机，一般表现为：生产不足，货币过剩和购买力不能完全实现；也可能表现为部分商品畅销和部分商品大量积压同时并存，商品结构和市场供求不相适应。这是由于经济结构不合理和比例平衡关系被破坏所造成的，这种现象，可以通过加强宏观调控、调整经济结构和发展生产来解决。因此，学习马克思的经济理论，用于指导我国的社会主义经济建设，遵循客观经济规律，做好宏观调控和国民经济计划的综合平衡工作，完全有可能避免危机的出现。

---

① 《斯大林全集》第 7 卷，人民出版社 1958 年版，第 248 页。

第 四 篇

商品资本和货币资本
转化为商品经营资本
和货币经营资本
（商人资本）

第 十六 章

商品经营资本

从本篇开始，马克思对资本主义生产的总过程进行了新的研究。

在《资本论》第一卷和第二卷，以及第三卷的前三篇，都是把产业资本作为研究对象，把整个资产阶级看成是以产业资本家为代表，工人所创造的剩余价值也全部为产业资本家所独占，从一般的抽象的形式上，考察了资本、剩余价值、利润、工人阶级和资产阶级之间的对立关系等等。但是，在资本主义的实际经济生活中，除去产业资本和产业资本家以外，还有商人资本、借贷资本、农业经营资本，与此相适应，有商业资本家、借贷资本家、农业经营资本家和大土地所有者。因此，工人所创造的剩余价值不可能为产业资本家所独占，还要由参加资本循环过程的有关资本家共同瓜分。这样，就要对资本的各种不同具体形态和剩余价值被瓜分后的各种具体形态作深入的分析。这就是说，除了产业资本外，还要研究商人资本、借贷资本、农业经营资本等各种资本形式；研究剩余价值在转化为利润、利润转化为平均利润的过程中，又如何分割为产业利润、商业利润、利息、地租等各种形式。这也就是说，要对各种资本形式和利润形式进行更具体、更复杂的研究。

第四篇的标题是："商品资本和货币资本转化为商品经营资本和货币经营资本（商人资本）"。这就指出了本篇研究的对象是商人资本，即商业资本。"商人资本或商业资本分为两个形式或亚种，即商品经营资本和货币经营资本。"它们是由产业资本运动的职能形式转化而来，即商品经营资本是由商品资本的转化、货币经营资本是由货币资本的转化而形成的。本篇就要着重研究商品资本、货币资本如何转化为商品经营资本和货币经营资本，研究商业资本的特征和作用，研究商业资本如何参与利润的平均化，研究商业资本参加利润平均化而引起的商品生产价格的变化和商业价格，研究商业资本对商业工人、职员剥削的性质和特点，这就是"要在分析资本的核心构造所必要的范围内，较详细地说明这两种资本的特征"。

古典学派的最优秀的代表，如斯密、李嘉图等人，对利润、利息和地租进行了详细的分析，在利润的具体形式研究上取得一定的成绩；但对资本的各种形式，就没有认真研究，他们把商业资本和产业资本混为一谈，不懂得资本主义的商业资本是产业资本的一个独立部分，看不到商业资本的特性。把商业资本专门作为一篇来进行分析，是马克思的创造；马克思对商业资本和商业利润的研究，构成整个剩余价值理论体系中的一个重要内容。

本篇共五章，第十六、十七、十八章研究商品经营资本，第十九章研究货币经营资本，第二十章考察商业资本历史，分析资本主义商业资本和资本主义以前商品资本的联系和区别。

第十六章，着重研究商品经营资本的特点、性质及其在资本主义发展过程中的作用。

必须注意，《资本论》第二卷第三章，在对商品资本循环的分析中，已经对商品资本进行了全面的研究，但在那里是从个别资本循环的角度来研究商品资本的运动的；在本章中，则从社会总资本的角度，把商品资本作为社会总资本再生产过程中的一个独立形式来研究，从而分析商品资本如何转化为商品经营资本。

（一）商品经营资本是商品资本的转化形式

什么是商品经营资本

从社会总资本运动的情况看，产业资本的运动有三种形态，处在三个阶段，执行三种职能。用公式表现就是：G—W…P…W′—G′。上述整个过程都是假定由产业资本家来完成的。当然，这种情况，与资本主义初期的情况也大体上相符合。但是随着资本主义的发展，W′—G′，由商品资本转化为货币资本，以及由G—W，由货币资本购买生产资本要素，这种卖和买的流通行为，逐渐从产业资本的运动中分离出来，固定下来，独立起来，由一部分不从事生产活动而专门进行商品买卖的商业资本家来完成，“作为一种由分工赋予特殊一类资本家的职能”，这样，商品资本就转化成商品经营资本或商业资本。

为什么商品经营资本能够成为独立的资本

为什么商品资本能够独立化为商品经营资本、作为一种特殊资本执行特殊职能呢？商品经营资本所以能成为独立的资本，是由商品资本在流通领域中的特殊职能决定的。但是，必须注意，在流通领域中，除去进行商品买卖的商业资本外，还有运输业和商品的保管与分配，它们是生产过程在流通领域的继续，和作为商品买卖的商业资本是不同的，但它们有时和商业资本的职能混淆在一起，使人们不容易区别开来；有时也会和商业资本的职能结合在一起，使人们把它误认为也是商业资本的职能。所以在这里研究时就要采用抽象法，暂时把它们撇开，只从纯粹形态的商业资本的职能来研究，以便确定商业资本的特征。所以，在这里研究的商业资本，只是它的纯粹形式。

从商业资本的纯粹形式看，它所以能够成为独立的资本，必须从商品资本的职能谈起。首先，商品资本的职能和货币资本的职能、生产资本的职能是不同的。货币资本的职能是在市场上购买生产资料和劳动力，为剩余价值的生产准备条件；生产资本的职能是实现劳动力和生产资料的结合，剥削雇佣工人的剩余劳动，增殖资本价值；商品资本的职能是把生产的商品卖出去，使资本价值和剩余价值得到实现。正是由于它们执行着不同的职能，各自形成产业资本再生产过程的一个阶段，因而就有可能在资本家之间实行分工，由不同的资本家担负不同的职能，这就是：由产业资本家着重进行生产，榨取剩余价值；由商业资本家着重经营商品的买卖，实现剩余价值。其次，就全部社会资本来看，一部分资本要经常作为生产资本处于生产过程，另一部分资本要经常处于流通领域，作为流通资本。生产资本和流通资本，“这是同一资本的两种特殊的、互相区别的存在形式”。处在流通领域的流通资本，以商品资本和货币资本的形式来发挥职能。如从个别资本的运动看，再生产的不断进行必须通过商品资本这个阶段，因此，商品资本的职能具有相对独立性，这就可以通过社会分工，由商业资本家专门去完成。这样，商品资本就独立化为商品经营资本。

商品经营资本是流通资本的一部分的转化形式

马克思指出：“商品经营资本不外是这个不断处在市场上、处在形态变化过程中并总是局限在流通领域内的流通资本的一部分的转化形式。”这就是说，商品经营资本是由商品资本转化而来的，但只是由流通资本中的商品资本的一部分转化而来的。为什么说是商品资本的一部分，而不是商品资本的全部呢？这是因为“商品的买和卖有一部分是不断地在产业资本家自身中间直接进行的”。例如，纺纱厂直接把棉纱卖给织布厂，钢铁厂直接地把钢铁卖给机器制造厂。这一部分商品资本，不需要经过商业资本家之手，而是直接进行订货交易，也就没有必要转化为商品经营资本了。

（二）商品经营资本运动形式的特点

商业资本家，作为资本家，首先必须作为一定量货币的所有者出现在市场上，它的资本也首先必须表现在货币资本的形式上。为什么呢？因为商业资本家并不生产商品，只是经营商品，对商品的运动起中介作用，他必须用货币购买商品，因此，他首先必须持有一定数量的货币。但是他购买商品的目的不是无代价的服务，而是为了取得利润，他预付货币是为了取得更多的货币。这样，商品经营资本的公式就是：G—W—G′，先以货币购买商品，然后再卖出商品，取得比原来更多的货币。这些更多的货币（即商业利润）从何而来，那是下一章专门研究的问题。现在我们的任务是从商品经营资本运动的形式来考察它的特点，也就是说，把它和作为产业资本运动的商品资本相比较，来研究它们之间的关系和不同特点。

商品经营资本运动第一阶段的特点

首先，从商品经营资本运动的第一阶段看：G—W。假定某商业资本家以 1 万元向钢笔工厂购买 1000 支钢笔，这对生产钢笔的工厂主来说，是 W′—G′，即由商品资本转化为货币资本，他的钢笔价值实现了，从投入货币进行生产，卖出商品，再取得货币，完成了一次循环。他可以拿这些货币再购买生产资料和劳动力，继续进行再生产，或进行个人消费。但对于商业资本家来说，只是 G—W，即用货币购买商品。1000 支钢笔从工厂主转到商业资本家手中，这是商业资本家经营活动的第一步，这时 1000 支钢笔还没有到达消费者手里，仍然是作为商品资本存在于市场上，它本身还没有完成向货币的转化。要使以钢笔形式存在的商品资本实际转化为货币，还有待于第二个阶段，即商业资本家把它卖给消费者。可见，商品经营资本运动的第一阶段的特点是：从产业资本运动看，是 W′—G′，从商业资本运动看，是 G—W，这里只是商品所有权的转移，从商品到货币的形态变化并未实际完成。

商品经营资本运动第二阶段的特点

其次，从商品经营资本运动的第二阶段看：W—G′。商业资本家把买进的1000支钢笔卖出去，卖给使用钢笔的消费者，取得货币 1.1 万元，在其中，既有原商业资本 1 万元，又有带来的商业利润 1000 元，这是商业资本家的卖的阶段，这一阶段的特点是：商品由流通领域进入消费领域，完成了由商品资本转化为货币资本的职能。过去，单纯地从产业资本运动来分析，这一职能（由商品资本转化为货币资本）是由产业资本家来完成的。现在，从资本主义的实际经济生活看，这一职能实际上只是由商业资本家来完成的。这一职能极其重要，因为它关系到产业资本能否顺利地进行再生产的问题。如果上述商业资本家的1000支钢笔卖不出去，他就不会继续向钢笔厂购买钢笔，那么，钢笔厂继续生产出来的若干支钢笔无人购买，也就无法取得货币继续购买生产资料。这时的钢笔厂，或者停止生产，或者开工不足，这就会影响再生产的进行，只有在动用准备金或追加资本的情况下，才能继续生产。以上情况说明："商人的活动不过是为了把生产者的商品资本转化为货币所必须完成的活动，不过是对商品资本在流通过程和再生产过程中的职能起中介作用的活动。"商品经营资本的职能仍然是实现商品资本的职能，它们实际上是一回事，所不同的只是商品资本的职能是由产业资本家自己来进行，作为他本身的附带业务来完成的；商品经营资本的职能是由商业资本家来进行，作为一种特殊投资的业务而独立进行的活动。

商品经营资本的特有流通形式

再次，从商品经营资本的特有流通形式看：G—W—G′。商人先用货币购买商品，然后卖出商品取得货币。如果把它和产业资本流通的形式加以比较，就会看出它的特点。产业资本把生产出来的含有剩余价值的商品卖出去，转化为货币，然后以货币购买生产资料和劳动力，其形式是：W′—G—W。在这里，是同一枚货币换位二次，出售一种商品，然后购买另一种商品。如上例，钢笔厂的资本家，把 1000 支钢笔卖出去，取得 1 万元货币，然后以这 1 万元货币购买生产钢笔的生产资料和劳动力。同一笔 1 万元货币，只是换位二次，但"他购买的商品和他出售的商品，不是同一个商品，不是同一种商品"。他卖出钢笔，购买的却是生产资料等等。商品经营资本的运动形式则不同，其形式是：G—W—G′，在这里，同一个商品换位两次，先用货币购买商品，然后用商品换回货币。如上例，商业资本家买进卖出的都是这 1000 支钢笔，他原来预付1 万元货币去购买，后来卖掉钢笔又取得 1.1 万元的货币，"这里两次换位的不是同一货币，而是同一商品"。这就说明：第一，从产业资本流通的形式看，"在一个场合 W′—G—W，同一货币两次换位，使商品在一种形态上被让渡，而在另一种形态上被占有"。从商品经营资本运动的形式看，"在另一个场合 G—W—G′，同一商品两次换位，把预付货币重新从流通中取回"。这只是说明，商品由工厂主手里转到商业资本家手里时，商品还没有被最后卖掉，商业资本家必须继续进行售卖活动，才能完成由商品资本到货币的实际转化。第二，同一件事情，对产业资本家来说是 W—G（如把 1000 支钢笔卖给商业资本家），对商业资本家来说则是 G—W—G′（用 1 万元货币购买 1000 支钢笔，然后把它卖出，取得 1.1 万元货币）。从产业资本家的 W—G 看，仅仅是商品形态变化的一个阶段；从商业资本家的 G—W—G′看，"即他所预付的货币资本实现特殊增殖过程"，因而"表现为一种独特的资本的演变"。由此可见，作为产业资本循环一个阶段的商品资本到货币资本的转化，在商业资本的场合，却成了一个独立的商业资本特有的循环，从而使商业资本具有一种独特的资本职能，商品资本转化为商业资本的特点也正在这里。

（三）商品经营资本具有一个独立地执行职能的资本的性质

既然商品经营资本是商品资本的转化形式，是一个独立执行职能的独特的资本，那么，要具备什么条件，才能使商品经营资本成为独立的资本形态呢？

第一，商品经营资本的独立存在，是社会分工的一种特殊形式，它表明：在资本家阶级中，分离出一个和产业资本家集团不同的商业资本家集团，使得以前作为产业资本循环过程一个阶段的商品资本的职能，发展为商业资本家的专门职能，通过商业资本家的活动，实现商品资本到货币的转化。但是，仅有这一点是不够的。如果产业资本家雇用跑街、掮客之类的商业推销员或商业代理人来为他推销商品时，商品资本还不可能转化为独立的商品经营资本，所以还必须有第二个条件。

第二，这种专门经营商品买卖的人，必须有自己独立的资本，即要有预付的货币资本。如果他没有预付货币资本，就会像产业资本家把商品经销业务委托给他的代理人那样，推销员不是商业资本家，这时商品资本并没有转化为商品经营资本。这个转化的实现，是由于商人自己预付出货币资本（不管是自有的还是借来的），从产业资本家那里购买商品，进行 G—W 的活动，然后把商品卖出去，使 W—G′得以实现，完成商品经营资本形式的全部运动，并从这个先买后卖的活动中，取得更多的货币，即商业利润。就是说，使这种预付的货币执行资本的职能，通过它的运动，能够增殖价值。马克思说："商品资本会在商品经营资本形式上取得一种独立资本的形态，是由于这样一种情况：商人预付货币资本，这种资本所以能作为资本自行增殖，能执行资本的职能，是因为它专门从事这样一种活动，即作为中介实现商品资本的形态变化，实现这一资本作为商品资本的职能，也就是实现它向货币的转化，并且这一点是通过商品的不断的买和卖来实现的。"简单地说，由于商人自有货币，独立进行商品买卖活动，从而取得利润，商品资本才转化为独立的商品经营资本。

（四）商品经营资本的职能和作用

商品经营资本总是不断处于流通领域，进行商品买卖活动，完成由商品资本到货币资本的转化，可见，商品经营资本的职能，实际上是执行原来产业资本中的商品资本的职能。商品经营资本有如下作用。

从对产业资本的作用方面看

商品经营资本对产业资本的作用，表现为：

第一，缩短了产业资本循环的流通过程。对产业资本家来说，必须把生产的商品卖出去，完成由商品资本到货币资本的转化，才能用货币资本购买生产资料和劳动力，使生产过程继续不断地进行下去。出卖商品的工作如果由产业资本家去做，就要花费一定的流通时间。资本周转时间是由生产时间和流通时间构成的，如果流通时间长，资本周转的时间就会长；如果流通时间缩短，资本周转的时间也会缩短。由于商业资本的出现，产业资本家可以把生产的商品大批地卖给商业资本家，这和他自己经营商品销售工作相比，会使出卖商品的时间缩短，从而也就加速了产业资本的循环。

第二，节省了产业资本家的货币准备金。为了使再生产继续进行，产业资本家的资本，一部分要存在于生产资料和劳动力的形式上，一部分要存在于商品资本的形式上，一部分要存在于货币资本的形式上，并不断地运动转化。为了防止偶然因素的影响，产业资本家还要留有一定数量的货币准备金，以便在商品一旦卖不出去时，用这种货币准备金购买生产资料和劳动力，保证生产的继续进行。“但是，如果没有商人的介入，流通资本中以货币准备金形式存在的部分，同以生产资本形式使用的部分相比，必然会不断增大，与此相适应，再生产的规模就会受到限制。”现在，由于商品经营资本的介入，可以使产业资本家的货币准备金相对减少，使用于真正生产过程的资本部分相对增加，从而扩大生产规模。

第三，节省了产业资本家出卖商品的时间。如果没有专门从事经营商品买卖活动的商业资本家，这项工作就要由产业资本家自己来做，这样，他既要组织和监督生产，又要从事商品的买卖。现在，由于商业资本的出现，商品买卖活动由商业资本家进行，商人能够把他的全部时间用于出售商品，这样，产业资本家“就可以把出售商品的时间节省下来用于监督生产过程”。

从对社会总资本的作用方面看

商品经营资本对社会总资本的作用表现为：

第一，由于分工之故，使一部分社会资本作为商品经营资本，专门执行商品买卖的职能，这种“专门用于买卖的资本”，“小于产业资本家在必须亲自从事他的企业的全部商业活动时所需要的这种资本”。这就是说，用于商品买卖方面所需求的资本量，更加节约了。

第二，由于商业资本家专门从事商品买卖活动，使商业事务专门化，和产业资本家相比，他们更加熟悉市场情况，熟悉消费者的需求，懂得各种复杂的销售条件，因此，他们经手推销商品，“不仅生产者可以把他的商品较早地转化为货币，而且商品资本本身也会比它处在生产者手中的时候更快地完成它的形态变化”。这就是说，由商品到货币形态上的转化，在时间上加快了。

第三，“就全部商人资本同产业资本的关系来看，商人资本的一次周转，不仅可以代表一个生产部门许多资本的周转，而且可以代表不同生产部门若干资本的周转。”为什么说商人资本的一次周转，可以代表同一生产部门许多资本的周转呢？例如，在同一拖拉机生产部门内，生产一台拖拉机需要两个月，资本完成一次周转要有两个月的时间。商业资本则不然，它可以在本周内向某厂买进一批拖拉机，到下周就卖出去，再买另一工厂的拖拉机，再下周又把它卖出去，一个月内，可以买进卖出若干次，完成几次周转，“对同一生产部门中的不同资本的周转起中介作用”。当然，一个生产部门的商人资本的周转，要受到这个生产部门的总生产的限制。假定社会上现有的拖拉机厂在两个月内共生产拖拉机500台，商人资本在这两个月所能买卖的也只是500台，不可能买卖600台或700台（以前库存或进口等情况除外）。“但是，它不受该部门的单个资本的生产范围的限制”。如某拖拉机厂两个月只生产拖拉机60台，这是该厂资本的生产范围。但商业资本不仅经营该厂拖拉机的买卖，也经营别厂拖拉机的买卖，所以它的经营数量可以超过60台，不受该厂生产范围的限制。不仅如此，它也不受“单个资本由生产时间决定的周转时间的限制”。如生产一台拖拉机需要两个月，但商人资本买卖一台拖拉机只需几分钟时间，在一天、一周、一个月的时间内，可以买卖若干台拖拉机。而且，商人资本的一次周转，还可以代表不同生产部门若干资本的周转。例如，商人资本向纺纱厂购进棉纱，把棉纱卖给织布厂；然后向机器制造厂购进纺纱机，再把纺纱机卖给纺纱厂；再从织布厂购买一批生产用布，把它卖给化工厂，等等。这样，就在纺织部门、机器制造部门、化工部门之间买卖商品，在一个生产部门对另一些生产部门的资本周转中起中介作用。由此，从整个社会的范围来看，就可以减少流通中的资本量，并缩短各部门的产业资本周转的时间。

以上谈的是商业资本周转对产业资本周转的影响。但是，必须注意，商业资本的周转和产业资本的周转是不同的。马克思说：“商人资本的周转，与一个同样大小的产业资本的周转或一次再生产是不同的；相反地，它同若干个这种资本的周转的总和相等，而不管这种资本是属于同一生产部门还是属于不同生产部门。”例如，生产一台拖拉机的不变资本和可变资本的消耗为8000元，某厂两个月内生产50台，共40万元，这就是说，该厂两个月内的40万元资本周转一次。假定有某商业资本家，也有40万元的商业资本，它不仅仅买卖拖拉机，也可以同时买卖纺纱机、织布机或棉纱、棉布等等商品，不管经营何种商品，只要其总价值达到40万元，就是周转了一次。那么，在社会总资本中，究竟要有多少数量的资本作为商业资本呢？这一方面取决于商业资本的周转速度，另一方面取决于社会生产的发展程度。首先，从商业资本的周转速度来看，商业资本周转得越快，社会总资本中用作商业资本的部分就越小；反之，商业资本周转得越慢，社会总资本中用作商业资本的部分就越大。那么，决定商业资本周转速度的因素又是什么呢？这取决于两个因素，一是生产过程更新的速度和不同生产过程互相衔接的速度；二是消费的速度。其次，从社会生产发展的程度来看，生产越不发达，商业资本总额在投入流通的商品价值总额中所占的比例就越大，但其绝对量则越小；相反，如果生产发达，投入流通中的商品价值总额较大，商业资本在其中所占的比例虽较小，但其绝对量则较大。但是，投入流通中的商品总额的大小，还取决于信用制度的发展程度。商业资本必须分为两部分，一部分用于购买商品，另一部分把买来的商品卖掉，如果作为支付手段的信用制度发展起来，“商人资本的货币资本部分同这个商人资本完成的交易额相比，就会更加减少。”例如，某商业资本家向某工厂购买 1000 支钢笔，其价格为 1 万元，但据信用合同商定，先预付 2000 元，另外 8000 元到一个月再支付。但在这一个月内，1000 支钢笔都卖掉了，该商业资本家以卖出钢笔所得到的货币支付给该工厂，这样，由于信用制度的发展，他就以 2000 元商业资本完成了 1 万元商品的交易，从而也就减少了商业资本量。可见，信用制度越发展，社会上用于商业资本的数量就越小。

从扩大资本主义剥削、增加剩余价值方面看

商品经营资本对扩大资本主义剥削、增加剩余价值的作用表现为：

第一，商业资本是在流通领域执行职能，流通领域既不会生产任何价值，也不会生产任何剩余价值，而且这个流通时间还会限制剩余价值的创造。[①] 商业资本虽然不能创造价值和剩余价值，但“它有助于流通时间的缩短”，这就“间接地有助于产业资本家所生产的剩余价值的增加”。由于它为产业资本增加了剩余价值，从而也就提高了剩余价值和预付资本的比率，也就是提高了利润率。

---

① 这是指，资本流通时间越长，它用于生产的时间就越短，只有生产才能创造价值和剩余价值，流通时间长了，生产时间就短了，这就限制了对价值和剩余价值的创造。

第二，由于商业资本有助于市场的扩大，“并对资本之间的分工起中介作用，因而使资本能够按更大的规模来经营”，大企业可以采用先进技术，可以提高劳动生产率，可以提供较大量的剩余价值，可以使更多的剩余价值转化为资本，从而促进资本积累。

第三，由于商业资本代替了产业资本中商品资本部分在流通领域的职能，而且有更高的效率，这样“把资本的一个较小部分作为货币资本束缚在流通领域中，它就增大了直接用于生产的那部分资本”。只要生产中的资本增加了，就可以扩大生产规模，增加剩余价值。

由此可见，商业资本在扩大资本主义剥削、增加剩余价值的生产方面，有着重要作用，所以产业资本家也乐意把这部分经营活动交给商业资本家独立地去完成。

但是必须注意：马克思在论述商业资本的作用时，特别指出一个条件，这就是“只要商人资本没有超过它的必要的比例”①。这就是说，只有在商业资本的数量没有超过社会必要的比例的限度内，才会发生上述作用。反之，如果商业资本的数量超过了社会必要的比例，以致商业机构臃肿，商品流通环节增多，那就反而会降低社会资本的周转速度，使平均利润率降低，对上述作用产生相反的结果。

■ 马克思指出：“由于现代经济学，甚至它的最优秀的代表，都把商业资本直接和产业资本混为一谈，实际上完全看不到商业资本的特性，我们就更有必要这样做了。”② 在本章中，马克思对商品经营资本的研究，做了哪些突出的分析呢？

首先，马克思对商品经营资本的研究，是建立在对商品资本研究的理论基础上的。马克思指出，商品经营资本，不外是商品资本一部分的转化形态，是产业资本的一个独立部分。这样，就一方面把商品经营资本归结为商品资本，指出前者是由后者转化而来的，因而商品经营资本的职能也无非是执行着商品资本的职能；另一方面又指出，商品资本转

① 《资本论》第 3 卷，人民出版社 2004 年版，第 307 页。
② 《资本论》第 3 卷，人民出版社 2004 年版，第 297 页。

化为商品经营资本后，就具有独立性，有独特的资本运动形式和特征，有独特的职能和作用，它既不同于产业资本的运动，也不同于产业资本运动中的商品资本。它在独立的商品经营领域中，建立起一整套复杂的经济关系（商业资本的本质、作用、利润、价格、对商业工人的剥削等等）。这样，才可能对商业资本这个独立的领域作深入的分析。由此可见，马克思对商品经营资本的分析，是建立在对商品资本分析的基础上的。如果对《资本论》第二卷第一篇商品资本的分析缺乏理解，那么，对商品经营资本也就不可能有深入的理解了。

其次，马克思对商品经营资本的研究，是从社会总资本的角度出发的，把它看成是社会总资本独立化的商品形式。《资本论》第二卷第一篇对商品资本的分析，是从个别资本循环和周转的角度出发，在那里，假定商业资本不存在，假定商品资本到货币资本的转化，都是由产业资本家自己直接进行的，这种情况，不仅在经济生产中是可能存在的，而且为了抽象地研究个别资本的循环与周转，也是完全必要的。但是，作为商品经营资本则不同，它本身就是社会资本的独立化形式，它不是仅仅经营某一产业资本家的商品，而是经营各个产业资本家的商品；他不仅要同某一产业资本家打交道，而且要同社会上很多的产业资本家打交道；它不仅可以为同一部门的几家工厂推销商品，还可以为不同部门的许多工厂推销商品；它不仅对同一生产部门中的不同资本的周转起中介作用，而且对不同生产部门的资本周转起中介作用，它是作为各个产业资本家的商品资本的总和而运动的特殊形态，它所代表的是社会总资本中的商品部分。把商品经营资本的运动看作是社会总资本的流通和再生产中的一个方面来研究，对资本主义商业资本的本质和作用才能作较深入的分析和理解。

最后，马克思对商品经营资本的分析，是从它的本质出发，进一步研究它的职能和作用的。资产阶级经济学家对商业资本的研究，只注意它的意义、职能和作用方面，对资本主义制度下商业资本的本质几乎没有涉及；这也不奇怪，因为涉及资本的本质这样爆炸性的问题，对资产阶级来说是很危险的。马克思从分析资本主义商业资本的本质入手，进一步研究其职能和作用，这是因为：资本主义的商业资本的职能和作用，是由资本主义的商业资本的本质决定的，如果不理解其本质，要对它的职能和作用作深入的理解，是难以想象的。社会主义社会还存在着商品生产，社会主义商业在组织生产、促进流通方面有重大作用，但社会主义商业的作用也是由社会主义商业的本质决定的，只有对它的本质有一定的理解才能深刻认识它的作用。因此，运用马克思关于资本主义商业资本的原理研究社会主义流通时，必须撇开其资本主义实质。

第十七章
商业利润

本章着重研究商业利润的来源，以及作为预付资本的纯粹流通费用的补偿及其所取得的利润，从而揭示商业资本剥削的实质。

商业资本基本上分成两个部分，一部分是用于购买商品上面，它是为了在反复的周转中，偿付商品的购买价格而投下的；另一部分是在商品买卖过程中支出的纯粹流通费用。在分析商业资本和商业利润时，二者是有差别的。虽然二者都会带来商业利润，来源一样，但实现的形式却不同。特别是纯粹流通费用自身的补偿，还是一个复杂的问题。本章分析的方法，首先是运用抽象方法，暂时撇开纯粹流通费用，从一般的意义上研究商业资本如何取得商业利润，即研究商业利润的来源问题；其次，研究纯粹流通费用本身如何补偿，以及由它所产生的利润如何取得，从而揭示商业资本家如何剥削商业工人和雇员的剩余劳动问题。

（一）商业利润的来源

商业利润是产业资本在生产中创造的剩余价值的一部分

“资本在流通领域内的纯粹职能”，即撇开运输、保管等，只说它的真正的为商品的买和卖的职能，是既不创造价值，也不创造剩余价值的。用于流通领域中的资本较多，用于生产中的资本就较少，“客观上对商品来说，主观上对资本家来说，都对价值和剩余价值的生产形成界限”。这一部分用于流通领域的资本，不管是由产业资本直接经营商品买卖而投入的资本，还是由于商品资本独立化为商品经营资本而由商业资本家投入的资本，都不会使流通领域的这部分资本发生任何变化，即都不能使它起创造价值和剩余价值的作用。

在资本主义制度下，商业资本不能创造价值和剩余价值，“它只是对它们的实现起中介作用，因而同时也对商品的实际交换，对商品从一个人手里到另一个人手里的转让，对社会的物质变换起中介作用”。但是，由于它是在流通领域中独立地执行职能的资本，它和产业资本一样，也必须取得利润，而且必须取得平均利润。如果商业资本的利润率高于产业资本的利润率，一部分产业资本就会流入商业部门，就会使生产减少，供给落后于需求，产业资本家就会抬高商品的批发价格，从而使产业利润提高，商业利润降低。如果商业资本的利润率低于产业资本的利润率，一部分商业资本就会流入生产部门，商业网络就会缩小，而商品的生产量又会增加，产业资本家为了争夺买主，尽量及时地把商品卖给商人，就会降低商品的批发价格，这就又会引起商业利润的提高和产业利润的降低。和不同生产部门的竞争引起平均利润率的形成一样，由于产业资本和商业资本之间、以及产业资本、商业资本内部竞争的结果，使产业资本和商业资本都取得相同的平均利润率。

这样，商业资本既不能创造剩余价值，但又要和产业资本一样取得平均利润，那么，这种平均利润是从哪里来的呢？马克思指出，“以平均利润的形式归商人资本所有的剩余价值，是总生产资本所生产的剩余价值的一部分”。这就是说，商业利润是来源于产业资本家在生产过程中所剥削的一部分剩余价值。问题在于：这部分剩余价值是怎样从产业资本家那里转到商业资本家手中的。

商业资本家怎样从产业资本家手里取得一部分剩余价值

首先，从第 314 页第 5 段到第 316 页第 2 段，马克思指出，把商业利润看成是由于单纯的加价而产生，这不过是假象。

很清楚，商业资本是靠买进商品、出售商品、从出售商品的价格中取得商业利润的，这种商业利润，“必然等于商品的购买价格和它的出售价格之间的差额，必然等于后者超过前者的余额”。实际上，这种差额不是商业利润的全部，因为其中的一部分还要用于补偿商业资本家所支出的纯粹流通费用。在这里为了研究简便起见，暂时把补偿纯粹流通费用这部分撇开，假定这个差额的全部都构成商业利润。

从产业资本家来说，他购进生产资料和劳动力的费用和生产出来的商品的出售价格之间的差额，也就是成本价格和生产价格之间的差额，或者是，从社会总资本看，即资本家耗费在商品上的成本价格和商品价值之间的差额，“这个差额又归结为对象化在商品中的劳动总量超过对象化在商品中的有酬劳动量的差额”，形成产业利润。这种产业利润“只是在生产过程中才生产出来的”。但从商业资本家来说，却不是这样。他的活动范围仅仅是在流通领域，流通，不能创造价值，仅能实现价值，因而商业资本家只有在流通中实现商品的价值，才能实现并获得他的利润。因此，商业资本家只有通过商品的买和卖，通过购进价格和出售价格之间的差额，即在购进价格上加价后出售，这种差额，这种加价，“一句话，就是商品卖得比它的原价贵”，才能取得商业利润。

从现象上看，商业利润是通过加价而实现的。其实，“这不过是假象”。如果把这种假象当成本质，就会错误地认为：商业利润是由于贱买贵卖的结果，是从流通中产生的，是来源于购买者、消费者。

其次，从第 316 页第 3 段到第 317 页第 1 段，马克思指出，在资本主义生产方式的统治下，商业利润就不是以单纯加价的方式实现的。为什么呢，第一，以前我们假定，产业资本家都是按照商品的生产价格或价值卖给商人的，商人购买这些商品后，必须在生产价格或价值之外进行加价，即以高于生产价格或价值的价格把商品卖给消费者，才能取得商业利润，在这种情况下，商业利润是商品的商业价格高于生产价格或价值的余额。但是在资本主义社会里，按照价值规律的要求，尽管市场价格常常高于或低于生产价格或价值，但总的说来是应该一致的。按照上述说法，商业利润来源于市场价格高于生产价格或价值，就会违反价值规律和生产价格规律的要求，是背理的。第二，以前我们假定，由于各个生产部门之间的竞争，使利润率平均化，那时没有把商业资本包含在内，也就是说，把商业资本这个因素暂时抽象掉，假定商业资本没有参加利润率的平均化。但现在，商业资本已经从商品资本独立出来，形成一个独立的投资部门，虽然它不能生产剩余价值或利润，但能实现剩余价值或利润，因而它也必须获得一定量的利润。这样，以前对产业部门平均利润率形成的说明方法已经不够了，资本主义的现实生活要求，必须把商业资本补充进来，也参加利润率的平均化。由于商业资本和产业资本共同进行利润率的平均化，这就要揭示商业利润究竟从何而来的秘密。

再次，在第 317 页第 2 段中，马克思指出，商业资本取得商业利润的关键，在于商业资本参加平均利润率的形成。假定一年中预付的总产业资本为 720c＋180v＝900，m′为 100％，那么，产品的价值就等于 720c＋180v＋180m＝1080。[①] 其利润率或平均利润率＝$\frac{180\text{m}}{720\text{c}+180\text{v}}$＝20％。现在，我们又假定，除了 900 的产业资本以外，又加进了商业资本 100，社会总资本等于1000。前面说过，商业资本本身是不能创造剩余价值的，但要按它自己资本的大小比例，参加平均利润的分配，这样，在 180m 中，就要由产业资本和商业资本共同进行瓜分。由于 100 商业资本是社会总资本 1000 的$\frac{1}{10}$，它就要在 180m 中分得$\frac{1}{10}$的利润，即 18；900 产业资本是社会总资本的$\frac{9}{10}$，它就要在 180m 中分得$\frac{9}{10}$的利润，即 162。或者说，商业资本和产业资本相加，形成社会总资本 1000，由 1000 与 180m 相比，形成新的利润率，即$\frac{180\text{m}}{900\text{（产业资本）}+100\text{（商业资本）}}$＝18％的平均利润率，按产业资本和商业资本数量，依 18％平均利润率的比例，产业资本家取得 900×18％＝162 的平均利润，商业资本家取得 100×18％＝18 的平均利润。这样，产业资本家按照 720c＋180v＋162m＝1062 的价格，把商品卖给商业资本家；商业资本家则按 1062＋18m＝1080 的价格，把商品卖给消费者。这样，商业资本家的商业利润，是由于他的购买价格低于销售价格所产生的，但商业资本家还是按照商品的价值或生产价格来出卖他的商品的。在这里，他取得商业利润的关键在于：参加了平均利润率的形成，所以，他能够以低于商品的价值向产业资本家购买商品，然后以等于商品价值的价格卖给消费者。

---

① 为简便起见，在这里，假定固定资本的价值一次完全转移到产品中。

更次，在第 318 页第 2 段中，马克思又指出，在上述情况下，平均利润与生产价格，在更确切的意义上得到了进一步的阐明。以前，平均利润是由总生产资本所生产的总利润决定，生产价格是由成本加平均利润决定。由于商业资本参加了平均利润率的形成，平均利润就不仅仅是由总生产资本和所生产的总利润决定了，而是由总生产资本加总商业资本和生产过程中生产出来的总利润相比来决定了；实际生产价格就不仅仅是由成本加平均利润来决定，而是由成本加产业利润、再加商业利润来决定了。所以，实际生产价格不只是 k＋p，而是 k＋p＋h（在这里，k 为成本，p 为产业利润，h 为商业利润）。马克思指出："我们以后要在上述这个更确切的意义上使用生产价格这个用语。"马克思所说的这个确切的意义上的生产价格，是指产业部门的生产价格，即 k＋p，成本加产业利润。至于 k＋p＋h，成本加产业利润加商业利润，马克思称之为实际生产价格。或者说，"商品的实际价格＝商品的生产价格＋商业利润"。"所以，生产价格或者说产业资本家本人出售商品的价格，小于商品的实际生产价格；或者，就商品的总体来看，产业资本家阶级出售全部商品的价格，小于这全部商品的价值。"可见，"产业资本家的利润等于商品的生产价格超过它的成本价格的余额"，"商业利润等于商品的出售价格超过它的生产价格的余额"。商业资本家之所以能够取得商业利润，是因为产业资本家在卖给商人的商品价格中，没有实现其利润的全部，而只实现其利润的一部分（即产业利润），还留下一部分利润，让商业资本家出售商品去实现。所以马克思说："商业资本之所以能实现利润，只是因为产业资本在商品的价格中实现的并非全部的剩余价值或利润。因此，商人的出售价格之所以高于购买价格，并不是因为出售价格高于总价值，而是因为购买价格低于总价值"。可见，商业资本虽然不生产剩余价值，但却参与剩余价值的分配。

也许有人发出疑问：在上例中，100 的商业资本怎么能用于购买 1062 的商品呢？这是因为商业资本周转较快，它不是一次购买，而是分几次购买的缘故。假定上述 1062 的商品量是一年中在市场上进行交换的，那么 100 的商业资本在一年中周转 10.62 次（$\frac{1062}{100}=10.62$），就可使上述商品成交。

结　论

根据以上的分析，可以得出如下几个结论。

第一，在社会总资本中，产业资本和商业资本各占一定的比重，如果“同产业资本相比，商人资本越大，产业利润率就越小。反过来，情况也就相反”。如上例，商业资本与产业资本相比，占总资本的$\frac{1}{10}$，平均利润率由20%降为18%。如果商业资本增加为200，占总资本的$\frac{2}{11}$，平均利润率就会由20%降低到$16\frac{4}{11}$%。

第二，“直接从事剥削的资本家的平均利润率所表现的利润率小于实际的利润率。”如上例，不仅利润率小于剩余价值率（m'为100%，p'为20%），而且由于商业资本参加平均利润分配而产生的结果，使得直接从事剥削的产业资本家实际所得到的利润率，比他直接剥削所得的平均利润率更小，直接剥削到的利润率是20%，但他实际取得的只有18%。这就进一步掩盖了资本家对工人的剥削程度。

第三，“假定其他一切条件不变，商人资本……的相对量，是和它的周转速度成反比的，因此，也是和再生产过程本身的活力成反比的”。如上例，在一年中1062的商品，如果商业资本周转10.62次，则要有商业资本100元；如果商业资本周转5.31次，则要有商业资本200元；如果商业资本周转21.24次，则只要有商业资本50元。可见，商业资本周转越快，再生产的活力越大，所需商业资本量就越小；反之，就越大。

第四，商业资本参加平均利润的分配，不会使商品价值本身发生任何变化。商业资本对商品价值没有加入任何要素。他们所获得的商业利润，“只等于商品价值中没有被生产资本计算到商品的生产价格中去的部分，即它放弃的部分”。商业资本家用货币向产业资本家按生产价格（$k+p$）购买商品，然后按实际生产价格（$k+p+h$）卖出商品，从而取得商业利润，实现由$G—W—G'$的过程，这里有G和ΔG（追加的货币）。G，无非是产业资本家的商品资本转化来的货币资本。如果这个商品资本部分不是交给商人去独立经营，而是由产业资本家直接把商品卖给消费者，那也不会影响这个商品资本的价值量。但是必须注意，这个结论只是在商业资本家不支出任何流通费用的情况下才是正确的。如运输、保管之类的流通费用，是生产过程在流通领域的继续而产生的费用，它们既转移旧价值，也创造新价值，如果它们加入，是会引起商品价值量的变化的。

（二）作为预付资本的纯粹流通费用的补偿及其所取得的利润

作为预付资本的纯粹流通费用的补偿及其所取得的利润

以上研究了作为商业资本的一部分，即用于经营商品买卖的部分，如何取得商业利润，即一般地研究了商业利润的来源问题。以下就要着重研究作为纯粹流通费用的部分如何补偿，以及它如何取得利润的问题。

关于流通费用，马克思在《资本论》第二卷第六章已进行了研究，他在那里指出：流通费用包括三个方面，一是纯粹流通费用，二是保管费用，三是运输费用。保管和运输费用都属于生产性的流通费用。如果从流通费用的价值转移形式来看，又可分为流动资本和固定资本。不管对它们如何区分，它们都必须加入商品的售卖价格，取得补偿，并且作为预付资本，参加平均利润率的形成，从而取得平均利润。

关于生产性的流通费用的补偿，是不存在什么特殊困难的，因为它们在形式上是流通费用，实质上是生产费用，它能够增加价值和剩余价值，因而可以从商品价值的增加中得到补偿。困难是在于纯粹流通费用方面。纯粹流通费用，“是指买卖方面的费用”，“这种费用归结为计算、簿记、市场、通讯等方面的开支。为此必需的不变资本包括事务所、纸张、邮资等。另外一些费用则归结为可变资本，这是为雇用商业上的雇佣工人而预付的”。必须注意，不变资本和可变资本的划分，只适用于生产资本，严格地说，在流通资本上，是不适用的。马克思在这里把纯粹流通费用也划分为不变资本和可变资本，仅仅是在类比的意义上使用这个范畴的。这种纯粹流通费用，和经营商品买卖的资本不同，后者形态变化是由G—W，再由W—G；前者则只有G—W，没有由W—G。这种费用的一个显著特点是，它不是在生产商品使用价值时花费的，而是在实现商品价值时花费的；它虽然不加入直接生产过程，但却加入流通过程；它不能创造价值和剩余价值，但却是实现价值和剩余价值所必须预付的资本；因此，投在纯粹流通费用上的商业资本，不能从出卖商品的实际价值中得到补偿。

那么，用于纯粹流通费用上的资本，是从哪里得到补偿呢？

从第322页第3段到第324页第1段，马克思着重分析了花费在纯粹流通费用上的相当于可变资本部分如何补偿的问题。作为商品，是必须出卖的，因而从事商品买卖经营所花的劳动，是必不可少的活动，但它既不创造价值，也不创造剩余价值，不但产业资本家直接从事这种活动是如此，即使这种活动由商业资本家来进行也是如此。正由于这种劳动是不创造价值的劳动，因而不管是商业资本家自己从事这种活动，还是雇佣商业工人进行这些活动，“他的收入都只是来源于商业利润”。这就是说，作为预付资本用于纯粹流通费用中相当于可变资本部分，是由剩余价值来补偿的，具体地说，是由商业利润来补偿的。

那么，作为预付资本用于纯粹流通费用部分，又是怎样取得利润的呢？从第324页第2段到第326页第1段，马克思研究了这个问题。

对产业资本家来说，如果他自己直接经营商品的买卖，自己同时又兼做商人，由于他在流通中的活动的延长，在生产过程中的时间就相对减少，这就妨碍他作为生产管理者去执行职能。大家知道，资本家管理生产的职能同时也是剥削的职能，他管理生产的时间减少了，这就影响到他对劳动者剥削程度的加强。同时，他的商品会因流通时间的延长而更多地停留在流通领域，这既不能增殖价值，并且会使再生产过程中断。要使再生产能够继续进行，或者必须缩小生产规模，以便抽出一些货币资本来购买生产资料，这就只能取得比原来较少的利润；或者必须追加投资，维持原来生产规模，才能取得原来同样多的利润。这就是说，不管采取什么方法，对于兼营商业的产业资本家来说，利润率都会降低。

如果把经营商品买卖的业务交给商业资本家去做，由商人资本独立地进行商品经营，上述流通活动对利润率的影响仍然是存在的。不同的是，过去是产业资本家把这部分时间花在流通过程中，现在是商业资本家把这部分时间花在流通过程中；过去是产业资本家为流通而预付出追加资本，现在是商业资本家为流通而预付出追加资本；过去是产业资本家生产的利润少了，现在是产业资本家必须把他剥削到的一部分利润让给商人。不仅如此，更重要的差别在于：由于商业资本家代替产业资本家执行这项职能，使由商品资本转化为货币资本的时间减少了，使资本的循环和周转的速度加快了，使为流通过程而预付的追加资本减少了，“而且总利润中以商业利润的形式表现出来的损失也比在没有这种划分的情况下减少了。”如上例，当商品价值是 720c＋180v＋180m 的时候，如果加入商业资本 100，则平均利润率由 20％减少到 18％。如果由产业资本家自己经营，他要为流通预付出更多的资本，假设为 200，则利润率就不是 20％，而只是 $16\frac{4}{11}$％了。这说明，如果没有商业资本的独立化，产业资本的利润率会下降得更多。因此，产业资本家为了避免遭受更多的损失，必须把一部分利润让渡给商业资本家。对于产业资本家来说，18％的利润率当然比 $16\frac{4}{11}$％的利润率更加合算。

但是，产业资本家怎样把他的利润的一部分让渡给商业资本家呢？以上例而言，商业资本家除了付出 100 用于经营商品的资本以外，还要付出 50 用于纯粹流通费用的支出，这样，总资本的支出就是：900 产业资本＋150 商业资本，共为 1050 的资本，以 180 的剩余价值来进行平均分配，则平均利润率为：$\frac{180}{1050}=17\frac{1}{7}$％。这时，“产业资本家按照 $900+154\frac{2}{7}=1054\frac{2}{7}$ 的价格把商品卖给商人，商人再按照 1130 的价格（即 1080＋50 的费用，这是他必须再收回的）把商品卖掉”。由此可见，纯粹流通费用是商业资本家预付出的资本，并通过参加平均利润率的形成，在商品售卖价格中，实现它所获取的利润的。这就是马克思关于纯粹流通费用上的资本如何取得利润的回答。

必须注意，马克思在第 326 页第 1 段所作的例证中，并没有扣除纯粹流通费用本身的补偿部分，所以平均利润率由原来的 18%只降为 $17\frac{1}{7}\%$。实际上，纯粹流通费用 50，应从剩余价值 180 中扣除。因为在商品价值 c+v+m 中，c+v 是补偿生产的不变资本与可变资本，纯粹流通费用只能从 m 中得到补偿。至于纯粹流通费用所取得利润，也必须是平均利润。因此，实际平均利润率应是：$\frac{180-50}{900+100+50}=\frac{130}{1050}=$ 12.38%。这样，产业资本家卖给商业资本家的商品价格应该是：900+111.43=1011.43，商业资本家再按照 1011.43+18.57+50=1080 的价格卖给消费者。这样，商业资本家仍然是按照价值来出售商品，商业利润、纯粹流通费用和它的利润，也都得到了实现和补偿。

纯粹流通费用中相当于可变资本部分的补偿，以及它如何取得利润的问题

接着，马克思着重研究了，纯粹流通费用中相当于可变资本部分的补偿，以及它如何取得利润的问题。

首先，马克思从分析商业雇佣工人的特点入手，说明为什么要雇佣商业工人，从而论证支出这个相当于可变资本部分的必要性。

第 326 页第 2 段到第 328 页第 1 段，着重分析了商业雇佣工人的特点。马克思指出，商业工人和产业工人有共同点，这就是：他们都是被剥削的雇佣工人，他们都是劳动力的出卖者，这种劳动力的价值，都是由生产和再生产劳动力所必需的生活资料的价值决定的；他们的工资都是由资本家用可变资本来支付；资本家购买劳动力的目的，都是为了取得剩余价值，即为了资本的自行增殖。但是，商业工人和产业工人也有其不同点，这就是：产业工人在生产过程中，是既创造价值，又创造剩余价值的；商业工人在流通领域进行商品买卖活动，是既不创造价值，更不会创造剩余价值的。但是，“产业资本通过直接占有无酬的他人劳动来生产剩余价值”，因而产业工人在生产过程中所创造的价值和剩余价值，并未能得到实现；“商业资本只是由于它的实现价值的职能，才在再生产过程中作为资本执行职能，因而才作为执行职能的资本，从总资本所生产的剩余价值中取得自己的份额”。因此，商业工人虽然不会创造剩余价值，但会为资本家创造占有剩余价值的条件。这样，“商业雇佣工人的无酬劳动，也为商业资本在那个剩余价值中创造出一个份额”，即为商业资本家带来商业利润。

这种在流通过程中为实现价值和剩余价值提供商业利润而支出的纯粹的商业劳动，不管是商业资本家自己来进行，还是由他雇佣商业工人来进行，其作用都是一样的。如果商人的资本很小，只能用他自己的劳动来买卖商品，只能获得少量的商业利润，这时，由于他依靠自己的劳动来获得利润，这种利润收入通常又只相当于熟练工人的工资，他就不能算是商业资本家，只不过是一个依靠自己劳动谋生的小商贩。这些小规模商业的大量存在，“商业资本独立地进行活动的利益，就会大部分丧失掉”。因为商业资本的分散，不仅会增加运输、分类、保管等费用，而且纯粹流通费用也会大大增加。“计算大额数字并不比计算小额数字多花费时间。十次 100 镑的购买所花费的时间，等于**一次**1000镑的购买所花费的时间的十倍。和十个小商人通信时在信件、纸张和邮费方面的支出，等于和**一个**大商人通信时支出的十倍。商业工场内的严格规定的分工，一个人管簿记，另一个人管出纳，第三个人管文书，这个人管买，那个人管卖，另一个人管推销等等，会节省大量劳动时间”。从不变资本方面的支出看，“100 个小事务所的费用比一个大事务所的费用多得无法比拟。100 个小货栈的费用比一个大货栈的费用多得无法比拟”。这就是说，大商业比小商业有许多优越性，可以节省商业资本的支出，减少流通费用，节省商业劳动，加速商品周转。但开办大商业，必须雇佣商业工人，这样就要有一部分商业资本用于相当于可变资本部分的支出（用 b 表示），现在的问题就在于：这部分可变资本如何补偿，以及它如何也取得相应的平均利润?

其次，从第 329 页第 3 段到第 332 页第 2 段，马克思着重分析了这种可变资本的补偿和利润的获得问题。

在第 330 页第 1 段中，马克思指出，这里的困难在于：相当于可变资本的商业工人的工资部分是如何得到补偿的？它是商品价格新的组成部分，还是仅仅是商业资本带来的商业利润的一部分用来补偿的呢？这种补偿，是仅仅补偿它自身的消耗，还是除了补偿它自身消耗外还要取得相应的商业利润呢？

“事实上，问题在于发现 b 的（数学意义上的）界限。”这就是说，要研究这种可变资本数学意义上的界限。为了分析这个问题，马克思是将商业可变资本和商业不变资本进行比较来说明这一点的。

商业资本可以分为三个部分：一是直接投在商品买卖上的资本，暂称为 B；一是作为纯粹流通费用支出时相当于不变资本部分，暂称为 K；一是作为纯粹流通费用支出时相当于可变资本部分，暂称为 b。现在就要进一步分析这三部分资本是如何进行补偿的。

先说 B。“B 的补偿不会造成任何困难。”商业资本家根据商品的生产价格（成本＋产业利润）向产业资本家购买商品，这部分预付资本作为该商品的购买价格，然后把商品卖出去，不仅补偿预付资本，而且取得利润。例如，商业资本家以 100 元向产业资本家购买商品，然后把商品按 110 元卖出，不仅收回预付的资本 100 元，而且还取得 10 元的利润。可见，这部分资本的补偿和利润的获得是显而易见的。

再说 K。这是商业预付资本用于纯粹流通费用中相当于不变资本的部分，如用于事务所、纸张、簿记之类的费用。这一部分，不管是由商人独立经营，还是由产业资本家自己经营商品买卖，都是要支出的，“这部分不变资本会形成生产者在生产上直接使用的不变资本的一种追加”，这就是说，它同生产过程中的不变资本的性质一样，是要追加到商品中去的。如果它是属于流动资本的范围，就一次全部追加到商品中去。如果它是属于固定资本，就逐渐地部分地把价值转移到商品中去。那么，它如何补偿呢？也就是说，商业资本家通过什么渠道把这部分资本收回呢？马克思指出：“但无论如何，这个部分总是必须不断由商品的价格得到补偿”。问题在于：怎样由商品价格来得到补偿呢？这和以前所说的纯粹流通费用由剩余价值来补偿是否矛盾呢？流通领域不创造价值和剩余价值，纯粹流通费用只能由生产领域中创造的商品价值来补偿。我们知道，商品价值分为 c＋v＋m 三个部分，c 是补偿生产中消耗的生产资料，v 是补偿生产中支付给工人的工资，只有 m 部分作为利润形式表现出来，因而纯粹流通费用只能从 m 中得到补偿。从整个资本家阶级看，一切纯粹流通费用都是虚费，都必须从剩余价值中取得补偿。这指的是补偿来源问题。从个别资本家来看，他会把纯粹流通费用加在商品的价格上，通过商品出售价格而取得补偿。这指的是补偿形式问题。上述二者是一致的，不矛盾的。前面说过，总剩余价值除以预付总资本，等于平均利润率，但由于商业资本加入之故，一方面，在总剩余价值方面，要减去纯粹流通费用；另一方面，在总资本方面，要包括产业资本和商业资本，在商业资本中，既要包括用于商品买卖的资本部分（即 B），又要包括用于纯粹流通费用（即 K＋b）。这样，产业资本家按成本加产业利润的价格卖给商业资本家，商业资本家再按上述价格加预付的纯粹流通费用，再加全部商业资本所取得的商业利润（即 B 的利润、K 的利润、b 的利润），再出售给消费者。这样，纯粹流通费用加在商品的购买价格上，并通过商品的售出而取回。这就是说，纯粹流通费用的补偿来源是剩余价值；它的补偿形式是购买价格上的加价。[①]

投在纯粹流通费用上的不变资本部分，和投在生产上的不变资本一样，会对利润率起限制作用。在剩余价值量不变的情况下，如果不变资本多了，它和剩余价值的比率（利润率）就会降低；相反，不变资本少了，利润率就会提高。由于商业资本独立化，必须投入这部分资本，商业资本家，第一，必须得到这种不变资本的补偿，第二，他还要取得利润，因此，“二者都会使产业资本家的利润减少”，使平均利润率降低。但这部分资本如果不是由商业资本家投入，而是由兼营商业的产业资本家投入，其数额就会更多，从而产业利润率的下降也就会更多，这是“由于与分工相连的集中和节约，利润的减少，比在产业资本家必须亲自预付这种资本的情况下要小。利润率的减少比较小，因为这样预付的资本比较小”。

如以 K 的补偿和 B 的补偿相比，还有一点不同。B 通过购买和出售商品，取得利润，它除了把利润加进价格外，不会加进任何东西。K 的补偿则不然，它除了把利润加进价格外，“而且会把 K 本身加到这个价格中去”。

---

① 关于纯粹流通费用中相当于不变资本部分的补偿问题，中国学术界在 1957 年前后曾进行了一次讨论。上述解释，只是一种看法，并非定论，学术界对此还是有争议，需要进一步深入探讨。

再说 b。这是真正的困难所在。这种用于纯粹流通费用中支付商业工人工资的资本，由于它所购买的只是商业劳动，只能实现价值，不能创造价值；又因为它是必要劳动，为商业资本家经营商品买卖，实现价值和剩余价值，必须领取劳动报酬，而支付这部分资本的商业资本家，也必须由此带来平均利润，这样，在商品的出售价格中，不仅要把 b 加进去，还要把 b 的利润加进去，这就是说，b 和 b 的利润，要采取商业利润的形式，从商品的售卖价格中得到补偿。为简便起见，假设 K＝0，B 为 100，B 的利润为 10，b 为 10，b 的利润为 1，这样，商人把商品卖给消费者的价格为：B＋p＋b＋p＝100＋10＋10＋1＝121，这就是：商人以 100 的价格，向产业资本家购进商品，然后以 121 的价格出卖给消费者。在其中加价的 21 中，10 为 B 的利润，10 为 b 的补偿，1 为 b 的利润。总之，b 和 b 的利润，都要采取商业利润的形式，从商品的售卖价格中得到补偿。说它们采取商业利润形式，是指商业利润扣除 b 本身后，还必须和同量的产业资本获取相等的利润。说它们从商品的售卖价格中得到补偿，因为补偿它们的来源，不过是产业资本家取得的剩余价值的一部分而已。

上述 b 的补偿，和 K 的补偿基本一致，即：它们都是来源于产业工人所创造的剩余价值，都是通过商品的售卖价格而得到补偿的。因此，如果只说纯粹流通费用是由剩余价值来补偿，或者只说由商品出售价格来补偿，都是片面的、不完整的，前者是补偿的来源问题，后者是补偿的形式问题，两者是辩证的统一。

再次，第 332 页第 3 段到第 334 页第 1 段，马克思又指出，上述这种可变资本的补偿形式，是由于它在总生产过程中所引起的作用决定的。

商业资本不是别的东西，只是商品资本的转化、在流通领域里独立执行职能的资本而已。如果没有商业资本从事商品的买卖，这项工作必须由产业资本家自己来做，为此，产业资本家会比商业资本家要预付出更多的资本。如果产业资本家预付这些资本（不管是 B、是 K 还是 b），都要取得相应的平均利润。产业资本家把这部分工作让给商业资本家独立地去经营，同样地，付出这部分资本，不仅要取得补偿，而且也要取得平均利润。这部分商业资本同生产资本不同。生产资本越多，使用的劳动量越多，创造的剩余价值也越多，利润率就越大；如果商业资本支出越多，实现的剩余价值越多，但由于它不创造价值和剩余价值，必然会使平均利润率降低越大，因此，就必须把这部分商业资本限制在必要的范围内。我们把 B、K 暂置不论，只就商业可变资本、即 b 而言，它的必要量是怎样决定的呢？就问题的实质来说，“一种只是起中介活动作用的劳动”（商业劳动只是实现商品价值的劳动），其劳动量大小，“取决于已经生产的和待实现的价值的量”，即取决于生产出来投入市场进行交易的商品价值量。显然，市场上交易的商品量越多，价值量越大，需要投入的商业劳动也就越多；反之，则相反。这种投入的商业劳动是实现商品价值所必要的、不可少的，但它又是不能创造价值的，因此，为这部分劳动而支付的可变资本，只能从产业资本家所剥削的剩余价值中去扣除。在产业资本家直接经营商业时是如此，如果由商业资本家独立经营时也是如此。但是，由于商业资本的独立经营，和产业资本家经营商业相比，会减少商业资本的支出，从而使利润量增加和利润率提高。正是因为商业资本家在总生产过程中有这样的作用，才能和产业资本家共同瓜分剩余价值，不仅从其中补偿可变资本，而且还要能够取得由支付这种可变资本而带来的平均利润。

最后，在第 334 页第 2 段中，马克思进一步分析了商业工人所受剥削的特点。

商业工人的劳动虽然不能创造价值和剩余价值，但能够实现价值和剩余价值，使商业资本由此发挥作用，从而取得商业利润。商业工人的工资，同产业工人的工资一样，都是由劳动力的价值决定的，也就是由劳动力的生产和再生产所需要的生活资料的价值决定的。同产业工人的劳动力的使用一样，商业工人的劳动力的使用，是不会受劳动力价值的限制的，“他的工资并不与他帮助资本家实现的利润量保持任何必要的比例。资本家为他支出的费用，和他带给资本家的利益，是不同的量”。假设商业工人每天劳动 10 小时，可以使商业资本家分得 10 元的商业利润。但他每天的工资只有 5 元，这就是说，他每天只要劳动 5 小时，就可补偿作为工资付给他的可变资本，另外 5 元，就是他的劳动为商业资本家带来的利润，可见商业工人的劳动时间也分为有酬劳动和无酬劳动两部分。在有酬劳动时间内，由于它实现剩余价值而带来的商业利润，用以补偿商业资本家的可变资本；在无酬劳动时间内，由于它实现剩余价值而带来的商业利润，则为商业资本家无偿占有。从商业工人被商业资本家剥削的特点来看，“他给资本家带来利益，不是因为他直接创造了剩余价值，而是因为他在完成劳动——一部分是无酬劳动——的时候，帮助资本家减少了实现剩余价值的费用”，由此使商业资本家取得商业利润。可见，商业资本剥削的实质就在于：商业资本家依靠商业工人的无酬劳动而占有产业资本家让渡给他的那一部分剩余价值。这样，商业资本家不仅剥削了商业工人，而且还剥削了产业工人。

随着资本主义的发展，商业工人的工资有下降的趋势。这是因为：第一，真正的商业劳动，是属于报酬较高的熟练劳动，但由于资本主义的发展，商业内部的劳动分工越来越细，越来越片面，使它成为简单劳动。第二，随着科学教育的发展，使商业知识越来越普遍化，越来越普及，越来越便宜地再生产出来。第三，由于上述两点原因，能够从事商业工作的人越来越多，供过于求，这就加强了商业工人之间的竞争，从而使他们的工资下降。总之，随着资本主义的发展，“他们的劳动能力提高了，但是他们的工资下降了”。

对于这种商业工人的劳动，还须注意如下两点：

第一，“这种劳动的增加，总是剩余价值增加的结果，而决不是剩余价值增加的原因。”这就是说，商业劳动的增加，只是因为生产领域中的剩余价值增加了，有大量的产品需要商业劳动进行买卖经营，所以，生产的商品越多，生产的剩余价值越多，需要实现的剩余价值也越多，需要经营商品买卖的商业劳动也就越多。但由于商业劳动不能创造剩余价值，只是实现剩余价值，所以它决不能成为剩余价值增加的原因。

第二，商业劳动，对产业资本来说，是非生产劳动；对商业资本来说，是一种直接的生产劳动。为什么呢？从产业资本方面看，只有生产过程才能创造价值和剩余价值，流通过程只是实现价值和剩余价值，从资本主义角度出发，只有生产剩余价值的劳动才是生产劳动，流通领域的劳动不创造剩余价值，当然是非生产劳动，因而“流通费用表现为并且确实是非生产费用”。从商业资本方面看，虽然商业劳动不能创造剩余价值，但因为它能实现价值和剩余价值，从而给商业资本家带来商业利润。从商业劳动能够给商业资本家带来商业利润的角度出发，“流通费用表现为他的利润的源泉”，商业劳动是带来商业利润的劳动，“也是一种直接的生产劳动”。当然，这里所说的生产劳动应当在类似的意义上理解，不能在绝对的意义上理解。也就是说，这种生产劳动不能理解为也是创造剩余价值的劳动，而应该理解为同创造剩余价值的生产劳动一样，同样起着带来剩余价值或利润的作用。

■ 第一，本章突出地运用抽象分析方法。首先撇开纯粹流通费用，仅仅从对经营商品买卖的商业资本的分析中，研究商业利润的来源，从而揭示，商业利润不过是来源于产业工人所创造的一部分剩余价值而已。这是对商业利润源泉的一般分析。然后再研究用于纯粹流通费用部分的商业资本，不管是相当于不变资本部分，还是相当于可变资本部分，这种资本本身是如何得到补偿的，它们又是如何参加利润率平均化，从而带来平均的商业利润的，以及这些资本本身的补偿和利润的获得，如何通过商品的售卖价格，具体地实现的（这就是要实现 B、B 的利润、K、K 的利润、b、b 的利润，即 B＋p＋K＋p＋b＋p）。商业资本，无非由 B＋K＋b所组成，商业利润也无非是由 Bp＋Kp＋bp 所组成。至此，生产价格、平均利润都取得新的形式（实际生产价格＝成本＋产业平均利润＋商业平均利润；平均利润率等于产业资本加商业资本的社会总资本，对剩余价值减去纯粹流通费用部分以后的比率）。商人对商品的购买价格和出售价格也具有新的内容（按成本＋产业利润的生产价格购买商品，加上纯粹流通费用再加上 Bp＋Kp＋bp 等商业利润所形成的价格出售）。这种由一般到特殊、由简单到复杂、由抽象到具体的分析，对商业资本的不同部分如何带来商业利润，分层次地进行研究，从而揭示商业资本和商业利润的真正秘密，这就使资本主义经济关系这个复杂的侧面，清晰而深刻地呈现在人们的面前。

第二，有人说，商业工人的工资由产业工人所创造的剩余价值来补偿，不是商业工人也剥削产业工人吗？这是对事物本质的歪曲。所谓剥削，指的是剥削别人的劳动，即剩余劳动或必要劳动的一部分。产业工人的劳动创造剩余价值，商业工人的劳动实现剩余价值，这是他们的不同方面，但他们的劳动都要划分为必要劳动和剩余劳动、有酬劳动和无酬劳动，他们在必要劳动和有酬劳动时间内，不管是产业工人创造的价值也好，还是商业工人因实现剩余价值而带来的利润用以补偿相当于可变资本部分的支出也好，都是作为工资，作为劳动力价值费用的补偿部分；至于在剩余劳动和无酬劳动时间里，产业工人则生产着剩余价值，商业工人则实现剩余价值为商业资本家带来商业利润，他们都是受资本家的剥削，前者既受产业资本家的直接剥削，同时也受商业资本家的剥削，后者直接受商业资本家的剥削；他们都是以出卖劳动力为生的雇佣劳动者，都是被剥削者，怎能说成是商业工人剥削产业工人呢？马克思所揭示的商业利润来源于产业工人所创造的剩余价值的秘密，正是在产业利润和商业利润的不同形式上，进一步分析了利润率的平均化，说明了整个资本家阶级，不管是产业资本家还是商业资本家，都是剩余价值的剥削者、占有者；而广大劳动者，不管是产业工人还是商业工人，都是受产业资本家和商业资本家剥削的被剥削者。这是资本主义经济关系的本质。我们切勿为资本主义的经济现象所迷惑，而对事物本质产生错误认识。

第十八章
商人资本的周转。价格

上章研究了商业资本如何参加平均利润率的形成，如何把产业资本所获取的一部分剩余价值，表现为由商业资本所带来的商业利润。本章在上章研究的基础上，进一步研究：这种商业利润如何分摊在各个商品上，通过商品的售卖价格而实现。这个问题，又是由商业资本周转的速度决定的。商业资本周转越快，分摊到每个商品上的商业利润就越小；反之，商业资本周转越慢，分摊到每个商品上的商业利润就越大。所以，本章着重研究，商业资本周转速度对商品价格的影响。

上章指出，商业资本可分为B、K、b三个部分，为了研究方便起见，本章假定把用于纯粹流通费用的商业资本部分（K、b）暂时抽象掉，着重研究B的周转对商品价格的影响。这种抽象是完全可以的，因为K、b的加入，仅仅是个计算问题，对问题的实质不会发生任何影响。

（一）商人资本周转的特点和作用

商人资本周转的特点

商人资本的周转，有它自己的特点，这就是：

第一，商人资本的周转和产业资本的周转不同。产业资本的周转是包括整个生产过程的，既包括直接生产过程，也包括流通过程，是生产过程和流通过程的统一。相反，商人资本的周转只代表产业资本运动的一个阶段，即由W′—G′，由商品资本转化为货币资本的阶段。但商人资本把这个商品资本流通阶段独立化了，使其成为一种特殊的资本，专门执行流通领域的由出发点到复归点的独立运动。

本来，商品资本转化为货币资本，只是由 W′—G′的一个阶段，商业资本独立化后，先是买，由 G—W，后是卖，由 W—G′，这样不断地反复进行，永远处于流通领域，它的周转时间仅仅由流通时间构成。但是，这种流通，在形式的变换上，与产业资本的运动也是不同的。产业资本家把生产的商品卖出去，取得货币，然后再以货币购买生产要素，这就是：W_1—G—W_2。W_1 是生产出来的商品；W_2 是购买的生产要素$<\begin{matrix}Pm\\A\end{matrix}$。“这实际上是 W_1 和 W_2 相交换”。在这里，同一货币换位两次，货币在不同商品（W_1 和 W_2）的交换中起中介作用。对商业资本来说，G—W—G′，先买后卖，买卖的都是同一种商品，商品起着中介作用。假定有商业资本 100，只要它从 G—W，再从 W—G′，商业资本就周转一次。商业资本在一年中的周转次数，就是由商业资本在一年中由 G—W—G′反复运动的次数来计算的。

第二，商人资本的周转和货币充当流通手段的运动相比，既有相似点，也有区别点。从相似点来说，“一定量商人资本的周转次数，在这里和货币作为单纯流通手段的流通的反复，十分相似”。例如，某一货币流通十次，能使十次的商品进行交易，从而实现十倍的商品价值；同样，商人资本周转十次，也就是买卖行为完成了十次，也实现了十倍于它的商品价值。从实质上看，它们之间还是有区别的。这种区别表现为：当货币作为流通手段时，只是作为交换的媒介物，从这个人手中再转到另一个人手中，“因此流通货币量由流通速度来弥补”，这就是说，流通中所需要的货币量，除待实现的商品价格总额外，就取决于货币流通速度，流通速度成为决定流通中所需要的货币量的一个因素。但是，尽管这些货币反复不断地进行流通，绝不会有任何增加额，即绝不会由货币带来更多的货币。相反，商人资本的周转，不仅是一个单纯买卖商品的活动，而且通过这种活动，使原资本价值再加上商业利润不断流回到商业资本家手中，即预付的货币，通过流通，起着增殖剩余价值的作用，“从流通中取出的货币总是比投入流通的货币多”，也就是说，通过商品买卖活动，使货币起着带来剩余价值或商业利润的作用，“这就是它的周转作为资本的周转所具有的特征”。

第三，商人资本的周转，受着生产和消费的限制。从表面上看，商人资本的周转，只表示着买和卖的反复行为，是完全独立的，但它也受着生产和消费的限制。从生产方面看，产业资本的周转必然受到生产时间的限制，生产时间越是短，产业资本的周转就越是快，生产时间的长短是直接决定产业资本周转的内部因素。现在，对商人资本的周转来说，这个决定产业资本周转的内部因素，却成为决定商业资本周转的外部条件了。这是因为：该商品的生产时间越是长，给市场提供商品量的时间越是长，商业资本周转也就越是长；反之，生产该商品的时间越是短，给市场提供商品量的时间越是快，商业资本周转也就会快。可见，产业资本的生产时间，是商业资本周转的第一个界限。此外，商品生产出来以后，是要卖出去的，有些商品要进入生产消费，有些商品要进入个人消费。把生产消费暂置不论，商业资本家必须把买来的商品不断地卖给个人消费者，才能不断地继续地进行商品经营，因此，个人消费的速度和范围，直接影响着商业资本的周转，这是商业资本周转的第二个界限。为什么商业资本周转要受生产和消费的限制呢？这是因为：商业资本不外是商品资本的独立化，而商品资本的运动，即 W′—G′，不过是把生产的商品卖给消费者，对生产和消费起着中间环节的作用。所以，商业资本的周转，一方面，它要购买商品，这就依赖于生产，另一方面，它要出卖商品，这就依赖于消费，所以生产和消费这两极，就成为商业资本周转的两个界限。可见，商业资本的周转，是既不能离开生产，也不能离开消费的。

商人资本的独立化加深了生产和消费之间的矛盾，促进了经济危机的爆发

由于商品性质造成了 W—G 和 G—W，即买和卖的分离，随着商业资本的周转，“会创造一种虚假的需求”。这是因为：第一，商人把商品买来，产业资本家的商品资本就转化为货币，他们可以购买生产要素，继续进行再生产，这就缩短了产业资本家的流通时间。实际上，这些商品并未真正卖出，只是转移到商人手中。如果该商品已不为社会所需要，卖不出去，商人会把它们堆放在仓库里，但产业资本家并未发觉，仍然盲目地继续进行再生产。第二，由于信用制度的发展，商人堆放在仓库的商品虽然卖不出去，但仍可以通过信用，贷入货币，作为资本，继续进货，这就又扩大了虚假的需求。“由于商人资本的独立化，它的运动在一定界限内就不受再生产过程的限制，因此，甚至还会驱使再生产过程越出它的各种限制”。这就是说，由于信用的发展，商人资本支配着社会总资本的一个很大部分，可以在商品还未卖出时继续进行购买，从而促使生产的继续和扩大，这样，商业资本不仅不受生产过程的限制，而且使再生产过程继续进行，不受已有商品过剩的限制，这就是，连再生产过程本身的限制也被它冲破了。“内部的依赖性和外部的独立性会使商人资本达到这样一点：内部联系要通过暴力即通过一次危机来恢复。”所谓“内部的依赖性”，就是说，商业资本的运动，本来就是产业资本运动的一个阶段，即商品资本运动阶段，只不过是独立化为商业资本而已，所以商业资本的运动，仍然要依赖于生产阶段的资本运动。所谓，“外部的独立性”，就是说，由于商业资本独立化，成为独特的资本，它就能和产业资本的再生产过程相独立而进行运动。这种“内部的依赖性”和“外部的独立性”的矛盾，发展到一定程度，就会使生产和消费之间的矛盾激化，就要爆发生产过剩的经济危机。

危机，首先不是发生在零售商业中，而是从批发商业和银行业中首先爆发出来的。在繁荣时期，银行大量放款，批发商大量贷款，购进商品，助长了产业资本家盲目发展生产，从而出现了生产过剩现象。一旦商品滞销，零售商不向批发商进货，批发商的商品卖不出去，银行贷款到期，无法支付，这就要强制批发商进行拍卖，使他们破产、倒闭，由于个别批发商到期不能支付，又直接影响到银行和工业，这就爆发经济危机，一下子就结束了表面上的虚假繁荣。

必须注意，马克思在第 340 页所说的，“一旦那些把货物运销远处(或存货在国内堆积起来）的商人的资本回流如此缓慢，数量如此之少，以致银行催收贷款，或者为购买商品而开出的汇票在商品再卖出去以前已经到期，危机就会发生”。这是指危机的爆发点，并不是指产生危机的根本原因。危机的真正原因在于资本主义生产方式的内在矛盾。商业资本的运动只是加深了这种矛盾，促进了危机的爆发。

还须注意，马克思在同页指出的，不变资本和不变资本之间的流通，虽然不加入个人消费，“但是它最终要受个人消费的限制，因为不变资本的生产，从来不是为了不变资本本身而进行的，而只是因为那些生产个人消费品的生产部门需要更多的不变资本”。这说明了个人消费对再生产过程的制约作用。如果没有个人消费，消费资料生产部门的资本循环和周转就会发生困难，为消费资料生产而提供生产资料（如为织布厂而生产织布机）的部门的生产，就难以继续进行，这样连锁反应下去，第Ⅰ部类的流通也将受到阻碍，社会再生产就要受到严重的破坏。可见，个人消费对消费品和生产资料的生产有着密切关系。

商人资本周转对生产资本周转和商品形态变化的作用

商人资本的周转，除了对经济危机的爆发起促进作用外，它还会对不同生产部门的产业资本的周转起中介作用。如果商人从纺纱厂资本家那里把棉纱买来，再卖给织布厂资本家，商人资本的 G—W—G′的一次周转，即表现了两个不同产业资本的两个相反阶段，这就是：从纺纱厂资本家出卖棉纱来说，是 W′—G′的过程，从织布厂资本家购买棉纱来说，是 G—W 的过程。通过周转，商业资本在不同产业资本家之间起 W′—G′和 G—W 的中介作用。

（二）商人资本周转的速度对商品价格的影响

生产价格和平均利润率，是商品出售价格的两个界限

研究了商人资本周转的特点和作用以后，现在就进一步研究商人资本周转的速度对商品出售价格的影响。

为了更纯粹地研究问题，马克思假定，用于纯粹流通费用上面的商业资本及由它带来的商业利润，即 K 和 K 的利润撇开不说，[①] 只考察用于经营商品买卖上的资本的周转及其利润（即 B 和 B 的利润），对商品出售价格的影响。

马克思指出，某种商品出售价格的大小，不是由商人的主观意志任意规定，而是由客观存在的生产价格和平均利润率水平所决定的。例如，1 磅糖的生产价格（成本加产业利润）是 1 元，平均利润率为 15%，商人以 100 元购买 100 磅糖以后，加上 15 元的商业平均利润再出卖，这样，

① 在这里，撇开纯粹流通费用的商业资本，应该包括 K 和 b（K 是指纯粹流通费用中相当于不变资本部分，b 是指其中相当于可变资本部分），同时还应包括 K 的利润和 b 的利润。

100 磅糖的出售价格为 115 元。可见，每磅糖的价格不是由商人任意规定的，而是由生产价格加商业平均利润所决定的。如果 1 磅糖的生产价格只是 4 角，平均利润率仍为 15%，商业资本家仍然以 100 元的商业资本买糖，100 元资本可买糖 250 磅，把 15 元的商业平均利润分摊到 250 磅的糖上，每磅糖的平均商业利润为 6 分，则 1 磅糖的出售价格就是 4 角+6 分=4 角 6 分。在这里，生产价格的高低，对利润率没有任何意义（仍然是 15%），“但是，对每磅砂糖的出售价格中构成商业利润的部分的大小，也就是说，对商人在一定量商品（产品）上的加价的多少，却有很大的、决定性的意义”。这就是说，如果 100 商业资本只买较少的商品（如 100 磅糖），单位商品中（如每磅糖中）所包含的商业利润就较多（每磅 1 角 5 分），因为 15 元的平均利润分摊在这些较少（100 磅）的商品中。反之，如果 100 商业资本可买较多的商品（如 250 磅糖），单位商品中所包含的商业利润就较少（每磅糖只包含 6 分），因为这时，15 元的平均利润分摊到较多（250 磅）的商品中。可见，生产价格的大小对平均利润率不发生影响，但对单位商品的出售价格有决定性的影响。因为它决定着把一定利润率所规定的利润量，分摊到多少商品中，从而决定着该商品的出售价格。马克思指出，商品的出售价格有两个界限，“一方面是商品的生产价格”，“另一方面是平均利润率”，二者都是客观存在的，都不是商人的主观愿望所能决定的。商人所能决定的，只是他愿意经营什么商品，是经营便宜商品，还是经营价格昂贵的商品而已。

有人认为，就单个商品的价格来说，是薄利多销，还是厚利少销，完全取决于商人自己。这种看法是错误的。商品的生产价格和平均利润率，归根到底都是由商品的价值决定的。“商人怎么干，完全取决于资本主义生产方式的发展程度，而不是取决于商人的愿望”。但是，上述错误看法为什么能流行，为什么还有人相信呢？这主要是由于下述原因：第一，由于竞争，一些商人为打败他的对手，往往降低价格，廉价销售商品，这就造成一个假象，好像商品出售价格是由商人随意决定的。其实，这种假象并不能说明商品价格的决定问题，它只是说明商业利润在单个资本家之间分配多少的问题。第二，由于资产阶级庸俗经济学家的宣传，例如罗雪尔就胡说什么，商品的价格是由商人的“明智和人道”决定的，而不是由社会必要劳动时间所规定的商品价值决定的。第三，由于供求关系的变动，引起商品价格的变动，往往使人们误认为，商品价格的涨落可以由商人的主观意志所决定。第四，由于个别商人采取加速商品经营资本周转的办法，来弥补其低价出售商品的损失。以上四点，都“和商人本身之间的竞争有关”，就是说，商品出售价格由商人主观意志所决定的观点，是由竞争所造成的假象产生的。

实际上，商品价格是由商品价值决定的。商品价格的高低，和一定量资本所生产的剩余价值量无关，和剩余价值率也无关。一定量的商业利润，虽然可以分摊在较多或较少商品上，引起出售价格的变化，这是由利润率平均化所引起的结果，但不会影响商品的价值。“对商业的出售价格来说，生产价格现在只是一个既定的外部的前提。”

商人资本周转对利润率的影响

既然商品的出售价格是由生产价格和平均利润率客观地决定的，那么，商人资本周转的速度，对平均利润率和这种出售价格有没有什么影响呢？有的。现在先研究商人资本周转对平均利润率的影响问题。

首先要肯定，商人资本在一年内的平均周转次数是可以计算的。尽管在不同商业部门，商人资本周转的时间有长有短，它在一年间周转的次数也就有多有少；尽管同一商业部门，在繁荣时期，商品很快卖出去，在危机时期，商品卖不出去，因而商人资本周转的时间也有长有短，周转的速度有快有慢，但总的来说，根据经验还是可以计算出年平均的周转次数的。

商人资本的年平均周转次数确定以后，就要来看看：商人资本周转对平均利润率的影响。马克思指出，“商人资本的周转不同于产业资本的周转”，因而，商人资本周转对平均利润率的影响，和产业资本周转对平均利润率的影响，也是不同的。这表现为：

就产业资本来说，它的周转时间是由生产时间和流通时间组成的，在生产时间内生产商品，这既决定着投入市场的商品量，又创造出价值和剩余价值。在流通时间内，仅仅实现价值和剩余价值。流通时间越长，投入流通领域的资本越多，相对地说，使用于生产领域的资本就越少，从而生产出的剩余价值也越少，所以流通时间对剩余价值的生产客观上起着限制作用。既然产业资本的周转时间是由生产时间和流通时间组成的，如果流通时间缩短，产业资本的周转也就加快，多周转一次就多生产一次剩余价值，因而剩余价值就较多。平均利润率是由剩余价值量和预付总资本的比率决定，如果预付总资本不变，剩余价值量增加，平均利润率就会提高。所以，由产业资本周转加快，引起剩余价值量和利润量增加，就会直接引起平均利润率的提高。

从商人资本来看，就不是这样。商人资本是不创造价值和剩余价值的，只是按照自己在总资本中所占的份额，来参加决定利润率的平均化。所以商人资本周转次数的多少，不会使总剩余价值量或总利润量直接发生变化，因而它对利润率的影响不是直接的，但也会产生间接的影响。为什么呢？

首先，“对商人资本来说，平均利润率是一个已定的量”。这是因为，总商业资本只是社会总资本的一部分。总资本与总利润相比，形成平均利润率。这一部分商业资本，按已经形成的平均利润率取得相应的商业利润。所以，商业利润是商业资本参加社会总资本与总利润量相比时就已确定了的。商人资本和产业资本一样，根据它的数量，按照平均利润率而取得商业利润。

其次，商业资本量在社会总资本中所占的比重，关系着平均利润率的高低。在社会总资本已定的情况下，在其他条件不变的情况下，产业资本在社会总资本中所占比重较大，商业资本所占比重较小，平均利润率就会较高。因为产业资本多了，创造的剩余价值多了，利润量多了，因而利润率就会高。相反，如果在社会总资本中，产业资本所占比重较小，商业资本所占比重较大，生产的剩余价值量就会相对地较少，平均利润率就会降低。这说明：商业资本在社会总资本中所占的比重，对平均利润率的形成是有影响的。例如，假设社会总资本为 100000，产业资本为90000，商业资本为 10000，产业资本中用于可变资本部分为$\frac{1}{10}$，即 9000，m'为 100%，可带来 9000 剩余价值或利润，以总资本 100000 与剩余价值 9000 相比，可得 9%的平均利润率。如果商业资本在社会总资本所占比重不是$\frac{1}{10}$，而是$\frac{2}{10}$，即 20000，产业资本只是 80000，仍以其$\frac{1}{10}$用于可变资本，即 8000，生产出 8000 的剩余价值，现在以 100000 社会总资本与 8000 剩余价值相比，平均利润即下降为 8%。可见，商业资本虽不创造剩余价值，但由于参与平均利润率的形成，也会影响到平均利润率。

最后，商业资本周转的快慢，既决定着商业资本本身的绝对量，从而也就决定着它在社会总资本中所占的比例，即它的相对量。商业资本周转快慢，虽然不能直接创造剩余价值，但在流通中的商品量已定的情况下，如果商业资本周转较快，需要的商业资本就较少；反之，如果商业资本周转较慢，需要的商业资本就较多。假设流通中需要交易的商品总额为 9 万元，如果商业资本一年周转 9 次，有 1 万元商业资本就可以了；如果商业资本一年只周转 3 次，就需要 3 万元的商业资本；如果一年周转 18 次，所需要的商业资本就只有 5000 元。“因为很清楚，必要的商人资本的绝对量和它的周转速度成反比”。商人资本周转的快慢，决定着商人资本的绝对量，即决定着商人资本本身的量。由于这个绝对量又要纳入社会总资本中，和产业资本各占一定比例，在社会总资本量已定的情况下，商业资本的绝对量越多，所占比重越大，相对量就越大。反之，商业资本的绝对量越少，所占比重越小，相对量也越小。前面说过，商业资本在社会总资本中所占的比重，影响着平均利润率的高低，因此，商业资本周转的快慢，虽然不能直接创造剩余价值和增加利润量，不能直接影响平均利润率的高低。但由于它的周转速度决定着商业资本的绝对量，决定着商业资本在社会总资本中的比重，从而间接地影响平均利润率。由此可见，产业资本周转对平均利润率的影响是直接的，商业资本周转对平均利润率的影响是间接的，它们之间是不同的。

随着资本主义的发展，商业资本的量是增加呢，还是减少呢？马克思指出：“同以前的状况相比，发达的资本主义生产方式会对商人资本产生双重影响”。一方面，由于交通、运输工具和信用制度的发展，商品的再生产过程加快了，商品流转的时间缩短了，因而，“商人资本对产业资本的比率将会缩小”，就是说，商人资本的相对量缩小了。另一方面，由于资本主义发展，使一切产品都成为商品，商品的范围、规模、数量都大大增加，需要交换的商品量增多了，这就要求商业资本的绝对量也增加。这种增加表现为以下三方面。第一，在资本主义以前的生产方式中，作为商品进入市场交换的，只是总产品中的一小部分，这样小量流通的商品只需要小量的商业资本，所以绝对地说，那时商人资本的量是较小的。但是，“相对地说，它同时又较大”。这是因为，那时的商人资本周转慢，和周转的商品量相比，所需要的商人资本量则较大；由于那时劳动生产率低，单位商品中的价值量大，商品价格也高，因而所需商人资本量也较大。从资本主义商人资本的情况看，它的绝对量，与以前相比，是较大的；但如以商人资本量和它所运转的商品量相比，相对地说，则较小，也就是说，由于商人资本周转加速之故，一定量资本所推动的商品量，和以前相比，却增多了。第二，由于资本主义社会里，商品的范围和数量大大增加，“结果，不仅商人资本的量会增加；而且投在流通中的一切资本，例如投在航运、铁路、电报等等上面的资本都会增加”。第三，随着资本主义发展，商人资本越来越容易挤进零售商业，“随着投机的发展，随着游离资本的过剩，不执行职能或半执行职能的商人资本会增加”。总之，资本主义商人资本的发展趋势是：它在社会总资本中所占的比重，即相对量会减少，但它的绝对量却会增加。

商人资本周转对商品售卖价格的影响

在研究了商人资本周转对平均利润率的影响之后，现在再来研究商人资本周转对商品售卖价格的影响。

首先，要弄清楚商人资本周转的快慢同商品出售价格的关系。我们假定，商人资本在社会总资本中的相对量是已定的（如占$\frac{1}{10}$，$\frac{2}{10}$之类），商人资本的绝对量也是已定的，那么不同商人资本周转的差别，既不会影响利润量，也不会影响利润率，但是，却能影响商品的出售价格。为什么呢？这是因为：“商人的利润，不是由他所周转的商品资本的量决定的，而是由他为了对这种周转起中介作用而预付的货币资本的量决定的。”这就是说，商业利润不是由交换中商品资本的量，或商品的数量所决定，而是由商人资本的预付资本量所决定的。如果在一年之内，预付了一定量商人资本，它就会和产业资本一样，按一定比例取得平均的商业利润。如果商业资本为 100，平均利润率为 15%，它的商业利润应是 15 元。尽管不同商人资本周转的快慢不同，每年都只能取得 15 元的商业利润。但商品的出售价格，却因周转快慢的不同而不同。例如：商业资本 100 元，一年周转一次，买卖商品 100 件，平均利润率 15%，商品的出售价格应是 115 元，分摊在 100 件商品上，则每件商品的价格应为 1.15 元。如果该商人资本一年周转两次，可买卖商品 200 件，这就要把 15 元的商业利润分摊到 200 件商品上，每件商品的出售价格应为 1 元＋0.075 元＝1.075 元。如果该商人资本一年周转五次，可买卖商品 500 件，就要把 15 元的商业利润分摊到 500 件商品上，每件商品的出售价格，只能加商业利润三分，1 元＋0.03 元＝1.03 元。可见，商人资本周转的速度较快，分摊到一定量商品上的商业利润就较少，商品的出售价格就降低；反之，商人资本周转的速度较慢，分摊到一定量商品上的商业利润就较多，商品的出售价格就提高。在这里，它的规律是："商业加价的多少，一定资本的商业利润中加到单个商品的生产价格上的部分的大小，和不同营业部门的商人资本的周转次数或周转速度成反比"。这就是，同一利润量，"会根据这种周转速度的快慢以不同的方式分配在同一价值的商品量上"。或者说，"不同商业部门的商业利润的同一百分率，会依照这些部门周转时间的长短，按计算到商品价值上的完全不同的百分率，提高该商品的出售价格"。

这样看，商人资本周转和产业资本周转的不同处就更加明显了。产业资本多周转一次，多生产一次剩余价值。商人资本多周转一次，只是把已定的利润量分摊在不同数量的商品上，从而有不同的出售价格，但不会使商业利润的总量增加。如果商人资本也像产业资本那样，多周转一次多带来一份商业利润，那就会和"一般利润率的规律相矛盾"。为什么呢？因为商人资本已参加社会总资本对利润率的平均化，100 商人资本一年可得 15 的利润。如果一年周转两次，得利润 30，周转三次，得利润 45，而 100 产业资本每年只得产业利润 15，商业利润会比产业利润高得多，一些产业资本家就会转而经营商业，这就会迫使商业利润下降，结果还要回到 15%的比例上来。

其次，必须注意，商品价格不是由商人资本周转的速度决定，归根到底，还是由商品的价值决定的。对产业资本来说，周转时间的长短，决不会影响单个商品的价值量，只能影响一定量资本在一定时间内所生产的剩余价值量。因为商品的价值量是由社会必要劳动时间决定的，而不是由产业资本周转的速度决定的，这一点，在产业资本的周转时，是表现得清清楚楚的。至于产业资本周转时间的长短对商品价格的影响，当然是存在的，这就是：在不同的生产部门中，由于资本有机构成不同，资本周转速度不同，从而有不同的利润率；但由于不同部门之间的竞争，使利润率平均化，从而产生平均利润率和生产价格。生产价格是会与价值发生偏离的，但它终究还是由价值决定的，生产价格不过是价值的转化形式，最终还“会回到商品价值由商品中包含的劳动时间决定这个一般规律和政治经济学的基础上来”。这就是产业资本周转对价格的影响。至于商人资本周转对商品出售价格的影响，“如果不详细地分析许多中间环节”，仅仅从表面现象上看，好像商品价格完全是由商人的主观意志随意决定的。资产阶级庸俗经济学家就是从商人资本的周转中引出价格，从购买价格和售卖价格之间的差额引出商业利润，从而得出商业利润是由流通中产生的谬论。事实上，流通不能产生利润，商业资本的周转不能决定商品价格，归根到底，商品价格还是由价值决定的，也就是由社会必要劳动时间决定的。但是，这个问题不是一下子就能看清楚的，因为对资本主义生产内部的分析，是一件极其复杂的事情，要把表面现象归结为内部的现实运动，进行本质的分析，那是科学工作的任务。“如果已知价值和剩余价值的界限，那就不难理解，资本的竞争如何把价值转化为生产价格并且进一步转化为商业价格，如何把剩余价值转化为平均利润。”马克思在这方面的贡献，就在于详细研究了这些中间环节，科学地证明了商业利润和商业价格。他指出：第一，商业利润无非是商业资本按自己的资本量所占有的一部分剩余价值；第二，这种商业利润被计算在商业资本用于进行买卖的总商品量的售卖价格中；第三，不同商业部门的商业资本周转速度，只是把这个按平均利润率计算出来的已定的商业利润量，分摊在或多或少的商品上。可见，不仅商业利润的多少，甚至这个商业利润率水平本身，都不是由商业资本周转的速度决定的。构成商品价格的任何要素本身，都不取决于商业资本的周转速度，归根到底只能取决于商品价值。但是，这个本质，在商人、证券投机家、银行家的头脑中，却完全颠倒过来。在这里，“竞争也必然起一种完全颠倒的作用”。

再次，商业资本周转的快慢，直接关系到单个商品中所包含的商业利润量的大小。如前所述，100 元商业资本，在假定一年周转一次的情况下，买卖商品 100 件，平均利润率为 15%，则每件商品出售价格为 1.15 元。如果周转五次，15 元的利润就要分摊到 500 件商品中，每件商品出售价格为 1.03 元。所以，“不同商业部门的不同周转时间，却是表现在这样一点上：一定量商品资本周转一次获得的利润，同实现这个商品资本的周转所需的货币资本的周转次数成反比”，商业资本周转越快，单位商品所包含的商业利润就越小；反之，则相反。所以，“薄利快销，特别对零售商人来说是他原则上遵循的一个原则”。

最后，马克思还指出，如果个别的商业资本周转比平均的商业资本周转快，就能取得额外的商业利润。在第 344 页就已指出，尽管不同商业部门的商业资本的周转速度是不同的，或同一商业部门在不同周期阶段，其周转速度也是不同的，但“根据经验可以找出平均的周转次数”。也就是说，商业资本的平均周转次数是可以计算出来的。在平均的周转次数已定的情况下，个别商业资本的周转次数，可以与平均周转次数相等，也可以高于或低于平均周转次数。假定年平均周转次数为三次，甲企业每年周转四次，乙企业三次，丙企业两次，在平均利润率为 15%的情况下，它们的利润率分别为：甲占 20%，乙占 15%，丙占 10%。这就是说，周转速度高于平均资本周转速度的个别商业资本，可以得到比平均利润率更高的利润率，即额外的商业利润。而周转速度低于平均周转速度的个别商业资本，它得到的利润率就会低于平均利润率，在竞争中就会处于不利地位。这正同生产领域中，个别产业资本家生产商品由于个别劳动时间低于社会必要劳动时间而取得额外剩余价值一样。因此，个别商业资本家为了取得额外商业利润，就会千方百计地加速商业资本的周转。

■ 马克思关于商品出售价格的分析，是建立在劳动价值论和剩余价值论的基础上的。我们知道，商品价格是由商品价值决定的，价格是价值的货币表现。随着资本主义的产生和发展，价值转化为生产价格，利润转化为平均利润。商业资本家所取得的商业利润，也必须是平均利润的一部分，实即剩余价值的一部分。由于剩余价值转化为利润，利润转化为平均利润，平均利润分别表现为产业利润和商业利润，单个商品所包含的剩余价值量和利润量可能不相同，单个商品所包含商业利润量也因商业资本周转速度不同而不同，但尽管如此，全社会的总利润量和总剩余价值量还是相等的。不管是对生产价格的分析也好，还是对平均利润的分析也好，还是把平均利润分别表现为产业利润和商业利润也好，都是以价值和剩余价值作为基础来进行分析的，都是由价值和剩余价值的转化而成的。

其次，马克思对商品出售价格的分析，只是从商业资本的本质和作用出发的。产业资本创造价值和剩余价值，商业资本只是实现价值和剩余价值，但商业资本家又要取得商业利润，这是一个难点。解决的途径是：从本质上看，商品资本本来是产业资本的一部分，只是在资本主义社会里独立化为商业资本而已。不管是产业资本家的商品资本也好，还是独立化了的商业资本也好，它都要进行由商品资本到货币资本的转化。正是由于商业资本的本质和作用，才有可能瓜分产业资本家所剥削的剩余价值，才能把剩余价值的一部分，根据商业资本的周转速度，分摊到每个个别的商品上，从而确定这些分摊来的商业利润，成为商品出售价格的一个构成部分。可见，对商品出售价格的分析，和商业利润分摊在各个商品上有关，而商业利润的分摊，又和商业利润的来源和商业的本质和作用有关。

最后，马克思对商品出售价格的分析，又是从商业资本周转的特点出发的。商业资本周转的快慢，不能增加剩余价值，只是使已定的商业利润量分摊到不同商品上。所以，商业资本周转较快，分摊到每件商品上的商业利润就较少，该商品的出售价格就较低；反之，商业资本周转较慢，分摊到每件商品上的商业利润就较多，该商品的出售价格就较高。这种因商业资本周转速度不同、把商业利润分摊到或多或少的商品上的前提是：参加利润率平均化而取得一定量的商业利润，也就是说，是在商业利润量已定的前提下来进行分摊的，可见，商品出售价格仍然由生产价格和平均利润率决定。

第 十九 章

货币经营资本

在本篇一开始，马克思就指出：“商人资本或商业资本分为两个形式或亚种，即商品经营资本和货币经营资本。”① 前三章，着重研究了商品经营资本，在本章中，着重研究货币经营资本。由于货币经营资本的职能和商品经营资本的职能基本类似，对商品经营资本的分析在一定意义上也适用于货币经营资本，所以马克思在本章中对货币经营资本只作了简略的分析。

必须注意，不能把货币经营资本和借贷资本、银行资本混为一谈。虽然货币经营资本已十分接近借贷资本和银行资本，而且往往会结合在一起，但从发展过程看，从它们的本质和作用看，还是有区别的。所以本章所研究的只是纯粹形态上的货币经营资本，把有关的结合形态暂时舍象掉。

（一）货币经营资本及其基本业务

什么是货币经营资本

产业资本再生产过程中的商品资本从 W′—G′的流通阶段独立出来，成为商品经营资本。但在商品流通领域中，既有从 W—G，也有从 G—W，货币形式的资本，既是资本投入的起点和终点，又是流通过程的经过点。在这个经过点中，货币资本是当作货币来执行流通手段和支付手段的职能，这就产生一些纯粹性的业务。例如：在货币作为流通手段

① 《资本论》第 3 卷，人民出版社 2004 年版，第 297 页。

的时候，资本家要不断地把货币支付给许多人，并且得到许多人支付给他的货币，这就形成了记账、收付、出纳、保管货币等业务；在货币作为支付手段的时候，在资本家那里又会形成一种结算、平衡和付款等业务；在货币作为贮藏手段的时候，一方面为了保证产业资本和商品经营资本不断地循环和周转，必须把一部分货币作为准备金，不断地投入流通，并且不断地从流通中取出来，另一方面又把出售商品得到的货币，到期的进款，以及暂时闲置的货币资本，包括新积累尚未投入生产的资本，作为贮藏货币，"除了收付货币和记账以外，这又使贮藏货币的保管成为必要，而这又是一种特殊的业务"。上述出纳、结算、记账、保管等是纯粹技术性的业务，这种业务是从货币的各种职能中产生的。货币经营资本，就是专门承担与货币流通有关的各种技术性业务的资本。马克思说："货币在产业资本和现在我们可以补充进来的商品经营资本的流通过程中……所完成的各种纯粹技术性的运动，当它们独立起来，成为一种特殊资本的职能，而这种资本把它们并且只把它们当作自己特有的活动来完成的时候，就把这种资本转化为货币经营资本了。"这就是说，同商品经营资本是产业资本运动的商品资本一部分独立化的形态一样，货币经营资本是产业资本运动的货币资本一部分的独立化形态。它专门为产业资本家和商业资本家完成货币流通中的纯粹技术性的业务。"所以，这种货币资本的运动，仍然不过是处在自己的再生产过程中的产业资本的一个独立部分的运动。"这种纯粹技术性的业务，本身形成一种劳动，"这种劳动是一种流通费用，是一种不创造价值的劳动"，但对资本运动来说是必不可少的。

货币经营资本是社会分工的结果

货币的收付，差额的平衡，往来账目的登记，货币的保管等技术业务，本来是由产业资本家兼营的。随着资本主义发展，产业资本家把这些业务交给商人资本独立经营更有利，于是，从资本家阶级中分离出一部分人来，预付一定量的货币资本，经营上述技术性的业务，使货币资本独立化，成为货币经营资本，"并且因为它作为这种特殊的营业是替整个阶级的货币机构服务的，所以它会集中起来，大规模地进行"，从而节省劳动支出，减少流通费用。可见，货币经营业的出现，是由社会分工的发展造成的。

由社会分工产生了货币经营业，在货币经营业内部，又实行了分工，如记账有会计员，付款有出纳员，贮藏有保管员，等等。这些细密的分工，形成货币经营内部的专门机构，“从而使预付在这些职能上的资本成为货币经营资本”。由此可见，货币经营资本是从货币本身的职能产生的，是从货币资本形式上必须执行的各种职能中产生的。货币经营资本首先必须执行货币的职能，但它和货币本身有本质差别。这是因为：货币在交换中只起媒介作用，而货币经营资本必须通过它的技术性的业务活动带来利润，即起剥削剩余价值的作用，否则它就不会成为资本。

（二）货币经营资本产生的基础和发展的历史

货币经营业不仅仅是资本主义的产物，在资本主义以前就已存在。如我国封建社会里的钱庄、钱店，就是属于货币经营资本范畴的行业。[①] 但资本主义的货币经营业和资本主义以前的货币经营业，有其不同的特征。

货币经营业首先是从国际交易中发展起来的。由于对外贸易的发展，在外国购买货物或向国外销售货物的商人，就要把各国不同的货币进行兑换，以本国的货币兑换外国货币，或以外国货币兑换本国的货币，如以人民币换美元，美元换法郎、英镑等等。“由此就产生兑换业”，同时也就产生了银行汇兑业务。像中国的中国银行等金融机构，就有经营外汇，办理外币汇兑等业务。

银行汇兑业务或兑换业，是以金银作为兑换基础的。国际货币的比率，都是以金银为基础来进行折算的。如一美元代表多少金量，一英镑代表多少金量，因而一英镑等于多少美元。作为世界货币的金银，既能用来平衡国际支付，又能作为资本输出取得利息，或者直接与他国商品进行交换。“所以，兑换业和金银贸易是货币经营业的最原始的形式，并

① 货币经营业是不经营贷款业务的。但钱庄、钱店则同时经营贷款业务，它基本上是货币经营业，但又不是纯粹的货币经营资本，而是和借贷资本结合着的。

且产生于货币的双重职能：作为一国铸币的职能和作为世界货币的职能。”

随着资本主义生产和贸易的发展，必然出现如下两种结果：第一，用于贮藏的货币不断增加，这往往以两种形式出现，一种是准备金的形式，因为资本主义越发展，用作购买手段和支付手段的准备金必然会增加；另一种是在货币形式上闲置的、暂时不用的资本，包括新积累的尚未投入生产的货币资本。由于贮藏货币的增加，货币的保管、记账等技术性业务必须相应地发展。第二，“与此密切相联的还有购买时的支出货币，出售时的收入货币，付款和收款，支付的平衡等等。”这就是说，货币的收付和结算业务，也随资本主义贸易的发展而发展。由上述情况而产生的各种业务的发展，在开始的时候，货币经营者是以产业资本和商品经营资本的单纯出纳者的身份出现的。“一旦借贷的职能和信用贸易同货币经营业的其他职能结合在一起，货币经营业就得到了充分的发展”，货币经营业就会进一步发展成为现代的银行业，货币经营资本也就发展为银行资本，经营货币的商业资本家也就发展成为银行资本家了。现在，这种纯粹的货币经营资本已不多见。在发展过程中，它不断地和生息资本、银行资本相结合，所以，这种资本已不为人们所注意了。

在第 357 页第 2、3 段中，马克思指出，货币运动的形式只是商品流通的结果。这在《资本论》第一卷第三章中就已经考察过了，马克思在这里论述了以往的观点，在于说明：随着资本主义的发展，商品流通的扩大，货币运动的形式也不断向前发展，作为产业资本一个阶段的货币资本，必然独立化为货币经营资本。

（三）货币经营资本的作用

货币经营资本的作用

既然货币流通不过是商品流通的必然结果，因而，货币流通对于货币经营业来说，就是一个已定的前提。货币经营业不仅仅是对货币流通起中介作用，它所要做的，主要是货币流通所引起的技术工作，这就是：“货币经营业作为中介，担任货币流通的各种技术性业务，使之集中、缩短和简化”。具体说来，货币经营资本有如下作用：第一，货币经营业不形成货币贮藏，只是为货币贮藏提供所需要的技术手段，从而使货币贮藏量减少到它的经济上的最低限度，以充分发挥货币资本的作用；第二，“货币经营业不购买贵金属，只是在商品经营业买了贵金属以后对它的分配起中介作用”；第三，在货币执行支付手段的职能时，货币经营业“既不决定各种互相支付的联系，也不决定它们的规模”，而是使互相支付的差额平衡在技术上达到完善的程度，并通过人为的各种结算机构，减少结算上平衡差额所需要的货币量；第四，在货币当作流通手段时，货币经营业也不能决定买卖的范围和次数，“只能缩短买和卖引起的各种技术活动，并由此减少这种周转所必要的货币现金量”。把上述作用归结起来，就是：能减少流通领域中所使用的资本，减少纯粹流通费用，从而提高利润率。

货币经营资本和商品经营资本的本质区别

以上各种作用表明，纯粹形式的货币经营资本，只是和货币流通的技术、货币的职能有关，它和商品经营资本有本质上的区别。

商品经营资本只是对商品交换起中介作用，它所表示的独特的流通形式是：G—W—G′，在其中，商品两次换位，货币由此流回。这是一种特殊的资本的运动形式，在货币经营资本那里是看不到这种独特的形式的。

但是，货币经营资本也是一种独立化了的资本，它对货币流通起技术上的中介作用，是由一些特殊资本家预付的，因而它也有其独特的运动形式。货币经营资本的特殊运动形式是：G—G′。在这里，G是货币经营资本家预付出的货币资本，G′除去预付的货币资本G以外，还有经营货币而带来的商业利润，即ΔG。“但是，在G—G′中作为媒介的东西，在这里与形态变化的物质要素无关，而只与它的技术要素有关。”为什么呢？因为商品经营资本是要通过用货币购买商品，然后卖出商品取回货币，这种由预付货币到收回货币，是以商品这个物质形态作为媒介的，所以它的形态变化与物质形态的商品有关。货币经营资本则不然，它只单纯经营货币技术性的业务，如记账、支付、出纳、保管等，只是同货币本身打交道，不需要以商品这个物质形态为媒介。由G到G′的过程，是投入货币、取得货币的过程。它不参与流通领域里商品买和卖的全过程，仅仅是在这个流通过程中，从事货币流通的技术性业务而已。

有关货币经营资本的几个问题

最后，在第359页第3至5段，马克思指出了有关货币经营资本的几个问题。

第一，货币经营资本的数量，是由产业资本和商品经营资本在流通中的货币资本量决定的。货币经营资本所完成的各种活动，也只是为产业资本和商品经营资本的活动服务。

第二，货币经营资本不能创造价值和剩余价值，只是为实现价值和剩余价值服务，因而“货币经营者的利润不过是从剩余价值中所作的一种扣除”。这就是说，货币经营业的利润和商品经营资本所取得的利润一样，都是瓜分在生产过程中所创造的剩余价值。必须注意，马克思在这里指出了货币经营资本的利润是来自剩余价值的一部分，但并没有分析这种资本的利润率水平。但从前三章对商品经营资本的分析可以看出，货币经营资本也必须取得相应的平均利润。如果利润率低于平均利润率，就不会有人把资本投入货币经营业这个特殊部门。如果没有对这个特殊部门进行投资，货币资本运动的技术业务所需的费用，就要由产业资本家或商品经营业者来承担，那么，整个社会预付在货币流通技术业务上所需的资本就要增加，这就会造成平均利润率的降低。因此，货币资本独立化，使用于货币流通技术业务的费用减少了，相对地说，使平均利润率提高了，所以产业资本家也愿意把一部分剩余价值分割给货币经营业。这和商品经营资本参与利润率平均化的原理完全是一致的。所以马克思没有再进行具体分析。

第三，虽然货币经营资本独立化了，但还有一部分同货币流通结合在一起的技术业务，由商品生产者或商品经营者自己去完成。这就是说，这里也可能出现“职能的二重化”，即商品生产者兼营货币流通的技术业务，或商品经营者兼营货币流通的技术业务。商品生产者和商品经营者绝对地不兼营一些货币流通的技术性业务的情况是极少的。每个工厂，每个商店，都要有会计、出纳、保管货币等技术性工作，这是显而易见的事情。

■ 货币经营资本和商品经营资本都是商业资本，不过是商业资本的两种形式而已。商品经营资本是由商品资本转化而来的独立化的资本，同商品流通有关；货币经营资本是由货币资本转化而来的独立化的资本，同货币流通有关。这两种资本都作为商业资本，构成社会总资本中的一个有机组成部分，参与对剩余价值的分割，即参与利润率的平均化，因而它们的利润都来源于生产领域中的剩余价值，都是生产工人创造的剩余价值的一部分。它们虽不能创造价值和剩余价值，但因为能为实现价值和剩余价值服务，所以产业资本家也愿意把一部分剩余价值分割给它们。

货币经营资本和银行资本不同，银行经营存款和贷款业务；货币经营业只从事货币流通的技术性业务，不进行贷款业务。实际上，纯粹的货币经营资本是不多的，它往往和信用、生息资本、银行资本的有关职能混合在一起。随着资本主义向前发展，货币经营资本将发展为银行资本，货币经营资本家将进一步转变为银行资本家。至于对货币经营者所支付的纯粹流通费用中相当于 c 和 v 的补偿问题，和商品经营资本的补偿原理一样，所以马克思就不再进行重复性的分析。

第二十章
关于商人资本的历史考察

在第十六、十七、十八章，研究了商人资本的一种形式——商品经营资本，在第十九章中又研究了商人资本的另一种形式——货币经营资本，现在，在本章中，着重研究资本主义以前商人资本的特点、作用和性质，分析资本主义以前商人资本和资本主义商人资本的区别，论证商人资本在资本主义产生和发展过程中的作用，使历史的发展和理论的分析有机地结合起来，以便加深对资本主义商人资本的本质、特点和作用的理解。

（一）批判资产阶级经济学把商人资本和产业资本混为一谈的错误观点

把商人资本看作是产业资本的一个特殊种类，是错误的

资产阶级经济学把商人资本看作是产业资本的一个特殊种类，如同产业资本包括采矿业、机器制造业、化学工业等不同种类一样。这种把商人资本和产业资本混为一谈的看法是“最荒唐的”。

为什么这种看法是错误的呢？如前所述，商人资本只是从产业资本中派生出来的资本形式，又是和产业资本相独立的资本形式。所谓派生的资本形式，就是说，产业资本分为生产资本、商品资本和货币资本，后二者处于流通领域，各自完成不同的职能，商人资本就是由上述二者转化而来的，即商品资本转化为商品经营资本，货币资本转化为货币经营资本。所谓相独立的资本形式，就是说，产业资本在生产领域中的作用和在流通领域中的作用是不同的，当产业资本在流通领域为商人资本所代替时，商人资本就从产业资本中分化出来，独立地执行职能，成为一种特殊形式的资本。可见，产业资本和商人资本是不同的。“产业资本的转化形式，和不同生产部门各生产资本之间由于不同产业部门的性质不同而造成的物质区别，是有天壤之别的。”

资产阶级经济学把商人资本和产业资本混为一谈的原因

为什么资产阶级经济学家会产生上述错误观点呢？除了一般的资产阶级经济学家只注意资本的物质区别，而对资本在形式上的区别漠不关心以外，还有以下两个原因，第一，他们没有能力说清楚商业特征和商业利润的来源问题；第二，他们为了替资本主义制度作辩护，把资本主义生产和一般社会的生产等同起来，把资本主义特有的商人资本和一般社会的商人资本等同起来，这就必然得出把商业资本和产业资本混为一谈的错误结论。

至于像古典学派，如斯密、李嘉图等伟大的经济学家，也“都把商业资本直接和产业资本混为一谈，实际上完全看不到商业资本的特性”。[①]这是因为：斯密等人的着重点在于考察产业资本，他们批判了重商主义者所认为的流通领域产生利润的错误观点，把对利润产生的研究引进到生产领域，正确地认识到价值和利润都来源于产业资本。但是由于他们没有建立生产价格和平均利润的理论，无法说明商业资本如何从产业资本那里瓜分到平均利润，当他们碰到这个困难时，有时就干脆把商业资本搁在一边，采取回避态度；有时虽说对外贸易不创造价值和剩余价值，但又不敢引申到国内贸易上来。实际上，他们也是企图把商人资本看成是产业资本的形式之一，这就无法说明资本主义商人资本的特性。

（二）商人资本产生的前提及其发展趋势

简单的商品流通和货币流通是商人资本的存在条件

既然资产阶级经济学家把商人资本与产业资本相混同，把资本主义商人资本和资本主义以前的商人资本相混同，从而抹杀资本主义商人资本的特性，那么，我们在研究了资本主义商人资本

① 《资本论》第 3 卷，人民出版社 2004 年版，第 297 页。

的特性以及它和产业资本的相互关系以后，再进一步研究资本主义商人资本和资本主义以前商人资本的区别，才能加深对资本主义商人资本的本质、特点和作用的认识。

“不仅商业，而且商业资本也比资本主义生产方式古老，实际上它是资本在历史上更古老的自由的存在方式”。在原始公社后期，由于生产力发展，私有制出现，直接物物交换就逐渐发展为简单的商品交换。商人和商人资本也应运而生。这就是说，只要有简单的商品交换和货币流通，就会相应地出现商业和商人资本。所以，商人资本存在所需要的条件，“就是简单的商品流通和货币流通所必要的条件。或者不如说，简单的商品流通和货币流通就是**它的**存在条件”。这就是商人资本产生的前提。只要这个前提条件具备了，不管交换的商品是在什么社会的生产方式下生产出来的，也不管商品的数量和规模的大小，都会相应地有商人资本的出现。

为什么不管交换的商品是在什么社会生产方式下生产出来的呢？这是因为：“作为商品而进入流通的产品，不论是在什么生产方式的基础上生产出来的，——不论是在原始共同体的基础上，还是在奴隶生产的基础上，还是在小农民和小市民的生产的基础上，还是在资本主义生产的基础上生产出来的，——都不会改变自己的作为商品的性质”。这就是说，商品的一般性质，是由于产品投入市场，进行交换而确定的，虽然不同生产方式下的商品交换有不同的特点，但是商品是作为通过市场而交换的产品这个一般性质都是存在的，否则，就不是商品了。“唯一必要的事情是这两极作为商品已经存在”。只要有商品投入市场，进行交易，就必须有经营商品买卖行为的商业，从而也必须有商人资本。“商人资本只是对这两极的运动，即对它来说已经作为前提存在的商品的运动，起中介作用。”这里所指的中介作用，并不是说商人是生产者和消费者之间的媒介，“而是这些生产者互相进行产品交换的中介”，① 商人只是商品交换的中间人。

为什么也不管交换的商品的数量和规模的大小呢？产品作为商品进

① 《资本论》第3卷，人民出版社2004年版，第361页注（45）。

入市场交换的数量和规模，是由生产方式决定的。如在自给自足的小农经济里，农民生产的产品，主要是满足自己消费需要，只是把多余的部分拿来出卖，因此，商品的数量和规模都很小。到了资本主义社会，一切产品都转化为商品，不仅生产资料是商品，个人生活资料也都成为商品，进入市场交换的商品数量和规模很大。但是，不管进入交换的商品的数量多少，规模大小，都要有商人起中介作用，即都会有商业和商人资本的存在。商品的数量和规模的大小，只能决定商业的发展程度和商人资本的多少，不能取消商业和商人资本的存在。

商人资本的运动和简单商品流通不同

虽然商人资本的存在，以简单商品流通和货币流通为前提，但商人资本的运动和简单商品流通不同。简单商品流通的公式是：W—G—W，从物质上看，是两个不同使用价值的交换；从形式上看，是由商品转化为货币，再由货币转化为商品，即由买和卖的行为所组成。这种交换是为消费服务的，“最终目的是交换使用价值”。商人资本的运动则不同，其公式是：G—W—G′，“通过买和卖来交换商品”，“对商品交换起中介作用”，但这种交换的目的在于把 G 转化为 G′，即通过 G—G′起中介作用的 G—W 和 W—G′的行为，使 G 成为 G+ΔG。这就是说，商人从事买卖活动的目的，不是为了取得商品的使用价值，而是为了货币增殖，即取得商业利润。“货币，交换价值的独立形式，是出发点，而增加交换价值是独立的目的”。为了增加交换价值而进行商品买卖，这是“商人资本的具有特征的运动”，这也是商人把货币作为资本来执行职能的过程。

商人资本在参加买卖的过程中，和简单商品流通相比，还有两个显著的特点，其一是：参加简单商品交换的，大都是直接的商品生产者；但经商人资本进行交换的商品，不一定都是直接的商品生产者，例如，农民把粮食作为地租交给地主，地主再把粮食卖给商人，在这里，直接把粮食作为商品卖给商人的地主，并不是直接生产者。另一是：在简单商品流通中，交换是由生产者直接进行的；但商人资本介入后，商品的买和卖都集中在商人手中。这两个特点说明：商人资本参加买卖商品以后，简单商品流通有了新的发展。

商人资本发展到一定水平，是资本主义生产方式发展的历史前提

不仅商人资本与简单商品流通有本质区别，资本主义商人资本和资本主义以前的商人资本，也有很大的不同。资本主义的商人资本，“只是表现为执行一种**特殊**职能的资本”。就是说，它是由产业资本运动的一个阶段独立而成的，是由商品资本转化而来的执行一种特殊职能的资本。资本主义以前的商人资本，“表现为资本的真正职能”，就是说，它主要在流通领域，进行商品买卖活动，通过对买卖双方的服务，直接从生产者那里剥削剩余产品，直接实现剥削的职能。

虽然资本主义商人资本和它以前的商人资本有上述不同，但“商人资本的存在和发展到一定的水平，本身就是资本主义生产方式发展的历史前提”。这就是说，只有商人资本发展到一定水平时，资本主义才会产生。为什么呢？第一，资本主义生产的前提是：货币转化为资本，劳动力成为商品。资本首先表现在一定量的货币上，只有货币量达到雇佣工人进行生产所需要的最低限额，才能投入生产。只有商人资本发展到一定程度，才会使一定量的货币集中到资本家手中，所以，商人资本的“存在和发展是货币财产集中的先决条件”。第二，资本主义生产必须有与之相适应的广大的销售市场。商人资本的发展，使生产越来越具有以交换价值为目的的性质，促使更多的产品转化为商品，从而造成日益广阔的市场。这就是说，货币积累到一定数量，商品生产和商品流通发展到一定程度，是资本主义生产方式产生的前提，而商人资本的发展，则为上述前提创造了条件。

必须注意，“商人资本的发展就它本身来说，还不足以促成和说明一个生产方式到另一个生产方式的过渡”。这就是说，究竟用什么新的生产方式代替旧的生产方式，不是由商业决定的，而是由旧的生产方式所决定的。例如，在原始公社末期，由于社会分工和私有制的出现，商业的产生和发展，引起了原始公社的瓦解，从而过渡到奴隶占有制。又如，在封建社会末期，由于商业和商人资本的发展，价值规律发生作用，引起两极分化，从而导致资本主义生产方式的产生。生产关系一定要适应生产力性质的规律表明：新的生产力是在旧的生产力基础上发展起来的，新建立的生产关系必须和当时的生产力水平相适应。商业只能对旧生产方式起瓦解作用，但不能决定新生产方式的性质。正如原始公社只能发展到奴隶占有制、不能发展到封建社会一样，封建社会也只能发展为资本主义社会而不能发展为共产主义社会，这都是由生产关系一定要适应生产力性质的规律决定的，不是由商业和商人资本决定的。

商人资本的独立发展与社会的一般经济发展成反比例

马克思指出，"商人资本的独立发展，是与社会的一般经济发展成反比例的"。这表现为：在资本主义以前的社会里，商品经济没有充分发展，占主导地位的，或者是奴隶占有制经济，或者是封建地主经济或小农经济，这时候，在商品流通领域里，商人资本占统治地位：一方面，商人资本只是在流通过程中，使产品发展成为商品，使货币转化为资本，流通还没有支配生产，生产仅仅作为流通的前提，互相独立地保持关系；另一方面，"生产过程还没有把流通作为单纯的要素吸收进来"，就是说，流通还没有作为整个生产过程的一个有机组成部分。到了资本主义社会，整个社会占主导地位的是商品经济，商人资本"不再具有决定的作用"，而是下降为从属的地位：一方面，"生产过程完全建立在流通的基础上"，即资本主义生产必须以流通为基础；另一方面，"流通只是生产的一个要素，一个过渡阶段，不过是作为商品而生产出来的产品的实现及其作为商品而生产出来的各生产要素的补偿"。就是说，流通成为生产的一个单纯要素，一个阶段，商人资本也就作为产业资本形态之一的商品资本的转化形态了。可见，商品经济不发展，商人资本在流通领域占居统治地位；相反，商品经济大发展，商人资本反而隶属于产业资本，处于从属地位，这就是商人资本的独立发展与社会的一般经济发展成反比例的规律。

不仅在不同社会里，商人资本的发展与社会的一般经济发展成反比例，即使在同一的资本主义社会里，"商人资本的独立发展与资本主义生产的发展程度成反比例这个规律"仍然存在。在第 366 页第 2 段，马克思列举了威尼斯人、热那亚人、荷兰人等经营的转运贸易的历史情况来论证上述问题，从而说明，当这些国家的资本主义经济还未充分发展时，商人资本是纯粹的商业资本，它和社会生产部门相分离，因而对转运贸易有一定的垄断权；随着这些国家的民族资本主义经济的发展，“转运贸易的这种垄断权，从而这种贸易本身”，则逐渐衰落下去。

（三）商人资本在前资本主义生产方式中的作用

从商人资本运动的公式 G—W—G′看，商业利润不仅是在买卖的行为中获得的，而且是在卖的行为中实现的，好像是贱买贵卖的结果。这就是重商主义者斯图亚特所说的“让渡利润”。其实，这种贱买贵卖只是表面现象。实际上，商人只是商品买卖过程中的中介人，通过商品买卖，不仅从质上确定商品的价值，而且从量上确定其是否等价，“商人是通过自己的运动本身来确立起等价”。

中介作用

在前资本主义生产方式中，商人资本的作用首先表现为：“商业资本起初只是不受它支配的两极之间、并非由它创造的两个前提之间的中介运动。”这就是说，商人资本通过买卖商品的活动，在这一商品和那一商品之间，使商品不断转化为货币，再使货币不断转化为商品，起着中介人的作用。

欺诈和掠夺

在前资本主义生产方式中，商人资本通过商品买卖活动，占有绝大部分的剩余产品，其主要来源之一，就是对奴隶主和封建主进行欺骗。因为在那些生产方式中，商人对与之做生意的剩余产品的主要占有者，如奴隶主、封建主，掌握着大量的社会财富，会设下圈套，从而牟取暴利。不仅如此，在那时，“占主要统治地位的商业资本，到处都代表着一种掠夺制度，它在古代和近代的商业民族中的发展，是和暴力掠夺、海盗行径、绑架奴隶、征服殖民地直接结合在一起的”。这里所说的古代商业民族，系指资本主义前的商业比较发达的国家，如迦太基、古罗马等。这里所说的新时代的商业民族，系指地理大发现到产业革命前的荷兰、威尼斯、葡萄牙等国家。这些商业民族的掠夺情况，在《资本论》第一卷论述资本原始积累时，已举了一些例证。此外，欧洲经济史上的大量资料，也可参阅。

解 体 作 用

商人资本的发展，扩大了商品交换的关系，促进了商品经济的发展，与此同时，由于价值规律发生作用，促使小生产者向两极分化，一部分人贫困破产，成为丧失生产资料的自由人，一部分人发财致富，成为商业资本家或工业资本家，这就是说，商人资本对旧的生产方式起着解体作用。“但是它对旧生产方式究竟在多大程度上起着解体作用，这首先取决于这些生产方式的坚固性和内部结构。”如果旧的经济势力比较坚固，这种解体作用就很小；反之，如果旧的经济势力比较松弛，这种解体作用就会明显地表现出来。至于这种分解过程会引出什么结果，即“导向何处”，则取决于旧的生产方式的性质。商人资本在奴隶占有制社会已经存在并有相当程度的发展，但它并不能使奴隶占有制社会转化为资本主义社会，只是到了封建社会末期，封建社会才会解体并转变为资本主义社会。我们既要充分认识商人资本对旧的生产方式的这种解体作用，但也不能过分夸大这种作用。

（四）商人资本在产业资本产生中的作用和两者发展的辩证关系

工业发展和商业发展的关系

以上所说的是商人资本在前资本主义社会中的作用，但是，商人资本在产业资本产生的过程中的作用又是怎样的呢？

工业的发展和商业的发展存在着辩证关系。从一方面看，商业的发展必须依赖于工业的发展。这是因为：城市工业一旦和农村相分离，它的产品成为商品，这些商品需要商人来售卖，所以，工业越发展，生产的商品越多，商业越会得到发展。从另一方面看，工业的发展，也必须以商业为条件。这是因为：工业越发展，生产的商品越多，越需要通过商业来出售其产品，工业的再生产才能继续进行；如果商业与工业的发展不适应，工业部门生产的商品卖不出去，工业的发展也会受到影响。由此可见，工业的发展和商业的发展存在着互为条件、互相促进的辩证关系。但是必须注意，工业的发展程度虽然与商业的发展程度有关，但并不是由商业发展程度决定的，而是由其他的一些原因决定的。马克思举出了历史上曾经出现过的三种情况：一是有些民族，如古罗马，商业很发展，但工业不发展；二是有些民族，如科林斯和欧洲、小亚细亚的其他希腊城市，商业很发展，工业也很发展；三是有些民族，如那些没有定居下来的游牧民族，商业虽很发展，但几乎没有工业。这说明：商业的发展和工业的发展并不是完全相一致，因为决定工业发展程度的不是商业，而是另外一些因素。

从历史上看，在 16 世纪，由于新航路的开辟和新大陆的发现，世界市场突然扩大，商业和商业资本迅速发展，这对于促进封建生产方式的解体，促进资本主义生产方式的产生，起了重大的作用。这是商业对产业资本产生过程的作用。但是“现代生产方式，在它的最初时期，即工场手工业时期，只是在它的各种条件在中世纪内已经形成的地方，才得到了发展”。这就是说，商业资本对产业资本产生过程中的上述作用，不能过分夸大，因为商业的大发展，是建立在资本主义生产方式已经存在并有所发展的这个基础上的，世界市场的发展，也是以资本主义生产方式的存在和发展为基础的；只有资本主义工业的发展，才能使商品生产大发展，才能促进世界市场的扩大，才能使商业迅速的大发展，“所以，在这里不是商业使工业发生革命，而是工业不断使商业发生革命。”工业的发展对商业的发展起着主导的作用。一个国家要在世界市场上取得商业的统治权，必须以强大的工业优势为基础。像荷兰，起初是商业上占统治地位的国家，由于工业实力不如英国，终于在世界市场上为英国所战败，就是一个明显的例子。由此可见，商业资本的发展对产业资本的发展起着促进作用，但产业资本的发展对商业资本的发展则起着决定性的作用。

至于商人资本对封建生产方式的解体作用，由于不同国家封建生产方式的坚固性和结构的不同而不同。在封建基础较弱的国家，这种解体作用的结果，迅速地瓦解了封建生产方式，促进了资本主义生产方式的产生和发展。反之，在封建基础较强的国家，如旧中国，由于个体小农经济和家庭手工业直接相结合，节省了生产时间和流通费用，这就给商业的解体作用造成障碍，致使封建经济的瓦解进行得极其缓慢。

商人资本的统治过渡到产业资本的统治的途径和形式

从封建生产方式过渡到资本主义生产方式，是通过两条不同的道路而完成的，一条道路是，“生产者变成商人和资本家，而与农业的自然经济和中世纪城市工业的受行会束缚的手工业相对立”。这就是，由于商业经济的发展，价值规律发生作用，使商品生产者发生两极分化，大量生产者贫困破产成为无产者，少数人发财致富，积累了大量货币，成为资产家；新兴的资本主义经济发展起来以后，在农村中，破坏农业的自然经济，在城市里，反对受行会束缚的城市工业，从而推翻封建经济，建立起资本主义的生产关系。“这是真正革命化的道路”，即彻底改变了旧的生产方式。另一条道路是：“商人直接支配生产”。这就是，在保持旧的生产方式基础上，商人直接购买生产者的产品，剥削他们的剩余劳动，使生产者逐步转变为受雇佣的工资劳动者。这是一条改良的道路。因为“它不变革生产方式，只是使直接生产者的状况恶化”。这一条道路在历史上显然起过巨大的过渡作用，但由于它没有使旧的生产方式发生革命的变革，只是由于资本主义发展，才使旧的生产方式逐步消灭，因而在资本主义的生产方式发展的同时，尚保存着大量的封建残余。像德国，在资本主义发展过程中，还存在着严重的封建痕迹，这就为它的发展带来许多新特点，就是一例。

上述两条道路的发展情况，可以看出，从商人资本的统治过渡到产业资本的统治，不外有以下三种形式：一是“商人直接成为工业家”；二是商人把小老板变成自己的中间人，直接控制生产者，但不改变生产方式；三是产业资本家兼营商业，成为商人。

资本主义生产方式的统治地位确立后，商业就成了工业生产的奴仆

在资本主义以前的社会里，商业资本占统治地位，他们既为生产者提供原料，又为生产者推销产品，间接地或直接地控制着各个独立生产者的生产过程。到了资本主义生产方式确立了统治地位以后，“商业就成了工业生产的奴仆”。为什么呢？因为产业资本家购买原料，雇佣工人，进行大规模的商品生产，然后把生产出的大批商品卖给商人，这时，不是工业由商业所支配，恰恰相反，商业反而由工业所支配。这时决定商业规模和发展的，是工业的规模和发展程度，工业的发展，不仅用自己的产品来供应市场，创造市场，而且用来占领市场，夺取市场。至于工业本身的发展，不像在前资本主义那样，受商人所控制，而是由产业资本量的大小和劳动生产力的发展水平所决定。因而，产业资本占据统治地位，商业资本则处于从属地位，成为工业生产的奴仆。总之，在前资本主义社会里，是“商业资本对产业资本的统治”；在资本主义社会里，恰恰相反，是产业资本对商业资本的统治。

商业资本和产业资本之间的斗争，反映在理论上，就是重商主义和古典学派的斗争

经济基础决定上层建筑。不同经济形态必然产生不同的经济思想。在经济领域里的商业资本和产业资本之间的斗争反映在理论上，就是重商主义和古典学派的斗争。

重商主义是封建制度解体、资本主义生产方式产生初期的经济学说，由于商业资本在当时的经济生产中占居统治地位，在封建经济解体、促进资本主义经济产生中起了重大作用，重商主义一度成为资产阶级的最初的经济思想。重商主义者代表商业资本的利益和要求，最早地从理论上研究了资本主义，但他们的研究只是从流通领域的表面现象出发，停留在一些表面现象和表面联系上，因此只抓住了假象。例如：他们不仅认为社会财富是由流通中创造出来的，而且错误地认为，利润是由流通领域中贱买贵卖产生的。重商主义思想并未形成一个完整的体系，也没有作出深刻的理论概括，虽然他们最早研究了资本主义经济，但由于他们是站在商人的立场上仅仅考察商业资本的运动，不可能发现资本主义经济的实质，所以它还不是研究资本主义的真正科学。“真正的现代经济科学，只是当理论研究从流通过程转向生产过程的时候才开始。”随着资本主义生产方式的发展，产业资本代替商业资本占居统治地位，代表新兴工业资本家利益的古典学派就应运而生了。古典学派把研究领域从流通过程转移到生产过程，对资本主义生产方式进行了系统的分析，使资产阶级政治经济学发展成为一种完整的思想体系。古典学派对重商主义的一些错误观点进行了批判，并取得了胜利。商业资本与产业资本在理论上的代言人——重商主义和古典学派的斗争，以古典学派的胜利而结束。

■ 读完本章之后，现在就来看看，资本主义的商人资本和资本主义以前的商人资本相比较，除了它们都是从事经营商品买卖的活动的共同点以外，究竟还有哪些不同。

第一，基础不同。资本主义以前的商人资本，以简单商品生产为基础，商人直接与生产者进行买卖商品活动。这时的商人资本，或者是由一些富裕的农民，或者是由一些富裕的手工业者，利用积累起来的货币，从事商品买卖，因而使这些货币转化为商人资本，而他们自己则成为商人。资本主义的商人资本，以资本主义的商品生产为基础，商人是用产业资本家所占有的商品来进行买卖活动的。这时的商人资本，不过是从产业资本中的商品资本转化而来的，是产业资本运动的一个阶段的独立化。

第二，地位不同。资本主义以前的商人资本，在经济生活中居于统治地位，它不仅不为生产所决定，而且往往对生产起支配作用。资本主义商人资本，由于它已是产业资本运动的一个阶段的独立化，在经济生活中，只是产业资本的附庸，处于从属地位。

第三，任务不同。资本主义以前的商人资本，活动于简单商品流通领域，它的主要任务是为买卖双方作中介，为消费服务。资本主义商人资本，活动于资本流通领域，它的主要任务是通过商品买卖，为产业资本实现价值和剩余价值服务。

第四，商业利润的来源不同。虽然它们作为资本都会带来商业利润，但资本主义以前的商业利润，主要靠贱买贵卖、欺诈掠夺而取得的。其利润来源，或者是小生产者的剩余产品，或者是封建地主、奴隶主直接从生产者身上剥削来的一部分剩余产品。资本主义的商业利润，则是商业资本和产业资本一起，共同剥削雇佣工人所创造的剩余价值，按照利润率的平均化而取得的剩余价值的一部分。

通过以上对商人资本的历史考察，就会有利于对资本主义的商人资本作进一步深入理解。

第 五 篇

利润分为利息和企业主收入。
生息资本

第 二十一 章

生 息 资 本

恩格斯在本卷序言中指出："主要的困难在第五篇。那里讨论的也是整个这一册最复杂的问题。"[①] 但是这一篇，马克思不但没有现成的草稿，甚至没有一个可以按照其轮廓来加以充实的纲要，"只不过是开了一个头，不少地方只是一堆未经整理的笔记、评述和摘录的资料"[②]。现有的第五篇，是恩格斯根据马克思的笔记编辑整理而成的。初看起来，头绪纷纭，很难把握，但仔细探索，还有脉络可寻，在各章之间，仍然是按照严密的逻辑程序而展开的。

从《资本论》第一卷到第三卷的第三篇，都是采用抽象分析法，假定产业资本单独完成生产过程和流通过程，生产剩余价值并实现剩余价值。第三卷的第四篇研究了从产业资本的运动中分离出来的商业资本的性质和职能，以及商业资本如何参加利润率的平均化。以上的研究，不管是从产业资本出发，还是从商业资本出发，假定他们都是靠自有的资

---

① 《资本论》第 3 卷，人民出版社 2004 年版，第 8 页。

② 《资本论》第 3 卷，人民出版社 2004 年版，第 9 页。

本来进行经营的。但是实际上，不管是产业资本家还是商业资本家，除了使用自有的资本以外，还或多或少地使用借入的资本，即有一部分资本是向别人借来的，因此，研究了产业资本和商业资本以后，还要进一步研究生息资本。

生息资本和商业资本一样，是一种历史悠久的资本形态。在不同的历史阶段上，它具有不同的形态。在原始社会末期以及奴隶制社会和封建社会中，生息资本的形态表现为高利贷资本。在资本主义社会中，生息资本的形态则表现为借贷资本。本篇所研究的生息资本，主要是资本主义社会中的借贷资本，着重研究货币资本如何独立化为生息资本及其有关的一系列问题，如借贷资本的本质和特征，利息量的决定和利息率，利息和企业主收入，信用制度以及与之相联系的银行资本、股份资本、虚拟资本、生息资本和现实资本的关系，信用制度下的货币流通等等。在这一系列的复杂问题中，又是以生息资本和利润分割为利息和企业主收入作为本篇研究的轴心。

和商业资本一样，生息资本也是产业资本的派生形式。但商业资本所执行的是产业资本中的商品资本的职能，它构成社会再生产过程中的一个方面，即流通阶段，因而商业资本也参加利润平均化。生息资本则不同，它同社会资本再生产的关系。它的运动和它占有剩余价值的形式，都有其独特的特点。由生息资本而带来的利息和企业利润完全不一样，它不是剩余价值的直接扣除，而是来源于产业资本或商业资本所取得的平均利润中的一部分，它不直接参与平均利润率的形成，而是在已经形成的平均利润中分割为利息和企业主收入，从这个意义上看，生息资本不仅是产业资本派生的资本形式，而且也是商业资本派生的资本形式，是次要的派生资本。

本篇由 16 章组成，分为正篇和续篇。正篇主要是从和产业资本相联系来考察生息资本的实质和信用制度的发展及其二重性质的作用。续篇主要是就生息资本来考察信用及其对生息资本的影响。从正篇和续篇的十六章中，大体上可分为五个部分。

第一部分：第二十一章到第二十四章。在这里，假定资产阶级只有货币资本家集团和职能资本家集团，假定货币资本家直接把货币资本贷给职能资本家使用，在此假定下（即暂时撇开资本主义信用）研究什么是生息资本，什么是利息，如何从量和质两方面把利润分割为利息和企业主收入，以及这种分割如何使资本关系的实质进一步被掩盖等一系列问题。

第二部分：第二十五章到第二十八章。在这里，出现了银行资本，它是代表货币资本家和职能资本家的双重人格，把货币资本家的资本贷给职能资本家使用。由于银行资本的出现，资本主义信用制度和股份公司得到广泛的发展，因此，就要分析资本主义信用制度的产生、形式、特点，分析信用在资本主义经济中的作用。

第三部分：第二十九章到第三十二章。在这里，进一步展开对生息资本和信用制度的分析：分析信用制度对生息资本的影响和虚拟资本的产生，分析生息资本的运动和现实资本（即职能资本）的运动之间的关系，分析商业信用和银行信用的区别和联系，这就把资本主义信用的发展和它在生息资本上所采取的各种形态的分析联系起来了。

第四部分：第三十三章到第三十五章。在这里，马克思详细考察了信用制度下的货币流通问题，进一步发展了他的货币理论。

第五部分：第三十六章。在这里，着重从历史和逻辑的统一上，研究了资本主义以前的高利贷资本和资本主义生息资本之间的区别，这种区别是由于生产方式的性质不同而产生的。

第二十一章“生息资本”，是全篇开头的第一章，带有总论性质。在假定货币资本家把货币资本直接贷给职能资本家的情况下，对生息资本的运动形式、特殊性质、特征以及利息的实质作了概括性的分析。在这里，马克思对生息资本，不仅是作为一种社会生产关系来进行分析，而且是作为一种运动来进行分析的。

本章第1段到第6段带有引言性质，着重指出了下述五点：

第一，本卷第二篇所考察的平均利润率，还只是就产业资本之间的利润率的平均化而言。在本卷第四篇，又说明了商业资本如何参与利润率的平均化。这种既有产业资本参加，也有商业资本参加而形成的平均利润率，是平均利润率的完成形态。这种平均利润率，不管是产业资本，还是商业资本，都是相同的。以后凡是讲到一般利润率或平均利润率时，都是指这种完成形态。

第二，什么是借贷资本？简单地说，借贷资本是货币资本家为了取得利息，暂时贷给职能资本家的货币资本。在资本主义制度下，一定量的货币如果被作为资本来使用，就能够为它的所有者带来剩余价值或平均利润，这样，作为资本的货币，就有一种特殊的使用价值。从一般的商品看，它的使用价值只是表现为自然属性，即产品本身的用途。从货币的使用价值看，它作为一般等价物，可以与一切商品相交换；但货币一旦转化为资本，它又取得追加的使用价值，即作为资本来执行职能的使用价值，可以取得平均利润。货币资本家把他的货币按一定期限贷给职能资本家，实际上就是把货币这种作为资本的使用价值即生产利润的能力让渡给职能资本家。一旦货币作为生息资本贷给职能资本家，这时的货币资本就变成了商品，“不过是一种特别的商品”，即作为商品的资本，或简称为资本商品。

第三，利息是什么？职能资本家向货币资本家贷入货币资本，也就是货币资本家把这一部分货币资本能够带来利润的权力让渡给职能资本家。假定货币资本 100 元，年平均利润率为 20%，100 元的货币资本有取得 20 元利润的权力，职能资本家由于使用这 100 元货币资本而取得了 20 元利润。他必须以其中的一部分（如 5 元），来支付 100 元货币资本的使用价值，交给货币资本家。这 5 元，本来是平均利润的一部分，现在，职能资本家把它当作利息，交给货币资本家。“因此，利息不外是一部分利润的特别名称，特别项目”。

第四，生息资本的经济关系，是从资本主义生产关系中产生出来的。在这里，由于生息资本的出现，资本的所有权和资本的使用权相分离，货币资本家和职能资本家相对立，职能资本家不能把全部利润据为己有，必须把利润的一部分作为利息交给货币资本家。如果货币资本家不把 100 元货币资本交给职能资本家去使用，他就不能取得利息。如果职能资本家不从货币资本家那里贷入 100 元货币资本，他就不能用这 100 元执行资本的职能，也就不能取得平均利润。这种由生息资本而表现出来的经济关系，是货币资本家和职能资本家双方当事人的意志行为，他们的意志行为表现为依照法律订立各种形式的契约。不管他们的共同意志如何表现在各种不同形式的契约上，都反映着资本主义生产方式基础上的货币资本家和职能资本家的关系，即资本主义的生产关系。至于这种契约是正义的，还是非正义的，从资本主义观点看，只要这些契约的内容与资本主义生产方式相适应，就是正义的，如果与资本主义生产方式相矛盾，就是非正义的。

第五，从货币资本家方面看，他的货币资本，例如 100 元，在贮藏状态不能产生利润，必须把这 100 元贷出，给职能资本家使用，使这 100 元货币当作资本来发生职能，因此，货币资本家必须把货币资本贷给职能资本家。从职能资本家方面看，他所使用的不是自己的资本，而是别人的资本，即货币资本家的资本。如果没有贷入资本，职能资本家也无从取得平均利润。因此，货币资本家把一定数量的货币资本贷给职能资本家去使用，是生息资本的前提条件。

（一）生息资本的运动形式、性质和特征

生息资本的运动形式

首先，看看生息资本这种特殊商品的特殊运动形式。

我们假定：以 A 代表货币资本家，以 B 代表职能资本家，在这里，生息资本运动的公式是：

$$G—G—W—G'—G'$$

第一个 G，是生息资本运动的出发点。它表示，货币资本家 A 把掌握的货币资本作为生息资本贷给职能资本家。第二个 G，是职能资本家 B 从货币资本家 A 那里贷来的生息资本。W 是职能资本家用 G 购买生产资料和劳动力进行生产后得到的商品。公式后面的前一个 G′，是职能资本家把生产的商品卖出后，重新取得的货币，这是货币资本的复归，其中还包括生产过程中生产出来的剩余价值的实现，即包括平均利润；公式的最后一个 G′，表示职能资本家还给货币资本家的货币资本和付给货币资本家的利息。为了简便起见，我们在这里暂且把资本长期留在 B 手中并按期支付利息的情况撇开不说，即假定：职能资本家把生息资本的原本加利息一次付清。

从上述公式可以看出，作为职能资本进行活动的，只是 G—G—W—G′—G′中的 G—W—G′这一段。前面一段即 G—G，是货币资本家 A 把生息资本贷给职能资本家 B；后面一段即 G′—G′，是职能资本家把生息资本加利息还给货币资本家。这里讲的职能资本家如果是产业资本家，循环的公式就是：$G—G—W<\begin{matrix}Pm\\A\end{matrix}\cdots P\cdots W'—G'—G'$；如果是商业资本家，循环的公式就是：G—G—W—G′—G′。不管这个中间阶段的循环如何不同，它都是 G—G 先于 G—W，G′—G′后于 W′—G′。在 G—G 阶段，货币资本从货币资本家手中贷给职能资本家。在 G′—G′阶段，货币资本从职能资本家手中加上利息归还给货币资本家。A 把货币贷给 B，只是作为货币资本贷出；只是在 B 手里，即在职能资本家手里，货币才当作资本发生职能。所以生息资本的公式，也可简化为 G—G′，马克思说："把货币放出即贷出一定时期，然后把它连同利息（剩余价值）一起收回，是生息资本本身所具有的运动的全部形式。"[①] 这也是生息资本所固有的独特的运动形式。

从上述公式可以看出：生息资本运动的 G—G 和 G′—G′，"既不是商品形态变化的要素，也不是资本再生产的要素"。为什么呢？商业资本运动是 G—W—G′，即先用货币购买商品，然后卖出商品，取得货币，在这里，同一商品转手两次，表示商品的"一个形态变化"；至于简单商品的运动，则是 W—G—W，即先把商品卖出，取得货币，然后再以货币购买其他商品，在这里，同一货币换位两次，"表示商品的一个完全的形态变化"。但是，生息资本则不同，G—G，只表示资本的贷出；G′—G′，则表示贷出资本加利息的归还；不管是贷给产业资本家作为生产和再生产的要素也好，还是贷给商业资本家用作商品形态变化的要素也好，即不管它是作为产业资本发生职能，还是作为商业资本发生职能，只要贷出资本，取得利息就行。可见，生息资本的由 G—G 或由 G′—G′的运动，既不是商品形态变化的要素，也不是资本再生产的要素，资本循环只是在这两个阶段之间由职能资本家进行的。

从上述公式还可以看出：生息资本的运动，是双重支出、双重回流

---

① 《资本论》第 3 卷，人民出版社 2004 年版，第 390 页。

的。所谓双重支出，是指：首先是货币资本家把货币资本贷给职能资本家，即 G—G；然后，职能资本家才能用货币购买生产资料和劳动力，即 $G—W<\begin{matrix}Pm\\A\end{matrix}$。如果没有 G—G，也就不可能有 G—W。所谓双重回流，是指：循环不是以 W′—G′结束，而是以 G′—G′结束。从 W′—G′，把生产出来带有剩余价值的商品卖出去，取得货币，这是一重回流；然后再从 G′—G′，把生息资本连本带利归还给货币资本家，这又是一重回流。

由上可见，生息资本的运动，是一种脱离职能资本运动的特殊形式的运动，这种运动仅仅表现为 G—G 和 G′—G′，或简化为 G—G′的形式。资本在这种运动形式上，对雇佣劳动的剥削是一点儿也看不见了，所能看到的，只是货币具有一种特殊的自行增殖的魔力，好像货币同再生产过程相独立，具有生出更多货币的天然本性，资本拜物教的观念已经发展到它的顶点，在这里，资本主义的生产关系已经完全被颠倒过来了。

生息资本的独特性质

其次，再来看看生息资本所具有的独特性质。

简单地说，生息资本运动的独特性质，就在于资本是作为商品出现的，即在于它是资本商品。如果我们把它和流通过程中的商品资本与货币资本相比较，就明显地看出生息资本的这种独特性质。

流通过程中的商品资本和货币资本，都不是作为资本商品执行职能的。也就是说，“在这两种形式上，资本不是作为资本变成商品的”。在流通过程中，商品资本只是作为商品，而不是作为资本执行职能。在这里，资本家只作为商品的卖者出现，通过商品售卖实现它的价值。至于购买者是用于生活消费的劳动者，还是用于生产消费的资本家，那是完全没有关系的。虽然这种商品和简单商品不同，不仅在其中已经包含着剩余价值，并在售卖中实现其剩余价值，而且它的售卖又是资本主义再生产过程中的一个要素、一个阶段、一个有机组成部分，和资本进行的总运动密切相联系，但它毕竟不是作为资本执行职能，而仅仅是作为商品执行职能。在这里，出卖者是售出商品，而不是售出资本商品；购买者是用货币购买商品，也不是用货币购买资本商品。在流通过程中的货币资本也是这样：货币资本也只是单纯作为货币，作为商品的购买手段发生作用，而不是作为资本发生作用。它之所以能成为货币资本，并不是由于用它购买了商品，也不是由于它在这里实际上执行了货币的职能，“而是由于这个行为同资本总运动的联系，因为它作为货币所完成的这个行为，是资本主义生产过程的先导”。可见，在流通过程中商品资本和货币资本实际执行职能时，商品资本仅仅起商品的作用，货币资本仅仅起货币的作用，它们之所以能成为商品资本和货币资本，只是由于它们是资本再生产的一个要素，从而和整个资本运动相联系。在这里，不管是商品资本和货币资本，不管是对买者来说还是对卖者来说，都只是商品或货币，而不是资本；所以，在流通中，卖者和买者的关系，并不是资本买卖的关系，而是商品转化为货币，或货币转化为商品的关系，即商品的买卖关系。

“生息资本却不是这样。它的特有的性质也正在于此。”生息资本一开始投入流通，就不是作为单纯的货币，也不是单纯地作为商品，而是作为资本，从而成为资本商品。在这里，不是商品转化为货币，或货币转化为商品的商品买卖关系，而是货币资本家把货币作为资本商品，贷给职能资本家，体现着货币资本家与职能资本家的资本商品的借贷关系。贷者是货币资本家，借者是职能资本家。这种贷借关系是由这种资本商品的特殊使用价值即能够带来平均利润而产生的。货币资本家通过资本商品的贷出，让渡这种特殊使用价值；职能资本家通过对资本商品的借入，取得这种特殊使用价值。他们之间是借贷关系，而不是一般商品货币的买卖关系。从 G—G 的过程看，资本商品“既不是被付出，也不是被卖出，而只是被贷出”。从 G′—G′的流回看，它是采取偿还的形式，也不是采取一般的商品买卖形式。生息资本的这种作为资本商品的独特性质，具体表现为：第一，生息资本一开始就是当作资本，它才成为商品的，它不是一般的商品，而是一种特殊商品，即资本商品；第二，资本商品不是被卖出，而只是被贷出，其所有权仍在货币资本家手中；第三，这种资本商品所以能够贷出，是因为它具有特殊的使用价值，即对它的使用能够带来剩余价值或平均利润，而职能资本家借入资本商品，就是为了取得这种特殊的使用价值的使用权，至此，资本的所有权和资本的使用权分离开来了；第四，正因为对货币资本家来说，货币资本只是被贷出，而不是被卖出，因此，到一定期限，职能资本家就要把原先的货币资本，即生息资本，连本带利地偿还给货币资本家，所以起初的贷出，是以到期偿还作为条件的。可见，生息资本作为货币预付时，并不是为了交换商品；作为商品预付时，也不是为了取得货币，它一开始就是作为资本来支出，直接作为特殊的资本商品来贷借的，这就是生息资本的独特性质。

第 386 页第 2 段到第 388 页第 3 段，马克思着重批判了蒲鲁东对生息资本这种独特性质的错误观点。

第一，蒲鲁东错误地以一般商品的买卖关系来对待生息资本的借贷关系。“在蒲鲁东看来，贷放是一件坏事，因为它不是出售。”他认为：一般商品的出卖，会让出商品的所有权，而生息资本的贷出，则“从来不出让对所售物品的所有权”。显然，在这里，他把一般商品的买卖关系和生息资本的借贷关系混为一谈了。实际上，生息资本的借贷关系，和一般商品的买卖关系是不同的。这表现为：从一方面看，货币资本家把生息资本贷给职能资本家时，“并没有得到等价物作为报酬”。而一般商品的买卖，都是以等价物进行交换。如在卖的场合，商品卖出了，却收回了货币；如在买的场合，货币支出了，却取得了商品。从另一方面看，在一般商品的买卖中，不管是商品换货币，还是货币换商品，“不会发生价值变化。同一资本家总是握有同一价值”。这是因为：在生产剩余价值时，不发生交换，在发生交换时，剩余价值已经生产出来，包含在商品中了。但是，在生息资本的情况下，生息资本被贷放，一开始就是以资本商品出现的，在这里，货币资本家把生息资本的特殊使用价值，即能增殖价值或带来平均利润的权力，转让给职能资本家，只是在职能资本家到期归还贷款时，他才同时取得相应的价值增殖额即利息，这种利息的取得，只是转让资本商品能取得平均利润的能力的结果。由此可见，蒲鲁东把一般商品的买卖关系和生息资本的借贷关系混为一谈，是错误的。

第二，蒲鲁东错误地认为，利息是大于商品价值的东西。他认为，产业资本家出售商品，取得商品价值，是等价交换；货币资本家贷出资本，除了取得资本外，还会得到利息，这是不等价交换。那么，这种由不等价交换而带来的利息是从哪里来的呢？蒲鲁东认为，是由工人的工资来支付的，“因为在商业中，资本的利息加到工人的工资上，共同构成商品的价格，所以，工人要买回他自己的劳动的产品，就不可能了”。这就是说，利息是商品价值以上的加价。本来，工人拿一定量工资，按照等价交换原则，可以买到一定量商品；但由于商品除价值外还增加了利息部分，工人拿同量工资只能买到较少的商品。可见，利息是由于不等价交换，把工人的一部分收入转移到借贷资本家那里去的。蒲鲁东的这种看法，是完全错误的。实际上，利息只是平均利润的一部分，是一部分剩余价值的转化形态，它本身就包括在商品价值之中，它的大小，既不会影响剩余价值量的变化，更不会引起商品价值量的变化。假定产业资本家出售商品，是按照商品价值进行等价交换，那么，他除了成本以外，还会得到平均利润。如果预付资本全部是产业资本家自有的，这个平均利润部分也就完全为他所占用；如果预付资本是向货币资本家借来的，他就要从平均利润中分出一部分，作为利息交给货币资本家。所以，利息的大小，在任何情况下都不会影响商品的价值，也不会影响剩余价值，只是会影响包含在商品价值中的剩余价值部分在不同资本家之间的分配比例。蒲鲁东把利息说成是超过价值以上的加价部分，实际上是说，利息不是剩余价值一部分的转化，它不会影响货币资本家和职能资本家之间对剩余价值的分配，只是表现为工人和资本家之间在再分配中的关系，这就表明他完全不懂利息的本质。

第三，“蒲鲁东把一般资本的运动说成是生息资本特有的运动”。他认为，“货币资本从交换到交换，通过利息的积累，不断流回到它的起点”。这就是说，生息资本的运动，是通过支出货币，经过生产和流通，最终再回到它的出发点。实际上，货币支出后，经过生产、流通等阶段，再回到它的出发点，是所有资本运动的特点，并非生息资本运动的特征。作为生息资本，“在这里，资本作为资本已经变成商品，因而出售已经变成贷放，价格已经变成利润的一部分”。显然，生息资本运动除了具有一般资本运动的特征以外，还必须具有生息资本运动的特征。那么，生息资本运动的特征是什么呢？马克思指出：“作为生息资本的特征的，是它的表面的、已经和作为中介的循环相分离的流回形式。”这就是说，它不是表现为一般的商品和货币的买卖活动，而是表现为借贷和偿还的运动。蒲鲁东把生息资本运动的特征和一般资本运动的特征混为一谈，这说明他多么不理解生息资本的性质。

生息资本的特征

从第388页第4段到第392页第1段，马克思分析了生息资本的特征。

既然生息资本运动的特征，“是它的表面的、已经和作为中介的循环相分离的流回形式”，即生息资本的全部运动，表现为借贷和偿还的运动，那么，这个借贷和偿还，又有哪些与一般资本运动的不同之处呢？首先，生息资本的贷出和流回，不同于商品与货币的买和卖。从贷出方面看，借贷资本家把生息资本贷给职能资本家，同一般资本循环中的用货币购买商品不一样。在一般资本循环中，用货币资本购买各种商品（生产要素）是单纯的买卖行为；而借贷资本家贷出资本时，只是把生息资本转给职能资本家，并没有得到任何等价物，在这里，货币的第一次换位，既不表示买，也不表示卖，不发生所有权的转移，只是使用权的变换。从流回的方面看，职能资本家把生息资本加利息还给借贷资本家，也同一般资本循环中的商品资本转化为货币资本不一样。在一般资本循环中，从商品资本转化为货币资本，从而使预付的货币资本流回到出发点，这仍然是买卖行为；而职能资本家把生息资本归还借贷资本家，仍然不表示买卖关系，而只是对贷出资本的第一行为的补充。虽然生息资本在产业资本家支出后，用于实际循环过程，又流到产业资本家手中，但由于这种资本原来就不是产业资本家所有，而是借贷资本家所有，因此在流回时，也不能归产业资本家所有，而必须还给借贷资本家。可见，生息资本的这种贷出和流回的特殊形式的运动，不同于一般资本循环的买和卖的运动。其次，资本的贷出和流回。都是由借贷资本家和职能资本家双方的意志决定的，“都表现为任意的、以法律上的交易为中介的运动”。从贷出来看，资本由贷者手中转到借者手中，这是一个法律上的交易；从偿还来看，资本再由借入者手中流回到贷出者手中，这是第二个法律上的交易，是第一个交易的补充。可见，不管贷出或偿还，都是以法律上的交易为媒介的运动。再次，资本的贷出和流回，从表面上看，都和资本的现实的再生产过程无关。从贷出来看，它本身不是产业资本的由货币资本到生产资本的转化行为，而是为产业资本完成这个转化作准备，“只是为这个再生产过程作了准备”，它发生在资本现实运动的前面，或者说，它发生在资本循环之前；从流回来看，它和产业资本由商品资本转化为货币资本的行为也不同，它是发生在这种转化行为之后，“是发生在现实过程之后的补充行为”，或者说，它是发生在资本循环之后的行为。可见，资本的贷出和流回，“它们发生在资本现实运动的前面和后面，同这个现实运动本身无关”，即和资本的现实的再生产过程无关。总之，生息资本的贷出和偿还，是生息资本的全部运动，“一般地说就是贷和借的运动，即货币或商品只是有条件让渡的这种特有形式的运动”。这种贷出和偿还的运动，构成生息资本运动的独具的特征。

必须注意，生息资本的这种贷出和流回的运动，从表面上看，似乎与资本的现实的再生产过程无关。为什么呢？从贷出方面看，借贷资本家把货币作为生息资本贷放出去，在这里，资本没有发生任何变化，只是由 A 手中转到 B 手中，这是发生在生产过程以前的转手行为。从流回方面看，只有当产业资本家实现了由商品资本转化为货币资本以后，他才可能把货币资本作为生息资本偿还给借贷资本家，资本由 B 手中再回到 A 手中。这种“把货币放出即贷出一定时期，然后把它连同利息（剩余价值）一起收回，是生息资本本身所具有的运动的全部形式”。在这里，职能资本家把生息资本借入以后所进行的一系列的资本的现实运动，即资本的生产过程和流通过程，都看不见了，这些再生产过程本来是贷出和偿还之间的中介运动，现在，从表面上看，这个中介过程却成为贷出者和借入者之间交易以外的事情了。本来，资本的流回是资本循环经过生产过程和流通过程等经济行为而产生的结果，现在，生息资本的回流却表现为“**好像**只取决于贷出者和借入者之间的协议”，表现为买者和卖者之间的特别的法律契约的结果。总之，“就生息资本来说，回流和放出一样，只是资本所有者和另一个人之间进行的一种法律交易手续的结果。我们看见的只是放出和偿还。中间发生的一切都消失了”。

但是，从实际上看，生息资本的运动并不是和资本的再生产过程无关，而是有着密切关系的。借贷资本家把货币作为生息资本贷给职能资本家，目的是贷出以后，经过一定时期，不仅要收回原资本，而且要取得利息。但是，职能资本家为什么要贷入生息资本呢？他贷入的生息资本，为什么经过一定时期，既能还本，又能付息呢？这就要有一个前提，即把贷入的生息资本当作资本使用，使它立即投入再生产过程，进行现实的资本循环运动，这样，不仅在生产中剥削到剩余价值，而且在流通中实现了剩余价值。只有通过生产和流通的现实资本的循环运动，实现价值增殖，取得平均利润，他才能在一定时期实现对生息资本的还本付息。一句话，职能资本家必须把贷入的生息资本投入再生产过程，作为实际使用的资本执行职能，才能实现借贷资本的流回。虽然，借贷资本通过贷出和流回，即 G—G 和 G′—G′的两个阶段的运动，从形式上看不出它和再生产过程的联系，但是，“这种贷放就是把价值**作为资本**而不是作为货币或商品来让渡的适当形式”，即是说，把这种资本商品作为能产生平均利润的能力来让渡的，即作为能发挥职能的资本来让渡的，要使资本发挥资本的职能，必须把它投入再生产过程之中。事实很显然，如果职能资本家贷入生息资本，不把它用于再生产过程以发挥资本的职能，而是闲置在保险柜中，他自己既无从取得企业利润，到期也无从支付利息。实际上，职能资本家贷入生息资本，就是为了把它使用于生产过程，作为资本而发挥其剥削职能的。

（二）利 息 的 实 质

利息是转到借贷资本家手中的一部分平均利润

货币资本家把货币资本贷给职能资本家，最后是职能资本家把贷入的资本还给货币资本家。如果职能资本家还给货币资本家的还是和原来贷入的数量一样，那它仅仅是贷出的价值额的回流，“还不是**作为资本**贷出的价值额的回流”。要作为资本贷出，就必须使它在不断运动中，不仅保存自己，而且增殖自己，增大自己的价值量，即在运动中带来剩余价值，这样，最后职能资本家才能把贷入资本所带来的剩余价值的一部分作为利息交给货币资本家，即除还本之外，还要付利息。在这里，G′的回流，是作为 G＋ΔG 的流回，G 是原本部分，ΔG 是利息部分。这个 ΔG，是平均利润的一部分，由职能资本家转给货币资本家手中。所以，利息是归于货币资本家的那一部分平均利润。

接着，马克思从质的方面对利息进行了分析。这种分析，是在生息资本作为资本商品、利息是借贷资本的价格的基础上来进行的。

货币资本家把货币作为生息资本让渡给职能资本家，正是由于这种让渡行为，才使货币资本变成商品。这种资本商品的让渡和普通商品的让渡是不同的。首先，在普通商品的售卖时，所让渡的并不是商品的价值，而是商品的使用价值。至于商品的价值，只是改变了存在的形式，它或者是存在于商品形式上，或者是存在于货币的形式上。“卖者实际让渡的，从而进入买者的个人消费或生产消费的，是商品的使用价值，是作为使用价值的商品。”在生息资本的贷放时，虽然让渡的也是使用价值，但这种使用价值和普通商品的使用价值不同，普通商品的使用价值仅仅是满足人们的某种需要，在消费过程中被消费，因而商品的实体和使用价值会一道消失；生息资本的使用价值则是一种特殊的使用价值，由于它的使用，作为资本发挥作用，具有生产平均利润的能力，这种生产平均利润的能力，即特殊的使用价值，不像普通商品的使用价值那样，在消费过程中和商品实体一同消失，而是会保存下来，并由于剩余价值的资本化，在量上不断增加，不断地起着生产平均利润的能力的剥削作用。货币资本家让渡给职能资本家的就是资本商品这种生产平均利润的能力的特殊使用价值。

这种资本商品的特殊使用价值，和劳动力商品的特殊使用价值有类似之处：劳动力的使用价值是劳动，劳动能创造新的价值，它所创造的新价值可以大于劳动力本身的价值，即产生剩余价值。资本商品的这种特殊使用价值，即在于它的使用，有生产平均利润的能力，也就是生产剩余价值的能力，从而使原资本价值增殖。当然它们之间也有重要区别，从形式上看，产业资本家对劳动力价值是通过工资进行支付的，职能资本家对借贷资本是通过还本付息的形式进行偿还的。从实质上看，劳动力的使用体现着新价值的创造，而生息资本的使用则发挥着资本的职能，体现着资本家对工人的剥削。

其次，普通商品的让渡和资本商品的让渡，都是让渡其使用价值，而使用价值都是依存于商品体中的，所以这种使用价值的让渡，都是作为商品让渡而表现出来的。第一，从价值方面看，这种商品的让渡，作为一个价值，从一个人手中转到另一个人手中，资本商品与普通商品是完全类似的，但它们还有区别。普通商品的让渡，不管是卖者还是买者，都保留着同量的价值，只不过是或者存在于商品形式上，或者存在于货币形式上。而生息资本的让渡是，一方贷出价值，另一方得到价值。然后在规定的时间里，一方偿还价值，一方重新取得价值。在这里，贷出价值，只是由未来的偿还而保持住这个价值。第二，从使用价值方面看，这种商品的让渡，都是让渡其使用价值。但普通商品让渡的使用价值，是商品的能够满足人们某种需要的自然属性，而资本商品让渡的使用价值，是生产平均利润的能力，“它本身就是价值，也就是由于货币作为资本使用而产生的那个价值量超过货币原有的价值量所形成的余额。利润就是这个使用价值”。“贷出的货币的使用价值是：能够作为资本执行职能，并且作为资本在平均条件下生产平均利润。”

再次，在普通商品交换时，购买者所取得的是该商品的使用价值，他支付的是商品的价值，而这种价值是通过商品和货币的交换表现出来的，价值，无非是价值的货币表现，所以这种商品价值的支付，是通过货币所表现的价格而进行的。在生息资本的贷借中，职能资本家像购买普通商品一样，通过贷入资本商品，取得它的特殊的使用价值，但他支付的又是什么呢？“那当然不是像在购买别的商品时那样，是它的价格或价值。”在货币资本家和职能资本家之间，即在贷出者和借入者之间，并不像普通商品交换的卖者和买者那样，会经过商品和货币相交换而发生价值形式的变化，因为货币资本家即贷出者，把生息资本这个“价值额，货币，在没有任何等价物的情况下付出去，经过一定时间以后交回来。贷出者总是同一价值的所有者”。在普通商品交换时，货币总是在买者方面；但在生息资本的贷放中，货币却是在卖者方面。职能资本家借入货币资本后，把它作为资本执行职能，增殖价值，取得剩余价值或平均利润，作为已经实现的资本，然后，把生息资本加上利息（剩余价值的一部分）偿还货币资本家，所以，“利息只能是他所实现的利润的一部分。

只是一部分，不是全部”。如果职能资本家把平均利润全部作为利息交给货币资本家，他自己没有得到任何好处，他贷入资本只是空忙，那是不会干的。如果货币资本家得不到利息，即平均利润的一部分，他贷出资本没有好处，也是不会干的。因此，贷出者货币资本家和借入者职能资本家双方，都把这些货币当作资本执行职能，这样，表现在货币形式上的资本，就取得了双重的存在，但这种双重的存在，并不会使利润增加一倍。它之所以能对双方都作为资本执行职能，只是由于双方对平均利润进行了分割：平均利润的一部分归职能资本家所有，平均利润的另一部分则作为利息归货币资本家所有。这样，利息就成为货币资本的价格。也就是说，利息是对资本商品的使用价值而支付的价格。

把利息当作货币资本的价格是不合理的

把职能资本家支付给货币资本家的利息说成货币资本的价格，“那就是价格的不合理的形式，与商品价格的概念完全相矛盾”。从普通商品说，价格是商品价值的货币表现，是由价值决定的，它与使用价值无关。那么，作为生息资本的资本商品，它的价格却表现为利息，这种作为利息的价格是表现什么呢？职能资本家把平均利润的一部分分割给货币资本家，是因为贷入的生息资本是一种特殊商品，它具有产生平均利润的能力的特殊使用价值，利息就是对这种特殊商品的特殊使用价值的报酬，也可以说，作为货币资本价格的利息，正好是由这个特殊商品的特殊使用价值决定的。本来，价格是商品价值的货币表现，在这里，作为利息的价格，却成为资本商品的使用价值的表现了。在这里，价格就不是由价值决定，而是由使用价值决定，“价格已经归结为它的纯粹抽象的和没有内容的形式，它不过是对某个按某种方式执行使用价值职能的东西所支付的一定货币额”。这就产生了一个矛盾：一方面，说生息资本是特殊商品，作为商品就必须有价格，所以说利息是资本商品的价格；另一方面，价格是商品价值的货币表现，而作为价格的利息却是资本商品的使用价值的表现，这就是矛盾。所以马克思指出：“不要忘记，这里支付的，是利息，而不是商品价格”。这就是说，利息不同于一般商品的价格，它不是商品价值的货币表现；但是马克思又说：“如果我们把利息叫作货币资本的价格，那就是价格的不合理的形式”。这就是说，资本商品是一种特殊商品，利息是这种特殊商品的特殊价格，正如劳动本身没有价值，但却有劳动价格这一范畴，劳动价格是劳动力的价格的不合理的表现形式一样，作为价格的利息，是资本商品特殊使用价值的不合理的表现形式，所以它和一般商品价格的概念是相矛盾的。马克思又说："利息是资本的价格这种说法，从一开始就是完全不合理的。"这种不合理表现为：其一，利息作为资本的价格，用来表现资本商品的特殊使用价值，违背了价格是价值的货币表现的原理；其二，货币表现为资本，成为资本商品，不论从简单商品的观点看，还是从资本的观点看，也都是不合理的。利息作为资本的价格的不合理，是和资本作为资本商品的不合理一致的，前者又是由后者产生的。总之，把利息看成是借贷资本的价格，是特殊的资本商品的结果，是价格的不合形式，反映了不同于普通商品关系的借贷资本的资本商品关系。"像蒲鲁东那样，把以货币为中介的交换即买和卖的简单关系直接运用到这里来"，即直接运用到借贷资本的关系上来，就会把借贷资本的资本商品关系和普通商品的买卖关系混为一谈，必然会得出错误的结论。

生息资本成为资本商品，利息作为借贷资本的价格，是有其客观基础的

生息资本成为资本商品，利息作为借贷资本的价格，是有其客观基础的，这表现为：

第一，借贷资本家把货币资本贷给职能资本家，使这种生息资本成为资本商品，是因为货币有当作资本的可能性。在借贷资本家把货币资本当作生息资本贷给职能资本家时，货币资本所以能表现为商品，一是因为这种货币资本被提供到市场上来，二是因为这种货币资本的使用价值，被让渡给职能资本家。这种使用价值是生产平均利润的能力，在这里，它是作为资本的使用价值而发生作用的，这与货币本身的使用价值不同。在资本主义制度下，货币是作为货币，还是作为资本，或作为资本商品，是由它的不同用途所决定的。如果把货币作为一般等价物，作为商品交换的媒介，那么，货币就只是作为货币来支付。如果把货币用于购买劳动力和其他各种生产要素，进行生产，创造出剩余价值，那么，货币就作为资本发生作用。如果把货币资本贷给职能资本家，货币资本就成为资本商品。

第二，货币作为资本，成为资本商品，并能取得利息，“是资本主义生产过程不断产生的结果”。这就是说，随着资本主义生产的发展，资本的所有者不直接把他的资本投入生产来剥削劳动者，而是把它贷给职能资本家，单纯凭他对资本的所有权得到利息。所以，借贷资本家虽然不直接经营生产，与生产过程分开，但他的货币已经是资本的潜在形态；它能够当作资本来售卖，是因为这种资本的使用能够占有别人劳动，从而增殖价值。“这里也清楚地表明了：占有他人劳动的根据和手段，就是这种关系，而不是资本家方面提供的任何作为对等价值的劳动。”实际上，资本作为资本商品，是资本主义生产发展的结果，并且这种结果在发展过程中还要不断当作前提而出现。

第三，平均利润分割为企业利润和利息，是由竞争决定的。利息作为借贷资本的价格出现，和普通商品的价格不同。普通商品的价格是由价值或生产价格决定的，如果供求不平衡，会使价格围绕价值或生产价格而上下波动，但供求不能决定价格本身。作为借贷资本价格的利息率的大小，则完全是由竞争决定的，马克思说：“但货币资本的利息却不是这样。在这里，竞争并不决定对规律的偏离，而是除了由竞争强加的分割规律之外，不存在别的分割规律，因为我们以后会看到，并不存在‘自然’利息率。相反，我们把自然利息率理解为由自由竞争决定的比率。”如上所述，既然借贷资本作为商品出现有它的客观基础，那么，利息作为借贷资本的价格出现也是必然的。

生息资本使资本关系更加神秘化

在生息资本的场合，一切都表现为表面的东西，资本家剥削工人的关系更加被掩盖、更加神秘化了。由于“资本的预付表现为资本单纯由贷出者手中转移到借入者手中”，因而资本关系仅仅表现为借贷资本家和职能资本家之间的关系，资本家和工人之间的关系就看不见了。由于“已经实现的资本的回流，表现为借入者单纯把资本连同利息归还或偿还给贷出者”，因而利息的大小，好像是由一定的时间决定的，这样，资本对劳动的剥削不见了，利息的真正来源被歪曲了，利息的本质也就看不清楚了，由此可见，在生息资本的场合，资本关系更加被掩盖、更加神秘化了。

■ 在这一章中，马克思是把生息资本作为一种特殊商品、即资本商品来进行研究的。每个商品都有使用价值和价值，但资本商品却有着特殊的使用价值和特殊的价值。从使用价值看：一般商品的使用价值是该商品的自然属性，就是说，它能满足人们某种需要，是由它的自然属性产生的；货币的使用价值是，它是商品交换的一般等价物，起着交换媒介的作用，是从货币的社会属性产生的；资本商品的特殊使用价值是，由于它的运动，可以使价值增殖，产生平均利润，这种产生平均利润的能力，正是资本商品使用价值的特殊的地方，这是它的社会属性，是从资本的生产关系中产生的。从价值方面看：一般商品的价值是由生产该商品所消耗的社会必要劳动时间决定的；货币的价值是由生产该货币（如金或银）所耗费的社会必要劳动时间决定的；资本商品的价值不同，“作为资本的货币或商品，其价值不是由它们作为货币或商品所具有的价值来决定，而是由它们为自己的占有者生产的剩余价值的量来决定”[①]。这就是说，资本商品的价值，不是由该资本本身的价值来决定，而是由它的能创造多少剩余价值，或带来多少利润所决定，也就是说，是由它的特殊的使用价值所决定。从价格方面来看：一般商品的价格，只是商品价值的货币表现。但资本商品的价格，却表现为利息。利息，是借贷资本的价格，是对资本商品的使用价值所支付的价格。尽管在实际上，作为资本的价格的利息，是资本商品的特殊使用价值的表现形式，但却是一种不合理的形式，与商品价格的概念完全相矛盾；但由于借贷资本家和职能资本家之间的贷借关系，职能资本家必须以平均利润的一部分作为利息交给借贷资本家，利息就必然以借贷资本的价格这种不合理的形式而表现出来。在这里，利息作为资本的价格，就不是由商品的价格所决定，而是由资本商品的特殊使用价值所决定。由此可见，作为特殊商品的资本商品，有其特殊的使用价值、特殊的价值和特殊的价格形式。

在这一章中，马克思也是把生息资本作为一种独特的资本关系来进行研究的。在这里，货币资本家把货币资本贷给职能资本家，职能资本家贷入货币资本后，组织生产，取得剩余价值，然后以平均利润的一部

---

① 《资本论》第3卷，人民出版社2004年版，第397—398页。

分作为利息，连本带利地还给货币资本家，在这里看到的，只是货币资本家和职能资本家之间贷出和偿还，只是货币资本家和职能资本家之间的关系；直接的生产过程和再生产过程看不到了，资本对剩余价值的剥削看不到了，资本家剥削工人的关系也看不到了，利息好像不是由剩余价值的一部分转化而来，却好像是由资本本身产生的，货币资本本身好像具有增殖资本、生产金蛋的魔力。在这里，货币资本家与职能资本家之间的关系掩盖着资本家对工人的剥削关系，即资本家集团共同分割剩余价值的关系。通过对生息资本的分析，马克思进一步揭示了生息资本的实质和利息的实质，进一步揭示了货币资本家和职能资本家之间的贷出和偿还的关系，是建立在资本家剥削工人这两个阶级对立的经济基础上的，也就是说，马克思对生息资本的分析揭示了生息资本运动形态所掩盖下的资本剥削关系。

在这一章中，马克思又是把生息资本作为一种运动来进行研究的。生息资本的运动形式，和一般资本的运动形式不同，它以贷出货币资本为起点，以收回贷款和利息为终点，它的运动的动机和目的，是为了取得利息。马克思从生息资本运动的这种形式开始，进一步揭示它的运动的实质，最后对作为生息资本运动的直接结果的利息的实质进行了分析，把这种特殊的资本关系和特殊的资本运动形式结合在一起，由本质到现象、由内容到形式，进行了缜密的分析，这正是他对由抽象到具体的方法的具体运用。

第 二十二 章

利润的分割。利息率。“自然”利息率

上一章对生息资本和利息，从质的方面作了考察，揭示了利息的本质；本章着重从量的方面对利息进行分析，从而阐明利息率的决定等问题。在本章第一段中马克思就指出：“我们要在这里阐述的，只是生息资本的独立形态和利息从利润中独立出来的过程。”这就是说，本章所研究的，并不是影响利息率的一切因素，而是以借贷资本家和职能资本家之间的关系为前提，把利息作为平均利润的一部分，着重研究利润率和利息率之间的关系和区别。这种研究，也仅仅是考察利息率的一般规定性，并不涉及这个问题的各个具体方面。

为什么要以借贷资本家和职能资本家之间的关系为前提来进行研究呢？如果借入者不是职能资本家，而是国家或贵族等剥削者，他们借入货币后不把它作为资本来执行职能，发挥剥削作用，而把它当作单纯的货币来使用，他们没有因使用贷款而取得平均利润，因此，虽然他们也付了利息，但这种利息不是平均利润的一部分。如果借入者是简单商品生产者，他们用贷款购买生产资料，独立进行生产，这时，虽然把借入的货币投入生产过程，但它没有执行资本的职能，他们通过生产，把生产的商品卖出去，并付给贷出者利息，这种利息只是商品价值的一部分，也不是平均利润的一部分。借贷资本家和职能资本家之间对资本商品的借贷关系，是资本主义生产关系的特有现象。马克思是以上述资本主义生产关系作为研究对象的，他所分析的“利息从利润中独立出来的过程”，只有借入者是职能资本家（产业资本家或商业资本家）的场合才会产生，因此，研究利息的量的决定，也必须以上述关系作为前提。

本章着重研究了三个问题：利润的分割，利息和利润的关系；利息率的决定和对“自然”利息率的批判；利息率的特点。

（一）利润的分割，利息和利润的关系

利息是由一般利润率调节的

借贷资本家把货币资本贷给职能资本家，职能资本家把借入的货币资本投入生产，取得平均利润，他必须把平均利润的一部分作为利息交给借贷资本家，以平均利润的另一部分作为企业利润（或企业主收入）留归自己，这样，平均利润就分割为利息和企业利润，利息只是平均利润的一部分。因此，“利润本身表现为利息的最高界限”。如果利息等于平均利润，职能资本家就不能取得企业利润，无利可图；如果利息高于平均利润，职能资本家不仅不能取得企业利润，而且要赔本。这两种场合他都是不愿意干的。马克思指出：“撇开利息事实上可能大于利润，因而不能用利润支付的个别情况不说，我们也许还可以把全部利润减去其中可以归结为监督工资的部分（这部分我们以后加以说明）的余额，看作是利息的最高界限。”这就是说，可以把平均利润扣除作为职能资本家的报酬以后的余额，作为利息的最高界限，因为把利息大于平均利润，或等于平均利润，看成是利息的最高界限，这种情况实际上是不可能发生的。至于利息的最低界限，则是完全无法规定的，它可以下降到任何程度，但最低不能等于零。如果等于零，利息就不存在，借贷资本家没有因贷出货币资本而取得任何收入，这种无利可图的事，他是不愿干的，它宁可把货币贮藏起来。所以，利息总是在最高界限和最低界限之间，即在平均利润以内和零以上之间不断摆动的。

由于利息是平均利润的一部分，所以如果利息和平均利润的比率是固定的，那么，利息就会随着平均利润（即总利润）的提高而提高，也会随着平均利润的降低而降低，从而利息率即一定时期内利息量和借贷资本量的比率，会随平均利润率的提高或降低而提高或降低。例如，在利息等于平均利润的$\frac{1}{4}$的情况下，如果平均利润率为20%，利息率即为

5%；如果平均利润率为12%，利息率即为3%。在这里，如果把平均利润率看成是由12%提高到20%，利息率虽然由3%提高到5%，但企业利润同平均利润的比率，却由9%提高到15%，这说明，如果利息占平均利润的$\frac{1}{4}$不变，平均利润率提高，在平均利润中，利息的绝对量虽然会增加，但企业利润的绝对量增加得更多。反之，如果把平均利润率看成是由20%下降到12%，利息率虽然由5%下降为3%，但企业利润率却由15%下降为9%，这说明，平均利润率降低，利息虽然会降低，但企业利润下降得更多。马克思作出结论说：“如果利息等于平均利润的一个不变的部分，结果就是：一般利润率越高，总利润和利息之间的绝对差额就越大，因而总利润中归执行职能的资本家的部分就越大；反过来，情况也就相反。”或者说：在利润率不同，而利息同平均利润的比率不变时，“一般利润率越高，总利润和利息之间的绝对差额就越大，因而总利润中归执行职能的资本家的部分就越大；反过来，情况也就相反。”

从上述情况出发，在利润率提高的情况下，职能资本家为了取得较多的企业利润，愿意对借贷资本家支付较多的利息。但是我们已经知道，“利润率的高低和资本主义生产的发展成反比”，这就是说，随着资本主义的发展，平均利润率会有下降的趋势，与此同时，随着平均利润率的趋向下降，利息率也有下降的趋势，“所以由此可以得出结论，如果利息率的差别实际上表示利润率的差别，一个国家利息率的高低就同样会和产业发展的水平成反比”。这就是说，资本主义生产较不发展时，利息率较高；反之，资本主义生产较发展时，利息率会趋向下降。在这个意义上，我们可以说，“利息是由利润调节的，确切些说，是由一般利润率调节的”。尽管在实际经济生活中，情形并不总是这样，但把平均利润率当作利息的最高界限，在这界限内，利息常常受到利润率变动的影响而发生变动，这是完全正确的。

决定利润量的因素与决定利润量分割为利息和产业利润的因素是不同的

必须注意，决定利润量的因素与决定利润量分割为利息和产业利润的因素是不同的。

首先，用来分割为利息和产业利润的这个利润量，或利润总量，其大小是由平均利润率决定的。平均利润率越高，这种利润量就越大；反之，平均利润率较低，这种利润量就较小。其次，在利润量已定的情况下，利息和产业利润相互之间的变动成反比例。就是说，在平均利润中利息所占的比例多了，产业利润所占的比例就会相对地少些；相反，如果利息的部分少了，产业利润的部分就会多些。在一定量利润中，按怎样的比例分割为利息和产业利润，是纯粹由经验决定的，是偶然的，它并不是由平均利润率决定的。马克思说："而那些决定有待分割的利润的量即无酬劳动所生产的价值的量的事情，和那些决定利润在这两类资本家之间的分割的事情，是极不相同的，并且往往按完全相反的方向发生作用。"这就是说，决定利润量的因素和决定利润量分割为利息和产业利润的因素，是不同的，甚至完全相反。关于这个问题，只要我们研究一下产业资本的周转周期，就会发现：周期的不同阶段，利息率不同，往往是繁荣时期利润率高，利息率则较低；危机时期利润率低，但利息率则较高。这证明，利息率的变动并不完全依赖于利润率的变动，而是和利润率的变动相独立地进行的。如果把决定利润率变动的因素，当成是利润量分割为利息和产业利润的因素，也就是当成决定利息率变动的因素，把二者混为一谈，显然是错误的。

利息率也可以完全不以利润率的变动为转移而具有下降的趋势

以上说过，随着资本主义发展，平均利润率有下降趋势，因而以平均利润率的变动为转移的利息率也有下降的趋势。除上述已经分析过的情况外，还有以下两个原因，使得"利息率即使完全不以利润率的变动为转移，也具下降的趋势"。这就是：第一，随着资本主义发展，食利者阶级的人数日益增多，资本贷放者阶级也增大起来。他们或者因为资本过小不能独立经营，或者因为利息收入已够维持奢侈生活而不愿意组织生产，于是把货币资本变成了借贷资本。第二，由于信用制度的发展，使得社会各阶层的游资容易集中起来，形成大量的借贷资本。上述两种因素都会使借贷资本的供应量增加，超过需求，从而引起利息率下降。这种利息率的下降趋势，说明资本主义制度下有日益增大的资本部分，不能直接使用于生产过程，造成了借贷资本的经常过剩，这充分暴露了资本主义经济的深刻的内在矛盾。

（二）利息率的决定和对"自然"利息率的批判

利息率的决定

利息率是由什么因素决定的？马克思从肯定的角度出发，引证了拉姆赛的话，他指出：利息率部分地是由总利润率、即由平均利润率决定的；部分地是由总利润中分割为利息和企业主收入的比例决定的。从前者看，因为利息率的最高界限不能超过平均利润率，平均利润率越高，平均利润量越大，利息率也就可能高；反之，如果平均利润率低，平均利润量较少，利息率也就必然要低。从后者看，在平均利润率和平均利润量已定的情况下，在利息与产业利润（企业主收入）的分割比例中，如果利息的比例部分多了，利息率就会高；如果利息的比例部分少了，利息率就会低，所以，这种分割比例，决定着利息率的高低。那么，这种分割比例又是由什么决定的呢？"这个比例取决于资本的贷出者和借入者之间的竞争"，就是说，是由借贷资本家和职能资本家之间的竞争决定的，"当竞争本身在这里起决定作用时，这种决定本身是偶然的，纯粹经验的"。[①] 因此，马克思又指出，"一个国家中占统治地位的平均利息率"，"不能由任何规律决定"。这就是说，在资本主义经济生活中，根本不存在所谓平均利息率的客观规律。利息率的大小，只是贷者和借者根据竞争力量的大小，由双方意志达成协议的结果，所以，在平均利息率的决定上，习惯和法律传统，也和竞争一样起着作用。

必须注意，平均利息率"不同于不断变动的市场利息率"。市场利息率，是由每一时期金融市场上借贷资本的供求状况来确定的利息率。它随借贷资本供求状况的变动而不断发生变动。平均利息率，则是根据整

① 《资本论》第3卷，人民出版社2004年版，第407页。

个产业周期来平均计算的利息率，它在较长时间内表现为不变的量。“要找出平均利息率，就必须：1. 算出大工业周期中发生变动的利息率的平均数；2. 算出那些资本贷出时间较长的投资部门中的利息率。”可见，平均利息率是从市场利息率中得出来的一个平均数。这和商品的市场价格围绕市场价值而上下波动的情况完全不同。我们知道，商品的市场价值是由社会必要劳动时间决定的，价格是价值的货币表现，市场价格由市场价值所决定，围绕着市场价值而上下波动。市场利息率则不同，它不是由平均利息率决定的，而是由供求、竞争、习惯、法律传统等等因素来决定，市场利息率并不围绕着平均利息率而上下波动，平均利息率不是市场利息率的涨落的中心。可见，不是平均利息率决定市场利息率，而是从市场利息率中凭经验和累计而引申出平均利息率。

对“自然”利息率的批判

在资产阶级经济学中，对利息率的决定有一种错误观点。他们认为，利息作为生息资本的价格，像普通商品的价格一样，在供求平衡时，有一个平均价格，因而，生息资本在供求平衡时，也有一个平均的利息率，他们把这种平均利息率叫作“自然”利息率，认为市场利息率就是围绕这种“自然”利息率而上下波动。

马克思所说的平均利息率和资产阶级学者所说的平均利息率（即“自然”利息率）是完全不同的。前面说过，马克思所说的平均利息率，是从市场利息率中得出来的平均数，它不是先于市场利息率而存在的，更不是市场利息率围绕它而上下波动的中心，相反，它是根据一个较长时期的市场利息率平均计算的结果。至于资产阶级学者所说的平均利息率，即“自然”利息率，则是决定市场利息率、先于市场利息率而存在的，是市场利息率围绕它而上下波动。这是把市场价值和市场价格的关系套用到平均利息率和市场利息率上来。实际上，“在这方面，像经济学家所说的自然利润率和自然工资率那样的自然利息率，是没有的”。为什么呢？这是因为：第一，生息资本作为资本商品，和一般商品不同，一般商品的价格是由价值决定的，而生息资本商品的价格，即利息并不是由生息资本的价值决定的，它“不能由任何规律决定”，没有任何规律可循。在供求一致的情况下，它只是偶然地、纯粹经验地决定的。所以，平均利息率只能从市场利息率中引申出来，而不是由平均利息率来决定市场利息率。第二，为什么平均利息率不能由任何规律所决定呢？这是“由于利息的性质”。利息是平均利润的一个部分。同样一个资本，要在双重规定性上出现。起初，要作为生息资本，由借贷资本家贷给职能资本家；然后，在职能资本家手里，作为产业资本或商业资本执行职能。但是，这种资本，“它只执行一次职能，本身只生产一次利润”，对这一次生产出来的利润，借贷资本家和职能资本家都有权要求占有它，这就产生他们之间对利润的分割。他们之间按什么比例来分割这种利润，这同一个股份公司内部的不同股东之间按什么比例来分配他们共同取得的利润一样，“纯粹是经验的、属于偶然性王国的事情”。在这里，虽然竞争起着决定作用，即决定着市场利息率在平均利润率范围内的高低界限，但它本身“没有任何理由可以说明，为什么中等的竞争条件，贷出者和借入者之间的均衡，会使贷出者得到他的资本的3%、4%、5%等等的利息率，或得到总利润的一定百分比部分，例如20%或50%。”第三，还须注意，在新创造的价值中，分割为可变资本与剩余价值，是由于劳动力和资本这两个完全不同的要素起着决定作用，在这里，从质的区别中产生了量的分割。平均利润分割为利息为企业利润则是具有双重规定性的同一资本对同质的即同一的平均利润的分割，“在这里，**质的区别**相反地是从同一剩余价值部分的**纯粹量的分割**中产生的”。

根据以上所述，平均利息率只能从市场利息率中引申出来；平均利息率不能由任何规律所决定；利息和产业利润的质的区别是从对同一平均利润的纯粹的量的分割中产生的。马克思得出结论说：“并没有什么‘自然’利息率”。

（三）利息率的特点

> 在每个国家的较长时期内，利息率是个不变的已知量

接着，马克思把利息率和利润率相比较，进而论证利息率的特点。

首先，利息率和利润率的关系，同商品市场价格和商品价值的关系相类似。商品的市场

价格不是由商品的个别价值决定，而是由商品的社会价值决定的。利息率也是这样，它既不是由特殊部门的特殊利润率决定，也不是由特殊营业部门取得额外利润的利润率决定的。因为平均利润率在较长时期内才会发生变动，因而由这种平均利润率所决定的平均利息率，在一定时期内，"表现为同一的、确定的、明确的量"，即是一个不变的已知量。由此就可以看出利息率和平均利润率的不同之处，这就是：利息率的界限不能由它的内在规律来说明，但"中等利息率在每个国家在较长期间内都会表现为不变的量"，即在一定时期内表现为一个不变的已知量。平均利润率就不是这样。它"只是不断地作为一种趋势，作为一种使各种特殊利润率平均化的运动而存在"，这就是说，平均利润率只是各部门的特殊利润率平均化的结果。由于部门之间的竞争，逐渐把资本由利润率低的部门转到利润率高的部门，并不断再由利润率高的部门发展为利润率低的部门，然后会再把一些资本转移到其他部门中去，这是一个不断转移过程，也是特殊利润率的不断平均化过程。这种平均利润率，虽然作为趋势来说是客观地存在着的，但在外部的表现上，它的量却不是固定不变的，仅仅表现为各种已知的特殊利润率围绕着它波动的中心而已。由此可见，利息率在一定时期内表现为一个不变的已知量；而平均利润率在一定时期内，它的内在的确定性却不能表现在外部固定的不变量上，而仅仅表现为一个中心、一种趋势上，它是一个无法确定的量。

市场利息率直接由供求关系决定，平均利润率则由完全不同的更复杂得多的原因决定

其次，市场利息率的决定，和平均利润率的决定也是不同的。"市场利息率是由供求关系直接地、不通过任何中介决定的，一般利润率事实上是由完全不同的更复杂得多的原因决定的"。这是因为：生息资本与一般商品不同，它是当作资本商品、即特殊商品而出现的，因此它的利息也就变成它的、即这种特殊商品的特殊的价格。利息作为生息资本的价格，和普通商品的价格变动一样，也是由供求关系的变动而确定的。当借贷资本的供给增加而需求不变时，市场利息率就会下降；反之，如果对借贷资本的需求增大而供给不变，市场利息率就会提高。这样，市场利息率不断随着供求关系的变动而变动。但是这种变动，在一定时间内，和普通商品的价格一样，表现为一个固定的已知量，并在借贷资本家供给这种资本商品、职能资本家借入这种资本商品以前，就已经作为前提存在。平均利润率就不是这样，平均利润不是职能资本家出卖资本商品而取得的报酬，职能资本家出卖的仅仅是普通的商品，它的平均利润的大小，依存于这些普通商品的价值中所包含的剩余价值的大小和实现程度。由于部门之间的竞争，不同部门的具体利润率，通过生产的扩大和缩小，资本转移，而均衡为平均利润率，商品价值转化为生产价格，职能资本家按商品价格出售商品，取得平均利润。“就这个过程的表现来说，它不过表现为商品市场价格围绕生产价格的波动和商品市场价格到生产价格的平均化，而不是表现为平均利润的直接确定。”可见，平均利润率是由商品价值的决定、剩余价值转化为平均利润、价值转化为生产价格的内在规律的运动所决定的。既然它是由内在的规律所决定（利息率没有这个内在规律），因而它只能作为一种趋势表现出来，而与日常现象并不完全相符合。这样就可看到，平均利润率并不直接表现为既定的事实，而只是表现为在不断变动中趋于均衡的最后结果；利息率却直接表现为明确的既定的事实，一个已知的固定量，并在借贷资本家和职能资本家发生借贷关系前就已存在。

由于货币资本市场和普通商品市场有不同的特点，决定了利润率和利息率的特点也不同

再次，由于货币资本的市场和普通商品的市场具有不同的特点，也决定了利息率和利润率具有不同的特点。从普通商品的市场来看，一方是商品的所有者，同时是商品出卖者，另一方是货币持有者，同时是商品的购买者，由买卖双方的对立转化，表现为由商品到货币的转化。从货币资本的市场来看，只有货币资本的贷出者和借入者之间的对立，并不存在买者和卖者之间的对立；资本商品具有同一的货币形式，由借贷资本家手中转到职能资本家手中，并不存在着由商品到货币形式的转化。在这里，货币资本的供给者为一方，货币资本的需求者为一方，这种贷出和借入的对立，“现实地充分地在资本的供求中表现为”“**一个阶级的自在的共有资本**”。另一方面，货币市场上的货币资本，仅仅当作可能的资本，不管它的使用方法有多么不同，都可以根据每个特殊生产部门的需要，被分配在不同部门的不同资本家阶级之间。并且随着资本主义的发展，这些用作生息资本的货币资本，往往由代表社会资本的银行家所控制，“因此，就需求的形式来说，和借贷资本相对立的是一个阶级的力量；就供给来说，这个资本本身作为群体表现为借贷资本”。这就是使利息率表现为一个固定的一致形式的原因。为什么呢？因为在这里，虽然市场利息率会随供求的变动而变动，但这种变动并不发生在个别借款人身上，而是在所有的借款人身上都发生同样的变动，如利息率由4%提高为5%，不是个别借款人而是所有借款人都按5%来借入货币资本，所以利息率就表现为“固定的、既定的量”。正如货币本身的价值虽然发生了变动，但货币和一切商品相比，它仍然具有相同的价值，仍然可以用它购买一切商品的情况一样，市场利息率虽然发生变动，但对所有贷出者和借入者来说，都是完全相同的一致的比率。这不仅是因为，在这里，作为贷出者，资本本身表现为整个借贷资本，作为借入者，是整个资产阶级，这就是说，贷出者和借入者双方，都是作为整体来表现的；而且也因为，在这里，一定量的资本商品，必须取得一定量的价格（即利息），作为这种特殊商品的量是确定的，从而表现为它的价格的利息的量也应该是固定的、一致的。“因此，利息率总是表现为一般利息率，表现为这样多的货币取得这样多的利息，表现为一个确定的量”。利润率则不同，生产同一商品在按同一市场价格进行销售的情况下，由于不同企业的生产条件不同，消耗的个别劳动时间不同，不同个别企业所取得的实际利润率也就不相同。平均利润率是作为一种社会趋势而客观存在着的，但个别企业的实际的利润率，在不同企业中，往往极不相同，这也是实际存在着的，事实上，要求所有的企业都取得实际的同样的利润率，是不可能的，这是“因为单个资本的利润率不是由商品的市场价格决定的，而是由市场价格和成本价格之间的差额决定的”。正是由于单个企业生产条件不同，个别劳动时间的消耗不同，因而成本不同，虽然同一商品具有同一价格，但却会因此产生不同的实际利润率。这种不同的利润率，只有通过不断的变动，才能在同一部门、然后在不同部门之间逐渐平均化。可见，和利息率是一个固定的一致的量不同，不同企业的实际利润率是不固定的、不一致的，只有在不断变动中，才具有平均化的趋向。

上述分析说明，利息率和利润率这些不同的特点，既反映了利息的性质，也反映了生息资本的性质。

■ 学习本章时，必须注意弄清楚：利息率、一般利息率、合法利息率、平均利息率、中等利息率、市场利息率以及“自然”利息率等等的关系和区别。

利息率是一定时期内的利息量和贷出的借贷资本量的比例，通常以百分数来表示。例如：一笔 100 元的借贷资本，在一年内能取得 4 元的利息，那么，年利息率就是 4%，或简称为年利 4 厘。利息率所表示的是，一定量的借贷资本在一定的时间内，能取得多少利息，它反映着一定的量的关系。“利息率总是表现为一般利息率”[①]，这就是说，在一定时期内，利息率总是固定的、既定的、一致的量。如说年利息为 4 厘，整个货币资本的市场上年利息都为 4 厘。不像商品市场上，同一商品，这个企业以 2 元出售，那个企业以 2 元 1 角，另一企业以 1 元 9 角出售等等。可见，在一定时期内的利息率，都是作为一般利息率而表现的。在一定时期内的一般利息率，既可以指一定时期内的市场利息率，也可以指一定时期内的平均利息率。这是因为：作为一般利息率，是从一般的含义上来说明利息率在一定时期内是固定的、一致的。市场利息率是指在一定时期内，由于金融市场上借贷资本的供求状况所确定的利息率，它是随借贷资本供求状况的变动而变动，但在供求关系未变的情况下，市场利息率也是固定的、一致的。平均利息率是指在一个较长的时间内，根据不断变动的市场利息率而计算出来的一个平均数，它反映着这个较长时期内的利息率是个固定的、一致的量。平均利息率不可能决定市场利息率，市场利息率也不会围绕平均利息率而上下波动，恰恰相反，平均利息率是由市场利息率累计、引申出来的。一般说来，平均利息率和中等利息率是一致的，从一个较长时期内不同的市场利息率中得到的平均数，往往也就是中等利息率。这是就一般情况而言。当然也不能说中等利息率与平均利息率在任何时期都是绝对地完全相等，这是因为：“在

① 《资本论》第 3 卷，人民出版社 2004 年版，第 414 页。

中等利息率不仅作为平均数，而且作为现实的量存在时，习惯和法律传统等等都和竞争本身一样，对它的决定发生作用。”但是，“在许多法律诉讼中，当需要计算利息时，就必须把中等利息率作为合法的利息率”[①]。这就是说，在法律上，往往是把与平均利息率基本一致的中等利息率作为合法的利息率，而不是把市场利息率作为合法的利息率。这是因为：平均利息率和中等利息率，在较长的一个时期内，是一个固定的、一致的量；而市场利息率，只是借贷资本在一个较短时期内的供求情况下所产生的固定的、一致的量，如从较长时期看，它就不完全固定、不完全一致了。“自然”利息率，不是马克思所使用的概念，而是资产阶级经济学家的发明，它企图说明：市场利息率是以“自然”利息率为中心而上下波动，正像市场价格围绕商品价值而上下波动一样。实际上，价值的创造和实现，都是由客观规律决定的；利息率则“不能由任何规律决定”[②]，因而，这种所谓“自然”利息率就不是客观存在的，而仅仅是把商品价值和价格的关系硬套到利息率的决定上而产生的虚假概念。所以，马克思在研究利息率决定的同时，又对“自然”利息率进行了批判。

---

① 《资本论》第 3 卷，人民出版社 2004 年版，第 408 页。
② 《资本论》第 3 卷，人民出版社 2004 年版，第 406 页。

第 二十三 章

利息和企业主收入

在前两章中指出，利息无非是职能资本家因借入货币资本而付给借贷资本家的平均利润的一部分，也就是说，利息无非是剩余价值的一部分，是剥削工人的剩余劳动的产物，这就说明了利息和企业利润在本质上的同一性。但是，平均利润分割为利息和企业主收入，二者在形式上又具有一定的差别性，因此，在本章中就要研究：利润分割为利息和企业主收入，如何从量的分割转变为质的分割，从而显现二者之间的差别，以及它们分割以后，又如何进一步掩盖着资本主义关系的实质。

（一）利润分割为利息和企业主收入

利润分割为利息和企业主收入，发生在职能资本家使用借入资本的场合

既然利息是职能资本家因借入货币资本而交给借贷资本家的平均利润的一部分，那么，如果职能资本家完全使用自有的资本，他在生产过程以后所取得的平均利润，就全部归他自己所有（这里暂时舍象掉商业资本和产业资本对平均利润的分割），平均利润就不必分割为利息和企业主收入。如果借贷资本家不把货币资本当作资本商品，借给职能资本家去使用，而是自己使用这部分货币直接从事生产，那他本身就不是借贷资本家，而是职能资本家，这时，也不会把所取得的平均利润分割为利息和企业主收入。由此就可说明，利息的范畴“同产业资本本身的运动无关”。也就是说，利润分割为利息和企业主收入这两部分，不是由产业资本运动本身产生的，而是由于资本家阶级分化为借贷资本家和职能资本家才产生的。“事实上只有资本家分为货币资本家和产业资本家，才使一部分利润转化为利息，一般地说，才产生出利息的范畴；并且，只有这两类资本家之间的竞争，才产生出利息率。”

在第415页最后一行至第416页的第一段中，马克思进一步指出：利润的分割，是以借贷资本家把货币资本贷给职能资本家使用作为前提的。如果职能资本家使用自有的资本，这部分资本就必须固定在生产过程中，不断地循环、周转，从而带来利润。职能资本家只能把这部分资本作为剥削雇佣劳动的手段，但不能用别种方式去支配它。如果把它用作生活享受或其他开支，那它就不成为资本了。借贷资本家的情形也是这样。如果他把货币资本贷出去，从而取得利息，那他就不能支配本金，这时，他虽然对这部分货币资本仍然拥有所有权，但使用权已交给职能资本家。他为了取得利息，必须把这部分资本贷出去，才能发挥货币资本的作用。“只要资本留在他手中，它就不会生出利息，并且不会作为资本起作用；只要它生出利息，并且作为资本起作用，它就不会留在他手中。”可见，利润分割为利息和企业主收入，是以资本家阶级分为借贷资本家和职能资本家为基础的，是以借贷资本家把货币资本贷给职能资本家作为前提条件的。如果利息等于零，借入资本和自有资本就会处于同等地位，也就是说，不再有借入资本和自有资本的区别，不必把利润再分割为利息和企业主收入，也不会再“产生出利息的范畴”了。

利息率越是接近于零，借入的资本就越是和自有的资本接近处于同等地位

英国的银行家和经济学家博赞克特·詹姆斯·惠特曼（1804—1877）认为：“如果利息率压低到1%，借入的资本就会和自有的资本几乎处于同等地位。”博赞克特的上述观点是对的。但是，英国的资产阶级经济学家托马斯·图克（1774—1858）却批评博赞克特的上述观点，认为“这是一种非常奇怪的主张”，“简直不值得我们认真加以注意”。马克思明确地指出：图克反对博赞克特时所作的评注是完全错误的。这是因为：如果利息等于零，借入资本和自有资本就会完全处于同等地位；如果利息率只是1%，借入资本和自有资本也就几乎处于同等地位了。资本，不管是自有的，还是借入的，在作为资本进行生产时，都会带来平均利润。不管这种资本是作为产业资本，还是作为商业资本来执行职能，都要取得平均利润。如果职能资本家完全利用借入的资本来生产，而利息率接近于零，借入资本就差不多同自有资本一样，职能资本家就几乎能占有全部平均利润，不需要再把平均利润的一个较大的部分，转化为利息交给借贷资本家，这时，借入资本和自有资本就没有多大的区别了。所以马克思说："利息率越是接近于零，例如降低到1%，借入的资本就越是和自有的资本接近处于同等地位。"但是，尽管利息率是1%，自有资本和借入资本的地位相接近，两者还不能完全等同，它们之间还是有区别的。因为不管利息率怎么低，对借入资本还是要支付利息的，而自有资本则不要支付利息；再者，对于借入资本，到期是要归还的，这就是有借有还，而自有资本则一直可以使用下去，因为本来是为他所有。归根结底，借入资本是别人的资本，自有资本是自己的资本，两者是不同的。使用借入资本的职能资本家，不能把取得的平均利润全部占为已有，必须把它分割为利息和企业主收入，并把利息交给借贷资本家。

（二）利润分割为利息和企业主收入，从纯粹量的分割转变为质的分割

利润分割为利息和企业主收入，从量的分割到质的分割的转变过程

"现在产生的问题是：利润分为纯利润和利息这种纯粹量的分割，怎么会转变为质的分割？"也就是说，在资本家用自有资本来经营的场合，为什么也要把平均利润分割为利息和企业主收入？或者说，不管是使用借入的资本，还是使用自有资本，为什么都要把平均利润分割为上述两个部分？

一般说来，"并不是利润的每一个偶然的量的分割，都会照这样转变为质的分割"。例如，股份公司按股东的股票分配利润，即对利润进行分割；而独资经营的资本主义企业，不是合股公司，不必要按股东的股票来分割利润，即不产生对利润的分割；这种按股票分割利润的现象，仅仅存在于股份公司的企业内，不存在于独资经营的企业内，"因此在这里，量的分割不会转变为质的分割"。也就是说，根据股份公司的股票所

取得的利润，和独资经营所取得的利润，在性质上是完全一样的。

那么，究竟怎样认识利润分割为利息和企业主收入，从而由量的分割转变为质的分割呢？

首先，利润由量的分割转变为质的分割，是发生在职能资本家使用借入资本的场合。

利息是怎样形成的？前面说过，利息的产生是由于借贷资本家把货币资本贷给职能资本家，这时，同一资本实际上就要通过双重的完全不同的运动，一个是只把资本贷出去，另一个是把借入的资本用在生产或流通过程，使其发生实际的作用，这样，同一资本就取得了二重存在，二重运动。由于资本在实际生产过程中创造了剩余价值，并在流通过程得到实现，职能资本家因此取得平均利润，但他由于借入借贷资本家的货币资本，就要把平均利润的一部分作为利息交给借贷资本家，把余下的平均利润的另一部分作为企业主收入留给自己。如果这种职能资本家是直接经营生产的，这种企业主收入就表现为产业利润，如果这种职能资本家是从事商品经营活动的，这种企业主收入就表现为商业利润，马克思为了把产业利润和商业利润这二者都包括在内，就采用德语的名词来表达，称之为企业主收入，实即企业利润。可见，企业主收入，企业利润，其含义是相同的，至于产业利润或商业利润，只是不同性质的企业主的不同收入而已。

把利润分割为利息和企业主收入，从量的方面看，第一，如果平均利润率已定，企业主收入的量就由利息率决定。例如，有资本 1000 元，利润率为 20%，平均利润为 200 元；如果利息率是 5%，则利息为 50 元，200－50＝150，则企业主收入为 150 元；如果利息率为 8%，则利息为 80 元，200－80＝120，则企业主收入为 120 元。可见，在平均利润率已定的情况下，“这个企业主收入的大小就只由利息率决定”。第二，如果利息率已定，企业主收入的量的大小，就由平均利润率决定。例如，有资本 1000 元，利息率已定为 5%，应得利息 50 元，如果平均利润率为 12%，可得平均利润 120 元，120－50＝70，即企业主收入为 70 元；如果平均利润率降低为 10%，可得平均利润 100 元，100－50＝50，企业主收入只有 50 元；相反，如果平均利润率提高为 18%，可得平均利润 180

元，180－50＝130，则企业主收入增加为130元。可见，在利息率已定的情况下，企业主收入的量的多少，就由平均利润率的大小来决定。第三，如果总利润和平均利润相偏离，总利润和平均利润之间的差额，就由一切会引起暂时偏离的市场行情决定。例如，资本1000元，利息率为5%，则利息为50；平均利润率为15%，则平均利润为150元；但该商品的市场价格并不完全等于生产价格，因而该企业的实际利润也不完全等于平均利润。如果实际取得的利润高于平均利润，如实际取得利润180元，即比平均利润150元高30元，这时，企业主收入就不是由平均利润的100（150－50）元来确定，而是由实际利润130（180－50）元来确定。这就是说，企业主收入的量的多少，不仅是由平均利润率决定，而且是由实际取得的利润量决定；而实际利润量又是由市场行情所决定，取决于市场价格高于或低于生产价格。总之，企业主收入的量，一是取决于利息率，二是取决于平均利润率，三是取决于实际的利润率或利润量。

上述情况是就利润分割为利息和企业主收入的量的方面来说的，“但是不管怎样，总利润的量的分割在这里都会转化为质的分割”。为什么呢？对使用借入资本的职能资本家来说，不论他的实际总利润或平均利润是多少，它都要分割为利息和企业主收入这两部分。利息要交给借贷资本家，利息率在使用资本以前就已经确定了的，余下的部分作为企业主收入，归职能资本家所有。由于职能资本家在生产领域和流通领域进行经营活动的好坏不同，不同资本家之间的狡猾程度和钻营能力不同，实际取得的利润量也不同，因而企业主收入的量也不同，这就产生了一个现象，好像企业主收入的多少，取决于职能资本家经营活动的好坏，因而企业主收入表现为职能资本家使用资本使其发生作用的结果。至于利息，则“表现为总利润中属于资本所有权本身的部分”，即是由资本的所有权而产生的结果。“总利润这两部分之间的这种质的区分，即利息是资本自身的果实，是撇开了生产过程的资本所有权的果实，而企业主收入则是处在过程中的、在生产过程中发挥作用的资本的果实，因而是资本使用者在再生产过程中所起的能动作用的果实”。由于同一资本的所有权和使用权相分离的结果，由资本的所有权带来了利息，由资本的使用权带来了企业主收入，这样，利息和企业主收入，就归属于两个不同的范畴，从而有不同的特质，因此，由量的分割就发展为质的分割了。当然，这种质的区分并不是资本家的主观看法，而是客观存在的经济现实。因为客观事实是：利息归单纯掌握货币资本所有权的借贷资本家所有，他既在生产过程之前贷出资本，又处在生产过程之外，依赖资本所有权而取得利息。企业主收入则归职能资本家所有，他是通过对生产和流通的各项经营活动，使资本实际执行职能，从而取得企业主收入。

其次，在利润分割为利息和企业主收入的情况下，即使职能资本家没有借入货币资本，只使用自有资本，利润也要从单纯量的分割转变为质的分割。

以上分析的是：假定职能资本家是用借入资本进行经营而引起对利润的分割，这种分割一经固定化、独立化，利息和企业主收入就表现为：它们好像是由于两个不同的源泉而产生出来的，利息表现为资本的所有权自然产生出来的，企业主收入则表现为使资本执行职能而产生出来的。利润分为利息和企业主收入这两部分并独立化、固定化以后，使得所有的资本家都会这样做。这就是说，不管是使用借入的资本，还是使用自有的资本，都要把利润分成这两部分。“每个资本的利润，从而以资本互相平均化为基础的平均利润，都分成或被割裂成两个不同质的、互相独立的、互不依赖的部分，即利息和企业主收入，二者都由特殊的规律来决定。”即使使用自有资本的资本家，也要把利润分割为利息和企业主收入，利息为他占有，因为他是资本的所有者；企业主收入也为他所有，因为他是使用资本从事经营活动的职能资本家。这时，他虽然没有借入资本，没有把利息付给别人，那也是无关紧要的。实际上，他本身已经具有双重身份，“即资本的单纯所有者和资本的使用者”；他的资本本身，“也分成资本**所有**权，即处在生产过程**以外**的、本身提供利息的资本，和处在生产过程**以内**的、由于在过程中活动而提供企业主收入的资本”。

总之，利润分割为利息和企业主收入，使利息表现为资本所有权的结果，企业主收入表现为资本执行职能的结果，这种状况，首先是在职能资本家使用借入资本的场合发生的。当这种质的分割一经固定化、独立化以后，“即使产业家用自有的资本从事经营，他的利润也会分为利息和企业主收入”。这样，使用自有资本的职能资本家取得了二重的规定性，他的资本，既当作生产过程以外的所有权资本，取得利息；又当作生产过程以内的执行职能的资本，取得企业主收入。“因此，单纯量的分割变为质的分割”，不管是使用自有资本还是使用借入资本的职能资本家，都要把利润分割成为这两个部分，这种分割，“不仅是在不同的人之间进行分配的利润的不同部分，而且还是利润的两种不同范畴”。因为它们和资本有着不同的关系、不同的规定性，即利息是由资本的所有权产生的，企业主收入是由资本的使用权产生的。

利润由量的分割转变为质的分割的原因

为什么不仅在借入资本的场合，而且在使用自有资本的场合，利润都要分割为利息和企业主收入？有如下原因：

第一，“大多数产业资本家都按照不同的比例兼用自有资本和借入资本来从事经营”，这就是说，他们使用的资本，既有自己的，也有借来的，这种自有资本和借入资本的比例，在不同时期又是会发生变动的，因此，这些资本家就自然地要把利润分割为利息和企业主收入，并把二者严格地区别开来。

第二，“总利润的一部分转化为利息形式，就会使它的另一部分转化为企业主收入。”一旦利息作为独特的范畴存在，利润中的另一部分，即利润超过利息的余额，也会作为企业主收入而作为独特的范畴存在。对利润中的这两部分固定化并采取对立的形式的研究，只要弄清楚利润的一部分如何固定化为利息就可以了。因为只要利润的这一部分固定化为利息，利润的另一部分也就必然固定化为企业主收入了。那么，利润中的这一部分怎样固定化、独立化为利息的呢？首先，从历史上看，生息资本是先于产业资本、利息是先于利润的，在产业资本出现以前，生息资本和利息就早已存在，因此，在人们的一般观念中，生息资本被看作是资本本身，看作是真正的资本，贷出货币资本从而取得利息被看作是天经地义的事，所以，在资本家看来，利息是资本所有权的果实，利润扣除利息以后的多余部分，则是他自己从事经营活动的收入。其次，借贷资本家把货币贷给职能资本家，不管职能资本家把这种货币资本作为资本在生产和流通中发生实际作用，还是把这种货币资本用作消费或其他支出，他都要付利息给借贷资本家，这种资本必然带来利息的固定化、独立化的事实，就使利息成为具有独特规定性的范畴。同时，利润的一部分固定化为利息以后，利润的另一部分也必然固定化、独立化为企业主收入。

第三，在资本主义社会里，不管产业资本家是使用自有资本还是使用借入资本，在产业资本家以外，都有货币资本家独立地存在着；这样，货币资本家作为资产阶级中的一种特殊的资本家，货币资本作为一种独立的生息资本，利息作为与生息资本相适应的剩余价值的表现形式，来同产业资本和产业资本家相对立。这些货币资本家凭借货币资本的所有权取得利息。正是由于货币资本家的独立存在，从质的方面看，利息是资本的单纯的所有权所提供的剩余价值，它是在资本和生产过程分离的情况下，即在生产过程之外由资本自身提供的；从量的方面看，利息的多少，同产业资本和商业资本无关，而只同货币资本有关，它仅仅同货币资本的数量形成一个比率，即利息率。这种利息率，它“是独立地决定的”，又是“固定的、一致的、明确的、总是既定的比率”。因此，使用自有资本的职能资本家，他不仅是资本的经营者，而且也是资本的所有者，他首先要和借贷资本家一样，凭借对资本的所有权取得利息；然后，他凭借对资本的经营取得减去利息后的那部分利润、即企业主收入。这种使用自有资本的职能资本家和借贷资本家不同，借贷资本家只取得利息，而这种职能资本家既取得利息，又取得企业主收入。这种职能资本家和使用借入资本的职能资本家也不同，后者只取得企业主收入，而把利息交给借贷资本家。但是，必须注意，这种使用自有资本进行经营的职能资本家，必须取得利息，因为他如果自己不从事实际经营活动，把资本贷给别人，也同样能取得利息。这种看法，对个别资本家来说，在实际上是正确的；但对全体资本家来说，则是荒谬的。因为如果全体资本家都作为货币资本的贷出者，都不从事生产和流通的经营活动，剩余价值就无从产生，更无从实现，作为剩余价值转化形式之一的利息，也就无从取得了。马克思批判地指出，有些庸俗经济学家把货币资本看成是普遍现象，假定社会上所有资本家都是借贷资本家，所有资本都会产生利润，这显然是荒谬的。因为这样，既没有人进行生产，也没有人创造剩余价值，更不可能有人提供利息。如果这些经济学家们认为，不创造剩余价值也会产生利息，没有资本主义生产，资本主义生产方式也会照常存在，那就是更荒唐的了。即使少数资本家从事生产和流通的经营活动，大多数资本家都作为借贷资本家，更多的货币资本转化为生息资本，这就必然出现资本商品在货币市场的供过于求，造成货币资本大大贬值，利息率惊人下降，迫使一些借贷资本家自己直接从事经营活动，成为职能资本家。可见，利润分割为利息和企业主收入，并在质上固定化，是由于社会上在产业资本家之外，还存在着一定量的货币资本家，在职能资本之外，还存在着一定量的生息资本的缘故。

总之，不管职能资本家所使用的是借入资本还是自有资本，利润由量的分割必然发展为质的分割，一部分必须采取利息的形式，另一部分必须采取企业主收入的形式。从一方面看，利息与企业主收入是处在对立的形式中；从另一方面看，它们虽然有不同的名称，不同的范畴，不同的表现形式，但都是由剩余价值转化而来的，“因此，它们二者不是与剩余价值发生关系，——它们只是剩余价值固定在不同范畴、不同项目或名称下的部分”，实质上都是剩余价值。

（三）利润分割为利息和企业主收入，进一步掩盖了资本关系的本质

利息和企业主收入的对立掩盖了资本和雇佣劳动的对立

利润（始终指平均利润）分割为利息和企业主收入后，资本主义的阶级关系、剥削关系完全被歪曲并颠倒过来了。

从利息来看：利息本来是平均利润的一部分，现在却表现为资本所有权的结果，是由资本所有权提供出来、产生出来的。不管是使用自有资本还是使用借入资本的职能资本家，都必须把作为资本的一般价值，在生产过程中采取生产资料形态，拥有独立的权力，而与活的劳动力相对立，成为占有无酬劳动的手段，取得剩余价值。作为剩余价值转化形态的利润的一部分——利息，实质上就是资本与劳动相对立的产物，是职能资本家剥削雇佣工人的结果。这是实质性的一方面。但是，另一方面，一旦利润的一部分分割为利息，“在利息的

形式上，这种与雇佣劳动的对立却消失了”。因为在现象上，生息资本是由借贷资本家贷给职能资本家的，借贷资本家只是与在再生产过程中实际执行职能的职能资本家相对立，而不是与生产过程中的工人相对立；生息资本只是在生产过程之外、而不是在生产过程之内，凭借资本的所有权取得利息，“生息资本是**作为所有权**的资本与**作为职能**的资本相对立的”。在这里，利息好像不是工人创造的剩余价值的一部分，借贷资本家好像并没有剥削工人，利息好像是由货币本身生育出来的，这样，资本与劳动的对立，资产阶级对雇佣劳动的剥削，都被掩盖起来。在利息的形式上，资本与劳动的关系被歪曲成为：“利息是两个资本家之间的关系，不是资本家和工人之间的关系。”①

从企业主收入看：本来，企业主收入也是平均利润的一部分，是由剩余价值的一部分转化而来的，但它一旦表现为企业主收入的形式，就把资本剥削剩余价值的实质掩盖起来了，“企业主收入也不与雇佣劳动形成对立，而只与利息形成对立”。这是因为：第一，在平均利润率已定的情况下，“企业主收入率的高低与利息率成反比”。例如，资本 100 元，平均利润率为 20%，平均利润为 20 元，在这 20 元中，如果利息多了，企业主收入就会少；反之，如果利息少了，企业主收入就会多。这样，职能资本家在计算企业纯收入时，总是把利息当作起反作用的对立因素。第二，和利息作为资本所有权产生的结果相反，企业主收入是由资本的职能和职能资本家的经营活动产生的，生息资本只是处于生产过程之外，凭借对资本的所有权“领干薪”，而职能资本家则要指挥生产过程和流通过程，花费很大力气，因此，在职能资本家看来，企业主收入是对他的经营活动的报酬，“是他作为非所有者，作为**劳动者**执行职能的结果”。在这里，资本主义生产过程本来同时是剥削过程，可是现在却表现为单纯的劳动过程；资本家的剥削活动和工人的被剥削的劳动，都被看成为一样的东西；作为剩余价值一部分的企业主收入，好像不是工人剩余劳动创造的结果，而是资本家“劳动”的结果，“它本身就是**工资**，是监督工资”。这样，资本主义的剥削实质就被完全掩盖起来了。

---

① 《资本论》第 3 卷，人民出版社 2004 年版，第 429 页。

总之，由于利润分割为利息和企业主收入，资本和劳动的对立，资本家和工人的对立关系，被歪曲地表现为利息和企业主收入的对立，借贷资本家和职能资本家的对立。由于这种对立，人们完全忘记了，资本家作为资本家，他们进行生产的目的是为了榨取更多的剩余价值。由于这种对立，人们又忘记了，利息和企业主收入，其实质都是剩余价值，都是剩余价值的一部分的转化形式，因而也都是平均利润的转化形式，归根结底，“二者不过是剩余价值的不同部分，并且它的分割丝毫不能改变剩余价值的性质、它的起源和它的存在条件”。由于这种对立，人们还忘记了，职能资本家只有在生产过程中和雇佣工人相对立，才能剥削到剩余价值，借贷资本家则是通过职能资本家参与对雇佣工人的剥削。由于职能资本家和借贷资本家对工人的剥削和对立，转化为生产过程内的职能资本家和生产过程外的借贷资本家之间的对立，资本的使用权和资本的所有权的对立，利息和企业主收入就不再表现资本对雇佣劳动的关系，不表现为资本剥削劳动所创造的剩余价值，而表现为不同资本家之间对利润即剩余价值的分割。剩余价值如何产生，如何创造出来，以及利润如何在不同资本家之间分配，这本来是完全不同的两回事，但是，在社会表面上“利润要在两种资本家中间实行分割的理由，就不知不觉地变成有待分割的利润即剩余价值……存在的理由了”。这就是说，利息和企业主收入本来只是对已经生产出来的利润的分割，但现在却表现为：利息好像是由资本的所有权产生的，企业主收入好像是由职能资本家的劳动创造出来的，是付给资本家劳动的监督工资，这样，利息和企业主收入的真正的来源被掩盖起来了，这就把已经生产出来的利润的分割问题，和这种利润如何产生的来源问题混为一谈了。其实，利润（剩余价值）的来源和利润的分割是完全不同的两回事，利润在分割以前就已经存在，怎能把对利润分割的理由看成是利润产生的理由呢?!

利润分割为利息和企业主收入使资本关系进一步神秘化

由于利润分割为利息与企业主收入，借贷资本家与职能资本家的对立，同时也表现为利息与企业主收入的对立，使得资本主义生产关系进一步神秘化了。

从利息方面看：在资本主义制度下，资本所有权具有支配别人劳动的特性，而利息恰好表现了这种特性。既然利息是由资本本身生出的，那么，与它相对立的企业主收入，就不是由资本本身生出，而是由职能资本家的“劳动”创造出来的了，这样，职能资本家就不再表现剥削职能，而只表现与资本剥削相分离的劳动职能，资本家表现为劳动者，而且表现为只是取得监督工资的劳动者，资本家与雇佣工人的关系更加神秘化了，看不清楚了。不仅如此，利息表现为资本所有权的特性，表现为占有别人劳动产品的手段，这本来是在生产过程中发生的；但它又把这种资本的性质，表现为在生产过程之外属于资本的东西，因此，它不把资本表现为和劳动的对立，相反，却表现为和劳动无关，“只是表现为一个资本家对另一个资本家的关系，也就是说，表现为一种存在于资本对劳动本身的关系之外的、与这种关系无关的规定”。这样，资本和劳动的对立关系不见了，资本主义生产关系也就更加神秘化了。

从企业主收入方面看：由于利息表现为单纯资本所有权的果实，因而使企业主收入表现为监督工资的形式，“资本家作为资本家所要执行的特殊职能，并且恰好是他在同工人相区别和相对立中具有的特殊职能”，即剥削雇佣劳动的职能，“被表现为单纯的劳动职能”。这样，资本家为剥削而进行的劳动，也就和工人被剥削而进行的劳动完全一样，“剩余价值的这一部分也就不再是剩余价值，而是与剩余价值相反的东西，是所完成的劳动的等价物”。这就是说，资本家的剥削的劳动和工人的被剥削的劳动完全一样，他们都创造价值，资本家所取得的企业主收入，也不过是他自己劳动所创造的价值，资本家就不再是剥削者，而是和工人一样的劳动者，在这里，“剥削的劳动和被剥削的劳动，二者作为劳动成了同一的东西”。因此，企业主收入就不是表现为对劳动的剥削，而是表现为对职能资本家的劳动的报酬，资本家和劳动者之间的对立关系看不见了，这就也使资本主义生产关系更加神秘化了。

总之，由于平均利润采取了利息和企业主收入的转化形式，利息表现为资本所有权自身的产物，企业主收入表现为职能资本家经营活动的结果，表现为监督工资，因而资本和劳动的对立关系被歪曲地表现出来，资本主义生产关系进一步神秘化了。

（四）批判企业主收入是监督工资的错误观点

把企业主收入看成是监督工资的原因

在资本家的意识中，把企业主收入看成是对产业资本家或商业资本家的监督劳动的报酬，是他们的监督工资。这种看法，首先“是从企业主收入同利息的对立中产生的”。因为利息表现为资本所有权的结果，而企业主收入则表现为资本执行职能的结果，是职能资本家经营活动的结果。同时，还由于在实际经济生活中，确实有一部分利润表现为支付工资的形式，如资本家支付给代理人的工资，就是利润中的必要部分。因此，他们把企业主收入说成是监督工资，似乎就是合理的了。

产生上述错误看法的原因，在于混淆了指挥劳动和监督劳动的性质。

凡是直接生产过程具有社会结合过程的形态，也就是不由个别人单干、而由许多人共同劳动的地方，这种过程的联系和相互配合，就必须要有一个统一的指挥者，这时，指挥劳动是不可缺少的。这种指挥劳动是一种生产劳动，是每一种结合的生产方式中都必须进行的劳动，在社会化大生产中这种劳动显得更加重要，它并不随社会性质的变化而变化。

“凡是建立在作为直接生产者的劳动者和生产资料所有者之间的对立上的生产方式中，都必然会产生这种监督劳动”。这就是说，只要是在剥削者占有生产资料、被剥削者丧失生产资料、剥削者凭借对生产资料的所有权对劳动者进行剥削的社会里，剥削者在组织和指挥被剥削者劳动的同时，必然同时要对被剥削者的劳动进行监督，这就产生监督劳动。由于这种监督劳动是建立在阶级对立的剥削者和被剥削者关系的基础上的，因而具有对抗性质。“这种对立越严重，这种监督劳动所起的作用也就越大。”在奴隶制度下，这种劳动所起的作用达到了最大限度。在资本主义社会里，这种劳动也是不可缺少的。

在资本主义企业里的指挥劳动和监督劳动，都是由职能资本家或他的代理人来进行的，这二者结合在一起，形成同一劳动，二者不可分离地联系在一起，从而具有二重性质。从对组织生产的指挥劳动来说，在进行协作劳动的场合都是完全必要的。从监督劳动来说，是在生产资料与劳动者相分离的情况下，为了剥削劳动而进行的劳动。二者的实质，有着严格的区别。但是，资产阶级经济学家却把这两种不同性质的劳动混为一谈，为资本家的剥削行为作辩护，说什么占有生产资料的统治者，为了监督直接劳动者的劳动而进行的劳动，同工人的劳动完全一样，都应该得到报酬，这样，监督工资不仅是理所当然的，而且变成为由职能资本家自己的劳动创造出来，不是从工人身上剥削来的。

产业资本家的劳动是作为剥削别人劳动所进行的劳动

在资本主义制度下，监督劳动和指挥劳动是直接地、不可分离地交给单个人作为特殊劳动去完成的，这种劳动可以和资本的所有权相分离，由职能资本家去进行。这种劳动，作为资本主义的劳动，作为资本家的职能，是完全必要的；但这种劳动，和工人的劳动相比，却具有根本不同的性质。“相对于货币资本家来说，产业资本家是劳动者，不过是作为资本家的劳动者，即作为对他人劳动的剥削者的劳动者。”这就是说，资本家的这种监督劳动，是作为剥削别人劳动所进行的劳动。这种劳动所取得的报酬，和一般工人劳动所取得的作为劳动力价值的报酬不同，不是由他的劳动创造出来的，而是由他对工人劳动的剥削程度，由占有别人的无酬劳动的量所决定的。这也就是说，产业资本家和商业资本家的剥削收入，即企业主收入，不是取决于他们进行了多少监督劳动，而是取决于他们对雇佣劳动者的剥削程度。既然企业主收入来源于对工人的剥削程度，而不是来源于监督劳动，因而把企业主收入说成是监督劳动所取得的监督工资，就是完全悖理的了。

随着资本主义的发展，不仅组织领导协作所需的指挥劳动，而且监督雇佣工人的监督劳动，职能资本家都可交给他所雇佣的经理、雇员去执行。对于产业经理和商业经理，都要支付管理工资。在资本主义社会里，这种经理的职能具有二重性，作为协作劳动的指挥者而进行的劳动是生产劳动，作为资本家的代理人而进行的监督劳动则是剥削劳动者的劳动，因而对他们支付的管理工资，既是指挥劳动的报酬，又是监督劳动的报酬。相反，如果在一个集体的合作工厂中，没有生产资料和直接劳动者的对立，没有资本家对企业的管理和支配，这时，经理的劳动仅仅是指挥劳动，不包含监督劳动，因而经理的工资就“同其他工人的工资完全一样”，成为相当于所投可变资本的一部分。这种合作工厂中的管理工资，和资本主义企业的管理工资具有完全不同的性质。因为资本主义企业的管理工资，是指挥劳动和监督劳动相结合的产物，是为了剥削别人劳动而进行的劳动所取得的报酬。合作工厂的管理工资，仅仅是指挥劳动的产物，是对他们的指挥劳动所付给的报酬。

还须注意，当资本家把指挥劳动和监督劳动交给经理、雇员去执行时，他们自己并不参与生产和流通的经营活动，“资本家则作为多余的人从生产过程中消失了”，但他们仍然会取得企业主收入。如果把企业主收入说成是监督工资，那么，他在没有进行监督劳动时为什么会取得监督工资呢？反之，他在把监督工资付给经理、雇员以后，为什么还会取得企业主收入呢？显然，把企业主收入说成是因监督劳动而取得的监督工资，在逻辑上也是说不通的。

随着资本主义股份公司的发展，在经理之外和之上，又出现了一批董事和监事。对他们也支付高额的管理工资和监督工资。其实，他们有些人根本没有参与什么管理和监督工作。这种“管理和监督实际上不过是掠夺股东、发财致富的一个借口而已”。[①]

19 世纪初期的社会主义者针对上述谬论而提出的要求

针对资产阶级庸俗经济学家所提出的企业主收入是资本家劳动的报酬、是监督工资的谬论，19 世纪初期的社会主义者提出要求说，既然企业主收入是资本家劳动的报酬，那么这部分报酬就只能等于他劳动的工资，不能占有全部剥削收入，即要求在量上把企业主收入缩减到同单纯的监督工资一样。马克思赞同社会主义者的上述要求，因为这种要求有利于对资本主义剥削实质的揭露，也有利于对企业主收入即监督工资的谬论的批判。但是，这种要求实质上是空想，并且是建立在对资本主义的剩余价值生产缺乏理解的基础之上的。事实上，生产决定分配，如果不消灭资本主义生产制度，也就不可能改变资本主义的分配制度，当然也就不可能把企业主收入仅仅限制在监督工资的数量上。

---

① 《资本论》第 3 卷，人民出版社 2004 年版，第 438 页。

总之，企业主收入是平均利润的一部分，是平均利润中减去利息以后归职能资本家所有的那一部分，其实质仍然是剩余价值。管理工资和监督工资，从其本来意义上说，是由指挥劳动和监督劳动所带来的收入，它和企业主收入有着根本不同的性质。资产阶级经济学家硬把企业主收入说成是监督工资，其目的无非是为资本主义的剥削作辩护。

■ 利润分割为利息和企业主收入，二者之间互相对立，从而产生表现形式上的差别性。利息是资本所有权的果实，企业主收入则是由资本的经营活动、由资本的职能产生的。二者在形式上虽有差别，但在实质上和起源上则是完全同一的，即它们都是来源于剩余价值，都是由剩余价值转化形成的。由于这种转化，资本主义的剥削实质被掩盖，被歪曲，更加神秘化、更加看不清楚了。

剩余价值表现为利息和企业主收入的形式，经历了四个转化层次。由剩余价值转化为利润，这是转化的第一层次，在这个层次，剩余价值同剩余劳动相脱离，人们只看到利润，看不清楚创造利润的那种剩余劳动了。由利润转化为平均利润，这是转化的第二层次，由于平均利润的量和剩余价值的量可以不相同，平均利润只是和预付总资本成比例，因而剩余价值只是可变资本的产物，工人的剩余劳动是剩余价值或利润的唯一源泉，更加被掩盖、更加被歪曲了。由于商业资本和产业资本共同参与对平均利润的分配，平均利润分割为产业利润和商业利润，这是转化的第三层次，在这个层次，虽然产业利润仍然和生产相联系，但商业利润和生产中创造剩余价值的关系则完全消失了。由于借贷资本家和职能资本家的对立，平均的工商业利润分割为利息和企业主收入，这是转化的第四层次，在这里，资本和劳动的对立，产业资本家和生产工人的直接对立，被掩盖起来了，相反，表现出来的，却是借贷资本家和职能资本家的对立，生息资本和职能资本的对立，利息和企业主收入的对立。这样，本质一再转化为不同的表现形式，不同的表现形式又不断歪曲地表现着本质，这就使得资本主义生产的实质更加被掩盖，资本主义的生产关系更加神秘化。

资产阶级庸俗经济学只看到经济的表面现象，只看到利息和企业主收入的差别，看不到隐蔽在这种差别背后的同一性，看不到这些表现形式有着共同本质，即都是剩余价值这个本质所转化所表现的具体形式。古典政治经济学也曾把利息归结为总利润的一部分，从而揭示利息和利润的同一性，但由于他们没有建立起科学的剩余价值理论，不懂得从这种同一性的本质中去揭示它们在形式上的差别，不能解决本质和现象、形式和内容之间的矛盾，不能对利润分割为利息和企业主收入作出正确的分析和科学的说明，终于陷入庸俗化的迷宫中。只有马克思运用唯物辩证法，采取从本质到现象、从现象到本质的分析和综合方法，才深入揭示了剩余价值如何转化为各种具体形式，而各种具体形式又如何歪曲地掩盖着剩余价值的实质，彻底批判了庸俗经济学的错误观点，对古典学派无法解决的利润分割为利息和企业主收入、如何由量的分割发展为质的分割这个难题，给予了科学的分析和创造性的论证，从而使马克思的利润理论在内容上更加丰富、更加完善。

第 二十四 章

资本关系在生息资本形式上的外表化

以上三章的研究说明，生息资本无非是资本商品，利息无非是剩余价值的一部分的转化形式。由于平均利润分割为利息和企业主收入，不仅把资本和剩余价值的关系完全掩盖起来了，而且也把资本和平均利润的关系完全掩盖起来了，利息表现为资本的产物，企业主收入则表现为职能资本家劳动的果实，这样，生息资本不仅使它本身的资本关系神秘化了，而且使职能资本家的资本关系也神秘化了。本章进一步研究，在生息资本的形式上，资本主义的剥削关系是怎样被掩盖、被歪曲、被神秘化的，也就是研究资本主义关系在生息资本形式上怎样外表化，即怎样表出来的。因此，可以把本章看成是本篇前三章研究的概括和总结。

（一）在生息资本上，资本关系取得了最表面和最富有拜物教性质的形式

生息资本所表明的是一个数量关系，即本金和本金加利息的关系

马克思指出："在生息资本上，资本关系取得了它的最表面和最富有拜物教性质的形式。"为什么呢？

首先，G—G′这个生息资本形式所表示的，不是一个简单的资本的量，"它是一个数量**关系**，是作为一定价值的本金同作为自行增殖的价值的自身，即作为已经生产剩余价值的本金自身的关系"，即本金和本金加利息的关系。我们知道，在 $G—W<^{A}_{Pm}\cdots P\cdots W'—G'$ 这个产业资本的形式上，虽然利润也表

示为全部预付资本的产物，不能明确指出可变资本是剩余价值的唯一源泉，但它终归还反映了生产过程，反映着资本家和劳动者之间在生产中的关系。在 G—W—G′这个商业资本的形式上，虽然资本运动仅仅限于流通领域，好像利润是从流通中产生的，但是在这里，还存在着资本主义运动的一般形式，“利润仍然表现为一种社会**关系**的产物，而不是表现为单纯的**物**的产物”。也就是说，利润表现为由交换关系所产生，不是由资本这个物本身而产生的。但是，在 G—G′这个生息资本的形式上，既不表示生产过程，也不表示流通过程，资本的社会关系一点也看不见了，在这里所看到的，只是一定的价值量的数量关系。如生息资本为 1000，利息率为 5%，可带来 50 的利息，G—G′，只是由 1000—1050。前者为生息资本的本金，后者为生息资本加上其带来的利息，因而 G—G′所表现的，只是本金和本金加利息的关系。在这里，对于职能资本家来说，这种资本不管是借入的还是自有的，都表现为一定数量的资本价值成为直接增殖自己价值的东西，即由本金这个物直接产生了利息，因而本金和本金加利息的关系，成为单纯的物和物的关系。资本的本质，本来就是一种社会关系，但现在却表现为单纯的物和物的关系，因此，在生息资本上，资本关系取得了拜物教性质的形式，也就是说，人和人的社会关系被物和物的关系掩盖起来了，也可以说，人和人的社会关系被歪曲地表现为物和物的关系了。

生息资本所表明的是，货币会生出更多的货币

其次，生息资本所表明的是，没有生产过程和流通过程作媒介，货币自身会生出更多的货币。在第一卷第四章所分析的资本总公式 G—W—G′中，包括着资本的生产过程和流通过程，这是一个已经完成的资本。现在，在生息资本形式上，G—W—G′被归结为 G—G′，即被缩简为没有意义的简化式的资本最初的一般公式，好像没有任何生产过程和流通过程，不借助任何社会行为和社会关系，货币本身就能自然地产生出货币来。“现在，**物**（货币、商品、价值）作为单纯的物已经是资本，资本表现为单纯的物；总再生产过程的结果表现为物自身具有的属性”。这就是说，资本表现为一种物，是一种可以出售的物（资本商品），只要贷放出去，经过一定时期，就能取得利息，这就是一定量货币能够直接生出一定量的货币来。正如梨树的属性是结梨一样，"创造价值，提供利息，成了货币的属性"。也像劳动力的使用价值能够创造价值一样，货币本身也能够创造货币。这样，"社会关系最终成为一种物即货币同它自身的关系"。总之，在生息资本的形式上，我们所看到的，只是一种自动增殖价值的价值，只是自动生出货币的货币，"这个自动的物神"，"纯粹地表现出来了"。

在生息资本的形式上，利润的源泉再也看不出来了

再次，在生息资本形式上，事情完全颠倒地表现出来了。本来，利息只是平均利润的一部分，现在却反过来表现为是由资本产生的，是资本的真正果实，是本来就有的东西；企业主收入本来也只是平均利润的一部分，现在却倒像只是在再生产过程中，因资本家的"劳动"而增加进来的，是后来才有的东西。因为生息资本的形式是生出利息，它是当作再生产的前提而被假定着，也就是说，货币或商品和再生产过程相独立，在再生产过程之外已经具有增殖价值的能力，这样，在生息资本的这个形式上，"利润的源泉再也看不出来了"，资本主义的生产关系达到最高度的颠倒和物化，"在这里，资本的物神形态和资本物神的观念已经完成"。

在生息资本形式上，资本的社会关系的属性变成了货币这个物本身的属性

最后，在生息资本形式上，资本的社会关系的属性，却变成了货币这个物本身的属性了。这是因为：资本采取生息资本的形式，首先表现在货币资本的形式上作为资本商品而出现，这种商品的自行增殖的性质有一个固定的价格，这个价格在每一具体场合都表示在利息率上。由于生息资本作为资本商品，被看成是可以出售的物，不仅具有价格，而且能增殖价值、取得更多的货币——利息，因而资本的社会关系的属性变成货币这个物本身的属性了。第一，这是由于资本作为货币的不断存在；在这形式上，资本的一切规定性都看不见了。从使用价值方面看，作为资本的货币的使用价值，和作为商品的使用价值，它们之间的差别消失了，货币本身好像不只是能起一般等价物的作用，而且具有由货币生出货币的魔力；从价值方面看，作为资本的货币，是作为独立的交换价值而存在的，因此，在生息资本形式上，它就不断地以货币的形态进行买卖和贷借。第二，由货币资本所带来的剩余价值或利润，以及利息，也都是处在货币的形态上，因此，利息好像是由于生息资本处在货币形式上所产生出来的，正如树木的发芽分枝是树木本身生长的必然结果一样，货币会生出货币，好像是货币本身固有的属性，这样，资本的属性变成货币本身的属性了。“资本现在是物，而作为物它是资本”，资本与劳动的社会关系不见了，表现出来的，只是货币和货币的关系，即物和物的关系了。“资本取得了它的纯粹的物神形式，即 G—G′，一个主体，一个可出售的物”。“那就无论它是睡着，还是醒着，是在家里，还是在旅途中，利息都会日夜长到它身上来”。

由此可见，在生息资本上，资本关系取得了最表面和最富有拜物教性质的表现，也就是说，在生息资本的形式上，资本关系取得了最歪曲的表现，作为资本的实质所体现的社会关系，却表现为货币和货币、本金和利息、物和物的关系。研究生息资本的形式如何表现着这种物神的性质，实质上也就是揭露资本主义的剥削关系，在生息资本的形式上怎样被掩盖、被歪曲，怎样以相反的形式表现出来。

德国著名的宗教改革活动家马丁·路德（1483—1546）就曾竭力反对高利贷。显然，路德反对高利贷，并不是从反对剥削、反对统治者对劳苦群众的压迫出发的，而是从维护大公和封建特权、坚持封建的人身依附、敌视资本和货币的统治出发的。他认为：高利贷者为了自己发财致富，“靠别人的劳动、忧患、危险和损失而使自己过着骄奢淫逸和荣华富贵的生活”，“这种高利贷，要不了几年，不就会把整个世界吞掉了吗?”马克思称路德反对高利贷是“天真的狂吼”，表明他对生息资本歪曲地表现资本关系的实质这个问题毫无所知。这说明，路德虽然反对高利贷，却完全不懂得生息资本的实质，更不可能懂得在生息资本形式上的资本拜物教的性质。

（二）批判普赖斯关于生息资本的荒诞无稽的幻想

普赖斯的幻想

英国的经济学家和哲学家理查·普赖斯(1723—1791)，把资本自行增殖看成是资本的天生的属性，从货币本身可以直接生产货币的错误观点出发，产生了许多荒诞无稽的幻想。他认为："生复利的钱，起初增长得很慢。以后就不断加快，过了一段时期之后，其速度就超出任何想象。一个便士，在耶稣降生那一年以5%的复利放出，到现在会增长成一个比15000万个纯金地球还要大的数目。可是如果以单利放出，在同样长的时间里，它至多只能变成7先令$4\frac{1}{2}$便士。"因此，他主张："国家应当以单利息借款，以复利息放债。"① 简单地说，就是依靠复利来加快资本积累。马克思指出，普赖斯的这种幻想，"已经远远超过炼金术士的幻想"，可是，英国的首相、托利党领袖之一的威廉·皮特（1759—1806）却深信不疑。皮特把普赖斯的上述幻想作为他的财政政策的基础，于1786年建立了自己的还债基金，规定每年必须"一文不少地"拨出500万英镑作这项用途。一直到1825年，下院通过了只能用国家真正的多余收入来偿付国债的决议，这个制度才被废止。皮特的这种奇怪的还债基金，把英国的整个信贷制度弄得混乱不堪，这也是普赖斯上述幻想在实践中的彻底失败。普赖斯的上述幻想是怎样产生出来的呢？这是由于他从资本自身能创造利息，货币本身能创造货币的错误观点出发，把资本看作一个自行运动的自动机，当作一种纯粹的自行增长的数字来考察，完全不顾再生产和劳动的条件，为资本拜物教的现象、为几何级数的庞大数字所迷惑。其实，如果离开生产和再生产过程，离开再生产过程的主观条件和客观条件，资本本身是不能增殖价值的。普赖斯所发现的所谓"资本增长的规律：$s=c(1+z)^n$"，完全是主观臆想，在实践上是不存在的，在理论上也是没有根据的。

① 转引自《马克思恩格斯全集》第12卷，人民出版社1962年版，第480页。

普赖斯的幻想在资产阶级经济学中广泛流行

普赖斯的依靠复利来加快资本积累的上述幻想，在资产阶级庸俗经济学中普遍流行着。前面所说英国首相皮特，就十分认真地看待普莱斯的这种欺人之谈，他在实际工作中制订还债基金的条例，颁布依靠复利来加速积累的法律，并且用复利的神秘法术来驱除国债，“这样，靠普赖斯博士的帮助，皮特就把斯密的积累理论变成一国人民通过债务积累而致富的理论”。在资产阶级庸俗经济学的著作中，也不知不觉地混入了普赖斯的见解，这从当时经济理论刊物《经济学家》所发表的一段话就得到证明。他们说：“资本加上每部分储蓄资本的复利，把一切东西都攫取走了，以致世界上能提供收入的一切财富早就成了资本的利息”。在他们看来，社会上存在的一切财富，不仅包括当年生产的，而且包括过去一切年代生产的一切财富，只要依靠用计算复利的方法来积累，都只能等于由资本本身所创造的利息，这样，凡是人类所能提供的一切剩余劳动，都归属于利息本身。这是多么惊人的理论啊！至于斯密经济学说的反对者，德国的所谓浪漫学派的庸俗经济学家亚当·亨利希·弥勒（1779—1829），为了实现普赖斯的幻想，竟胡说什么：要使得复利惊人增长，“就要以许多世纪不分割的或不中断的划一的顺序为前提”。市民社会要获得巨额资本，必须“在实际运用资本时从中收取复利”。如果没有贪婪和浪费的规律起作用，吸取复利以后，财富必然“以惊人的速度增长”。弥勒的上述令人恶心的胡言乱语，不仅“把工人和资本家，劳动力的价值和资本的利息等等混为一谈”，而且他所用的方法，也完全是从事物最表面的假象取来的，它是错误的平庸的内容和神秘化的表达方法的结合体。

马克思对普赖斯幻想的批判

从第448页第2段到第449页，马克思对普赖斯所主张的依靠复利来加快资本积累的错误观点进行了批判。

马克思首先指出：“只有当利润（剩余价值）中再转化为资本的那部分，即被用来吮吸新的剩余劳动的那部分，可以叫作利息的时候，资本的积累过程才可以看作是复利的积累。”这就是说，依靠复利积累，也就是把平均利润分割为利息的部分用来积累，只是资本积累的一种渠道；

资本家还会把平均利润的另一部分，即企业主收入部分，拿出一些来积累，即把这一部分的剩余价值资本化，这是资本积累的又一种渠道，而且是主要的渠道。普赖斯所主张的仅仅依靠复利来加速积累，在资本主义的实际经济生活中显然是不存在的。

其次，马克思指出，如果按照普赖斯的观点进行分析，从理论上也是不能自圆其说的。这就是：

第一，随着劳动的社会生产力的发展，单位商品价值量降低，现有资本的一大部分会在再生产过程中不断贬值，这样，一切现有的资本就"不是表现为资本积累的长期过程的结果，而是表现为相对地说非常短的再生产时间的结果"。那么，普赖斯所说的现有资本都是依靠复利长期积累的结果，就不能成立了。

第二，随着社会劳动生产力的提高，资本有机构成提高，可变资本和不变资本相比相对减少，利润率会不断下降。平均利润率是利息率的最高界限。利润率下降必然相应地引起利息率的下降。可是，普赖斯在计算用复利进行积累时，是以利润率和利息率都不降低作为级数的基础，从而作为"复利资本无所不吞"的理论根据。既然在实际生活中利润率和利息率都有不断下降趋势，普赖斯用来计算的级数的基础就是不符合实际的，那么，他由此计算所得出的结果，也就不正确。

第三，资本积累是有一个质的界限的，这就是，在一定时期内，工人提供了多少剩余劳动，创造了多少剩余价值。有了这些剩余价值，才有可能把它的一部分转化为资本，进行资本积累。这种质的界限，是由工人劳动的总工作日、工人的人数、当时生产力的发展水平等因素决定的。超过了这个质的界限，要进行积累是不可能的。但是，如果按照普赖斯的观点，把复利用作资本积累，只计算用于积累的利息在量上是多是少，而看不出利息的真正来源，这就只有量的界限，没有质的界限，这就看不到决定利润和利息的各种因素，不可能正确分析积累的条件，更谈不上揭示加速资本积累的真正原因了。

第四，"过去劳动的产品的价值保存下来，也就是说再生产出来，这实际上**只是**它们同活劳动接触的结果”。资本如果不同活劳动相接触，不吮吸活劳动，就不可能产生剩余价值，当然也不可能进行资本积累。而按照普赖斯由货币生出货币，通过复利来积累的说法，不需要把资本投进生产过程和流通过程，不需要把资本和活劳动相结合，就能实现资本积累，其实，这是不可能的。

第五，“过去劳动的产品对于活的剩余劳动的支配权”，必须在资本关系继续存在的限度内，才会继续下去。也就是说，在资本家占有生产资料，工人丧失生产资料只能出卖劳动力为生的资本和劳动的关系中，资本家才能依靠对资本的占有，把生产资料作为资本，作为剥削剩余劳动的手段，取得剩余价值或利润，才能把它的一部分用作资本积累。可是，在普赖斯看来，只要存在生息资本的形式，只要由 G—G′，而不必存在资本关系，就能取得利息，就能进行积累，这只能是荒诞的幻想。

总之，在生息资本的形式上，“资本物种的观念完成”。普赖斯等资产阶级庸俗经济学家，只从事物的表面现象出发，从资本拜物教的观念出发，根本看不到资本关系的实质，而是利用生息资本这一形式，为资本主义剥削制度作辩护，所以，他们的理论，他们的幻想，纯粹是荒诞无稽之谈。

■ 马克思的分析，是从本质到现象逐步地展开的。他首先揭示了剩余价值生产的秘密；然后揭示了剩余价值转化为利润、利润转化为平均利润，再后则揭示了产业资本和商业资本如何参与利润率的平均化，以及平均利润如何分割为利息和企业主收入；与产业利润、商业利润、利息相适应，资本也分裂为产业资本、商业资本、生息资本，资本家也划分为产业资本家、商业资本家、借贷资本家，从而构成整个资本主义生产关系的多方面的复杂画卷。要认识资本主义生产关系、经济关系的实质及其表现的各种现象和现象的各个方面，就需要由本质到现象、由现象到本质地多方面地全面地进行分析研究。这正是马克思对唯物辩证法这个基本方法的具体运用。资产阶级庸俗经济学，不仅从现象出发，而且仅仅从某一具体现象，即从现象的某一具体方面出发，用现象掩盖本质，用局部代替整体，用片面假充全面，普赖斯的所谓用复利加速积累的幻想，就是建立在上述方法论的基础之上的，他们只能受资本拜物教所迷惑，发表一些极其错误的荒诞无稽之谈。马克思把对资本主义关系的分析和对资产阶级政治经济学的批判密切结合起来，创造了符合资本主义实际的科学的理论体系，这完全依赖于他对唯物辩证法的卓有成效的具体运用。

第二十五章

信用和虚拟资本

第二十一章到第二十四章，着重从货币资本家和职能资本家之间的直接关系上，研究生息资本问题。从本章开始到第二十八章，着重对在货币资本家和职能资本家之间起中介作用的银行家和银行资本进行分析。这就是说，对生息资本的研究进入了一个新的阶段，即生息资本运动的实际形式，也就是资本主义信用的阶段。资本主义信用包括商业信用和银行信用，本章既研究商业信用又研究银行信用，还指出了由银行信用而产生的新情况，即由银行资本而引起的虚拟资本问题。

（一）商业信用和商业货币——票据

在第450页第1段，马克思首先指出，本章研究的对象，只是“商业信用和银行信用”，“在这里，只着重指出为说明资本主义生产方式一般的特征所必要的少数几点”。实际上，马克思在本章中，仅仅是从商业信用是银行信用的基础出发，来考察商业信用和银行信用的。至于对它们进行详细而具体的分析，则放在第三十章。

第450页第2段，是对商业信用和商业货币的概括性的理论论述。在这段中，着重指出了下述要点。

1. 在资本主义条件下，商业信用的发展及其必然性。在第一卷第三章中就已说过，早在简单商品生产的条件下，由于货币充当支付手段的职能，商品生产者和商品经营者之间发生了相互赊欠的债务关系，才产生了商业信用。但由于当时商品生产和商品流通都不发达，因而商业信用的范围较小，它还不是普遍存在着的。随着资本主义生产方式的发展，商品生产和商品流通发展到很高的程度，商业信用才得到广泛的发展。为什么呢？第一，由于社会分工，把各个资本主义企业和部门联系成为一个有机的整体，但各个企业和部门的商品生产时间和流通时间长短不一，因而他们的资本周转的时间不同，当某些资本家出售商品时，购买这种商品的另一些资本家由于自己的商品尚未出售，因而没有现款进行购买。在这种情况下，前一类资本家为了把商品卖出，只好用赊账的办法，这样，产业资本家之间必须在商品买卖上提供信用。第二，由于资本主义商业的经营规模较大，市场距离较远，商业资本家没有足够的货币资本把产业资本家出售的全部商品买下来，然后再拿到市场去出售，因而产业资本家只好把商品赊销给商业资本家。这样，产业资本家和商业资本家之间就必然产生商业信用。所以马克思说："随着商业和只是着眼于流通而进行生产的资本主义生产方式的发展，信用制度的这个自然基础也在扩大、普遍化、发展。"

2. 在商业信用基础上产生的商业货币——票据，是商业信用的工具。如上所述，既然资本主义制度下商业信用得到广泛的发展，那么，这种商业信用的内容是什么呢？它有哪些特征呢？它又是运用什么工具来进行的呢？从内容方面看，商业信用是指职能资本家之间用赊账的方式买卖商品时，彼此提供的信用。例如，生产织布机的产业资本家把织布机卖给商业资本家时，商业资本家暂时不付给该机器的价格，而是约定过一个时期，如一周、一月以后再支付，这种赊账就构成商业信用。从资本主义商业信用的特征方面看，它和简单商品生产条件下的商业信用不同。简单商品生产条件下的商业信用，主要是以普通商品作为对象的。资本主义商业信用则不然，它的信用对象不是普通商品，而是资本商品。由于商品的买卖采取赊账的方式，商品的买卖变成了借贷，因而商品的出卖者和商品的购买者之间的关系，就变成为债权者和债务者之间的关系。资本主义商业信用所运用的工具是商业票据。商业票据分为期票和汇票两种。商品的出卖者在售卖商品时，不是立即取得现金，而是只得到一张期票。期票是债务人对债权人开出的承诺在一定时间内支付现款的债务凭证。它表明在一定时期之后，购买者必须把现金付给商品的出卖者。这种期票就成了商业信用的工具。同时，在期票到期之前，经债权人在它背面作转让债权的签字，即所谓“背书”之后，又可以当作流通手段或支付手段，向别的资本家购买商品或偿付债务。和期票不同，汇票是由债权人向债务人发出的令其向第三者或持票人（如债权人的债主）支付一定款项的凭证。如棉花商人把棉花卖给纺纱厂资本家时，向纺纱厂资本家发出一张汇票，令其将款项付给织布厂资本家。这种商业票据——期票和汇票的好处是，可以使彼此之间的交易不用现金或少用现金，从而加速商品流转、节省货币流通费用。正是由于商业票据能当作支付手段进行流通，因此，“它们形成真正的商业货币”。这种商业货币由于能够平衡债务，实际上已当作货币执行职能了。

3. 商业信用和商业票据是银行信用和银行券的基础。商业票据作为商业信用的工具，并不是在任何人、任何时候、任何地点都能代替货币起流通手段和支付手段的作用的，它只是在持有汇票的人把它拿到银行去贴现时才代替货币起作用。期票贴现，就是银行购进没有到期的期票。银行在购进没有到期的期票时，不一定完全用货币来贴现，而往往是用银行券来贴现。“银行券无非是向银行家签发的、持票人随时可以兑现的、由银行家用来代替私人汇票的一种汇票。”[①] 用银行券购进期票，实即用真正的信用货币来代替商业货币。可见，商业信用和商业票据是银行信用和银行券的基础。马克思说：“就像生产者和商人的这种互相预付形成信用的真正基础一样，这种预付所用的流通工具，票据，也形成真正的信用货币如银行券等等的基础。”银行券就是为了对商业票据进行贴现而发行的，银行券这种信用货币的流通，是以商业货币即商业票据的流通为基础，而不是以货币流通为基础的。

从以上的分析可以看出：商业信用只是职能资本家之间的信用，只能以商品资本的形式提供出来，作为商业货币的商业票据，也只能在一定范围内作为支付手段而流通，这说明：商业信用和商业货币是有局限性的，它必须发展为银行信用和信用货币——银行券。银行信用和银行券的出现，不仅克服了商业信用和商业货币的局限性，而且给商业信用和商业货币带来了新的活力。银行信用是适应资本主义扩大再生产的需

① 《资本论》第 3 卷，人民出版社 2004 年版，第 454 页。

要、在商业信用的基础上发展起来的一种信用形式。

第 451 页第 2 段到第 452 页，马克思为了论证自己的理论观点，摘引了当时英国经济学家著作中的一些材料。在这几段摘引的材料中，论述了票据流通的性质和数量的概念，以及商业信用和票据的一些问题。

（二）银行信用和信用货币——银行券

银 行 信 用

银行信用虽然是在商业信用的基础上发展起来的，但两者还是有差别的。所谓银行信用，就是银行或货币资本家以贷款方式向职能资本家提供的信用。它和商业信用的不同之处是：一、银行信用不是由职能资本家相互提供的信用，而是由银行提供给职能资本家的信用；二、由于银行信用的对象不仅仅是处在再生产过程中的商品资本，而且还有闲置的货币资本，因此，银行信用的范围就不受商品流转方向的限制；三、商业信用只是由商品的出卖者提供给商品的购买者，而银行信用则可以由银行提供给任何一个职能资本家。正是因为银行信用和商业信用有上述不同，所以它能提供更多的借贷资本，有更长的借贷期限。因此，银行信用可以在更大程度上满足资本主义扩大再生产的需要，并满足资本家在营业上进行投机的需要。

银行信用是和货币经营业的发展联系在一起的。起初，货币经营业的主要任务是从事与货币流通有关的各种技术性的操作，如汇兑、保管、收付现金、结算等等。随着资本主义商品经济的发展，货币经营业也同时向前发展，它以存款形式集中起来的闲置资本日益增多，也就越来越多地发展借贷业务，货币的借入和贷出成为一种专门业务，这样，货币经营业就逐渐发展成为银行业，货币经营资本就发展成为银行资本，货币资本的借贷就发展成为银行信用。这时，银行家就成为货币资本的实际贷者和借者之间的中介人，是经营货币资本的商人，是债权人和债务人的中介，他们一方面把大量贷出的资本集中起来，替全体货币资本家贷出资本，代表着一切贷者和职能资本家相对立；另一方面他们又把借款人集中起来，为全体职能资本家借入资本，和一切货币资本家相对立，所以“银行一方面代表货币资本的集中，贷出者的集中，另一方面代表借入者的集中”。

银行家开办银行，经营银行业务，也是为了取得利润。银行家投入本银行的资本，是不参加平均利润的形成过程的，但由于各部门之间的资本的竞争，也会使他们自发地取得平均利润。但是，银行利润究竟从何产生呢？“一般地说在于：它们借入时的利息率低于贷出时的利息率”。这就是说，贷款利息高于存款利息，两者之间的差额，扣除业务上的开支以后，就是银行利润。这种银行利润的真正来源，还是工人在生产中所创造的剩余价值的一部分，同平均利润分割为利息和企业主收入一样，银行利润是银行家作为借贷资本的一方，从职能资本家那里分割过来的。银行家所以能够分割这一部分剩余价值，还因为他依靠了银行雇员的劳动。银行雇员和商业雇员一样，虽然他们的劳动并不创造价值和剩余价值，但却能帮助银行家取得分割给他的那一部分剩余价值。所以银行家不仅剥削生产中的劳动者，而且也剥削银行中的劳动者。这同商业资本家剥削商业劳动者的情况相类似。

银行存款的来源

银行的大量存款究竟是从哪里来的呢？除了银行家自己投于银行的资本外，主要是通过以下的途径流到银行那里的。第一，来源于职能资本家暂时闲置的货币资本。由于银行经营出纳业务，职能资本家暂时闲置的货币资本，如作为准备金保存的货币资本，或支付中暂时得到的货币资本，都会集中到银行，因此，几乎每个职能资本家都在银行有往来账户。他们把货币存入银行的目的，主要并不是为了取得利息，而是为了便于取得银行信用，即取得银行的贷款。第二，来源于直接的存款。这种存款，首先是货币资本家的存款，他们存款的目的，才真正是为了取得利息。其次是“一切阶级的货币积蓄和暂时不用的货币，都会存入银行”。这种小额货币本来不能当作货币资本发生作用，但一旦集中到银行，就会成为一笔巨大的数额，就会转化为货币资本作为借贷之用，这种收集小额货币使之成为借贷的货币资本，是银行制度的特殊作用。第三，“各种只是逐渐花费的收入也会存入银行”。如工人的工资，资本家用于个人消费的生活费用等等。由此可见，在资本主义社会里，差不多所有的货币资本和货币收入都会流到银行里去，其中的大部分会转化为借贷的货币资本。

银行的贷放，银行券和虚拟资本

银行吸收了上述大量的存款后，要通过各种形式贷放出去。贷放，是通过票据的贴现来进行的，是通过各种不同形式的贷款，如直接贷款、抵押贷款、有息证券、国家证券以及存款透支等来进行的。银行除办理各种形式的贷款外，还提供各种形式的信用，“例如：向其他银行签发汇票、支票，开立同样的信用账户，最后，对拥有钞票发行权的银行来说，是发行本行的银行券”。这就是说，有钞票发行权的银行可以发行银行券提供信用，而没有这种发行权的银行也可以用自己的票据提供信用。

银行券是银行发行的信用货币，也就是银行发行的期票。银行券的流通是建立在私人期票流通的基础上的。因为银行券通常是在期票贴现时发行的，也就是银行家用自己的期票来代替他贴现的期票或汇票。在大多数国家里，发行银行券的主要银行，往往是私人银行和国家银行之间的奇特的混合物，有国家的信用作为后盾，所以在实际上，银行券成为合法的支付手段，这就使得银行券比私人的期票享有更广泛的信用。由于银行券的流通是代替向银行贴现的商业期票，而商业期票又是由商品交换中的信用引起的，所以银行券的流通是由商品交换的需要来调节的。如果商品交换的量扩大，商业期票增多，要求贴现的期票也增多，银行券的发行量就会增多；反之，如果交换的商品减少，商业期票减少，要求贴现的期票也减少，银行券的发行量也就相应地减少。

银行券虽然以商业信用为基础，但它还须以能与黄金兑换作保证。只有以黄金作保证、并能与黄金进行兑换的银行券，才会作为货币来执行职能，没有黄金保证的那部分银行券，就不是现实的资本，而是虚拟资本，即虚假的资本。必须注意，这里所说的虚拟资本，是指没有黄金作保证的银行券而言，这是一种意义上的虚拟资本。至于一切有价证券，如股票、公司债券等，在资本主义社会中，人们也是把它们当作资本看待的，这又是一种意义上的虚拟资本；说它是虚拟资本，就是说，对于它们的所有者，似乎就是资本，但它们本身没有价值，实际上并不是资本。随着资本主义的发展，银行资本在增多，在银行券形式上的虚拟资本也会跟着增加起来。

从第455页第2段到第458页第1段，马克思利用摘引材料，对银行信用，信用货币——银行券，银行机构，银行业务等等进行了具体分析。

（三）银行信用和信用投机

关于利用银行信用进行信用投机的问题，马克思从当时英国的一些经济著作中摘录了大量材料进行例解，但没有来得及对这个问题本身进行详细的分析。因此，恩格斯在编辑时，从第458页第2段到第460页，对这些例解增加了一些分析性的说明。这些说明，除介绍当时的历史和社会背景外，着重指出了以下三点：

生产繁荣时期是信用投机的发展时期

第一，从1842年底以来，特别是由于1844年到1846年国外市场的扩大，英国的工业生产处在繁荣时期。这时，信用投机也最发展。这首先在铁路的建筑上表现出来。许多工厂主和商人为了在铁路股票上进行投机，就用他们的商品作抵押，从银行取得大量的预付资本，以致发展到这样的程度："1847年4月，几乎所有商行都由于它们的一部分商业资本投在铁路上而开始程度不等地缩小自己的营业。""有人凭铁路股票按高利息率如8%向私人、银行家、保险公司借款。"由于把一部分产业资本和商业资本投到铁路建筑上，以致资本不足，不得不再凭汇票贴现，向银行借入资本来维持营业，并由此受到损失。当第二次铁路股票的付款到来时，人们又不得不求助于信用，使营业再次蒙受损失。

委托销售制度是信用投机的可乘之机

第二，信用投机的狂热，在"为换取贷款而对印度和中国实行大量委托销售的制度"上充分表现出来。过去，职能资本家以自己的商品作抵押，取得贷款，来偿付凭这批商品开出的汇票，这是完全合法的。"现在，如果加尔各答某商行〔为英国〕购买一船货物，用该行向伦敦代理商签发的汇票来支付，并把提单送往伦敦，那么，这种提单就会立即被他们拿到伦巴特街去获取贷款；因此，在他们的代理商必须兑付汇票以前，他们有 8 个月的时间可以利用这宗货币。”① 由此可见，这种专门为了获取贷款而实行的委托销售制度，被商人利用来进行大量的投机活动。

信用投机的结果必然产生经济危机

第三，这种信用投机所引起的结果，必然产生经济危机。过去，人们购好商品，再开汇票，然后凭汇票到银行提取现款。现在，从订购商品之日，就开出可以贴现的汇票，这样，就会造成虚假的繁荣，一方面，使生产过度膨胀，另一方面，大量商品堆存在仓库中，根本没有卖出去，发展到一定程度，就会爆发经济危机。在危机爆发时，支付陷于停滞，并从局部现象发展成为普遍现象，这时，“绝大多数的汇票只有支付惊人的高利贷利息才能得到贴现，或根本不能贴现；支付的普遍停滞使一系列第一流商行和许许多多中小商行倒闭”。这就是说，在繁荣时期，信用膨胀已经孕育着危机。当危机到来时，信用紧缩，首先是商业资本家、银行资本家，接着是产业资本家，都为危机所袭击，整个经济的繁荣景象一下子就消失了。在这里也可以看出，银行信用在加深资本主义矛盾发展中的作用。

从第 461 页到第 467 页，马克思所摘引的大量材料，都可以用于引证恩格斯的上述三点说明。

■ 从对生息资本的分析发展为对银行资本的分析，对生息资本的研究进入一个新的阶段。银行资本和银行信用的出现，虽然没有改变生息资本的性质，但却使生息资本的构成和它的形式发生了变化。从生息资本的构成方面看，本来，作为生息资本的是一些货币资本家所持有的、作为资本贷出以取得利息为直接目的的那部分货币资本；现在，由于银行把其他来源的存款，如：职能资本家暂时闲置的货币资本（如准备金），一切阶级节省下来储蓄在银行的货币，各种只是逐渐花费的个人收入（上述两点本来只是货币，不是货币资本），都集中起来，作为生息资本而贷放出去，因此，生息资本的构成扩大了，它不仅包括货币资本家的货币资本，而且包括原来并不是资本的货币或虽然作为资本的货币但

① 《资本论》第 3 卷，人民出版社 2004 年版，第 465 页。

不是作为生息资本的那一部分货币资本。从生息资本的形式方面看，由于银行资本和银行信用的出现，银行家不仅以货币形式贷给各种借款人，他们还从事期票贴现、发行银行券等业务，用票据的形式贷出资本，这就是说，银行家不仅贷出现金，而且还贷出自己的票据，也就是把票据作为生息资本了。这种票据形式的生息资本，是虚拟资本的一种表现。这是由银行资本和银行信用的出现而引起的新的经济情况、新的经济关系、新的经济范畴。所以，研究银行资本，使得对资本主义关系的研究更进一步具体化了。

必须注意，票据只是一种经济形式、经济工具，它本身并不表现为某种固定的生产关系。在简单商品生产和流通的社会里，存在着货币经营业，也存在着各种期票和汇票，作为票据的期票和汇票，无非是赊销商品所发生的债务的书面凭证，它反映着商品买卖中的信用关系，但并不反映资本主义的关系。在资本主义制度下，票据成为商业货币，并发展为信用货币，甚至成为虚拟资本，这就是说，票据不仅成为资本主义信用的工具，甚至还成为资本家进行投机的工具，这样的票据，当然体现着资本主义的关系。至于在社会主义条件下，虽然存在汇票和各种证券，但那只是社会主义信用的工具，是为社会主义建设服务的，它们反映着社会主义的生产关系，对于建设社会主义市场经济、发展金融市场来说，是必不可少的。

第二十六章

货币资本的积累，它对利息率的影响

本章着重对代表大银行资本家利益的、通货学派的主要代表人物诺曼和奥弗斯顿关于资本和利息率的错误观点进行批判。

在资产阶级的货币理论中，所谓“通货学派”和“银行学派”，是1840—1844年英国议会发行委员会在讨论银行券发行制度时形成的。通货学派认为：商品的价值和价格决定于流通中的货币量；要避免货币危机和经济危机，就必须保持货币流通的稳定；国家必须以一定的黄金保证来调整纸币的发行量，这是稳定货币流通的唯一手段。因此，他们要求严格限制没有金银保证的银行券的发行，主张由一家大银行垄断银行券的发行权。上述理论主张，在19世纪上半叶的英国十分流行。1844年英国政府所制定的银行法，就是以上述理论为根据的。1844年的银行法规定：英格兰银行成为英国的发行银行；英格兰银行分为两个部，一个是发行部，一个是银行部。发行部发行的银行券，在1400万镑以下，以国家债券为担保；在1400万镑以上，每发行一镑银行券，必须有一镑的黄金作保证。银行部必须用黄金交换才能从发行部得到超过限额的银行券。他们认为：这样做，银行券的发行就会受到限制，由通货过多或过少引起的物价波动就可以减少，商业循环的危机就可以防止。实际上，这个银行法除了使大银行家大发横财之外，并没有收到任何成效。同时，由于划分为两个部，使银行业务不能机动适应商品流通的需要，使货币流通更加混乱。所以，1844年的银行法实行不久，在1847年危机时期，不得不停止执行。这就说明：通货学派不仅在理论上是错误的，在实际上也是失败的。至于与通货学派相对立的银行学派，他们认为：银行券是适应工商业使用的需要而发行的，不需要时会自然地流回银行，因而银行券的发行数量完全不必要受黄金保证的限制，以便保证工商业资本家能够经常获得廉价的信用。银行学派同代表大银行资本家利益的通货学派不同，他们是代表工商业资本家的利益的，他们的主要代表人物是图克、富拉顿等人。马克思在本章中，着重批判通货学派的诺曼和奥弗斯顿的错误观点。在第二十八章中，才对银行学派的图克和富拉顿的错误观点进行批判。

（一）货币资本积累对利息率的影响

从第468页到第471页第3段，马克思摘引了英国经济著作中的一些材料，但对这些材料未加任何评论。从这些材料的内容看，马克思的意图可能是：说明有哪些因素会对利息率的变动发生影响。

首先，引证的材料说明了：货币资本供过于求，会使利息率下降。这是因为：随着资本主义的发展，积累的货币资本会增加，如果这时候投资范围没有相应地扩大，必然会出现作为生息资本的货币资本供过于求，这就会使利息率下降。如1845年，“英格兰银行地库中的黄金总额超过了以前任何一个时期的储备额。各种股票的价格都高到几乎前所未闻的程度，而利息率却降到几乎只剩一个名义了”。当然，1845年英国正处在繁荣时期，那时的利息率很低，除了生息资本供过于求外，还有信用稳定的缘故。

其次，引证的材料说明了：银行提供的贷款多少，对利息率有直接影响。如果银行的存款增多，因而可以贷出的款也增多，利息率就会下降；反之，如果银行的存款减少，因而可以贷出的款也相应地减少，利息率就会提高。引证材料所说的，1845年，“商人在他们的银行里的存款，银行在它们的货币经纪人手里的余款以及银行库存的准备金都会减少，而闲置资本额的这种减少的直接结果，将是利息率的提高，例如由4%提高到6%”，就是指上述后一种情况。

再次，引证的材料说明了：流通中的货币量减少，是利息率提高的原因之一。第469页第2段到第471页第2段的引证材料指出：1847年，英国的货币流通量减少，引起了利息率的提高。为什么会造成这种现象呢？第一，1846—1847 年，由于农业歉收造成了饥荒，必须从国外进口大量粮食，致使“1847 年，英国为进口食物至少向外国支付了 900 万镑金”①，使货币大量从银行流到国外去。第二，由于 1844 年的银行法限定了银行券的发行量，使得银行家“以前承诺提供的信贷受到了非常严格的限制；基础薄弱的商行倒闭了。完全依赖信用的人开始破产”。“不安和混乱与日俱增。”② 第三，1844—1845 年是英国经济的繁荣时期，资本家们迅速扩大了生产规模，把大量资本投到生产上去，使流通中的货币量减少，结果造成利息率的提高。当然，也会出现另一种情况，这就是：虽然流通中的货币没有减少，但由于信用不稳定，人们尽量储存现款，以便应付未来的支付需要，这时，也会引起利息率的提高。

最后，引证的材料说明了：银行家还会利用危机提高利息率以获取暴利。因为在经济危机时期，一方面，对支付手段的需要增加了，借款的要求也增加了；另一方面，银行又要紧缩信用，银行家往往利用这个机会，把利息率提高。马克思引证图克的话说：“沃里克郡和斯塔福德郡的金属制品业，1847 年拒绝了许多订货单，因为工厂主拿汇票去贴现时必须支付的利息率，把他的全部利润吞掉还嫌不够。”③ 这说明，“货币经营者曾经多么厉害地利用危机时期”。

总之，上述材料说明了：利息率的高低，是由货币资本的积累决定的，也是由借贷资本的供求关系决定的。货币资本积累较多，借贷资本供过于求，利息率就下降；反之，货币资本积累较少，借贷资本供应不足，利息率就提高。这就是货币资本的积累对利息率的影响。

（二）批判诺曼关于资本和利息率的错误观点

在资本和利息率问题上，诺曼的错误观点

英国资产阶级经济学家、英格兰银行董事、通货学派的巨星乔治·沃德·诺曼（1793—1882）在利息率和资本问题上的基本观点是：

① 《资本论》第 3 卷，人民出版社 2004 年版，第 470 页。
② 《资本论》第 3 卷，人民出版社 2004 年版，第 469 页。
③ 《资本论》第 3 卷，人民出版社 2004 年版，第 471 页。

第一，他认为，“利息率不是取决于银行券的数量，而是取决于资本的供求”。那么，资本是什么呢？他认为，“资本的普通定义是：生产上使用的商品或服务”。这就是说，利息率是由资本的供求决定的，而资本就是生产上使用的商品，因此，归根结底，利息率是由商品的供求决定的。第二，他认为，假定工厂主“赊购棉花，没有从银行取得任何贷款；这时，现金价格和赊购价格在到期付款时出现的差额，就是利息的尺度。即使根本没有货币，利息还是存在”。这就是说，在工厂主赊购商品、不用货币来支付的时候，虽然没有货币，还是要有利息的。利息，不过是现金价格和赊购价格在到期付款时所出现的差额。

批判诺曼关于利息率的错误观点

诺曼关于利息率的上述观点，完全是错误的。首先，说利息率是由商品供求决定的，这是不对的。实际上，商品的市场价格是由商品的价值所决定，由商品的供求调节的；至于利息率，则不是由商品的供求关系决定的，而是由货币资本的供求和竞争决定的。在商品市场价格不变的情况下，利息率可以变动；相反，在利息率变动的情况下，商品的市场价格也可能不变。其次，说“现金价格和赊购价格在到期付款时出现的差额，就是利息的尺度”，这也是不对的。恰恰相反，现有的利息率，“才是现金价格和赊购价格在到期付款时出现的差额的尺度”。例如，棉花商人把X量棉花卖给纺纱厂资本家，价格1000元，这1000元的棉花价格是由棉花价值决定的，由供求所调节的。在这里，他们之间的买卖关系就已经结束了。但是，由于棉花商人把棉花卖出时，不是立即取得货币，而是赊售给纺纱厂资本家，假定三个月后必须还款，到期纺纱厂资本家不仅要支付1000元棉花的价格，而且要支付1000元在三个月中的利息。如果每月利息率为3%，三个月的利息即为90元，纺纱厂资本家到期支付给棉花商人1090元，这90元的利息，是“现金价格和赊购价格在到期付款时出现的差额”，是由3%的利息率决定的，而不“是利息的尺度”。如果说这90元利息“是利息的尺度”，就等于说利息决定利息了，这当然是荒唐的。我们知道，商品价格是由价值决定的，商品的市场价格又是由商品供求所调节的；货币资本的利息是由利息率决定的，而利息率则是由货币资本的供求和竞争决定的。因此，上例所说的棉花的 1000 元价格，是由棉花价格所决定并由供求关系所调节的；上例所说的 90 元利息，是由利息率决定的；在这里，X 量棉花实际上已经达成交易，它本身不再是棉花，而是已经转化为 1000 元的货币资本，或者可能的货币资本了。利息是由货币资本带来的，诺曼所说的“没有货币，利息还是存在”的观点，显然是错误的。不仅如此，1000 元的货币资本(即 X 量棉花的价格）所以能够在三个月后取得 90 元的利息，是因为在赊购棉花以前，借贷资本和一般利息率都已存在。如果在此以前没有借贷资本，没有一般利息率，那么，这 90 元的利息也就无从产生了，这更说明，“即使根本没有货币，利息还是存在”的观点，是完全错误的。

批判诺曼关于资本的错误观点

至于诺曼所说的资本是“生产上使用的商品”，也是错误的。首先，作为资本是可以存在于商品的形式上的，但是要把商品和商品资本区别开来。诺曼的错误，就在于把商品和资本、商品关系和资本关系混淆起来，把一般商品看成就是商品资本了。再则，资本可以表现在商品形式上，也可以表现在货币或生产资料等其他形式上，诺曼把资本看成就是商品，抹杀了不同资本形式之间的区别；由此，他还进一步把资本和商品等同起来，把资本单纯地当作一种物，从而抹杀了资本的本质只是一定的社会关系。其次，“生产上使用的商品”，作为资本是产业资本，它获取利润。那么，利润率和利息率又有什么关系呢？第一，“毫无疑问，利息率一般说来是以利润率为它的界限的”，但在利润率的这个界限之内，利息率由什么来决定呢？它不是由利润率决定，“它是由**不同于**其他资本形式的货币资本的供求决定的”。第二，利息率由货币资本的供求决定，而货币资本的供求包括货币资本家贷出的一方和职能资本家需求的一方，在这里，“同样毫无疑问，产业资本家对货币资本的需求，是由实际生产情况决定的”。可是，对于上述利润率和利息率的关系，诺曼根本没有作任何说明，他也不可能说清楚上述问题，只是“向我们兜售这样一个哲言：对货币资本的需求和对货币本身的需求不是一回事”。在这样的遁词下，企图掩饰他们的真正目的，这就是，“力图通过人为的立法的干涉，从流通手段本身造出资本，并且提高利息率”。这就充分证明：通货学派所代表的，完全是大银行资本家的利益。

（三）批判奥弗斯顿关于利息率的错误观点

批判奥弗斯顿关于利息率变动主要取决于资本价值变动的错误观点

从第474页第2段到第477页第1段，马克思着重批判了奥弗斯顿关于利息率变动主要取决于资本价值变动的错误观点。

英国资产阶级经济学家、银行家、通货学派的主要代表人物之一奥弗斯顿勋爵（赛米尔·琼斯·劳埃德，1796—1883）认为：利息率的变动，是由于以下两个原因之一引起的，“或者是由于资本价值的变动”，“或者是由于国内现有货币额的变动”。他认为，前者起着主要的、决定的作用，“利息率所发生的一切巨大的波动，不管是波动时间久的或者波动范围广的，都可以明确无误地归结为资本的价值的变动”。后者对利息率的变动，“影响范围小，持续时间短”，只起着次要的作用。针对奥弗斯顿的上述两个原因，马克思指出：“关于现有货币额对利息率的影响，我们以后还会谈到。”这里只着重批判他关于利息率变动主要取决于资本价值变动的错误观点。

奥弗斯顿所说的资本价值是什么意思呢？如果从生息资本的角度看：一定量的生息资本，可以取得一定量的利息，在这里，所谓资本价值，正好是利息率；如果说利息率的变动取决于资本价值的变动，就等于说“利息率的变动就是由于利息率的变动”[①]，这种同义反复是不能说明任何问题的。如果从职能资本的角度看：一定量的产业资本（或商业资本），可以取得一定量的利润，在这里，所谓资本价值，就是利润率；如果说利息率的变动取决于资本价值的变动，就等于说利息率的变动取决于利润率的变动。奥弗斯顿原来确实也是“把资本的价值和利润率等同起来”[②] 的。他认为：利润率的提高，“按照事物的本性，它就是资本的价值的提高；而资本的价值为什么会提高呢？因为利润率提高了”[③]。在这

① 《资本论》第3卷，人民出版社2004年版，第474页。
② 《资本论》第3卷，人民出版社2004年版，第477页。
③ 《资本论》第3卷，人民出版社2004年版，第477页。

里，他就完全把利息率归结到由利润率决定这个命题上去了。我们从本书第二十二章中已经知道，利润率或平均利润率是利息率的最高界限，但利润率或平均利润率并不是决定利息率的唯一因素。当利润率不变时，利息率是可以变动的；而且利息率的变动往往和利润率的变动又不相一致，甚至可能是相反的。所以，奥弗斯顿指出利息率由利润率所决定，只能说是指出了利息率的最高界限，并不能说明利息率变动的真正原因。尤其错误的是，奥弗斯顿把利息率的变动和利润率的变动混同起来，把生息资本和职能资本混同起来，从而作出利润率变动的原因也就是利息率变动的原因的错误论断。

奥弗斯顿为了证实他的错误观点，还认为英国“1847 年和最近两年〈1855—1856 年〉利息率的提高”[①]，是由于资本价值的提高引起的。实际情况究竟如何呢？马克思指出：“由于营业范围同现有资金相比过度扩大，货币资本荒已经存在；由于农作物歉收、铁路投资过多、生产过剩特别是棉纺织品的生产过剩、在印度和中国的营业欺诈、投机、砂糖输入过多等等而引起的再生产过程的混乱，导致了货币资本荒的爆发。”[②]这就是说，1847 年的危机时期，是由于对货币资本的需求超过了供给，才提高了利息率。而且，这种货币资本利息率的提高，又是和生产资本、商品资本的利润率的下降相适应的。奥弗斯顿根本不谈生产资本、商品资本的利润率下降，只说利息率的提高是由资本价值的提高引起的，在这里，他一方面既抹杀了货币资本和生产资本、商品资本不同资本形式之间的差别，另一方面又把货币资本看作唯一的资本价值，从而产生了混淆概念的错误。

奥弗斯顿不懂得资本主义生产的周期性对利息率变动的影响

奥弗斯顿说：“利息率的提高是我国营业巨大发展和利润率大大提高的结果；如果有人抱怨说，提高了的利息率损害作为它自己的原因的上述两件事情，那是不合逻辑的说法，对此我们不知道应当说些什么。”[③] 在这里，充分暴露了奥弗斯顿代表大银行

① 转引自《资本论》第 3 卷，人民出版社 2004 年版，第 474 页。
② 《资本论》第 3 卷，人民出版社 2004 年版，第 476 页。
③ 《资本论》第 3 卷，人民出版社 2004 年版，第 477 页。

资本家利润、为银行放款的高利息作辩护的真面目。因为对银行家来说，怎么也不会承认高利息会破坏营业的发展和利润率的提高的。其次，“虽然高利润率和营业扩大可以是高利息率的原因，但高利息率决不因此就是高额利润的原因”。奥弗斯顿却故意隐瞒了这个真相。再次，奥弗斯顿根本不懂得资本主义生产的不同周期阶段对利息率变动的影响。在繁荣时期，往往是营业扩大、利润率很高的时候，这时，利息率不仅不是最高，而往往是很低的。相反，在危机到来或危机时期，营业萎缩，利润率下降，这时，利息率不仅不是最低，而往往是最高的。在这里，问题的关键是：利息率的高低取决于货币资本供求双方之间的竞争。马克思责问奥弗斯顿说：“而问题正好是：在高利润率早已消失之后，这种高利息率（这是危机中实际发生的情况）是不是还继续下去，或者说，是不是才达到了它的顶点。”

批判奥弗斯顿关于利息率的提高是资本价值增加的结果的错误观点

奥弗斯顿认为：利息率的提高完全是资本价值增加的结果。而资本价值，在 1844 年“银行法生效的 13 年内，英国的贸易由 4500 万镑增长到了 12000 万镑。想一想这个简单的数字材料所包含的一切事情吧，想一想商业如此巨大的增长所引起的对资本的巨大需求吧，……我感到惊讶的是，利息率怎么没有涨得更高”[①]。在这里，“这位高利贷逻辑学家的用语混乱是多么令人吃惊啊！”他好像认为，一方面在再生产过程的巨大扩张中，也就是现实资本的积累中，资本从 4500 万镑增长到 12000 万镑，“另一方面又存在着一个‘资本’，对这个资本产生了‘巨大需求’，目的是实现商业的这种如此巨大增长！”如果说，实现商业的巨大增长，产生了资本的巨大需求，它不是同时也引起了货币资本供给的增加吗？这里怎么能引起利息率的提高呢？利息率没有提得更高，有什么可奇怪的呢？

引起职能资本增加的，只能是利润率的提高。引起利息率提高的，只能是货币资本的需求比供给增加得更快。在这里，现实资本即职能资本的积累或增加和对货币资本即生息资本的需求的增加，是完全不同的

① 《资本论》第 3 卷，人民出版社 2004 年版，第 478 页。

两回事，可是，“奥弗斯顿把由高利润率引起的‘资本的价值’的提高和由货币资本需求的增长而引起的提高混为一谈”。“他根据自己的方便，把资本的价值一会儿说成是属于现实资本的，一会儿说成是属于货币资本的。”这简直是在玩弄资本的概念，做游戏。

（四）批判奥弗斯顿关于资本的错误观点

批判奥弗斯顿把贴现看成是借入追加资本的错误观点

从第 480 页到第 481 页第 3 段，马克思首先批判了奥弗斯顿把贴现看成是借入追加资本的错误观点。

奥弗斯顿说，“贴现是什么意思？为什么一个人要拿汇票去贴现呢？……因为他希望得到一个更大的资本”。“因为这样做可以赚钱；但是，如果贴现会把他的利润吞掉，这对他来说就无钱可赚了。”这就是说，通过贴现，就会取得追加的借入资本，就会扩大营业，就会使企业取得好处（即取得更多的利润）。在这里，奥弗斯顿把贴现的实际意义弄错了。马克思指出，“一个普通实业家去贴现是为了提前实现他的资本的货币形式，由此使再生产过程继续进行；不是为了扩大营业或获得追加资本”。在这里，他只不过是，由他自己所得到的信用，抵消他所给予别人的信用；或者是，把他的商品资本提前实现转化为货币资本。在贴现时，职能资本家根本没有得到什么追加资本，怎能说贴现会“得到一个更大的资本”呢？如果不能因贴现追加了借入资本，更谈不上通过贴现会扩大营业了！奥弗斯顿为什么会产生这个错误观点呢？这是由他另一个错误观点，即只有银行家的资本才是资本而引起的。

批判奥弗斯顿认为只有银行家的资本才是资本的错误观点

从第 481 页第 4 段到第 484 页第 1 段，马克思接着批判了奥弗斯顿的只有银行家的资本才是资本的错误观点。

奥弗斯顿说：“毫无疑问，在任何一个交易中，如果一个人能够用低利息率而不是用高利息率获得对资本的支配权，从这个有限的观点来看，这对他来说是一件愉快的事情。”在这里，奥弗斯顿突然把“资本”仅仅理解为银行资本，把那种握有商品资本、拿着汇票、进行贴现的职能资本家，看成是没有资本的人。在奥弗斯顿看来，资本仅仅表现为货币，如果离开货币而存在的就不是资本了。但是，奥弗斯顿所说的这种货币，并不是资本的形式，仅仅是资本的工具，他认为“货币是获得资本的工具”。这种把货币仅仅看成是资本的工具的观点，真是荒谬至极。奥弗斯顿还说：“想要获得货币的，不是资本家，而是非资本家。”马克思指出：“在这里，他直截了当地宣布，工厂主和商人不是资本家，资本家的资本只是货币资本。”因此，当有人问奥弗斯顿说：“难道签发汇票的人不是资本家吗？”他答：“签发汇票的人可能是资本家，也可能不是资本家。”为什么“可能是资本家”呢？因为他们可能握有货币资本；为什么“也可能不是资本家”呢？因为他们可能只握有商品资本或生产资本。在奥弗斯顿看来，这样的职能资本家就不是资本家了。

奥弗斯顿的逻辑是混乱的，观点是前后矛盾的。以前，他从只有银行家的资本才是资本，只有货币资本才是资本出发，提出了贴现是为了获得追加资本的错误观点；现在，他又承认，“获得货币是汇票贴现的目的”。贴现，是为了使资本的商品形式转化为货币形式。这说明，他对追加借入资本和贴现之间的区别是不清楚的。

批判奥弗斯顿把银行家给予顾客的东西称为资本的错误观点

从第484页第2段到第486页第3段，是恩格斯编辑时加进去的，着重批判了奥弗斯顿把银行家给予顾客的东西称为资本的错误观点。这个观点，是恩格斯根据奥弗斯顿以上的错误观点而概括出来的。对这个错误观点的批判，实际上也是对上述只有银行家的资本才是资本的错误观点的进一步批判。

奥弗斯顿站在银行资本家的立场上，从银行贷款的角度出发，认为银行家总是“贷放资本”的人，他的顾客总是向他要求“资本”的人，这就提出了一个问题：“银行家以现金形式交给他的客户支配的东西，究竟是资本呢还是只是货币，流通手段，通货呢？”通俗地说，银行付给客户的现款，是资本呢？还是货币呢？

恩格斯指出，这要区别如下三种不同情况：

一种情况是，如果职能资本家仅凭个人信用，不用任何物品作抵押，从银行取得贷款，他就可把这个借款作为追加资本，“因此，他得到的不仅是货币，而且是货币**资本**”。

另一种情况是，如果职能资本家以有价证券或商品等价物作抵押品，得到银行贷款，在这里，作为抵押品的有价证券或商品，也代表着资本，并且代表着比贷款更大的金额（因为借款人往往要拿较大金额的东西去作抵押），这时借款人的目的不是为了获得追加资本，而是为了获得货币，“因此，这里是**货币**的贷放，而不是资本的贷放”。

再一种情况是，如果贷款采取汇票贴现的形式，即职能资本家用汇票贴现，取得现款，这就既不是资本贷款，也不是货币贷款，而是卖掉商品，换来货币，是一种“纯粹的买卖”，“因此，在正常的贴现业务中，银行客户得到的决不是贷款，既不是资本贷款也不是货币贷款，他得到的是由卖掉的商品换来的货币”。只有在汇票是一张空头汇票，根本不能代表任何已经卖掉的商品时，“对这种汇票的贴现才是资本的贷放”。但这种空头汇票，银行家一旦识别了它，也就不肯贴现了。

从上述三种情况看，只有第一种情况属于贷出资本，至于第二、三种情况都不是资本的贷放。那么，怎能“把银行家交给商业客户的东西称为资本”呢?! 奥弗斯顿自己就是一个大银行家，对上述情况是十分清楚的，但为什么偏偏不顾事实，作出上述错误论断呢？恩格斯指出，“那么很清楚，他所说的关于宽宏大量的银行家把大量资本贷给缺少资本的工厂主的漂亮话，是纯粹的吹牛”。

奥弗斯顿在资本概念上的混乱

资本的实际含义是什么？奥弗斯顿在这个问题上是概念混乱，前后不同，互相矛盾的。他曾说，“资本是由营业借以进行的各种商品构成的”①，“资本是和任何别的商品一样的”②。他还进一步说：“英格兰银行积累的，不是资本，而是货币。”③ 这就是说，资本是商品，资本是由商品构成的。但是，他又曾说，“银行家是中介人，他一方面接受存款，

① 《资本论》第3卷，人民出版社2004年版，第487页。
② 《资本论》第3卷，人民出版社2004年版，第488页。
③ 《资本论》第3卷，人民出版社2004年版，第488页。

另一方面又利用这些存款，**在资本形式上**把它们委托于别人”[①]。这就是说，把货币贷出去生息的时候，货币就转化为资本了。加上他在以前所说的：汇票贴现会“得到一个更大的资本”[②]，“货币是获得资本的工具”[③]，以及“把银行家交给商业客户的东西称为资本”[④]，这就把资本仅仅理解为银行家的资本，仅仅理解为货币资本了。奥弗斯顿一会儿把银行说成是积累货币的，一会儿说银行是把货币转化为资本的，自己还宣称：“我从来没有把二者混在一起。”[⑤] 马克思批判地指出，“理由很简单，因为他从来没有把它们区别开来”。这就是说，奥弗斯顿从来就不懂得货币和资本的区别，又怎能说没有把它们混在一起呢？

总之，从第486页第4段到第492页的大量摘引材料中可以看出，奥弗斯顿在资本问题上一会儿这样说，一会儿那样说，说法不一，前后矛盾，概念混乱，简直是自己打自己的嘴巴。在第492页注（84）中，恩格斯特别指出，奥弗斯顿在资本问题上概念混乱，不仅在这里作了上述揭露，到本书第三十二章的末尾，还要作进一步的批判。

■ 本章大部分是由诺曼、奥弗斯顿在国会委员会上的证词摘引而成的。这个委员会的任务是：查明货币危机、利息率增长和下降的原因，以及其他一些问题。诺曼和奥弗斯顿，在理论上，他们是通货学派的代表者，在实践上，他们本身就是大银行资本家，是“公认的银行界领袖”；他们的证词，是从维护银行资本家的利益出发的，是生息资本的彻底的人格化。马克思摘录他们的观点，着重在利息率和资本这两个问题上，进行了集中而深入的批判，实质上是对大银行资本家代表人物的理论观点所进行的批判。

本章除大量的摘引材料外，马克思在批判的同时也提出了一些较为复杂的问题。例如：流通中的货币量同利息率之间的关系问题；汇票贴

---

① 《资本论》第3卷，人民出版社2004年版，第489页。
② 《资本论》第3卷，人民出版社2004年版，第480页。
③ 《资本论》第3卷，人民出版社2004年版，第482页。
④ 《资本论》第3卷，人民出版社2004年版，第484页。
⑤ 《资本论》第3卷，人民出版社2004年版，第490页。

现的实质和抵押贷款的实质问题；职能资本家何时提出对资本的需求，何时提出对货币的需求等问题。对这些问题，诺曼和奥弗斯顿等人不可能给予正确的答案，因为他们对生息资本的性质、利息率的特点、银行信用的实质等问题，完全是一窍不通。但是，这些问题，在社会主义市场经济活动中，也仍然是需要进一步研究的问题。

第 二十七 章

信用在资本主义生产中的作用

本章是从资本主义信用和产业资本的联系上，研究信用的作用，其着重点是信用对生产的作用。

本章的分析带有提纲性质。一方面，是对以前研究过的一些观点的总结；另一方面，又不是单纯重复以前的东西，而是在已经研究过的问题的基础上，根据新情况，提出新问题。例如，资本主义生产关系的自我扬弃，股份公司的发展等等。

信用促成利润率的平均化

信用对生产的第一个作用，是促成利润率的平均化。

在本书第二篇就已指出，平均利润率的形成，是以资本在各个部门之间自由转移为条件，通过部门之间的竞争而实现的。但是，每个不同生产部门的生产资本，都有自己特定的自然形态和用途。这就使资本从一个部门转移到另一个部门发生很大的困难。例如，钢铁工业的高炉、转炉、平炉只能用于炼钢铁，食品工业的烘炉只能用于烤饼干和面包，要把钢铁工业的资本转入食品工业，那些高炉、转炉、平炉既用不上，又卖不出。这种资本转移、特别是固定资本转移中的困难，妨碍着资本的自由流动，阻碍着平均利润率的形成。这种困难，只有通过信用才能得到解决。通过银行贷出大量的资本，资本就会迅速地涌向利润率高的生产部门，而很少或完全没有流入利润率低的生产部门。在利润率高的生产部门，由于借贷资本的大量流入，造成生产过剩，供过于求，使得价格下降，利润率也下降；相反，利润率低的部门，由于投资减少或没有新的投资，造成生产不足，供不应求，使得价格上涨，利润率提高，结果是，促成了各部门之间利润率的平均化。马克思说：信用制度“对利润率的平均化或这个平均化运动起中介作用，整个资本主义生产就是建立在这个运动的基础上的”。

必须注意：信用对利润率平均化有上述作用，但不能因此认为，利润率的平均化是由信用制度产生的。恰恰相反，利润率平均化是部门之间资本转移的结果。信用仅仅是在资本转移过程中起中介作用，促成和加速了资本的转移而已。

信用可以节省各种流通费用

信用对生产的第二个作用，是可以节省各种流通费用，加速再生产过程。

首先，信用能大大节省货币的流通费用。在使用金属货币的情况下，货币本身就是价格昂贵的流通费用。这是因为，生产这种金属货币要花费较多的劳动。同时，金属货币在流通中又会因自然磨损而减轻。而信用制度，一、可以使相当大的一部分商品买卖，用不着货币来支付。二、加快了货币流通速度。这是由于，一方面，银行提供的技术性业务，如转账、划拨、清算等，在商品流转额保持不变时，可以使货币的需要量减少；另一方面，信用制度又会加速商品形态变化的速度，从而加速货币的流通速度。这两方面的结果是，货币流通的速度加快了，流通中所需的货币量减少了，从而用于货币的流通费用也减少了。三、随着信用制度的发展，“金币为纸币所代替”，因而，用于生产金属货币的昂贵的流通费用也减少了。

其次，信用也会使流通阶段缩短，使资本循环各个阶段加快。例如，由 $W'—G'$阶段，采取赊购方式，一下子就可以把大量商品卖出去，从而迅速完成由商品资本到货币资本的转化过程。又如，由 $G—W<\begin{matrix}A\\Pm\end{matrix}$ 的阶段，在产业资本因缺乏现金购买生产资料、使生产过程出现停工待料的情况下，依靠信用，可以及时获得生产资料，使再生产正常进行。可见，由于信用，流通阶段缩短了，资本循环的各个阶段加快了，结果是，整个再生产过程也加快了，这就会从两方面减少在货币形态上的准备金：一方面，减少了那些作为购买手段的货币准备金；另一方面，那些必须经常在货币形态上存在的资本部分也减少了。这都会使流通费用得到节省。

信用加速了股份公司的形成和发展

信用对生产的第三个作用，是加速了资本的积聚和集中，加速了股份公司的形成和发展。

股份公司的出现，是资本主义发展到一定历史阶段的必然产物，是资本主义生产力巨大发展的必然结果。不仅从历史上看，而且从逻辑上看，信用都先于股份公司而出现。虽然信用并不是股份公司产生的原因，但它在促进和加速股份公司发展过程中起着极其重要的作用。这是由于股份公司的资本是依靠发行股票集中起来的，而股票的很大一部分要通过银行来发行，而银行往往又是股票的购买者，因此，如果没有高度发达的信用制度，没有银行业的发展，股份公司也就不能得到大规模的发展。在资本主义发展过程中，信用制度的发展和大银行资本的出现，促进了资本的积聚和集中，同时，也促进和加速了股份公司的形成和发展。

股份公司是由许多资本家用购买股票的办法合资经营的企业。如果说它单纯是合资经营的企业也不完全确切，因为它和一般的合资经营的企业有不同的地方，这就是，它采取股份资本的形式，即把资本总额分为每股金额相等的股份，并以股票的形式来发行。这种股份资本是资本的新形式。当股份公司和股份资本出现以后，在资本关系上就表现出如下的新特点：

第一，股份公司和股份资本的形成和发展，大大促进了资本集中。股份公司和股份资本是资本集中的手段。在出现了股份公司和股份资本的情况下，“生产规模惊人地扩大了，个别资本不可能建立的企业出现了”。

第二，股份公司和股份资本的形成和发展，使资本更加社会化。以前，是独立的、单个存在的私人资本；现在，这种以生产资料和劳动力的社会集中为前提的私人资本，却采取了联合起来的社会资本的形式，而与私人资本相对立。以前，资本主义企业只是某个资本家私人的企业；现在，则表现为若干资本家联合起来建立的社会企业，而与私人企业相对立。这就是说，由个别的私人资本发展为联合的社会资本，由个别的私人企业发展为联合的社会企业。“这是作为私人财产的资本在资本主义生产方式本身范围内的扬弃。”[①] 这就是说，股份公司和股份资本是资本主义生产关系发展的新阶段，它抛弃了旧的形式，采取了新的形式。如从个人资本发展到社会资本来看，这就是，抛弃了过时的、旧有的财产所有形式，采取了新的财产占有形式。如从个人企业发展为社会企业来看，这就是，抛弃了过时的、旧有的资本组织形式，采取了新的资本组织形式。可见，资本关系的自我扬弃过程，就是一个资本的占有形式不断社会化的过程，也就是资本关系的社会化过程。

第三，股份公司和股份资本的产生和发展，使资本的所有权和资本的现实的职能完全分离开来了。以前，资本的所有者往往同时又是实际经营企业的职能资本家，资本的所有权和资本的现实职能是统一的。现在，股份公司和股份资本出现，握有股票的资本家并不一定是公司的经理，相反，公司的经理往往由他们雇佣来的管理人员担任，这样，“实际执行职能的资本家转化为单纯的经理”，职能资本家被消灭了，为经理所取代，变成单纯的生产管理者；“而资本所有者则转化为单纯的所有者，单纯的货币资本家”。这种作为股东的货币资本家，凭借股票，获取利润。这种利润，也就是既包括利息又包括企业主收入的全部平均利润，都采取利息的形式，作为股票所带来的股息，归货币资本家所有，当作资本所有权的单纯的报酬。因此，利润“表现为对他人的剩余劳动的单纯占有，这种占有之所以产生，是因为生产资料已经转化为资本，也就是生产资料已经和实际的生产者相异化，生产资料已经作为他人的财产，而与一切在生产中实际进行活动的个人（从经理一直到最后一个短工）相对立。在股份公司内，职能已经同资本所有权相分离，因而劳动也已经完全同生产资料的所有权和剩余劳动的所有权相分离”。资本主义生产高度发展的这个必然结果，“是资本再转化为生产者的财产所必需的过渡点”，这就是：把资本家私人占有的财产转化为劳动者共同占有的直接的

---

① 在汉语用“扬弃”一词，有两种词性和词义。一种是作为普通词，其意为抛弃。另一种是作为专用词，是一个哲学术语，其意为：在事物的新陈代谢过程中，发扬旧事物中的积极因素，抛弃旧事物中的消极因素。从《资本论》英文版看，凡是译为中文“扬弃”的地方，分别用了如下四个词：abolition，overcome，resolve，dissolve。这四个词的意思，分别是取消、消除、溶解、克服、解决、废除、毁灭等等。在这四个词中，没有一个可作哲学术语的扬弃来解释。因此，对马克思所使用的“扬弃”一词，应作为普通词的“抛弃”的含义来理解。

社会财产的“过渡点”，把和资本所有权结合在一起的再生产过程中的职能，转化为集体生产者的单纯的社会职能的“过渡点”。

在第496页第1段，马克思还指出，股份公司的出现会阻止平均利润率的下降。本来，股份公司一般地总是规模大的企业，它比一般的个别私人企业的有机构成高，这就应该使平均利润率下降。但是，由于股份公司的利润纯粹采取利息的形式，它一般地不参加利润率的平均化，这就是在股份公司出现后，一般利润率为什么下降得不那么快的原因。

第496页第2段是恩格斯根据马克思逝世以后资本主义发展的新材料所作的补充。恩格斯指出：随着资本主义的发展，股份公司在数量上增加了，在规模上也更大了，它所生产的产品更多了，大工业在几个月内生产的东西，往往几年内都未必能在市场上卖出去，结果是，生产过剩，利润下降，价格下跌，爆发危机。为了寻找摆脱经济危机的出路，股份公司和私人企业之间、股份公司和股份公司之间展开了更加激烈的竞争，结果是，一些企业倒闭、吞并和合并，从而出现了资本高度集中的垄断组织，如卡特尔、国际卡特尔、托拉斯等等。卡特尔是资本主义垄断组织的一种重要形式，它是由生产同类商品的资本主义企业，为了获得高额利润，在划分销售市场、规定商品产量、确定商品价格等方面达成某种协议而形成的一种垄断联合。随着垄断资本的活动范围超越国界，各国的大垄断组织之间就会建立国际卡特尔，使之成为国际垄断同盟的一种重要形式。托拉斯是资本主义垄断组织的一种高级形式，它是由许多生产同类商品，或在生产上有密切关系的企业，为了垄断某些商品的产销，以获取高额利润而组成的大垄断企业。随着卡特尔、托拉斯这些垄断组织的出现，“竞争已经为垄断所代替，并且已经最令人鼓舞地为将来由整个社会即全民族来实行剥夺做好了准备”。在这里，恩格斯不仅从资本主义生产关系的发展，指出了由竞争到垄断这个极其重要的新的特征，而这正是以后列宁所分析的，垄断代替自由竞争，由自由竞争阶段发展到垄断阶段，即帝国主义阶段，这是资本主义发展的新阶段；而且指出了，这种垄断组织的出现，为新的生产方式即社会主义生产方式的出现做好了准备。

接着，马克思指出：“这是资本主义生产方式在资本主义生产方式本身范围内的扬弃，因而是一个自行扬弃的矛盾，这个矛盾明显地表现为通向一种新的生产形式的单纯过渡点。它作为这样的矛盾在现象上也会表现出来。它在一定部门中造成了垄断，因而引起国家的干涉。”从实际情况看，这种资本关系的自我扬弃过程，也就是资本主义生产关系的发展变化过程，总的说来，是从个人资本到社会资本的发展过程，但在社会资本这个发展阶段上，又可分为两个小阶段，一是非垄断的自由资本阶段，也就是马克思所说的股份公司阶段；二是垄断阶段，也就是列宁所说的垄断阶段，即帝国主义阶段。再进一步，垄断的社会资本阶段，即帝国主义阶段，又可分为两个小阶段，一是一般垄断资本主义阶段，这是垄断的低级阶段；二是国家垄断资本主义阶段，这是垄断的高级阶段。马克思在这里已作出了垄断的发展因而要求国家干涉的论断，这是对国家垄断资本主义阶段的极其深刻的预见。总之，资本关系的这种自我扬弃的过程，从资本主义社会发展的阶段看，就是从自由竞争的资本主义发展到垄断资本主义的过程，以及从一般垄断资本主义发展到国家垄断资本主义的过程，这也就是马克思所说的从个人资本到社会资本发展过程的进一步具体化。当然必须注意，马克思在这里所说的资本关系的自我扬弃的理论证明，资本主义生产关系不是一成不变的，而是不断地发展和变化着的，那种认为资本主义生产关系不会发展变化的形而上学的观点是不对的；同时还必须注意，这种资本的自我扬弃的过程，是在资本主义生产关系自身范围内发生的，它只是资本主义生产关系在形式上的变化，并不是资本关系的本质变化，作为资本剥削剩余价值的这个本质要素一直都是存在着、并不断加强着的。因此，不能认为资本关系的自我扬弃，会产生出社会主义的生产关系。在这里，垄断的组织形式，只是“通向一种新的生产形式的单纯过渡点”，它本身并不能直接构成新的生产方式。

资本主义信用制度所固有的二重性质

接着，马克思指出资本主义信用制度所固有的二重性质。从一方面看，资本主义信用，“把资本主义生产的动力——用剥削他人劳动的办法来发财致富——发展成为最纯粹最巨大的赌博欺诈制度，并且使剥削社会财富的少数人的人数越来越减少”[①]。这就是说，资本主义信用的发展，使单个资本家不仅可以支配自己的资本，还可依靠信用，在一定界限内取得绝对地支配别人的资本、别人的财产、别人的劳动的权利，使少数人日益走上投机、冒险和赌博的道路。他们是拿别人的财产去冒险，而不是拿自己的财产去冒险。不论冒险是成功还是失败，都会引起资本的集中，“从而导致最大规模的剥夺”。过去，资本家剥夺的主要对象是小商品生产者和农民；现在，剥夺的对象则扩展到中小资本家身上了。“这种剥夺是资本主义生产方式的出发点；实行这种剥夺是资本主义生产方式的目的，而且最后是要剥夺一切个人的生产资料”。在这个剥夺过程中，小鱼为鲨鱼所吞掉，羊为交易所的狼所吞掉，中小资本为大资本所吞掉，这就使剥削社会财富的资本家人数越来越少，但他们的资本却越来越大。“但是，这种剥夺在资本主义制度本身内，以对立的形态表现出来，即社会财产为少数人所占有”。这就是说，在股份公司出现以前，社会的生产资料是当作个人财产而存在着的；在股份公司出现以后，绝大部分社会生产资料已经作为社会资本而表现了。当然，这种个人资本到股份资本的转化，并没有改变资本主义的性质，因为“这种转化并没有克服财富作为社会财富的性质和作为私人财富的性质之间的对立，而只是在新的形态上发展了这种对立”。生产资料仍是为资本家所私有，并继续作为剥削劳动人民的手段，只是过去分散在许多中小资本家手中，现在则以股份资本的形式存在着，被少数大资本家所占有而已。

从另一方面看，资本主义信用制度“造成转到一种新生产方式的过渡形式”[②]。例如，在资本主义制度下，工人自己集体合办的合作工厂，就“是在旧形式内对旧形式打开的第一个缺口”。在这种合作工厂内，一方面，虽然还保留着资本主义工厂制度的一切缺点，还有很多资本主义的东西；但另一方面，由于生产资料不是为了资本家所占有，而是由工人作为联合体所占有，工人们是利用自己所占有的生产资料“来使他们自己的劳动增殖”，这就出现一个新的现象，“资本和劳动之间的对立在

① 《资本论》第3卷，人民出版社2004年版，第500页。
② 《资本论》第3卷，人民出版社2004年版，第500页。

这种工厂内已经被扬弃”了。这就表明：“一种新的生产方式怎样会自然而然地从一种生产方式中发展并形成起来”。如果没有资本主义的工厂制度，合作工厂就不可能发展起来；如果没有资本主义信用制度，没有股份公司的发展，同样，工人的合作工厂也不可能发展起来。资本主义信用制度，使资本主义的私人企业逐渐转化为股份公司，同样，资本主义信用制度，也会成为逐渐扩大合作企业的手段。由资本主义信用制度的发展而出现的股份公司，和由资本主义信用制度的发展而出现的合作工厂一样，它们都“应当被看作是由资本主义生产方式转化为联合的生产方式的过渡形式”。虽然它们都是“过渡形式”，但也有区别，从股份公司来看，“对立是消极地扬弃的”，就是说，在私人资本主义企业里，资本家既是资本的所有者，又是职能资本家，资本家与工人的对立，在企业的生产过程中是直接体现着的。但在股份公司里，资本家已作为食利阶层处于股份公司之外，股份公司中从经理到工人，都由雇佣的人员来担任，因而资本和劳动的对立，在股份公司内部是被扬弃了；但这种对立依然存在，而且对立的程度还在不断发展，所以这种扬弃只是“消极”的。如从合作工厂看，“对立是积极地扬弃的”。这是因为，工人作为联合体占有工厂的生产资料，资本和劳动的对立实际上已经不存在了，所以说，这种扬弃是“积极”的。由此可见，随着资本主义信用的发展，在这一制度中包含着对“资本所有权的潜在的扬弃”，它为新的生产方式的出现提供了过渡的形式。这一点，在资本家和资产阶级学者的头脑里，无论如何是想象不到的。

总之，资本主义信用的发展，一方面，促进了资本主义生产力的发展，加速了世界市场的形成，同时也为新生产方式提供物质基础和过渡形式；另一方面，又进一步激化了资本主义的各种矛盾，特别是资本主义的基本矛盾，从而进一步加剧了资本主义生产关系与生产力之间的冲突，阻碍着生产力的发展。所以马克思说，“信用加速了这种矛盾的暴力的爆发，即危机，因而促进了旧生产方式解体的各要素”。

正是由于资本主义信用制度具有上述二重性质，资产阶级经济学家，从英国的约翰·罗（1671—1729）到法国的伊萨克·贝列拉（1806—1880），都把全部理论建立在信用的基础上。他们既把信用看成是创造新资本的手段，又幻想通过建立银行，使国家富裕起来，使社会上的生产力都能得到利用。他们是资本主义信用制度的主要宣扬者：一方面鼓吹利用各自设立的银行进行财政投机活动，另一方面，也正确地提出了信用对资本主义生产方式的重要意义。马克思指出，“正是这种二重性质”使他们“都具有这样一种有趣的混合性质：既是骗子又是预言家”。

■ 马克思关于资本关系自我扬弃的理论表明：在资本主义发展过程中，不仅社会生产力是在不断发展变化着，资本主义的生产关系也是在不断发展变化着的，那种认为资本主义生产关系在资本主义初期促进生产力发展，后期只是阻碍生产力发展，把资本主义生产关系看成是固定不变的观点，显然是不对的。马克思关于资本关系自我扬弃的理论又表明：在资本主义生产关系的发展过程中，被抛弃的只是旧的财产占有形式和旧的资本组织形式，而保留的则是资本的剥削实质，这种新的资本的占有形式和组织形式，只能是向新生产方式的过渡点，但不会产生新的生产方式本身。那种认为通过合作工厂或合作社就能和平转变为社会主义的空想社会主义思潮，显然是不对的。马克思在《哥达纲领批判》一书第三节[①]中，早已进行了批判。

资本关系的自我扬弃的过程，用马克思的话说，就是从个人资本到社会资本，从个人企业到社会企业的发展过程，用列宁的话说，就是从旧资本主义到新资本主义、再到最新资本主义的发展过程，也就是从自由竞争的资本主义到垄断资本主义、从一般垄断资本主义到国家垄断资本主义的发展过程。在这里，列宁的说法和马克思的思想是完全符合、一脉相承的。实际上，马克思在本章中，在研究自由资本主义时期，就已指出了资本主义信用的发展，促进了股份公司的出现，“它在一定部门中造成了垄断，因而引起国家的干涉”[②]，对垄断阶段的新情况已有预示。恩格斯在编辑时，又根据股份公司发展的新情况，指出了垄断组织的新形式，如卡特尔、托拉斯等。这是对马克思上述思想的继承和发展。列

---

① 《马克思恩格斯选集》第3卷，人民出版社2012年版，第371—372页。

② 《资本论》第3卷，人民出版社2004年版，第497页。

宁根据马克思、恩格斯的上述思想，进一步研究了资本主义垄断阶段的新情况、新问题，对垄断资本主义的特征做了创造性的分析和论证，又进一步发展了马克思、恩格斯的上述思想。当前，资本主义世界已发展到国家垄断资本主义的阶段，即垄断的高级阶段，从资本主义的剥削实质来看，剥削不仅仍然存在，而且在不断强化；但从财产占有形式和资本组织形式来看，又有了许多新的变化，例如，在生产资料方面，资本主义国家所有制成份有了较大的发展，合作工业、农业合作社也有了发展，占有股票的工人人数也有了显著的增加。在劳资关系方面，已较普遍地吸收职工参加企业管理，工人的实际工资也有所提高，一部分的享受资料也进入了工人的消费领域。在国家对经济生活的干预方面，这种干预已大大增长，并具有全面性和持久性，对国民经济的调节，已由反危机措施发展到高级形式的计划化，……这一切都说明，在资本关系的自我扬弃过程中，资本主义生产关系也在不断发展变化。因此，我们要依据马克思关于资本自我扬弃的理论，运用唯物辩证法，分析研究资本主义生产关系在不同阶段的特点，研究不同阶段出现的新情况和新问题。

第 二十八 章

流通手段和资本。图克和富拉顿的见解

在第二十六章中，着重批判了通货学派的代表人物诺曼和奥弗斯顿关于资本和利息率的错误观点，在本章中，又着重批判了与通货学派相对立的、银行学派的代表人物图克和富拉顿在流通手段和资本的区别问题上的错误观点，同时，还进一步阐述了信用、货币流通同产业资本运动之间的关系，以及信用对生息资本的影响。这也就是说，马克思通过对银行学派错误观点的批判，同时也阐明了他有关货币资本的理论。

（一）批判图克把流通手段和资本完全对立起来的错误观点

图克的错误观点

英国资产阶级经济学家、银行学派的代表人物之一托马斯·图克（1774—1858），把流通手段和资本完全对立起来，错误地认为："银行家的业务，一部分是从那些不能直接运用资本的人那里收集资本，把它分配给或转移给能够运用它的人。另一部分是从顾客的收入接受存款，并在顾客需要把它用于消费的时候，如数付给他们……前者是资本的流通，后者是货币的流通。"[①] 他认为，这样的分析，和亚当·斯密所指出的商人与商人之间的交易同商人与消费者之间的交易的区别是一致的。斯密所说的商人与商人之间的交易，包括产业资本家与商业资本家之间的交易，通常是大批的交易，主要靠信用来完成，在这里，货币主要是当作支付手段。至于商人与消费者之间的交易，通常是小额的交易，主

① 《资本论》第3卷，人民出版社2004年版，第501—502页注（89）。

要是使用现款，在这里，货币主要是当作流通手段。图克根据斯密所说的上述两种不同情况，做了错误的引申，他把在商人与商人交易的情况下主要当作支付手段的货币流通，称为资本的流通，这就把当作支付手段的货币流通和资本流通混为一谈了；他还把在商人与消费者交易的情况下主要当作流通手段的货币流通，称为货币的流通，这就把作为流通手段的货币流通和收入的流通混为一谈了。这样，他就把资本的流通和收入的流通之间的区别，说成是流通手段和资本之间的区别。其实，在这里，并不是流通手段和资本之间的区别，而"是**收入的货币形式**和**资本的货币形式**之间的区别"。在上述两种情况下，货币既不是资本，也不是收入，只是在商人与商人的交易中，商人与消费者的交易中，起着流通中的媒介作用，也就是说，都充当流通手段，当作货币而发生作用。由此可以看出，图克的上述观点有如下三个错误。

混淆了职能上的规定

图克的第一个错误就是："混淆了职能上的规定"。他分不清货币在一种形式上是通货，在另一种形式上是资本。这就是说，他分不清货币和资本的区别。图克错误地认为：货币在实现收入的形式上是资本。其实，"只要货币在这种或那种职能上发挥作用，不管是实现收入还是转移资本，它都是在买卖中或在支付中，作为购买手段或支付手段执行职能，在更广泛的意义上说，作为流通手段执行职能"。就是说，它只作为货币发生作用。为什么呢？第一，同一枚货币，作为货币执行职能，既可进入资本的流通，又可进入收入的流通，也可从一个领域转到另一个领域，交替发生作用。例如：在工人用货币向商人购买消费品时，工人手中的货币是他出卖劳动力的工资收入，这时的货币是以收入形式出现的，它充作流通手段，起着交换媒介物的作用；可是，当这同一枚货币由于工人购买消费品而转到商人手中之后，商人就把货币当作资本，这时的货币就以资本的形式出现了，也就是货币成为资本了。可见，不管这枚货币是作为收入而流通，还是作为资本而流通，它都必须执行货币的职能，即执行流通手段的职能。第二，从整个生产和再生产过程看，货币资本所以是资本，不是因为货币起着流通手段的作用，即不是由于货币执行流通手段和支付手段的职能，才促使货币转化为资本的，而是因为在再生产开始的阶段，货币作为价值，即作为资本价值而存在，通过购买生产要素，进行生产，不仅生产出新的产品，同时，还创造出剩余价值，即由于货币起着剥削剩余价值的手段的作用，这种货币才转化为资本。“这是因为在生产出来的商品中不仅包含资本，而且已经包含剩余价值；这些商品不仅是可能的资本，而且是已经实现的资本，包含已同它为一体的收入源泉的资本。”这就是说，在 $G—W<\begin{matrix}A\\Pm\end{matrix}$ 阶段，货币作为资本，用来购买 W；在 W′—G′阶段，把商品资本转化为货币资本，这里，W′可能是生产资料，用于购买 W′的货币，是资本家的货币资本，W′也可能是消费品，用于购买 W′的货币，是消费者的收入。在上述两个不同阶段，会出现把货币作为资本来购买商品（生产资料）和作为货币（流通手段）来购买商品（消费品）的区别，但却不能因此证明图克所说的：商人之间的交易只是资本的流通，商人与消费者的交易只是收入的流通。总之，货币，不管是在支出者手中，还是在收入者手中，它都要首先作为货币执行职能，绝不会因为它只代表收入的流通，或只代表资本的流通，而不起货币的作用。如果货币不首先作为货币执行职能，就没有收入的流通，更谈不上资本的流通了。图克不懂得货币的职能是一回事，货币转化为资本以后作为资本的职能又是一回事，他不懂得货币的职能和资本的职能之间的区别，把它们混为一谈，因而只从交换形式出发，把收入的货币形式和资本的货币形式的区别，说成是货币和资本的区别，犯了“混淆职能上的规定”的错误。为什么图克会产生上述错误呢？“图克所以会有这种说法，是因为他单纯站在发行自己的银行券的银行家的立场上。”从银行家看来，他发行银行券，既把它作为流通手段，同时也把它作为资本增殖的手段；但银行家所发行的银行券，和银行家的资本毕竟还是不同的；因此，图克把资本和流通手段的货币之间的区别，看成是“一种独特的区别”，并把这种区别引申为资本的流通和收入的流通的区别。其实，上述资本和货币之间的区别，和所谓资本的流通和收入的流通的区别毫无关系，“至少和图克所提出的那些概念规定毫无关系”。图克的错误在于：把货币职能中流通手段和支付手段的区别，看成是货币和资本的区别了。前面说过，商人与消费者之间的交易，

是消费者用收入购买消费品，这时的货币主要起着流通手段的作用；商人与商人之间的交易，往往是大量的，这时的货币主要起着支付手段的作用；这只是同一货币职能中的流通手段和支付手段的区别，但都是作为货币的职能而产生的区别；图克却把前者说成是收入的流通，是货币的流通，把后者说成是资本的流通，这样，就把货币本身的区别，当成货币与资本的区别了。

混进了关于在两种职能上合计需要多少流通货币量的问题

图克的第二个错误是："混进了关于在两种职能上合计需要多少流通货币量的问题。"关于流通中所需要的货币量，在《资本论》第一卷第三章第二节中就已阐明了，这就是：

$$\text{一定时期内流通中所需要的货币量}=\frac{\text{售出商品的价格总额}-\text{赊销商品的价格总额}+\text{到期的支付总额}-\text{互相抵消的支付总额}}{\text{同一单位货币流通的平均速度（次数）}}$$

在这里，不管货币是作为支付手段，还是作为流通手段，不管这种货币是作为货币资本，还是仅仅作为收入的货币，都不会使流通中所需要的货币量发生任何变化。图克把整个流通中所需要的货币量，区分为资本的流通所需要的货币量和收入的流通所需要的货币量，这显然是不可能的，因为一枚货币，在第一个人手里作为收入来购买消费品，到了第二个人手里，就可能作为货币资本用于购买生产资料；但不管二者如何进行购买，它都是作为货币而进行的流通，不可能从量上进行区别和计算。

混进了关于在两种职能上，从而在再生产过程的两个领域内流通的流通手段量的相对比例的问题

图克的第三个错误是：混进了"关于在两种职能上，从而在再生产过程的两个领域内流通着的流通手段量的相对比例的问题"。在资本的流通和收入的流通之间，"具有一种内在联系"，因为一方面，从收入方面看，待花费的收入的量表示消费的规模；从另一方面看，生产上和商业上流通的资本量，表示再生产过程的规模和速度。前者表示消费的规模，后者表示生产的规模。由于生产和消费之间有着内在的联系，因而这两个领域内的流通也存在着联系。但是，同一些情况，对于收入的流通和资本的流通这两个领域，并不是发生相同的影响，"还是会发生不同的甚至相反的作用”。比如：在繁荣时期，由于生产扩大，工人充分就业，工资也会提高，资本家的收入也会显著增加，因而用在收入方面的流通中的货币量将会显著地增加。“至于资本转移所需要的通货”，即资本家之间所必需的用于流通的货币，由于信用的容易取得，支付结算的广泛开展，用现金购买所需要的货币量相对减少，因而用在资本方面的流通中的货币量，虽然绝对地说可以增加，但相对地说却减少了。相反，在危机时期，第一种流通，即收入的流通，由于生产萎缩，企业倒闭，工人失业，工资下降，导致交易总额减少，因而用于收入的花费所需要的流通中的货币量就会减少。至于第二种流通，即资本的流通，由于信用减少，用于资本的转移所需要的货币量则会增加。上述两种情况，对流通中所需要的货币量虽然有着不同的作用，但不能因此成为图克用于区别货币和资本的理由。

（二）批判富拉顿划分货币借贷和资本借贷的错误观点

富拉顿的错误观点

在图克错误地把资本流通和收入流通同资本和货的区别混为一谈的基础上，英国资产阶级经济学家、银行学派的另一代表人物约翰·富拉顿（1780—1849），进一步把人们对货币的需求划分为“对借贷资本的需求和对追加流通手段的需求”，这就是说，把货币划分为货币的借贷和资本的借贷；并进一步认为，在繁荣时期需要的是流通手段，即货币借贷，在危机时期需要的是借贷资本，即资本借贷。这是从图克的错误理论之树上生长出来的错误枝叶。

按照富拉顿的上述观点，繁荣时期对流通手段的需要会增加，危机时期对借贷资本的需要会增加，这是完全错误的。首先，在繁荣时期，生产扩大，工人增加，工资提高，流通中的货币量会增加，对流通手段的需求当然也会增加。但是，同样清楚的是，在危机时期，如果一个产业资本家要在货币形式上支付更多的资本，从而在他的银行存款中提取更多的金或银行券，那么，这并不是他对资本的需求的增加，而只是他原有的资本在货币的特殊形式上的支出的增加。这是因为，他在银行的存款早就是他的资本，过去，这部分资本以存款的形式储存在银行里，现在，则要以金或银行券的形式取出来，即以货币的形式取出来，这并没有增加他的资本数量，而只是在货币形态上取出了他的原有的资本。由此可见，在危机时期，同样是对货币需求的增加，并不是对资本借贷的需求的增加。其次，“使停滞时期同繁荣时期区别开来的”，“并不是贷款需求的数量差别”，只是在繁荣时期，由于信用发展，市场活跃，对贷款的需求容易得到满足；在停滞时期，银根紧张，信用紧迫，对贷款的需求难以得到满足。这只是说明贷款容易和不容易的问题，并不能由此划分为前者是货币的借贷，后者是资本的借贷的问题。再次，正如前面已经指出的那样，使得繁荣时期和危机时期互相区别的，只是在繁荣时期，消费者和商人之间对货币的需求占统治地位；在停滞时期，资本家之间对货币的需求占统治地位。可见，在这里只表现为，不同时期何者对货币的需求占主要地位的问题，并不是什么对货币的需求和对资本的需求有何不同的问题。这样，我们就可看出，不管是繁荣时期或危机时期，都是对货币的不同需求，并不能因此划分为对货币的需求和对资本的需求。把对货币的需求说成是对资本的需求，而且说在危机时期主要是对资本的需求，显然是不符合实际情况的，是错误的。

为什么富拉顿提出的对资本的需求的观点是错误的呢？

富拉顿是站在银行家的立场上来理解资本的

首先，富拉顿是站在银行家的立场上来理解资本的。富拉顿等人认为：当英格兰银行拥有的有价证券增加时，它的银行券的流通就会减少；反之，当有价证券减少时，银行券的流通就会增加。为什么这样呢？因为这种现象证明了私人银行久已遵循的一条原则，这就是，“任何一个银行都不能使它的银行券的发行额超过它的客户的需要所决定的一定数额；如果它要超过这个数额发放贷款，它就必须用自己的资本来这样做”。例如，某银行有存款 10 万元，发行银行券 12 万元，那么，除了 10 万元可以用存款贷放出去外，多出的 2 万元就要银行家自己拿出自有的资本 2 万元来贷出。因此，当危机时期，银行存款减少，向银行要求的贷款增加，银行家的存款已经不够贷出，就需要以银行家的自有资本补充存款进行贷放。如上例，银行自有资本的 2 万元就是属于这一方面的，富拉顿把这 2 万元的贷放称为资本的借贷，因为这 2 万元确实是银行家的自有资本，银行家把它的贷出当作资本的贷出；至于那属于存款的 10 万元，不是银行自己的资本，银行家就把它的贷放只当成货币的贷放，不称为资本的贷放。这就明显看出：富拉顿是把资本单纯理解为银行资本，把银行自有资本的贷放称为资本的借贷，他是完全站在银行家的立场上来研究问题的。所以，马克思批判地指出，富拉顿“在所有这些场合，资本这个词都只是在银行家的观点上使用的，即表示银行家被迫发放的贷款超过了他的单纯信用”。

国家为支付逆差而引起的金的输出并不是对资本的需要

其次，国家为了支付对外贸易产生的逆差，从而引起金的输出，这并不是对资本的需要。为什么呢？这是因为，当英格兰银行有价证券增加，也就是汇票贴现增加和抵押性贷款增加时，流通的银行券却减少了，这时，对银行的贷款的要求，并不都是对资本的需要，也可以仅仅是对货币的需要。因为这时如果对贷款的需求是由于国家对外贸易的支付逆差所引起，事情很简单，对外逆差所使用的汇票会向银行贴现，银行在贴现时用银行券来支付，然后银行券会向银行的发行部兑换金，从而引起金的输出，这和银行贴现时用金直接支付完全一样。这种金对银行家来说，或对输出金的商人来说，是他们的自有资本；但对取得金的人来说，由于他是用汇票贴现或抵押贷款，在贴现和抵押贷款的同时就已有更大的资本部分存在，现在，他们对金的需要，并不是把金当作资本，而是把金当作货币，当作世界市场上的世界货币，这就是说，“不是作为**资本**的资本，而是作为**货币**的资本”。所以，这部分金的流出，既不像“通货学派”所说的，是“**国内**流通的问题”，也不像富拉顿所说的，是“一个单纯的‘资本问题’”。实际上，这是“一个货币问题”，“这是货币充当国际支付手段这样一种形式上的‘货币问题’”。这就是说，货币在这里和在国内不同，它是作为世界货币而发生作用的。可见，富拉顿把它说成是资本借贷，显然是错误的。

必须注意，图克、富拉顿等银行学派，毕竟还有比通货学派高明之处。通货学派认为，国内流通中的货币量过多，金才被输出国外，所以金的流出也是一个国内流通问题。他们说："通货充足会驱逐金，通货缺少会吸引金。"但是图克和富拉顿却批判地指出：金的流出往往是和国内流通手段较低的水平结合在一起的，金的流出往往是在"商业丧失信用，工厂关门，工人挨饿，工业和企业事业普遍停滞"的时期，这就是说，金的流出不是由于国内流通中货币量过多所引起的结果。图克和富拉顿的上述看法是对的。"对**国际**流通手段和支付手段的需求，与对**国内**流通手段和支付手段的需求不同"；并且，"把贵金属从国内输出并投入国际流通，与把银行券或铸币投入国内流通，不是一回事"。通货学派把这两者错误地混为一谈了，银行学派则明确地把这两者区别开来了。当然，富拉顿虽然正确地发现了这种区别，但是并不能由此证明他主张的所谓金的流出是单纯的资本问题的观点是正确的。

银行增加的贷款并不都是资本的借贷

再次，从银行增加的贷款看，也并不都是资本的借贷。把上述金的流出的情况撇开不说，马克思又分析了两种不同情况，论证了上述问题。

一种情况是：假定贷款是用银行券发放的，因此，银行券的发行量会暂时增加。那么，增加发行的这部分银行券，是不是都是银行家的自有资本呢？从贷入这部分银行券的人来说，是不是都是资本的借贷呢？马克思分析后所作的回答是否定的。从贷出方面看，增加的贷款不一定都是银行家的自有资本。如上例，存款有 10 万元，贷出 12 万元，减去存款 10 万元以外，还多贷出 2 万元，这增加的 2 万元贷款可能有两种不同情况：其一是，银行家把 2 万元银行券贷放给 A，A 把这 2 万元银行券支付给 B，B 再把这 2 万元银行券作为存款存入银行，这样，实际上，银行家取得了 B 的 2 万元存款，以之贷给 A，他自己并未支出任何自有资本，所以从银行家的角度看，既未支出自有资本，当然也不会是资本的借贷。另一是，银行家把上述 2 万元银行券贷放给 A，A 把这 2 万元银行券支付给 B，B 由于欠银行 2 万元贷款，就把从 A 那里取得的这 2 万元银行券偿付银行的贷款，这种情况实际上是，过去银行家把 2 万元贷给 B，现在转成是贷给 A 而已。在上述两种情况下，虽然增加了 2 万元银行券的贷放，但银行家并没有贷出自己的自有资本。从借入方面看，借入的银行券也不一定都是资本的借贷。在这里，恩格斯补充说明了三种情况，也就是第二十六章第485页第2段到第486页第1段恩格斯所说明的三种情形，这就是：在资本家只凭个人信用向银行取得贷款时，这种贷款才是资本的贷放，它会使借入资本的职能资本家的资本增加；如果资本家以有价证券做抵押而取得银行的贷款，那么，这种贷款只是货币的贷放，不是资本的贷放，因为这时借入货币的职能资本家不是需要资本，只是需要货币，它本身的有价证券就是资本，而且其数额比借入的贷款要大得多；如果贷款采取汇票贴现的形式，那么，这既不是资本的借贷，也不是货币的借贷，而只是用卖掉的商品换回货币，是一种纯粹的买卖，在这里，连借贷都不是，更谈不上是什么资本的借贷了。可见在上述三种情形下，只有第一种情形才是资本的贷放，第二、第三种都不是资本的贷放，怎能把贷入的银行券都说成是资本的借贷呢？当然也会发生另一种情况，比如，发行银行券的私人银行，把2万元银行券贷给A，A以之支付给B，B再拿这2万元银行券向私人银行兑换金或英格兰银行的银行券，在这个场合，银行就支出自有资本2万元，这2万元确实是银行资本的一部分，从银行家来说，这2万元才算是资本的贷出。总之，用增加发行的银行券来发放的贷款中，只在特殊情况下才是银行家自有资本的支出，一般地并不一定都是银行家的自有资本，可见，把这部分银行券的贷出说成都是资本的借贷，显然是不符合实际情况的。

另一种情况是：贷款不是用银行券发放的，而是由于开设信用账户而贷出的。例如：A在银行开立一个信用账户，他成为银行的想象的存款人，然后A向银行开出支票，如开出2万元支票给B，B凭支票向银行兑付2万元，在这里，仅仅是凭支票来兑付，而不需要银行券的介入。由于B向银行家兑付了2万元，实际上是银行家把2万元作为贷款贷给A了。在这里，这2万元的贷款，从银行家来说，确实是自有资本的支出；但是从A来说，也不过是对货币资本的需求，对金的需求。必须注意，A在这里能够在银行开立信用账户，必须有种种信用形式作保证，如果是用国债券作保证，“那就只是对它的买者来说是资本；它代表着买者支付的购买价格，代表着他投在国债券上的资本；它本身不是资本，而只是债权”。如果是用不动产作抵押，“那它就只是有权获得未来地租的凭证”。如果是用股票，“那它就只是有权取得未来剩余价值的所有权证书”。在这里，“所有这些东西，都不是实际的资本，也都不是资本的组成部分，并且本身也不是价值”。这就是说，它们只是虚拟资本，只是作为单纯的资本所有权证书而存在。这也就说明了：由于信用制度的发展，生息资本在虚拟资本的形式上增加起来；如果把这种情况说成是资本的借贷，只能是虚拟资本的借贷，而实际资本并没有增加。

在银行发放的贷款大量增加时，该行发行的银行券的流通，可以保持不变或减少

更次，马克思指出，在银行发放的贷款大量增加时，该行发行的银行券的流通，可以保持不变或减少。在危机时期，虽然由于金的流出和对作为支付手段的货币的需要增加，因此，进行支付结算时的支付手段量增加了，但是实际需要进行支付的货币量还是非常小，因此，当银行发放的贷款增加时，流通中的货币量并没有增加，可以保持不变，甚至减少。例如，银行家贷出 2 万元银行券给 A，A 支付给 B，B 再支付给 C，C 再支付给 D，D 再支付给 E，E 再把它存入银行，这样，作为支付手段的 2 万元银行券流通了 4 次，等于 8 万元银行券的流通，但实际流通的仍是这 2 万元的银行券，虽然银行家把这 2 万元作为贷款贷给 A，贷款增加了，支付手段的流通也增加了，但支付手段的量并未增加，这说明，作为支付手段的货币流通和作为资本的借贷是完全不同的两回事。富拉顿错误地从货币作为流通手段和支付手段的职能出发，把它们划分为货币的借贷和资本的借贷，这就把支付手段的流通和资本借贷混同起来，从而进一步认为，贷出的资本增加，支付手段的流通就会扩大；相反，贷出的资本不增加，支付手段的流通不会增加和扩大，从而机械地把贷款量和支付手段的流通量完全等同起来。这是不符合实际情况的。马克思的分析说明，当银行发放的贷款增加时，流通中的货币量不一定增加，可以保持不变，甚至减少。可见，富拉顿把支付手段的流通和资本借贷混为一谈是完全错误的。马克思说：“但是很清楚，富拉顿把作为购买手段的货币和作为支付手段的货币之间的区别，变成通货和资本之间的虚假的区别了。在这里，作为基础的仍旧是银行家关于流通的狭隘观念。”这就说明，富拉顿也是站在银行家的立场上，从银行家的角度出发来研究问题的。

在危机时期，只会增加对货币的需求，不会增加对资本的需求

最后，马克思指出，在危机时期，只会增加对货币的需求，不会增加对资本的需求。问题是这样提出的：在危机时期，人们缺少的，究竟是资本呢；还是作为支付手段的货币呢？如果因为外贸逆差，需要有大量的金流出，那么，很清楚，人们需要的是金，即作为世界货币的金，也就是作为国际的支付手段的货币，可见，这是对世界货币的需求，并不是对资本的需求。如果撇开这种金流出的情况不说，危机时期所感到的，并不是资本的缺乏，而是大量的商品过剩，是过多的商品资本，因此，“紧迫无论如何不是由**商品**资本的缺少引起的”，而是由执行支付手段的货币的缺少引起的。因而，在危机时期，职能资本家增加了对银行的贷款需求，并不是增加了对资本的需求，而是增加了对货币的需求。富拉顿把这种情况说成是增加了对资本借贷的需求，显然是错误的。总之，我们必须把以下几种需求明确区分开来：一是作为流通手段的货币的需求；二是作为国内支付手段的货币的需求，即对法定支付手段的银行券的需求；三是作为国际支付手段的金的需求。富拉顿把第一种情况说成是对流通手段的需求，把第二、第三种情况说成是对资本的需求，即资本借贷，这就把国内外支付手段的需求和资本借贷完全混同起来，不仅在理论上是完全荒谬的，而且也是不符合实际情况的。实际上，第二、第三种情况对支付手段的需求，也是对货币的需求，并不是对资本的需求。

■ 银行学派的图克和富拉顿，虽然正确地批判了通货学派关于“通货充足会驱逐金，通货缺少会吸引金”[①] 的货币数量论，但又错误地把货币本身所具有的流通手段职能和支付手段职能，说成是资本的流通和货币的流通，从而把货币和资本混同起来；他们从此出发，把对货币的需求，即对作为支付手段的需求和对流通手段的需求，划分为资本借贷和货币借贷，从而把对支付手段的需求和资本借贷混同起来。这说明，银行学派虽然有比通货学派高明之处，虽然他们的意见是针锋相对、完

① 《资本论》第3卷，人民出版社2004年版，第514页。

全不同的，但他们对货币的职能、资本的本质、货币资本和生息资本的特征等问题的认识，也都是大同小异、一脉相承的，仅从表面的现象来研究，不能从本质的方面进行正确的分析与说明。这也不奇怪，因为他们都是站在资本家的立场上，区别只在于：有的是站在大银行家的立场上，有的是站在工商业资本家的立场上，代表不同资产阶级集团的利益而产生的不同意见而已。所以马克思在第二十六章中批判了通货学派以后，又在第二十八章中对银行学派进行了批判，通过批判，同时进一步阐明了有关货币资本的理论。我们在学习第二十八章时，要从英国当时的经济条件出发，联系第二十六章，对照研究分析。

第三册

资本主义生产的总过程（下）

第 五 篇

利润分为利息和企业主收入。生息资本（续）

第 二十九 章

银行资本的组成部分

银行资本的组成，包括资本组成和物质组成两方面。从资本组成方面看，也就是从资本的来源看，银行资本是由银行家的自有资本和借入资本组成的。从物质组成方面看，它是由现金（金或银行券）和有价证券组成的。本章着重说明，不管从哪一种组成的方面看，银行资本的大部分都是由虚拟资本组成的；同时也说明了，随着资本主义信用的发展，生息资本增加，产生虚拟资本，资本关系就更加神秘化。

在第二十五章中也谈到信用和虚拟资本，但在那里所研究的仅仅是：在还没有分析股份公司以前，以票据贷放形式存在的虚拟资本，那只是指没有黄金做保证的银行券而言。在本章中所研究的虚拟资本，是在分析了股份公司以后，以有价证券形式存在的虚拟资本，特别是指股票以及国债券等等而言。本章的标题虽然没有虚拟资本的词语，但其内容却主要是研究虚拟资本问题。

（一）银行资本是由什么组成的

要把货币资本和在生息资本意义上的货币资本区别开来

银行资本往往表现为货币资本，但它又不是一般意义上的货币资本，而是在生息资本意义上的货币资本。我们必须把上述二者区别开来。“银行家的经济学”，即以图克、富拉顿为代表的银行学派，不懂得上述区别，他们把流通手段和支付手段的区别，看成是货币和资本的区别，把支付手段的职能看成就是资本。他们认为，货币是最典型的资本，银行家预付出去的货币，都被说成是资本，他们“千方百计地要人记住货币事实上是真正的资本”。这实质上就是把货币和资本混同起来，把一般的货币资本和在生息资本意义上的货币资本完全混为一谈了。“启蒙经济学”，即资产阶级经济学的古典学派，与他们完全相反。如魁奈，认为货币只是一种便利交换的流通手段，如斯密，虽然承认货币是商品，有价值，但也仅仅把货币看成是流通手段，是现实资本转移的工具或符号，他们“千方百计地力图要人记住货币不是资本”，从而把货币与资本完全割裂开来。上述两种看法对资本和货币关系的理解都是片面的、不正确的。其实，货币作为货币，当然不是资本；但在一定条件下，货币可以转化为资本。资本首先是一种有价值的东西，它可以表现为货币形式，也可以表现为商品形式或生产资本的形式，这是就职能资本所表现的不同形式而言的。如果资本家拥有货币资本，不直接投入生产或流通过程，不把它作为职能资本来发挥作用，而是把它贷放出去，从而收取利息，这种形式的资本就成为生息资本。这种在生息资本意义上存在的货币资本，和职能资本的具体表现形式上的货币资本不同，前者通过贷出而取得利息，后者通过购买生产资料和劳动力，在生产或流通中直接发挥剥削作用。我们现在研究的银行资本，不是在职能资本形式上的货币资本，而是在生息资本意义上的货币资本，马克思是把银行资本作为生息资本的转化来进行研究的。

银行资本的组成部分

从物质组成来看银行资本构成，可以分为两个部分：一是现金（金或银行券），二是有价证券。在有价证券中，还可分为两个部分：一是商业证券，即汇票，“它们是流动的，按时到期的，它们的贴现已经成为银行家的基本业务”；二是公共有价证券，“如国债券，国库券，各种股票，总之，各种有息的而同汇票有本质差别的证券”。前一种所说的汇票之类的商业证券，是不能买卖的，从这个意义上说，可以称为无价证券，即不能买卖的证券；后一种所说的有价证券，是能够买卖的，仅从能够买卖这点而言，它是有价证券，但这只是狭义的（如从广义地看，汇票虽然不能买卖，但也代表一定的价值，也可说是有价证券，即广义的有价证券）。正是由于国债券、国库券、股票等各种有价证券，可以买卖，因而从外表上看，它们不仅变成为可以买卖的商品，而且也好像是变成为现实的资本了。其实，这些有价证券并不是现实的资本，仅仅是虚拟资本。

从银行资本的来源看它的组成部分，也可分为两个方面：一是银行家的自有资本，即自己的投资；二是银行家的营业资本，即借入的资本，如别人在银行的存款之类。不管是自有资本或借入资本，都可表现为银行资本的各种不同物质组成部分。同样是现金，可能是自有资本，也可能是借入资本。同样是汇票，可能是用自有资本来贴现，也可能用借入资本来贴现。很明显，银行资本的这些实际组成部分，如货币、汇票、有息证券，“决不因为这些不同要素是代表银行家自有的资本，还是代表存款即别人所有的资本，而会发生什么变化”。

根据马克思的分析，银行资本的组成部分如下图所示。

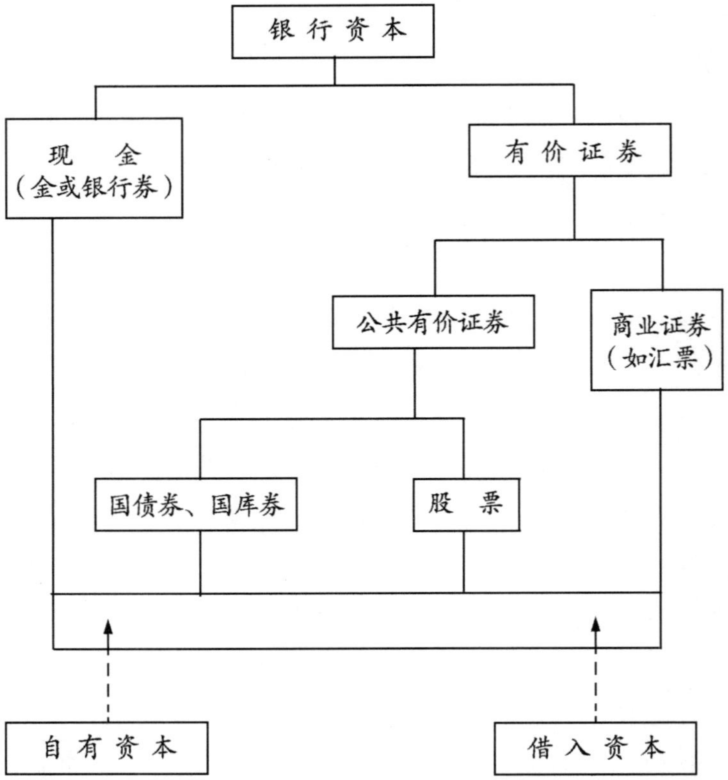

（二）从物质形式看银行资本的组成

国债和股票是虚拟资本的两种主要形式

现在，首先对银行资本物质组成形式的一个方面，即对公共有价证券方面进行研究，看看它们是怎样由生息资本发展成为虚拟资本的。

虚拟资本以生息资本的存在为前提。生息资本的形式造成这样的结果：每一个确定的和有规则的固定收入，都表现为资本的利息，不管这种利息是由资本生出，还是不由资本生出的。在这里，货币先转化为利息。其次，再根据这种利息，推算出能够产生这些利息的资本量。例如，有资本 100 元，年利息率是 5%，每年可取得利息 5 元。如果一年内有某项固定收入 15 元，就等于有 300 元资本所取得的利息，因此，这 15 元的固定收入，就可当作有 300 元资本发生作用的结果。所以，只要有一个单纯的所有权证书，凭借这个证书每年可取得固定收入 15 元，该证书即等于有资本 300 元；如凭该证书每年可取得固定收入 20 元，该证书即等于有资本 400 元。虽然该证书不是现实的资本，但它能当作一定量资本发生作用，带来一定量利息，所以它成为虚拟资本，“是一种纯粹幻想的观念”，“是幻想的虚拟的资本”。这种情况，也可称为收入的资本化。为什么会产生这种幻想的虚拟资本呢？因为“有了生息资本，每个价值额只要不作为收入花掉，都会表现为资本，也就是都会表现为本金，而同它能够生出的可能的或现实的利息相对立”。这就是说，由于生息资本存在，一定量的资本会带来一定量的利息，因而即使不是由于资本而带来的收入，只要是固定的收入，第一步，即可把这种收入的货币转化为利息，第二步，再把这些利息看成是由多少量的资本而带来的，第三步，在推算出这个资本量以后，把该项所有权证书看成是这个资本量的代表，这样，虚拟资本就形成了。由此可见，虚拟资本是由生息资本发展而来的，是生息资本发展的必然结果，它仅仅是一张单纯的所有权证书，本身并没有价值，当然不是现实存在的资本。

银行资本的大部分是由虚拟资本构成的，它的主要形式是国债和股票。

第 527 页第 2 段，马克思首先对国债进行了分析。国债是一种非生产的国家信用，是国家筹集资金的一种方式。国债券由一国的中央政府发行[①]，有确定的票面价值（如一张 100 元、500 元之类），债券持有者为了取得债券，必须付出一定量的货币，然后根据债券按期得到一定量的利息。为什么说这种国债券是一种虚拟资本呢？首先，从国债券持有者来说，把一定量货币交给国家，才能取得债券，国家因发行债券而取得一定量货币后，一般不是把这部分货币作为资本投入生产，而是用在非生产消费方面，这时，一方面，只是以债券形式存在着所有权证书，另一方面，这些货币资本本身，“已经由国家花掉了，耗费了”，在实际经济生活中已不存在了，但由于凭借这些债券可以取得利息，所以这些债

① 国债和公债不完全相同，国债是由一国中央政府发行的全部负债，公债是既包括中央政府也包括地方政府的债务，故后者较前者为大。

券就成为幻想的虚拟的资本了。其次，债券的持有者，即债权人，“不能向债务人宣布解除契约”，即不能要求在债券尚未到期时归还债款，他只能把债券作为所有权证书，再卖给别人。这就是说，债券持有者只是：一、他持有一种国债券，如100元、500元之类的所有权证书；二、他依靠这种证书，按期向国家取得一定量的利息，如年利息率为5%，100元国债券每年可取得利息5元；三、债券持有者可以随意把债券卖给别人。如果年利息率为5%，国家提供的利息又保证可靠，假定该种债券每年可得利息20元，该债券即可代表400元资本而出卖。“这种资本，即把国家付款看成是自己的幼仔（利息）的资本，是幻想的虚拟的资本”。尽管这些债券会由A转卖给B，再由B转卖给C或给D、给E等等，这只能表明债券所代表的本金有流回的可能性。“不管这种交易反复进行多少次，国债的资本仍然是纯粹的虚拟资本；一旦债券不能卖出，这个资本的假象就会消失。”

第527页第3段到第529页第1段，为了和国债对比，马克思又以工资为例，批判了资产阶级庸俗经济学家把工资说成是利息，把劳动力说成是生息资本的谬论。在资产阶级庸俗经济学家看来，在一定时间内工人取得一定量的工资收入，把这部分工资看成是利息，那么劳动力就成为提供这种利息的资本了。例如，每月工资50元，月利息率为5%，这50元工资转化为利息，就等于是1000元资本的收入，这样，工资等于利息，劳动力也就等于生息资本了，“资本家们思想方式的错乱在这里达到了顶点”。本来，劳动力的使用是劳动，劳动是创造价值和剩余价值，资本是剥削剩余价值的，怎能把劳动力说成是生息资本，把劳动力价值或价格的转化形态的工资，说成是由剩余价值转化而来的利息呢?！可是，在资产阶级经济学那里，“资本的增殖不是用劳动力的被剥削来说明，相反，劳动力的生产性质却用劳动力本身是这样一种神秘的东西即生息资本来说明”，思维的混乱已经到了无以复加的程度。可是，这种混乱的观点，竟然成为一种流行的观念，不仅在庸俗经济学家那里，甚至在古典学派的个别人物那里也可以看到。如古典学派的创始人威廉·配第，虽然他第一次提出了劳动创造价值的原理，但由于他不了解创造价值的劳动的性质，错误地认为价值有两个尺度：劳动和土地，从而把劳动和土地、工资和地租等量齐观，这样，工资就似乎成了劳动所带来的利息，而劳动力自身就被神秘化了。至于19世纪德国的统计学家弗·雷登(1804—1857)认为："工人有资本价值，如果我们把他的常年服务的货币价值看作是利息收入，就会发现这个资本价值……只要……把平均日工资按4%的利息率资本化，我们就会得到一个男性农业工人的平均价值……"① 在这里，他把工资按利息率资本化，从而把工资和利息、把劳动力和生息资本混同起来。但是上述观点有两个问题是无法说清楚的，其一是，工资是工人出卖劳动力的报酬，工人出卖劳动力后必须进行劳动，才能获得工资，而利息是贷出资本后的收入，在形式上与劳动无关；其二是，生息资本转化为债券，可以通过转让债券的办法取回原货币资本，而劳动者"不能通过转让的办法把他的劳动力的资本价值转化为货币"。如果劳动者不是把劳动力作为商品出卖，而是按工资收入从而使收入资本化，按一定资本量出卖，那他就是卖身，不是出卖劳动力了，这就是把劳动者作为商品，不是把劳动力作为商品了。这种情况，在奴隶制度下确实是存在过的。奴隶主把奴隶作为商品出卖，从而取得一定的价格，这种价格，就像劳动者有一个资本价值一样。如果奴隶主把奴隶出租给另一奴隶主，让该奴隶为另一奴隶主去劳动，该奴隶主就要因此取得租金，其中既包括购买奴隶的价格（资本）所带来的利息，也包括补偿这种购买价格（资本）的损耗的折旧。当然，奴隶制度的上述现象，反映了奴隶主对奴隶完全占有，把奴隶作为商品买卖的生产关系，这和资本主义制度下的生息资本和利息的关系也是不完全相同的。

为什么资产阶级经济学家会产生上述混乱的错误观点呢？这是由"收入资本化"所引起的。人们把固定的定期收入当作是一定量资本带来的。如在年利息率为5%的情况下，一年能带来10元的固定收入，就可认为是200元资本的产物。即使不是由资本带来的收入，也可由此来计算。这样，不仅能够带来一定量利息的所有权证书，能够代表一定量资本，而且以此类推下去，工资也成为利息，劳动力也成为生息资本了。"因此，和资本的现实增殖过程的一切联系就彻底消灭干净了。资本是一

① 《资本论》第3卷，人民出版社2004年版，第528页注（1）。

个自行增殖的自动机的观念就牢固地树立起来了。”资本主义的生产关系也就更加神秘化，看不清楚了。

第 529 页第 2 段，马克思又对虚拟资本的另一个主要形式——股票进行了分析。随着资本主义信用的发展，股份公司和股份资本的出现，股票也相应地产生。股票也是一种代表资本所有权的证书。从形式上看，股份公司是一些资本家集体合营的企业，股东是股份公司的所有者，而资本家所以能成为股份公司的股东，就是因为他们持有该公司的股票。从创办企业的过程看，一些资本家投入一定量的货币资本，从而取得一定量的股票，在这里，股票是代表该企业存在的现实资本的。必须注意：资本在这里已经表现为双重存在，一是以货币资本、生产资本、商品资本等形式存在于该企业中。一是以股票的形式，即以所有权证书的形式存在于股东手里；但实际上，“这个资本不能有双重存在”，现实的资本只是存在于企业中，股票只是在企业中执行职能的资本的纸制复本。可是由于根据股票可以按期取得股息即利息，所以对股票持有者来说，股票似乎就是资本；同时，股票持有者虽然不能任意支配他所投入该企业的资本，但他能把股票出卖给任何人，从而收回该股票所代表的资本量，这种对股票的买卖活动，可以和投入股份公司的现实资本的运动分开进行；因此，由于股票可以取得固定的利息，由于股票可以独立进行买卖活动，股票也就成为虚拟资本。但不管如何买卖，股票只是该企业的资本的代表，并不是现实资本本身，从本质上说，它不是真正的资本，只是幻想的虚拟的资本，不管股票的买卖如何进行，进行过多少次，都不会改变事情的本质。

在资本主义社会里，由于股票和国债都是大量地存在着，因而它们也就成为虚拟资本的主要形式。但是必须注意，它们虽然都是虚拟资本的主要形式，还是有区别的。从国债券来看：它纯粹是幻想的资本，并不代表任何现实的资本部分；它的利息并不是剩余价值所转化的利润形态，而是国家税收的一部分。从股票来看：它本身虽然不是现实的资本，但却代表着该企业中的现实的资本，因而股票发行额的增长，同时也反映了该企业现实资本的增加，反映了该企业的生产和再生产规模的扩大；由股票所带来的红利，纯粹是由平均利润分割出来的。由于股票可以买卖，它虽然代表着企业中的现实资本，但在“这里决不排除股票也只是一种欺诈的东西”，只要它带来的利息超过它所代表的资本存入银行的利息，它就可以大大超过企业中的现实资本量而进行出卖，进行股票投机的买卖活动。虽然国债与股票有上述区别，但本质上都是虚拟资本，股票“不像国债那样代表纯粹幻想的资本的地方，这种证券的资本价值也纯粹是幻想的”。这就是说，股票本身没有价值，只是一种想象中的虚拟的资本价值。

虚拟资本价值的独立运动

由于股票、国债券等这些有价证券形式的虚拟资本可以在市场上进行买卖，因而这种虚拟资本的价值表现为独特的运动，从而造成一种假象，好像这些有价证券不但成为现实资本，而且还成为可以买卖的特殊商品。“这些商品的价格有独特的运动和决定方法。它们的市场价值，在现实资本的价值不发生变化（即使它的价值已增殖）时，会和它们的名义价值具有不同的决定方法”。在这里，首先要弄清楚现实资本的价值、名义价值、市场价值的关系和区别问题。如果投资 100 元货币资本于某股份公司，可得股票一张，这一张股票所代表的现实资本的价值即为 100 元，这张股票的名义价值也是 100 元。如果该股资本每年可取得红利 10 元，在年利息率为 5%情况下，10 元的利息可作为 200 元资本的收入，把收入资本化，这张股票拿到市场上就可当作 200 元资本的代表出卖，因此，这张股票的市场价值和市场价格就是 200 元。如果相反，年利息率为 20%，10 元收入资本化，这张股票只能代表 50 元的资本，因此，这张股票的市场价格只有 50 元。在弄清楚了这些有价证券所代表的现实资本的价值、名义价值、市场价值的关系和区别以后，就要进一步研究这些有价证券的市场价值或市场价格是怎样决定的？这种决定的独特方法是什么？暂以股票为例，一方面，在利息率已定时，股票的市场价值，随着它们有权索取的收益大小和可靠程度而发生变化。假定一张股票所代表的实际资本价值为 100 元，因而它的名义价值也是 100 元，在年利息率为 5%的情况下，如这张股票到年底分红，可得收益 5 元，以 5 元收入资本化，这张股票即可按 100 元出卖，因此，它的市场价值为 100 元。如果这张股票年底分红可得利息 10 元或 15 元，把 10 元或 15 元的收入资本化，这张股票的市场价值就会是 200 元或 300 元。在“这张股票按 5%的利息率资本化”时，收入的利息越多，它的市场价值就越高。反之，收入的利息下降，它的市场价值也就下降。另一方面，在收入的利息量已定时，股票的市场价值的涨落“就和利息率成反比”。假定一张股票的名义价值为 100 元，每年可分得红利 10 元，如果年利息率为 5%，以 10 元收入资本化，该股票市场价值为 200 元；如果年利息率由 5%上涨到 10%，该股票市场价值就会下降到 100 元；如果年利息率由 5%下降到 2.5%，该股票的市场价值就会上涨到 400 元。可见，在股息不变时，利息率越高，股票的市场价值就越低；反之，利息率下降，股票的市场价值就上涨。所以，“它的价值始终只是资本化的收益，也就是一个幻想的资本按现有利息率计算可得的收益”。以上这两方面，就是决定以有价证券形式存在的虚拟资本的市场价值的独特方法。

正是由于这些虚拟资本的市场价值和利息量成正比例变化，和利息率成反比例变化，因而这些有价证券就成为投机的对象。因为现实的收益，不是马上就能确定的，而只是由预期计算的收入决定的。如果某股份公司营业良好，人们预期该公司股票年底分红可得更多红利，并预期年利息率会下降，这时人们就会大量买进股票；相反，就会大量抛出股票。就是说，人们会根据自己对股息和利息率的预测对股票进行投机。资本主义国家的证券交易所，就是专门进行这项投机活动的。

必须注意，这种股票市场价格的涨落，往往和资本主义生产周期的各个阶段联系在一起。因为股票的市场价值不仅取决于上述两个因素(即收入的利息多少和利息率的高低)，还取决于对股票的需求，而对股票的需求则取决于股票的出卖者和股票的购买者双方的竞争。这些都同资本主义生产周期的不同阶段有关。如在危机时期，由于银根奇紧，货币不足，引起利息率提高，由于对现金的迫切需要，不少资本家把大量的股票投入市场出售，因而股票的市场价值或市场价格就会大大下降。如在繁荣时期，由于利息率低，企业经营情况好，赢利高，股息也多，寻求出路的闲置的货币资本也多，因而股票的市场价格就会一涨再涨。这种股票市场价格的大波动，为进行证券投机活动提供了条件。投机者购买股票的目的，不是为了握有股票，对企业进行长期投资，而是为了在股票市场价格上涨时再抛卖出去，从而获得差额形式的利润。

还须注意，这种有价证券的市场价格的增加或减少，和现实资本价值的变动完全无关。因为股票市场价值的提高或降低，都不会反映企业中现实资本价值的变化，它只是由股息收益的多少，利息率的高低，以及市场上对股票需求的竞争所引起。“一国的财富在这种贬值或增值以后，和在此以前是一样的”，“一个国家就决不会因为名义货币资本这种肥皂泡的破裂而减少分文”。虽然由于这些有价证券的市场价格的大变动，使有些人全面破产，家破人亡，有些人大发横财，腰缠万贯，但这种变动终归只是虚拟资本的变动，不是现实资本的变动。或者像国债券那样，不代表任何资本；或者像股票那样，不完全代表现实资本的价值。随着资本主义的发展，资本主义信用在发展，虚拟资本在增加，以虚拟资本各种形式存在的生息资本的积累在增加，但这种增加并不能表示社会财富的增长，相反，这只是表明资产阶级腐朽性和寄生性日益增加。

汇　票

以上研究了有价证券的一个方面，即公共有价证券方面。在第531页最后一段，马克思又分析了有价证券的另一方面，即商业证券方面。

商业证券主要形式是汇票。汇票，本来是职能资本家和商业资本家之间的支付凭证。对银行家来说，这种票据也是有息证券。贷款人在购买汇票时，会扣除票据到期以前的利息，这就是所谓贴现。票据贴现，只不过是把原来的持票人A对支付人B的债权关系，转移为银行对支付人B的债权关系，银行通过这种活动，等于把贷款贷放给支付人B。关于汇票和汇票贴现问题，在第二十五章和第二十八章中都已研究过，这里就不详细论证了。

由金或银行券构成的货币准备

在完成了对银行资本物质组成部分的一个方面，即有价证券方面的分析以后，第532页第2、3段又对银行资本物质组成部分的另一方面，即现金（金或银行券）进行了分析。

“在资本主义生产发达的国家，银行的准备金，总是表示贮藏货币的平均量，而这种贮藏货币的一部分本身又是自身没有任何价值的证券，只是对金的支取凭证。”这里所说的“这种贮藏货币的一部分”，系指发行没有黄金保证的银行券而言。对于因发行没有黄金作保证的银行券而产生的虚拟资本问题，在第二十五章中马克思已进行了研究，这种银行券构成虚拟资本的一个方面。

根据对银行资本物质组成部分上述两方面的分析，马克思作出结论说，“银行家资本的最大部分纯粹是虚拟的，是由债权（汇票），国债券（它代表过去的资本）和股票（对未来收益的支取凭证）构成的。在这里，不要忘记，银行家保险箱内的这些证券，即使是对收益的可靠支取凭证（例如国债券），或者是现实资本的所有权证书（例如股票），它们所代表的资本的货币价值也完全是虚拟的”。这就是说，银行资本大部分是由虚拟资本构成的。

（三）从资本的来源看银行资本的组成

从以上对银行资本的物质构成方面的分析说明，银行资本的大部分是由虚拟资本构成的。现在，再从银行资本的来源方面看，银行的虚拟资本，不仅来源于银行家的自有资本，而且大部分来源于“存入的资本”，即借入资本。

从银行的存入的资本看，大部分是虚拟资本

银行资本，从存入的资本方面看，主要是存款，即以金或银行券的货币形式存入银行。作为存款，一般地说，不是银行资本家的自有资本，而是别人存入的资本，其中有不少是产业资本家和商业资本家存入的，也有的是交易所经纪人或发行国库券的国家存入的。这种存款本身有两重作用：一方面，它会作为生息资本贷放出去，因此不会留在银行的保险柜里，而只是作为贷款登记在账簿上；另一方面，在存款人之间的互相支付用支票来进行时，这种存款只在银行账簿上起着转账、结算、互相平衡、互相抵消的作用。显然，在上述两种情况下，银行存款只是在账面项目上发生作用，作为银行存款的资本有名无实，是虚拟的。

不仅如此，在资本主义信用制度发达的情况下，银行存款总额比流通中的货币总额要多得多。例如，A 存入银行 500 元，银行把这 500 元贷给 B，B 把它支付给 C，C 再把这 500 元存入银行。银行再把它贷给 D，D 再支付给 E，E 再存入银行。这样，A、C、E 都把 500 元存入银行，共有存款 1500 元，实际上在流通中的货币额只有 500 元。所以马克思说："随着生息资本和信用制度的发展，一切资本好像都会增加一倍，有时甚至增加两倍。"他引证材料，指出苏格兰当时的情况是："在那里，货币流通额从来不超过 300 万镑，但存款却有 2700 万镑"；"联合王国全部存款的$\frac{9}{10}$，除了记在银行家的账簿上，由他们进行结算外，很可能根本不存在"①。这说明，银行资本在存款的形式上，大部分是由幻想的虚拟资本构成的。

从银行自有资本的准备金看，大部分也是虚拟资本

以金或银行券构成的货币准备金，是银行家的自有资本，它主要用于满足实际流通中对货币的时而扩大、时而收缩的需要。也许有人认为：这部分准备金总该是实在的资本，不是虚拟资本了！其实不然，货币准备金的大部分也是幻想的虚拟资本。为什么呢？第一，以英国的情况为例，每家私人银行都有一定量的货币准备金，这些准备金都要存入英格兰银行，英格兰银行又把这些存入的准备金作为自己银行的准备金，这就是说，英格兰银行把别家私人银行的准备金作为自己的准备金，这不是虚拟资本是什么呢？第二，1844 年的银行立法，规定英格兰银行发行 1400 万镑银行券，不需要黄金作准备，这个数额，纯系无黄金作保证的银行券，不也就是虚拟资本了吗？第三，"1844 年银行法的暂停执行，使英格兰银行可以发行任何数量的银行券，而不用考虑自己手中有多少金准备可以作为保证；这样，使它可以创造任何数量的纸票形式的虚拟货币资本，从而用来贷给各个银行和各个票据经纪人，并且通过他们，贷给商业界。"② 第四，其他私人银行的准备金的绝大部分也是虚拟资本，这从第 536—537 页注（4）就可以看到。恩格斯在注中指出：银行准备金最少的只等于银行负债额（存款）8.01%，最多的也只是 15.20%，15 家银行平均等于 11.97%，"在这大

① 《资本论》第 3 卷，人民出版社 2004 年版，第 535 页。

② 《资本论》第 3 卷，人民出版社 2004 年版，第 537 页注（5）。

约2800万镑的准备金中，至少有2500万镑存入英格兰银行，至多有300万镑现金存放在这15家银行自己的保险箱内”。可见，银行的准备金，真正的黄金是很少的，大部分是没有黄金作保证的银行券，这种没有黄金作保证的银行券，纯粹是虚拟资本，这在第二十五章中已经研究过了。由此可见，不仅从银行的存入的资本看，即使从银行的自有资本看，它的大部分也都是虚拟资本。

总之，马克思在本章中，通过对银行资本的组成部分的分析，不管是从物质构成方面来看银行资本，还是从资本来源方面来看银行资本，都得出同样的结论：银行资本大部分是由虚拟资本构成的。

■ 马克思在本章中，着重研究了虚拟资本。虚拟资本是和现实资本相对而言的。在现实经济生活中发挥职能的资本，是真正存在的资本，它表现为货币资本、生产资本、商品资本等形式。虚拟资本则不同，它往往以有价证券的形式表现出来。它并不是真正存在的资本，而是虚假的幻想的资本。这些有价证券作为虚拟资本，本身并没有价值，也不能作为价值的符号，更不能在资本主义的直接生产过程中发生作用，只是从它的所有者来看，可以由它带来收入，似乎就是资本，但从实质上说，它并不是资本。因此，从它和现实资本的关系来看：虽然在某种情况下，虚拟资本数量的变化，可以反映现实资本数量的变化，如危机时期，企业倒闭，生产下降，引起股票价格下降，这种股票价格下降的现象，同时也反映了现实资本在生产过程中所发生的变化，但是，一般说来，在通常情况下，虚拟资本数量的变化，并不反映现实资本数量的变化，如股票价格暴涨或暴跌，但商品的价值仍不变。这说明：尽管虚拟资本发生很大的变化，在直接生产和流通中发挥职能的实际资本的数量仍然和过去一样多，但从资本主义信用迅速发展的情况看，虚拟资本的增长速度，又要比实际资本增长的速度快得多。

从本章中马克思对虚拟资本的分析看，虚拟资本有如下特点：第一，它是一种所有权证书，可以定期取得收入（利息）；第二，这种所有权证书是特种商品，能够进行买卖；第三，这种特种商品的市场价格，是由收入的资本化引起的；第四，它有独特的运动方法，和现实资本的运动不同。当然，上述特点是马克思在本章中分析国债和股票作为虚拟资本时所得出的结论性意见，是从狭义上来理解虚拟资本的。如果从广义上来理解虚拟资本，第二十五章所分析过的没有黄金作保证所发行的银行券，也是虚拟资本，以及以后即将研究的带来资本主义地租的土地，也是虚拟资本，那么，上述特点显然还是不够的。因此，要对虚拟资本作全面的完整的理解，必须把本章及第二十五章，以及资本主义地租中的有关部分，联系起来作系统的综合的分析。

第 三十 章

货币资本和现实资本。I

第三十章、三十一章、三十二章研究的题目，都是“货币资本和现实资本”。这里所说的货币资本，不是指职能资本形式的货币资本，而是指在生息资本形态上存在的货币资本，即作为借贷资本的货币资本。这里所说的现实资本，是指处于再生产过程中的生产资本和商品资本[①]，即在生产和流通中发挥职能的资本。在这三章中所要解决的一个中心问题是：货币资本的积累同现实资本积累的关系，也就是马克思在第 539 页第 1 段至第 3 段提出的两个困难问题：货币资本的积累在什么程度上标志着现实资本的积累？借贷资本的不足，在什么程度上反映出现实资本的不足？它又在什么程度上与货币本身的不足相一致？而这些问题的着重点又在于论证：生息资本的积累，在什么限度内和现实资本的积累相一致？在什么限度内又依相反的方向而发展？这就是说，着重考察它们之间的联系和区别。

由于这三章研究的是同一个题目，各章的内容很难截然分开，往往是前一章提出问题，要到下一章才进行具体的分析；或者是同一问题，在这三章中都有所论述，但这并不是重复，而是从不同角度来阐明同一问题。因此，在学习过程中，我们只有把这三章当成一章来看待，从整体上把握这三章的主要内容，才能更好地掌握这三章所研究的中心问题。

---

① 马克思说：“现实资本即生产资本和商品资本……”参看《资本论》第 3 卷，人民出版社 2004 年版，第 567 页。

（一）在有价证券形式上的生息资本积累和现实资本积累的关系

对货币资本积累和现实资本积累的分析，马克思是从分析在有价证券形式上的生息资本积累和现实资本积累的关系开始的。前面说过，有价证券本身不是货币资本，而是虚拟资本；有价证券本身也不是借贷资本，只是属于借贷资本的投资领域。但是由于有价证券是一定资本的所有权证书，凭借它，不仅可以定期取得收入（利息），而且还可以把它卖掉，使原资本价值流回，所以，有价证券就成为生息货币资本的特殊形式，有价证券的积累，也就成了“货币资本和货币财产的积累的特有形式”。有价证券的主要形式是国债和股票，因此首先就从这二者进行分析，从而说明在有价证券形式上的生息资本积累和现实资本积累的关系。

国债券只是代表已经消灭的资本的纸制复本

先说国债券的积累。国债券的积累，表明国债券发行量的增加，它一方面说明，国家的负债增加了，国家的债务积累了；另一方面说明，国家的债权人阶级增加了。但是国家把国债券卖出后，把收入的货币资本、即投在国债上的资本用掉了，因而这部分的实际资本已不复存在了；存在的，只是为了这种已经用掉的资本而发行的债券，这种债券，只是“代表已经消灭的资本的纸制复本”。虽然它还可以作为特殊商品来进行买卖，它的所有者可以凭借它作为生息资本取得收入，但它终归是虚拟资本，是现实资本已经用掉不再存在了的虚拟资本。如果把这种虚拟资本的积累看成是真正的资本积累，把它当成就是实际存在的资本，这是对客观事物的颠倒。所以，马克思说：“连债务积累也能表现为资本积累这一事实，清楚地表明那种在信用制度中发生的颠倒现象已经达到完成的地步。”

股票是不能提取的现实资本的纸制复本

再来看看股票的积累。股票和国债券不同，它不是表示已不存在的资本，而是表示投在企业中的现实资本的所有权证书。但是这个证书所有者，并不能支配这个现实资本，也不能提取这个现实资本，只能凭借这个证书，按期取得一定量的剩余价值，所以“这种证书也就成为现实资本的纸制复本”，“成为并不存在的资本的名义代表”。正像提货单和货物的关系一样，提货单可以作为凭据提取货物，但本身不是货物；股票是现实资本的纸制复本，但它本身不是现实资本。当然，提货单与货物的关系，和股票与现实资本的关系也有所不同。人们可以凭借提货单取货，但不能凭借股票提取现实资本，只能凭借它按期取得一定量的收入（利息），并可以通过把它售出得到它的资本价值的偿付。尽管由于股票的买卖，如从 A 手转到 B 手，从 B 手转到 C 手，这种纸制复本的所有权会发生变化，但不会使现实资本的所有权相应地发生变化，它对现实资本的所有权不会发生直接的作用，它是与现实资本相分离而独立进行运动的，所以它只是“并不存在的资本的名义代表”，只是幻想的虚拟资本。在一种情况下，股票的积累也可以表示现实资本的积累，如开办一个新的煤矿、铁矿企业，发行一批股票，这时股票的增多，就表示着生产中的现实资本的增大，所以马克思说：“当这些证券的积累表示铁路、矿山、汽船等等的积累时，它们也表示现实再生产过程的扩大，就像动产征税单的扩大表示这种动产的增加一样”。但是必须注意，股票价值额的涨落，和现实资本的价值变动完全无关。这是因为，现实资本价值的变动，是由单位商品价值变动引起的，而单位商品价值变动，又是由劳动生产率的变动引起的。至于股票价值的变动，如前所说，是由股票能够带来多少股息，以及当时的一般利息率、股票市场的供需情况等决定的。现实资本价值发生变动，股票的价值不一定变动；股票价值额的变动，可以完全不反映现实资本价值的变动。但是，随着资本主义生产的发展，一般利润率和利息率发生下降趋势，利润率和利息率的下降，就会造成股票价格的上涨，这说明，股票价值额的变化和资本主义生产的发展并不是绝对没有联系，而是在一定程度上存在着一定的联系的。总之，这个在有价证券形式上存在的生息资本形式之一的股票，是虚拟资本，不是现实资本，它同现实资本既不是完全没有联系，但又是独立地进行运动的。

必须注意，不管是对国债券还是对股票的买卖，都不只是为了取得定期的收入，而是为了投机发财，因此，有价证券的积累，“就其本质来说，越来越成为赌博的结果。赌博已经取代劳动，表现为夺取资本财产的本来的方法，并且也取代了直接的暴力”。这就是说，有价证券的买卖，成为投机家积累财富的一种特殊形式。

有价证券的积累，可以按极不同于现实积累的方向进行

为了使问题明确起见，马克思指出，本章所说的货币资本的积累是指什么呢？这是指银行家手中的财富的积累。银行是整个社会的存款与借款的中介人，社会的全部信用，都是被银行家当作自己的私有资本来利用的，“这些人总是以货币的形式或对货币的直接索取权的形式占有资本和收入。这类人的财产的积累，可以按极不同于现实积累的方向进行”。为什么呢？这是因为，或者是银行家自己从事有价证券买卖的投机活动，或者是他为从事有价证券的投机活动提供大量货币，因此，有价证券的积累，虽然在一定限度内可以表示现实资本的扩大，但在通常情况下，都意味着大量货币资本被拘束在有价证券的市场上，从而有价证券的积累，不仅不能表示现实资本的积累，而且和现实资本的积累循着不同的方向发展。这就是在有价证券形式上生息资本积累与现实资本积累之间的一般的关系。

（二）商业信用与现实资本积累的关系

商业信用及其特点

从第 542 页第 3 段到第 549 页第 1 段，马克思又分析了商业信用与现实资本积累的关系。关于商业信用，第二十五章已经研究过。在这里，马克思是从与现实资本积累的关系上来研究商业信用的。

“商业信用，即从事再生产的资本家互相提供的信用”，也就是职能资本家之间用赊账的方法买卖商品时彼此提供的信用。我们现在所要研究的商业信用是纯粹的商业信用，是以商品形态变化为媒介而提供的信用。它和银行信用有着本质上的不同。如果说，银行信用的贷借对象，是暂时闲置的货币资本，那么，商业信用的贷借对象，就是现实的商品资本。商业信用的主要凭证是汇票，即期票，它表明何时到期，到期后可以凭票支取多少数量的款额。这种期票“是一种有一定支付期限的债

券，是一种延期支付的证书”。它可以经过背书转让，但不能在市场上买卖。由于商业信用是职能资本家之间提供的信用，它可以从 A 手转到 B 手，从 B 手转到 C 手，没有货币作媒介，也能进行结算。例如，织布厂资本家 A 开出一张期票给纺纱厂资本家 B（假设为 100 元，一个月到期），购买 B 的棉纱；纺纱厂资本家 B 向棉花商人 C 购买了一定量棉花，又把这张期票通过背书付给棉花商人 C；棉花商人 C 向织布厂资本家 A 购买一定量棉布，又用这张期票来支付，这样，这张期票又回到织布厂资本家 A 的手中，这三次交易，即 A 购买棉纱，B 购买棉花，C 购买棉布，都没有通过货币作媒介，仅凭商业信用的这种期票形式就完成了。如果需要货币，那也仅仅是用于支付小量的差额。在这种纯粹商业信用的循环中，有两个特点。第一，“这些互相的债权的抵消，取决于资本的回流”。也就是说，依赖于商品到货币的转化，即依赖于把生产的商品卖出去，才能在到期时进行支付。而为了把生产中的商品卖出去，就要再生产过程顺利进行，才能按期把商品生产出来。“因此，这种支付取决于再生产的顺畅进行，也就是说，取决于生产过程和消费过程的顺畅进行。”如上例，如果 A 向 B 购买棉纱开出期票，期票到期后，A 的棉布没有能生产出来，棉花商人 C 向 A 购买棉布时买不到，C 就要向另外的织布厂购买棉布，而凭期票向 A 提取现金，但 A 由于不能按期生产出商品，就不能按期兑付期票，这样就会使纯粹商业信用的循环发生中断。又假如，A 虽然生产了棉布，但未能在期票到期之前把棉布卖掉，完成商品到货币的转化，C 要的是现金，因此，A 也不能按期兑付期票，这同样会使循环发生中断。第二，“这种信用制度并不排除现金支付的必要”。这是因为：一是工资、税收等必须用现金支付；二是当自己收入的期票尚未到期时，他自己开出的期票已经到期时，对已经到期的期票也要用现金支付；三是在上述纯粹商业信用的循环中，如果某一环节发生中断，有的人也必须用现金来结算。上述特点说明：纯粹商业信用循环的正常进行，必须以再生产的顺利进行为条件；即使在这种顺利条件下，现金支付的现象也还是存在的。

这种商业信用的界限是什么呢？马克思在第 544 页第 2 段中指出：

第一，它受产业资本家和商业资本家所能支配的准备资本的限制。如果信用的期限较长，准备的资本也就较大。由于随着市场的扩大和投机要素的越来越大，信用的期限也就越来越长，因而准备的资本也就越来越大。第二，它受资本回流的限制，即受商品到货币转化的时间和价格变动的限制。如果商品的价格下降，商品滞销，资本回流就较慢，准备资本也就较大。因此，随着生产规模的扩大，销售市场的扩大和较远市场的出现，商业资本家不可能依靠自有的商业资本把全国生产的商品买去，然后再拿来卖掉，这就必须依靠商业信用，才能对全部商品进行买卖活动。这就是说，随着生产的发展，生产的价值量增长了，商业信用的数量也要相应地增长，信用的期限也要相应地延长。“在这里是互相影响的。生产过程的发展促使信用扩大，而信用又引起工商业活动的扩展。”

商业信用的扩大和缩小同产业资本再生产过程的扩大和缩小是一致的

如果仅就商业信用本身来考察它和现实资本积累的关系，那就可以看出，“这种信用随着产业资本本身的规模一同增大”。在商业信用制度下，“借贷资本和产业资本是一个东西”，贷出的东西就是商品资本，它不是用于最后的个人消费，就是用来补偿生产资本的不变要素。在这里，商业信用和银行信用不同，银行信用所借贷的是闲置的货币资本，商业信用所借贷的是对它的所有者来说必须通过形式变化的商品资本。在这里，商业信用起着由商品到货币，或由货币到商品的媒介作用，“即不仅是 W—G，而且也是 G—W 和现实生产过程的中介”，这是现实的生产过程，是整个再生产过程循环的必经阶段。如果在这个再生产过程循环中有大量的商业信用，这决不是表明有大量闲置的借贷资本寻找投资场所，“而是表明资本在再生产过程内已被大量运用”。在这里，商业信用的作用，如果从对产业资本家来说，商业信用的发展，就表示着商品资本转化为货币资本，或由货币资本转化为生产资本，由一个阶段到另一个阶段的迅速转移，这就加强了各生产部门的联系，促进了再生产过程的迅速进行。如果从对商人来说，商业信用的发展，是商品由厂到商店、由商店到消费者、即产品由一个人到另一个人的运输和转移，一直到商品卖出、转化为货币，并到达消费者之手为止。“在这里，信用的最大限度，等于产业资本的最充分的运用，也就是等于产业资本的再生产能力不顾消费界限而达到极度紧张。”这就是说，商业信用越发展，表示着商品资本转化为货币资本、货币资本转化为生产资本过程的加速，表示着再生产过程的迅速进行，同时也促进再生产过程的扩大，这就是商业“信用随着产业资本本身的规模一同增大”。

商业信用的发展，是以再生产过程本身的扩大为基础的，因而商业信用的扩大和收缩，同产业资本的再生产过程的扩大和收缩是一致的。如果再生产过程顺利进行，资本回流确有保证，商业“信用就会持续下去和扩大起来”。如果资本回流延迟，市场商品过剩，价格下降，再生产停滞，商业信用将会收缩。这种情况，在产业周期的各个阶段反映得十分明显。如繁荣阶段，由于生产增长，商品流通扩大，商业信用极其活跃；只要再生产顺利进行并不断扩大，商业信用还会继续扩大。如危机时期，由于商品过剩，有些工厂停工，原料堆积，一些机器、厂房等固定资本闲置不用，生产萎缩，人们普遍要求现金支付，这时，商业信用的规模就会急剧缩小。这就说明，商业信用的发展是以生产的发展为基础的，商业信用的扩大和缩小，和产业资本的再生产过程的扩大和收缩是一致的，这就是商业信用和现实资本积累之间的关系。

必须注意，在危机阶段，商业信用所以会收缩，是由于再生产过程的停滞和收缩，决不是由于生产资本的缺乏；相反，在危机时期，许多生产资本暂时闲置，不能发挥作用，出现生产资本过剩，也就是停留在再生产过程中的资本过多。那种认为危机时期商业信用缩小是由于生产资本不足的观点，是不符合实际情况的，因而是错误的。至于有的资产阶级经济学家，认为经济危机的产生是由于各个部门生产的不平衡，是由于资本家自己的消费和他们的积累之间的不平衡，这也是错误的。“一切现实的危机的最后原因，总是群众的贫穷和他们的消费受到限制，而与此相对比的是，资本主义生产竭力发展生产力，好像只有社会的绝对的消费能力才是生产力发展的界限。”这就是说，随着资本主义发展，一方面，被资本家剥削的广大劳动者的贫困，造成消费水平低下，另一方面，资本家为了追求更多的剩余价值而盲目地发展生产，危机就是由这种生产的盲目扩大和消费水平相对低下的矛盾直接引起的。

随着资本主义生产的发展，在商业信用的基础上产生了银行信用。银行信用并不能全部代替商业信用，而是和商业信用交织在一起，共同发生作用。银行信用虽然打破了商业信用的局限性，但却造成了更大的虚假需求和虚假繁荣，从而使经济危机具有更大的破坏性。

（三）借贷货币资本积累和现实资本积累的关系

从第549页第2段到第553页，马克思进入对本章主题的研究，即对借贷货币资本积累和现实资本积累的关系的研究。

必须注意：这里所说的借贷货币资本，是指生息资本形态上的货币资本，和产业资本循环形式之一的货币资本是不同的。还须注意：这里所说的借贷货币资本的量的增加或减少，和流通中的总货币量的增加或减少也是不同的，不能把二者混为一谈。

马克思指出，“借贷货币资本的增大，并不是每次都表示现实的资本积累或再生产过程的扩大”。这就是说，借贷货币资本的积累，和现实资本的积累虽然有联系，但有时不一致。这在资本主义生产周期的不同阶段上，就会明显地表现出来。

萧条阶段，借贷货币资本的增加和现实货币资本的积累不一致

资本主义再生产周期，可以分为萧条、复苏、繁荣、危机四个阶段，马克思把危机看成是再生产周期循环的“末尾”或终结，把萧条看成是新的周期的开始或“开端”。在新的周期开始的萧条阶段，也就是马克思所常称为的停滞或静止阶段，货币资本的积累和现实资本的积累往往不一致。这时候，物价下跌，交易减少，生产紧缩，利息率低，生产资本很大一部分不能发生作用，商品资本向货币资本的转化还很困难，货币资本大量存入银行，借贷资本的供给增加，超过需要，这种“借贷资本的增加，正是由于产业资本的收缩和委靡不振造成的”。这说明，在萧条时期，借贷资本的运动和产业资本的运动是不一致的，是按着相反的方向进行的。

资产阶级经济学家认为，在萧条阶段所出现的“交易紧缩，货币过多”现象，是因为“商业几乎完全遭到破坏，投入货币的可能性几乎完全没有”所造成的，也就是说，是由于借贷资本的缺乏所造成的。为什么会出现这种现象呢？他们又认为：“货币紧迫……是由国内货币资本的实际减少引起的，而这种减少部分地是由于从世界各地进口的货物必须用金支付，部分地是由于流通资本……转化为固定资本而造成的。”实际情况恰恰相反，在萧条阶段，是货币过多而不是货币紧迫，是借贷资本增加而不是借贷资本缺乏。至于流通资本转化为固定资本会减少国内的货币资本，更是无法理解的奇谈。马克思批判地指出：以铁路为例，“无论金或纸币都没有用来架设桥梁和铺设铁轨”，货币作为流通手段和支付手段，只能用来购买机器，但它本身不可能转化成为机器。可见，资产阶级经济学家对萧条阶段借贷货币资本和现实资本的关系的看法，是完全错误的。

随着银行制度的发展，货币资本的扩大，在生产规模不变的情况下，借贷资本增加，“并不表示生产资本的增加”，这说明，借贷货币资本的积累和现实资本的积累，是各自独立运动的。它们运动的方向，也往往是不一致的。

繁荣阶段，借贷货币资本的增加和现实资本的扩大结合在一起

进入产业循环的第二、第三阶段，即复苏和繁荣阶段（马克思有时称为恢复时期和繁荣状态），借贷货币资本的增加才和现实资本的扩大结合在一起。如繁荣阶段，工业生产恢复了，新的企业开设了，生产规模扩大了，大量商品源源不断地生产出来，商品价格上升和提高，商业信用也随之发展和扩大，资本容易并有规则地流回。商业信用的扩大，保证了借贷资本的供给。马克思说：“事实上这是**唯一的**这样一个时期，这时低利息率，从而借贷资本的相对充裕，可以说是和产业资本的现实扩大结合在一起的。”这就是说，借贷货币资本的积累和现实资本的积累是一致的。

危机时期，借贷货币资本绝对缺乏，但现实的产业资本过剩

到了产业循环的末尾，即危机阶段，经济危机爆发了，大量商品过剩，卖不出去，价格下降，货币奇缺，票据到期不能支付，商业信用突然停止，利息率升到它的最高限度，产业资本过剩，有的企业倒闭、破产，有的企业开工不足，再生产过程瘫痪，一方面，借贷资本几乎绝对地缺乏，另一方面，闲置的产业资本发生过剩，这说明，借贷资本的运动和现实资本的运动，完全按着相反的方向进行。

“因此，表现在利息率上的借贷资本的运动，和产业资本的运动，总的说来是方向相反的。”这种相反方向表现为，或者是：一方面借贷货币资本积累增加，另一方面现实资本积累收缩，这就是，“在产业周期的开端①，低利息率和产业资本的收缩结合在一起”。或者是：一方面借贷资本奇缺，另一方面现实资本又过多，这就是，“在周期的末尾②，则是高利息率和产业资本的过多结合在一起”。由于周期的开始阶段和末尾阶段呈现如上情况，所以马克思说：“总的说来是方向相反的”。至于周期的第二、第三阶段，即复苏和繁荣阶段，“充裕的借贷资本才和产业资本的显著扩大结合在一起”，借贷货币资本积累的增加和减少，和现实资本积累的增加和减少才是一致的。关于这个问题，在下一章开头部分还要谈到。

（四）信用和经济危机的关系

从第553页第3段到本章结束，马克思又研究了信用和经济危机的关系问题。这个问题并不是本章所要研究的问题，马克思为什么要进行研究呢？这是因为：由于产业周期开始的萧条阶段，借贷货币资本充斥，在产业周期结束的危机阶段，借贷货币资本奇缺，这就造成一种错觉，好像产业周期及其各个阶段的更替，是由于借贷货币资本的增加或缺少所造成的。有的资产阶级经济学家，就把这种借贷货币资本的增加或减少，说成是经济危机产生的原因。马克思为了批判上述错误观点，特地在这里又顺便研究了信用制度和经济危机的关系问题。他着重指出了下述几点：

第一，资本主义产业周期的循环，是由经济危机的必然性所决定，

① 指萧条阶段。

② 指危机阶段。

不是由借贷货币资本的增加或减少所决定的。在危机过后的萧条阶段，生产降到上一阶段已经达到的水平以下，然后经过复苏、繁荣阶段，又会使生产力的发展超出上一次危机前已经达到的最高点，从而爆发危机。在产业周期的循环过程中，“每一个对旧危机的重演有抵消作用的要素，都包含着更猛烈得多的未来危机的萌芽”[①]。资本主义经济危机是资本主义固有矛盾发展的必然结果，而危机的周期性则是资本主义危机的必然表现。[②]

第二，资本主义经济危机的原因，不是信用和货币的缺乏，而是生产和消费的对立。资本主义再生产过程的全部联系，是建立在以信用制度为基础的生产制度上。只要信用突然停止，汇票不能兑换货币，只有现金支付才有效，危机就会发生。“所以乍看起来，好像整个危机只表现为信用危机和货币危机。”有的资产阶级经济学家因此认为，产生危机的原因是货币资本的缺乏和信用的紧缩。其实，货币资本的缺乏和资本主义信用的紧缩，只是资本主义经济危机的信号和表现，并不是危机产生的原因。而资本主义生产的无限扩大，大大超过有支付能力的社会需要，即生产和消费的对立，“归根到底是整个危机的基础”。

第三，怎样看待危机中出现的产业资本过多的现象？资本家生产商品的目的，是为了出卖，是为了使商品资本转化为货币资本。但商品资本在转化为货币资本之前，仅仅是可能的货币资本，这些资本还表现在商品形式上，它还是实际存在的商品资本，如果在危机阶段商品价格下降，虽然实际的商品量没有发生变化，但它所代表的货币资本，或可以转化为货币资本的量却减少了。从这个意义上说，危机阶段，虽然产业资本停滞，生产出的商品卖不出去，表现为产业资本过多，但货币资本却因价格下降而减少了。如果说货币资本缺乏是由于商品价格的下降，那么资产阶级经济学家也可以说，资本主义经济危机产生的原因，既是货币资本的缺乏，又是商品价格的下降。实际上，商品价格下降仅仅是

① 《资本论》第3卷，人民出版社2004年版，第554页注（8）。

② 到了垄断资本主义阶段，产业循环发生了新的变化，呈现新的特点，那是需要另行研究的问题。

危机的具体表现，不是产生危机的原因。把货币资本的缺乏和商品价格下降都说成危机的原因，这就犯了倒果为因的错误了。

第四，怎样看待黄金的外流问题。在资本主义生产和交换发展的基础上，形成了资本主义的世界市场，这就产生了出口和进口，因此，一切资本主义国家都会产生过度的输出和过度的输入，“以致**支付差额对一切国家来说都是逆差**”，从而引起黄金外流。在危机爆发时，支付差额对每一个国家，至少对商业发达的国家，都是逆差。因此，黄金外流的现象像排炮一样，按着支付的序列，先后在这些国家里发生。如“1857 年，美国爆发了危机。于是金从英国流到美国。但是美国物价的涨风一停止，危机接着就在英国发生了。金又由美国流到英国”。这说明，由于这些国家出口过剩和进口过剩，引起物价上涨，信用过度膨胀，从而爆发经济危机，因此，黄金外流的现象会依次在一切国家发生，这种情况只是证明：“金的流出只是危机的现象，而不是危机的原因”。黄金外流在不同国家所发生的顺序，也是不同国家发生危机的顺序的表现，而不是这种顺序发生的危机的原因。这表明“什么时候会轮到这些国家算总账，什么时候会轮到这些国家发生危机，并且什么时候危机的潜在要素会轮到在这些国家内爆发”。有的资产阶级经济学家把黄金外流引起货币资本缺乏，说成是产生危机的原因，显然也是倒果为因的错误看法。

总之，不管在一个国家内，还是在不同国家内，信用危机和货币危机只是生产过剩危机的表现，不是产生经济危机的原因。资本主义信用制度只能对经济危机的爆发起促进或延缓作用，但不能把危机消灭。

第五，由危机引起的虚拟资本的减少，和它们所代表的现实资本无关，但和它们的所有者的支付能力关系极大。在危机时期，由于货币奇缺，信用破产，商品过剩，物价下降，利息率提高，因此虚拟资本、生息的证券的“价格随着利息的提高而下降”；同时，由于在信用普遍缺乏的情况下，有价证券的所有者为了取得货币，不得不把它低价售出，因此又使有价证券的价格下降；再者，由于危机使企业的收入减少，引起股票的收入减少，又由于它们代表的往往是带有欺诈性质的企业，因而也引起股票价格的下降。由上述因素引起的有价证券的价格下降表明，虚拟的货币资本减少了，证券的所有者凭它在市场上获得货币的力量也大大减少了，因而其实际支付能力也大大减少了，但这种情况和它们所代表的现实资本无关。就是说，这种因危机而引起的虚拟资本的减少，并不会直接引起它所代表的现实资本的变化，因为虚拟资本和现实资本是各自进行着独立的不同的运动的。

第三十一章

货币资本和现实资本。Ⅱ

（续）

上一章初步研究了借贷货币资本积累和现实资本积累的关系问题。但要探讨借贷货币资本的积累究竟在多大程度上同现实资本积累相一致，还必须进一步分析借贷资本是怎样由货币转化而来的。只有对借贷资本的不同来源进行具体分析，才能进一步弄清楚借贷货币资本积累同现实资本积累的关系。本章就是从货币转化为借贷资本的角度出发，来研究借贷资本积累和现实资本积累的关系问题。

与货币转化为生产资本相比，货币转化为借贷资本是简单得多的事情。但从货币转化为借贷资本，即从借贷资本的来源看，可以归结为两个方面：其一是，“货币单纯地转化为借贷资本”，即由闲置的资本转化而来的借贷资本；另一是，“资本或收入转化为货币，这种货币再转化为借贷资本”，如将资本、利润以及工资等其他收入，先转化为货币，然后再由这些货币转化为借贷资本。由于这是两种不同情况的转化，因而使借贷资本的积累与现实资本的积累的关系也不一样，前者的积累往往同现实资本的积累无关；后者的积累则必须以现实资本的积累为基础。

1. 货币转化为借贷资本

萧条阶段和复苏阶段，借贷货币资本过多和现实资本积累的关系

上章说过，在产业资本循环的不同阶段上，借贷货币资本的积累情况是不同的。在萧条阶段和复苏阶段，都会出现借贷资本过多的现象，但它与现实资本的关系不一样。在萧条阶段，借贷货币资本过多，而生产却处在停滞状态，这说明：第一，由于生产停滞，现实资本收缩，以前用在生产和商业上的货币资本，现在闲置不用，从而转化为借贷资本，可见，这部分借贷资本是由现实资本转化而来的。第二，这时的借贷资本过多，和现实资本的停滞相适应。两者是成反比例的，这就是说，“借贷资本过剩，正好是现实积累的相反表现”。在复苏阶段，一方面，生产开始好转，现实资本的积累增加；另一方面，借贷货币资本过多，这主要是由于借贷货币资本积累快于现实资本的增加而引起的。这说明：第一，这时产业资本的扩大，主要是职能资本家用自有资本来扩大企业，虽然商业信用活跃，但他们对银行信用提出的要求还较少，从而使借贷货币资本的供给相对过多；第二，这时借贷货币资本的过剩，和再生产过程的扩大、现实资本积累的增加，结合在一起。两者都是按同一方向成正比例发展；但借贷资本的过多，和萧条阶段不同，它既不是由现实资本转化而来，也不是现实资本增加的结果，在这里，借贷资本积累的增加和现实资本积累的扩大是齐头并进的，虽然与萧条阶段相比，“借贷资本的过剩已经减少，仅仅同需求相比还相对地过剩”。由此可见，萧条阶段和复苏阶段，虽然借贷资本都出现过多现象，但前者是由现实资本转化而来，成反比例；后者与现实资本的扩大齐头并进，成正比例。这说明，虽然它们都表现为借贷货币资本过多，但和现实资本积累的关系则是完全不同的。但也有相同的地方，这就是，“在这两种场合，现实积累过程的扩大都会得到促进”，这就是说，不管在萧条阶段还是在复苏阶段，借贷货币资本积累对现实资本积累都有促进作用。因为这两个阶段的利息率都较低。我们知道，平均利润是分割为利息和企业主收入（即企业利润）的，利息率低，分割为利息的部分则较小，因而分割为企业主收入的部分就会增加，这就会促使现实资本积累的部分增加或扩大。

在没有任何现实积累的时候，也会出现借贷货币资本的积累

从另一方面看，在没有任何现实积累的时候，也会出现借贷货币资本的积累。从第 561 页第 2 段到第 565 页第 2 段，马克思具体分析了这个问题。他指出，这种情况，是由于以下几种原因所造成的。

第一，通过各种纯技术性手段而出现的短期借贷资本，“如银行业务的扩大和集中，流通准备金或私人支付手段准备金的节约”等。由于银行业务的扩大和集中的结果，存款和放款都会增加，这就增加了借贷货币资本。由于各种准备金的节省，这些准备金可以在短期内转化为借贷资本，这又会引起借贷货币资本的增加。但是，这种借贷资本是短期的，因为它们的存款和放款的时间都比较短。这种借贷资本又是经常的，因为“它会不断地流入和流出。一个人把它提出，另一个人就把它存入”。这种借贷货币资本的总量，“实际上会在同现实积累完全无关的情况下增加起来”。

第二，由于再贴现制度的建立，也能使借贷货币资本增加。所谓再贴现，就是“当银行家凭票据经纪人已经贴现过一次的汇票，贷款给这个票据经纪人时，他事实上为这种汇票进行了一次再贴现；但实际上，许多这种汇票已经由票据经纪人再贴现过了，而银行家用来为票据经纪人的汇票进行再贴现的货币，又被票据经纪人用来再贴现新的汇票”。由于这种再贴现，出现了空头汇票，助长了虚假信用的扩大，使借贷货币资本的积累增加。

第三，股份公司尚未开张时的款项，也会成为暂时的借贷货币资本。像建筑铁路、开办大的股份公司企业，在未开张前，都要出卖一批股票，收集一批货币资本。这些货币资本在没有实际使用以前，暂时存入银行，这也就暂时地增加了借贷货币资本的积累。

上述三种情况所引起的借贷货币资本的增加，与现实资本的积累完全无关。这种增加，是单纯地由货币转化为借贷资本而实现的。

借贷资本的量和流通中的货币量是完全不同的

必须注意，“借贷资本的量和通货的量是完全不同的”。这里所说的“通货的量”，即流通中的货币量，“是指一个国家内一切现有的、流通的银行券和包括贵金属条块在内的一切硬币的总和”。它主要存在于现实的社会经济生活中。“这个量的一部分，构成银行的数量不断变动的准备金。”相对于社会的需要，如果货币不足，就要把一部分准备金投到市场上来；如果货币过多，就会有一部分作为准备金被吸收到银行里去。所以这个准备金的量是不断变动，时进时出，从而也构成现实存在的货币流通量的一部分。所谓“借贷资本的量”，是指作为借贷资本而贷出的货币资本的总额，也就是“以货币形式，即以硬币和银行券形式贷出的资本”的总额。借贷资本的量增加，也就是借贷资本的供给增加，供给超过需要，利息率就会降低；如果借贷资本的量减少，也就是借贷资本的供给减少，供给不能满足需要，利息率就会提高。由此可见，利息率的变动，是由借贷资本的量引起的，和流通中的货币量无关，这也说明，借贷资本的量和通货的量是不同的。马克思指出，“这种借贷货币资本的量，终究不同于流通货币的量，并且是不以后者为转移的”。例如，流通中有货币量 20 元，每天的流通速度是五次，每次都有 20 元作为借贷资本被贷出，那么，在一天内就有 100 元货币作为借贷资本被贷出，在这里，从货币流通量来看，是 20 元；但从借贷的货币资本来看，却是 100 元；同一 20 元的流通货币量却能同时成为 100 元的借贷资本量，这就充分说明，它们是完全不同的。

如果流通中的货币量较小，借贷的货币资本量能不能增加呢？完全是可以的。这是因为，在信用发达的国家，一切借贷资本都以存款的形式存放在银行和贷款人手里，因此，在流通中的货币量较小的情况下，只要存款的量增加，借贷货币资本的量就可以增加。那么，怎样才能使存款的量增加呢？这既取决于“同一货币所完成的购买和支付的次数”，即取决于货币流通速度，货币流通速度越快，同一货币可以当作存款的次数就越多，从而使借贷资本的量增加；与此同时，还取决于“同一货币作为存款流回银行的次数”。例如，一个小商人把每天卖货的营业收入 100 元存入银行，银行把这 100 元用来支付工厂主存款的一部分，工厂主再把这 100 元作为工资付给工人，工人用这 100 元工资向小商人购进消费品，小商人把销售商品所得的收入 100 元再存入银行。如果每天都是如此，每天小商人都有 100 元存款存入银行，20 天后，小商人就有存款 2000 元，而银行也就有 2000 元货币资本被贷出，但实际流通的货币量只有 100 元。如果上述周转不是一天一次，而是一天两次，小商人的每天存款就是 200 元，20 天存款就是 4000 元了；如果一天周转四次，每天的存款就是 400 元，20 天，存款就是 8000 元了。由此可见，货币流通的速度越快，同一货币作为存款流回银行的次数越多，虽然流通中的货币量不变，但借贷货币资本的量却可以增加。这也说明，流通中的货币量和借贷货币资本量是不同的。这种借贷货币资本的积累，和现实资本的积累也是无关的。但需注意，这种借贷货币资本量的增加，纯粹是虚拟的；但对于具体的存款人来说，确是实际存在的。

总之，从货币单纯地转化为借贷资本方面看，即单纯由闲置资本转化而来的借贷资本方面看，借贷货币资本的积累和现实资本的积累无直接关系，它们是各自独立地进行运动的。

第567页第2段到第568页第1段，马克思以英国的进出口统计资料说明现实资本积累的规模。这些统计材料表明，不仅产业循环呈现周期性变动，而且如果把这些现实资本积累和借贷资本积累的材料进行对比，就会发现，借贷货币资本的积累是独立地进行运动的。

2. 资本或收入转化为货币，这种货币再转化为借贷资本

本节的研究对象

本节所研究的借贷货币资本的积累，“既不是商业信用活动发生停滞的表现，也不是实际流通手段或再生产当事人的准备资本的节约的表现”。至于那种“由于金的异乎寻常的流入而发生”的货币资本积累，也不在本节研究的范围之内。在本节中所要研究的借贷货币资本的积累，是与产业资本现实积累联系在一起的、在积累量上绝对地增加的、一种积极的积累，和上节由闲置资本而产生的借贷货币资本相对增加的积累是不同的。

一切借贷资本形式的积累，都要表现为直接以货币形式进行的积累，表现为银行所支配的借贷货币资本的增加。为了研究这种借贷货币资本的积累，首先就要研究货币资本家的货币资本的积累；其次要研究各种资本或收入转化为货币，再转化为借贷资本的积累；最后还要研究各种不同社会阶层的货币收入转化为借贷资本的积累。从这些不同的积累过程中，探讨它们和现实资本积累的关系。

货币资本家的货币资本的积累，是现实资本积累的产物

首先来看货币资本家的货币资本的积累。除去投机活动外，这种积累的来源，或者是利息收入，或者是对有价证券的买卖。货币资本家把收入的利息或卖出的有价证券所取得的货币，再作为生息资本贷放出去，从而使借贷货币资本的量增加。这种借贷货币资本的积累，一方面，它和职能资本家的现实资本积累相对立，另一方面，它又是职能资本家现实资本积累的结果。为什么说它是现实资本积累的结果呢？“因为它是再生产过程发展的结果，而构成这种货币资本家的积累源泉的利润，只是从事再生产的资本家榨取的剩余价值的一种扣除”。这就是说，货币资本家的利息，是由职能资本家的利润分割而来的。我们知道，职能资本家取得的平均利润，一部分作为企业主收入，即企业利润，为职能资本家所占有，另一部分作为利息，交给货币资本家。因为利息来源于利润，利润又是现实资本在生产中发挥作用的产物，所以，现实资本积累越增加，生产越扩大，取得的平均利润量就会越增多，从而，平均利润中分割出来的利息部分也会越大。利息量的增大，表现为货币资本家的收入增加，从而转化为借贷货币资本的量也会增加，这就使借贷资本积累增加。可见，“借贷资本的这种迅速发展是现实积累的结果”。为什么说借贷货币资本积累又是和现实资本积累相对立的呢？如上所述，利息是由平均利润的一部分分割出来的，在平均利润量已定的情况下，如果分割为利息部分的量多了，企业主收入的量就会少；相反，前者少了，后者就会多。所以，由利息增加而引起的借贷资本的增加，同时就是企业主收入的相对减少，这就是“借贷资本靠同时牺牲产业资本家和商业资本家而进行积累”。特别是在工业周期的不利阶段，利息率达到最高限度，甚至和平均利润率相等，使全部平均利润转化为利息，把职能资本家的企业主收入全部吞掉，这时，借贷货币资本积累和现实资本积累的对立就达到极其尖锐的程度。总之，“货币资本家赚到的、由他们再转化为资本的全部利润，首先转化为借贷货币资本”。借贷货币资本的积累，既然来源于现实资本的积累，所以，随着再生产过程的扩大，现实资本积累的增加，上述借贷货币资本的积累“也都必然跟着增加”。

各种资本或收入转化为货币再转化为借贷资本的积累，也是现实资本积累的结果

其次来看各种资本或收入转化为货币再转化为借贷资本的积累。马克思指出："至于谈到其他各类资本家的货币积累，我们要把投在有息证券上并以这种形式积累的部分撇开不说，只考察其中作为借贷货币资本投入市场的部分。"在这里，有下述几种情况。其一是：资本家所取得的剩余价值（利润）用于转化为资本的部分，即用于积累的部分，这部分不是作为资本家的个人消费来使用，而是作为追加资本用于扩大生产，或兴办新企业。但是，要作为追加资本使用，必须达到一定量的资本额，在没有达到这个数额以前，产业资本家不能使用它，因而，这部分资本就必须在货币形式上停留一段时间，作为存款存入银行，这就增加了借贷货币资本。另一是：资本家所取得的剩余价值（利润）用于消费的部分，即作为收入的部分，资本家并不是一下子都把它用掉的，而是逐渐地支出，逐渐地消费掉的，在消费以前的那段时间内，资本家会把它作为存款存入银行，这也构成银行家的借贷资本。

各种不同社会阶层的货币收入转化为借贷资本的积累

最后，再来看各种不同社会阶层的货币收入转化为借贷资本的积累。如地主的地租，高级工资，非生产阶级的收入等等，它们被成批地收进来，也要逐渐地支出去，当还未支出去以前，"它们都在一定时间内采取货币收入的形式"，因此可以作为存款存入银行，从而变成借贷资本。

"一切收入，不论是预定用于消费还是用于积累的，只要它存在于某种货币形式中，它就是商品资本转化为货币的价值部分，从而是现实积累的表现和结果，但不是生产资本本身。"这就是说，上述三种情况，不管是表现在资本上，还是表现在收入上，即不管把利润用作积累，还是用作消费，只要它还存在于货币形式上，在暂时还未使用的情况下，都可作为存款存入银行。这就会引起借贷货币资本的增加，这种借贷资本的增加，是现实资本积累的表现和结果。虽然这种借贷货币资本的增加，并不等于生产资本的本身，但现实的生产资本的增加，却是这种借贷资本增加的基础。

根据以上分析，我们可以看到，由闲置资本转化而来的借贷资本的积累，和现实资本的积累无关，它们是各自独立地进行运动的；由资本或收入转化为货币，这种货币再转化为借贷资本的积累，是现实资本积累的表现和结果，也就是说，它是以现实资本的积累为基础的。这就是两种不同来源的借贷货币资本积累和现实资本积累的不同关系。

第 三十二 章

货币资本和现实资本。Ⅲ
（续完）

上一章研究了由闲置资本转化而来的借贷资本，和由资本或收入转化为货币、这种货币再转化为借贷资本的两种不同情况，从而论证了它们和现实资本积累的不同关系。本章一开始，就是对上述第二种情况的继续考察，从而说明，由资本或收入转化为货币、这种货币再转化为借贷资本的借贷资本积累的量，和现实资本积累的量是不同的；在资本主义的实际经济生活中，这种借贷资本积累的量总是超过现实资本积累的量。在本章中，同时还说明，对借贷货币资本的需要和供给，同对现实资本的需要和供给，也是不同的，从而批判了奥弗斯顿把上述二者混为一谈的错误观点。

（一）借贷资本积累的量和现实资本积累的量是不同的

在本章第1段，马克思指出：由资本或收入转化为货币，这种货币再转化为借贷资本的借贷资本积累的量，和现实资本积累的量是不同的；在资本主义制度下，这种借贷资本积累的量，总是超过现实资本积累的量。为什么呢？这是由下述四方面的原因造成的。

从用于消费的收入部分的扩大来看，这种借贷货币资本的积累量，总是大于现实资本的积累量

首先，从用于消费的收入部分的扩大来看，这种借贷货币资本的积累量，总是大于现实资本的积累量。这里所说的消费收入，主要是资本家的个人消费收入。至于工人的个人消费收入，那是以工资形式付给工人的，实际上属于可变资本部分，这里暂时撇开不说。在上一章第二节的第二点中就已指出，剩余价值用于资本家个人消费部分，由于它是逐渐消费掉，所以暂时作为存款存入银行，从而构成银行家的借贷资本，这就“首先表现为货币资本的积累”。“因此，在货币资本的积累中，加入了一个本质上和产业资本的现实积累不同的要素”。为什么这种借贷资本的积累和现实资本的积累在本质上是不同的呢？因为包括在年产品中的剩余价值转化为资本家个人消费部分，是由资本家个人消费的，它本身并不是资本。当然，在实物形态上，它的一部分是要替换资本的，如第一部类的剩余价值用于资本家个人消费部分，即Ⅰ$\frac{x}{m}$部分，是要同Ⅱc相交换，用以在物资上替换第二部类的不变资本。但这里只是在物质形式上的替换，从价值形式看，它仍然是用于个人消费，并未转化为资本。如果把这种暂时转化来的借贷货币资本，作为工资支付出去，那它同时就是可变资本的货币形式；但不管哪种形式，它都仅仅是对资本进行补偿和替换的，它本身不是现实资本，“它本身无论在这个形式上或在那个形式上都不表示积累”，即都不表示现实资本的积累，它只是暂时执行借贷资本的职能，即货币资本的职能而已。所以这部分，从借贷资本看，它的量是增大了；从现实资本看，它的量并未增加。“因此，从这方面看，货币资本的积累所反映的资本积累，必然总是比现实存在的资本积累更大。”因为资本家个人消费部分的扩大，会转化为货币，从而使存款增加，这就使转化为货币资本积累的量增加；这种货币资本的积累，只是为职能资本家进行现实资本积累提供了货币形式，但它本身并不表现为现实资本积累量的增加。

在再生产过程中发生的货币的预付，实际上却表现为借贷货币的预付

其次，在再生产过程中发生的货币的预付，实际上却表现为借贷货币的预付。例如资本家A，把生产出来的商品资本转化为货币资本以后，以其中的一部分购买必要的生产资料，以其中还未用于购买的另一部分存入银行，这就增加了银行的借贷货币资本；同时，资本家B，由于生产出来的商品还未转化为货币资本，或只转化了一部分，为了购买生产要素，以便继续进行再生产，必须向银行贷款，借入资本。这样，银行就把A的存款作为借贷资本，贷给资本家 B，作为中介人的银行家，就掌握着借贷资本的支配权了；这样，作为 A 和 B 的实际资本，在量上并没有增加，但银行家所支配的借贷资本，在量上却增加了。这“无非表示这样的事实：由产业资本在自己的循环过程中转化成的一切货币，不是采取进行再生产的资本家**预付**的货币的形式，而是采取他们**借入**的货币的形式”。这就是说，一些资本家不是把再生产循环过程中的货币资本单纯地作为自有资本来预付，而是作为借入的资本形式来预付，虽然现实资本的量没有增加，但借贷货币资本的量却增加了，这就使借贷资本的积累量比现实资本的积累量更大。

由于货币资本积累的几种特殊形式，借贷货币资本的积累量大于现实资本的积累量

再次，由于货币资本积累的几种特殊形式，借贷货币资本的积累量大于现实资本的积累量。第一，在再生产过程中，如果原料价格下降，购买原有生产规模所需要的原料，就不需要原有数量的货币资本。如某纺纱厂每月需棉花 10 万斤，这 10 万斤棉花的价格原来是 5 万元，现因价格下降之故，要保持原有生产规模，只要 4 万元即可购买 10 万斤棉花，这样，就有 1 万元的货币资本从生产过程中游离出来。如果生产过程没有其他的需要，这 1 万元游离出来的货币资本就会转化为借贷货币资本，从而使借贷货币资本的积累增加。第二，从商业资本家方面看，只要营业中断，如商人把商品卖出后，暂时还未购进商品，还未开展新的交易，这时候，商业资本就会在货币形式上游离出来，“这种货币同时也直接表现为借贷货币资本的积累”。上述这两种情况，都会表现为借贷货币资本的积累，但前者所表现的是，生产过程在比较有利的条件下发展，因而“它表示的是对现实积累过程的促进”；后者所表现的是，不断进行交易的中断，因而“它表示的却是对现实积累过程的阻碍”。第三，一部分职能资本家退出生产领域，转化为货币资本家，他们把积累起来的资本存入银行，收取利息，转化为借贷货币资本的积累。由于上述三种情况而转化成的借贷资本的积累，如果不立即用于扩大再生产，那么，现实资本不变甚至减少，借贷资本积累却会增加，这就又使得借贷货币资本的积累大于现实资本的积累。

从利润用于积累的部分看，借贷资本的积累也大于现实资本的积累

更次，从利润用于资本积累的部分看，借贷资本的积累也大于现实资本的积累。如果资本家把剩余价值转化为资本，不直接投入生产，那就首先要把它转化为借贷货币资本。为什么这部分积累不能直接投入生产呢？那或者是因为这个部门的资本已经饱和，不需要继续投入新的资本；或者是因为没有达到新建企业所必需的投资数量。因此，当这部分货币转化为借贷资本的积累以后，就要用于扩大别的部门的生产。如果由于别的生产部门的投资过多，难于找到新的投资领域，这就表明借贷资本的供给已经发生过剩，但这种过剩不是绝对的，而是相对的，是在资本家利用新的借贷资本进行生产已无利可图的情况下产生的，是“由于资本作为资本能够增殖的界限而产生的”。这种借贷资本的供给过剩，并不都必然表示生产过剩，“甚至也不是必然地表示缺少投资领域”。

借贷资本的积累和现实资本的积累在量上是不同的

从以上分析可以看出，借贷货币资本的积累和现实资本的积累在量上是不同的。这里所说的借贷资本的积累，即由资本和收入转化来的货币作为借贷资本沉淀下来，它和现实资本的积累往往是不相一致的。在借贷货币资本积累扩大的情况下，它可能是现实资本积累扩大的结果，也可能是现实资本积累缩小了的结果，还可能是现实资本积累的量不一定都会增加。由此可见，由资本或收入转化为货币、再由货币转化为借贷资本的结果，所以，借贷货币资本积累量增加。现实资本积累的量不一定都会增加。由此可见，由资本或收入转化为货币，再由货币转为借贷资本的积累，虽然是扩大再生产的结果，与现实资本积累有密切联系，但从量的方面考察，这种借贷资本的量和现实资本积累的量是不同的。在资本主义经济生活中，前者的积累量比后者更大。

进一步证明了资本不是资本家本人劳动和节约的果实

从上面对资本或收入转化为货币，再转化为借贷资本的积累的分析表明，一方面，产业资本家从银行取得贷款，进行经营，这种贷入的资本，并不是产业资本家自己劳动和节约的

结果，而不过是按照他的资本量去支配别人节约的东西；另一方面，如果劳动者把收入暂时存入银行，银行把这些暂时的存款贷给职能资本家，职能资本家利用这些借贷资本进行生产，这只是“货币资本家把他人节约下来的东西变成他自己的资本，并且把进行再生产的资本家们互相提供的和公众提供给他们的信贷，变成他私人发财致富的源泉”。这就说明：不仅利润来源于工人所创造的剩余价值，是资本家对工人劳动的无偿占有，而且职能资本家用于剥削工人的资本，“是由货币资本家提供给产业资本家支配的”。由于职能资本家借入货币资本，必须把利润的一部分作为利息分割给借贷资本家，所以“货币资本家也剥削产业资本家”。这里所说的“剥削”，并不是说产业资本家同工人一样地受货币资本家的剥削，而是说，由于他的资本不是自有的，而是借入的，因此不得不把剥削到的利润的一部分贡献给借贷资本家，这种把借入资本作为剥削手段的情况，就进一步证明了资本不是资本家自己劳动和节约的结果。那些宣扬资本是来源于资本家自己劳动和节约的谎言，在事实面前又进一步被彻底戳穿了。

（二）对信用资本的几点说明

从第575页第2段到第579页第2段，马克思又对信用资本作了几点说明。

第一，同一货币能够多少次当作借贷资本来发生作用，这完全依赖于以下条件：一、同一货币作为流通手段和支付手段的流通次数；二、支付的节约和信用制度的发展；三、同一货币当作存款流回到银行的次数。同一货币流通速度较快，信用制度较快发展，需要用现实货币支付的商品成交额就较少，同一货币当作存款流到银行的次数就较多，这样，借贷货币资本的积累也就较多。例如，有100元，银行家A把它贷放给工厂主B，工厂主B以之作为工资付给工人C，工人C以之购买消费品付给商人D，商人D以之作为存款存入银行，这样周转一次，假定需要五天，那么，现实流通的货币量为100元，作为存款的借贷资本也是100元。如五天内周转三次，现实流通的货币仍是100元，但作为存款的借贷资本则是300元。可见，同一货币周转愈快，流回银行的存款就愈多，借贷资本的积累量也就愈多。

第二，即使完全以金银形式的现实货币作为借贷资本贷放出去，借贷资本的相当大的一部分仍然是虚拟的。当货币在资本循环中执行职能时，它虽然会暂时成为货币资本，但不会转化为借贷货币资本，而是或者用它去换取生产资本要素，或者把它作为流通手段支付出去。但是当货币作为存款存入银行、转化为借贷货币资本时，同一货币，如第一点所说的那样，由于周转速度不断加快，它会不断地作为存款存入银行，反复地代表着借贷资本，这时候，即使在存款时或贷款时都是以金银形式的现实货币而存在，"它只是在一点上作为金属货币存在，而在所有其他点上，它只是以资本索取权的形式存在"。这就是说，它只是在以金银现实货币作为存款或放款时存在，而以前若干次的存款或放款，现在已经以存款凭证或贷款凭证的形式存在，"完全像价值符号一样，只是价值的权利证书"。如上例，作为现实流通货币存在的是 100 元，作为借贷货币资本是 300 元，在这 300 元中，如仅就当次 100 元的借贷而言，所使用的是现实货币，如就已经借贷过的 200 元而言，所存在的只是资本索取权证书，而不是现实的货币了。这样，作为借贷资本是 300 元，作为现实的货币资本只是 100 元，因而借贷资本中的 200 元，就是虚拟资本，而不是现实资本了。可见，借贷货币资本的积累量和现实资本的积累量是不同的，"同一数额的现实货币，可以代表数额极不相同的货币资本"，因为借贷资本中有着大量存在的虚拟资本。

第三，随着资本主义生产向前发展，货币资本家的人数也会增多起来。这是因为：一、退出生产过程的职能资本家转为食利者的人数和财富增加了；二、由于信用制度的发展，银行家、贷款人、金融家等等的人数也增加了；三、随着有价证券买卖的发展，证券交易所出现了，因而在这些证券上搞投机活动的经纪人也出现了，他们在货币市场上起着主要作用。马克思指出："随着信用事业的发展，像伦敦那样的大的集中的货币市场就兴起了。这类货币市场，同时还是进行这种证券交易的中心。银行家把公众的货币资本大量交给这伙商人①去支配，因此，这帮赌

① 指搞证券投机活动的经纪人。

棍就繁殖起来。”

总之，马克思在这里对信用资本所作的三点说明，特别是前两点，还是围绕着借贷货币积累的量和现实资本积累的量的关系来进行分析的，目的在于说明，二者在量上是不同的。

（三）不能把对借贷资本的需求和供给，同对现实资本的需求和供给混为一谈

有关高利息率的两个问题

在第二十二章说过，在其他条件不变的情况下，连续几年的长期平均利息率，是由平均利润率决定的，而不是由平均企业主收入率[①]决定的。如果连续几年的平均利息率都很高，这就要注意下述两个问题：

第一，如果利息率一直都很高，只能证明，这个期间的平均利润率也很高，但决不能证明，企业主收入率也很高，这就是说，利息率高并不表示企业主收入率也高。为什么呢？因为职能资本家所取得的平均利润，是要分割为利息和企业主收入的，在平均利润的量已定后，利息多了，企业主收入就会少；反之，利息少了，企业主收入就会多。高利息率是和高利润率一起出现的，利息率高而平均利润率低的情况是不可能的。从高利润率取得的平均利润中，扣除高利息率所决定的利息以后，留下的企业主收入就较少，因而企业主收入就较低了，所以“企业主收入率可以在高利润率持续存在时缩减”。这种情况说明，即使平均利润率较高，但由于利息率高之故，职能资本家取得的企业利润却可能是较低的，因为这时利润的大部分被利息吞掉了。

第二，要把对借贷货币资本需求的增长而出现的高利息率，和对现实的产业资本需求的增长而出现的高利息率区别开来。这是引起高利息率的两种不同情况。例如，在危机时期，对借贷资本的需求强烈地增加，利息率也达到它的最高点，但这时的利润率却下降了，甚至几乎下降到没有的程度，对产业资本的需求也几乎消失了。反之，在复苏时期，要

① 即企业利润率。

求借入借贷资本的人，是为了把它用于生产和流通，即把货币资本变成生产资本和商业资本，这就是说，对借贷资本的需求和对产业资本的需求都增加了，利息率也会提高。无论危机时期或复苏时期，利息率所以提高，都是由于对借贷资本需求的增加而引起的。但它们也有不同之处，这就是，在危机时期，利息率提高，对借贷货币资本的需求增加同对现实产业资本的需求减少或消失结合在一起；在复苏时期，利息率提高，对借贷货币资本的需求增加的同时，对现实产业资本的需求也增加。这说明，同样是在高利息率的情况下，对借贷资本的需求和对现实资本的需求是不同的。

不能把对借贷资本的需求同对现实资本的需求混为一谈

对现实资本需求的增加，首先表现为对产业资本或商业资本需求的增加；而对产业资本需求的增加，又要具体表现在对生产资料需求的增加和对劳动力需求的增加上面。现在我们首先就来分析，在对劳动力需求增加的情况下，它和利息率提高的关系，从而说明，对借贷资本的需求和对现实资本的需求并不是一回事。

在对劳动的剥削特别有利的情况下，对劳动力的需求会增加，一方面，出现劳动力供不应求，劳动力的价格会上涨到平均水平以上，因而工资提高，“但并没有使利润增多”，因为在工人新创造的商品价值中，如果工资多了，利润就会少；工资少了，利润就会多。所以：“较高的工资决不是较高的利润的原因”（当然，在特殊情况下，高利润会引起高工资，这种高工资只是高利润的结果），工资提高决不会增加利润，而是使利润依比例缩小；我们知道，利息率的最高界限是由平均利润率所决定的，在利润缩小的情况下，利息率也就会下降。另一方面，对劳动力的需求增加，引起工资提高，对可变资本的需求增加，从而引起对借贷资本的需求增加，这就会使利息率提高，因为利息率的提高，不是由利润率的高低所决定，而是由对借贷资本的需求超过供给所决定的。在分析上述两方面的情况后，马克思概括性地指出：“如果其他经济情况不利，工资却由于某种原因提高了，那么，工资的提高会使利润率下降，但是，会按照它所增加的对货币资本的需求程度使利息率相应地提高。”这种情况说明什么问题呢？它说明：对劳动力需求增加，引起对现实产业资本的需求增加，由此只能引起利润下降和利息率下降；由工资提高引起对现实产业资本的需求增加，从而引起对借贷资本的需求增加，由此引起利息率的提高。可见，利息率的提高，是由对借贷资本需求的增加引起的，而不是由对现实产业资本的需求增加引起的。实际上，对产业资本的需求是一回事，对借贷资本的需求又是一回事，虽然对产业资本的需求也会引起对借贷资本的需求，两者有时也会结合在一起，但有时它们也会向完全相反的方向发展，由此可见，不能把对借贷货币资本的需求和对产业资本的需求混为一谈。有些人认为：在上述情况下，利息率提高，是由对产业资本需求增加所决定的，这当然是错误的。只有在对现实资本需求增加引起对借贷资本需求增加时，才会引起利息率的提高。因为在对产业资本需求增加的情况下，可以引起高利息率，也可以引起低利息率。因此，必须把对产业资本的需求和对借贷资本的需求区别开来。奥弗斯顿错误地把二者混为一谈，这就不可能说明利息率提高的真正原因了。

不能把对商品的需求和对借贷资本的需求混为一谈

对产业资本的需求，除去以上分析过的对劳动力的需求以外，那就是对生产资料的需求。在资本主义制度下，一切生产资料都是作为商品和商品资本存在的，因此，对生产资料的需求，也就是对商品的需求，也就是对商品资本的需求。奥弗斯顿所说的对现实资本的需求，撇开对劳动力的需求外，就只是对商品的需求，他把对资本的需求和对商品的需求混同起来，把对商品的需求看作是对资本的需求，并看作是对借贷资本的需求，以此来说明利息率的高低。

在资本主义制度下，可以把对商品的需求看成是对商品资本的需求，但决不能把它看成就是对借贷资本的需求，因为对商品的需求和对借贷资本的需求是完全不同的两回事，不能混为一谈，这从以下的不同的情况就可以看出来。一种情况是："在商品的供给低于平均水平时"，商品供不应求，商品的价格就会上涨，这时，资本家如果靠贷入资本来购买商品就不合算了，只好不买或少买，这就不会增加对借贷资本的需求，"因而利息率不会提高"。另一种情况是：在商品供不应求的情况下，少数投机商人借入大量借贷资本，抢购商品，囤积居奇，进行投机，这样，商品的价格会提高，所以，“对借贷资本的需求就会增加”，利息率也会提高。再一种情况是：在商品供大于求的情况下，商品价格下降，同量的资本可以买到更多的商品，部分资本家认为这是发展生产的有利时机，部分投机商也认为这是抢购商品、囤积居奇、以便等价格提高后再抛售出去的好机会，所以这两部分人都提出了增加借贷资本的要求，从而提高了利息率。上述情况说明，尽管对商品的需求可以影响对借贷资本的需求，但利息率的高低却是直接由对借贷资本的需求所决定。可见，对商品的需求和对借贷资本的需求是完全不同的两回事。“奥弗斯顿狡猾地把市场利息率决定于（借贷）资本的供求这个平凡的论点，和他自己所作的借贷资本和一般资本是同一个东西的假定搀和在一起，企图用这个办法把高利贷者转化为唯一的资本家，并把高利贷者的资本转化为唯一的资本。”这就是说，借贷资本的供求，决定着利息率的高低，这本来是显而易见的简单的问题，可是奥弗斯顿却把借贷资本和一般资本（这里应该是指现实资本或产业资本）混淆起来，因而认为利息率的高低是由对资本的需求决定的，这样，决定利息率高低的，就不是对借贷资本的需求，而是对现实资本的需求或对产业资本的需求了。这实质上是把资本说成只是借贷资本，把资本家说成只是借贷资本家了。这完全反映他是代表银行家的利益的。

为了进一步批判奥弗斯顿的上述错误，马克思进一步指出：危机时期的情况表明，对商品的需求和对货币的需求是不同的。在危机时期，对借贷资本的需求，也就是对支付手段的需求，“对支付手段的需求就是对**货币资本**的需求”。在资本主义制度下，货币作为独立的价值形式而与其他一切商品相对立，这种外表化了的使用价值与价值的对立，在危机时期就不可避免地要表现为货币危机。“一旦劳动的**社会**性质表现为商品的**货币存在**，从而表现为一个处于现实生产之外的**东西**，货币危机——与现实危机相独立的货币危机，或作为现实危机尖锐化表现的货币危机——就是不可避免的。”随着资本主义信用制度的发展，这种危机就更加尖锐化。这种货币危机和商品过剩同时存在，说明对货币的需求和对商品的需求是完全不同的。

奥弗斯顿的谬论不符合现实经济生活中的实际情况

如果像奥弗斯顿所断言的那样，货币资本的供求和现实资本的供求是一回事，那么，对商品的不同需求，就会直接决定利息率的高低了。实际上，利息率在整个社会上，在所有不同企业中，在一定时期内，基本上都是一致的；而对商品的需求，不仅对不同的商品有不同的需求（如市场上，棉花供不应求，可能同时钢笔却供过于求），而且对同一商品的不同阶段，如原料、半成品、成品，也都有不同的需求，如果说，对商品的需求决定着利息率的高低，那么，不同商品就会有种种不同的利息率，不同阶段的商品也会有种种不同的利息率，事实上，这种情况在实际生活中是不存在的。由此也就可以看出奥弗斯顿的观点荒谬到什么地步了。马克思以英国在1844—1845年为例，那时的棉花价格是低的，但棉纱的价格却是相对高的，如据棉花的低价格，利息率也应是低的，棉纱的高价格，利息率就应是高的，但这个时期的利息率确实是低的，这个事实也就说明，利息率不是由商品的供求决定的。

如果像奥弗斯顿断言的那样，借贷资本的供求和一般资本的供求相一致，那就要有贷出机器、原料等商品的借贷资本家，只有这样，借贷资本的供求，对产业资本家来说，才会和各种生产要素的供求相一致，对商业资本家来说，才会和商品的供求相一致。如果这样看，利息率就不是依据资本的供求来决定，而是由职能资本家的自有资本和借入资本之间的比例来决定了。如果说，利息率的高低，是由职能资本家自有资本和借入资本之间的比例来决定，那就等于说，由借入的资本量来决定利息率的高低。事实上，在利息率已定的情况下，借入资本多或少，只能决定取得的利息多或少，不能决定利息率本身。按照上述观点，实际上是把决定利息的量的因素和决定利息率的因素混为一谈了。

奥弗斯顿的谬论完全违反了经济生活的事实，是不能成立的，连资产阶级银行家魏格林也反对他的意见。魏格林认为，利息率的高低是由“闲置的资本量”决定的，这也就是说是由借贷资本的量决定的。而奥弗斯顿却一直否认这一点，这说明他对借贷资本和现实资本的区别完全是一窍不通的，还说明他是顽固地站在银行家的立场上，代表银行资本家的利益来看待问题的。

■ 在第三十章至第三十二章这三章中所研究的是借贷货币资本和现实资本的关系问题，着重说明，在资本主义信用制度发展的情况下，有哪些因素促进了借贷货币资本积累的增长，而借贷货币资本积累的增长，在什么限度内和现实资本的积累相一致，在什么限度上又不一致，甚至向相反方向发展。弄清楚了借贷货币资本积累和现实资本积累的关系，才会对资本主义信用、银行、虚拟资本、有价证券、交易所的证券投机等等经济现象，有正确的理解和说明。

马克思对借贷货币资本积累和现实资本积累的研究，是根据资本主义生产周期各个阶段的不同情况而进行分析的。通过分析，不仅科学地阐明了借贷资本积累和现实资本积累之间的区别和联系，而且科学地说明了资本主义信用制度在经济危机发展中的作用，说明了生产周期各个阶段的各种经济现象的相互联系及其原因，同时，还对资产阶级经济学关于产生资本主义经济危机的原因的错误观点进行了批判。

这三章研究的问题，是现实资本主义经济生活中最复杂的问题，也是最难研究和最难说明的问题，也是被资产阶级经济学家搞得最混乱的问题之一，这些问题，不仅在自由资本主义阶段存在，到了垄断阶段还有了新的发展。因此，研究马克思对上述问题的科学分析，对于研究和认识当代资本主义的一些经济问题，有重大的理论意义和现实意义。不仅如此，有些问题，对于研究社会主义金融市场来说，也有一定的借鉴意义。

第 三十三 章

信用制度下的流通手段

本章和第三十四章、第三十五章，都是研究信用制度和货币流通的关系。本章着重研究：信用制度怎样一方面节省了流通中所需要的货币量，另一方面又增大了借贷资本量。第三十四章则是运用本章所阐述的基本原理，批判通货学派的错误观点。第三十五章则是从国际方面考察信用和货币流通的关系。可见，这三章研究的是同一个主题，但又是从不同角度、不同方面，围绕同一主题来进行研究的。

（一）信用对流通手段量的影响

信用能够节省流通中所需要的货币量

资本主义的信用能够节省流通中所需要的货币量。这是由两方面的原因造成的。一方面，由于货币具有支付手段的职能，产生商业信用。商业信用的主要形式是汇票（即期票），也可以说，汇票就是商业货币。这种汇票，可以通过背书，按期取得货币，执行支付手段的职能。汇票所代表的互相的债权，可以通过不同形式的结算互相对抵而使流通中所需要的货币量减少。一种形式是，“由同一个银行家结算，他只是把债权从一个户头转到另一个户头”。例如，A 在甲银行有存款 100 元，但 A 向 B 购买商品，要付给 B 100 元，B 又要向 C 支付到期的欠款 100 元，C 又要向甲银行偿还到期贷款 100 元，由于 A 和 C 的存款和欠款都在甲银行，通过银行对 A、B、C 的一系列划拨转账，彼此间的债务可以全部抵消，不需要使用现实的货币，这就节省了流通中的实际需要的货币量。另一种形式是，“由不同的银行家互相之间进行结算”。如上例，如果 C 是要向乙银行而不是要向甲银行偿还到期贷款，那么，A、B、C之间的划拨转账，就要通过甲、乙两个银行来进行了。像这一类需要在不同银行之间结算的划拨转账，往往要在票据交易所里进行，至于零星差额，也要用货币来支付。但不管是哪种形式，即不论通过同一银行或不同银行之间对互相的债权的划拨清算，“流通手段的效力通过这种节约而提高了，因为单纯结算差额需要的流通手段量变小了”。另一方面，由于货币具有流通手段的职能，“作为流通手段的货币的流通速度（流通速度又节约流通手段），完全取决于买卖的顺畅进行，在支付依次以货币进行时，也取决于各种支付的衔接。但信用也会作为中介促进并从而提高流通速度”。这就是说，商品成交越快，作为商品交易媒介的货币流通速度也就越快，而由于商业信用和银行信用的介入，又使货币流通速度加快了。例如，假定在五天内，货币所有者A向B购买，B向C购买，C向D购买，D向E购买，E向F购买，经过这五次购买活动，同一货币就会流通五次，这是没有信用介入的一般货币流通速度。如果B把从A那里取得的100元货币，存入甲银行，然后再向C购买100元商品，开出一张向甲银行取款100元的支票，C向D买，D向E买，E向F买，都拿这种支票去抵偿，最后由F向甲银行提取货币100元，这样，从B到F的一系列购买活动，都不必用货币来支付，这样，流通中的这100元货币，只是由A转到B手，由B转到银行，最后由银行转到F手，只要流通三次，“在这里，加快了它在一系列现实的买卖中的转手”，因而从一定时间来说，流通的次数增加了，而流通的时间却相对地缩短了，这是由于信用的介入，加快了货币的流通速度，从而节省了流通中所需要的货币量。不仅如此，在信用加速货币流通、从而节省流通中的货币量的同时，也增加了银行的存款和放款的数量，这也使银行的借贷资本增加。

信用能够节省银行券的流通量

信用不仅能够节省流通中所需要的货币量，而且能够节省流通中所需要的银行券。

前面说过，银行券是由银行发行的期票，是一种信用货币，通常是在汇票贴现时发行的，凭借它，可以向银行兑换现金。但国家银行发行的银行券，通常是法定的支付工具，因此它能和国家发行的纸币一样地进行流通，从而成为一种流通工具和支付工具。

前面已说过（在第一卷第三章第二节），流通中所需要的货币量，是由待销售的商品价格和货币流通的速度所决定的。那么流通中的银行券的数量又是由什么决定的呢？只有弄清楚这个问题，才能进一步弄清为什么信用能够节省银行券的流通量。

在银行券可以自由兑换黄金的情况下，流通中所需要的银行券总量，是由流通中所需要的货币量来进行调节的。马克思指出："银行券的流通也受这个规律的支配"，即受货币流通量规律的支配。这就是说，流通中银行券的数量，也要由待销售的商品价格总额和货币的流通速度来调节。在流通速度不变的情况下，如果待销售商品价格总额增加了，这时，商业票据总额和向银行要求贴现的商业票据的数量都会增加，因而银行券的发行量也会相应地增加；反之，如果待销售的商品价格总额缩小了，银行券的发行量也会相应地减少。但是由于银行券能够兑换黄金，所以在流通中的银行券不会过剩。一旦流通中的银行券过剩，它就会向银行兑换黄金而流回到银行里。总之，流通中的银行券和流通中的货币起着同样作用，所以它要受流通中所需要的货币量的调节。第 591 页第 3 段，马克思所说的就是这个问题，但他对此没有作详细的发挥和论证。

流通中银证券的数量，还要受货币流通速度和支付方面的节约程度的调节。第 592 页的那张表，就是说明这个问题。该表证明，英国在 1844 年到 1857 年期间，尽管进出口营业额增加一倍以上，但流通中的银行券总额还是绝对减少，即从 20241000 镑减为 19467000 镑。照理说，商品营业额增加，流通中的银行券也要相应地增加，为什么前者增加一倍多，后者却反而减少呢？这是由于货币流通速度的加快和支付方面节约程度的提高而产生的。从该表可以看出，虽然银行券的小额券，已由 1844 年的 9263000 镑增加到 1857 年的 10659000 镑，但大额券却由 1852 年的 5856000 镑减少到 1857 年的 3241000 镑。这说明，在使用大额银行券的大宗交易中，由于信用的发展，划拨清算的转账增加，从而使支付方面节约，流通速度加快，这就减少了流通中银行券的数量，可见，信用也可以节省银行券的流通量。

由于信用可以节约流通中的货币量和银行券，能不能说只有信用才能达到上述节约呢？不能。信用只是达到上述节约的主要因素或因素之一，其他因素也可以造成上述节约。比如，在第593页第3段，马克思就指出，“各种改进了的交通工具，也有助于流通手段的节约”。

“流通的银行券的数量是按照交易的需要来调节的”，即同货币流通规律一样，是由待销售的商品价格总额和货币流通速度来调节的。如果银行券过剩，这多余的部分就会向银行兑换黄金，从而返回银行，脱离流通领域。这说明，“只要银行券可以随时兑换货币，发行银行券的银行就决不能任意增加流通的银行券的数目”。这也说明，任何时候，银行券的发行都不能超过交易的需要。因此，流通中银行券数量，既不以发行银行券的银行的意志为转移，也不以该行为保证这种银行券的兑现而贮藏在库中的黄金量为转移，只有交易的实际需要，才会影响流通中的货币量和流通中的银行券的量。

在危机时期，人们需要货币作为支付手段，也需要银行券作为支付手段，这也证明了，货币流通量的规律，在银行券的流通上也同样是适用的。

（二）查普曼的证词中涉及的有关信用制度下的流通手段的几个问题

1857年查普曼向银行委员会作证的证词中，涉及许多问题，现在，仅就涉及的有关信用制度下的流通手段的几个问题介绍如下。

流通手段量和利息率的关系

第一，从第598页第3段到第603页第1段，分析流通手段量和利息率的关系问题。前面说过，利息率的高低是由借贷资本的供给和需要决定的，而不是由流通中需要的货币量决定的，借贷资本的供求和流通中的货币量，是完全不同的两回事。一般说来，流通中的货币量和银行券量都不能决定利息率。

银行券的流通量虽然不能决定利息率，但对利息率有没有影响呢？在下述情况下是有影响的：第一，由于营业的扩大或收缩而引起通货充足或短缺。银行发行的银行券，分为两部分，一部分加入实际的流通，另一部分作为准备金闲置在银行。“但是这些银行券实际流通的部分同当作准备金闲置在银行中的部分，这两者互相之间是在不断地显著地发生变动的。如果这个准备金很多，从而实际流通的通货很少，那么，从货币市场的观点看，这就是通货充足……如果这个准备金很少，从而实际流通的通货很多，从货币市场的观点看，就叫作通货短缺……也就是说，代表闲置的借贷资本的那部分，只有一个很小的数额”。如果通货充足是由于营业的扩大，那么，资本家由于增加投资，对银行的借贷资本的需求也将增加，这时的“利息率可能是比较高的”。如果通货短缺“是由于营业收缩或信用非常活跃”，这时的利息率“也可能是低的”。可见，如果通货的充分或短缺是由于营业的扩大或收缩，就可能对利息率发生影响。第二，由于技术上的原因而引起通货的膨胀或收缩。“例如在纳税或支付国债利息时就是这样”。在纳税时，不顾实际上对通货的需要，银行券和金就会流入英格兰银行，因此资本家就要向银行要求贷款，以便获得流通手段，这时的利息率就较高。在支付国债利息时情况恰好相反，大量的银行券和货币将从银行流出，引起流通手段充裕，对借贷资本的需求减少，“各私人银行的利息率将会降低”。这说明，由于银行业务上的大量支出和大量收入，引起借贷资本供求的变化，会对利息率产生影响。当然这种影响只是暂时的、短期的，虽然是不可避免的，但也是可以设法补救的。如英格兰银行在每季纳税和支付国债利息以前不久，“按低息发放短期贷款，以便这种变动得到平衡”，就是针对上述情况而采取的一项具体措施。第三，“通货的绝对量只有在紧迫时期，才对利息率产生决定的影响。”这就是说，在危机时期，由于信用动摇，银根紧缩，银行停止贴现，这就使得流通的货币量不足和借贷资本的供给不足结合在一起，从而使利息率提高。

“在另外的情况下，通货的绝对量不会影响利息率。”这是因为：其一，流通中所需要的货币量，在流通已定的情况下，“是由商品的价格和交易的总量决定的”，即由交易的商品价格总额决定的；在信用发展的情况下，这个商品价格总额中，要减去赊销商品的价格总额，再加到期支付的价格总额，再减去互相抵消的支付总额，这种信用状况决定着商品价格总额的变化，从而决定着货币的流通量。但不能反过来说，流通中的货币量决定信用的状况，当然更不能进一步说，由这种货币量再决定利息率。其二，商品价格和利息之间并无任何内在联系。因为商品价格是由价值所决定，并受市场上的供求关系影响的，至于利息率，则是由借贷资本的供求决定的。在第601页第3段，马克思以英国的实际情况为例证明，在通货很多时，利息率有时提高，有时又迅速下降，“所以，利息率并不取决于流通的货币量”。

国际贸易和国内流通手段的关系

第二，从第603页第2段到第605页第1段，谈到了国际贸易和国内流通手段的关系问题。由于“出口的增加，或多或少会对每个国家，特别是对提供信用的国家，表现为国内货币市场需要的增加”，这就是说，由于国际贸易的发展，出口增加，国内市场上的货币流通量也要增加。为什么呢？这是因为：大量输出商品的国家，往往也是信用发展的国家，给予信用的国家银行，往往要为大量代表输出品的汇票进行贴现，这就会在国内增加对货币量的需要。这种情况，对银行来说，也是借贷资本需要的增加，由此，利息率也会提高。

危机时期汇票不能兑现

第三，从第605页第2段到第608页第2段，谈到危机时期的汇票兑现问题。从查普曼的证词中看出，他主张他们随时都能够把他们所贴现的汇票换成现款，“立法有责任让这些已经由大公司承兑的汇票可以随时换成现款，让英格兰银行在任何情况下都为票据经纪人进一步再贴现”；并主张“商业汇票能像银行券一样容易地随时换成货币”。其实，这种看法是脱离实际的。这是因为，在危机时期，信用突然中断，一切到期款额都要用现金支付，因而货币奇缺，“信用主义会突然转变成货币主义”，汇票的兑现也就不可能了。

银行准备金逐渐趋于消失

第四，从第608页第3段到第611页第5段，又谈到银行的准备金问题。在危机时期，银行准备金逐渐减少，趋于消失。查普曼认为，这种减少不是由于存款者的恐惧心理，而是由于突然需要货币的人向银行求援的结果。实际上，准备金当作一个实有的量是怎样消失的，也是一件有趣的事情。这就是：银行家为了营业需要，持有一笔最低限额的准备金，一部分准备金保存在自己身边，另一部分保存在英格兰银行。

银行对存款人负债，以准备金作保证。如果存款有 2 万元，准备金有 2 万元，存款人提取存款，银行就要拿准备金支付。但是由于国际贸易，往往引起黄金外流，准备金的一部分流出，引起金属贮藏减少，因此一旦存款人提取存款，准备金不够支付，这时，准备金趋于消失，就会加深危机。

汇票的流通量也是由交易上的需要决定的

第五，从第 611 页第 6 段到第 613 页第 1 段，又谈到汇票的流通量问题。在信用制度下，代替货币充当流通手段的，除去银行券以外，还有商业的信用货币——汇票。汇票也可以作为流通手段来用。那么，汇票的流通量是由什么来决定呢？马克思指出，“流通的汇票的数量，和银行券的数量一样，完全是由交易上的需要决定的”。如果市场上交易的需要多，汇票就会增加；相反，如果交易的需要少，汇票就退出流通。在 19 世纪 50 年代的英国，平时除了 3900 万镑银行券之外，大约还有 30000 万镑汇票流通着，可见汇票流通的数量是相当大的。那么，这种汇票流通对银行券的流通有着什么关系呢？“汇票流通的规模对银行券流通的规模没有影响，并且，它也只是在货币短缺的时候，才受银行券流通的规模的影响，那时，汇票的数量将会增加，汇票的质量却会下降。”但是，汇票和银行券也有不同的地方，这就是在危机时期，由于每个人都要用现金支付，“汇票流通会完全停止”；但银行券由于具有通货的作用，有更大的魔力，因而被人们保藏起来。

（三）银行创造资本和利润的方法

银行创造资本的方法

以上从一方面说明了，信用对流通中的货币量和银行券的影响，以下就从另一方面来说明信用对借贷资本量的影响。

大银行通过信用，不仅能创造资本，而且能牟取暴利。现在首先就来看看，银行是怎样通过信用来创造资本的？它采取的方法是什么？

第一，发行没有黄金保证的银行券。这种银行券，由于没有黄金保证，纯粹是一种价值符号，但它可以按票面价值当作流通手段在市场上流通。实际上，银行仅仅花去印制银行券的纸张成本，一下子却制造出了一大批货币，这批货币贷放出去，形成了追加资本，虽然这种资本是虚拟的，现实上是不存在的，但它能作为货币资本进行流通，而且还可以通过它取得追加的利润。关于这点，资产阶级银行家自己也是承认的。例如，威尔逊问："银行本行的银行券流通，即保留在公众手中的平均数额，是该行有效资本的一种追加，是不是？"纽马奇答："一点不错。"威尔逊反问："所以，银行从这个流通得到的全部利润，都是从信用产生，而不是从它实际握有的资本产生的吗？"纽马奇答："一点不错。"

第二，"签发以 21 天为期在伦敦兑付的汇票，但在签发汇票时，立即收进现金"。这就是说，当签发汇票收进现金时，在这二十天内，就可以把这批现金作为资本使用了，这是在短期内创造资本的方法。

第三，"付出已经贴现的汇票"，这种汇票由于有银行背书，所以具有信用能力。但银行在办理汇票贴现时就已扣下了一定的利息，这说明银行在办理这种业务时已把货币当作生息资本来发生作用了。

总之，银行通过信用创造出来的资本都是虚拟资本，不是现实资本，但它却能像现实资本一样获取利息或利润。

大银行能够操纵货币市场，牟取暴利

大银行不仅能通过信用创造资本，取得利润；而且还能够在货币紧急时期，操纵货币市场，牟取暴利。马克思以当时英国最大的英格兰银行为例，来说明这个问题。

通过调节市场利息率的办法，来牟取暴利。在营业正常进行的时候，英格兰银行不可能采取这个办法，因为这时其他的银行和经纪人还有相当大的资本权力。但在货币紧急时期，"私人银行或经纪人的贴现业务比较受到限制，这种业务就会落在英格兰银行身上，于是它就有了确定市场利息率的权力"。由于英格兰银行能够控制利息率，因而可以在货币紧迫时期造成很高的利息率，从中获取暴利。由于英格兰银行控制了利息率，因而在 1797 到 1817 年的 19 年间，英格兰银行约有 1160 万镑的资本就获得了 3000 万镑的利润。

通过资本集中，吞并一部分中小资本，牺牲别人，牟取暴利。这不仅是通过银行网的形式，把资本集中在大银行手中或在它的控制之下，它还可以利用集中起来的大资本，进行剧烈竞争，从而神话般地消灭一部分产业资本家，进一步干涉现实的生产，把生产控制起来，这就使得银行资本的权力日益增大。到了垄断阶段，银行的这种权力有了更大的发展，它不仅控制金融，而且也直接控制生产，金融资本和产业资本相结合，形成了金融寡头的统治，成为垄断阶段的五大特征之一。

■ 本章所说的信用和货币流通的关系，实际上也表现了货币资本和借贷资本的关系。因为第一，在资本主义制度下，货币流通很大的一部分，实际上是货币资本的流通，而信用的很大的一部分，则归结为贷款形式，表现为借贷资本的让渡；第二，从银行业务看，它接受存款，要付给存款人以利息，它进行票据贴现，在办理贴现手续时就要扣下一定的利息，这都是把货币当作借贷资本来发生作用的，所以，信用和货币流通的相互关系，实际上也表现了货币资本和借贷资本的相互关系。

本章还分析了银行券的流通量和汇票的流通量，这二者的量都是由交易上的需要决定的。马克思从第一卷第三章揭示货币流通量规律出发，接着又揭示了纸币的流通规律，说明纸币流通规律是建立在金属货币的流通规律的原理的基础上的。本章所说的银行券和汇票，是信用货币，这种信用货币的流通量，和纸币流通规律一样，也是以货币流通量规律的原理为基础，并在这个原理的基础上进一步发展和引申。但是，马克思关于信用货币流通量的原理，和金属货币流通量规律的原理，不能完全相等同，后者是货币的本质和职能发展的结果，前者则是由资本主义商业信用和银行信用发展的结果。马克思说，“银行券的发行不是完全按照金属流通的规律来调节的”[①]。从这方面看，它们之间还是有区别的，不能混为一谈。

① 《资本论》第3卷，人民出版社2004年版，第621页。

第 三十四 章

通货原理和1844年英国的银行立法

这一章是上一章的直接继续。马克思在本章中，运用上一章所阐明的关于信用制度下货币流通的原理，对英国1844年银行立法的理论基础，即通货学派的理论观点进行了分析批判。从这一章看，马克思原来只搞了一些摘录，为了使问题明确，并能联贯起见，恩格斯在编辑时，特地插入了一些说明。全章基本上分为两个部分。前一部分是批判通货学派的理论错误及其在实践中的失败，后一部分则是摘录大量的证词，说明1844年的银行立法是为银行资本家服务的，但在实践中行不通。

（一）批判通货学派的理论错误及其在实践中的失败

通货学派的理论错误

英国1844年的银行立法，是以通货学派的理论为依据的，而通货学派的理论前提，则是李嘉图的货币数量论。为了要批判银行立法的理论基础——通货学派的理论错误，首先要弄清楚通货学派的理论前提——李嘉图的货币数量论。本章开始的第一、二段，是恩格斯补写的，着重对李嘉图的货币数量论作简要而明确的介绍。

李嘉图的货币数量论，简单地说就是：在商品总量不变的条件下，货币量的增加或减少会引起商品价格的提高或降低。这也就是说，商品价格的变动，是由流通中货币数量的多少决定的。具体地说，第一，制造货币的金银，是由劳动生产出来的，也是有价值的，其价值量和其他商品的价值量一样，是由生产它所耗费的社会必要劳动时间决定的。第二，商品的自然价格，是由商品价值和货币价值的比例关系决定的；在商品价值不变的情况下，商品价格可因货币价值的变化而变化；在货币价值不变的情况下，商品价格也可以因商品价值的变化而变化；但只是在货币的数量同商品的数量和价格保持适当比例的时候才是这样。第三，在其他条件不变的情况下，如果流通中的货币超过了这个适当比例，即流通中的货币量多了，货币的价值就会降低，商品的价格就会提高；反之，如果流通中的货币量少了，货币的价值就会提高，商品的价格就会降低。这就是说，货币流通量的多或少，决定着商品价格的高或低。第四，如果货币流通量多了，货币价值降低，这说明国内的金银过剩，就要输出金银，输入商品；反之，如果货币流通量少了，货币价值提高，这说明国内的金银不足，就要输出商品，输入金银。

李嘉图的上述看法和货币数量论的主要创始人休谟所作的结论，基本上是一样的。李嘉图比休谟高明的地方在于：他把劳动时间决定商品价值的原理运用到货币上，而且始终坚持金属货币的价值是由对象化在其中的劳动时间决定的；而休谟则认为，金属货币在加入流通以前无价值，在加入流通以后才取得价值，成为价值的符号。但他们都认为，商品价格，在商品量已定的情况下，由流通中的货币量所决定。

对于李嘉图的货币数量论，马克思在《政治经济学批判》一书中已经批判过，这里就不再详细分析了。从李嘉图的货币数量论出发，必然得出这样的结论：在纯粹金属货币流通的情况下，国内的货币既不会多余，也不会不足。为什么呢？因为货币的数量是依据商品周转额自动调节的：如果流通中的货币不足，会使商品价格下降，商品就要向外输出，从而使金输进国内，这就使得国内的货币量增加起来，转而使商品价格提高；如果流通中的货币过多，使商品价格上涨，就要由国外输入商品，从而使金输出，这就使国内的货币量减少，转而使商品价格下降。其结果是，由于以金属货币的输出或输入作为调节的手段，国内流通中的货币量总是和商品周转额的需要相适应。在这里，这个自动调节器，是金银的输入或输出；但这对于银行券来说是不适用的，因为银行券只是信用货币，是不能输出或输入的。这一点，正是李嘉图和通货学派不同的地方。

马克思指出："19 世纪的商业危机，特别是 1825 年和 1836 年的大危机，并没有使李嘉图的货币学说得到进一步的发展，但是确实使它得到新的应用。"这就是说，通货学派是在资本主义经济危机之后，资产阶级想方设法摆脱经济危机这个历史条件下产生的，他们把李嘉图的货币数量论拿过来，进一步推广到银行券的流通上去，作为医治经济危机的药方。所以马克思说："这个经济气象学派所依据的真正的理论前提，实际上不过是以为李嘉图已经发现了纯粹金属流通规律这一信条。留给他们去做的，是使用信用券或银行券流通也从属于这个规律。"

第 620 页第 4 段，马克思批判通货学派把李嘉图的货币数量论推广到银行券上去的错误。在李嘉图看来，商品价格的波动，是由于流通中货币的数量过多或过少引起的。在纯粹金属货币流通的情况下，金的输出或输入可以作为货币流通中的量的调节器，但"银行券的发行不是完全按照金属流通的规律来调节的"。可是通货学派却要把金属货币推广到银行券，把金属流通对商品价格的作用，"人为地由银行仿照金属流通规律来进行"。如果流通中货币不足，货币价值提高，商品价格降低，就要从国外输入金，同时，也要把银行券同输入的金成比例地投入流通；相反，如果流通中货币过多，货币价值下降，商品价格上涨，就要输入商品，输出黄金，同时，银行券也要相应地从流通中收回。"换句话说，必须依照贵金属的输入和输出或依照汇兑率来调节银行券的发行。"这就把金属货币和银行券看成是完全一样的，从而完全抹杀了金属货币、国家发行的纸币和银行券之间的差别。他们要求银行券的发行必须有黄金保证，有多少黄金保证就发行多少银行券，从而把银行券看成同金属货币一样，作为货币流通量的调节者。可见，从把金属货币作为"自动调节者"发展成为把银行券作为"自动调节者"，这正是通货学派和李嘉图不同的地方，也是通货学派为 1844 年银行立法所提供的理论基础所在。

与通货学派相对立的银行学派，如图克、富拉顿等人，也对通货学派所主张的货币数量论进行了批判。他们力图证明：如果对银行券的发行要求有一定的黄金保证，即有多少黄金保证才能发行多少银行券，从而才有多少商品进行流通，这就会把商品流通限制在金属贮备的界限里，其结果必然是限制了商品流通；反之，银行券的发行不必全部以黄金作保证，只要有部分黄金作担保，就能保证银行券的正常流通，也不会发生通货膨胀。从这里可以看出：银行学派比通货学派高明的地方，就在于他们对信用和银行券有比较正确的了解，懂得金属货币和银行券的区别。“但是他们对于金的性质的看法也有很多缺点，并且没有弄清货币和资本的关系。”关于这些，以上已经多次批判过了，特别是在第二十八章中已详细批判过。

以上是恩格斯在本章一开始所作的重要的说明。从第 622 页第 3 段到第 627 页第 8 段，马克思用一个证言、两个实例批判了通货学派的谬论。英格兰银行前总裁约·盖·哈伯德的作证说：“金的输出……决不会影响商品的价格。”他列出了两个表，一个是关于 1834—1843 年的，一个是关于 1844—1853 年的。“这两个表表明，15 种最重要的贸易品的价格变动，完全同金的输出和输入以及利息率无关。”但它们却表明，金的输出和输入，同利息率有密切的联系。这就从实践上批判了货币数量论所谓金的输出或输入可以作为“自动调节者”的观点是完全错误的。两个实例，一个是：在 19 世纪 50 年代，英国把从法国进口的银再输出到印度去；再一个是：英国棉纺业的情况。从第 625 页第 2 段到第 627 页第 4 段，都是说这两个问题。上述的一个证言和两个实例清楚地说明了，通货学派的理论是不符合实际情况的，因而是站不住脚的。

银行法的暂停执行，通货学派在实践中的失败

从第 627 页最后一段到 629 页，恩格斯又作了补充说明，指出银行法的历史背景、主要内容及其暂停执行，从而论证了通货学派在实践中的失败。

由于 1837 年的危机造成了长期的痛苦的后果，接着在 1842 年又爆发了危机，加上工商业资本家又利令智昏，不肯承认生产过剩，庸俗经济学家又推波助澜，宣扬什么生产过剩是不可能的，这样，人们对危机产生恐惧，但又不能发现真正的矛盾所在，引起了思想混乱，在这种情况下，以通货学派作为理论基础的英国 1844 年的银行法，就作为医治危机的药方被通过，并付诸实行。这就是 1844 年银行法产生的历史背景。

1844 年银行法的具体实施，表示银行资本家的胜利。因为这个银行法规定，英格兰银行可以政府债券作保证，发行 1400 万镑的银行券，超过此数，每发行一镑银行券就要有相同数量的黄金作保证，国内的货币流通量，主要依靠银行所拥有的黄金贮备为转移，这样做的结果是，限制了银行券的发行，缩小了货币资本的供给，从而使利息率提高。提高了利息率，对银行资本家来说，当然是极其有利的。

按照这个银行法规定，英格兰银行成为发行银行，它发行的银行券是法定的支付手段。它分为两个部，一个是发行部，一个是银行部，发行部交给银行部 1400 万镑银行券，用国家债务担保，如果超过此数，就必须有相应的金银作保证。这就是说，银行部只能用相应的黄金作抵押，才能从发行部得到 1400 万镑以上的银行券；而发行部只能用金换取人们手中的银行券，或由人们用银行券来兑换金。“因此，每有 5 镑金从银行金库内流出，就会有一张 5 镑银行券流回发行部并被销毁；每有 5 索维林流入银行金库，就会有一张新的 5 镑银行券进入流通。”这就是“奥弗斯顿理想中的严格遵循金属流通规律的纸币流通”。在通货学派看来，采用这个药方，经济危机这个顽症就可以完全治愈了。

这个银行法执行的结果如何？由于把英格兰银行分成两个部，“实际上使银行董事会不能在决定性时刻自由支配它可以支配的全部资金”，当发行部还有数百万镑黄金和 1400 万镑担保品原封不动时，银行部已经面临破产的威胁了。这是因为：银行部在没有黄金作保证时，它就不能拿到多于 1400 万镑的银行券。在货币短缺时，银行就不能增发银行券来解决对货币的需求。特别是在危机时期，往往会有黄金外流，按银行法规定，每流出 5 镑金，就要有 5 镑银行券从国内流通领域被抽走，“因此，正好是在最迫切需要最大量流通手段的时候，流通手段的量却减少了。这样，1844 年的银行法就直接促使整个商业界在危机爆发时立即大量贮藏银行券，从而加速并加剧了危机”。结果，“这个银行法并没有消除危机，反而使危机加剧了，以致达到了不是整个产业界必然破产，就是银行法必然破产的程度”。果然，在 1857 年危机时期，不得不宣布停止执行 1844 年的银行法。银行法的停止执行，不仅证明通货学派在理论方面是错误的，而且证明它在实践中也失败了。

在第 629 页第 2 段，恩格斯指出：为什么以发行银行券必须有黄金作保证为主要内容的银行法，会得到通过并付诸实施呢？这是从 19 世纪最初20年的历史情况出发的。在18世纪末和19世纪初，在拿破仑战争时期，英国为了筹备军费，发行了过多的银行券，造成了银行券贬值，并停止兑现。人们由于对银行券贬值产生恐惧心理，因而要求发行银行券必须有相应的黄金保证。但实际上这种恐惧心理是不必要的，因为早在1825年就证明了："即使在最普遍最强烈的不信任时期，银行券的信用仍然没有动摇"。其实，黄金保证的实际意义，就在于保证银行券的兑现。只要银行券的兑现能得到保证，就不再需要这些黄金了。实际上，并不是所有的银行券都要同时进行兑现的，只要有一部分黄金作为一部分银行券的保证，即能保证银行券的正常发行。

（二）关于银行法的影响的几种证词

从第630页到本章末，摘录了资产阶级经济学家和银行家的大量证词，这些证词的绝大部分在于说明：1844年银行立法的目的在于提高利息率，为银行资本家的利益服务。

英国资产阶级经济学家、著名的折衷主义者约翰·斯图亚特·穆勒，在1857年6月12日认为"1844年的银行法曾抑制过度的投机"，可是，过了4个月，危机就爆发了，事实粉碎了他的诺言。穆勒是一个不折不扣的折衷主义者，"一方面他在许多问题上赞成图克，反对奥弗斯顿"，从这点看，他好像是赞同银行学派而反对通货学派；可是，"另一方面他又相信，商品价格是由现有的货币量决定的"，从这点看，他又是赞同李嘉图的货币数量论，赞同奥弗斯顿等通货学派的理论观点。实际上，穆勒的全部政治经济学著作"表现出一种在任何矛盾面前都毫不退缩的折衷主义"。

英国资产阶级经济学家图克，向1848—1857年商业危机调查委员会表示了如下意见："1847年的利息率比1837年和1839年变动得更大，这只是由于银行划分为两个部的结果"。这说明，他是明显地反对通货学派的观点的。

英国资产阶级经济学家和统计学家威廉·纽马奇（1820—1882）的证词说："把〈银行〉划分为两个部，从而必须把金准备也划分为两部分的……第一个不良后果是，英格兰银行的银行业务，也就是使该行同全国商业发生直接联系的全部业务，只能用以前准备金的一半来进行了”，“只要银行部的准备金稍一缩减，银行就被迫提高它的贴现率。因此，这个减少了的准备金，引起贴现率的一系列突然的变动。”

英国财政学家、历任英格兰银行董事 39 年之久的约翰·霍斯利·帕尔默（1779—1858）的证词说：“1825 年 12 月，银行只剩下大约 110 万镑的金。如果这个法令〈1844 的法令〉那时已经颁布，银行一定会完全破产。我相信，银行曾经在 12 月份一个星期之内发行了 500 万或 600 万镑银行券，因而大大缓和了当时的恐慌。”他认为，1844 年银行法的“目的是使货币更贵”，“一切规定的目的都是为了提高利息率”。

以上是一些资产阶级经济学家的证词，他们一方面揭示了建立银行法的目的在于提高利息率，另一方面又证明银行法在实践中必然失败。

现在再来看看 19 世纪中叶英国的一个私人银行家特韦尔斯的观点。他认为：1844 年的银行法，对银行家来说，“它已经产生了非常好的影响，因为它使银行家及各种〔货币〕资本家得到了丰富的收获”。但对商人来说，“它已经产生了很坏的影响”。由于“这个法令使货币借贷成为一种非常赚钱的营业”，对银行家来说，“他们有一切理由要极其坚决地支持这个法令”。

至于 19 世纪中叶的英国的建筑业主爱·卡普斯，站在产业资本家的立场上，对建立银行法的目的作了明确的表述，他的证词是：“总的说来，您认为，现行〈银行立法〉制度是一种很巧妙的安排，其目的在于周期地把产业利润放到高利贷者的钱袋中去吗？——这是我的看法。我知道，它对建筑业的影响就是这样。”

此外，如苏格兰联合银行的经理安德森，英国资产阶级经济学家、货币数量论的反对者威尔逊等人的证词，也都是反对 1844 年的银行法的。只有那个代表银行家利益的、通货学派的代表人物奥弗斯顿，才是这个银行法的坚决拥护者。他认为：“因缺少充足的资本而引起的货币紧迫和高利息率，不能用增发银行券的办法来缓和”。“只要严格地一丝不苟地遵循 1844 年法令的原则，一切事情就都会有条不紊，非常顺利，货币制度就很可靠，不可动摇，国家的繁荣就不成问题，公众对 1844 年法令的信心就日益增强。”对于奥弗斯顿在1857年7月14日所唱的上述颂歌，同年11月12日政府在一封给银行董事会的信中却唱反调。为了增发银行券，减轻危机的尖锐程度，在这封信中决定暂停执行这个能创造奇迹的1844年的银行立法。银行法的暂停执行，标志着通货学派在实践中彻底失败。

■ 这一章虽然比较简单，但在方法论上却给人以重要的启示。

一定的经济政策和经济法令，都是以一定的经济理论作为基础的。作为银行法的理论基础，是通货学派的错误的理论。要分析批判错误的政策和法令，必须同时批判它的错误的理论基础。同样，要总结正确的政策和法令，也必须研究它所据以制定的正确的理论基础。理论决定政策。如果把理论看成仅仅是对政策法令起解释作用，那就会犯因果倒置的错误。

理论来源于实践，理论是对实践经验的综合的本质的概括。但理论和政策、法令的正确与否，都必须回到实践中去检验。实践是检验真理的唯一标准。1844年的银行法，经过银行家和一些庸俗学者的吹捧，也曾煊赫一时，但是曾几何时，经过无情的历史的检验，在实践中就宣告失败。这充分说明实践是检验真理的唯一标准的绝对正确性。

马克思主义不是教条而是行动的指南。马克思主义理论的巨大生命力，就在于从理论和实践的结合上，具体地分析问题，解决问题。本章是马克思从理论和实践的结合上，研究理论与政策、法令等相互关系的典范。

第 三十五 章

贵金属和汇兑率

本章着重从世界范围内考察信用制度下的货币流通问题，也就是从国际方面考察信用和货币流通的关系。我们知道，只有贵金属才能执行世界货币的职能，因此，研究国与国之间的信用和货币流通，就要研究信用和贵金属在各国之间的流出和流入的运动；由于贵金属在各国之间的流动，主要是以外汇行市为转移，所以本章又要研究与贵金属运动相联系的汇兑率问题。

Ⅰ. 金贮藏的变动

贵金属在各国之间流出和流入的运动

资产阶级及其经济学家，为了解决经济危机，制定了1844年的银行法，他们想把国内一切现有的贵金属都转化为流通手段，“企图把金的流出和流通手段的收缩，金的流入和流通手段的膨胀等同起来”。这个银行法实践的结果是，不仅在理论上，而且在实践上都遭到了失败。但是，建立在贵金属基础上的银行券的流通量，和国际间的贵金属流出和流入的运动，究竟是什么关系呢？为此，我们首先要研究贵金属在国际间的流出和流入的运动。从第640页第2段到第646页第2段，都是研究这个问题。马克思把它区分为九点，实际上说明了如下四个问题。

第一个问题（包括第一点和第二点）：贵金属在国际的流动。

贵金属在国际的流动有两种不同情况，一种是从贵金属产地流入其他各国，另一种是贵金属在不生产金银的国家之间的流动。从前一种情况看，贵金属从产地流入不生产它的国家，基本上有三种用途：一是补偿铸币的磨损，“为国内的货币流通所吸收”；二是用于满足对奢侈品的需要，由于金银生产的发展，把金银用于奢侈品的消费不断增加；三是用于增加银行的贵金属贮备，以便增加对国外的输出。可见，随着金银生产的发展，由产地流入其他各国的金银数量会绝对增加。从后一种情况看，每一个国家有时要输出金银，有时又要输入金银，这种输入和输出交替发生着，但这种交替发生的进进出出的运动，大部分会互相中和，最后只是剩下部分差额。“所以只有占优势的朝这一个方向或那一个方向的运动，才能最后决定流出还是流入”。这就是说，人们根据最后这部分差额的具体情况，确定是流出还是流入。如果输出超过输入，就是流出；如果输入超过输出，就是流入。人们往往把这种贵金属的流出和流入，同商品的输入和输出看成是一致的，“好像贵金属的输入过多和输出过多，只是商品输入和输出对比关系的结果和表现”。其实，从一方面看，贵金属的流动同商品交易确有一定的联系，“金属的流出，在大多数情况下总是对外贸易状况变化的象征”[①]；从另一方面看，金银的流动，还可能“是和商品交易无关的贵金属本身输入和输出对比关系的表现”。例如：向国外投资，借款给别国，战争支出等等，都会引起贵金属的输出，但却和商品交易无关。

第二个问题（包括第三、四、五点）：贵金属的流出和流入，和中央银行金属准备的关系。

首先，“输入超过输出以及相反的现象，大体说来，可以用中央银行的金属准备的增加或减少来测量”。这就是说，人们往往把中央银行金属准备的增加或减少，当成衡量贵金属流入或流出的尺度。如果中央银行的金属准备增加了，这时的贵金属往往是流入的；如果金属准备减少了，这时的贵金属往往就是流出的。这种测量准确到什么程度，取决于全国银行业务集中到什么程度。但是，“假定情况真是这样，这个尺度也并不准确”。为什么？因为银行的金属准备，并不完全以贵金属的流出和流入为转移。例如：在贵金属流入增加的情况下，如果用于国内流通或用于

① 《资本论》第3卷，人民出版社2004年版，第646页。

制造奢侈品的金银大量增加，流入的金银不能满足这种增加的需要，就要动用一部分银行贮备的金银，这时，虽然贵金属的流入增加了，但银行的金银准备却减少了。相反，在贵金属流出增加的情况下，如果国内流通更多地应用商业货币、银行货币，一部分贵金属退出流通，转为金属贮藏，这时，虽然贵金属的流出增加了，但银行的金属准备不仅不会减少，反而还会增加。总之，银行金属准备，只是国内金银的一部分，它会在银行和个人之间不断地变动。如果国内金银的数量不变，流通中的金银增加了，银行中的金银准备就会减少；反之，流通中的金银减少了，银行中的金银准备就会增加。如果国内的金银数量发生变化，即增加或减少，但由于流通中金银也发生同比例的变化，银行中的金银准备也能够保持不变，或不依同比例变化。这就说明，纯粹以银行的金属准备的数量，作为测量贵金属是流出还是流入的尺度，并不是完全准确的。同时也说明，通货学派把金的流入同流通手段的膨胀，金的流出和流通手段的收缩，看成是一回事的观点，是完全错误的。

其次，如果国内贵金属的减少持续很长时间，并成为一种趋势，而银行的金属准备又不断下降，直至降到中等水平以下，那就说明，国内的贵金属是流出了。贵金属的不断外流，达到一定点以后会引起国内贵金属的缺乏，产生货币危机。

最后，国家银行的金属准备，有三个方面的用途。一是“作为国际支付的准备金，一句话，作为世界货币的准备金”。这种准备金会受国际支付差额的影响，不管这种支付差额是由什么原因决定的，也不管这种支付差额和贸易差额的关系如何。二是“作为时而扩大时而收缩的国内金属流通的准备金”。这种准备金会受流通的扩大或收缩的影响。三是“作为支付存款和兑换银行券的准备金”。这种准备金有双重影响。如果发行银行券来代替流通中的金属货币，那么，用于国内流通中的准备金就不再必要了，这一部分贵金属就会长期流出国外，由于这部分贵金属已经流出，银行就不能再从流通中取出金属铸币，更不能从流通中取出金作为银行的金属准备了。如果为了支付存款和兑换银行券，必须保持最低限额的金属贮藏，这时，发生金的流入或流出，都会对这部分准备金发生影响。如果是金流入，这部分准备金好像是无用的东西；如果是金流出，这部分准备金又好像在量上是很不够的了。总之，凡能影响上述这三点中任何一点，都会影响到银行的贵金属的准备。

第三个问题（包括第六、七、八点）：贵金属的流出和流入同经济危机的关系。

关于这个问题，马克思指出三点。一是经济危机往往是在贵金属输入的时候爆发的，这已由多次的经济危机的事实所证明。二是普遍的经济危机结束后，贵金属就会依照在正常条件下各国形成的贮藏的比例进行再分配。这种分配如何进行，“我们在讨论汇兑率时将会提到”。三是贵金属的流出，在大多数情况下总是由对外贸易的变化引起的，而这种变化又是再次接近危机的预兆。

第四个问题（包括第九点）：关于国际支付差额。

马克思指出：“支付差额对亚洲来说可能是顺差，而对欧洲和美洲来说都是逆差。”① 这是由支付差额和贸易差额不同而产生的。我们知道，贸易差额是由国与国之间进行商品交易、互相抵偿后必须用货币偿付的金额，支付差额是国与国之间进行国际收支结算后必须用货币偿付的金额，在国际收支平衡表中，贸易差额只是支付差额中的一个组成部分，二者虽有一定的联系，但不能完全等同起来。因为支付差额除了包括贸易差额外，还包括在国外单方面的收入和支出，以及其他收入、支出等等；它还要包括虽是过去已经成交的贸易，但在一定时期内到期的贸易差额。这就有可能产生这样的情况，从贸易差额看，是顺差；但从支付差额看，是逆差。例如，甲国向乙国出口商品 2000 万元，同时，进口商品 1900 万元，则贸易差额为 100 万元，是顺差。但甲国要偿还乙国到期贷款 200 万元，还要向乙国投资 200 万元，就是说，要以 400 万元付给乙国，400 万元减去顺差 100 万元，仍要支付出 300 万元，这就是支付差额，是逆差。可见，从贸易差额看，是顺差；从支付差额看，则可能是

① 国际之间收入和支出平衡后的差额，叫做国际收支差额。收入大于支出，叫做国际收支顺差。支出大于收入，叫做国际收支逆差。收入和支出相等，就是国际收支平衡。

逆差。所以，要把支付差额和贸易差额区别开来。

上述情况说明了，研究国际贵金属的流出和流入的运动所发生的影响，也就是研究国际货币流通问题。

贵金属外流和信用危机

从产业循环的周期看，贵金属的流入往往是在萧条阶段和复苏阶段。在萧条阶段，生产缩小，利息率低微；在复苏阶段，虽然生产得到恢复，商业信用的规模很大，但利息率仍未达到平均水平，就是说，利息率还是较低的。这时，贵金属的流入，就作为过剩的借贷资本，直接影响着利息率的下降，影响着营业的复苏与繁荣。

在繁荣阶段，市场商品过剩，虚假的繁荣完全靠信用来维持，这时，通过贵金属外流，反映出对借贷资本的强烈要求，利息率逐步提高，至少达到或高于它的平均水平，信用继续扩大，发生过度膨胀，这个时期正处于危机的前夕。正是在这个时期，贵金属外流就会促进信用危机的爆发。这是因为：这时国内对借贷资本的要求已经强烈增加，由于黄金外流，又造成银行准备金的减少，不少资本家纷纷提取存款，贮存货币，收缩信用，提高贴现率或停止贴现，这就造成信用动摇，接着就产生了信用危机和货币危机。

根据以上情况，马克思指出："不论输入的还是输出的贵金属的量，都不单纯是作为量本身发生作用；而是第一，它发生作用，是由于贵金属作为货币形式的资本，有它的特殊性质"，第二，因为它的作用。为什么说是由于"它的特殊性质"呢？因为贵金属外流，不是仅仅作为一般的黄金的外流，在把贵金属作为世界货币的情况下，黄金外流是作为世界货币而执行职能的。但是，在资本主义制度下，货币转化为资本，作为贵金属的世界货币的外流，直接影响到国内市场上流通中的货币量和金属准备，影响到借贷资本的供求，从而也影响到利息率的高低和商业信用、银行信用等，"正是这种发达的信用制度和银行制度，引起了整个机体的这种过敏现象"。一句话，贵金属的外流，不仅仅是单纯的黄金外流而已，而是会影响到资本主义经济生活中的一系列问题，直至引起信用危机和货币危机，直至引起经济危机的爆发。这是由资本主义经济的特殊性质所决定的，所以黄金外流就具有这种资本主义经济的特殊性质。

相反，“在生产不够发达的阶段，货币贮藏少于或多于它的平均标准，相对地说是没有关系的。同样，即使金流出的数量非常可观，但只要这不是发生在产业周期的危机时期，相对地说，就不会有什么影响。”这是指非资本主义生产的社会里，即使有黄金外流，也不会对国内的货币流通量、借贷资本和利息率以及信用等等产生巨大影响，从而爆发货币危机和信用危机。这就从相反的方面证明，资本主义国家的黄金外流对经济生活所产生的巨大影响，是由资本主义经济的性质决定的。那么，又为什么说是“因为它的作用”呢？因为它是出现在这样一种情况下：加在这边或那边的任何一点东西，都会起决定作用。就好像天平秤盘一样，本来两头的质量是相等的、平衡的，只要有一头加进一点点东西，即使是加上质量微不足道的一根羽毛，也会使一边加重，破坏平衡，从而使天平向那一方面倾斜。这就是说，在危机前夕，由于商品过剩，信用紧缩，货币短缺，这时，只要向国外多流出少量的黄金，也会引起国内的货币危机、信用危机。从英国当时的情况看，在流通中平均有 7000 万镑黄金，如果有 500 万镑至 800 万镑的金流出，就会引起危机。与英国当时的生产规模相比，500 万镑至 800 万镑金只是一个微不足道的量，和一根羽毛差不多，但一旦金流出超出了这个界限，却会产生重大影响。由此可见，在货币紧张、信用动摇的情况下，只要金流出，即使数量不很大，也会促使信用危机和货币危机的爆发。

把金银表现为社会财富，是资本主义制度的产物

从资产阶级经济学对金银的看法的变化，就可以看到资本主义社会所发生的变化。“当启蒙经济学专门考察‘资本’时，它是极为轻视金和银的，把它们看作资本的事实上最无关紧要和最无用处的形式。”这是因为，古典学派产生于资本主义初期，资本主义的信用制度和世界市场还未得到充分发展，他们从当时的实际情况出发，仅仅看到金属作为货币进入流通而产生的作用，但还不可能揭示出贵金属的流出与流入对国内经济所产生的重大影响。随着资本主义的发展，特别是商业信用和银行信用充分发展以后，资产阶级学者们对金银的看法改变了。他们认为金银是一切现实的社会财富。这时候，只有依靠货币作媒介，个人的财富才实现为现实的财富。这个财富的社会性质，就体现在货币这个东西上。他们认为“金和银成了真正的资本”，这是从资本主义生产方式的特殊性质出发的。因为资本主义生产的目的是为了占有剩余价值，而剩余价值则体现在剩余产品中，资本家占有的剩余产品越多，就能取得越多的货币，因而转化为资本的货币也越多，占有的社会财富也就越多。资本家们的这种对货币的占有狂，在产业周期的不同阶段的表现是不同的。在一切都很顺利时，在信用发达的条件下，可以用商业信用、银行信用的票据来代替货币流通，这时候，人们可以很少使用货币，就能顺利地进行资本的回流。到了危机前夕或危机时期，信用发生动摇，人们疯狂地竞相追逐货币，“一切现实的财富就都会要求现实地、突然地转化为货币，转化为金和银”。这是一种荒谬的要求，但这种要求正是由资本主义制度本身产生出来的。

Ⅱ. 汇　兑　率

汇　兑　率

在国与国之间进行贸易和平衡收支差额时，首先要借助于信用业务，这就要研究汇兑率的问题。恩格斯说，“汇兑率是货币金属的国际运动的晴雨计”，它迅速而及时地反映着国际货币流通关系。

什么是汇兑率？简单地说，就是以本国货币表示外国货币的价格。或者说，是两国货币间的兑换比率或比价。汇兑率亦称汇价，或外汇行市。

我们知道，在世界市场上，世界货币必须由贵金属来充任，只有贵金属才是货币。但世界市场上的交易和一切国际收支，并不都是要用现金来交易，并不都要用黄金来支付，在这里，商业信用和商业货币起着很大的作用。例如，美国某公司把商品卖给法国，法国的购买者开出一张汇票，按期支付若干款额；如果美国某公司拿这张汇票到法国按期凭票提取现款，它就不能代替货币进行流通，在这种情况下，并不存在什么汇兑率的问题；如果美国某公司把这张汇票拿到美国的银行去贴现，美国银行再把这张汇票卖给另一个美国人，这另一个美国人，或者由于他购买了法国的商品，或者由于其他原因，需要向法国方面进行支付，因此，他买了这张汇票后，就把它偿付给法国方面，这就是各国之间依靠信用来代替货币流通。在这个过程中，虽然依靠汇票来进行支付，但实际上是以美元购买法郎，以法郎偿付美元，这种美元和法郎之间的比价，就是汇兑率。那么，美元和法郎之间根据什么来确定它们的比价标准呢？这就是要以它们各自所代表的含金量为标准。例如，法国法郎的含金量为0.16克，美国美元的含金量为0.888671克，法郎对美元的平价便是0.888671÷0.16＝5.5419，也就是1美元合5.5419法郎。如果像1971年12月那样，美元贬值，含金量减为0.818513克，法国法郎对美元的平价便改为0.818513÷0.16＝5.1157，也就是1美元合5.1157法郎。这种由两国货币单位的含金量所确定的比率，称为货币平价，这种货币平价是外汇行市的基础。

虽然货币平价是外汇行市的基础，但一定时间的外汇行市往往与货币平价不一致，有时候高于货币平价，有时候又低于货币平价。为什么会产生这种高于或低于的现象呢？这是因为：外汇行市受外汇供求关系的影响，而外汇的供求关系又以一定时间的国际收支状况为转移。从美国的外汇情况看，如果美元的供给大于需求，美元的价格就会落到它的平价以下；反之，如果美元的供给不足，不能满足需要，美元的价格就会涨到它的平价以上。可见，汇兑率不是固定不变的，而是经常会发生变动的。但是汇兑率的变动也是有界限的，它的最高界限是：货币平价加上黄金运输费用，如果汇兑率超过这个界限，黄金就会流出。汇兑率的最低界限是：货币平价减去黄金运输费用，如果汇兑率低于这个界限，黄金就会流入。如果黄金流出的规模比较大，持续时间比较长，银行的准备金就会被动用，从而会减少。国家为了防止这种黄金外流，就要采取保护措施，“这种保护措施，主要就是提高利息率”。因为在黄金大量外流时，货币市场的黄金量就会减少，就会大大提高对借贷资本的需要，从而提高利息率，正是由于利息率的提高，使得外流的一部分黄金转化为国内的借贷资本。所以提高利息率，对黄金大量外流起着阻止作用。从1857年银行法下院委员会提供的证词中，就可以看出“利息率的这种提高是怎样影响汇兑率的”。

批判威尔逊在汇兑率问题上的错误观点

在第653页到第668页“对亚洲的汇兑率”这一部分中，着重批判了威尔逊在汇兑率问题上的错误观点。

首先，从第653页第2段到第658页，批判了威尔逊“企图把贵金属的输出对汇兑率的影响和一般资本的输出对汇兑率的影响等同起来”的错误观点。实际上，不是任何形式的资本输出都能影响汇兑率，贵金属输出对汇兑率的影响和一般商品资本输出对汇兑率的影响是不同的。如果资本输出是以贵金属的形式进行的，“它也会直接影响汇兑率”。这是因为：贵金属本身可以在国内直接当作借贷资本来使用，它是整个货币制度的基础，由于贵金属被输出，国内货币市场就会出现货币不足现象，从而也影响着借贷资本，表现为借贷资本的供不应求，促使利息率提高，这就直接影响到汇兑率。例如：英国在印度投资修建一条铁路，英国的贵金属就会输入到印度，这就表示对向印度开出的汇票的需要超过供给，因此，汇兑率对英国就会暂时不利。但这不是由于英国对印度的负债造成的，而是由于对印度的资本输出、即大量的投资造成的。如果资本输出不是以贵金属形式，而是以商品形式，如英国把铁轨等等商品直接运到印度去修建铁路，“就不会对汇兑率发生任何影响”。这是因为：在商品形式上的资本输出，既不要把国内的货币输出去，也不要从被输入国取款回来，这仅仅是以商品形式进行的投资，它既不反映商业性质的买卖关系，又不发生货币的支付关系，它不会对货币市场发生影响，也就不会影响汇兑率。当然，由于这种商品输出国外，不能满足国内对这种商品的需要，就会引起该商品生产的扩大，引起对借贷资本的需要的增加。这时对借贷资本需要的增加，也可能引起利息率的提高，也可能利息率不变，因为在这里，本国该商品生产的扩大和高的利息率之间并没有必然的联系，所以，仍然不会对汇兑率发生影响。只是在一种特殊形式下，商品资本的输出才会影响到汇兑率，这就是：“只有当这种出口商品的生产需要其他外国商品的额外进口时，才会影响汇兑率”。可见，由于威尔逊不懂得以不同的资本形式（即贵金属形式和商品形式）输出会引起不同的结果，把货币资本和商品资本看成是完全一样的东西，把二者的输出对汇兑率的影响也看成是完全一样的，因此，他不能正确地说明，什么形式的资本输出，在什么情况下，对汇兑率产生怎样的影响。

其次，从第 659 页到第 662 页第 2 段，批判威尔逊所谓只是输出大量商品，而没有相应输入，对汇兑率发生影响的错误观点。威尔逊问："如果您大量输出某种商品，但没有相应的输入"，"这样，您就无须偿还由于输入而欠下的外债"。这就是说，英国在印度投资修铁路，输出了大量的铁轨和机车，但都没有得到印度的报酬，即没有从印度得到输入；但英国却从另一个国家，如美国，输入了大量商品，欠了外债，这不是对英国的汇兑率造成不利吗？威尔逊这样提出问题，其错误是显而易见的：第一，威尔逊的前提是完全捏造的，因为英国每年从印度收入的贡赋高达 300 多万镑，怎能说"没有相应的输入"呢?！第二，英国凭从印度收取来的这 300 多万镑的"贡赋"，就可以支付从美国输入的商品，这就不会向美国欠债，当然也就不会影响到汇兑率了。第三，"如果英国不作相应的输出，只是吃光这种贡赋，汇兑率是不会受到影响的"；"如果英国不把这种贡赋投在英国，而是生产地或非生产地把它再投到国外，例如，英国凭这种贡赋向克里木运送军需品，那么，汇兑率也不会受到影响"。这些情况说明，威尔逊的上述论断是不符合实际情况的，因而也是错误的。

最后，从第 661 页第 3 段到第 666 页第 4 段，批判威尔逊企图证明借贷资本运动和产业资本运动是一致的错误观点。威尔逊知道：影响汇兑率的是利息率，特别是相互汇兑的那两个国家现行利息率的比例。他认为，只要证明，一般商品过剩会对利息率产生决定影响，那么，商品资本的输出也能影响汇兑率的结论就可以成立了。他振振有词地说，商品过剩，商品价格低，利息率也会低，从而会影响汇兑率。其实，利息率和商品价格之间没有任何必然的联系。前面说过，利息率只能由借贷资本的供给与需求来决定，并不是由商品价格的高低来决定。既然商品价格的变化不会直接引起利息率的变化，那么，商品资本的输出也不会直接影响利息率，因而也不会直接影响汇兑率。威尔逊在把货币资本的输出和商品资本的输出混为一谈以后，又进一步把借贷资本的运动和产业资本的运动混为一谈，企图证明商品资本的输出对汇兑率有直接影响，结果产生了一系列概念混乱。由于前面对威尔逊的错误观点已作了较详细的批判，这里就不再详加介绍了。

总之，威尔逊根本不理解汇兑率的实质，也不能正确说明影响汇兑率究竟是些什么原因。

影响汇兑率变化的原因

既然威尔逊不能正确说明影响汇兑率的原因，那么，究竟有哪些原因影响汇兑率呢？马克思在第668页第2段到第670页“英国的贸易差额”这一部分中，正确地回答了这个问题。

马克思的分析，是从历史的实际出发的。首先，分析英国当时出现汇兑率不利的具体原因。就当时英国情况来看，一方面，从国外取得了大量的收入，主要有四种：第一，从殖民地收入了大量贡赋，如从印度每年就可收入约500万镑；第二，从英国在国外开设的银行中取回的股息；第三，从英国拥有的外国的国债券中所取得的利息；第四，在外国开办企业所取得的利润等等。另一方面，从英国流到国外去的金额，如外国人持有英国的有价证券，英国人居留国外需要消费的支出等，和收入相比，却是微不足道的，这种收入大大多于支出，应该算是顺差，对汇兑率来说，应该是有利的，但为什么一时又出现汇率不利的情况呢？其原因何在呢？这是由贸易差额和支付差额不同而产生的结果。当时，英国虽然在支付差额上是顺差，但在一个时间内，贸易差额却是逆差。这是因为，英国的输出品往往是提供长期信用，当时得不到收入，而对输入品则要用现金支付，这样，从贸易差额看，英国要大量的支出，并且超过了它的收入，所以对汇兑率来说，在一个时期内，可能处于不利地位。这就是英国当时出现的汇兑率不利的具体原因。如果英国一旦发生危机，输出品大为减少，因前几年输出而到期的汇款得到支付，贸易差额就会转为顺差，在这种情况下，汇兑率就会相应地变得有利了。

随后，马克思又进一步分析了影响汇兑率的三个原因。第一，由于“一时的支付差额”。不管这种差额是由什么原因造成的，只要出现支付差额，就要用现金支付，它就会影响汇兑率。第二，由于“一国货币的贬值”。不管是金属货币贬值还是纸币贬值，都是一样的。假设原来1个美元等于10个法郎，现在美元贬值，下降一半，1个美元只等于5个法郎，那就会引起美元和法郎之间的汇兑率的变化，“在这里汇兑率的变化纯粹是名义上的”。第三，如果互相汇兑的两个国家，一国用金，一国用银，那么，如果金和银的比价发生变动，也就会影响货币的平价，从而也影响汇兑率，所以马克思说，“这种汇兑率就取决于这两种金属价值的相对变动，因为这种变动显然影响这两种金属的平价”。以上分析的是影响汇兑率的一般原因，至于具体原因，由于具体的历史条件不同而不同，在这里就不必再作详细的考察了。

总之，从信用和货币流通的关系的考察中，可以得出这样的结论：一方面信用制度篡夺了货币制度的位置，另一方面信用制度也没有从货币制度的基础上解放出来。

■ 在上述三章中，马克思的货币理论得到进一步的发展。在第一卷第一篇，马克思创建了科学的货币理论，对货币的本质、职能以及货币流通量的规律等等，进行了精辟的分析，但是在那里，把商业信用和银行信用，把商业货币和银行货币，以及国际货币流通，都暂时撇开，没有进行分析。马克思在第三卷的第五篇中，研究了资本主义制度下的生息资本，特别是在第三十三、三十四、三十五章中，着重研究了信用制度和货币流通问题，不仅研究了这个问题的国内方面，而且研究了这个问题的国际方面，这就为科学的货币理论增加更加丰富的具体内容，我们在学习和研究马克思的货币理论时，必须进行综合地系统地理解。

马克思在本章中所研究的国际信用制度和货币流通的关系的原理，对于认识和研究当代资本主义，有着极其重要的现实意义。第二次世界大战以前，英镑曾经是资本主义世界的货币支柱；战后，又迅速形成了以美元为中心的世界货币体系，美元取代了英镑的地位；随着资本主义各国之间矛盾的激化，以及美国经济的日趋衰落，在国际货币市场上一再出现了美元危机。我国是社会主义国家，实行对外开放，就要和资本主义国家建立正常的和合理的贸易关系，进行必要的外汇活动，平衡国际支付差额，因此，不仅要运用马克思关于国际信用和货币流通的原理，观察分析资本主义世界的财政经济问题，还要运用这些原理，指导我们去正确开展国际金融活动，正确制定对外财经政策，正确处理对外经济关系。

第 三十六 章

资本主义以前的状态

这一章的标题是“资本主义以前的状态”，实际上是指资本主义以前的生息资本。生息资本是一种历史悠久的资本形式，它在不同的社会里具有不同的形式。在资本主义制度下的生息资本表现为借贷资本的形式；在资本主义以前的社会形态里，生息资本则表现为高利贷资本的形式。本章研究资本主义以前的生息资本形式——高利贷资本，研究高利贷资本同借贷资本的历史关系和本质区别，同时也批判资产阶级经济学为资本主义信用辩护的错误观点。

（一）高利贷资本

高利贷资本产生和发展的历史条件

高利贷资本是生息资本的古老形式，和商人资本是一对孪生兄弟，它在资本主义以前很早就产生了，而且还出现在奴隶制社会、封建社会等极不相同的社会形态中。

高利贷资本产生的条件是：商品生产和商品流通的出现，产品转化为商品；与商品交换相适应，有了货币流通；随着商品交换的发展，货币的职能也在发展；特别是随着货币的支付手段职能的发展，如赊购商品，购买者到期不能支付货币时，就要向高利贷者借入货币，这样，就产生了高利贷资本。可见，高利贷资本产生的条件，是和商品流通、货币作为支付手段的职能的发展，也就是和商品、货币、商人资本等经济关系密切联系的。

高利贷资本发展的条件是：商人资本的发展，特别是货币经营资本的发展。随着商人资本的发展，商业经营的规模扩大、资本增加，买卖的商品的品种和数量都增加，因而通过批发赊购的商品也会增多，为了到期支付，或为了商业经营的其他支出，商人向高利贷者借入货币，这就会增加对高利贷资本的需要，引起高利贷资本的发展。但是必须注意，商人向高利贷者借入货币，是为了把这些货币当作资本来使用，攫取利润。这些货币，不管在贷出者方面或是在贷入者方面，都是资本。“因此，即使在以前的各社会形式内，货币贷放者对于商人的关系，也完全和他对于现代资本家的关系一样。”随着商品经营资本的发展，货币经营资本也一定会随之迅速发展。虽然货币经营资本主要是办理货币的技术业务，但它会加速货币资本的运转，增加对高利贷资本的需要，因而也就促进高利贷资本的发展。所以马克思说：“高利贷资本的发展，和商人资本的发展，并且特别和货币经营资本的发展，是联结在一起的。”

原始社会末期，虽然一部分产品已转化为商品，但商品生产和商品交换还未达到一定程度的发展。到了奴隶占有制社会，随着商品交换的发展，货币的职能、特别是支付手段职能的发展，就产生了高利贷资本。高利贷者把货币贷给奴隶主，奴隶主使用这些货币购买土地，占有奴隶，剥削社会财富；高利贷者则从奴隶主那里取得利息，分享奴隶主所剥削到的社会财富。到了资本主义社会，贷款的对象又有了新的变化。但是，不管是奴隶占有制社会还是封建社会，高利贷资本都是具有特征的形式。

高利贷资本具有特征的两种形式

首先必须明确，这里所说的高利贷的特征形式，并不是仅仅存在于资本主义以前的社会形态中。在资本主义制度下，这种形式还是会表现出来的。不过，它已不再是具有特征的形式，而只是从属的形式，就是说，已不是属于本质性的东西，而只是表现为非本质的东西。马克思说：“我说的是具有特征的形式。同一些形式会在资本主义生产的基础上再现，但只是作为从属的形式。在这里，它们不再是决定生息资本特征的形式了。”

其次，高利贷资本具有特征的两种形式，其一是，“对那些大肆挥霍的显贵，主要是对地主放的高利贷”；其二是，“对那些自己拥有劳动条件的小生产者放的高利贷。这种小生产者包括手工业者，但主要是农民”。从上述这两方面的贷款对象就可看出：奴隶主和封建主向高利贷者借贷，目的是为了满足他们寄生性的生活消费的巨额开支；农民和小手工业者向高利贷者借贷，主要是为了购买必要的生产资料进行生产，或购买生活资料以及缴纳地租和纳税等等。在这种情况下，从高利贷者来说，即从债权人来说，都是把货币作为能够带来利息的资本而发生作用的，如从封建主或小生产者来说，即从债务人来说，都是把借来的货币作为单纯的货币来使用，即当作单纯的购买手段或支付手段来使用，而不是当作资本来使用。这和资本主义制度下，借贷资本家把货币资本借给职能资本家，双方都把货币作为资本来使用，是完全不同的，这也正是高利贷资本的特征的本质表现。

再次，“高利贷资本作为生息资本的具有特征的形式，是同小生产，自耕农和小手工业主占优势的情况相适应的。”在资本主义制度下，资本家占有生产资料，工人丧失生产资料，只能靠出卖劳动力取得工资，所以工人无须为购买生产资料去借高利贷。但是，在小生产的条件下，小生产者既是生产资料的所有者，又是所生产的商品的占有者，他们要独立地购买生产资料、组织生产，进行销售活动。他们为了生产的继续进行去借高利贷，表现了独立生产者和贷款人的资本之间直接发生关系。高利贷资本就建立在这种小生产的基础上，并和这种生产基础相适应，这也是高利贷资本和借贷资本在本质上不同的表现之一。资产阶级政论家弗兰西斯·威廉·纽曼（1805—1897）不懂得这一点，他庸俗地认为：银行家所以受人尊敬，因为他贷款给富人，高利贷者所以受人憎恨和鄙视，因为他贷款给贫民。在这里，他只看到贷款对象的差别，而没有看到，这些对象反映不同的生产关系，是不同的社会制度的产物。在这里，他不从高利贷资本对社会经济的不同作用来分析，仅仅从贫富对立来区分，这就离开了高利贷资本所依附的经济基础，只是作形而上学的片面的解释。马克思批判地指出：“他没有看到，这里的区别是两个社会生产方式之间以及和它们相适应的社会制度之间的区别，并且这个问题是不能用贫富的对立来解决的。”更何况，在资本主义以前的社会里，高利贷者不仅要贷款给小生产者，而且也要贷款给封建主和奴隶主，这就是说，也要贷款给富人，纽曼所谓高利贷者只贷款给穷人的说法是不符合实际情况的。实际上，“榨取贫苦小生产者的高利贷是和榨取富裕大地主的高利贷携手并进的”。

最后，由高利贷资本的特征形式所说明的、它和借贷资本的本质差别的又一个表现是：高利贷利息的来源，是生产者的全部剩余劳动，而借贷资本的利息的来源，则只是工人创造的剩余价值的一部分。资产阶级庸俗经济学家凯里，不懂得高利贷资本的这个特征，曾错误地认为：资本主义制度下的利息率比资本主义以前的高利贷的利息率低，对劳动者有利。凯里的这种谬论，纯粹为资产阶级的利益作辩护，是不言而喻的。就这种比较的本身来说，也是非常荒谬的。因为雇佣工人不仅为借贷资本家提供利息，而且还为其他剥削者提供利润和地租。资本主义利息率低，并不能说明工人被剥削的程度低，更不能说明工人创造的剩余价值，除去利息以外，余下的部分都为工人自己所占有。实际上，工人所创造的全部剩余价值，为剥削者集团所分配，成为利润、利息、地租等形式，这和高利贷资本取得全部剩余劳动没有什么不同，不过前者剩余价值为整个剥削阶级所占有，利息仅是其中的一部分；后者全部剩余劳动都表现为利息，为高利贷资本全部攫取去，这怎能说资本主义利息率低、对劳动者有利呢？如果说，高利贷者会使劳动者破产，那么，资本主义已不是使劳动者破产的问题，因为劳动者被剥夺，丧失土地和生产资料，是资本主义的历史前提，这就是说，在资本主义制度下，劳动者已经破产，已经对生产资料一无所有了，所以也就不存在什么破产的问题。由高利贷资本的特征形式所表现出来的和借贷资本的本质不同之处是：资本主义的借贷资本，表现为借贷资本家与职能资本家相对立，职能资本家把剥削到的平均利润的一部分作为利息，分割给借贷资本家，职能资本家运用借贷资本，进行生产，组织流通，促进生产力的发展，引起社会财富的增长；资本主义以前的高利贷资本则不同，它建立在个体小生产的基础上，占有直接生产者的全部剩余劳动（有时甚至包括一部分必要劳动），而不改变生产方式。它不直接支配劳动，也不直接支配生产，更不会作为产业资本而和劳动相对立。它把生产者一直束缚在现有的生产条件下，“使这种生产方式陷入贫困的境地，不是发展生产力，而是使生产力萎缩，同时使这种悲惨的状态永久化”。在这种情况下，劳动生产率得不到提高和发展。总之，不论是资本主义以前的高利贷资本，还是资本主义的借贷资本，它们利息的来源都是对劳动者剩余劳动的剥削，因而二者的区别，不能单纯从利息的量上去寻找，而要从生产方式的不同性质上去研究。

马克思通过对高利贷资本具有特征的形式的研究，揭示了高利贷资本和借贷资本虽然是同一生息资本的不同形式，但由于所处社会的生产方式不同，从而产生了本质上的差别。

高利贷资本的历史作用

接着，马克思指出了高利贷资本的历史作用。“一方面，高利贷对于古代的和封建的财富，对于古代的和封建的所有制，发生破坏和解体的作用。另一方面，它又破坏和毁灭小农民和小市民的生产，总之，破坏和毁灭生产者仍然是自己的生产资料的所有者的一切形式”。这就是说，一方面，它破坏封建所有制，促使封建经济解体；另一方面，又破坏小生产者，特别是小农的生产，使小生产者丧失生产资料，贫困破产，无论哪一方面，都会加强对劳动者的剥削，使劳动者更加贫困和痛苦。所以马克思说：“高利贷不改变生产方式，而是像寄生虫那样紧紧地吸附在它身上，使它虚弱不堪。高利贷吮吸着它的脂膏，使它精疲力竭，并迫使再生产在每况愈下的条件下进行。”由于奴隶主或封建主都要向高利贷者借贷，付给较高的利息，因此他们陷入高利贷之中，但他们付给高利贷者的利息，都是从劳动者身上榨取来的，所以高利贷者对奴隶主和封建主收取更高的利息，奴隶主和封建主就更加残酷地剥削劳动者，“负债的奴隶主或封建主榨取得更厉害，因为他自己被榨取得更厉害了。”结果，高利贷者成为暴发户，一部分封建主也会贫困破产，让位给高利贷者，“但生产方式本身仍旧不变”。

高利贷资本虽然对封建所有制起破坏和瓦解作用，但它本身不能创造出新的生产方式。在漫长的封建统治的条件下，它虽然通过不断吮吸劳动者的膏血，引起货币资本的形成和集中，但它只能造成经济上的衰落和政治上的腐败，没有造成别的结果。“只有在资本主义生产方式的其他条件已经具备的地方和时候，高利贷才表现为形成新生产方式的手段之一”。所以，高利贷资本在资本主义以前的一切生产方式中的革命作用，仅仅在于它会破坏旧的所有制形式并使它解体。

高利贷资本有资本的剥削方式，但没有资本的生产方式

"高利贷资本有资本的剥削方式，但没有资本的生产方式。"为什么说它有资本的剥削方式呢？因为它通过把货币贷出，取得高额利息，使原有的货币带来更多的货币。我们知道，作为资本，首先表现在货币这个一定的价值形式上，通过这个价值的自动化主体的不断运动，带来更多的价值，所以资本就是带来剩余价值的价值。高利贷资本也是从货币开始，经过运动，带来更多的货币。从这方面看，它同资本是通过运动带来剩余价值的价值是完全一致的，都是通过货币资本的运动，而达到取得更多货币的目的。为什么又说它没有资本的生产方式呢？因为高利贷资本主要是在前资本主义的生产方式中，它的贷款对象是小生产者和奴隶主、封建主。高利贷者通过贷款剥削小生产者的全部剩余劳动和部分必要劳动，又通过贷款榨取奴隶主或封建主从奴隶或农民身上榨取来的社会财富，他们是依附于奴隶占有制的生产方式或封建生产方式而取得利息的；不是像在资本主义制度下，通过贷款分割职能资本家剥削工人所创造的一部分剩余价值而取得利息的，它不是建立在资本主义生产方式的基础上，而是建立在小生产、自耕农、小手工业的经济基础上，所以它"没有资本的生产方式"。

虽然高利贷资本没有资本的生产方式，但它本身却是资本的一个产生过程。这个过程，在历史上是很重要的。因为高利贷资本和商业资本一起，促进了货币财产的形成。商品生产越是不发达，货币就越表现为真正的社会财富，除了贮藏以外，还要当作支付手段，促使高利贷发展的，主要就是货币的支付手段职能。地主为了购买奢侈品、消费品以及偿还债务，需要货币作为支付手段；小生产者为了购买生产资料、缴纳地租和捐税，也需要货币作为支付手段；他们需要货币，不是为了把货币作为资本，而是为了把货币作为货币来使用。随着商品交换和货币的支付手段职能的发展，一方面，货币占有者通过不断贷出货币，不断占有利息，在这种条件下，不仅货币转化为资本，而且使转化的资本不断增加；另一方面，小生产者贷入货币，主要是在他们由于偶然事故或意外变化丧失了生产条件的时候，或者是在原有的劳动条件不能由正常的再生产进行补偿的时候。“对小农来说，只要死一头母牛，他就不能按原有的规模来重新开始他的再生产。”一旦小生产者被高利贷所束缚，就永远不能翻身，直到彻底破产为止。这就造成两极分化，一极是资本不断产生，并日益扩大；另一极是大量的小生产者贫困破产，丧失生产资料，这就反转过来，又促进了货币财产的集中，促进了资本的产生和发展，促进了由封建生产方式向资本主义生产方式过渡。

（二）从高利贷资本到银行信用的过渡

从高利贷资本到银行信用的过渡

“信用制度是作为对高利贷的反作用而发展起来的。”这就是说，资本主义信用制度是在反对高利贷资本的斗争中产生和发展起来的。资本主义生产的发展，需要建立相适应的资本主义信用制度，而高利贷则与资本主义工商业资本的利益相矛盾，因此，必须开展反对高利贷的斗争，把高利贷资本改造成为适合资本主义生产发展所需要的资本主义信用制度。这种资本主义信用制度和高利贷的斗争，实质上是使生息资本的高利贷资本形式，改变为生息资本的借贷资本形式。马克思指出：我们不要像古代著作家、教父、路德或旧的社会主义者[①]所说的那样，提倡用什么“适当的利息”“公道的利息”来取代高利贷资本。事实上，信用制度的发展“恰好就是生息资本从属于资本主义生产方式的条件和需要”。正是由于资本主义信用反对高利贷资本的目的，仅仅是要使生息资本服从资本主义生产方式的需要，所以，当生息资本根据资本生产条件建立了新的形式、即借贷资本以后，旧的生息资本的形式，即高利贷资本，不仅没有完全被消灭，而且仍然存在，还摆脱了一切旧的立法对它的限制，继续在当铺的抵押借贷，供富人挥霍浪费的借贷，对小生产者

① 这里所说的旧社会主义者，主要是指17世纪末英国的一些社会改革家、空想社会主义的先驱者，如白拉斯、张伯伦等人。他们主张依靠国王和有产者阶级，来消除社会的不平等。例如，白拉斯就建议创设所谓“合作垦殖区”，用集股的办法向有产者筹集创办费，并付给他们以适当的利息。他们相信有产者乐于捐款，同意建立只取得“公道的利息”的这种信用关系。白拉斯的社会改革方案，在实践中是行不通的。

的借贷，对小资本的借贷等形式上存在着。

适合于资本主义生产方式的、新的生息资本的形式，即借贷资本的形式出现后，它和适合于资本主义以前的生息资本的旧形式，即高利贷资本的形式，有着本质的差别。“就生息资本是资本主义生产方式的一个重要要素来说，它和高利贷资本的区别，决不在于这种资本本身的性质或特征。区别只是在于，这种资本执行职能的条件已经变化，从而和货币贷出者相对立的借入者的面貌已经完全改变。”这就是说，高利贷资本和借贷资本，都是生息资本在不同社会条件下的具体形式，它们本身的性质并没有区别，只是由于它们依以发生作用的条件不同，从而出现了不同的借款人。高利贷资本的贷款对象主要是小生产者和封建主或奴隶主，他们贷入货币，用以购买生活消费品、奢侈品和生产资料，把货币作为流通手段和支付手段，即把货币作为货币来使用。至于资本主义的借贷资本，则是把货币贷给职能资本家，他们贷入货币后，不论是用于发展生产，还是投入流通，都是把货币作为剥削剩余价值的手段，即把货币作为资本来使用。即使借款的商人或产业资本家是没有财产的人，他们也能通过把借来的货币作为资本来使用，执行资本家的职能，而占有剩余价值。他们“是作为可能的资本家得到贷款的”。总之，借贷资本和高利贷资本的区别，不是由资本本身的性质产生的，而是由它们依附的生产方式的不同所决定的。

既然资本主义信用制度出现后并不否认高利贷的存在，为什么又要进行反对高利贷的斗争呢？历史的实践证明，反对高利贷的斗争，是为了建立和发展与资本主义生产和流通相适应的现代银行制度。我们暂且把“公立当铺”① 和设立“农业银行”② 的幻想撇开不谈，为了摆脱高利

---

① 在古代和中世纪，各国典当专业分为公营、私营、公私并营、以公营为主兼私营等四种。公立当铺，是由政府或地方自治团体所经营。起初，公立当铺以低利息或不收利息来反对高利贷，企图在高利贷存在的条件下，作为保护贫民的措施。但是，实践的结果恰恰相反，后来公立当铺也转变为一般当铺，收取最高的利息，所以马克思说公立当铺只是“表示了一种历史的讽刺：虔诚的愿望在实现时正好走向它的反面。”

② 英国医生休·张伯伦和英国资产阶级经济学家约翰·布里斯科，倡议成立农业银行，以土地为担保，发行纸币，作为贷款，这样，抵押了数年以后的土地，能使土地占有者的财富增加，并使他们从高利贷下面解放出来。这种幻想设立农业银行、凭借银行信用来反对高利贷的主张，虽然经议会通过一度付诸实施，但在实践中，最终还是宣告了彻底失败。

贷的重利盘剥，“12 世纪和 14 世纪在威尼斯和热那亚设立的信用组合”，成为未来的银行的雏型。到了 17 世纪和 18 世纪，资本主义工商业在经济中占绝对优势，它们强迫高利贷降低利息，使之从属于自己，从而建立了资本主义的银行。“这种反高利贷的激烈斗争，这种让生息资本从属于产业资本的要求，只是这样一种有机创造物的先声，这种有机创造物以现代银行制度为形式创造了资本主义生产的这些条件。现代银行制度，一方面把一切闲置的货币准备金集中起来，并把它投入货币市场，从而剥夺了高利贷资本的垄断，另一方面又建立信用货币，从而限制了贵金属本身的垄断。”

对贝列拉动产信用公司的批判

从第 683 页第 5 段到第 685 页第 3 段，对贝列拉创办的动产信用公司进行了批判。

为什么马克思要对贝列拉进行批判呢？因为资本主义信用是在和高利贷资本作斗争中产生和发展起来的，这一个斗争过程，就是力图使生息资本寻找新的形式，以适应资本主义生产方式。由此而产生了一系列歌颂银行制度，反对高利贷的著作。“如果我们只是抓住这些著作中的词句，那么，这些著作同圣西门主义者的银行幻想和信用幻想一直到用语上的一致，往往会使我们感到吃惊。”就是说，这些著作是代表银行资本家的利益而反对高利贷的，但和圣西门的空想社会主义者的主张又基本相似，人们往往会把这两个不同的但又都是错误的理论观点混为一谈，所以有批判的必要。

法国银行家、19 世纪 20 至 30 年代的圣西门主义者埃米尔·贝列拉（1800—1875）和他的弟弟伊萨克·贝列拉一起，创办了动产信用公司，这实质上是一家大银行，它拥有 6000 万法郎的自有资本，在巨大规模上发展了证券业务。在开始营业的头几年中，就认购了 6.25 亿法郎的法国公债，得到了法兰西铁路公司的大部分股票，处理了国家铁路奥地利公司的债券，参加了瑞士的铁路建筑和西班牙运河的开掘，把巴黎的煤气公司合并为一个企业等。由于它是国家公债的主要认购者，受到了路易·波拿巴王朝的直接支持。贝列拉兄弟声称，要在自己的信用组织的指导下，来保证法国的经济繁荣，缓和经济危机，从而改造整个法国的国民经济。贝列拉兄弟企图建立动产信用公司来改造整个国民经济的计划，是建立在圣西门派的信用幻想和银行幻想的基础上的。实际上，在保存生产资料私有制、维护资本家利益的情况下，企图实行社会主义，完全是不切实际的空想。实践证明：这个动产信用公司的指导原则，“却不是在一个固定的方面进行投机活动，而是普遍地进行投机活动，并且把它集中起来的骗术推行到一切经济部门。”[①] 这种巨大的投机活动，以同样巨大的破产而宣告结束。这就说明，圣西门等空想社会主义者企图利用银行信用改造整个社会经济的幻想，在实践中是行不通的，但它和代表银行家利益、歌颂资本主义信用、反对高利贷的那些著作，其理论实质却是完全不一样的。

贝列拉兄弟之所以能够建立起如此庞大的动产信用公司，是由当时法国的具体经济条件所决定的。由于当时法国资本主义经济还未得到充分发展，机器大工业和资本主义信用也没有得到一定程度的发展，所以上述幻想才能付诸实践，马克思指出，“在英国和美国，这样的情况是不可能的。”接着马克思又指出，贝列拉所谓“银行家往往钻到劳动者和有闲者中间，对双方进行榨取，因而使社会受到损害”的说法，有两个方面的错误。其一是，这里所说的劳动者，实际上是指产业资本家，把资本家说成是劳动者，这是圣西门及其学生一贯使用的概念。另一是，把暂时闲置的资本，说成是有闲者的资本，实际上，银行存款的一部分是暂时闲置的货币资本，这“是有闲的资本，而不是有闲者的资本”。把这两个不同的概念混为一谈，是错误的。

资本主义信用制度的性质和作用

从第 685 页第 4 段到第 689 页第 1 段，马克思论述了资本主义信用制度的性质和作用。

第一，货币是信用制度的基础，“信用制度按其本性来说**永远**不能脱离这个基础”。生产资料的资本主义私有制，是资本主义信用的前提，如果这个前提不存在，资本主义信用也就不存在。从资本主义信用的基础和前提出发，“一方面，它本身是资本主义生产方式固有的形式，另一方面，它又是促使资本主义生产方式发展到它所能达到的最高和最后形式的动力”。这就是说，资本主义信用制度是资本主

① 《马克思恩格斯全集》第 12 卷，人民出版社 1962 年版，第 54 页。

义所固有的产物，它既促进了资本主义的发展，又引起资本主义矛盾的发展和尖锐化。

第二，“银行制度，就其形式的组织和集中来说”，“是资本主义生产方式造成的最人为的和最发达的产物”。一方面，它使资本的社会性质得到最充分的实现。我们知道，个别资本家所取得的利润，不是由他所直接剥削到的剩余价值的量决定的，而是由总资本量和总剩余价值量之比，经过利润率的平均化过程，而取得的平均利润。资本主义信用制度和银行制度，在利润率平均化过程中起着积极作用，所以平均利润率的取得只有在信用制度和银行制度充分发展时才能够实现。另一方面，“信用制度和银行制度扬弃了资本的私人性质，从而自在地，但也仅仅是自在地包含着资本本身的扬弃”。这就是说，由于信用制度和银行制度使社会上一切可能的、尚未发挥作用的货币资本存入银行，银行又把它贷给工业资本家和商业资本家去使用，这就使得资本的贷放者和使用者，都不是这些资本的所有者或生产者，这就使得对货币的贷放和使用都越出私人的范围，而具有社会性质。我们知道，资本主义是以生产资料私有制为基础的，银行办理资本的存款与贷款，已经越出了私人的范围，具有一定的社会性质，使资本归社会所支配，这是对私有性质的扬弃，因而也就有利于向公有的过渡。当然，这种作用，仅仅是就借贷资本和银行业务本身而言，并未涉及其他方面。所以，仅仅依靠信用制度和银行制度来改革整个社会经济，而不触及资本主义所有制本身，这种改革也只是幻想。实际上，资本主义银行制度不仅不能改变资本主义的经济本质，而且作为资本主义发展的一种动力，又会使资本主义超出它自己的界限，成为引起危机和欺诈行为的一种最有效的工具。

第三，既然货币是信用的基础，因而信用制度就不能脱离这个基础而创造奇迹。各种信用形式的信用货币，固然可以代替金属货币，但这种代替，“表明货币事实上无非是劳动及其产品的社会性的一种特殊表现”，这种社会性和私人生产的基础相对立，归根到底总要表现为和其他商品并列的一种特殊商品、即货币上。如果一切都顺利进行，信用可以代替货币进行支付和划拨清算，人们便不会重视货币的作用；一旦出现危机，就会出现信用停顿，人们都要求掌握货币，这时，只有货币才是一切。这说明，信用制度必须以货币作为基础，它不可能离开这个基础来创造奇迹。

第四，“在由资本主义的生产方式向联合起来劳动的生产方式过渡时，信用制度会作为有力的杠杆发生作用”。因为资本主义信用促进了资本主义矛盾的发展，促进了经济危机的爆发，促使资本主义转变为社会主义。但是必须注意，信用，“它仅仅是和生产方式本身的其他重大的有机变革相联系的一个要素”，必须和其他要素联系在一起，共同发生作用，才能达到上述结果。“只要生产资料不再转化为资本（这里也包括土地私有制的废除），信用本身就不会再有什么意义”。这就是说，在生产资料公有制代替了生产资料私有制以后，生产资料不再当作剥削工人的手段而和劳动者相对立，信用的条件改变了，资本主义信用所起的作用，如引起资本主义矛盾的激化，引起经济危机的爆发，从而促使资本主义的灭亡的作用等等，就不再存在了，从这个角度说，作为资本主义信用的意义也就不再存在了。这句话并不是说，在社会主义社会里，信用和银行都不会存在，都没有意义。实际上，社会主义信用制度和社会主义的银行制度，不仅仍然存在，而且有重要意义，但它已具有社会主义性质，成为建设社会主义的重要的经济杠杆，只是与资本主义的信用和银行有本质的不同而已。但是，“另一方面，只要资本主义生产方式继续存在，生息资本就作为它的形式之一继续存在，并且事实上形成它的信用制度的基础”。这就是说，只要资本主义生产方式存在，资本主义信用制度也必然存在，它就必然发生上述在资本主义制度下所发生的作用。

对于信用在资本主义制度下的上述作用，人们不是都有正确的认识的。像圣西门主义者就认为：只要用贷款的方法帮助雇佣工人获得生产资料，就可使工人不再受剥削。而小资产阶级经济学家蒲鲁东则认为：在保存商品生产的情况下，废除货币，采取无息信贷的方法，是消灭资本主义剥削的灵丹妙药。① 法国的经济学家康·贝魁尔（1801—1887）则

---

① 蒲鲁东认为：货币就是资本，借贷资本和利息是资本主义一切矛盾的根源，资本主义的一切祸害都归结为利息的存在。因此，他主张：取消利息，通过银行采取无息信贷的办法，把贷款贷给小生产者，把生产资料和消费品贷给工人，让小生产者和工人将生产出来的产品偿还银行。通过这个办法，蒲鲁东企图把全体工人都改造成为小生产者，据说，这样就会消灭资本主义剥削。

要求银行控制生产，主张用“信用机关……统治一国生产的全部运动”，以此来消灭“生产和消费之间的不平衡”。他的主张虽然比蒲鲁东“更激进得多”，但从本质上说，他仍然是一个圣西门主义者。上述企图不触及资本主义生产资料私有制，只是依靠信用来消灭资本主义剥削的种种主张，都“是由于对资本主义生产方式和作为它的形式之一的信用制度完全没有认识”而产生的结果。

把生息资本当成资本的基本形式是错误的

在资本主义以前的社会里，生息资本（高利贷资本）在商人资本中间起中介作用，因而在人们的观念中，自然而然地认为它是“真正的资本的形式”。相反，在资本主义社会里，在生息资本（借贷资本）中，“资本自行再生产的性质，即自行增殖的价值，剩余价值的生产，却纯粹表现为一种神秘的性质”。由于这种神秘性质，一部分资产阶级政治经济学家就认为，“生息资本是资本的基本形式，并且把例如地租看作只是它的另一种形式，因为借贷形式在这里也占支配地位”。这种错误认识是由对资本主义生产方式的内部结构的错误认识所引起的。实际上，产业资本才是资本的基本形式，至于商业资本和借贷资本，都是由产业资本循环中的商品资本形式和货币资本形式发展转化而来的，它们本身都是派生的形式，不是基本形式。如果说借贷资本是资本主义的资本的基本形式，那么工业生产就不是生产的基本方面，而借贷资本家却成为生产的主要方面了，这和资本主义生产方式的内部经济结构是完全不相符合的。在资本主义以前的社会里，生息资本是贷给直接生产者，因为那时资本主义生产还不存在。在资本主义社会里，生息资本是贷给职能资本家，因为在这一场合“是以资本主义生产方式的基础为前提”，借贷资本只能从属于产业资本，只能依附于产业资本而发生作用，怎能说这种“生息资本是资本的基本形式”呢？资产阶级经济学家既被资本的神秘性质所迷惑，又要为资本主义制度作辩护，产生上述错误认识也就不足为奇了。

对高利贷资本的历史总结

在第 689 页的第 2 段到第 690 页第 2 段，根据上述分析，对高利贷资本作出了简要的历史总结。

第一，高利贷只是剥削已有的生产方式，而不是创造这种生产方式，它是从外部和这种生产方式发生关系。不管在哪个社会，高利贷对该社会的生产方式都不起基本的决定作用，只起从属作用。

第二，商品生产和商品流通越是不发展，货币就越有它的一切索取权。在以小生产为主体的自然经济下，高利贷资本更能发展，更是兴盛。

第三，高利贷有两种作用，第一，“它同商人财产并列，形成独立的货币财产”；第二，它“使旧劳动条件的占有者破产”，促进着产业资本的形成。

从第 690 页第 3 段到本章末，摘引了大量材料，通过一些资产阶级人士之口，对中世纪高利贷者“贪得无厌”“是铁石心肠的吸血鬼”的丑恶嘴脸，进行了深刻的揭露。指出高利贷使大量的独立的小生产者破产，也使一部分显贵和地主破产，用实际材料证明了高利贷的历史作用。

■ 生息资本有它的古老形式和现代形式。在资本主义以前的社会里，生息资本表现为高利贷资本的形式；在资本主义社会里，它又表现为借贷资本的形式。它们虽然都是同属于生息资本，但由于处在不同的社会形态中，因而两者既有历史联系、又有本质差别。从它们的历史联系方面看，就要着重研究高利贷的历史作用；从它们的本质差别方面看，就要着重研究生息资本和其所处的生产方式之间的关系。资产阶级经济学家，有的只以利息率的高低作为区分其本质差别的标志，完全脱离它们所依附的生产方式，看不到它们只是起从属作用，从而误认为它们是资本的基本形式，这显然是错误的；有的则又把贷款给穷人或富人作为憎恶高利贷或歌颂借贷资本的标准，这也是离开社会的生产方式，孤立地形而上学地看待生息资本所产生的错误结果。马克思批判了他们的错误观点后，明确地指出，高利贷资本和借贷资本的区别，“是两个社会生产方式之间以及和它们相适应的社会制度之间的区别”，[①] 这种区别，既不能用贫富的对立来解决，也不能用利息率的高低来说明。马克思的上述结论，是区别高利贷资本和借贷资本的关键所在，我们在学习时必须仔细地认真地体会。

---

① 《资本论》第 3 卷，人民出版社 2004 年版，第 673 页。

第 六 篇

超额利润转化为地租

第 三十七 章

导　　论

第六篇研究的对象是资本主义地租。在资本主义制度下，地租是超额利润的转化形式，所以本篇的标题是“超额利润转化为地租”。由于农产品的社会生产价格高于个别生产价格而产生的超额利润，形成级差地租；由于农产品的价值超过生产价格而产生的超额利润，形成绝对地租。可见，资本主义地租是超过平均利润的超额利润部分。在本书第四、五篇中，研究了平均利润如何在产业资本家、商业资本家和借贷资本家之间分割为产业利润、商业利润和利息，第六篇则要研究大土地所有者如何从农业资本家那里攫取工人所创造的超过平均利润的那部分超额利润。这种超额利润也是由剩余价值转化而来的，是剩余价值的一部分，是剩余价值的一个派生的形式，或者说，是利润的一个转化形式。因此，只有把剩余价值、利润、平均利润、生产价格等基本原理弄清楚，才有可能弄清资本主义地租理论。如果不懂得剩余价值、利润、平均利润和生产价格，也就不可能弄懂地租理论。可见，马克思的地租理论是建立在平均利润和生产价格的理论基础上的，简单地说，是建立在劳动价值论和剩余价值论的基础上的，只有在劳动价值论和剩余价值论的基础上，才正确阐明资本主义地租理论。

本篇共十一章，由四个部分构成：第一部分，即第三十七章，导论，说明第六篇的研究对象和要注意的问题；第二部分是第三十八章到第四十四章，研究资本主义地租的一种形式——级差地租；第三部分是第四十五章和第四十六章，研究资本主义地租的另一种形式——绝对地租；第四部分是第四十七章，对资本主义地租的发展作历史的分析。

在第三十七章的“导论”中，阐明了第六篇的研究对象，分析了资本主义地租的本质及其产生的前提条件，提出了研究资本主义地租时要注意的问题，特别是要注意研究资本主义地租的特殊性，把握资本主义地租的特征。

（一）第六篇的研究对象和土地所有权问题

第六篇的研究对象

地租是土地所有权的经济形式。一切形式的地租都是以土地所有权的存在为前提。不同形式的土地所有权，产生不同形式的地租。对不同形式的土地所有权的研究，不属于本书的研究范围。“我们只是在资本所产生的剩余价值的一部分归土地所有者所有的范围内，研究土地所有权的问题。”这就是说，本篇的研究对象是资本主义地租，因而我们仅仅在研究资本主义地租的范围内，研究资本主义的土地所有权的问题。

什么叫土地所有权？简单地说，在生产资料私有制的社会里，土地所有权是土地所有者对土地的私人垄断。“土地所有权的前提是，一些人垄断一定量的土地，把它当作排斥其他一切人的、只服从自己私人意志的领域。”① 这就是说，土地所有权是以土地所有者对土地的垄断、独占为前提。我们的任务，不是研究不同的社会里由生产力发展状况不同而决定的不同所有权的形式，仅仅是说明，资本主义的土地所有权怎样决定资本主义地租。

为了研究资本主义的土地所有权怎样决定着资本主义的地租这一问

① 《资本论》第3卷，人民出版社2004年版，第695页。

题，我们作如下假定：第一，“农业是由资本家经营”的。这就是说，资本家不仅经营工业，而且也经营农业；农业资本家和工业资本家的区别，仅仅由于投资的领域不同，前者投资于农业，后者投资于工业，其他则都是一样的。第二，“资本主义生产方式已经统治生产的和资产阶级社会的一切部门”。这就是说，资本主义的一些生产条件，不仅在工业部门中存在，而且在农业中也存在。如资本的自由竞争、资本的自由转移、平均利润等，在农业中也都存在着。第三，资本主义的土地所有权，是一个独特的历史形式。它是封建的土地所有权或小农的土地所有权，受资本主义生产方式的影响转化而成的形式，所以，它并没有废除封建的土地所有权或小农的土地所有权，只是改造它们的土地所有权，使其适合于资本主义的需要，从而建立起资本主义的土地所有权。这种建立过程，和资本的原始积累以对劳动者的剥夺为前提一样，“在农业中，它是以农业劳动者的土地被剥夺，以及农业劳动者从属于一个为利润而经营农业的资本家为前提”。虽然，在资本主义社会里，资本主义土地所有权也不是纯粹地存在的，同时还有其他土地所有权，如小农土地所有权的存在，但在我们考察资本主义地租的时候，为了纯粹地进行研究，则要把其他土地所有权完全撇开，才有利于揭示资本主义地租的实质。

为什么研究资本主义地租必须研究资本主义的土地所有权呢？资本主义农业，是把土地当作资本家的投资要素来考察的。本篇的任务总的来说是“考察资本投入农业而产生的一定的生产关系和交往关系”。作为这种投资要素的土地所有权，对农业中的生产关系和交换关系有着决定性影响，它决定着资本主义地租的形成，也决定着资本主义地租的形式和资本主义地租的发展趋势。为了考察资本主义地租，从而对农业中的资本主义生产关系和交换关系进行全面的分析，研究资本主义的土地所有权就是完全必要的了。

古典学派的亚当·斯密认为：用于生产其他农产品的资本的地租，是由投在主要食物生产上的资本所提供的地租决定的，这个观点是正确的。因此，在研究资本主义地租时，我们只考察投在主要食物生产上的资本的这种土地所有权。至于投在其他农产品生产上的资本的土地所有权，就不必专门谈论它。至于水流，本来就是土地的附属物，如果它也为所有者占有，也可把它包括在土地所有权的范围内来理解。

资本主义土地所有权的基本特征

对资本主义土地所有权，不能把它当作单纯的人和自然的关系来理解，而应把它当作人和人的社会关系来理解。黑格尔认为，土地所有权，“不是一定的社会关系，而是人作为人格对于‘自然界’的关系，是‘人对一切物的绝对占有权’”[①]。实际上，土地所有权所表现的，是通过人对土地的占有而表现着人和人之间的社会关系。从一定的意义上来说，土地所有权是一种法律概念，土地所有者可以像商品所有者有权处理自己的商品一样去处理自己的土地。但是，“土地的这种使用，完全取决于不以他们的意志为转移的经济条件”。这就是说，土地所有权不仅仅是一个法律概念，而且是一个经济概念。法律的所有权，是由不以人们意志为转移的经济条件所决定的。资本主义土地所有权，不是由人们的主观意志所决定，采取一定的法律手续而产生的，而是一定经济条件发展的结果，“土地所有权的垄断是资本主义生产方式的一个历史前提，并且始终是它的基础”。但是，“资本主义生产方式产生时遇到的土地所有权形式，是同它不相适应的”，因为当时遇到的只是封建的土地所有权或小农的土地所有权。“同它相适应的形式，是它自己使农业从属于资本之后才创造出来的”。其办法是：或者剥夺农民的土地，使农民破产，把土地集中到大土地所有者手里，或者把其他各种土地所有权的形式加以改造或破坏，使之转化为适合于资本主义生产方式所需要的形式。可见，资本主义土地所有权是历史发展的结果，是一定经济条件的产物。

从上述观点出发，我们就要进一步来分析资本主义土地所有权的基本特征了。马克思指出：“它一方面使土地所有权从统治和从属的关系下完全解脱出来，另一方面又使作为劳动条件的土地同土地所有权和土地所有者完全分离，土地对土地所有者来说只代表一定的货币税，这是他凭他的垄断权，从产业资本家即租地农场主那里征收来的”。这就是说，

① 《资本论》第3卷，人民出版社2004年版，第695页注（26）。

从一方面看，资本主义的土地所有权，已经不像封建的土地所有权那样，封建主不仅占有土地，而且使农奴和农民处于人身依附或半依附状态，形成统治和服从的关系，而是摆脱封建的人身依附，从统治和服从的关系中完全解放出来，也就是使“它摆脱了它以前的一切政治的和社会的装饰物和混杂物，简单地说，就是摆脱了一切传统的附属物”，从而“取得了纯粹经济的形式”。另一方面，资本主义生产方式又使土地所有权和土地经营权完全相分离，不像过去封建主既占有土地，又经营土地，强迫农奴为自己来劳动，而是土地所有者把土地出租给农业资本家去经营，自己却住在家里依靠对土地的所有权收取地租。土地所有权和土地经营的分离，使“在苏格兰拥有土地所有权的土地所有者，可以在君士坦丁堡度过他的一生”。这样，土地所有权就不再具有人身依附和超经济强制，而是取得了纯粹经济的形式，同借贷资本家凭借贷出资本可以收取利息一样，土地所有者凭借租出土地可以取得一定量地租的货币收入，这就是资本主义土地所有权的基本特征。

资本主义生产方式是在对抗性的矛盾中产生和发展的，这在农业中也明显地反映出来。资本主义生产方式在农业中发展的结果是：一方面，“使农业由社会最不发达部分的单凭经验的和刻板沿袭下来的经营方法，在私有制条件下一般能够做到的范围内，转化为农艺学的自觉的科学的应用”，它“使农业合理化，从而才使农业有可能按社会化的方式经营”，这就大大促进了农业生产力的发展。当然，这种发展“首先也是以直接生产者的完全贫困化为代价而取得的”。另一方面，它又“把土地所有权弄成荒谬的东西”。这就是，使土地所有权和经营权相分离。拥有土地所有权的土地所有者，成为脱离土地经营的寄生者，而经营土地的农业资本家，却又不拥有土地所有权，这就又阻碍着农业生产力的发展。

（二）有关资本主义地租的几点说明

为了避免误解，马克思对研究资本主义地租，特作了以下五点说明。

不能把资本主义地租所反映的生产关系和以前的地租所反映的生产关系相混同

第一，不能把资本主义地租所反映的生产关系和以前的地租所反映的生产关系相混同。例如在封建社会里，地主占有土地，出租给农民耕种，农民按期交纳地租，这种封建地租，表示着地主与农民之间的生产关系。资本主义地租所反映的农业中的生产关系，和封建的生产关系完全不同。在这里，从事实际耕作活动的是农业雇佣工人，他们不仅不占有土地，而且也不占有任何生产资料，他们同工业中的工人一样，完全靠出卖劳动力取得工资来维持生活。从事农业经营的是租地农场主，即农业中的产业资本家。他们把资本投于农业这个特殊生产部门，以剥削剩余价值。但他们自己也不占有土地，不得不向占有土地的土地所有者租入土地进行耕种。农业资本家为了取得对土地的使用权，必须在一定期限内按契约规定支付给土地所有者一定量的货币额，作为取得土地使用权的报酬，这一定量的货币，就是资本主义地租。“因此，在这里地租是土地所有权在经济上借以实现即增殖价值的形式。”在这里，我们就可以看出，资本主义地租反映着资本主义农业中的土地所有者、农业资本家，农业雇佣工人三者之间的生产关系。这是“三个并存的而又互相对立的阶级”。为什么说他们是同时并存的呢？因为这三个阶级统一在一个生产关系内，缺乏任何一方，这种生产关系就不能成立。为什么说他们又是互相对立的呢？因为他们之间有着直接的利益的对立。农业工人是创造剩余价值的、受剥削的，他们所创造的剩余价值的一部分，作为平均利润归农业资本家所占有，剩余价值的另一部分，作为超额利润归地主所占有。所以农业工人和农业资本家、土地所有者之间的对立是对抗性的，是剥削者与被剥削者的对立。至于农业资本家和土地所有者之间也会存在着利益的对立，则是表现在对剩余价值的分割上。这是共同分配剥削果实而产生的对立，是剥削阶级的内部的对立。他们在加强对农业工人的剥削方面，却是完全一致的。这就是资本主义地租所反映的在农业中的资本主义的生产关系，也是我们研究资本主义农业的基本前提。

不能把地租和利息相混同

第二，不能把地租和利息相混同。第698页2段到第704页第2段，马克思从两个不同方面研究了这个问题。第698页第2段到第702页第1段，马克思首先从一个方面指出了，由土地资本而带来的利息虽然是租金的一部分，但不是真正的地租。马克思把投入土地、固定在土地上、和土地合并的资本，称为土地资本。这种投入土地的资本，有的在比较短期内就能够收回，如施肥、化学性质的改良等等；有的要比较长期才能收回，如修排水渠、建造经营建筑物等等。投入土地的这部分资本，不仅要按期收回，而且要逐步地取得利息。例如，因土地改良而增加的收益，就可看成是土地资本的利息。这种利息，"可能形成租地农场主支付给土地所有者的地租的一部分"。为什么是"可能"呢？因为这部分利息在租期未满的时期内归农业资本家所有，这就不会构成地租的一部分。如果在租约期满以后，"在自然肥力较高的新土地加入竞争时，这种利息就可能消失"[①]，当然更不可能成为地租的一部分。但是这部分利息，从另一方面来看，成为地租的可能性却很大。为什么呢？因为在土地上的投资，不管是暂时的投资或较长时期才能收回的投资，在通常情况下，往往完全是由租地农场主，即农业资本家投入的。但这种资本一经投入土地，就会与土地合并而不再分离。它会改良土地，增加土地产量，并使土地由单纯的物质变为土地资本。"一块已耕土地，和一块具有同样自然性质的未耕土地相比，有较大的价值。"在租期内，这种由改良土地、增加产量所带来的收入，为农业资本家所占有；租约期满以后，对土地实行的各种改良，和土地在一起，就都变成土地所有者的财产了。当签订新的租约时，不管是这块土地继续租给原来的农业资本家，还是租给另一个农业资本家，土地所有者都会因为该土地已经经过改良而提高地租。或者，土地所有者把这块土地出卖时，也会据此提高地价。这就是说，在这里，由农业资本家对土地投资的土地资本而产生的利息，在租约期满后，就会由于增加地租之故，流入土地所有者的钱袋。所以在制定租约的期限时，农业资本家要求尽量延长租期，土地所有者则要

① 《资本论》第3卷，人民出版社2004年版，第698页注（29）。

求尽可能地缩短租期，他们都是为了争夺这部分利息而进行着斗争。这种情况，既是随着资本主义经济的发展，地租和地价不断上涨的秘密之一，也是农业资本家如果在租期内不能收回全部投资就不愿进行长期投资，从而阻碍农业发展的原因之一。

马克思指出，这种可能被土地所有者所攫取去的土地资本的利息，是以地租的形式出现的，但并“不构成真正的地租”。为什么呢？“真正的地租是为了使用土地本身而支付的”，即单纯由于土地所有权而产生的。农业资本家为了取得土地的使用权，不管这种土地是已经开垦的，还是没有开垦的，都要把一定量的货币作为地租付给土地所有者，这种由对土地的使用而付出的货币，就构成真正的地租。但是农业资本家付给土地所有者的地租，是一种广义的地租，马克思在后面称之为租金。这种租金，既包含因对土地的使用而支付的真正的地租部分，也包含由土地资本而产生的利息部分，还包含平均利润的一部分和工资的一部分(这在下面马上就会谈到)。这种广义的地租，即租金，虽然是由农业资本家以地租形式交给土地所有者，但其中包含的由土地资本而产生的利息，和由土地所有权而产生的真正的地租是不同的。所以，不能把真正的地租和由土地资本而带来的利息混为一谈，虽然它们都是在租金的形式下存在着的。

第700页第2段到第701页第4段，马克思以建筑物所有权为例来说明上述问题：一方面，真正的地租和合并在建筑物的利息是不同的；另一方面，土地所有者凭借土地所有权，把别人投入土地的资本据为己有，从而使地租提高。

如上所述，真正的地租和由土地资本而带来的利息是不同的，但是资产阶级经济学家却把它们混同起来。第701页第5段，马克思批判了他们的错误观点。一种是，以凯里为代表的为地主作辩护的观点，即把地租说成是土地资本的利息，从而把地租和利息说成是一样的东西。凯里认为，人们耕种土地的顺序是，先耕种劣等地，然后再耕种优等地。因此，在新的肥沃的土地已被土地所有者完全占有的情况下，租用土地的农业资本家自然不能不缴纳地租。这种地租，正是土地所有者和他的祖先过去投在土地上的资本的报酬。这就是说，地租不是土地所有权垄断的结果，而是地主们过去对土地投资的报酬，因而地租也就等同于土地资本的利息了。凯里是阶级调和论者，他的上述观点不仅是为了调和农业工人和农业资本家之间的矛盾，而且还企图调和农业资本家和土地所有者因分割剩余价值而产生的矛盾。另一种是，像诺思、洛克等人，站在资本家的立场上，为资本作辩护，“把资本利息说成一种类似地租的形式”。诺思和洛克都是 17 世纪英国资产阶级思想家，他们的观点反映了资本主义生产发展初期的状况。我们知道，在封建社会里，收取地租被认为是天经地义的，而收取利息则往往会受到谴责。到了资本主义初期，上述观点还未消除。诺思和洛克为了资产阶级利益，竭力为利息的正当性质辩护。洛克认为，地租是因为土地分配不平等引起的，有的人多占土地，有的人没有土地，这就出现租佃关系，才产生地租。而利息则是由货币分配不平等引起的，所以要借贷。这样，货币能提供利息和土地能提供地租就完全没有区别了。诺思认为，借贷资本家贷出资本和地主租出土地是一样的，前者收取利息和后者收取地租也是一样的。他还进一步认为，利息应当高于地租，因为资本的贷出要冒更大的风险，所以把土地和资本相比较，土地提供的利润是较小的。不管是诺思还是洛克，都是把地租和利息相混同，都是从为资本辩护的角度出发的，也是对地租理论的曲解。马克思对上述两种不同的错误观点进行了批判，目的在于说明，真正的地租和由土地资本所产生的利息是不同的，不能混为一谈。

第 702 页第 2 段到第 704 页第 2 段，马克思又从另一个方面指出了，由于任何一定的货币收入都可以资本化，人们往往把地租和利息相混同。

在资本主义制度下，地租是以货币形式缴纳的，“地租表现为土地所有者出租一块土地而每年得到的一定的货币额”。但是在资本主义制度下，任何一定的货币收入都可以资本化，即都可以当作一个想象的利息来看待。例如，假定平均的利息率是 5%，每 200 元的地租，都可以看成是同 4000 元的资本所带来的 200 元利息一样的。因为 4000 元资本可带来 200 元的利息，某块土地可带来 200 元地租，这样，某块土地就会同 4000 元资本起着同样的作用。这种地租的资本化，就形成土地的购买价格或价值。如某块土地的地租是 200 元，利息是 5%，地租额÷利息率＝土地价格，即以200元÷5%=4000元。所以，土地价格不外是转化为一定量货币资本的地租，是地租的资本化。大家知道，“土地不是劳动的产品，从而没有任何价值”，价格是价值的货币表现，说土地有价格，也就是说，没有价值的东西反而有价格，这是不合理的。但是这种情况却现实地存在着。土地都是按照一定的价格来买卖的，“在这个不合理的形式的背后，却隐藏着一种现实的生产关系”。例如，如果把4000元资本存入银行，每年可得200元利息，如果把4000元资本购买一块土地，每年可取得200元地租。这4000元资本，不管是存在银行里，还是用于购买土地上，都可以取得200元的地租或利息，它们的作用都是一样的。人们从这样的情况出发，就错误地把地租和利息等同起来，好像不管200元是地租或利息，都是4000元资本的产物，作为200元，好像都是一样的。其实，上述购买价格并不是土地的购买价格，因为土地本身没有价值，而只是按照普通利息率计算的、土地所提供的地租的购买价格。在这里，土地价格或地租的资本化，是以地租的存在为前提的。如果把地租和利息看成一样，把二者混为一谈，这就等于从地租的资本化引出地租的存在。由地租的存在本身来说明地租的存在，在逻辑上显然是完全错误的。所以马克思说，“地租的这种资本化是以地租为前提，地租却不能反过来由它本身的资本化而导出和说明”。

地租和利息有着本质的不同，这从利息率有下降趋势和土地价格有上涨趋势的相反运动中表现出来。在地租的量不变的情况下，“土地价格的涨落就同利息率的涨落成反比”。例如，某块土地的年地租为200元，年利息率5%，则该块土地的价格为200÷5%=4000元，在地租仍为200元不变的情况下，利息率由5%下降到4%，200÷4%=5000元，这块土地的价格即由4000元上涨到5000元。这就是说，在地租量不变的情况下，利息率下降，土地价格就会上涨；反之，如果利息率提高，土地价格就会下降，它们成反比例地变动。土地价格的这种变动，和地租本身无关，而只是由利息率的变动决定的。随着资本主义的发展，一、由于利润率有下降趋势，因而由利润率决定的利息率也有下降趋势；二、由于借贷货币资本的增大，利息率也有下降趋势。这样，由于利息率有下降的趋势，因而，土地价格就有上涨的趋势。这种在地租量不变的情况下，利息率的下降趋势和土地价格的上涨趋势的相反的运动，就完全可以证明，地租和利息是不同的。

如果对地租的性质不理解，把地租本身和地租在土地购买者面前所采取的利息形式等同起来，这“必然会得出非常奇怪的错误结论”。这是因为，在较为落后的资本主义国家中，土地所有权往往被看成是一种特别高尚的形式，把购买土地看成是特别可靠的投资。如果钱存银行里，一旦银行破产倒闭，不仅拿不到利息，而且连资本也会丧失掉。相反，把资本用来购买土地，就会取得固定的可靠的收入，而不担任何风险。因此，人们宁愿用货币购买土地取得较少的地租，也不愿把货币存入银行取得较多的利息。这样，“购买地租所依据的利息率，多半低于其他较长期投资的利息率”。例如，有资本5000元，如存入银行有5%的利息率，可以得250元利息；如购买一块土地只能取得200元地租，即只有4%的利息率。反过来说，要取得200元地租或利息，如把资本存入银行，只要4000元就行；如购买土地，则必须支付5000元。在这种情况下，如果把地租和利息混同起来看待，就会得出结论说：“地租是低的”。其实，这个结论是错误的。上述情况并不能说明地租是低的，而是相反，只不过证明“地租的购买价格是高的”。由此可见，把地租和利息相混同，就必然得出错误的结论。

地租的资本化表现为土地价格，以及土地因此同其他商品一样可以进行买卖这一事实，成了某些辩护士替土地所有权辩护的理由。他们企图由此证明土地私有制和地租存在的合理性。他们认为：购买者为了购买土地支付了一定的土地价格，从而取得了土地的所有权，由此得到地租，他们“由地租的买卖引出地租存在的理由，也就是把地租的存在当作地租存在的理由”。其实，土地价格，实质上也就是购买地租的价格，它是以土地私有权和地租的存在为前提的。如果没有土地私有权，就不会产生地租，也就不会产生土地的价格了。因此，如果用土地或地租能买卖，或者用土地和地租有价格，来证明土地私有权和地租存在的合理性，就等于用土地私有权或地租的存在本身，来证明土地私有权或地租存在的合理性，这在逻辑上是说不通的。

总之，由于把地租看成是一定货币收入资本化的利息，从而把地租和利息混同起来，这是不了解资本主义地租的实质所产生的错误结果。

不能把地租和租金相混同

第三，不能把地租和租金相混同。第 704 页第 3 段到第 712 页第 1 段，就是研究这个问题的。

马克思指出，为了科学地分析地租，一方面，要纯粹地考察地租，把那些歪曲和混杂在地租中的附属物摆脱掉；另一方面，又要把那些以地租形式表现出来的，但又和地租的实质相矛盾的东西舍象掉，才能认清地租的实质。因此，我们就要把习惯上所说的地租（即租金，或称广义的地租）和真正的地租（或称狭义的地租）区别开来。

农业资本家为了取得土地的经营使用权，从土地所有者那里把土地租来，必须付给土地所有者一定量的货币，这一定量的货币在习惯上统称为地租。所以马克思说："当然，租地农场主为了获得经营土地的许可而以租金形式支付给土地所有者的一切，实际上都表现为地租。"这种地租，即租金，和真正的地租不一样，"真正的地租是为了使用土地本身而支付的"[①]，即纯粹由土地的所有权而产生的。这里所说的租金，除了包括真正的地租以外，还包括由其他原因引起的非纯粹为使用土地而支付的一切项目。当然，这种租金和真正的地租也有共同点：一、它们都是由农业资本家付给土地所有者的，都表现为土地所有者所征收的贡赋和租税；二、它们都作为土地的收入，决定着土地价格，因此，在按资本化的地租来计算土地价格时，它们都要作为地租计算进去。但是，从真正严格的意义上看，从真正的地租的实质上看，它们是有区别的，这从租金所包含的内容就可以充分地表现出来。马克思指出：作为租金，包含这样几个组成部分：一、真正的地租，即纯粹的地租；二、由土地资本而带来的利息；三、农业资本家平均利润的一部分；四、农业工人工资的一部分。关于第一点，真正的地租，这是以后专门研究的问题；关于第二点，土地资本的利息，在前面已经研究过了，不再重复；现在要分析的就是第三点和第四点，为什么平均利润的一部分和工资的一部分

① 《资本论》第 3 卷，人民出版社 2004 年版，第 704—705 页。

要包括在租金的范围内。

马克思指出，“在租金里面还可能有一个部分，在一定场合可能是所有部分（也就是在完全没有真正地租的时候，因而在土地实际没有价值的时候），都是来自平均利润中的扣除，或来自正常工资中的扣除，或同时是来自这二者中的扣除”。这里所说的“可能是所有部分”，有人认为是指平均利润的全部，或工资的全部。我看这是误解。“可能是所有部分”指的是：在租金中，如无真正的地租和利息，平均利润的一部分或工资的一部分就可能构成租金的全部。如果认为是平均利润的全部，农业资本家经营土地，要把平均利润全部交给土地所有者，自己没有一点好处，他怎么会去干这种傻事?！如果认为是工资的全部，工人一点收入也没有，他就没法活下去，怎么谈得上去进行劳动呢?！何况马克思在括弧内已特别指出：“也就是在完全没有真正地租的时候”，显然这是指租金的全部而言。

为了进行纯粹的分析，在第 705 页第 3 段，马克思指出，要暂时把小农的情况撇开；在第 706 页第 3 段又指出，还要把一些例外情况，如工业区的小块菜地可以榨取高额租金这种特殊情况暂时撇开，来研究平均利润的一部分和工资的一部分为什么会成为租金的问题。

在资本主义国家里，有一些中小资本家因为资本不足，无力在其他部门进行独立经营，只好投资到能够容许小规模经营的农业部门中来。土地所有者根据他们的情况，往往要索取高于一般水平的租金。他们为了取得对农业的经营权，不得不以较高租金租入土地，不得不把应由自己收入的平均利润的一部分作为租金付给土地所有者。“他们被迫满足于平均利润以下的利润，并把其中一部分以地租形式交给土地所有者。只有在这个条件下，才允许他们把资本投入土地，投到农业上。”

从农业雇佣工人来说，由于在资本主义制度下农业中经常存在着潜在的人口过剩，因此农业工人的工资往往被压到平均水平以下，这样，就有一部分工资从工人那里被扣除下来，作为租金的一部分，以地租的形式流到土地所有者手中。马克思列举了英国农村的情况，揭露了“租地农场主以地租的名义，克扣一部分工资交给土地所有者”，指出了“高地租和低工资完全是一回事”，“土地的升值和劳动的贬值就是一回事，土地价格的昂贵和劳动价格的低廉就是一回事”。

第 710 页到第 712 页第 1 段，马克思引用了大量材料作例证，从而“说明地租一方面是对平均利润作扣除的结果，另一方面是对平均工资作扣除的结果”，说明土地所有者和农业资本家如何共同加强对农业工人的剥削，使他们日益贫困化。

以上说明：租金和真正的地租是不同的。真正的地租只是租金中的一部分。马克思分析了这些情况后，就把这些混杂在租金中的因素舍象掉，因而在以后各章所研究的，只是真正的地租，也就是狭义的地租。

必须注意：租金和地租的区别，决不仅仅是一个概念的问题。从对地租和租金的研究上，可以看到一个更加重要的问题，这就是：土地私有权对经济发展的实际影响。由于土地私有权的垄断，土地所有者不仅要收取真正的地租，而且还要把他自己没有一点功劳的社会经济发展的成果（如利息）都收到他的口袋里去，使自己成为脱离生产的寄生者。从而，一方面阻碍着社会生产力的发展，一方面又加强对农业工人的剥削，使他们的贫困和苦难加深。

不能把一般剩余产品同地租这种特殊形式的剩余产品相混同

第四，不能把一般剩余产品同地租这种特殊形式的剩余产品相混同。

剩余产品是由剩余劳动时间创造出来的，在资本主义制度下，剩余劳动创造剩余价值，这种剩余价值体现在剩余产品中。一般地说，作为剩余劳动所创造的剩余产品，既包括工业生产中的剩余产品，也包括农业生产中的剩余产品，是由社会总生产过程生产出来的剩余产品。资本主义地租也是由农业工人的剩余劳动创造出来的，是剩余产品的一种特殊形式。不论是从量的方面看，还是从质的方面看，都不能把地租这个特殊形式的剩余产品和一般的剩余产品相混同。英国的资产阶级经济学家达夫（1815—1873）认为剩余产品就是地租，地租就是剩余产品，这显然是不确切的。

从量的方面看，资本主义地租只是农业中的剩余产品的一部分，只是农业雇佣工人所创造的剩余价值的一部分。农业工人在剩余劳动时间内所创造的剩余产品或剩余价值，一部分形成平均利润，为农业资本家所占有；另一部分才转化为地租，被土地所有者攫取去。所以，从量的方面看，地租既不能等于农业中的剩余产品的量，更不能等于全社会的剩余产品的量。

从质的方面看，资本主义地租不是一般的利润，而是超额利润。如绝对地租是农产品价值超过生产价格而产生的超额利润，级差地租则是农产品的社会生产价格高于个别生产价格而产生的超额利润。这种超额利润和平均利润不同，和一般的利润也不同。所以，从质的方面看，地租既不等于平均利润，也不等于一般利润，而是特殊条件下生产出来的超额利润的转化形式。

对于这个问题，马克思是从两个方面进行分析的。

首先，农业工人同产业工人一样，他的劳动也要分为必要劳动和剩余劳动。由于农业劳动花费了一部分劳动时间，在一定的劳动对象上进行加工，通过土地和自然的作用，就能提供出植物性产品和动物性产品；由于在一部分时间内生产出必要消费品，如食物，才能有另一部分时间作为剩余劳动，创造出剩余产品。在资本主义制度下，农业工人生产出来的剩余产品，体现着农业工人所创造的剩余价值。农业工人创造的剩余价值的一部分，被农业资本家作为平均利润剥削去，另一部分则作为地租交给土地所有者，所以，地租只是一部分剩余价值的转化形式。

其次，从整个社会来看，在原始社会里，农业是和工业结合在一起的，而工业则往往包含在农业中。由于生产力的发展，出现了社会分工，工业和农业作为不同的生产部门而独立化，成为社会的两大生产的基本部门，这样，一部分人进行工业劳动，一部分人进行农业劳动。从整个社会看，一部分人从事必要劳动，一部分人从事剩余劳动，这种看法是对的。但如果认为农业主要是生产食物的，农业工人的劳动都体现为必要劳动，工业是进行原材料加工或生产奢侈品的，工业工人的劳动都体现为剩余劳动，则就错了。实际上，一部分农业工人生产粮食等食物，是必要劳动，另一部分农业工人也从事奢侈品或工业原料的生产，这就是剩余劳动。一部分工业工人进行原材料加工或生产奢侈品，则是剩余劳动，但另一部分工人也生产必要的生活消费品，则也是必要劳动。所以说，从一个工人看，在一定时间内，可以区分为必要劳动和剩余劳动；从工业中的工人劳动看，他们生产的工业产品中，既有必要劳动也有剩余劳动，既有必要产品也有剩余产品；从农业工人的劳动看，也有必要劳动和剩余劳动，也有必要产品和剩余产品；如从整个社会的劳动分工来看，则是一部分人从事必要劳动，一部分人从事剩余劳动。工业中工人的剩余劳动所创造的剩余价值转化为利润，并被分割为工业利润、商业利润、利息等。这部分剩余价值根本不会转化为地租。可见，工业中的剩余产品不会转化为地租，只有农业中剩余产品的一部分才转化为地租。因此，如果把地租和剩余产品混为一谈，显然是不正确的。

达夫把地租和剩余产品混为一谈，在他看来，资本主义地租是依存于农产品的价值，而农产品价值又依存于整个社会产品生产的发展程度。按照他的理解：农产品当作商品，当作价值产品，就成为土地所有者获得地租的原因。其实，达夫并没有能够说明获得地租的原因，而只是一般地说明了剩余产品的问题。但是，剩余产品不仅在农业中存在，在工业部门也存在，它既不能表现农业生产的特征，更不能表现地租的特征。事实上，土地所有者所以能取得地租，并不是因为农产品作为商品，作为价值产品，而是因为土地所有者掌握着土地所有权。

不能把地租和由偶然性的原因而产生的垄断价格相混同

第五，不能把地租和由偶然性的原因而产生的垄断价格相混同。

地租作为超额利润的转化形式，不是偶然的产物，而是资本主义农业中生产关系的必然结果。但在资本主义制度下，有一些东西如处女地，虽然不是劳动产品，没有任何价值，但却有价格，可以买卖；有一些东西如古董、名画之类，虽然不能由劳动再生产出来，也可以有价格，可以买卖；这些东西因为被人们独占，在让渡给别人时，往往要索取较高的垄断价格。这种垄断价格是由于偶然性的原因而产生的，虽然有时也会以租金的形式被土地所有者拿去，但和真正的地租在实质上是不同的，不能混为一谈。

总之，只有把上述五个方面的问题严格区别开来，才有利于正确认识资本主义地租的实质。

（三）在研究地租时应该避免三个错误

不能把不同社会的地租形式混为一谈

第一，不能把不同社会的地租形式混为一谈。不同社会里的不同地租形式有一个共同点，即都是以土地所有权，以某些个人对某些地块的所有权作为前提。在历史上曾经出现过几种土地所有权，如原始公社瓦解时期，以氏族（部落）军事领袖个人为代表的土地所有权，奴隶主的土地所有权，封建地主的土地所有权，个体农民的土地所有权，以及资本主义农业中土地所有者的土地所有权等等。地租是凭借土地所有权而取得的收入，所以“地租是土地所有权在经济上的实现，即不同的人借以独占一定部分土地的法律虚构在经济上的实现”。马克思关于地租的这个定义，是一个一般的概念，不管什么社会的地租都可以作如上表述，是不同地租形式所具有的共同性。人们在研究时，往往只注意不同社会地租的共同性，而不注意研究不同社会地租的差别性。研究资本主义地租，就是要着重研究它的特殊性，从而揭示资本主义农业生产的实质，揭示资本主义地租和以往社会的地租的区别。所以，不能把资本主义地租和以往社会的地租混为一谈。

不能把对剩余价值和利润的一般条件的分析，用来代替对地租的分析

第二，不能把对剩余价值和利润的一般条件的分析，用来代替对地租的分析。

我们说过，地租是超额利润的转化形式，是剩余价值的一部分。但不能反过来说，一切剩余价值都是地租。也不能认为，剩余价值和利润的一般条件，就是地租的一般条件，只要把剩余价值和利润的一般条件解释清楚了，地租的条件也就解释清楚了。第 715 页第 3 段，马克思着重分析了剩余价值和利润的一般条件，最后指出，这些条件只适用于剩余价值本身，“因此它们不能说明地租”。

在这段中，马克思分析的“剩余价值本身和利润本身的一般存在条件”是什么呢？

从生产的方面看，直接生产者要提供剩余劳动。主观的条件是，生产者在劳动时间内，除去必要劳动部分外，还“必须完成剩余劳动”；客观的条件是，生产者也能够完成剩余劳动；自然的条件是，劳动者不必把全部劳动时间用来生产自己所消费的必要生活资料，因而可以拿出一部分时间作为剩余劳动时间来生产剩余产品。要做到这一点，一方面，自然本身必须具备一定的条件，有一定的劳动对象和原材料，劳动者不必耗费全部劳动时间就能生产出他的必要的生活消费品。如果自然条件贫瘠，不能提供上述条件，劳动者就必须把全部劳动时间都作为必要劳动时间，剩余劳动也就不存在，剩余价值也就无从产生了。所以，“在这里自然的肥力是一个界限，一个出发点，一个基础”。另一方面，社会生产力也需要发展到一定水平，如在原始社会初中期，由于科学文化未发展，劳动技能低下，生产工具简单，劳动者只能依靠采集、狩猎的食物维持生活，当然不可能提供出一定量的剩余劳动。随着社会生产力的发展，科学技术和生产工具的改进，劳动生产率提高了，人们才能在劳动时间内划分出剩余劳动时间来。在资本主义制度下，剩余劳动就形成剩余价值，所以，“他们劳动的社会生产力的发展，则是另一个界限，出发点，基础”。再进一步说，食物的生产是直接生产者的生存和一切生产的首要的条件。劳动者的必要消费品首先要由食物所构成，但食物基本上是由农业劳动生产出来的。为了使生产食物不致占去很多时间，即“使可供支配的劳动时间不致全被直接生产者的食物生产占去”，就必须使农业劳动有足够的生产率，从而使提供农业剩余劳动、提供农业剩余产品成为可能。农业提供的剩余产品增加了，才会为社会上的非农业工人提供必要的食物，才能使农业和工业的分工成为可能。从整个社会说，只有农业生产者提供了剩余劳动，提供了剩余产品，才能为整个社会提供必要的食物，才能使农业内部的分工，农业和工业的分工，整个社会的一切分工成为可能。这样，不仅使农业，而且使工业也能提供剩余劳动，创造剩余价值。由此可见，从生产方面看，直接生产者提供剩余劳动，是剩余价值生产的一般条件，而为了使直接生产者能够提供剩余劳动，农业劳动生产率必须有足够的发展。

从交换方面看，商品必须按价值出售，才能使商品中包含的剩余价值和利润得到实现。从个别生产者来说，生产商品是为了出卖，只有实现了使用价值，才能实现其价值。但社会上对他们生产的商品的使用价值是否需要，这是个大问题。如果需要，商品就能够卖出去，使用价值和价值都能得到实现；如果不需要，商品卖不出去，使用价值和价值都不能实现。商品是按照价值所决定的价格出卖的，或者说，是按照生产价格所决定的市场价格出卖的。从整个社会来看，“事实上价值规律所影响的不是个别商品或物品，而总是各个特殊的因分工而互相独立的社会生产领域的总产品；因此，不仅在每个商品上只使用必要的劳动时间，而且在社会总劳动时间中，也只把必要的比例量使用在不同类的商品上。这是因为条件仍然是使用价值”。这就是说，社会生产是依照一定的分工来进行的，如果社会上需要购买某种商品 5000 个，就要相应地生产某种商品 5000 个。如果购买力小，生产多了，某种商品就会有一部分卖不出去，这部分商品的价值就不能实现，因而体现在这部分商品中的社会必要劳动时间也不能实现，同样，体现在这些商品中的剩余劳动时间所创造的剩余价值也不能实现。所以，从整个社会而言，就要根据不同的分工情况，把劳动按比例地分配在各个不同的生产部门，才能使价值和剩余价值得到实现。马克思在这里虽然是讲的剩余价值的实现条件，但却精辟地论述了价值规律和按比例规律的关系。这对于社会主义制度下如何实现计划调节，按比例地分配社会劳动，充分发挥价值规律和市场机制的作用，有极其重要的指导意义。

只要具备上述生产方面和流通方面的条件，剩余价值和利润就会生产出来，并得到实现。但这个条件，只能说明一般剩余价值和利润的一般存在条件，并不能说明地租的存在条件，因为地租只是剩余价值的一部分，它具有与一般剩余价值不同的特殊性。要分析地租的存在条件，除了一般剩余价值的条件以外，还要分析地租的特殊条件。如果只用剩余价值的一般条件来说明地租的条件，用一般性来说明特殊性，无论如何是说不清楚的。至于地租的一般条件是什么？在以后几章中将专门进行分析。

不能把资本主义商品生产基础上的共有现象当作地租的特征来理解

第三，不能把资本主义商品生产基础上的共有现象当作地租的特征来理解。

在社会发展的进程中，地租的量不是由土地所有者的个人意志决定的，“而是由他没有参与、和他无关的社会劳动的发展决定的”。这就是说，随着劳动的发展，劳动经验的积累和劳动技能的提高，劳动生产率提高了，在一定时间内或在一定的土地上，生产的农产品增多了，从而剩余价值增加，剩余价值中转化为超额利润部分的量也就扩大，这就引起地租量的增加。所以，从偶然的现象上看，某块土地地租的多少，纯粹由土地所有者的意志所决定；但从经济的实质看，地租量的多少，要由生产的剩余价值中有多少可以转化为超额利润部分决定。这个剩余价值量和其中转化为超额利润的量，都不能由土地所有者的个人意志决定，而是由社会劳动的发展和劳动生产率提高水平决定。正是由于这个原因，人们很容易产生一个错觉，即把资本主义商品生产基础上的共有的现象，当作地租的特征来理解。

其实，资本主义商品生产基础上的共有现象，不能当作地租的特征，它们之间是有区别的。

随着社会生产的发展，非农业人口不仅相对地而且绝对地增加起来，一方面，增加了对生活消费品的需要，从而增加了对农产品的需要，因而市场上对农产品的需求会增大；另一方面，随着人口的增加，“对土地本身的直接需求也会增大”，因为不仅仅是增加了农产品的需求，就要耕种更多的土地来生产农产品，而且非农业生产部门人口的增加，非农业的部门增加了，场所扩大了，如开办新工厂，就要占用一部分土地作为厂房的基地，“因为土地本身对一切可能的，甚至非农业的生产部门来说，都是进行竞争的生产条件”。正是由于对农产品需要的增加和对土地的需求的增加，才会引起地租和土地价值的增大。这种情况只是说明，在私有制条件下，随着社会分工的发展，产品成为商品，作为商品，必须通过市场上的货币交换，实现价值和使用价值。随着市场对商品的供求情况的变动，会引起该商品生产量的增加或减少。既然市场上对农产品的需求增加，以及社会上对土地的需求增加，那就会引起农产品生产的增加，引起地租的增加和土地价值的增大。这只是由市场供求的变动引起商品价格的变动，由价格的变动引起生产量的变化。这是一切资本主义商品生产的共同的特征；这既不是农产品的特征，也不是土地所有者所处的地位的特征，当然也就不是地租的特征。所以马克思说，“农产品发展成为价值，并且作为价值而发展的现象，也就是说，农产品作为商品和其他商品相对立，而非农产品和作为商品的农产品相对立的现象，或者说，它们作为社会劳动的特殊表现而发展的现象，并不是地租的特征”。

什么是地租的特征和土地所有者所处的地位的特征呢？在资本主义商品生产的基础上，地租才能作为货币地租发展起来，并且按照农业生产变为商品生产的程度来发展，使农产品变成商品，变成交换价值和价值。当这种价值生产随着资本主义生产发展时，“剩余价值和剩余产品的生产也按照相同的程度发展起来”，因而土地所有权依靠它对土地的垄断，从这个剩余价值中，越来越能攫取它的不断增大的部分，从而提高地租，提高土地价格。在这个过程中，农业资本家是直接从事农业生产的经营者，是农业雇佣工人和土地所有者之间的当事人；而土地所有者，则是不参加任何经营活动，只是坐享其成、收取地租的寄生者。而且随着剩余价值的增长，地租也不断增加，土地所有者“坐享剩余产品和剩余价值中一个这样无须他参与而不断增大的份额”，这就是大土地所有者所处的地位的特征。至于地租的特征，马克思指出：“地租的特征是：随着农产品作为价值（商品）而发展的条件和它们的价值的实现条件的发展，土地所有权在这个未经它参与就创造出来的价值中占有不断增大部分的权力也发展起来，剩余价值中一个不断增大的部分也就转化为地租。”这就是说，地租的特征在于土地私有权的垄断，只有紧紧抓住资本主义土地所有权才能把握资本主义地租的特征。或者说，由于土地所有者掌握着土地私有权，在农产品商品化、剩余价值增加的情况下，土地所有者依靠土地私有权的垄断，不断提高地租，不断从剩余价值中攫取一个日益增大的份额。

但是，由于价值量、剩余价值量以及剩余价值量的一部分转化为地租，都取决于社会的生产过程，取决于一般商品生产的发展，像达夫这样的人，就想用商品生产发展的一般条件来说明地租的特征。“他说，地租不取决于农产品的量，而取决于它的价值；但这个价值，又取决于非农业人口的数量和生产率。”其实，农产品变为商品，并当作价值来发展，只是商品生产基础上共有的现象，并不是地租的特征。当然，地租必须以一部分剩余产品表现出来，必须作为商品表现出来，但作为商品的特征，只能说明表现地租的这部分剩余产品所具有的一般性。至于地租的特殊性，是不可能用商品的一般特征表现出来的。马克思针对达夫的上述错误批判地指出：“其实，这种说法也适用于任何其他产品，因为产品只有随着构成它的等价物的其他商品系列的数量和种类的增加，才作为商品发展起来。”“这里犯了一个错误，即把作为商品和价值的一切产品具有的性质，说成是农产品特有的性质”。

■ 本章作为“导论”，着重分析资本主义地租的实质，即资本主义地租的特殊性。

“地租是土地所有权在经济上的实现，即不同的人借以独占一定部分土地的法律虚构在经济上的实现”[①]。这是指地租的共同性，不论是由封建土地所有权所产生的封建地租，还是由资本主义社会的土地所有权而产生的资本主义地租，都是所有权在经济上的实现。这种共同概念当然不能说明资本主义地租的特征。要说明资本主义地租的特征，揭示它的特殊性，就必须认识资本主义土地所有权的特殊形式，认识资本主义地租无非是剩余价值的一部分，是土地所有者凭借土地所有权而分割去的剩余价值的一部分。它在分割过程中采取了特殊转化形式，这个形式不是一般平均利润，而是超额利润，即超过平均利润以上的余额。这种剩余价值转化为超额利润，超额利润转化为地租，是资本主义地租独具的特殊形式，即它的特殊性。

要认识资本主义地租的特殊性，首先就要认识资本主义土地所有权的特殊性，就要揭示资本主义土地所有权的基本特征，以便把它和其他的土地所有权区别开来。

---

① 《资本论》第 3 卷，人民出版社 2004 年版，第 715 页。

要认识资本主义地租的特殊性，就要把它所反映的农业资本主义生产关系与以前的地租所反映的生产关系区别开来，要把这种以超额利润形式表现出来的剩余价值，和那种以利息形式表现出来的剩余价值，以及由平均利润的一部分所表现的剩余价值区别开来（虽然它们都是剩余价值，但表现形式不同，从而产生差别），还要把它和工资的一部分区别开来，更要把它和一般的剩余产品，以及在特殊情况下的特种商品区别开来。区别的目的在于揭示它的特殊性，认识它的特殊性，以便科学地纯粹地考察它。

要认识资本主义地租的特殊性，不能把不同社会的不同的地租形式混为一谈，不能把对剩余价值和利润的一般条件的分析用来代替对地租的分析，不能把资本主义商品生产基础上共有的现象当作地租的特征来理解，这都是为了不把一般与特殊相混同。达夫的错误就在于把一般当作特殊，这就根本不可能揭示资本主义地租的特殊性。

在这一章中，马克思运用的仍然是唯物辩证法的抽象方法。他从租金（广义地租）这个流行的混杂的概念中，经过分析，把真正的地租抽象出来。这样，才能科学地揭示资本主义地租的特殊性质。通过对土地所有权和使用权的分离，进一步揭露土地所有者的纯粹寄生性的社会地位和特征，论证资本主义的土地私有权比其他生产资料的私有权具有更加明显的过渡性。

毛泽东在谈到马克思主义研究事物的方法时曾经说过："对于物质的每一种运动形式，必须注意它和其他各种运动形式的共同点。但是，尤其重要的，成为我们认识事物的基础的东西，则是必须注意它的特殊点，就是说，注意它和其他运动形式的质的区别。只有注意了这一点，才有可能区别事物。任何运动形式，其内部都包含着本身特殊的矛盾。这种特殊的矛盾，就构成一事物区别于他事物的特殊的本质。"① 要认清资本主义地租的特殊本质，就要运用抽象方法来分析研究资本主义地租的特殊性。本章是马克思运用抽象方法分析研究资本主义地租特殊性的典范。

---

① 《毛泽东选集》第1卷，1991年版，第308—309页。

第 三十八 章

级差地租：概论

资本主义地租有两种形式，即级差地租和绝对地租。从第三十八章到第四十四章，都是对级差地租的分析。本章是对级差地租作总的论述，着重研究级差地租的形成过程和一般特点。

马克思的地租理论是建立在他的平均利润和生产价格理论的基础上的，并且是这一理论的发展和应用。所以在分析地租时，首先假定：农产品是按照生产价格出售的。在这个前提下，研究地租是怎样产生出来的，“就是说，利润的一部分怎么能够转化为地租，因而商品价格的一部分怎么能够落到土地所有者手中”。

（一）级差地租的形成过程

在特别有利的生产条件下，可以产生超额利润

第 721 页第 2 段到第 722 页第 2 段，马克思举了工业方面的例子说明：在特别有利的生产条件下，可以产生超额利润。

首先假定：一个国家内的工厂绝大多数是用蒸汽机推动的，少数是利用自然瀑布推动的。其次假定：用蒸汽机推动的工厂所生产的产品，成本价格为 100 元，平均利润率是 15%，而且所用资本等于所费资本，那么，成本价格 100 元，加平均利润率 15%而产生的平均利润 15 元，生产价格就是 115 元。由于用蒸汽机推动的工厂在该部门的生产中占绝大多数，因而这里的生产价格就成为社会生产价格。

然后再假定：利用自然瀑布作动力进行生产的工厂所生产的相同产

品，其成本价格不是100元，而是90元，以90元乘以15%的平均利润率，可得平均利润13.5元，这就是说，该工厂产品的个别生产价格是90+13.5=103.5元。把该商品拿到市场上按照社会生产价格出售，即按115元出售，即可得超额利润11.5元。马克思为了说明简单和方便起见，假定这个超额利润为10元。这种超额利润的产生，“并不是因为他们高于生产价格出售他们的商品，而是因为他们按照生产价格[①]出售他们的商品，因为他们的商品是在特别有利的条件下，即在优于这个部门占统治地位的平均水平的条件下生产出来的，或者说，因为他们的资本是在这种特别有利的条件下执行职能的”。

用瀑布作为动力的工厂生产的超额利润，和用其他方法生产的超额利润有共同点

第一，第722页第3段到第724页第2段，首先分析了：利用瀑布作为动力的工厂所生产的超额利润，和用其他方法生产的超额利润有共同之处。

用自然瀑布作为动力的生产者的超额利润，和本卷第十章所论述过的超额利润具有共同的性质。就是说，这两种超额利润既不是由流通中的交易偶然引起，也不是由市场价格的偶然变动引起，而都是由生产条件上的原因引起的。它们的共同点是：由于处在有利条件下的个别生产者所生产的商品，其个别生产价格低于社会生产价格，但商品在市场上都按照社会生产价格出卖，因而这种个别生产价格低于社会生产价格的差额部分就形成超额利润。马克思说：“这种超额利润，同样也就等于这个处于有利地位的生产者的个别生产价格和这整个生产部门的一般的、社会的、调节市场的生产价格之间的差额。这个差额，等于商品的一般生产价格超过它的个别生产价格的余额”。从这点来说，农业生产中的超额利润，和工业生产中的超额利润是一样的。

对这种超额利润起调节作用的有两个界限，一方面，要看由个别成本价格所决定的个别生产价格是多少，如果它低于社会生产价格，则要看它究竟低到什么程度；另一方面，就要看社会生产价格究竟是什么，处在怎样的水平上，从而才决定着它们的差额究竟是大还是小。现在，

① 指社会生产价格，不是指个别生产价格。

先从前一方面看：我们知道，个别生产价格是由个别成本价格加平均利润而构成的。作为平均利润，在量上和社会生产价格一样，都是由统一的平均利润率决定的，差别只是在成本价格上。利用瀑布进行生产的工厂，比使用蒸汽机生产的工厂，劳动生产率较高，“它的个别的生产力，比大量同类工厂所使用的劳动的生产力要大”。这是因为：同使用蒸汽机的工厂相比，利用瀑布生产的工厂，花费的不变资本即对象化劳动比较少。因为使用蒸汽机的工厂发动蒸汽机需要燃烧大量的煤炭，而利用瀑布的工厂由于瀑布是天然存在的，不费分文的，花费的不变资本和生产资料比较少。此外，花费的可变资本也比较少。“因为水车无须加热，所以它需要的活劳动的量也较少”，所以资本家支付的工资也较少。由于不变资本和可变资本的支出较少，或者说，由于对象化劳动和活劳动的支出减少，因而该商品的个别成本价格就较小（因为成本价格就是由所消耗的不变资本和可变资本，或对象化劳动和活劳动所构成）。由于个别成本价格比一般的成本价格小，因而由个别成本价格加平均利润而形成的个别生产价格就比社会生产价格小。如前例：使用蒸汽机的工厂生产的商品的成本价格是 100 元，加平均利润 15 元，其生产价格是 115 元，这是社会生产价格。而使用瀑布生产的工厂，其个别成本价格只是 90 元，比前者低 10 元，加平均利润 13.5 元，其个别生产价格只是 103.5 元。这样，个别生产价格（103.5 元）比社会生产价格（115 元）小，其差额 11.5 元形成超额利润。可见，形成超额利润的这个个别生产价格和社会生产价格之间的差额，是以个别成本价格（90 元）和一般成本价格（100 元）之间的差额为界限的，“这是构成他的超额利润的界限的数量之一”。从后一方面看：差额的界限又取决于社会生产价格的大小。社会生产价格是由平均利润加社会成本价格构成的。从社会成本价格看，“如果煤炭变得便宜了，他的个别成本价格和一般成本价格之间的差额就会缩小，因此他的超额利润也会减少”。如前例，使用蒸汽机推动的工厂其成本价格为 100 元，这种个别成本价格也就是社会成本价格。如果煤炭变便宜，该工厂在煤炭上支付的资本减少，如从 100 元减少为 95 元，社会成本价格就由 100 元降至 95 元。原来使用瀑布工厂的个别成本价格 90 元，与社会成本价格 100 元相比，差额为 10 元；现在是 90 元与 95 元相比，差额只是 5 元。这就使利用瀑布的工厂的超额利润减少，由 11.5 元减至 5.75 元。这就是说，利用瀑布的工厂所得的超额利润减少，不是由于它自己的个别成本价格的变化引起的，而是由于社会生产价格的下降引起的。而社会生产价格的下降，则是由于它自己所包含的社会成本价格的下降引起的。总之，决定超额利润的界限，或者是个别成本价格的变动，或者是社会生产价格的变动（这种变动又是由于社会成本价格的变动所引起的)。其结果是：一方面，任何商品都要按照社会生产价格在市场上出卖，当个别生产价格低于社会生产价格时，就会产生超额利润；另一方面，这种超额利润的产生，是劳动生产力提高的结果，但劳动者却得不到，都被雇主拿去了，所以这种劳动的生产表现为资本的生产力，即表现为资本的果实。

总之，这种超额利润，只能在生产条件特别有利的工厂里，由个别成本价格低于社会成本价格，从而使个别生产价格低于社会生产价格而产生。这又必须以一切商品都按社会生产价格出售为前提。上述情况，不管是农业中所产生的超额利润，还是在第十章中所分析过的工业中的超额利润，都是共同的。

用瀑布作动力的工厂生产的超额利润，和用其他方法生产的超额利润之间的区别

第二，第 724 页第 3 段到第 727 页第 1 段，马克思又分析了：利用瀑布作动力的工厂所生产的超额利润，和用其他方法生产的超额利润之间的区别。

以上的论述仅仅说明，这种超额利润是由个别生产价格和社会生产价格之间的差额产生的，不论在工业生产中，或在农业生产中，都是一样的。但这只是它们相同的一面，它们还有不同的一面。这种不同点，就形成它们之间的区别。

怎样分析它们之间的区别呢？

第一，利用瀑布作动力的工厂所以能够获得超额利润，“首先应该归功于一种自然力，瀑布的推动力”。瀑布是自然存在的生产要素，不需要由任何劳动创造出来，它本身不包含对象化劳动，因而没有价值，所以说，利用瀑布是不费资本家分文的。相反，利用蒸汽机作动力的工厂，为了把水变成蒸汽，就要消耗一定量的煤炭。煤炭是由人们劳动开采出来的，它有价值，它的价值会转移到新的产品中去，使产品的成本增加。

第二，但是，如果仅仅是利用自然力，使生产力提高，成本降低，这只能产生平均利润，并不能产生超额利润。因为对自然力的利用会提高劳动生产率，这样会降低工人的必要生活资料的价值，"这些自然力就会增加剩余价值，从而增加利润"。就以使用蒸汽机来说，把水变成蒸汽，工厂主要对煤炭进行支付，但对水是不需要进行支付的，在这种情况下，"对自然力的这种垄断，也就是对这种由自然力促成的劳动生产力的提高实行的垄断，是一切用蒸汽机进行生产的资本的共同特点"。由此而增加的剩余价值，所有使用蒸汽机生产的工厂都可以得到。这只能使商品中转化为工资的部分相对减少，转化为剩余价值的部分相对增加，从而使利润增加，提高平均利润率，但不会由此创造出超额利润，因为超额利润正好是个别利润超过平均利润的余额。可见，仅仅是利用自然力，使生产力提高，只能增加平均利润，但不会创造出超额利润。我们现在的研究恰恰相反，不是为了说明平均利润，而是为了要说明这种超额利润产生的特点及其如何转化为地租的问题。

第三，也有另外一种情况，这就是：个别资本在特殊生产部门所获得的超额利润，是由于成本价格的降低而产生的。这种成本价格的降低，基本上是由两方面的情况引起的，或者是，"异常大量的资本积聚在一个人手中"。由于使用的资本量大于平均量，就会有许多优点，如生产上的杂费减少了，劳动场所节省了，劳动强度提高了等等，从而引起原材料和活劳动消耗的减少，引起成本价格的降低。或者是，"一定量资本以一种生产率特别高的方式执行职能"。这就是说，资本的生产率提高了，如改良机器，使用新的原材料，采用更好的劳动组织，以及利用新的技术发明创造等等，这也会引起成本价格的降低。但是，这种由个别成本价格降低而产生的超额利润，都是来源于资本和劳动本身。当个别资本家因此降低个别成本价格，使个别生产价格低于社会生产价格而取得超额利润时，别的资本家为了追求超额利润也会这样做，这就引起资本家之间的竞争。大家都在改进生产技术，改善劳动组织，采用新的生产方法，以便降低个别成本价格，结果是，经过一个时期的竞争，生产该商品的成本价格普遍降低，从而引起社会成本价格的降低和社会生产价格的降低，原先那种由于个别成本价格降低而取得超额利润的企业，就不能再得到超额利润，只能得到平均利润。这时，超额利润就会消失。本卷第十章所论述的工业中的超额利润就是属于这种情况。这种超额利润是可变的、不固定的，是由资本和劳动而产生的。它和农业中产生的超额利润是有所不同的。

第四，那么，利用瀑布进行生产的工厂主所取得的超额利润究竟是怎样形成的呢？“他所用劳动的已经提高的生产力，既不是来自资本和劳动本身，也不是来自某种不同于资本和劳动、但已并入资本的自然力的单纯利用。”这就是说，和上述二者的来源是不同的。但是，究竟它是从何而来呢？马克思指出：“它来自和一种自然力的利用结合在一起的劳动较大的自然生产力，但这种自然力不像蒸汽的压力那样，在同一生产部门供一切资本自由支配，所以并不是凡有资本投入这个部门，这种自然力的利用就会成为不言而喻的事情。”接着马克思又分析了这种自然力所具有的特点。（1）“这种自然力是一种可以垄断的自然力，就像瀑布那样，只有那些支配着特殊地段及其附属物的人能够支配它。”（2）“这种自然条件在自然界只存在于某些地方。在它不存在的地方，它是不能由一定的投资创造出来的。”（3）这种自然力和土地分不开，“它不是同能够由劳动创造的产品如机器、煤炭等等结合在一起，而是同一部分土地的一定的自然条件结合在一起”。（4）由于土地是有限的，而有瀑布那样水力资源的土地更是有限的，所以，只有占有瀑布的工厂主能够利用这种自然力，那些没有占有瀑布的工厂主就不能利用这种自然力。这就是说，这种自然力只有它的垄断者才能利用它。（5）“这样的自然力，既不是相关生产部门的一般条件，也不是该生产部门一般都能创造的条件。”就是说，这种自然力既不是普遍存在的，又不是能够人为地创造出来的。因此，它一旦为占有者所垄断，由它所产生的超额利润就带有永久的、固定的性质。因此，由这种自然力所形成的超额利润，和由其他条件下所形成的超额利润是有差别的。

上述超额利润转化为地租

接着，在第 727 页第 2 段，马克思论述了上述超额利润转化为地租的问题。瀑布这种有限的自然力，附着于土地上，被土地所有者占有，并被租给农业资本家经营。农业资本家把利用瀑布而产生的超额利润，交给土地所有者，这样，超额利润就转化为地租。当然，瀑布是自然存在的，不是由资本创造出来的。超额利润是剩余价值的一部分，是由劳动创造的，也不是由资本创造出来的，“因此，利用瀑布而产生的超额利润，不是产生于资本，而是产生于资本对一种能够被人垄断并且已经被人垄断的自然力的利用。在这种情况下，超额利润就转化为地租，也就是说，它落入瀑布的所有者手中”。如上例，利用瀑布生产的工厂，其产品的成本价格为 90 元，利用蒸汽机生产的工厂的成本价格（即社会成本价格）为 100 元，前者的个别生产价格为 90＋13.5＝103.5 元，后者的生产价格（即社会生产价格）为 100＋15＝115 元，利用瀑布生产的工厂主把它的产品按社会生产价格 115 元出卖，自己除按照成本价格取得平均利润外，还有超额利润 11.5 元，如果利用瀑布生产的工厂主把其中 10 元作为地租交给土地所有者，和其他资本家相比，他自己仍可取得平均利润 15 元，“所以，他的情况会和本生产部门用蒸汽进行生产的所有其他资本家的情况一样好，甚至可能更好”。为什么一样好？因为他们都一样地按成本价格计算取得平均利润。为什么可能更好？因为他除取得 13.5 元的平均利润外，还多取得 1.5 元。当然，如果经营农业的资本家自己又是土地所有者，他可以凭借土地所有者的身份，取得 10 元由超额利润转化而来的地租，同时以资本家的身份，取得 15 元的平均利润，这也不会引起其他的变化。总之，利用瀑布生产的工厂主，把取得的超额利润付给占有瀑布的土地所有者，超额利润就转化为地租。马克思说，“正是因为这个余额不是由于他的资本本身产生，而是由于支配一种可以和他的资本分离、可以垄断并且数量有限的自然力而产生，所以这个余额就转化为地租”。

（二）级差地租的一般特点

根据以上分析，概括地说，级差地租有如下的一般特点：

第一，这种地租的实质是级差地租。因为它与生产条件的等级有关，是由于个别资本利用特别有利的生产条件（如瀑布）而产生的。“它并不作为决定要素加入商品的一般生产价格，而是以这种生产价格为前提”。这种地租，是由于支配着一种被垄断的自然力，从而使个别资本的个别生产价格，和投入该部门的一般资本的社会生产价格之间的差额而产生的。简单地说，由个别生产价格低于社会生产价格而产生的超额利润，形成级差地租。

第二，能不能说这种地租和在本卷第十章所分析的超额利润一样，是由资本或这个资本所占有的劳动生产力的绝对增加而产生的呢？不能。它不是由资本所占劳动的生产力的绝对增加而产生，而“是由于一定的投入一个生产部门的个别资本，同那些没有可能利用这种例外的、有利于提高生产力的自然条件的投资相比，相对来说具有较高的生产率”而产生。这就是说，这种地租的产生，是由于土地所有权和土地经营权的垄断所造成的结果。

第三，能不能说这种地租是由自然力而产生的呢？不能。“自然力不是超额利润的源泉，而只是超额利润的一种自然基础，因为它是特别高的劳动生产力的自然基础。”这种超额利润实质上是由剩余价值转化而来的，价值和剩余价值只能由劳动来创造，不可能由自然力来创造。“如果一个使用价值不用劳动也能创造出来，它就不会有交换价值”，当然也谈不上有价值和剩余价值，更不可能转化为超额利润和地租了。虽然，自然力不是超额利润的源泉，不能创造地租，但为什么又是超额利润的一种自然基础，即产生超额利润的条件呢？这是由资本主义生产方式决定的。如果没有资本主义生产，不需要把价值转化为生产价格，把不同的个别生产价格转化为社会生产价格，因而商品都不是按照社会生产价格来销售，那么，利用瀑布这种自然力而引起的劳动生产率的提高，就只会使那些利用瀑布生产的商品的价格降低，而不会增加这种商品中的超额利润部分。因为商品不是按社会生产价格出卖，就不会出现由个别生产价格低于社会生产价格而产生的超额利润。从另一个方面说，如果没有资本主义生产，剩余劳动就不会形成剩余价值，那么，劳动的这种已经提高的生产力，就只会增加使用价值的量，而根本不会转化为剩余价值，更谈不上再转化为超额利润和地租了。可见，自然力作为超额利润产生的条件，是由资本主义生产方式所决定的，也就是由资本主义生产关系所决定的。

第四，能不能说这种地租是由土地所有权而产生的呢？也不能。瀑布的土地所有权本身，对于转化为级差地租的超额利润的创造，没有任何关系。“即使没有土地所有权，例如，即使瀑布所在的土地是作为无主的土地由工厂主来利用，这种超额利润也会存在。所以，土地所有权并不创造那个转化为超额利润的价值部分”。但这并不等于说，在级差地租的形成过程中，土地所有权就完全不起作用了，不是的。土地所有权还是有一定的重要作用的。“它不是使这个超额利润创造出来的原因，而是使它转化为地租形式的原因，也就是使这一部分利润或这一部分商品价格被土地或瀑布的所有者占有的原因。”这就是说，虽然土地所有权不能创造超额利润，但却能使这种已经创造出来的超额利润转化成为级差地租。

第五，怎样看待瀑布价格。首先，瀑布的价格，是土地所有者把该土地（连同瀑布）卖给别人时所取得的价格，这种价格，“虽然会加到工厂主的个别成本价格上，但不会加到商品的生产价格上”。因为购买瀑布的工厂主，要把瀑布价格计算到该商品的成本价格中去，从而使他生产的商品的个别生产价格发生变化，但该商品的社会生产价格，如前例所说，是由使用蒸汽机生产的工厂所生产的商品的生产价格决定的，使用瀑布生产的商品的个别生产价格的变化，和这种由使用蒸汽机生产的商品的社会生产价格无关。其次，瀑布价格，也就是土地价格，“完全是一个不合理的表现，在它背后却隐藏着一种现实的经济关系”。为什么呢？因为瀑布和一切自然力一样，它不是由劳动创造出来的；它本身没有任何对象化劳动，所以没有价值。价格是价值的货币表现，在没有价值的地方，也就没有什么东西可以用货币来表现，“因而也没有价格”。瀑布是没有价值的东西，却偏偏有价格，这就是“不合理的表现”了。但是为什么要这样表现呢？这是由资本主义的经济关系造成的。因为瀑布价格是由地租产生，即地租资本化的结果。如果在瀑布的土地上，地租的收入为10镑，利息率为5%，那么，瀑布的价格就是200镑，因为200镑资本可以取得10镑的利息，同样，投入200镑购买有瀑布的土地，也可取得10镑的地租。由于"瀑布使它的所有者每年能够从工厂主那里占有的10镑的这种资本化，也就表现为瀑布本身的资本价值"。可见，瀑布本身没有价值和价格，只是因为它带来超额利润，并在一定经济条件下转化为地租，再进一步由地租的资本化，才形成瀑布价格。所以，瀑布价格虽然是不合理的表现，但在资本主义的经济关系中却是客观地存在着的。如果发明了一种新的不用瀑布的生产方法，使那些用蒸汽机生产的商品的成本价格，由100元降到90元，个别生产价格与社会生产价格相等，那么，超额利润以及由它转化而成的级差地租，就不再产生，瀑布价格也就会消失。

■ 学习这一章，还须注意：

第一，马克思以瀑布为例，主要是说明特别有利的生产条件，既为土地所有者所占有，又为土地经营者所垄断，就会产生超额利润，并转化为级差地租。不管是瀑布的自然条件，还是土地肥沃的自然条件，或者是矿山的矿石蕴藏丰富的自然条件，都可以产生超额利润并转化为级差地租。

第二，在研究农业中的级差地租时，这里所说的特别有利的生产条件，不是指那种与土地无关、任何资本企业都可以利用的自然力（如蒸汽机用煤烧水，产生蒸汽，在这里自然界的水没有被垄断，而是被广泛地利用着的，所以它不能成为特别有利的生产条件），而是指其所有权和使用权都被垄断了的自然力，而这种自然力一般地又都和农业中的主要生产资料土地联系在一起。

第三，级差地租是由超额利润转化而来的，超额利润又是由剩余价值转化而来的。剩余价值只能由剩余劳动创造，不可能由其他因素创造出来。资本不能创造剩余价值和利润。"利用瀑布而产生的超额利润，不是产生于资本"[①]。自然力也不能创造剩余价值和利润。"自然力不是超额

① 《资本论》第3卷，人民出版社2004年版，第727页。

利润的源泉”[1]。土地所有权也不能创造剩余价值和利润，即使没有土地所有权，“这种超额利润也会存在”[2]。级差地租，归根到底要由劳动价值论和剩余价值论来说明，要由平均利润和生产价格的理论来说明，也就是说，级差地租理论是建立在劳动价值论和剩余价值论的理论基础上的。

① 《资本论》第 3 卷，人民出版社 2004 年版，第 728 页。
② 《资本论》第 3 卷，人民出版社 2004 年版，第 729 页。

第三十九章 级差地租的第一形式 (级差地租Ⅰ)

资本主义地租有级差地租和绝对地租两种形式，级差地租本身又有两种形式，级差地租的第一形式可以简称为级差地租Ⅰ，级差地租的第二形式可以简称为级差地租Ⅱ。本章着重研究级差地租的第一形式。

马克思指出，由于土地的肥力和位置不同，两个等量资本投在等量面积的不同等级的土地上，经营肥力或位置较好的土地的农业资本家，就能在出卖农产品时，因个别生产价格低于社会生产价格而获得超额利润，并转化为地租，这就是级差地租的第一形式（级差地租Ⅰ）。

从第 731 页第 1 段到第 732 页第 4 段，是马克思研究级差地租的“事先的说明”。在这里，肯定了李嘉图地租理论有两个正确方面。首先，在前三段，马克思指出，李嘉图在什么是地租的问题上，“他认为，除了级差地租，根本不存在什么别的地租”。这说明，李嘉图所研究的地租，只是级差地租，不包括绝对地租。因为在李嘉图看来，绝对地租是没有的。李嘉图不承认绝对地租的存在，当然是错误的。但他把地租的定义确定为：地租“总是使用两个等量的资本和劳动所取得的产品量之间的差额”，作为对级差地租的定义来说，则是完全正确的。当然，在这个定义中没有指出“在同量土地上”，是个缺陷，因为这不能显示出农产品转化为地租的特点。比如，在工业中，把同量资本和劳动投入同一生产过程，也会取得不同的结果，从而取得超额利润，但这种超额利润不会转化为地租。只有投在土地上，这个超额利润才能转化为地租。其次，在第 732 页的第 2 至 4 段，马克思又指出：李嘉图在地租量的变化的问题上，也是正确的。李嘉图认为：“凡是使同一土地或新地上所得产品的差额缩小的事物，都有减低地租的趋势；凡是扩大这种差额的，必然产生相反的结果，都有提高地租的趋势。”但是，对于地租减低或提高的原因，还要做具体分析。在这些原因中，不仅包括一般的原因，而且还要包括具体的原因。如：赋税的分担不均等，由不同地区农业的发展程度不同而引起的不平衡，在农业资本家之间对资本的分配的不平衡等等，都会对地租的减低或提高发生作用。

李嘉图是把地租作为资本主义地租来进行研究的。他的地租理论是他的经济理论中的重要组成部分。同时，他又是从劳动价值论出发来研究地租的。他认为：地租不是土地的产物，而是劳动所创造的，劳动者在农产品生产中创造的价值的一部分，被地主以地租的形式所占有。因此，他才能对什么是级差地租作出上述正确的说明。

但是，李嘉图的地租理论是有许多错误的，这主要表现为：

第一，他不懂得价值和生产价格的区别，把二者混为一谈，因而不了解级差地租取决于个别生产价格和社会生产价格之间的差额，错误地认为这是取决于个别价值和社会价值之间的差额。

第二，他认为，人们先耕种优等地，然后才耕种劣等地。

第三，他只承认级差地租，否认绝对地租的存在。

第四，他的地租理论，是和他的所谓“土地肥力递减规律”① 联系在一起的。

马克思在指出了李嘉图地租理论的正确方面以后，接着就说：“我想简单地谈谈，我的阐述和李嘉图等人的不同之处”。马克思的地租理论，是在批判李嘉图的错误的基础上创造性地建立起来的。

（一）级差地租Ⅰ的形成

形成级差地租Ⅰ的两个因素

“我们首先考察等量资本在等面积的不同土地上使用时所产生的不相等的结果”。这种不相等的结果，是由土地的肥力和土地的位置这两个和资本无关的一般原因造成的。

① 关于这个问题，在本书第四十六章第三节中作了详细分析。

关于土地的位置问题，要明确如下几点。(1) 土地的位置，对于移民垦荒的殖民地来说，是个决定性因素。垦荒，当然首先要从最近的土地开始。不仅如此，一般地说，人们耕种土地，往往也是从最近的土地种起。(2) 土地的肥力和位置，“其作用可以是彼此相反的”。某一块土地，可能是位置很好，但肥力却很差；另一块土地，可能是肥力很好，但位置却很差。这个情况很重要，因为它可以说明：为什么有的国家先耕种较好的土地，然后再转到较坏的土地；而有的国家则先耕种较差的土地，然后再转到较好的土地。在这里，除了肥力外，位置起着重要的作用。(3) 社会生产的发展，对土地的位置有一定的影响。这就是：一方面，由于生产的发展，建立了新的地方市场，再由于交通运输工具的发展和改良，使得位置较远的土地相对地说变得更近，这就“对形成级差地租的位置会发生拉平的作用”；另一方面，由于农业和工业日益相分离，由于大的生产中心的形成，“土地的地区位置的差别又会扩大”。明确了土地位置的上述几点以后，马克思为了分析方便起见，把土地位置在级差地租Ⅰ形成中的作用暂时撇开不说，只就土地肥力这一因素来分析级差地租Ⅰ的形成问题。

关于土地的自然肥力问题。(1) “撇开气候等要素不说，自然肥力的差别是由表层土壤的化学成分的差别，也就是由表层土壤所含植物养分的差别形成的。” (2) 土地肥力虽是客观存在的，但它被利用到什么程度，“一方面取决于农业中化学的发展，一方面取决于农业中机械的发展”。例如，使用化学肥料或某种细菌肥料，就可以使贫瘠的土地高产，成为适于耕种的肥沃的土地；修建水库，开辟排水渠道，实行合理轮作，就可使山地、洼地、盐碱地的土壤得到改良，适宜耕种，这就会使土壤肥力发生变化。“对土壤结构进行人工改造，或者只是改变耕作方法，都会产生这种效果。”可见，土地肥力不是一成不变的，而是随着社会生产力的发展和科学技术的发展而不断发生变化的。所有这些对不同土地的不同肥力的影响，都归结为一点：从人工肥力的角度看，劳动生产力的状态，和土地的化学结构及其他自然属性一样，是土地肥力的要素。

正是由于土地肥力在不同的发展阶段是不同的，因此，在说明级差地租Ⅰ的形成时，首先要假定，“农业处于一定的发展阶段”；其次要假定，“土地的等级是按照这种发展阶段评定的”。这样才能看出，在一定时间内和在一定的技术条件下，不同土地的肥沃程度是不同的。这种土地肥沃程度的不同，必然会使投入不同土地的资本生产率产生差别。

级差地租Ⅰ的形成

现在举例说明级差地租Ⅰ是怎样形成的。

假定有A、B、C、D四块土地，面积相同，但自然肥力不同。A表示最差的劣等地，B、C表示中等地，D表示最肥沃的优等地。假定在这四块土地上所投资本都是50元，平均利润率为20%。由于土地自然肥力不同，生产出来的农产品的数量（假定为小麦）不同，因而个别生产价格和社会生产价格不同，取得的超额利润并转化为级差地租Ⅰ也不同。

表 Ⅰ

土地等级	产量		预付资本	利润		级差地租Ⅰ		平均利润（元）
	担	元		担	元	担	元	
A	1	60	50	$\frac{1}{6}$	10	—	—	10
B	2	120	50	$1\frac{1}{6}$	70	1	60	10
C	3	180	50	$2\frac{1}{6}$	130	2	120	10
D	4	240	50	$3\frac{1}{6}$	190	3	180	10
合计	10	600				6	360	

农产品的社会生产价格和工业品不同，工业品的社会生产价格是由各工业生产部门生产的产品的平均的生产价格决定的，而农产品的社会生产价格则是由起调节作用的、最差土地（即A级土地）生产出来的农产品的个别生产价格决定的。如上例，最差的劣等地是A级土地，投资50元，生产出小麦1担，每担小麦的成本价格（等于不变资本加可变资本，在这里，撇开所用资本与所费资本的差别不说，假定等于预付资本）50元，平均利润率为20%，资本50元可带来10元的平均利润，50＋10＝

60元，这就是该小麦的个别生产价格。如上所述，农产品的社会生产价格是由劣等地产品的个别生产价格决定的，每担小麦60元的个别生产价格，也就是社会生产价格。可见，在A级土地上，个别生产价格等于社会生产价格，没有差额，因而没有超额利润，也没有级差地租。B地则不然，投入资本50元，照例也可取得10元的平均利润；但由于生产了2担小麦，每担小麦以60元的社会生产价格出售，可得120元，减去成本50元和平均利润10元，尚余超额利润60元。这60元即可转化为级差地租Ⅰ。至于C级土地，生产了3担小麦，但投入资本和平均利润仍不变，小麦按社会生产价格每担60元出卖后，可得180元，减去成本和平均利润60元，可得超额利润120元。这120元也可转化为级差地租Ⅰ。至于D级的最优土地，依上例计算，有超额利润180元可以转化为级差地租。由此可见，级差地租Ⅰ是由于各级土地的自然肥力不同，因而产量不同、超额利润不同而产生的。它是由各级土地的自然肥力相对于劣等地的自然肥力所决定，以劣等地的产量为基础折算出来的。实际上，B、C、D级土地的级差地租，是它们各级土地的产量和A级土地产量之间的差额。

上述级差地租Ⅰ形成过程的序列，抽象地考察，可以是由使用肥沃的土地到使用越来越不肥沃的土地，即下降的序列；也可以是由使用不肥沃的土地到使用越来越肥沃的土地，即上升的序列；也可能是时而上升，时而下降，交替地进行。李嘉图等人认为，先耕种优等地然后再耕种劣等地，有的资产阶级经济学家相反，认为先耕种劣等地然后再耕种优等地，这都是绝对化的片面的看法，不符合历史发展的实际情况。第736页第2、3段，马克思考察了下降的序列，即由使用优等地到劣等地的发展过程；第736页第4段，马克思又分析了上升的序列，即由使用劣等地到优等地的发展过程。马克思指出：从下降的序列看，由于肥沃土地的农产品的产量不能满足市场需要，供不应求，价格上涨，以致A级劣等地生产的产品，按社会生产价格出售，也能取得平均利润，于是就有人把A级土地投入耕种。从上升的序列看，如果只是A级土地不可能提供满足市场需要的农产品，于是B、C、D级土地也被先后投入耕种，只要市场的需求情况仍然继续要求耕种A级土地，A级土地产品的个别生产价格就仍然是起调节作用的市场价格，即社会生产价格。但是必须注意：在按资本计算的平均利润率都是20%，平均利润都是10元的情况下，如果价格不同，10元所代表的小麦量也不同，实际利润率并不一样。从上升的序列看，每担小麦价格始终是60元，利润率不变；从下降的序列看，每担小麦的价格由最初的15元上升到20元、30元，直到60元；10元所代表的小麦是由$\frac{2}{3}$担逐步下降到$\frac{1}{6}$担。因此，马克思作出结论说："无论价格不变，还是价格上涨，无论由较坏土地不断推进到较好土地，还是由较好土地不断退向较坏土地，级差地租总是同样发展和增加。"

级差地租Ⅰ的变动

从第737页第5段到第741页第1段，马克思又分析了级差地租Ⅰ的诸种变化情况。

引起级差地租Ⅰ变动的因素，主要是起调节作用的市场价格的变动和各级土地级差产量的变动。第739页表Ⅱ，就是为了说明级差地租的变动。

下页表Ⅱ说明：第一，市场上对小麦的需要，由原来的10担增加到17担。第二，A级土地由于耕作改良，产量增加，由原来的1担增加到$1\frac{1}{3}$担。第三，A级土地的成本价格50元，加平均利润10元，合60元，以所生产的产品量$1\frac{1}{3}$担小麦来除，则每担小麦的个别生产价格是45元。由于社会生产价格是由A级劣等地的个别生产价格决定的，因此每担小麦的社会生产价格（即市场价格）由60元下降为45元。第四，A′、B′、B″等各级土地投入耕种，这些新的土地，也取得不同的级差地租。因此与表Ⅰ相比，各级土地的级差地租发生了变化。虽然A级土地仍旧不提供级差地租，但B、C、D级土地的级差地租却由表Ⅰ的60元、120元、180元，下降为表二的30元、75元、120元。这就是说，货币地租下降了。但实物形式的地租总额已由表Ⅰ的6担增加为表Ⅱ的7 $\frac{2}{3}$担。这就是说，实物地租的量却增加了。这种地租量的变动，是由于A级土地的小麦产量由1担增加到1 $\frac{1}{3}$担，从而使一担小麦的社会生产价格由60元下降为45元。这就是由于各级土地的产量的变动，从而引起产品的社会生产价格即市场价格的变动，结果引起了级差地租的变动。在上述这种变动过程中，既有由耕种比较肥沃的土地转到耕种比较不肥沃的土地，又有由耕种比较不肥沃的土地转到耕种比较肥沃的土地。“这两种过程会同时出现”，“行进的序列是相互交错的”。因为如以A′与A相比，即是由耕种肥沃土地到不肥沃土地；如以A′与B相比，那就相反，是由耕种不肥沃土地到耕种肥沃的土地了。

表 Ⅱ

土地等级	产量		投资	利润		地租		每担小麦的个别生产价格（元）
	担	元		担	元	担	元	
A	$1\frac{1}{3}$	60	50	$\frac{2}{9}$	10	—	—	45
A′	$1\frac{2}{3}$	75	50	$\frac{5}{9}$	25	$\frac{1}{3}$	15	36
B	2	90	50	$\frac{8}{9}$	40	$\frac{2}{3}$	30	30
B′	$2\frac{1}{3}$	105	50	$1\frac{2}{9}$	55	1	45	$25\frac{5}{7}$
B″	$2\frac{2}{3}$	120	50	$1\frac{5}{9}$	70	$1\frac{1}{3}$	60	$22\frac{1}{2}$
C	3	135	50	$1\frac{8}{9}$	85	$1\frac{2}{3}$	75	20
D	4	180	50	$2\frac{8}{9}$	130	$2\frac{2}{3}$	120	15
合计	17					$7\frac{2}{3}$	345	

接着，在第740页，马克思又列表Ⅲ，进一步说明级差地租Ⅰ的另一情况的变动。

表 Ⅲ

土地等级	产量		投资	每担小麦的个别生产价格	利润		地租	
	担	元			担	元	担	元
A	2	60	50	30	$\frac{1}{3}$	10	0	0
B	4	120	50	15	$2\frac{1}{3}$	70	2	60
C	7	210	50	$8\frac{4}{7}$	$5\frac{1}{3}$	160	5	150
D	10	300	50	6	$8\frac{1}{3}$	250	8	240
合计	23						15	450

上述表Ⅲ说明：在土地仍只是A、B、C、D四级的情况下，每块土地的投资仍为50元不变，但产量提高了。A级土地从1担提高为2担，B、C、D也都提高为4担、7担、10担，总产量增加到23担。特别是由于A级土地产量由1担增加到2担之故，A级土地产品的个别生产价格由每担60元下降为30元，因而市场价格，即社会生产价格也下降为30元。这就是说，由于产量增加，引起每担小麦的市场价格下降，从而引起级差地租的变动。如与表Ⅰ相比，B级地租不变，C级由表Ⅰ的120元增加到表Ⅲ的150元，D级由表Ⅰ的180元增加到表Ⅲ的240元。这就是说，货币地租的量增加了。从实物地租来说，B、C、D级土地，由表Ⅰ的1担、2担、3担增加到表Ⅲ的2担、5担、8担、即由表Ⅰ的总量6担增加到表Ⅲ的15担。这就是说，实物地租的量也增加了。

上述假定是完全合理的。因为它说明，“农业的改良在各级土地上产生的效果是不同的”。改良在较好的和最好的土地上比在最坏或较差的土地上发生的作用大，增加的产量多。“因此，在投资相等时，产量的差额将增大，从而级差地租也将增大。”上述假定同时也说明，随着总产量的增长，总需求也同时增长。如总产量由表Ⅰ的10担增加为表Ⅲ的23担，社会上对产品的总需求也应该是23担。如果总需求不是23担，而只是21担，则A级土地将退出生产，社会生产价格就不能由A级土地的产品的个别生产价格来决定，而将由 B 级土地的产品的个别生产价格来决定，整个级差地租又将会发生新的更大的变动了。

以上述三个表作比较，可以得出如下结论：

第一，序列在完成时总好像是一个下降的序列，因为人们在考察地租时，总是从提供最多的地租的土地出发，然后才谈到不提供地租的土地。但实际情况并不完全是这样。

第二，“不提供地租的最坏土地的生产价格，总是起调节作用的市场价格”。这就是说，农产品的社会生产价格，不是由平均的生产条件决定，而是由劣等地的生产条件决定的。这是以农产品的供给和需求相一致为前提。如果 B、C、D 级土地产品的数量能够满足社会上的需求，A 级土地就会退出耕种，A 级土地产品的个别生产价格就会失去调节作用。

第三，暂时把土地的位置这个因素撇开不说，“级差地租是由于农耕发展各个阶段的各级土地自然肥力的差别而产生的”。“就是说，它的产生是由于最好土地面积有限，是由于等量资本必须投在对等量资本提供不等量产品的不同的各级土地上”。

第四，级差地租和已划为某一等级的级差地租的分等情况，可以由较好土地到较坏土地的序列形成，也可以由较坏土地到较好土地的序列形成，“还可以按两个方向相互交叉的序列形成”。

第五，在土地价格不变、上涨、下降时都可以形成级差地租。

以上结论推翻了威斯特、马尔萨斯、李嘉图等人的错误假定。“按照这个错误的假定，级差地租必然是以耕种越来越坏的土地或农业肥力越来越下降为前提的。”实际情况并非如此。以上三个表证明：由较坏土地转到越来越好的土地会产生级差地租，当较好土地代替以前的较坏土地而处于最低等级时，也能产生级差地租。级差地租的形成，不一定按照由好到坏的序列。只要不同土地具有不同的自然肥力，产生不同的土地等级，就会产生级差地租。所以“它的条件只是土地等级的不同”。生产的发展，技术的改进，土地总面积的绝对肥力的提高，只会使这种等级扩大、缩小或不变，但不会消除这种等级的不同。从第 743 页第 3 段到第 744 页第 3 段，马克思还进一步论证：不论农产品的价格如何变化，级差地租还是存在的；而且在耕地扩大时，级差地租总额还会增加；同时还论证：18 世纪以来，在农产品价格时涨时跌的情况下，土地耕种的序列也不是完全由优等地到劣等地，上升的序列也是存在着的。

（二）关于农产品中的虚假的社会价值

第 744 页第 5 段到第 745 页第 1 段，马克思专门分析了农产品中的虚假的社会价值问题。

首先，什么是虚假的社会价值？这个问题，不仅在第一卷第一篇没有研究过，即使在第三卷第十章也没有研究它，因为这里所研究的虚假的社会价值，主要存在于农产品中，一般地说，在工业中是不存在的(至于矿山也有虚假的社会价值，那是特殊情况)，所以马克思在研究级差地租时才对它进行分析。

简单地说，虚假的社会价值，是指农产品中的个别生产价格和社会生产价格之间的差额部分。从量的方面看，相当于级差地租的量，从质的方面看，也就是提供为级差地租的那部分价值。为了具体地说明这个问题，列表如下：

土地等级	产量（担）	每担的社会生产价格（元）	每担的个别生产价格（元）	全部产品的社会生产价格（元）	全部产品的个别生产价格（元）
A	1	60	60	60	60
B	2	60	30	120	60
C	3	60	20	180	60
D	4	60	15	240	60
合　计	10			600	240

上表说明，共生产小麦 10 担，其个别生产价格为 240 元，每担小麦的个别生产价格为 24 元，这是“实际平均价格”；但每担小麦要按照 60 元的社会生产价格（即市场价格）出卖，10 担小麦的社会生产价格共为 600 元；这就是说，全部产品要比它的个别生产价格贵 360 元出卖，即贵 250%，或两倍半出卖。这种由社会生产价格（市场价格）高于个别生产价格的 360 元，形成了虚假的社会价值。

其次，为什么会在农产品中出现一个虚假的社会价值呢？“这是由在资本主义生产方式基础上通过竞争而实现的市场价值所决定的；这种决定产生了一个虚假的社会价值。这种情况是由市场价值规律造成的”。这就是说，虚假的社会价值是由于资本主义生产方式和价值规律发生作用的结果。在资本主义生产方式下，由于土地有限，特别是优等地更加有限，土地一旦被某些资本家垄断经营以后，其他的资本就不能自由移入，从而就会使超额利润固定化。由于土地的资本主义经营垄断，好地和较好地的农产品不能满足社会的需要，因此中等地和最坏的土地也要投入耕种，这就使农产品的市场价格，即社会生产价格由最坏土地产品的个别生产价格来决定。这就是说，由于供求之故，引起农业部门内部的竞争，使各级土地的农产品都按最坏土地产品的个别生产价格所决定的社会生产价格出售，从而产生个别生产价格和社会生产价格之间的差额，形成虚假的社会价值。由此可见，虚假的社会价值的形成，和农业中的资本主义经营的垄断有关。

那么，这种虚假的社会价值的产生，是否违反或破坏了价值规律呢？完全不会。恰恰相反，它正是由价值规律发生的。这是因为，市场价值的决定不是个人的行为，而是一种社会行为。同样，农产品的社会价值或社会生产价格，也不是由个别生产者的个别生产价格或个别价值决定，而是由一种社会行为决定的。“这种行为必然是以产品的交换价值为依据，不是以土地及其肥力的差别为依据。”“同种商品的市场价格的等同性，是价值的社会性质在资本主义生产方式的基础上，以及一般说来在一种以个人之间的商品交换为基础的生产基础上借以实现的方式。”这就是说，这种虚假的社会价值，还是依赖价值规律，在市场上按照社会价值或社会生产价格来交换，社会价值高于个别价值的结果。

再次，为什么把它叫做虚假的社会价值呢？为什么不简单地称为“社会价值”，而要加上“虚假”二字呢？这是因为：“被当作消费者来看的社会在土地产品上过多支付的东西，社会劳动时间实现在农业生产上时形成负数的东西，现在对社会上的一部分人即土地所有者来说成了正数。”这就是说，从消费的观点看，对农产品的支付是过多了，即不是对一担小麦支付 24 元，而是支付 60 元，这种支付过多的部分，对社会劳动时间在农业生产的实现（指支出）本来是负数的，即社会并没有支出这么多的劳动时间。如以十担小麦而言，社会只是支出了相当于 240 元的劳动时间，并没有支出相当于 600 元的劳动时间（－360 元）；但对土地所有者来说，却成为正数的东西，即收入 360 元（即＋360 元），这 360 元就成为级差地租了。可见，这部分价值，实际上耗费的劳动总数较少，但在价值关系中被还原成为社会劳动的总量则较多，这个差额不会被抵消，于是在形式上出现了一个虚数。从这个意义上说，把它叫做虚假的社会价值。

为了便于理解农产品的这种虚假的社会价值，还可与工业品的社会生产价格作比较。一般地说，工业品的社会生产价格是由中等生产条件下生产的个别生产价格来调节的，个别企业因个别生产价格低于社会生产价格而产生的超额利润，只是暂时的、不固定的。随着多数资本家生产条件的改进，劳动生产率的普遍提高，社会价值或社会生产价格就会发生变化，原来产生的超额利润就会消失。在农业中则不同，由于资本主义对土地经营权的垄断，农产品的社会生产价格由劣等地生产的农产品的个别生产价格决定，由此出现的个别生产价格和社会生产价格之间的差额形成超额利润。这种超额利润不仅是永久性的，而且是固定性的。因为农业中的土地已被垄断，要扩大经营已经没有土地了。这时候如果不耕种劣等地就不能满足社会对农产品的需要，因而这部分超额利润一直存在着，并转化为地租。正是由于上述农业的特点，农产品的社会生产价格总是高于个别生产价格，而且随着资本主义的发展，有日益提高的趋势，这种提高，就是表现在级差地租的提高上。

至此，我们就可以理解，马克思称之为虚假的社会价值，归根结底，就是说，它是由土地的资本主义经营垄断形成的，是社会生产价格高于个别生产价格之间的差额，是农业中的资本主义关系的必然表现。我们不能把虚假的社会价值理解为社会生产价格或社会价值之外的东西，实际上，它是包含在社会生产价格或社会价值之中的；更不能单纯从文字上理解，把它看成是一种虚构的东西，这个价值部分是客观地存在着的。这个虚假的社会价值，是在资本主义商品生产的条件下，价值规律在农产品上发生作用的表现。因为它证明，农产品的社会价值，不是由农产品生产者的个别劳动时间来决定，而是由社会必要劳动时间来决定。

最后，还要注意这种虚假的社会价值的历史性。马克思指出，“如果说，维持现在的生产方式，但假定级差地租转归国家，土地产品的价格在其他条件相同时就会保持不变，当然是正确的”。这就是说，虚假的社会价值，是由资本主义对土地的经营垄断产生的，如果资本主义的土地私有权已不存在，实行土地国有化，即把土地收归资产阶级的国家所有，只要土地经营权的垄断继续存在，还会有级差地租，因而还会有虚假的社会价值。马克思又指出，“但如果说，在资本主义生产由联合体代替以后，产品的价值还依旧不变，却是错误的”。这就是说，在生产资料公有制的社会主义社会里，市场价值规律在农产品上失去作用，那么，上述级差地租将不再存在，虚假的社会价值也就不再存在了。所以马克思说：“如果我们设想社会的资本主义形式已被扬弃，社会已被组成一个自觉的、有计划的联合体，10 夸特就会只代表一定量的独立的劳动时间，而和 240 先令内所包含的劳动时间相等。因此，社会就不会按产品内所包含的实际劳动时间的二倍半来购买这种土地产品；这样，土地所有者阶级存在的基础就会消失。”

关于社会主义社会有否级差地租的存在，曾经是学术界争论的问题。有的人说有，有的人说没有。主张没有级差地租的人，往往引用马克思的上述论断为根据。我认为，在当前我国社会主义初级阶段，级差地租仍然是存在的。马克思上述论断指的社会主义社会，和他在别的一些地方所说的社会主义社会一样，都是指生产力高度发展的条件下，商品、货币已不存在的那种高级形态的社会主义社会。我国现在所处的社会主义社会，生产力水平还不太高，还要大力发展商品生产和商品交换，利用货币、价值、价格等经济杠杆来建设社会主义。在商品生产和商品交换存在的条件下，价值规律仍然要发生作用，因而级差地租也有存在的必然性。至于对社会主义制度下的级差地租的原因、性质等一系列理论的探讨，那是需要另行研究的问题。[①]

---

① 对这些问题，可参阅陈征：《社会主义城市地租研究》，福建人民出版社 2017 年版。

（三）关于地租总额和平均地租率的变动

为了进一步研究级差地租Ⅰ在数量上的变化趋势，马克思又分析了地租总额、平均地租和平均地租率的问题。

所谓地租总额，也就是总耕地面积的总地租，这是指全部地租的总和。所谓平均地租，就是以“地租总额除以耕地的英亩总数”①。如地租总额是2000元，耕地面积总共100亩，则每亩平均地租为20元。所谓地租率，就是地租和所投资本之间的比率。如对某块耕地的投资1000元，收入地租50元，则地租率是5%。至于平均地租率，则是地租总额在农业投资总额之间的比率。如农业投资总额为10000元，地租总额为500元，则每亩的平均地租率就是5%。在资本主义农业生产的发展过程中，地租总额的变动往往会伴随着各种情况不同的地租率的变动。马克思所着重揭示的，就是在不同的情况下地租总额和地租率的变化的规律。通过这些规律的揭示，从而论证资本主义级差地租在数量上变化的发展趋势。

为了说明方便起见，第746至747页，马克思制作了四个表，我们先来看看这四个表，然后再进一步对比分析。

表Ⅰ

土地等级	亩	生产费用（元）	产量（担）	谷物地租（担）	货币地租（元）
A	1	3	1	0	0
B	1	3	2	1	3
C	1	3	3	2	6
D	1	3	4	3	9
合　　计	4		10	6	18

这是一个作为基数的对比用表。表Ⅰa着重说明：各级土地面积都增加一倍，即都由1亩增加为2亩，从而引起地租总额和地租率的变动情况。

① 《资本论》第3卷，人民出版社2004年版，第751页。

表Ⅰa

土地等级	亩	生产费用（元）	产量（担）	谷物地租（担）	货币地租（元）
A	2	6	2	0	0
B	2	6	4	2	6
C	2	6	6	4	12
D	2	6	8	6	18
合　计	8		20	12	36

表Ⅰb着重说明：耕地面积只在最坏的两级土地上扩大，即A级土地和B级土地都扩大为4亩，所引起的地租总额和地租率的变动情况。

表Ⅰb

土地等级	亩	生产费用（元）		产　量（担）	谷物地租（担）	货币地租（元）
		每亩	合计			
A	4	3	12	4	0	0
B	4	3	12	8	4	12
C	2	3	6	6	4	12
D	2	3	6	8	6	18
合　计	12		36	26	14	42

表Ⅰc着重说明：耕地面积在四级土地上有不同程度的扩大，但好的和较好的土地，即D级和C级土地扩大得较多，如C级增加为5亩，D级增加为4亩，所引起的地租总额和地租率的变动情况。

表Ⅰc

土地等级	亩	生产费用（元）		产　量（担）	谷物地租（担）	货币地租（元）
		每亩	合计			
A	1	3	3	1	0	0
B	2	3	6	4	2	6
C	5	3	15	15	10	30
D	4	3	12	16	12	36
合　计	12		36	36	24	72

现在我们就根据上述四个表来进行对比分析。

上述变动对地租总额的关系

第747页末段到第749页第2段，比较上述四个表中面积变动同地租总额的关系。

首先，以表Ⅰa同Ⅰ比较：A、B、C、D四级土地都由1亩增加为2亩，即扩大耕种的土地面积，都按同比例增加；总产量也由10担增加为20担，增加了一倍；谷物地租由6担增加为12担，货币地租由18元增加为36元，它们也都是增加了一倍。

其次，以表Ⅰb同Ⅰ比较：A、B级土地增加最多，由1亩增加为4亩，就是说，追加的耕地在坏地和较坏土地上增加得最多，虽然耕种的土地面积增加了两倍，即由4亩增加为12亩，但总产量并没有增加两倍（只是由10担增加为26担，即一倍半多一点），地租也没有增加两倍（谷物地租由6担增加为14担，货币地租由18元增加为42元）。这就是说，由于追加的耕地主要是坏地或较坏的土地，虽然土地面积增加了两倍，但产量和地租都没有按相同的比例增加。

最后，以表Ⅰc同Ⅰ比较：增加的耕地主要是C、D级土地，即好地和较好的土地，如C级增为5亩，D级增加为4亩，土地面积也同样增加两倍（由4亩增加为12亩），但产量却由10担增加到36担，谷物地租由6担增加到24担，货币地租由18元增加到72元。这就是说，由于追加的耕地主要是好地和较好的土地，土地面积增加了两倍，而产量和地租都增加两倍以上。

从以上的对比情况说明：在农产品社会生产价格或市场价格不变的情况下，只要是扩大耕地面积（不支付地租的A级土地除外），总会使地租总额增加。但是这种增加的情况是不同的。如果扩大的是好地，产量和地租都会比耕地面积扩大的比例增加得更多更快；如果扩大的是较差的土地，产量和地租都不会按耕地面积扩大的比例增加，而是增加得较少。这样就可看出："地租总额就同最坏土地和较坏土地在总耕地面积中所占的份额成反比"。这就是说，追加耕种的较坏的土地占耕地面积越多，增加的地租总额就越少；反之，追加耕种的较坏土地所占耕地面积越少，增加的地租总额就越大。"因而，也同等量资本投在相等的总面积上得到的产品总量成反比。"这就是说，追加的较坏土地所占的耕种面积的比例越大，同量资本取得的产品量就越少；反之，追加的较坏土地所占耕地面积的比例越小，同量资本所取得的产品量就越多。“因此，一国总土地面积内最坏耕地的量和较好耕地的量之间的比例关系对地租总额的影响，同最坏耕地的质和较好及最好耕地的质之间的比例关系对每英亩的地租的影响，因而在其他情况相同的场合对地租总额的影响，这两者是相反的。”这就是说，从量上看，坏土地所占比例越大，地租总额就越小；反之，坏土地所占的比例越小，地租总额就越大。从质上看，较坏土地的质与较好土地的质之间相差的比例越大，地租总额就越多（因为较好土地提供了较多的地租）；较坏土地的质与较好土地的质之间相差的比例越小，地租总额就越小（因为较坏土地提供的地租较少）。[①] 总之，不管怎样，只要在其他条件不变的情况下，耕地的扩大，都会引起地租总额的增加；但又由于扩大的耕地有好有坏，因而增加的地租量就有多有少。

上述变动对地租率的关系

第749页第3段到第751页第2段，论述上述四个表中面积变动同地租率的关系。

首先，以表Ⅰa同Ⅰ相比：耕地面积扩大一倍，地租总额增加一倍，地租率不变，仍然是180%。

其次，以表Ⅰb同Ⅰ相比：耕地增加两倍，但坏地和较坏土地增加较多，虽然产量和地租总额都增加了，但地租率却下降了，即由表Ⅰ的180%下降为表Ⅰb的140%。如果全部扩大只限于A级土地，地租率还会下降至60%。

再次，以表Ⅰc同Ⅰ相比：土地面积增加了两倍，其中增加较多的是C、D级好的和较好的土地，产量和地租总额都迅速增加，地租率则提高了，即由表Ⅰ的180%提高到240%。

由以上比较分析得出的结论

根据对以上四个表的比较分析，看它们对地租总额和地租率变动的影响，可以得出如下的结论。这就是：在农产品的社会生产价格不变时（即最坏土地产量不变，它的个别生产价格不变，由它所决定的社

① 例如：A地产量为1担，D地产量为8担，A与D之间，是1∶8的比例，由于D地产量高，提供了更多的地租，故地租总额就多。相反，如果D地产量只是4担，其相差比例是1∶4，显然与前者的1∶8的比例为小，因而D地提供的地租也少，地租总额也就小了。

会生产价格也不变)，在各级耕地的肥力不变时，在各级耕地的相等亩数投资量不变，以及产量不变时，从而各级土地的地租和地租率也不变时，第一，只要耕地面积扩大，投资量增加，地租总额也会增加（如果增加的只是没有地租的最坏土地这种情况除外)。第二，由于地租总额增加，平均地租和平均地租率就会发生很大的变化，“虽然二者变化的方向相同，但是彼此的比例不同”。这是由追加的耕地面积是好地和较好土地还是坏地或较坏土地引起的。一种情况是，不管追加的耕地面积是多少，只要追加耕种的土地在各级土地的总面积中所占比例不变，按每亩计算的平均地租和平均地租率就都不变；另一种情况是：如果追加的较坏耕地的面积在总面积中所占的比例较多，虽然产量和地租总额都会增加，但按每亩计算的平均地租和平均地租率都会降低；又一种情况是，如果追加的好地和较好地的面积在总面积中所占的比例较多，不仅产量和地租总量会迅速增加，而且按每亩计算的平均地租和平均地租率就会相应地提高。可见，地租率的提高或降低，在产量和地租总额增加的情况下都可以发生，主要是由追加耕地中是好地和较好土地所占的比例多，还是较坏土地所占的比例多而定。

级差地租不是由土地绝对肥力决定，而是由不同肥力之间的比率决定

第 752 页第 2 段，马克思着重指出：那种认为级差地租是由土地的绝对肥力决定的观点是错误的。实际上，级差地租是由各级土地不同肥力之间的比率决定的。

如果仅仅从统计学的观点看，每亩平均地租以及地租总额，好像是由土地的肥力决定的。这是因为：较好土地在耕地面积中所占的比例越大，等面积上的同量投资所得产品产量就越大，因而，每亩平均地租也越大；反之，则相反。其实，这是错误的。如果这个说法是正确的话，“级差地租的规律就被抛弃了”，级差地租的理论也就不存在了。为什么呢？如前所述，级差地租是个别生产价格与社会生产价格之间的差额，最坏土地的个别生产价格决定社会生产价格，不提供级差地租。如果按照上述看法，土地肥力产生级差地租，每亩土地都有一定的肥力，也都能产生级差地租，A 级土地不产生级差地租的这个理论前提就被推翻了，那么，就无法论证级差地租是个别生产价格和社会生产价格之间差额，级差地租的原理、规律就都被彻底否定了。可见，认为每亩地的绝对肥力都能提供级差地租的观点是错误的。

实际上，级差地租不是由每亩土地的绝对肥力决定的，而“是由各级土地在总耕地面积中所占的比例数决定的”，或者说，“是由所用总资本在各级土地之间的分配决定的”。如上表：A 级土地不提供地租，B、C、D 有不同比例的肥力，因而提供不同的级差地租。这就可以看出，级差地租的多少，是由不同肥力的土地在耕地的总面积中所占的比例多少而决定的。如果优等地在耕地总面积中所占比例大，则产量高，地租总额大，地租率高；反之，如果劣等地在耕地总面积中所占的比例大，如A，就不提供地租，如 B，只提供少量地租，因而产量低，地租总额小，地租率低。可是奇怪得很，这个事实竟被人们完全忽视了。

最后，马克思还指出，在其他条件相同的情况下，每亩的平均地租和平均地租率，“可以由于耕作的单纯粗放的扩大而提高或降低”。这就是说，如果扩大的耕地是优等地，平均地租和平均地租率就会提高；如果扩大的耕地是较差的土地，平均地租和平均地租率就会降低。这也就是说，平均地租和平均地租率的提高或降低，要由扩大的耕地是好地还是较差的土地来决定。在这里马克思揭示了平均地租率提高或降低的根本原因，也就揭示了平均地租率变化的规律性。

（四）对级差地租Ⅰ的补充说明

第 753 页第 2 段到第 758 页，马克思对级差地租Ⅰ作了四点补充说明。马克思还指出，这四点补充说明对级差地租Ⅱ也是适用的。

未耕地的土地价格是由同等的已耕地的土地价格决定的

第一点补充说明：各种质量的未耕地价格，是由具有相同质量和相同位置的已耕地的土地价格决定的。谁都知道，没有耕种过的土地，既没有劳动在其中对象化，不形成价值，又没有收取过地租，为什么这种土地也有价格呢？第一，土地价格不过是资本化的地租。已耕地的价格，“也只是未来的地租”。如以利息率 5%为例，投资 2000 元，可得利息 100 元；如用这 2000 元购买已耕地 1 亩，可得 100 元的地租，则该亩地价就是 2000 元；同样，用 2000 元购买 1 亩未耕地，也能取得 100 元地租。可见，用 2000 元购买土地，不论是已耕地或未耕地，都同样能取得 100 元的地租。因为土地价格是地租资本化的结果，都是由未来的地租决定的。第二，未耕地的价格由已耕地的价格决定，“只是已耕地上的投资及其结果的一种反映”。“所以，对未耕地部分来说会形成一个名义价格，并且这种未耕地会变成一种商品”。因为未耕地虽然原来不是商品，没有价值，但在资本主义的生产方式下，由于已耕地作为商品可以买卖，因而同等的未耕地也具有名义价格，可以买卖了。这种情况所以会发生，是由于资本主义土地私有权的结果。土地所有者凭借对未耕地的占有，把它租出，可以收取地租；也可以把它出卖，取得地价，使它变为取得财富的一个源泉。第三，随着资本主义发展，已耕地的土地价格在提高，因而未耕地的土地价格也就相应地提高。这是已耕地价格在未耕地价格上的反映，因为归根到底，未耕地的土地价格是由同等的已耕地的土地价格决定的。总之，马克思在这点补充中着重说明：未耕地的土地价格的确定问题，这种地价的实质，即名义价格问题，以及它随资本主义的发展而不断提高的问题。

向较坏土地投资，并不是无条件的

第二点补充说明：从耕作顺序看，可以是从较好土地到较差土地，也可以是从较差的土地到较好的土地，也可能是二者交错地进行。但是必须指出，随着资本主义发展，农产品价格上涨，农产品的需要量增加，因而使耕种的顺序向较坏土地上扩大。但是，这种情况不是绝对的，无条件的。农产品的价格上涨，只是向较坏土地扩大的原因之一，还有其他的条件和原因，引起人们去耕种较坏的土地。马克思在这里着重指出了两种可能的情况。其一是：较坏的土地虽然自然肥力较差，但可能它的位置较好，因此，和那种肥力较好但位置较差的土地相比，它也可能优先被人利用。因为“在年轻的国家中，位置对于耕地的扩大是具有决定意义的”。另一是：较好的土地与较差的土地可能互相连接，夹杂在一起。以前，为了利用好地，不得不把夹杂在较好土地中的较坏土地也利用了，否则，好地就不能开发和利用。现在，要利用较差的土地，但也有好地夹杂在其中。这些好地，过去被较差的土地包围不好利用，现在利用这些较差土地时，这种好土地才能得到利用。可见，利用土地的顺序不能绝对化，也不能把农产品价格上涨看成是利用较差土地的唯一条件。第 754 页第 3 段到第 755 页第 2 段，马克思以美国的实际情况，对上述看法进行了例证。

殖民地等落后国家农产品出口价格较低的原因

第三点补充说明：一般说来，殖民地和资本主义不发达国家，农产品的出口价格比较低。这并不是因为那里的土地有较大的自然肥力，也不是因为那里的劳动特别富有成效，而是因为宗主国的殖民政策，按不等价交换。“在那里，谷物不仅低于它的价值出售，而且低于它的生产价格，即低于由较古老的国家的平均利润率决定的生产价格出售。”这就是说，在那里，农产品的出口价格不仅在价值以下，而且在生产价格以下，这是由殖民政策所造成的结果，并不是由土地肥力所决定的。如果认为殖民地农产品出口价格低，是因为那里的土地肥沃，显然是错误的。有些殖民地生产了某种大量的农产品，这并不是由于土地肥沃，而是由于他们的劳动，从而体现他们劳动的剩余产品，“具有一种片面的形式”。至于有些新开垦的土地，虽然并不肥沃，但因为过去从来没有耕种过，“已在土壤表层积累了许多易溶解的植物养料”，以致粗放经营也能取得好收成。在这里，并不是由于土地肥力特别大，而是因为粗放耕作的土地面积很大，“这里起决定作用的，不是土地的质，而是土地的量”。质，指土地的自然肥力；量，指耕作的土地面积。马克思以纽约、密歇根、加拿大等某些地区的情况作例证，说明：这些地方农产品的出口量很多，并不是由于土地肥力生产了许多产品，而是由于大面积的粗放耕作。实际上，移民首先投入耕种的，并不一定是肥沃的土地，相反，却往往是位置较近的天然贫瘠的土地，“在缺少资本时，也不得不这样做”。

在各级土地上扩大耕地面积，从来不是以谷物价格的上涨为前提

第四点补充说明：在各级土地上扩大耕地面积，从来不是以谷物价格的上涨为前提。这是因为：在资本主义条件下，农业资本家必须不断地积累资本，不断地扩大生产，才能“在市场上占到尽可能大的地盘”，从而取得大量利润。为此，他就必须不断地扩大耕地面积，即使是在农产品价格不变的情况下，耕地面积也会随着资本主义发展而不断扩大。以前曾经说过，随着资本主义发展，对农产品的需求增加，引起农产品的价格上涨，使劣等地也能投入耕种，那是从发展过程来进行分析的。至于扩大耕作面积的直接原因，并不是以农产品价格的上涨为前提，这是由资本主义再生产的实质所决定的。这是从两个不同角度出发来分析问题，不能混为一谈。

■ 从级差地租Ⅰ的形成过程看，有没有否定马克思的劳动价值理论，或与劳动价值理论相矛盾，这是必须弄清楚的问题。

首先，必须注意：级差地租Ⅰ的源泉，并不是土地的自然肥力，而是劳动者所提供的劳动。土地不能创造价值和剩余价值，肥沃的土地当然也不能创造价值和剩余价值，正如机器不能创造价值和剩余价值一样。土地的不同肥力，正如不同机器具有不同的生产率，只是生产的条件。如果在较好的生产条件下劳动，劳动的自然生产率就高，在一定时间内就能生产出大量的产品；反之，如果在较差的生产条件下进行同样的劳动，如使用陈旧的机器，或在贫瘠的土地上耕种，劳动的自然生产率就低，在一定时间内只能生产出相对少量的产品。但是，不管生产条件是好是坏，如果没有人类劳动的投入，是不能生产出产品或商品来的。所以，级差地租不是由各级土地的绝对肥力所产生，而是由不同肥力之间的比率所决定。我们不能把土地的自然肥力这个形成级差地租的客观因素，当成是产生级差地租的源泉。

其次，必须注意：和工业品的社会生产价格的决定不同，农产品的社会生产价格是由劣等地的个别生产价格决定的，由此而产生的个别生产价格和社会生产价格的差额，形成级差地租。这种情况，是劳动价值理论在农业生产上的应用，绝不是对劳动价值理论的违反。因为在这里：第一，不管是农产品还是工业品，其价值都是社会的抽象劳动在产品中的凝结和对象化；第二，它们的价值量都不是由个别劳动时间决定，而是由社会必要劳动时间决定，社会必要劳动时间又都是以当时主客观的生产条件为转移；第三，不管是工业品的市场价格或农产品的市场价格，都是以社会价值或由此转化而来的社会生产价格为转移。这就说明，它们都是以劳动价值论为基础的。所不同的只是，在农业中，由于土地有限，存在着土地所有权和土地经营权的垄断，不像工业中可以把资本自由转移，因此除平均利润外，还能取得超额利润。这是由资本主义农业的生产关系决定的。所以，研究资本主义的级差地租，既要依据劳动价值理论，又要根据资本主义农业生产关系的特点，进行具体分析，在农业中应用和发展劳动价值理论，从而揭示资本主义地租的实质。

第 四十 章

级差地租的第二形式

(级差地租Ⅱ)

以等量资本投在面积相同的土地上，由于土地的自然肥力不同、位置远近不同而产生的超额利润转化成为地租，这是级差地租的第一形式，在上一章中已经研究过。本章着重研究级差地租的另一种形式，即级差地租的第二形式。这就是，把同等数量的资本，不是投在不同等级的土地上，而是连续投在同一块土地上，由此产生了不同的生产率。由于农产品的社会生产价格是由A地的个别生产价格决定的，只要这种因追加投资而产生的不同的生产率，比A地的生产率高，就仍然会因此取得个别生产价格低于社会生产价格的超额利润，并转化为级差地租，这就是级差地租的第二形式。可见，级差地租Ⅰ的产生，是由于各个资本投入不同的土地上从而具有不同生产率的结果；级差地租Ⅱ的产生，则是各个资本投入同一块土地上从而具有不同生产率的结果。

(一) 为什么把级差地租区分为Ⅰ、Ⅱ两种形式

级差地租实质上终究只是投在土地上的等量资本所具有的不同生产率的结果

作为级差地租，不管是第一形式还是第二形式，实质上都是一样的。从级差地租Ⅰ来看，把同样的50元资本分别投在土地的自然肥力不同的A、B、C、D四级土地上，从而形成各级土地的不同的生产率，生产出不同的产品量，其中，除A级土地不提供超额利润以外，B、C、D级土地都提供不等的超额利润，从而转化为级差地租Ⅰ。这就是说，级差地租Ⅰ是由于各个资本投在不同的土地上，从而具有不同的生产率所造成的结果。从级差

地租Ⅱ来看，假定200元的资本，不是分别投在A、B、C、D土地上，而是分四次投资，每次50元，都是投在B级土地上。每次投资所生产的产品量不同，从而形成不同的生产率。但是，农产品的社会生产价格是由A级土地的个别生产率决定的，因此，只要B级土地的连续追加投资所形成的不同的生产率，仍然高于A级土地的生产率，就仍然会出现个别生产价格和社会生产价格之间的差额，产生超额利润，并转化为级差地租Ⅱ。这就是说，级差地租Ⅱ是由于各个资本投入同一块土地上，从而具有不同的生产率所产生的结果。但是，不管是第一形式或第二形式，“级差地租实质上终究只是投在土地上的等量资本所具有的不同生产率的结果”。它们都是由农产品的个别生产价格低于社会生产价格之间的差额，产生超额利润，并转化为级差地租的。“资本各价值部分的超额利润和不同的超额利润率，在这两种场合都是按同样的方式形成的。地租无非是这个形成地租实体的超额利润的一种形式。”可见，级差地租Ⅱ和级差地租Ⅰ，在实质上是相同的。

在超额利润到地租的转化上，级差地租Ⅱ和级差地租Ⅰ是不同的

既然二者在实质上是一致的，那么，为什么又要把它们区分为级差地租Ⅰ和级差地租Ⅱ呢？当然，这种区分，不是本质上的区分，而是形式上的区分。这种区分，不仅表现在级差地租Ⅰ是由于土地的自然肥力和位置不同从而具有不同的生产率的结果，级差地租Ⅱ是由于在同一块土地上连续投资从而具有不同的生产率的结果，而且表现在由超额利润向级差地租的转化过程上，级差地租Ⅱ和级差地租Ⅰ有着显著的不同。超额利润转化为级差地租Ⅰ是没有困难的，因为土地的自然肥力和位置远近的差别，是明显地存在着，很容易确定的。对肥沃的土地和位置较好的土地收取较多的地租，在订立租约时就能够确定下来。这部分超额利润全部直接地转化为地租，归地主所有。至于级差地租Ⅱ则不同。它的超额利润是由于连续在同一块土地上投资所产生的结果，而连续投资是由租地经营的农业资本家来做的。连续投资能取得怎样不同的生产率，从而能够取得多少超额利润，在订立租约时是无法确定的。因此，在租约期限内，地租已经确定，不再发生变动，不断追加投资所取得的超额利润，就直接归租地经营的农业资本家自己所有，而不会转化为地租交给地主。只有在租约期满重新订立契约时，或土地所有者把土地转租给别人经营时，土地所有者才能采用增加地租的办法，使这部分用于土地改良的追加资本所获得的超额利润转化为地租。马克思说："后一个方法①会把这种转化限制在一方面更为狭小，另一方面更不稳定的界限内。"说它"更为狭小"，因为在租期内这种超额利润并不直接转化为地租；说它"更不稳定"，因为级差地租Ⅰ在签订租约时就已确定，是比较稳定的，而级差地租Ⅱ只有在租约期满时才能增加地租，至于增加的这个部分，也没有明确的具体的前提，这部分超额利润可能全部转化为级差地租Ⅱ，也可能是仅仅部分地转化为级差地租Ⅱ，所以它是"更不稳定"的。由于超额利润转化为级差地租Ⅱ时有上述特点，因而土地所有者和租地经营的农业资本家之间，围绕着租期长短问题上进行激烈的斗争。土地所有者力图把租期缩短，以便能较快地提高租金，增加地租收入；租地经营的农业资本家则要求把租期订得长一些，以便能使这部分超额利润在较长时间内为自己所有。他们之间围绕着租期长短所进行的斗争，实际上也就是争夺超额利润的斗争。

由此可见，虽然级差地租Ⅰ和级差地租Ⅱ都是由投在土地上的等量资本所具有的不同生产率的结果，在实质上是一样的，但它们在形式上却是有区别的。这种区别，直接关系到这部分超额利润是否直接、全部转化为地租的问题，而这种转化"具有重大的意义"，所以马克思从形式上把它们区分为级差地租Ⅰ和级差地租Ⅱ，并分别地进行说明。这样，既可看到它们在实质上的共同性，又可看到它们在形式上的差别性，以便于进一步揭示它们的运动变化的规律。

（二）级差地租Ⅱ和级差地租Ⅰ的关系

级差地租Ⅰ是级差地租Ⅱ的基础和出发点

第一，级差地租Ⅰ是级差地租Ⅱ的基础和出发点。这就是说，只有在"肥力和位置不同的各级土地的同时并行的耕种"，"农业总资本

① 指级差地租Ⅱ。

的不同组成部分在不同质的地块上同时并行的使用”的基础上（这是级差地租Ⅰ已经产生的具体表现），才会产生级差地租Ⅱ。不管是从历史上看，还是从级差地租Ⅱ的运动上看，级差地租Ⅰ都是先于级差地租Ⅱ而产生，并且是它的出发点和基础。首先，从历史上看，在资本主义发展的初期，由于资本积累有限，可以耕种的荒地又很多，当时，往往通过扩大耕地面积，进行粗放耕作，在这里，“并不是发生在资本在较小规模土地范围内的集中上，而是发生在较大规模的生产上”，因此，这个阶段的级差地租主要表现为第一形式。随着资本主义的进一步发展，人口大量增加，农产品的生产满足不了日益增长的需要，这时，未开垦的荒地又很少，这就要把资本集中在相对较小的土地上，在同一块土地上连续追加投资，进行集约耕作。这就是：“按照耕作的自然规律，当耕作达到一定的水平，地力已经相应消耗的时候，资本（在这里同时指已经生产出来的生产资料）就成为土地耕作的决定要素”。这个阶段的级差地租，不仅会表现为第一形式，而且也会出现第二形式，即表现为级差地租Ⅱ。由此可见，由级差地租Ⅰ到级差地租Ⅱ的发展，反映着资本主义农业发展的两个不同阶段，和资本主义生产不同阶段的绝对剩余价值和相对剩余价值的发展关系相类似。其次，从级差地租Ⅱ的运动上看，也是以级差地租Ⅰ为基础的。因为级差地租Ⅱ的运动，并不是在同等肥力的土地范围内进行的，而是在自然肥力不同、位置不同的各级土地同时并存地进行耕作的范围内进行的。在这个范围内，在同一块土地上进行连续投资从而有不同的生产率，还要以劣等地（A地）的个别生产价格所决定的社会生产价格为基础，与劣等地的生产率进行比较，才能得出不同的超额利润，并转化为级差地租Ⅱ。这就是：“级差地租Ⅱ的运动，在任何一定的瞬间，都只是出现在这样一个领域内，这个领域本身又是级差地租Ⅰ的形形色色的基础”。由此可见，不论从历史上看，还是从级差地租Ⅱ的运动上看，级差地租Ⅱ的基础和出发点都是级差地租Ⅰ。

在农业中，只要超过较低标准的平均资本量，就能取得超额利润

第二，农业中的标准的平均资本量是较低的，只要超过这种较低的平均资本量，就能取得超额利润。这就有可能使农业中资本总量的大部分，掌握在中小资本家手中。这是因为：

租地经营的农业资本家之间，所掌握的资本量是不同的，有的资本较大，有的资本较小。级差地租Ⅱ既是由于在同一块土地上连续追加投资取得的，那么，资本较大的农业资本可以达到这一目的，那些资本较小的农业资本家，能不能因此取得超额利润，并转化为级差地租Ⅱ呢？这个问题，只要把农业生产和工业生产相比就能看清楚。在工业中，每个生产部门的相同的企业，必须有一个最低限度的标准的平均资本量，如果没有达到这最低限度的资本量，就无法进行生产和经营；如果达到这个最低限度的资本量，只能取得平均利润。只有那些大于平均资本量的大企业，才能利用大企业生产的优点，使个别价值低于社会价值，取得额外利润。这就是说，在工业中，达到最低限度的标准的平均资本量的企业，是不能取得超额利润的。在农业中则不完全相同。因为农产品的社会生产价格是由经营劣等地（A 地）的生产条件决定的，而经营劣等地并不需要很大量的资本，因而最低限度的标准的平均资本量，是由能够经营劣等地这种生产条件所需要的资本量来决定，“用于农业的并且一般可以由农业支配的资本总量中的一大部分，就是掌握在这些生产者手中”。这就是说，租地经营的农业资本家，大部分是由中小资本家构成。他们虽然资本较小，但只要能达到最低限度的资本量，就能进行经营耕种，取得平均利润，如果稍高于这种最低限度的资本量，就能取得超额利润。除了 A 级土地外，对其他土地的投资都会有超额利润产生，都可由此转化成为级差地租Ⅱ。农业资本家的资本量越大，对土地的追加投资越多，他取得的超额利润就越多，转化为级差地租Ⅱ的部分也越多。可见，在农业中，不管是大资本占优势，还是小资本占优势，都可能取得超额利润和级差地租Ⅱ，所不同的，只是取得级差地租Ⅱ的量有大小不同而已。

但是必须注意，提高农业的劳动生产率是要具备一定的生产条件的，“被剥夺了实现生产率的各种社会的和物质的客观条件”的个体农民，虽然在小块土地上耗费了大量劳动，也是不能迅速提高劳动生产率，取得相当于超额利润的收入的。同样，如果在同一块土地上不断地追加资本，进行连续投资，但都是相同的生产率，这时，只能有因土地肥力不同而取得的级差地租Ⅰ，不能有因不同投资而产生的不同的生产率所取得的级差地租Ⅱ。这就是说，虽然连续追加投资，但由于都是相同的生产率，就不会产生级差地租Ⅱ。

（三）级差地租Ⅱ中超额利润形成的特点

如果仅从级差地租Ⅱ中的超额利润的形成过程看（暂时不考察这种超额利润如何转化为地租），有如下特点：

从级差地租Ⅱ中超额利润的形成过程看，级差地租Ⅱ只是级差地租Ⅰ的不同表现

第一，从级差地租Ⅱ中超额利润的形成过程看，级差地租Ⅱ只是级差地租Ⅰ的不同表现。这是因为，在级差地租Ⅱ的场合，在投资相等时，土地仍然显示出不同的肥力，“不过，在这里一个资本分成几个部分相继投在同一土地上所完成的事情，也就是级差地租Ⅰ的场合下社会资本各等量部分投在各级土地上所完成的事情”。如果我们用图表来说明级差地租Ⅱ，只要把说明级差地租Ⅰ的表改变一下投资方法就行了。例如，把级差地租Ⅰ的四个租地农业资本家各投资 50 元于 A、B、C、D 级土地上，改为一个租地农业资本家把资本 200 元分四次投资在同一块土地上（假定对 D 级土地投资），就会取得相同的结果。可以第 735 页表Ⅰ为例，修改如下：

在同一块土地上的投资	投资（元）	产量（担）	产品的个别生产价格（元）	产品的社会生产价格（元）	谷物地租（担）	货币地租（元）
第一次投资	50	4	60	240	3	180
第二次投资	50	3	60	180	2	120
第三次投资	50	2	60	120	1	60
第四次投资	50	1	60	60	0	0
合　　计	200	10	240	600	6	360

从上表可以看出：第四次投资，只生产一担小麦，该担市场价格仍以 A 地个别生产价格决定的社会生产价格为标准，为 60 元，除收回投资 50 元之外，还可取得 10 元平均利润。这时，不产生超额利润，不形成级差地租。但是，在第一、二、三次投资时，有不同的生产率，取得不同

的产品量，而这些产品，都要按照以 A 地决定的社会生产价格出售，都会取得不同的超额利润（如表中的第一次投资，超额利润为 180 元，第二次投资超额利润为 120 元，第三次投资超额利润为 60 元）。在这里，超额利润的形成，也是因农产品按 A 地决定的社会生产价格出卖，取得个别生产价格低于社会生产价格的差额的结果。这种情况，和级差地租Ⅰ的超额利润的产生是相同的。所以说："级差地租Ⅱ只是级差地租Ⅰ的不同的表现，而实质上二者是一致的"。这种不同的表现，只是把对不同土地的分别投资改为对同一土地的连续投资所产生的不同生产率的结果而已。

在级差地租Ⅱ的形成上，会产生复杂的各种组合

第二，在级差地租Ⅱ的形成上，会产生复杂的各种组合。李嘉图不懂得各种组合的复杂情况，片面地认为，追加投资会使生产率下降，从而引起农产品的生产价格上涨，相应地引起工资的提高和利润率的下降，导致级差地租的产生。他把这种情况说成是"通例"，即形成级差地租的通常的情况。其实，"级差地租，特别是在它的同第Ⅰ形式联系在一起的第Ⅱ形式上，会引起多么复杂的种种组合"。李嘉图所说的这种情况，即"级差地租Ⅱ，在连续投入的几个资本的生产率下降的场合，只有当这些投资只能投入最坏土地 A 的时候，才必然会引起生产价格的上涨和生产率的绝对降低"，只是一种例外的情况，并不是通常的情况。在通常的情况下，在同一土地上进行连续投资，进行集约化耕作，主要是或在较大程度上是在较好土地上进行的。在较好的土地中，包含着大量的待利用的自然肥力要素，进行连续投资的结果，虽然连续投资的收益会比第一次投资下降（如上表，第一次投资产量为 4 担，第二次为 3 担，第三次为 2 担），但也不会绝对下降到最坏土地（A 地）的收益以下，所以，第一、二、三次投资都可取得超额利润，只是由于投资的生产率不同，取得的超额利润也不同而已。所以，在这种情况下，既不影响超额利润，也不影响起调节作用的社会生产价格。可见，只要追加投资的生产率不低于最坏土地（A 地）的生产率，农产品的社会生产价格不变，价格不致上涨，利润率也不致下降，在这种情况下，级差地租Ⅱ不仅会产生，而且级差地租总额仍然会增长。只有当追加投资的生产率比最坏土地（A 地）的生产率更低，而对农产品的需求又大大增加，农产品的社会生产价格，就不再由 A 地的生产率来决定，而是由比 A 地更低的生产率来决定，社会生产价格才会上涨，利润率才会下降，这时，也会引起级差地租的发生。可见，在级差地租Ⅱ的形成上，可以有复杂的多种组合。李嘉图舍去其多种复杂情况，把其中的一种例外的情况作为通常的情况，片面地认为，级差地租Ⅱ只有在生产价格上涨时才会形成。其实，在生产价格上涨、下降、不变时，都可能形成级差地租。李嘉图的错误，是一种以偏概全的片面性错误。

除了农产品的产量不能满足需要，必须耕种比 A 地更坏的土地，从而引起社会生产价格下降以外，“追加资本的生产率的按比例的下降，则不会影响起调节作用的生产价格和利润率”。此外，马克思指出，还可能有如下三种情况：

一种情况是：如果在 A、B、C、D 任何一级的土地上追加投资，只能取得 A 地的生产率，则对该地的投资，只能提供同 A 地一样的由生产价格所提供的平均利润，不会提供超额利润，不会形成任何可能的地租。

另一种情况是：“如果追加的资本提供较高的产量”，“只要起调节作用的价格保持不变”，即社会生产价格不变，“就会形成新的超额利润”，从而有可能形成级差地租。但是，如果这种追加生产把 A 级土地从耕地中排挤出去，这时，调节市场的社会生产价格就会下降。如果由此引起工资下降，利润率就会提高。如果是在最好的土地 C 和 D 上追加资本，“那么，价格的下跌和利润率的提高会以怎样的程度同更大的超额利润（也就是更大的地租）的形成结合在一起，这就完全取决于新追加的资本的生产率提高的程度和新追加的资本的数量”。

再一种情况是：如果追加的投资使超额利润减少，但提供的产量超过 A 地而形成余额，那么，只要这种增加了的供给不致把 A 级土地从耕地中排挤出去，A 级土地仍然决定社会生产价格，这时候，追加投资在一切情况下都会提供超额利润。相反，如果追加投资的产量已能满足社会需要，就会把 A 地从耕地中排挤出去，起调节作用的社会生产价格就会下降，这时，超额利润从而级差地租是增加还是减少，就要看农产品每担价格的减少和形成超额利润的农产品担数的增加这二者之间的比例而定。例如，一次追加投资 50 元，增产 2 担，每担社会生产价格由 60 元降为 50 元，2 担共减少收入 20 元；但由于 2 担出售后，可得 100 元，减去投资 50 元和平均利润 10 元，仍可得额外利润为 40 元。这就是说，从农产品生产价格看，减少了 20 元，从追加投资，增产 2 担，其中 1 担形成超额利润部分看，如果生产价格不变（60 元），可收得 60 元；如果生产价格下降 10 元，仍可取得超额利润 40 元。这就是说，在农产品生产价格下降的情况下，由于增加产量中形成超额利润部分超过了社会生产价格下降的部分，超额利润和级差地租仍然会增加。

总之，追加投资引起超额利润的减少，除了特殊的例外情况，在一般的正常情况下，决不会必然同生产价格的上涨和利润率的下降结合在一起，这又再一次证明：李嘉图关于级差地租形成的观点是错误的。

（四）级差地租的两种形式之间的本质区别

现在我们来谈谈级差地租的两种形式之间的本质区别。这种本质区别表现在平均地租和平均地租率变动的区别上。在级差地租Ⅰ的场合，假定生产价格不变，土地级差的肥力不变，“每英亩的平均地租或按资本计算的平均地租率，可以同地租总额一起增加”。这就是说，随着地租总额增加，平均地租和平均地租率都会增加。在级差地租Ⅱ的场合，在相同的假设下，平均地租虽然增加，但平均地租率可以保持不变。为了说明上述情况，列表如下。

	土地种类	土地数（亩）	投资（元）	产品（担）	谷物地租（担）	货币地租（元）	平均地租（担）	平均地租率
初次投资	A	1	2.5	1	0	0		
	B	1	2.5	2	1	3		
	C	1	2.5	3	2	6		
	D	1	2.5	4	3	9		
	合计	4	10	10	6	18	1.5	$\frac{18}{10}$

续表

	土地种类	土地数（亩）	投资（元）	产品（担）	谷物地租（担）	货币地租（元）	平均地租（担）	平均地租率
投资增加一倍	A	1	5	2	0	0		
	B	1	5	4	2	6		
	C	1	5	6	4	12		
	D	1	5	8	6	18		
	合计	4	20	20	12	36	3	$\frac{36}{20}$

从上表可以看出，由于投资增加了一倍，结果是，谷物地租和货币地租都增加了，即由 6 担增加为 12 担，由 18 元增加为 36 元；从而平均地租也增加了，即由一担半增加为 3 担；平均地租率却没有发生变化，原来是$\frac{18}{10}$，即 180%，投资增加了一倍后，是$\frac{36}{20}$，仍然是 180%。每一级土地的货币地租和在它上面所投资本之比，也是这样。接着，马克思还列举数字说明了，“在超额利润率下降，从而地租率下降时，也就是说，在那些仍旧提供地租的追加投资的生产率下降时，也能发生同样的情况”。

那么，为什么在上述级差地租Ⅰ的场合，平均地租率发生变化，在级差地租Ⅱ的场合，平均地租率却不变呢？因为级差地租Ⅰ是在不同的土地上投资，投资的增加同耕地面积的扩大相一致；级差地租Ⅱ是在同一块土地进行连续的追加投资，投资的增加不会引起耕地面积的扩大。这就是说，它并不和耕地面积的扩大相一致。正是由于级差地租Ⅰ和级差地租Ⅱ有这个本质区别，因而就在平均地租和平均地租率变动的不同情况上反映出来。

■ 马克思指出，“级差地租Ⅱ只是级差地租Ⅰ的不同的表现，而实质上二者是一致的”①。不管是级差地租Ⅱ还是级差地租Ⅰ，它们产生的

① 《资本论》第 3 卷，人民出版社 2004 年版，第 763 页。

基础都是资本主义对土地的经营垄断；它们的源泉，都是来自农业雇佣工人的劳动所创造的超过平均利润以上的那部分剩余价值；它们又都反映了土地所有者、租地经营的农业资本家和农业雇佣工人三者之间的相互关系；不管资本是投在不同的土地上，还是投在同一块土地上，“级差地租实质上终究只是投在土地上的等量资本所具有的不同生产率的结果”[①]。但两者又是有区别的。级差地租Ⅰ是级差地租Ⅱ的基础、出发点和前提，级差地租Ⅰ先于级差地租Ⅱ，级差地租Ⅱ是在级差地租Ⅰ的基础上产生和发展起来的；但是级差地租Ⅱ的发展，对各级土地的连续追加投资带来不同的生产率，也会使各级土地的自然肥力发生变化。这就是说，级差地租Ⅱ的发展，也会引起级差地租Ⅰ的变化，所以考察级差地租Ⅱ变化的时候，必须同级差地租Ⅰ的运动变化结合在一起进行研究。一般说来，级差地租Ⅰ标志着对土地的粗放经营，即以扩大土地耕种面积为主；级差地租Ⅱ则标志着对土地的集约化经营，“所谓集约化耕作，无非是指资本集中在同一块土地上，而不是分散在若干毗连的土地上”[②]。这就是说，对同一块土地追加投资，进行深耕细作。前者是以土地的自然肥力为基础，以自然生产力的不同为基础；后者是以技术条件为基础，以技术生产力的差别为基础。它们的发展情况，反映着资本主义农业生产的发展情况和不同的发展阶段。所以说，它们在本质上虽然是相同的、一致的，但两者之间还是有重大的区别的，有着不同的运动规律的，不能混为一谈。

① 《资本论》第3卷，人民出版社2004年版，第759页。

② 《资本论》第3卷，人民出版社2004年版，第760页。

第 四十一 章

级差地租Ⅱ——第一种情况：生产价格不变

在上一章中已经指出，以级差地租Ⅰ为基础的级差地租Ⅱ，可以有复杂的各种组合，从第四十一章到第四十三章，马克思就着手分析级差地租Ⅱ的复杂的各种组合的具体情况，研究在这些复杂的情况下，级差地租Ⅱ是如何形成的，从而揭示级差地租Ⅱ的运动规律，并得出相应的结论。这三章虽然是分别成章，但实质上是一个整体，我们应该把这三章联系起来当作一章来读，才便于从总体上把握这三章所研究的问题。

首先必须注意，由于级差地租是由社会生产价格高于个别生产价格所产生的超额利润转化而来的，而农产品的社会生产价格是由最坏土地（A 地）的个别生产价格决定的，因此，是否产生超额利润以及超额利润的量究竟是多少，首先要以这个社会生产价格为前提。但是，这个社会生产价格不是不变的，一般地说，它是由最坏土地（A 地）的生产价格决定的；如果市场上对农产品的需要量增加，供不应求，就要把更坏的土地投入耕种，这种更坏的土地的个别生产价格就决定社会生产价格，社会生产价格就会上涨；如果由于扩大耕地面积或在同一块土地上进行连续投资，生产出的农产品满足社会需要后还有多余，A 地就要退出耕种，这时，农产品的社会生产价格就要由比 A 地好的 B 地来决定，这样，社会生产价格就会下降。因此，研究级差地租Ⅱ形成的多种复杂情况时，首先要以社会生产价格是不变、还是下降、还是上涨作为前提，从而揭示在这个前提下所产生的各种变化的规律性。

其次，在同一土地上连续追加投资可以有不同的生产率，这种生产率可以是不变的，也可以是提高的，也可以是下降的，要弄清在生产率不变、提高或下降的场合，级差地租Ⅱ是如何产生以及它的量是如何变化的规律性。所以，在生产价格不变、下降、上涨的情况下，在同一土地上连续投资所造成的生产率，都有不变、提高或降低的可能，在这三种可能的前提下，会产生九种不同情况的复杂组合。因此，我们就要分析这些不同的复杂组合的情况和规律。

最后，还须注意，马克思在这三章分析了级差地租Ⅱ的复杂的多种组合情况，同时也就是对李嘉图的错误观点的批判。李嘉图从所谓土地收益递减规律出发，认为连续追加投资会使产量下降，生产价格提高，从而产生超额利润，形成级差地租，这就是说，他把生产价格提高看成是形成级差地租的唯一原因。实际上，生产价格提高时会形成级差地租，即使在生产价格下降或不变时也会形成级差地租。级差地租的形成同生产率递减无直接关系，只是和生产率的差异性有直接关系。马克思在这三章中分析了在生产价格不变、下降、上涨三种情况下，都有可能形成级差地租，实际上也是承接上一章的内容对李嘉图的错误观点继续进行了批判。

现在我们就来看第四十一章，“这个前提意味着：市场价格仍由投在最坏土地 A 上的资本调节”。这就是说，本章研究的前提，假定农产品的社会生产价格不变，它原来是由 A 地的个别生产价格所决定，现在仍然是由 A 地的个别生产价格决定。在生产价格不变这个前提下，可能有如下四种情况：

追加投资，只能取得与 A 地相同的生产率

第一，如果在 B、C、D 级土地上的连续追加投资，只能和投在 A 级土地上取得相同的生产率，也就是“和投在 A 级土地上的同量资本生产一样多的东西”，这种追加投资所产生的结果，同 A 地一样，个别生产价格等于社会生产价格，不会出现二者之间的差额，因此，由这种投资只能提供平均利润，不能提供超额利润，更不能提供级差地租Ⅱ。其结果，等于有若干 A 地面积加入耕种。这是指：在生产价格不变的前提下，生产率下降的情况。

追加投资的生产率等于原来各级土地的生产率

第二，如果各级土地上的追加投资所产生的生产率，和原来各级土地的生产率相同，产量就会按照各级土地特有的肥力，并按照追加资本增大的比例而相应地增加，在这种情况下，就会按原有各级土地的比例增加超额利润，从而转化为级差地租Ⅱ，因而投资的增加和地租的增加是成比例的。第 774 页表Ⅰ和表Ⅱ，就是说明这个问题的。马克思在例表Ⅰ后指出："在这里，地租的提高只是土地投资增加的结果，而且是和资本的这种增加成比例的。产量和地租的这种增加是投资增加的结果，而且是和投资的增加成比例的"。"这个例子的前提不是资本的使用更有效果，而只是在同一土地面积上以同一效益投入更多的资本"。这是指：在生产价格不变的前提下，生产率不变的情况。

追加投资的生产率低于原来各级土地投资的生产率

第三，如果各级土地上追加投资所产生的生产率，低于原来各级土地上的生产率，但仍高于 A 级土地上的生产率，这种生产率，在各级土地上仍能使个别生产价格低于社会生产价格，从而产生超额利润，使地租的绝对量增加，土地价格也会上涨。但是这种地租量的增加，不是依所投资本的比例增加而增加，而是和所投资本不成比例地增加。在这里的"规律是：在所有各级土地上，地租都会绝对增加，虽然这种增加并不和追加投资成比例"。但是，如就同一块土地上的投资总额来看，虽然超额利润的绝对量增加了，但"超额利润率都降低了"。马克思在第 777 页第 3 段中指出，B 地上的第一次投资的平均超额利润率 120%，而第二次投资则只是 90%。这是指：在生产价格不变的前提下，生产率降低的情况。

在较好土地上追加投资的生产率，高于第一次投资的生产率

第四，如果在较好土地上追加投资所造成的生产率，高于第一次投资的生产率，就能获得更大的产量。"在这个场合，追加的投资和土地的改良是结合在一起的。这里意味着一个较小的追加资本和从前一个较大的追加资本相比会产生同样或更大的效果。"在这里，不但超额利润会增加，地租会增加，而且增加的比例会大于追加资本的比例。这种每亩土地上地租的增加，是追加资本生产率提高的结果，是在该块土地上追加资本增加的结果。这是指：在生产价格不变的前提下，由追加资本而引起生产率提高的情况。

第 780 页第 2 段，马克思综合了上述情况后指出，在生产价格不变的前提下，追加投资的生产率可以是不变的，也可以是提高的、降低的，在提高和不变的场合，级差地租Ⅱ都可以产生；但在降低的场合，如果与A地相同或比A地更低，要产生级差地租Ⅱ“这是不可能的”。“不过，在所有这一切情况下，也就是说，无论各追加投资带来的超额产品是和投资的量保持原来的比例，还是高于这个比例，或低于这个比例，从而，在资本增加时，无论资本的超额利润率是不变，是上涨，还是下降，每英亩的超额产品以及与之相应的超额利润都会增加，从而地租，谷物地租和货币地租，也会增加。”“在这些情况下，按每英亩计算的地租量的增加，只是投在土地上的资本的增加的结果。而且这个结果是在生产价格不变的时候发生的，无论追加资本的生产率是不变，是降低，还是提高，都是一样。后面这些情况会影响每英亩的地租量增加的数目，但不会影响这个增加的事实本身。这就是级差地租Ⅱ所特有的、使它同级差地租Ⅰ区别开来的现象”。

在本章的末段，马克思附带指出，在说到剩余产品时，在不同的场合代表着不同的内容。在这里，说到剩余产品，是指超额利润部分的剩余产品，即转化为地租的那部分。有的时候，说到剩余产品，则是指超过必要劳动以上的、剩余劳动时间内所创造的全部剩余产品，也就“是指那个代表全部剩余价值的产品部分”。至于在个别场合所说的剩余产品，则是指代表平均利润的那个产品部分。如果不加区别，是会引起误解的。

第 四十二 章

级差地租Ⅱ——第二种情况：生产价格下降

上一章研究了在生产价格不变的前提下，追加投资的生产率不变、提高或降低时，级差地租Ⅱ的形成情况。本章就继续研究：在生产价格下降的前提下，追加投资的生产率不变、提高或降低时，级差地租Ⅱ的形成情况。

Ⅰ. 追加投资的生产率不变

在这里假定："各级土地的产量，会按照土地的质量，随着投在土地上的资本的增加而按同一程度增加。"这就是说，追加投资的资本增加若干倍，产量也增加若干倍。根据这个假定，在A级土地上，原来不提供超额利润，现在对A地追加投资，因为生产率不变之故，仍然不会带来超额利润；而在B、C、D各级土地上的追加投资，则都会按原来的比例增加超额利润。

那么，在这种情况下，生产价格为什么会下降呢？其原因无非是：B级以上土地，由于追加投资，产量增加，已能满足社会的需要，不需要再耕种A级土地了，这样，"起调节作用的已经不是A级土地的生产价格，而是较好一级的B级土地的生产价格，或任何一种比A好的土地的生产价格；这样，资本就会从A级土地上抽出"。以此类推，如果C级以上土地的产量由于追加投资的增加而增加，能够满足社会需要，B级土地也会退出耕种，那么，决定生产价格的将是C级土地的生产价格了。

如果第二次投资使生产价格下降，起调节作用的不是A地的生产价格，而是B地的生产价格，那么，一方面，B地就不提供超额利润，“B的地租没有了”，另一方面，提供级差地租的只是C、D级土地，但它的超额利润率也会下降，这时，“一个新的级差地租Ⅰ已经形成了”。如以表Ⅳ（第784页）和表Ⅰ（第746页）相比，谷物地租虽然未变（都是6担），但货币地租却减少了（由表Ⅰ的18元，降为表Ⅳ的9元）。

如果继续进行第三次追加投资，固然可以使粮食产量增加。但只有在第三次追加投资的生产率超过B级土地的条件下，才能不仅增加粮食产量，而且增加地租。要使货币地租总额恢复到表Ⅰ上的以A级土地的生产价格为基准时的货币地租总额，就必须以市场上对农产品的需求大量增加，并以在C、D级土地上大量地追加投资为条件。在较好土地上（D级）追加的资本越多，货币地租总额增加的速度也越快。由于地租的增加是以资本的大量追加为前提，地租率就会下降。

总之，在追加投资的生产率不变时，由于生产价格下降，引起了货币地租的下降，由货币地租下降所产生的损失，“又可以由谷物地租的增加得到补偿”。这是因为投资增加引起产量增加的缘故。

Ⅱ. 追加资本的生产率降低

在生产价格下降的前提下，追加资本的生产率降低对地租的影响，“同刚才考察过的情况一样”，“不会引出什么新的东西”。这就是说，由于在B、C、D级土地上追加投资，虽然投资的生产率比原来的生产率下降了，但总产量却增加了，产品已能满足社会需要，A地的产品已经变为多余，因而就要把资本从A地抽出，使A地退出耕种，由B地产品决定社会生产价格，这就会使生产价格下降。在这种情况下，“每英亩的谷物地租和货币地租可以增加、减少或者不变”。

第793页和第794页，马克思以表Ⅰ和表Ⅴ相对照，从而说明了，在生产价格下降、追加资本的生产率降低的情况下，追加资本的量增加了（由10元增加为15元），产量也增加了（由10担增加为16担），谷物地租略有减少（由 6 担减少为 $5\frac{1}{2}$担），货币地租差不多降低一半，减少得更多（由 18 元减少为 $9\frac{3}{7}$元），“预付资本和货币地租之比为 15∶$9\frac{3}{7}$，以前为 10∶18”。这就是说，地租率下降了。

Ⅲ. 追加资本的生产率提高

在生产价格下降的前提下，追加资本的生产率提高会产生怎样的结果，要从生产价格下降的不同具体原因方面进行分析。

一种情况是：同以上论述的情况相比，追加资本的生产率提高，各级土地提供的产量增加，B 级以上土地的产品已能满足社会需要，A 级土地就要退出耕种，社会生产价格就不再由 A 级土地决定，而改由 B 级土地决定，从而导致生产价格下降。这就是说，同上述情况一样，生产价格下降的原因是 A 级土地被排挤出去。在这种情况下，会引起怎样的结果呢？马克思指出：“在追加投资的生产率降低和提高的场合，追加投资都会依照它们在各级土地间的分配情况而产生不同的影响。随着这种不同影响使差额减缓或扩大，各级较好土地的级差地租，从而地租总额，也将会按比例减少或增加，这和级差地租Ⅰ中已经看到的情形一样。”例如，一方面，如果生产率提高一倍，各级土地的产量也会增加一倍，从而 B、C、D 级土地的地租也会增加一倍；另一方面，由于 A 地退出耕种，生产价格由 B 地决定，B 地就不再提供地租；由于社会生产价格下降了，C、D 土地的个别生产价格和社会生产价格之间的差额也会相应地按比例地缩小，地租就会下降，这就会使 B、C、D 之间级差发生新变化，这种变化，和级差地租Ⅰ的情形一样。在这里，追加投资在不同级的土地上会发生不同的作用，如在 B 级土地上，地租会减少或消失；在 D 级土地上，地租率虽然下降，但地租的绝对量仍然会增加。

另一种情况是：和上述情况完全不同，生产价格下降的原因不是 A 地退出耕种，而是 A 地本身的生产率提高。例如：对 A 地的第一次投资

为 $2\frac{1}{2}$ 元，生产一担粮食，平均利润为 5 角，则每担粮食的个别生产价格为 3 元，它决定着社会生产价格。如果对 A 地的第二次投资仍然为 $2\frac{1}{2}$ 元，但由于生产率提高之故，第二次投资生产的产量不是一担，而是 $1\frac{1}{5}$ 担，则连续二次投资共为 5 元，产量共为 $2\frac{1}{5}$ 担，平均利润为 1 元，这样，$2\frac{1}{5}$ 担的粮食个别生产价格 6 元，每担粮食的个别生产价格不是 3 元，而是下降为 $2\frac{8}{11}$ 元，这种个别生产价格转而成为起调节作用的社会生产价格。这就说明：由于 A 地的生产率提高，虽然仍能继续耕种，但却使生产价格下降了。这种情况，在生产率不变或下降时都不会产生，只是在生产率提高的情况下才有可能产生。所以，这一点和本章第一、二节所论述的情况是完全不同的。因此马克思指出："在这里，只有一点值得我们研究"。这一点是指，A 地并未退出耕种，但由于生产率提高，对 A 地第二次投资的产量增加了，从而使生产价格下降。

对上述这点，还要注意几个问题。第一，如果只有少量的 A 地的第二次投资引起生产率提高，而大量的 A 地的产量仍然是一担，没有增加，原生产价格就不变，但提高了生产率的那部分 A 地就能取得超额利润，也可能转化为地租。第二，能不能把 A 地第一次投资用于决定社会生产价格，而把第二次投资所增加的产量用于提供超额的利润，使第一、二次投资分别进行计算呢？当然，从计算上看，不是绝对不可以的。但是，实际上，"级差地租在它是由同一个总面积上的连续投资产生时，实际上会化成一个平均数，在这个平均数上，不同投资的作用已经不再能够辨认和区别，因此不会在最坏土地上生出地租"。这就是说，在计算某级土地的级差地租时，不是把第一、二、三次投资分别计算，而是把几次投资相加，和生产出来的全部产品综合平均计算。如计算 A 地时，就不能说第一次投资的生产价格是 3 元，第二次投资的生产价格是 $2\frac{1}{2}$ 元，第一次投资不提供地租，第二次投资可提供$\frac{3}{5}$元的地租[①]；而是把两次投资综合在一起计算，从而得出每担生产价格由 3 元下降为 2 $\frac{8}{11}$元的结果。所以马克思说："总之，在增大的投资现在已成为标准的条件下，在每个场合，级差地租都是由该级土地提供的平均产量同最坏土地产量相比而形成的差额决定的。"第三，追加投资，生产率提高，必然包含着某种改良，这种改良可以是投入更多的资本，如增施更多的肥料，使用更多的农业机械，按照最新科学技术成果进行科学耕作等等，这样就会引起生产价格的变化。例如，A 地的个别生产价格为 3 元，这是调节社会生产价格的，当这种改良只在少数 A 地上进行时，社会生产价格就仍由占大多数的 A 地的个别生产价格 3 元来调节，那些实行改良的少数 A 地就能提供地租。但如果这种改良在大多数 A 地进行，个别生产价格下降，就会引起社会生产价格下降。这和工业中因个别企业劳动生产率提高，使个别价值低于社会价值，从而取得超额利润，结果引起同行业普遍进行改良，普遍提高劳动生产率，使社会价值下降的情形一样。所以，农产品的社会生产价格，也是随着农业生产技术的改良，追加投资的生产率提高而下降的。第四，在工业中，生产符合社会生产价格的产品，必须有标准的资本量。农业中也是这样，生产 A 地的决定社会生产价格的农产品，也要具有这种标准的资本量，这种标准的资本量的使用，会产生标准的平均产量，只提供平均利润，不提供超额利润；只有超过这个标准的资本量，如投在 B、C、D 级上的不同的资本量，才会有不同的产量，从而产生不同的级差地租。随着资本主义发展，农业中的标准的资本量也在增加，如英国，1848 年以前每英亩的标准资本量为 8 镑，1848 年以后则为 12 镑。这种每英亩投资的标准的资本量的变动，在级差地租Ⅰ中没有表现出来，因为不管它怎样变动，"级差地租Ⅰ都可以继续存在下去"。但在级差地租Ⅱ中，它却是一个必须考虑的要素，因为这种标准资本量的变动，会引起级差地租Ⅱ的变动。如果这种标准资本量提高，

① 如仅从第二次投资计算，每担粮食的地租为$\frac{1}{2}$元。

各级土地上必须有更多的追加投资才能取得超额利润。

以上说明了在A地继续被耕种的情况下，由于生产率提高，引起生产价格下降的情况。但是，不管是继续耕种A地，还是A地退出耕种，由于生产率提高，引起生产价格下降，对于地租会产生怎样的结果呢？马克思指出："无论如何已经证明，在生产价格因追加投资的生产率提高而下降时，——也就是在生产率提高的比例大于资本预付增加的比例时，——每英亩的地租，例如在投资增加一倍时，不只是能够增加一倍，而且能够增加一倍以上。"这只是一般的情况。还有许多特殊的情况。例如："如果生产价格因A级土地的生产率提高得更快而下降得更低，那么，每英亩的地租也可能下降"。第800页第2段及例表Ⅵa就是说明这种情况的。又如："如果在肥力按相同的比例增加的条件下，在较好土地上比在A级土地上投入更多的追加资本，或者，如果在较好土地上的各追加投资的生产率提高，那么，货币地租就会增加。在这两个场合，差额都会增加"。再如，"如果由追加投资引起的改良会全面或部分减小差额，并且对A的影响大于对B和C的影响，那么，货币地租就会下降"。更如："如果各级土地的追加肥力的比例差额不变，但在提供地租的土地上比在无租土地A上，在提供地租较多的土地上比在提供地租较少的土地上投入更多的资本，……那么，货币地租就会提高，谷物地租也会提高，提高的程度同比较高级土地上肥力增加超过较低级土地上肥力增加的程度成比例。"简单地说，在较好土地上投入较多的资本，和投资于较差的土地相比，就会取得更多的地租。总之，如果生产率的提高，不是由自然肥力引起，而是由追加投资产生，地租总量和每英亩平均地租的增加，"都是土地上投资增加的结果，而不管这种投资是在价格不变或下降时以不变的生产率发生作用，还是在价格不变或下降时以降低的生产率发生作用，还是在价格下降时以提高的生产率发生作用"。

第 四 十 三 章

级差地租Ⅱ——第三种情况：生产价格上涨。结论

本章着重分析在生产价格上涨的前提下，级差地租Ⅱ是如何形成的。关于这个问题，马克思的手稿只有一个标题，没有具体内容，从第 802 页第 1 段到第 808 页第 1 段都是恩格斯增补的。此外，恩格斯还根据级差地租Ⅱ包含的三种主要情况和九种派生情况，重新制作了一系列图表，把第四十一章到第四十三章中所研究的问题加以简明概括（从第 808 页到第 821 页）。这实际上是概括了这三章的主要内容。最后，考察级差地租的五点结论是马克思写的。

在生产价格上涨的前提下，级差地租Ⅱ的形成

引起生产价格上涨，有两种可能。一种是，由于 A 级土地投资的生产率下降；一种是，由于有比 A 地更坏的土地加入耕种，并由它调节生产价格。

为什么 A 级土地投资的生产率下降会引起生产价格上涨呢？例如，在 A 地上，原来是：投资 5 元，生产一担粮食，平均利润 1 元，则每担粮食的生产价格为 6 元。现在，投资仍为 5 元，但因生产率下降之故，只生产出半担粮食，平均利润 1 元，半担粮食的生产价格为 6 元，一担粮食的生产价格为 12 元。这就是说，每担粮食的生产价格由 6 元提高为 12 元（假定这种个别生产价格都是决定社会生产价格的）。这时候，A 级土地仍然投入耕种，仍不提供级差地租。但会引起生产价格上涨，这种上涨“是以不支付地租的最坏土地的生产率的降低为前提的”。在这种情况下，如果第二次追加投资，仍然会产生追加投资的生产率提高、不变、下降三种情况。1. 如果第二次投资生产率提高，但每亩的生产率提高仍

不能和第一次相抵，即仍达不到过去的水平（每担 6 元），生产价格因此上涨（以第 774 页表Ⅱ与第 803 页表Ⅶ相比，生产价格由 3 元上涨为 3 $\frac{3}{7}$ 元），虽然货币地租不变（都是 36 元），但实物地租却下降了（由 12 担下降为 10 $\frac{1}{2}$担）。2. 如果第二次投资的生产率不变，即和第一次投资的生产率相同，情况还是一样。第 803 页表Ⅷ就是说明这个问题的，“在这里，生产价格按同一比例上涨，这也使得生产率的降低在收益和货币地租方面都充分得到补偿”。3. 如果第二次投资的生产率下降，“级差地租Ⅰ不受影响，只是由级差地租Ⅱ产生的那个部分有变化”，第 802 页表Ⅸ和表Ⅹ就是说明这个问题的。总之，在 A 地上，由于第一次投资与过去投资相比，生产率下降，造成生产价格上涨，那么，在第二次投资时，仍会发生生产率提高、不变，或降低等情况，从而不同程度地影响着级差地租Ⅱ的形成。

为什么有比 A 地更坏的土地加入耕种会引起生产价格上涨呢？如果社会上对农产品的需要量增加，现有 A 地以上土地生产的农产品不能满足需要，那么，比 A 地更坏的土地，如 a 地，就要加入耕种。我们知道，农产品的社会生产价格是由最坏的土地决定的，如果 a 地的产品是属于市场需要的范围以内，这种土地生产的农产品的个别生产价格，就成为起调节作用的市场价格，那么，原来的 A 地的个别生产价格就不再决定市场价格，它也可由于个别生产价格低于社会生产价格而取得超额利润，这样，A 地也可提供级差地租。例如，A 地的投资为 5 元，平均利润为 1 元，生产一担粮食，则每担粮食的生产价格是 6 元。现在由于 a 地投入耕种之故，a 地同样要投入资本 5 元，平均利润 1 元，但只生产出半担粮食，半担粮食的生产价格是 6 元，一担粮食的生产价格是 12 元，这就是说，生产价格提高了一倍。由于 a 地的个别生产价格决定着社会生产价格，因而 A 地的一担粮食可按 12 元出卖，则 A 地可取得超额利润 6 元，并可由此转化为地租。这就是由于有更坏土地（a 地）投入耕种、引起生产价格上涨的情况。在这种情况下，第二次投资的生产率，仍然可能出现不变、提高、降低这三种情况。但不管是不变、提高或降低，只要投资增加，都会使级差地租按比例增加。但是，“由于a级土地的加入，产生了一种新的级差地租Ⅰ，因此在这个新的基础上，级差地租Ⅱ也会以一种变化了的形式表现出来”。第806页到第807页的三个表，都是为了说明上述情况的。

级差地租Ⅱ的各种组合

从第808页到第821页，恩格斯根据以上三章所分析的级差地租Ⅱ包含的三种主要情况和九种派生情况，这就是，生产价格不变、下降、提高的三种情况，以及在每种情况下，又可分为追加投资的生产率不变、下降、提高等三种情况，即九种派生情况，制作了一系列图表，对级差地租Ⅱ的各种组合情况系统地进行了分析，从而得出如下具体规律。

第一，追加投资增加一倍，级差地租总额也增加一倍。这包括如下几种情况。一是生产价格不变，第二次投资的生产率也不变（见第810—811页）。二是生产价格下降，第二次投资的生产率提高，最坏土地（A级）仍参加竞争，较好的土地（B地）提供地租（见第813—814页）。三是生产价格上涨，最坏土地（A地）仍起调节价格作用，仍不提供地租，这时又可能发生三种情形：一是第二次投资生产率不变，这要假定第一次投资的生产率降低（见第814页）；二是第二次投资的生产率降低，这并不排斥第一次投资的生产率不变（见第815页）；三是第二次投资的生产率提高，这要求第一次投资的生产率降低（见第815页）。

第二，追加投资增加一倍，级差地租总额增加一倍以上。这包括如下几种情况：一是生产价格不变，第二次投资的生产率提高（见第812页）；二是生产价格上涨（a地投入耕种，A地也提供级差地租），第二次投资的生产率，也可能发生不变、下降、提高三种情况（见第816—817页）。

第三，追加投资增加一倍，但级差地租增加不到一倍。这就是，生产价格不变，第二次投资的生产率下降，但须注意，在这里，“不过是以B级土地不是完全没有地租为条件的”（见第818页）。

第四，追加投资增加一倍，地租总额不变，最优等土地（D地）的地租还会增加。这包括如下情况：一是生产价格不变，第二次投资的生产率降低，最坏土地（A 地）被退出耕种，没有第二次投资（见第 812 页）；二是生产价格下降，第二次投资的生产率不变或者下降，A 地退出耕种，B 地成为无租的土地，但最好的土地（D 地）的地租还是会增加(见第 813 页)。

第五，追加投资增加一倍，地租总额下降。这只有在 A 地和 B 地都退出耕种，以致 C 级土地起调节作用，并被变为无租土地的情况下，才是可能的（见第 818 页)。

通过以上对级差地租Ⅱ各种组合情况的分析，恩格斯得出结论说："把没有地租的起调节作用的土地作为零点，地租序列恰好与肥力差额序列成比例。对地租起决定作用的，不是绝对的收益，而只是收益的差额。"① 同时，恩格斯又得出结论说："只要已耕种的土地仍有竞争能力，土地上使用的资本越多，一国的农业和整个文明越发展，每英亩的地租和地租总额就增加得越多，社会以超额利润形式付给大土地所有者的贡赋也就越多。"② 这就是说，资本主义越发展，对土地的投资越增加，土地所有者得到的地租就越多。一方面，"这个规律说明了大土地所有者阶级的可惊的顽强生命力"，"因为别人在土地上的投资为他们提供地租，并且这种地租远远超过资本家从土地取得的利润"；另一方面，"这个规律也说明，为什么大土地所有者的这种顽强生命力会逐渐枯竭"，因为地租的不断提高，不仅要受到广大劳动人民的反对，特别是由于资本主义发展，追加投资的生产率在下降，有些地方的地租也在下降，"到处都听得到地主的怨言"，他们感叹着："一切都是短暂的。"第 820 页第 2 段到第 821 页第 1 段，恩格斯以英国经济发展的史实，具体论证了上述问题。

结　论

第一，超额利润可以按不同的方法形成。如级差地租Ⅰ，是以全部农业资本投在肥力不同的各级土地上为基础形成的超额利润。级差地租Ⅱ，则是以同一块土地的连续投资有不同的级差的生产率为基础形成的超额利润。但是，不论这种超额利润是怎样产生的，它所以转化为

① 《资本论》第 3 卷，人民出版社 2004 年版，第 817 页。
② 《资本论》第 3 卷，人民出版社 2004 年版，第 819 页。

地租，从而由租地农场主手里转到土地所有者手里，总是具有下列先决条件："各个连续投资的各部分产品所具有的不同的实际的个别生产价格（与一般的、调节市场的生产价格无关），已事先平均化为个别平均生产价格。一英亩产品的一般的起调节作用的生产价格超过其个别的平均生产价格而形成的余额，形成每英亩的地租，并成为每英亩地租的尺度。"这就是说，级差地租Ⅱ是在同一块土地上连续追加投资而取得的，但每次追加投资的生产率是不一样的，不是把每次不同的生产率所花费的个别生产价格来和社会生产价格相比，找出低于它的差额，确定超额利润；而是把同一土地上的每次投资所生产的产品加在一处，然后计算出该块土地上全部投资所生产的产品而形成的平均的个别生产价格，再以这个平均的个别生产价格和起调节作用的社会生产价格相比，找出低于它的差额，这就是超额利润，并可能转化为级差地租Ⅱ。例如：以第 776 页表Ⅲ为例，假定由 A 地决定的每担粮食的社会生产价格为 3 元；B 级土地，第一次投资 $2\frac{1}{2}$元，生产粮食 2 担，平均利润$\frac{1}{2}$元，则生产 2 担粮食的个别生产价格为 3 元，生产一担粮食的个别生产价格为 $1\frac{1}{2}$元。第二次继续投资$2\frac{1}{2}$元，只增产粮食 $1\frac{1}{2}$担，仍以 3 元生产 $1\frac{1}{2}$担计算，则每担粮食的个别生产价格为 2 元。那么，在计算级差地租Ⅱ时，是不是把第一次投资的每担粮食个别生产价格 $1\frac{1}{2}$元，第二次投资的每担粮食的个别生产价格 2 元，分别与每担粮食的社会生产价格 3 元相比，来计算其超额利润呢？不是的，而是把第一次投资和第二次投资合在一起进行计算。如两次投资共 5 元，平均利润 1 元，生产价格是 6 元，两次生产粮食 $3\frac{1}{2}$担，在这 $3\frac{1}{2}$担中，"看不出其中哪一部分是第一个投资的产物，哪一部分是第二个投资的产物"，实际上，只是把 6 元和 $3\frac{1}{2}$担粮食一起平均计算，则每担粮食的平均的个别生产价格为 $1\frac{5}{7}$元，与 A 级土地决定的每担 3 元的社会生产价格相比，每担可产生超额利润 $1\frac{2}{7}$元。$3\frac{1}{2}$担共可产生超额利润 $4\frac{1}{2}$元。总之，根据级差地租Ⅱ是在同一块土地上连续投资从而有不同的生产率这一特点，在计算该块土地的超额利润时，不是按每次投资分别计算，而是把几次投资综合在一起，计算出一个平均的个别生产价格，然后再与社会生产价格相比，确定其低于社会生产价格的差额，这就是转化为地租的超额利润。为什么要这样进行计算呢？这是因为：就级差地租Ⅱ来说，同一土地上连续追加投资会引起产量增加，但每次追加投资究竟能取得多少产量，在实际中是很难区别的，因此，“级差结果先变成可以区别的，实际上必须使它再转化为级差地租Ⅰ。”①

第二，关于追加投资的界限：如果在 B 级土地上追加投资的生产率，同 A 地的生产率相等，那么，B 地的这次追加投资只能提供平均利润，不会提供超额利润和地租。但是，尽管从 B 地这次投资来看，不能提供超额利润和地租，如就 B 地几次连续投资的总资本和所生产的总产品，计算出平均的个别生产价格，仍然会低于 A 地决定的社会生产价格，仍然会提供超额利润，仍然会提供地租，这就是说，B 地的地租仍然不会消失。在这种情况下，即使 B 地连续投资的生产率下降，使产品的平均的个别生产价格提高，从而使每担粮食中所包含的超额利润下降，但 B 地的超额利润总额仍然不变。例如：在不提供地租的 A 地投资为 $2\frac{1}{2}$元，生产粮食一担，平均利润率 20%，则平均利润为$\frac{1}{2}$元，一担粮食的生产价格为 3 元，这是起调节作用的社会生产价格。再假设在 B 级土地上，第一、二次连续投资共为 5 元，生产粮食 $3\frac{1}{2}$担，它的个别生产价格为 6 元（即 5 元资本加 1 元平均利润），每担粮食的平均个别生产价格为 $6\div 3\frac{1}{2}=1\frac{5}{7}$。这样，每担粮食的超额利润为：$3-1\frac{5}{7}=1\frac{2}{7}$，即每担粮食

① 《资本论》第 3 卷，人民出版社 2004 年版，第 822 页。

有超额利润 $1\frac{2}{7}$元。$1\frac{2}{7}\times3\frac{1}{2}=4\frac{1}{2}$，即共有超额利润 $4\frac{1}{2}$元。再假设对 B 地的第三次投资仍为 $2\frac{1}{2}$元，生产率和 A 地相等，只生产粮食一担，这一担粮食的个别生产价格为：$2\frac{1}{2}$元的资本＋$\frac{1}{2}$元的平均利润＝3 元，与 A 地生产价格不同，只提供平均利润，不提供超额利润和地租。但是，现在我们再来把 B 地连续三次投资加在一起，三次共投资 $7\frac{1}{2}$元，加平均利润 $1\frac{1}{2}$元，共 9 元，三次共产粮食 $4\frac{1}{2}$担，则每担粮食的平均的个别生产价格为 2 元。和 A 地相比，每担可取得超额利润 1 元。如和第一、二次投资相加对比，以前每担粮食的超额利润是 $1\frac{2}{7}$元，现在降低为 1 元。但现在的地租是：1 元/担$\times4\frac{1}{2}$担＝$4\frac{1}{2}$元；第一、二次投资的地租，则是 $1\frac{2}{7}$元/担$\times3\frac{1}{2}$担，也是 $4\frac{1}{2}$元。这就是说，每担粮食中包含的超额利润减少了，B 地提供的超额利润总额仍不变，虽然第三次投资不提供地租，但整个 B 地仍能提供地租。如果第四、五次投资和第三次投资一样，即生产率与 A 地相等，不提供超额利润，但如把 B 地的五次投资相加，超额利润总量仍不变，只是每担中包含的超额利润量会减少而已。那么，会不会出现第四、五次投资生产率降低使 B 地超额利润和地租消失的情况呢？会的，但只能在如下情况下产生。如果第四次投资 $2\frac{1}{2}$元，只生产粮食$\frac{3}{10}$担，第五次投资 $2\frac{1}{2}$元，只生产粮食$\frac{2}{10}$担，两次共投资 5 元，生产粮食$\frac{5}{10}$担（即$\frac{1}{2}$担），则第四、五次投资每担粮食的个别生产价格为 12 元，比 A 地 3 元高 9 元。但如把 B 地五次投资加在一起，五次共投资 $12\frac{1}{2}$元，平均利润率 20%，即加平均利润 $2\frac{1}{2}$元，共有个别生产价格 15 元，但五次产量相加为：$2+1\frac{1}{2}+1\frac{3}{10}+\frac{2}{10}=5$（担），

15 元÷5 担＝3 元/担，这是 B 地五次连续投资平均的个别生产价格，和 A 地的生产价格相等，在这种情况下，B 地只能提供平均利润，不能提供超额利润，B 地的地租就会消失。上述例子说明：第一，在上述条件下，“不必提高起调节作用的生产价格[①]，就可以在各种提供地租的土地上投入追加资本”[②]，一直到追加投资只能提供平均利润，不能提供超额利润为止。第二，在上述例证的第一、二、三次投资的情况下（第四、五次投资除外），由于追加投资的生产率下降，致使每担粮食中包含的超额利润部分减少（如第一、二次投资，每担粮食包含超额利润 $1\frac{2}{7}$元，加入第三次投资后就只包含超额利润 1 元），但每亩的超额利润总额还是不变（如第一、二次投资共提供超额利润总额 $4\frac{1}{2}$元，第三次投资后，该亩仍提供$4\frac{1}{2}$元超额利润），仍能提供地租。总之，就 B 级土地的追加投资来说，一方面，如果仅就第三次追加投资看，它的生产率下降，和 A 地相等，只提供平均利润，不提供超额利润和地租；另一方面，如把第一、二、三次投资当作总投资来看待，虽然每次投资的生产率下降，但平均的个别生产价格仍高于 A 地的生产价格，仍能提供超额利润和地租。只是在第四、五次的投资的生产率大大低于 A 地的生产率时，“前几次投资的产品的个别价格低于起调节作用的价格而形成的差额，越来越为以后几次投资的产品的个别价格高于起调节作用的价格而形成的差额所抵消，最后完全拉平”[③]。这时，原来作为超额利润的部分，会逐渐变为平均生产价格的一部分，加入平均利润的形成，在这种情况下，超额利润和地租就都消失了。

第三，如果在 B 地上连续投入追加资本，但追加资本的生产率越来越下降，只要不把 B 地的全部的平均的个别生产价格提高到同 A 地一样，而是比 A 地还小，这时，B 地还会有超额利润，还会提供地租。这里有

① 按指由 A 地决定的社会生产价格，即 A 地决定的社会生产价格不变。

② 《资本论》第 3 卷，人民出版社 2004 年版，第 825 页。

③ 《资本论》第 3 卷，人民出版社 2004 年版，第 828 页。

一个界限，这个界限是由追加资本形成的。这种追加资本可能有三种情况：(1) 第一、二次投资的生产率不变，第三次投资的生产率下降，比第一、二次低，但仍比 A 地高，这时，第三次投资仍能提供超额利润，但这是较小的超额利润。(2) 如果第三次追加投资的超额生产率等于零，即与 A 地相等，“决不会改变现有的超额利润量，从而也不会改变地租量”。例如：第一、二次共投资 5 元，取得 $4\frac{1}{2}$元的超额利润，第三次投资 $2\frac{1}{2}$元，只取得平均利润，没有取得超额利润。但就 B 地三次投资相加，平均个别生产价格仍低于 A 地，故 B 地仍能取得 $4\frac{1}{2}$元的超额利润，当然地租率会降低。因前者是以 $4\frac{1}{2}$元和 5 元相比，后者是以 $4\frac{1}{2}$元和 $7\frac{1}{2}$元相比。(3) 如果第三次追加投资的超额生产率比零还小，那么，仅就第三次投资而言，其个别生产价格就会高于 A 地的生产价格，不仅不提供超额利润，而且平均利润也会降低甚至消失。但是，就 B 地全部投资的总产品的平均个别生产价格而言，还会低于 A 地，故 B 地还能提供超额利润和地租。只是 B 地的平均个别生产价格会比以前越来越高，“因而越来越减少二者间形成超额利润或地租的差额。原来形成超额利润或地租的东西，现在越来越多地加入平均利润的形成”。对上述追加资本所形成的三种情况，马克思是在第 829 页第 2 段到第 830 页第 1 段中进行分析的。

第四，当 B 级土地总产品的平均的个别生产价格提高到和 A 地起调节作用的社会生产价格完全相等时，B 地就不提供超额利润，地租才会消失。如上述第二点使用过的例证：第四次投资$2\frac{1}{2}$元，只生产粮食$\frac{3}{10}$担，第五次投资 $2\frac{1}{2}$元，只生产粮食$\frac{2}{10}$担，结果 5 次投资总计 $12\frac{1}{2}$元，平均利润$2\frac{1}{2}$元，生产粮食共 5 担，每担平均个别生产价格为 3 元，与 A

地相等，这时，B 地的超额利润和级差地租都会消失。“这时，生产率较高的前几次投资的超额利润，就会全部加入平均利润的形成。”这种“每英亩地租的下降是以地租归于消失的那个点为最低界限的。但是，并不是一当追加投资以不足的生产率进行生产时就达到了这个点，而是在下述情况下才达到这个点，即生产率不足的追加投资已经够多了，以致它们的作用足以抵消前几次投资的超额生产率，所投总资本的生产率已经和 A 级土地的资本的生产率相等，B 级土地每夸特的个别平均价格已经和 A 级土地每夸特的个别平均价格相等”。在这里，要把 B 地的追加投资的生产率和 B 地的总资本的生产率区别开来。如果仅仅是第三次或第四次追加投资的生产率降低，但以前投资的生产率较高，那么 B 地的平均个别生产价格还会低于 A 地，还会提供地租。只是在 B 地的追加投资的生产率，不仅仅是一次或两次下降，而是已经多次下降的时候，其下降的部分可以和以前几次的超额生产率相抵消，从而使 B 地的总资本的生产率（即把几次投资相加进行平均计算的生产率）下降到和 A 地相等时，B 地的平均个别生产价格才会与 A 地起调节作用的生产价格相等。由此可见，虽然 B 地追加投资的生产率下降，但在“超额利润和地租完全消失以前，还可以长时期使用生产率不足的、甚至生产率越来越不足的追加资本”。

第五，超额利润转化为地租，是以土地私有权的存在为前提的。在这个前提下，“追加资本尚能按一般生产价格来进行生产的情况形成一个界限。超过这个界限，同一土地上的追加投资就必须停止”。例如，B 地的第一、二次投资，可取得超额利润 $4\frac{1}{2}$元，把它作为地租付给土地所有者，以后的每次投资也必须依同样的数目作为地租来支付。如果第三次、第四次投资的生产率和第一、二次一样，则仍能按上述情况支付；如以后追加投资的生产率降低，取得的超额利润减少了，但仍要按以前的数目支付给土地所有者，租地农场主就只好把他的平均利润的一部分拿出来，他的平均利润就会减少，这对租地农场主来说，是很不合算的事。租地农场主的投资界限，就是能否为他带来平均利润。如果不能带来平均利润，租地农场主是不愿进行追加投资的。同时这也说明，前两次投资的超额利润，已转化为地租，交给土地所有者，不可能用它来弥补以后几次投资所产生的亏损。这样我们就会发现，“同一块土地上的连续投资，或者说同一地块上投资的增加，在资本的生产率下降和起调节作用的价格不变的情况下，将会更早得多地遇到它的界限，就是说，由于超额利润到地租的纯粹形式上的转化（这是土地所有权的结果）而在事实上或多或少遇到一种人为的界限”。这种人为界限，就是追加投资必须依照社会生产价格来生产，超过这个界限，同一土地的追加投资就会停止。由此可见，资本主义的土地私有权是对生产力发展的一种限制。

最后，在第 831 页，马克思还指出，“级差地租Ⅰ虽然是级差地租Ⅱ的基础，但它们同时互为界限”。有时在同一块土地上进行连续投资，有时又可在新追加的土地上同时投资，这说明它们之间是互为界限的。

■ 从第四十一章到第四十三章，通过对级差地租Ⅱ的各种组合，即三种主要情况和九种派生情况的分析，研究了级差地租Ⅱ在各种具体条件下如何形成，以及它的量又是如何变化的，从而揭示了级差地租Ⅱ运动变化的规律性。在这里，马克思和恩格斯都运用了大量的图表进行比较分析。从图表本身，首先反映出来的是量的变化，但不能认为这仅仅是量的问题，而是通过量的变化，说明级差地租的形成，这就包含对级差地租的质的分析。这就是，通过量的分析，进一步揭示了级差地租的质的规定性。因此，我们要从量和质两个方面辩证地理解级差地租Ⅱ的形成和它的运动规律。如仅仅从量的方面来进行研究，那就是片面的。

马克思研究级差地租得出的一般结论是：在资本主义制度下，土地私有权是对土地投资的一种限制。这是资本主义生产关系和生产力的矛盾在资本主义农业中的特有表现。因此，要使农业得到顺利的发展，就要消除对生产力发展的阻碍，就要消灭资本主义土地私有制，就要实行土地国有化和土地公有。尽管有的资产阶级学者也曾有见于此，也曾主张实行土地国有化，但资产阶级害怕对土地私有权的否定会引起对整个生产资料私有制的否定，不敢实行土地国有化。可见，在资本主义制度下，要彻底解决农业中的资本主义生产关系与生产力的矛盾是不可能的。只有无产阶级的社会主义革命胜利后，才能真正实现土地国有化，把生产资料的资本主义私有制转变为社会主义公有制。

至于马克思有关地租各表的计算问题，恩格斯在第792页注(34)中指出："以上Ⅳa至Ⅳd各表由于包含一个贯串全部的计算上的错误而必须重新计算。"所以恩格斯又创作了一系列表格（从第803页到第817页）来进行重新计算，这对于读者系统地理解有关级差地租Ⅱ的一些基本原理，是极其有益的。但是我们必须注意：正如恩格斯所说的，尽管在计算的数字上有错误，但"不会影响这些表所阐明的理论观点"。这就是说，马克思所创制的关于级差地租Ⅱ的一系列表格，对于阐明级差地租Ⅱ的理论观点来说，是完全正确的。至于恩格斯指出的有关马克思在计算上的错误，有的地方是对的，也有的地方马克思并没有算错，而恩格斯误解了。张薰华著的《试校〈资本论〉中某些计算问题》，对此作了详细的校正，该文有重要的学术价值，可以参阅研究。

第四十四章

最坏耕地也有级差地租

以上的研究是假定最坏的耕地（A地）的个别生产价格是起调节作用的社会生产价格，这就不会出现个别生产价格和社会生产价格之间的差额，不会产生超额利润，也就没有级差地租。现在就要反过来研究在这种最坏的耕地（A地）上，也会产生超额利润，也会形成级差地租。这就证明："单纯就级差地租来说，所有的已耕地都会提供地租"[①]。

马克思研究这一问题时，是着重从同一土地上连续追加投资所产生的结果来考察的，因而实质上还是研究级差地租Ⅱ。

（一）为什么最坏耕地也能提供级差地租

在最坏的耕地（A地）上也能产生级差地租，是由于以下的原因造成的。

由B地连续追加投资的生产率降低所造成

一种情况是：由B地连续追加投资的生产率降低所造成。市场价格，即社会生产价格，是由A地的个别生产价格决定的。如果B地（较好的土地）连续追加投资的生产率降低，降到A级土地以下，而这种产量又是为市场所需要的，那么，这种新的降低了的生产率，其个别生产价格就代替A地的生产价格，而决定着社会生产价格，这样，A地的个别生产价格就会低于这种新的社会生产价格而产生差额，形成超额利润，从而转化为地租。例如：在A地上，投资$2\frac{1}{2}$元，生产粮食一担，

① 《资本论》第3卷，人民出版社2004年版，第836页。

平均利润为$\frac{1}{2}$元，则生产价格是3元，这3元，是A地的个别生产价格，但它又决定着社会生产价格，没有提供超额利润。现在，在B地上，第一次投资$2\frac{1}{2}$元，生产粮食2担，第二次投资$2\frac{1}{2}$元，生产粮食$1\frac{1}{2}$担，两次的个别平均生产价格是6元，生产粮食$3\frac{1}{2}$担，每担粮食按社会生产价格3元出卖，共可得$10\frac{1}{2}$元，减去个别平均生产价格6元，可得超额利润$4\frac{1}{2}$元，这部分即可转化为地租。如果社会需要的粮食增长了，包括A地以上的产量都不能满足需要，还要增加生产，追加投资，因而在B地要进行第三次投资，但这时生产率却大大下降，如对B地第三次投资为$2\frac{1}{2}$元，只生产粮食半担，半担粮食的个别生产价格为3元，一担则提高为6元，但由于这部分粮食是社会需要的，所以它决定着社会生产价格，因此，每担粮食的社会生产价格就由3元提高为6元。调节粮食的社会生产价格，“已不是最坏土地A，而是较好的土地B了”。因此，A地生产的一担粮食，其个别生产价格是3元，现在可按6元的社会生产价格出售，这样，就可取得3元的超额利润，并可转化为地租。由于“上涨的生产价格的界限，就能够由较好土地来调节；这时，构成级差地租Ⅰ的基础的最坏土地也能够提供地租”。这种情况，马克思称之为“第一种方法，即不耕种更坏的土地，地租也可以在以往最坏的土地A上产生的方法；也就是说，地租的产生是由于土地A的以往起调节作用的个别生产价格，和最后追加的资本以不足的生产力在较好土地上提供必要追加产品时所形成的新的更高的生产价格相比，有一个差额”[①]。

由A_{-1}级土地加入耕种所造成

另一种情况是：由A_{-1}级土地加入耕种所造成。如果A地以上土地产量不能满足需要，就要扩大耕地面积，把比A地更坏的土地投入

① 《资本论》第3卷，人民出版社2004年版，第838页。

耕种，假定这种比 A 地更坏的土地为 A_{-1}（或 a 地）。在该地上，投资 $2\frac{1}{2}$元，生产粮食$\frac{3}{4}$担，$\frac{3}{4}$担粮食的生产价格为 3 元（$2\frac{1}{2}$元投资加$\frac{1}{2}$元平均利润），则每担粮食的个别生产价格为 4 元，但由于 A_{-1}地产量是社会需要的，它就起着调节社会生产价格的作用，每担粮食就要按 4 元出售，而原来的 A 地每担粮食的生产价格只是 3 元，因此，A 地就可取得 1 元的超额利润并可转化为地租。这就是说，A 地的个别生产价格不起调节作用，而是由 A_{-1}地的个别生产价格来决定社会生产价格了。“在这个场合，A_{-1}就代替 A 成为最坏的耕地，而 A 就成为提供地租的土地序列中的最低一级。”但是必须注意，上述情况虽然能使 A 地提供地租，但这是属于级差地租Ⅰ的变化，“不属于级差地租Ⅱ的考察范围之内”。这是因为：级差地租Ⅱ是在同一土地上因连续追加投资造成不同的生产率而产生的，上述情况，则是由扩大耕地面积，由于有 A_{-1}土地投入耕种而产生的。

由 A 地追加投资有不同的生产率造成

又一种情况是：由 A 地追加投资有不同的生产率所造成。这里又有两种情况，一种是，追加投资的生产率提高，另一种是，追加投资的生产率降低，在这两个场合都会使 A 地本身产生级差地租。

为什么在 A 地上连续追加投资引起生产率提高的情况下，会使 A 地产生级差地租呢？这是因为：对 A 地追加投资，生产率提高，在通常情况下，A 地的总投资和总产品的平均个别生产价格必须下降，仍然不会有超额利润；但是，如果大部分 A 地的追加投资都和过去一样，即社会生产价格不变，而在 A 地的一小部分面积上进行改良，使生产率提高，“那么，这个耕作得比较好的部分，就会提供超额利润，土地所有者就会迅速地把它的全部或一部分转化为地租，并把它作为地租固定下来”[①]。例如：在广大的 A 地上，第一次投资 $2\frac{1}{2}$元，平均利润为$\frac{1}{2}$元，生产出

① 《资本论》第 3 卷，人民出版社 2004 年版，第 841 页。

一担粮食，每担粮食的个别生产价格为 3 元，而这又是调节市场的社会生产价格。但是，对一部分 A 地进行改良，追加投资，如第二次投资仍是 $2\frac{1}{2}$元，生产粮食 $1\frac{1}{2}$担，这 $1\frac{1}{2}$担粮食出卖时，仍按每担 3 元计算，可取得 $4\frac{1}{2}$元，这样，A 地第二次投资的个别生产价格为 3 元，但可收入 $4\frac{1}{2}$元，多收入 $1\frac{1}{2}$元，这 $1\frac{1}{2}$元就形成超额利润，可以转化为地租。这就是说，在社会生产价格不变的情况下，A 地追加投资的生产率提高了，追加投资的部分可以取得超额利润，并由此产生级差地租。

为什么在 A 地上连续追加投资引起生产率降低的情况下，也会使 A 地产生级差地租呢？这是因为：如果在 A 地上的第二次投资，生产率降低，这种降低了的个别生产价格，变成起调节作用的社会生产价格，那么，A 地的第一次投资，就会取得超额利润。如上例：第一次投资的生产价格为 3 元，生产粮食 1 担，这一担粮食按 3 元出售。如果第二次投资仍为 $2\frac{1}{2}$元，平均利润仍为$\frac{1}{2}$元，但由于生产率降低之故，只生产出粮食$\frac{1}{2}$担，因而每担粮食的个别生产价格为 6 元。这时候，社会上对粮食的需要增加了，A 地的第一次投资的产量不能满足需要，第二次投资虽然生产率下降，但其粮食产量仍然为社会所需要，因而就由它对生产价格起调节作用，这样，每担粮食的社会生产价格就由 3 元提高为 6 元，这就是说，生产价格提高了，因此，A 地第一次投资生产出的 1 担粮食也要按 6 元的社会生产价格出售，从而可以取得 3 元的超额利润，由此也可转化为地租。这就是说，在社会生产价格提高的情况下，A 地追加投资的生产率降低了，使第二次投资的个别生产价格变成起调节作用的生产价格，则第一次投资就会产生超额利润，可以转化为级差地租。但是，A 地第二次投资所产生的个别生产价格是否变成起调节作用的生产价格，“这又取决于第二次投资在现有的 A 级土地上所达到的普遍程度”。如果对 A 地的第二次投资都会引起如上例的生产率的降低，才能使社会生产价格提高，A 地的第一次投资才能提供地租。如果对 A 地的第二次投资不是普遍的，或者投资了，但生产率的降低也不是普遍的，就不会引起社会生产价格的提高，对 A 地的第一次投资就不会取得超额利润，也不会产生级差地租。

总之，不管最坏的土地上的地租是由什么方式产生的，在资本主义制度下，由于级差地租Ⅱ的存在，连最坏土地也能提供级差地租，因而一切土地都可以变成能够提供级差地租的土地。

（二）对级差地租的几点补充说明

从第 842 页末段到第 845 页，马克思又对级差地租的理论作了三点补充说明。

怎样看待资本主义条件下农产品生产价格的不断上涨

第一，在资本主义条件下，农产品的社会生产价格会不断上涨。这是由于对土地的连续追加投资引起生产率降低，不管生产价格不变或下降，每亩地提供的地租都会增加，这就会引起生产价格上涨；此外，还有一个更重要的原因，即“从资本主义生产方式的观点来看，如果为了获得同一产品而必须支出，必须对以前无须付费的东西付费，那么，这个产品就总会变得相对昂贵”。因为，如果人们需要的产品能够依靠无偿的自然力和人们劳动就生产出来，该商品中所包含的价值量相对地说就较少；如果人们需要的产品除了依靠无偿的自然力来进行生产以外，“必须提供的产品比利用这种自然力所能生产出来的还要多”，就是说要在人或人的劳动协助下生产出这个追加产品，就需要有更多的对象化劳动作为一个新的追加要素加入产品中去，也就是需要支出较多的资本，而资本的耗费是要由价值来补偿的，因此新创造出的商品中所包含的价值量相对地说就较多，“在一切其他条件不变的情况下，生产就会变得昂贵”。由此可见，在单位商品中所包含的价值量增加和生产价格的提高，可能是由于转移来的对象化劳动的增加所造成的。这种生产价格的提高，不是地租增加的结果，而是地租增加的原因。因为生产价格提高使农产品的个别生产价格更加低于社会生产价格，才会引起超额利润和地租的增加。如果把农产品生产价格的提高单纯看成是追加投资生产率降低的结果，那是不全面的。

不能把连续追加投资所产生的级差地租，看成是合并在土地内的资本的利息

第二，不能把连续追加投资所产生的级差地租，看成是合并在土地内的资本的利息。如果有两块土地，一块自然条件较好，一块自然条件较差，这就要在后一块土地上追加投资，进行人工改良。例如，前一块土地较平整，后一块土地不平整，就要进行人工平整；又如，前一块土地灌溉条件好，后一块则较差，就要修水渠、开排水沟等等。由于上述现象存在，有的人就错误地认为：在前者天然具有优越性的土地上，提供出来的是地租；但在后者天然条件较差的土地上，提供的地租是利息，即投入土地并被合并在土地内的资本的利息。这种把地租和利息相混同的错误观点，在第三十七章中就已批判过。在这里，马克思又进一步指出，在同一块土地上追加投资所产生的级差地租，和合并在土地内的资本的利息，是完全不同的两回事。在一定等级的土地上追加投资，不管是在自然条件较好的土地上，还是在自然条件较差的土地上，只要同最坏的土地相等的投资比较会有较高的生产率，就会由这种生产率的差别产生超额利润，并转化为级差地租。至于以租金形式出现的合并在土地上的资本的利息，则是过去已经投入土地的资本，由于在前一个租约期内没有用尽，因而在重新订立租约时，土地所有者就对它计算利息，加在租金（广义的地租）上，因而也表现为地租。由此可见，土地资本的利息，是过去合并在土地中的资本的结果，级差地租，则是追加投资有不同生产率的结果，两者显然是不同的。

不能把产生级差地租的条件和创造价值的源泉混为一谈

第三，不能把产生级差地租的条件和创造价值的源泉混为一谈。有人认为，级差地租好像是由土地的自然肥力、土地的位置，以及投入土地的资本的利息产生出来的，这样，价值就不是由劳动所创造，而是由自然肥力、土地位置、土地资本的利息所创造的了。这就完全违背了科学的劳动价值理论。实质上，地租只是剩余价值的一部分，级差地租的唯一源泉只能来自农业工人的剩余劳动。土地的自然肥力、土地的位置，只是产生级差地租的条件，不是产生级差地租的源泉。至于土地资本的利息，也是由剩余价值的一部分转化而来的。所以级差地租的存在不但没有否定劳动价值论，恰恰相反，正是价值规律在农业部门的特殊表现形式，即这一部分剩余价值表现为超额利润，在一定条件下转化为地租。大家知道，商品价值是商品的社会属性，是由生产它的社会必要劳动时间决定的。在一定的劳动时间内，生产出多少商品，因而每个商品中包含多少社会必要劳动量，即每个单位商品价值量的大或小，是由劳动生产率决定的。如果劳动生产率较高，在一定时间内生产出的商品较多，每一商品内分摊的劳动量就较少，价值量就会较小；反之，则较大。所以，劳动生产率的高低直接影响着单位商品价值量的大小。而劳动生产率高的就会因此取得超额利润。“至于这种生产率来源于自然还是来源于社会，是完全无关紧要的。”当然，这种生产率本身需要花费劳动或不需要花费劳动（如第一点补充所说的），对商品的生产费用也会发生不同的影响。

■ 马克思在第 837 页所列的那张表，是为了说明 B 地追加投资的生产率下降，会使 A 地产生级差地租，恩格斯认为：“这里的计算，又是不完全正确的。”[①] “尽管数字必须改变”，但这个例子所说明的问题还是对的。对此，张薰华认为：“马克思这张表并无错误。恩格斯却对它有所误解。”[②] 为什么恩格斯会产生误解呢？张薰华认为：“是由两个原因造成的：其一，把在 B 地上的三次投资所需缴纳的地租和原来两次投资所需缴纳的地租混同起来；其二，并由此计算平均价格作为起调节作用的市场价格。实际上，马克思已经讲明前提，起调节作用的价格是 B 地第三次投资产物的 1 夸特的生产费用 $3\frac{1}{2}$ 镑[③]，从而地租也会发生变化。”张

① 《资本论》第 3 卷，人民出版社 2004 年版，第 837 页。
② 张薰华：《试校〈资本论〉中某些计算问题》，《中国社会科学》1980 年第 3 期。
③ 参阅《资本论》第 3 卷，人民出版社 2004 年版，第 836 页。

薰华还特地对恩格斯补充的该段原文，作了进一步的订正，特转录如下：

“这里的计算，又是不完全正确的。B的租地农场主为 $4\frac{1}{2}$夸特付出：第一，$9\frac{1}{2}$镑生产费用，第二，$4\frac{1}{2}$〔应是 $6\frac{1}{4}$〕[①] 镑地租，合计 14〔应是 $15\frac{3}{4}$〕镑；平均每夸特＝$3\frac{1}{9}$〔应是$3\frac{1}{2}$〕镑。因此，他的总生产的这个平均价格〔不是平均价格，而是第三次投资的个别价格〕，成了起调节作用的市场价格。按此计算，A的地租就是$\frac{1}{9}$〔应是$\frac{1}{2}$〕镑，而不是$\frac{1}{2}$镑〔是$\frac{1}{2}$镑〕；B的地租和以前一样〔和以前不一样，以前只投资两次，现在投资三次〕仍然是 $4\frac{1}{2}$镑〔不能仍然是 $4\frac{1}{2}$镑，而是必然会增加到 $6\frac{1}{4}$镑〕。$4\frac{1}{2}$夸特按每夸特 $3\frac{1}{9}$〔应是 $3\frac{1}{2}$〕镑计算＝14〔应是 $15\frac{3}{4}$〕镑，其中 $9\frac{1}{2}$镑是生产费用，剩下 $4\frac{1}{2}$〔应是 $6\frac{1}{4}$〕镑作为超额利润。”[②]

---

① 方括弧内系张薰华订正的，下同。

② 这段所引恩格斯原文，见《资本论》第3卷，人民出版社2004年版，第837页。

第四十五章
绝对地租

从第三十八章到第四十四章，都是研究地租的一种形式，即级差地租；第四十五章和第四十六章，则研究地租的另一形式，即绝对地租。在土地私有制存在的条件下，不论是租种好地或坏地，土地所有者都要收取地租，否则，他宁愿将土地长期闲置，也不会将土地白白地让人耕种。这种由于土地私有权的存在，无论租种好地或坏地都要交纳的地租，马克思称为绝对地租。本章着重研究绝对地租产生的原因，它的形成、来源和实质，及其发展趋势等等，是马克思地租理论中的重要组成部分。

（一）绝对地租产生的原因

绝对地租的规律和级差地租的规律是各自独立的

在分析级差地租时，是从假定最坏的 A 级土地不提供地租这一前提出发的，在那里，把 A 地的个别生产价格作为起调节作用的生产价格，即决定着社会生产价格，因而 B、C、D 级土地的个别生产价格低于社会生产价格的差额，形成超额利润，并转化为级差地租。但是必须注意，“级差地租本身的规律和这个前提的正确与否完全无关”。这就是说，由 A 地的个别生产价格起调节作用，因而 A 地不能提供地租，这个前提是否正确，对于级差地租本身的规律来说，是没有关系的。现在我们研究绝对地租，上述级差地租的前提就不适用了。因为现在不是假定 A 地不提供地租，而是假定任何土地都要提供地租，A 地当然也要提供地租，由于前提不同，如果是级差地租的原因来分析绝对地租那就不行了。因此，要注意如下两点：

第一，在分析级差地租时假定：A 地产品的个别生产价格决定着社会生产价格，市场价格等于社会生产价格。现在假定：A 地产品的个别生产价格虽然仍决定着社会生产价格，但市场价格高于社会生产价格。因为 A 地如按照社会生产价格来出售农产品，只能取得平均利润，不能产生地租。只有在社会生产价格之上加上地租的市场价格，才能使 A 地也能提供地租。因此，在级差地租的分析中，农产品按社会生产价格出售的原理，就要被农产品按高于社会生产价格的市场价格来出售这个原理所代替。假定 P 是农产品的社会生产价格，r 是地租，那么，农产品的市场价格＝P＋r。“这样，各级土地在市场上的全部产品的起调节作用的市场价格，就不是资本一般在一切生产部门一般都会提供的那个生产价格（等于费用加上平均利润），而是生产价格加上地租了”。

第二，既然在上述情况下，起调节作用的市场价格并不等于社会生产价格，而是高于社会生产价格，那么，级差地租的规律会不会因此就失去作用呢？不会的，级差地租的规律仍然是起作用的。这是因为：级差地租的规律只是说明，在社会生产价格已定时，由土地自然条件或追加投资的不同生产率，使个别生产价格低于社会生产价格，从而出现超额利润和级差地租。如果 A 地不提供级差地租，B 地提供级差地租 1d（假定 A 地每担粮食的社会生产价格为 3 元，B 地为 2 元，C 地为 1 元 5 角，D 地为 1 元，因而 B 地可提供 1 元超额利润，试称为 1d），C 地提供的为 2d，D 地提供的为 3d，它们取得等级不同的超额利润，但每担粮食的社会生产价格都是 3 元。至于绝对地租，则是社会生产价格与市场价格之间的差额部分。这就是说，社会生产价格与个别生产价格之间的差额，是由级差地租的规律决定的；而在社会生产价格之上，增加 r 部分的市场价格来出卖农产品，则是由绝对地租的规律决定的。可见，在分析绝对地租时，“级差地租仍然不变，并且受同一规律调节”，只是其中增加了一个与级差地租无关的绝对地租，从而使农产品的市场价格普遍增加而已。

土地私有权的存在是对投资的一个限制

如果进一步追问一下，A 地不支付地租这一前提的基础是什么？答案是：经营 A 地的农业资本家，把资本投在 A 地上，必须取得平均利润。这就要求 A 地产品的市场价格达到社会生产价格。但是仅仅有这一点能不能就让租地农业资本家去经营 A 地呢？不能。决不能得出结论说："这个属于 A 级的土地，现在会立即让租地农场主去支配。"因为 A 地是为土地所有者所私有，如果土地能够让任何人随意地去耕种，这就意味着土地私有权被废除。实际上，"土地所有权的存在，正好是对投资的一个限制，正好是对资本在土地上任意增殖的一个限制"。由于土地为土地所有者私有，要想经营土地，不向土地所有者交纳地租，土地所有者是不肯把土地让你去白白地使用的。所以马克思说："租地农场主不支付地租而能按普通利润来增殖他的资本这一事实，对土地所有者来说，决不是把土地白白租给租地农场主并如此慈善地给这位营业伙伴以无息信贷的理由。"前面说过，土地私有权的垄断是级差地租的前提，如果没有这种垄断，超额利润就不会转化为级差地租。现在，还要进一步证明："甚至在作为级差地租的地租并不存在的地方，也就是，在 A 级土地上，作为限制的土地所有权还是继续存在。"这就是说，由于土地私有权的存在，除了必须提供级差地租的情况不说，即使在没有提供级差地租的地方，也还要提供绝对地租。虽然，在个别特殊情况下，使用土地可能是无须支付地租的；但在一般的正常情况下，只要有土地私有权存在，就一定要支付绝对地租。可以说，土地私有权的垄断是产生绝对地租的原因。

不付地租却能对土地投资的几种偶然情况

在资本主义的经济生活中，不付地租却能使用土地的情况是可能发生的，但这只是偶然的情况，是个别的特殊的情况，第 849 页第 2 段到第 852 页第 1 段，马克思分析了三种偶然情况。

第一，当土地所有者自己就是资本家，或资本家自己就是土地所有者的时候，土地所有权就不会成为资本对土地投资的限制。他可以把土地看成是一个简单的自然要素，如果农产品的市场价格提高，经营土地有利，他就向土地投资；反之，如果农产品价格低，经营土地不利，他就不进行投资。在这里，"决定他行动的只是对他的资本的增殖的考虑，即资本主义的考虑"。在这种情况下，是否向土地投资，是否经营农业，不会受必须支付地租才取得对土地的使用权的影响。"这种情形在实践中是会发生的，但只是例外”，它不能说明耕种A地可以不支付地租的问题。

第二，在租地农业资本家租来的大片土地中，夹着一块土地，这块土地按照市场价格水平不能支付地租，因此这块土地在实际上是无偿出租的。这种情况能不能说明无租土地也可以让别人进行投资耕种呢？也不行。这是因为：从土地所有者看来，这块地的地租，已经包含在整个大片的出租土地的地租之中了，“因为他所看到的”，不只是其中个别地块的特别地租，而是这片租地的地租总额。这种偶然情况也不能说明，不支付地租就可以对土地进行投资。

第三，如果租地农场主在同一块土地上投资，第一次投资100元，产品销售后可得125元，除去100元资本外，可得平均利润10元，转化为地租的超额利润15元。如果在该地上进行第二次追加投资100元，产品销售后只得110元，即只取得平均利润，不能提供地租。但是，第二次追加投资并未提供地租的情况，并不能说明土地私有权存在的条件下，不付地租即可向土地投资的问题。因为对该地的第一次投资，是以租地农场主向土地所有者租入土地、支付地租为前提的。还因为“在租约未满期间，土地所有权对他在土地上投资的限制并不存在”。例如，在租约期间内，由追加投资而得的超额利润归农场主所有，土地所有者也是拿不到的；只是在租约期满后，土地所有者才会提高租金，把这部分取为已有。这部分超额利润在租约期间归农场主所有的情况，实际上等于土地所有权被废除。这种情况并不是资本主义生产方式的一般特征，因而也不能据此作为不支付地租就能对土地进行投资的一般理由。

上述三种情况说明，在土地私有权的前提下，向土地投资，只提供平均利润，不提供地租，这种情况纯粹是偶然的。一般地说，只要对土地投资，进行耕种经营，都是要付地租的。马克思指出这三种偶然情况，就是为了在以下的研究中，把这些偶然情况舍象掉，以便对绝对地租作纯粹的分析。

在土地私有权的条件下，租种A地也必须支付地租

但是，资本是不是能够真正投入只提供平均利润，但不提供地租的A地呢？在这种情况下，如果不提供地租，土地所有者就不会让租地农场主耕种A地；如果农场主把平均利润作为地租交给土地所有者，他得不到平均利润，就不会在A地进行投资经营。因此，A地既要能提供地租，还要能提供平均利润。这种情况，只能在A地农产品的市场价格超过生产价格时才会发生。因为生产价格中除成本外已包含了平均利润，所以超过生产价格的部分可以转化为地租。马克思指出，这种情况只能在下述两种场合才会发生：其一是，市场价格必须上涨到旧租地上最后的追加投资也能提供超额利润的程度，价格的这种提高，是由于A地不提供地租就不能被耕作。如果A地不提供地租也能被耕作，价格就不会涨得这么高。其二是，虽然旧租地上的最后投资不提供地租，但市场价格已经上涨到足以使A级土地可能被耕种并提供地租的程度。在这种情况下，在旧租地上的追加投资就会连平均利润也得不到，当然，也就不会发生这种追加投资。“在这两种情况下，A级土地的地租都不是谷物价格上涨的简单的结果，相反地，最坏土地必须提供地租才会让人耕种这一事实，却是谷物价格上涨到使这个条件得以实现的原因。”

土地所有权的垄断产生绝对地租

首先，必须注意，土地所有权对于级差地租的作用，和对于绝对地租的作用是不同的。在级差地租的场合，“土地所有权在这里仅仅取去超额利润”，“只是商品价格中一个未经它本身参与就产生……并转化为超额利润的部分发生转移的原因”。“但在这里，土地所有权并不是创造这个价格组成部分的原因，也不是作为这个组成部分的前提的价格上涨的原因。”这就是说，从形成级差地租的角度看，土地所有权仅仅使超额利润转化为地租；但是，农产品中包含的超额利润，并不是由土地所有权的作用产生的，农产品的价格决定和农产品的价格上涨，都不受土地所有权的影响。在绝对地租的场合，如果A地不提供地租，A地就不会出租给别人耕种，在这里，“土地所有权就是引起**这个**价格上涨的原因”。这就是说，从绝对地租的角度看，要租种A地，必须向A地的所有者支付地租，虽然土地所有权不能创造价值，不能创造地租，但它本身却会引起农产品的市场价格涨到社会生产价格以上，成为产生绝对地租的原因。马克思说：“**土地所有权本身已经产生地租**”，这种地租就是绝对地租。

其次，必须注意，我们这里研究的是由土地私有权而产生的绝对地租，是从纯粹形态上来研究的绝对地租。如果租地农场主不是靠市场价格高于社会生产价格而取得的超额利润，而是靠克扣工人的工资，或把正常的平均利润中的一部分作为地租交给土地所有者，这种情况实际上是经常发生的，但这只是租金的一部分，不是真正的地租。我们要研究的是反映农业中资本主义生产关系的资本主义的地租，就必须把由克扣工资和正常的平均利润的一部分转化为租金的这种情况抽象掉。这个问题，在第三十七章中已经研究过。[①]

再次，还必须注意，在殖民地，即新开拓的殖民土地上，大量的土地没有被人占有，还没有受土地所有权的支配，在那里，土地所有权在法律上和事实上都是不存在的。移民们可以任意投资，不管是耕种最坏的土地，还是耕种肥沃的土地，都不需要提供地租。这就说明，在土地私有权不存在的地方，资本主义的地租也是不存在的。可是李嘉图却偏偏以殖民地为例来论证级差地租，终于导致否定绝对地租的错误。

最后，还要注意，“单纯法律上的土地所有权，不会为土地所有者创造任何地租”。如果某块土地仅仅在法律上确定为某人所有，但未租给别人耕种，一直闲置在那里，当然是不可能提供地租的，这就说明，土地私有权本身不能创造地租，“土地不出租，土地所有权就没有任何收益，在经济上就没有价值”。要取得地租，就必须把土地租出去，使经营土地的投资者向其提供地租。租地农场主经营土地，既要取得平均利润，又要能够支付地租，“所以，市场价格必须涨到生产价格以上，达到P＋r，才能向土地所有者支付地租”。由此可见，单纯法律上的土地所有权不会产生地租；只有把土地租出耕种，才能产生超额利润，才能提供地租；土地私有权的垄断，只是使这种超额利润转化为绝对地租的原因而已。

（二）绝对地租的形成

现在就要进一步论证，转化为绝对地租的这部分超额利润究竟是怎

---

① 参阅《资本论》第3卷，人民出版社2004年版，第706—710页。

样产生出来的？

如果说，这部分超额利润不能用论证级差地租产生的方法，即既不是由土地自然肥力的差别产生，也不是由追加投资的不同生产率产生，那么，能不能说，这部分农产品的市场价格是高于它的价值的，就是说，从“普通意义上的垄断价格”产生的呢？实际上，在这里所论证的绝对地租，并不是由市场价格高于价值引起的，而是在市场价格等于价值的情况下产生的。

绝对地租是农产品价值超过生产价格以上的余额，这部分余额形成超额利润，转化为绝对地租。现在的问题在于：既要说明这种超额利润是如何产生的，又要说明这种超额利润是如何转化为绝对地租的。这就是说，既要说明农产品的价值为什么会大于它的生产价格，还要说明这部分超额利润为什么必须转化为地租，而不是为租地农业资本家直接占有。因此就要研究绝对地租的形成问题。

农业上的有机构成低，价值可以高于生产价格，产生超额利润

马克思进一步运用第二篇所研究过的关于有机构成、平均利润、生产价格等一系列原理，结合农业的实际情况，分析农产品的价格、价值和生产价格等问题。

首先，“我们已经知道，一个商品的生产价格和它的价值决不是一回事”。虽然从整个社会生产的总体看，生产价格应该等于价值，但从各个不同的具体部门看，情况就各不相同，有的企业可能是生产价格高于价值，有的则可能是生产价格低于价值，只有在特殊例外的情况下，生产价格才会等于价值。

其次，我们就来看看，是什么因素使不同企业的价值和生产价格之间产生或高或低的现象呢？这是由该企业的资本有机构成有高有低的不同情况决定的。在资本有机构成低的企业，价值高于生产价格，剩余价值就会高于平均利润；反之，在资本有机构成高的企业，价值低于生产价格，剩余价值就会比平均利润为少。马克思说，在有机构成低的企业，“一个这样的资本，因为使用了更多的活劳动，所以在对劳动的剥削程度相等的情况下，将会比社会平均资本的一个同样大的部分生产出更多的剩余价值，从而生产出更多的利润。因此，它的产品的价值，就会高于它的生产价格”。相反，在有机构成高的企业，“它所生产的商品的价值，就会低于这些商品的生产价格”。

再次，这种不同企业的有机构成高低不同的情况，是由社会劳动生产力的水平决定的。社会劳动生产力水平低，技术构成往往也较低，因而使用的不变资本较少，使用的劳动力较多，有机构成也就较低。相反，社会劳动生产力水平较高，技术构成和反映着技术构成变化的价值构成，即有机构成就会较高。

最后，在资本主义制度下，农业的发展落后于工业，“在生产发达的各国，农业的发展程度没有达到加工工业那样的水平”，农业中的社会劳动生产力比工业低，因而，“农业上的资本构成如果低于社会平均资本的构成”。当然，这里说的农业落后于工业，农业的资本有机构成低，都是相对的。随着农业社会生产力的发展，农业有机构成也是不断提高的，究竟农业有机构成是低，还是已经提高，甚至于赶上工业，超过工业，那是只能用统计来判断的问题。这里只是在理论上确定：农业中的有机构成比工业低，在这个前提下，农产品的价值高于它的生产价格，“也就是说，农业上一定量的资本，与同等数量的有社会平均构成的资本相比，会生产较多的剩余价值，或同样也可以说，会推动和支配较多的剩余劳动”。农产品这种价值高于生产价格的差额，形成超额利润。但是，这个事实还不足以说明，为什么这个超额利润会转化为地租，也就是说，不能说明“在概念上不同于级差地租，因而可以称为**绝对地租**的那种地租的存在”。

在农业上，土地私有权的垄断阻碍着资本的转移，上述超额利润会转化为绝对地租

以上只是说明：农产品的价值为什么会大于它的生产价格，从而产生超额利润。现在还要进一步说明：这种超额利润为什么不像在工业上那样，最终导致平均化，而会转化为绝对地租。

在工业上，也有一些部门的资本有机构成低于社会资本的平均构成，因而也会使某些工业品的价值高于它的生产价格，但不会因此提供超额利润，也不会把这种超额利润转化为地租。这是因为：“生产价格以及它所包含的一般利润率的存在和概念，是建立在单个商品不是按照它们的价值出售这样一个基础上的。生产价格是由商品价值的平均化产生的。”这就是说，由于各个部门之间有机构成不同，从而有不同的利润率，但是，等量资本又要求必须取得等量利润，这就引起各部门之间的竞争，发生资本转移，从而使利润率平均化，形成生产价格，不管是价值高于生产价格，还是价值低于生产价格，都一律要求按生产价格出售。这样，由于利润率的平均化，价值高于生产价格部分就不能作为超额利润归个别企业所有，而是参加到社会平均化过程中去，平均到其他部门中去了。可见，在工业上，价值超过生产价格的部分不会形成超额利润。那么，在工业上，有没有超额利润呢？有的，“资本的趋势是，只容许这样一种超额利润，这种超额利润在一切情况下都不是来自于商品的价值和生产价格之间的差额，而是来自于调节市场的一般生产价格和与它相区别的个别生产价格之间的差额；所以超额利润不是发生在两个不同生产部门之间，而是发生在每个生产部门之内”。这就是说，部门之间的竞争使利润率平均化，因此不会产生超额利润，但在同一个生产部门之内，由于不同企业的劳动生产率不同，因而个别生产价格和社会生产价格也不同，个别生产价格低于社会生产价格的部分会形成超额利润。不过，随着生产率的发展，随着生产商品的社会必要劳动时间的变化，这种超额利润会不断下降直至消失。所以，工业上的这种超额利润，是不会转化为地租的（这种超额利润，和形成级差地租的超额利润相似）。

那么，在农业上，为什么由于有机构成低，价值高于生产价格的部分不仅形成超额利润，而且还要转化为绝对地租呢？如上所述，工业上的这种价值高于生产价格的部分，由于资本转移，实现利润率平均化，转化为平均利润。如果发生相反的情形，就是说，如果有一种外在的力量，阻碍着资本的转移，阻碍着利润率的平均化，“那么很明显，在这种生产部门中，由于商品的价值超过其生产价格，就会产生超额利润，这个超额利润将会转化为地租”。现在，问题的关键是：在农业中，是否有这种外在的力量，起着上述作用？马克思指出：“在这里，土地所有权就是障碍。”“当资本投在土地上时，土地所有权或者说土地所有者，就作为这样一种外力和限制，出现在资本或资本家面前。”这就是说，土地私有权的垄断，限制着资本的自由转移，阻碍着利润率的平均化。当然，土地私有权的存在并不能排除竞争，不能排除资本在工农业部门之间的自由转移，但它会给其他部门的资本转移到农业中来形成一道障碍，任何资本家想要把资本投到农业，必须向土地所有者租赁土地，必须交纳地租，否则就无法进行投资。“不纳税，也就是说，不交地租，就不能对从前未耕种或未出租的土地投入任何新的资本”。因此，农产品的市场价格就必须高于生产价格，这样，租地经营的农业资本家，才能在取得平均利润后还有余额来支付地租。这个地租就是农产品的价值超过生产价格的余额或余额中的一部分。这就是说，农产品价值超过生产价格的部分，不参加利润率平均化，而是作为超额利润，并被留在农业部门之内转化为绝对地租。

那么，绝对地租的量由什么因素决定呢？马克思指出：“地租究竟是等于价值和生产价格之间的全部差额，还是仅仅等于这个差额的一个或大或小的部分，这完全取决于供求状况和新耕种的土地面积。”试以供求状况而论，如果市场上的农产品供不应求，市场价格就不仅会高于生产价格，而且会等于它的价值，这时，绝对地租就可能等于农产品价值和生产价格的全部差额。相反，如果市场上的农产品供过于求，市场价格就会降到价值以下，但只要仍在生产价格以上，仍可提供一定量的绝对地租，这时，绝对地租只是价值和生产价格差额的一部分，差额的其余部分将会参加利润率的平均化。

还须注意，在这里，这部分差额所以能转化为绝对地租，还和土地私有权的垄断引起对农产品的垄断分不开。“无论这个绝对地租等于价值超过生产价格而形成的全部余额，还是只等于其中的一部分，农产品总是按垄断价格出售”。“农产品的垄断在于：它们不像价值高于一般生产价格的工业品那样，会平均化为生产价格”，而是按照农产品的实际价值，按照“它在商品价值中等于这个特殊资本所生产的实际的剩余价值，并成为这个特殊资本所生产的商品价值的一个组成部分”来出售。这里所说的“垄断价格”，或“农产品的垄断”，并不是指市场价格超过价值的那种人为的垄断，而是指，由于土地私有权的垄断，因而引起对农产品的垄断，既阻碍着农业中的资本自由转移，也决定着农产品的市场价格必须高于生产价格来出售。马克思指出，如果生产价格等于成本价格加平均利润，即=k+p，那么“价值则=k+p+d”。d，指价值和生产价格之间的差额，这就是说，农产品的价值等于成本价格加平均利润再加地租。p+d，即平均利润和地租，都是由剩余价值构成的。

根据以上分析，马克思首先得出结论说，“农产品的价格可以在达不到它们的价值的情况下，高于它们的生产价格”。这时，绝对地租仅仅是这个差额的一部分。其次，马克思又得出结论说，“农产品的价格，在达到它们的价值以前，可以持续上涨，直到一定点为止”。这就是说，当农产品市场价格和价值还未完全相等时，虽然它已高于生产价格，但还可以继续上涨，一直涨到与价值相等为止。最后，马克思得出结论说，“农产品的价值超过它们的生产价格而形成的余额，所以能为成为它们的一般市场价格的决定要素，只是因为有土地所有权的垄断”。这就是说，由于土地所有权的垄断，阻碍着农业中的资本转移，阻碍着利润率的平均化，使农产品要按照等于价值或低于价值但高于生产价格的市场价格来出售。可见绝对地租的产生，是由于土地私有权垄断的结果。最后，马克思得出结论说：“在这种情况下，产品价格上涨不是地租的原因，相反地地租倒是产品价格上涨的原因。”这就是说，不是由于农产品市场价格高才产生地租，而是由于土地私有权垄断必须支付地租，才使得农产品的市场价格高于生产价格。从这一点来看，绝对地租和级差地租是不同的。[①]

农业中的剩余价值是绝对地租的来源

现在就要进一步研究绝对地租的来源问题。

绝对地租不可能由土地所有权产生。土地所有权不能创造地租。“虽然土地所有权能使土地产品[②]的价格超过它们的生产价格”，但土地所有权的垄断仅仅是使农业中的超额利润转化为绝对地租的原因。

绝对地租不可能由市场上的供求关系产生。虽然农产品的市场价格究竟比生产价格高多少，因而价值和生产价格的差额中有多少转化为地租，这并不取决于土地所有权，“而取决于一般的市场状况”，但这种情

---

① 参阅《资本论》第3卷第43章，人民出版社2004年版，第833页。

② 不能把土地产品和农产品看成是完全一样的。农产品只包含农业产品，如粮食、棉花之类；土地产品既包含农产品，还包含林产品、矿产品等等。

况只能说明，市场的供求能促使一部分超额利润转化为地租，而不能说明市场的供求情况是绝对地租的创造者。

绝对地租的来源，只能是农业工人所创造的一部分剩余价值。马克思指出：“在任何情况下，这个来自于价值超过生产价格的余额的绝对地租，都只是农业剩余价值的一部分，都只是这个剩余价值到地租的转化，都只是土地所有者对这个剩余价值的攫取”。不仅绝对地租是这样，级差地租也是这样。所不同的是，绝对地租是依靠土地所有权的垄断，直接对这一部分剩余价值的攫取，使其转化为地租；而级差地租则是“由于土地所有权在一般起调节作用的生产价格下对这个超额利润的攫取”。所以“这两个地租形式，是唯一正常的地租形式”。为什么说是正常的形式呢？因为它们都是在生产过程中产生的，是由生产中创造的剩余价值的一部分转化而来的，而且是通过价值和价格的形成过程得到说明的。那么，有没有不正常的形式呢？有的。除去上述两种情况的地租外，那种“以真正的垄断价格为基础”的地租，既不是由个别生产价格低于社会生产价格来决定，也不是由价值高于生产价格的差额来决定，而是由市场价格高于价值来决定，这种高于价值的市场价格“是由购买者的需要和支付能力决定”。构成地租的这个部分，虽然也是来源于剩余价值的一部分，但它不是通过生产过程直接转化而来，而是通过流通，通过剩余价值的分配和再分配转化而来，即通过资本家把利润的一部分、工人把工资的一部分再转化而来，所以说，这种情况是地租的不正常形式。

为了说明农产品价值高于生产价格的部分如何转化为绝对地租，以及说明绝对地租的来源是剩余价值，可用下表来表示：

生产部门	资本有机构成	剩余价值率	剩余价值	商品价值	平均利润	生产价格	绝对地租
工业	80c＋20v	100％	20	120	20	120	—
农业	60c＋40v	100％	40	140	20	120	20

上表假定有工业和农业两个部门，工业中社会资本的平均构成为 80c＋20v，剩余价值率 100％，剩余价值为 20，商品价值为 120，平均利润率为 20％，平均利润为 20，因而生产价格为 120，价值和生产价格完全相等。在农业上，社会资本的平均构成是 60c＋40v，剩余价值率仍为

100%，可取得剩余价值 40，商品价值为 140，平均利润率仍为 20%，100 元资本可取得 20 元的平均利润，生产价格为 120，这样价值就比生产价格高 20，农业资本家如按商品价值 140 元出卖农产品，自己可得 20 元的平均利润，另 20 元则转化为绝对地租，这就明显看出，农业工人创造的剩余价值的 40，其中 20 作为平均利润被农业资本家剥削去，剩下的 20 则转化为地租被土地所有者攫取去。可见，绝对地租无非是农业工人所创造的剩余价值的一部分。

土地所有权虽不产生地租，但毕竟是使超额利润转化为地租的根本原因。因此，还要注意土地所有权对土地投资的绝对限制作用和相对限制作用。所谓绝对限制作用，就是说，你如不支付地租，土地所有者就不把土地租出，土地就不能耕种，虽有资本，也不能投入土地。这就是："只有在必须向土地所有者纳贡才允许把土地作为投资场所时，土地所有权才作为绝对的限制而发生作用。"所谓相对限制作用，是指：土地出租以后，土地所有者已把土地的使用权交给租地农业资本家，土地所有者不能直接限制他们的投资了，但是，如果对土地的投资不能在租约期内收回，而是要更长的时间内才能收回并取得超额利润，因而这种利益就会在租约期满后落入土地所有者手中，那么，农业资本家就不再进行投资，这就是土地所有权对土地投资的相对限制作用。这就是说，这种相对的限制作用是指"投入土地的资本最终转归土地所有者所有，这就给租地农场主造成了极为确定的界限"。

（三）由农产品的垄断价格而产生的地租

上述绝对地租，是假定在农业的资本有机构成比工业低，因而价值高于生产价格的情况下而产生的。"如果农业资本的平均构成等于或高于社会平均资本的构成，那么，上述意义上的绝对地租，也就是既和级差地租不同，又和以真正垄断价格为基础的地租不同的地租，就会消失。"这就是说，如果农业的有机构成等于工业或高于工业，价值就不再会高于生产价格，上述意义上的绝对地租就会消失。当代一些资本主义国家农业的发展状况，完全证实了马克思的预见。一些发达的资本主义国家，随着科学技术的发展，农业劳动生产率的提高，农业资本的有机构成迅速提高。如美国工业劳动生产率，近 20 年来提高了 1.7 倍，而农业劳动生产率却提高了 2.1 倍。1977 年美国农业资本投资，平均每个劳动力为 12.1 万美元，而工业中每个职工则不到 10 万美元。发达的资本主义国家农业资本有机构成已经接近或已经赶上工业资本的有机构成，这是不容否认的客观趋势。在这种情况下，上述意义上的绝对地租，即由价值高于生产价格而产生的绝对地租，就会消失。这正说明了绝对地租的历史性质。

但是，能不能说在农业有机构成等于或高于工业的情况下，绝对地租就完全消失，不再存在了呢？甚至说，马克思的绝对地租理论已经过时了呢？国内外学者对此有不同看法。我认为，马克思已经对我们作了明确的提示，他指出："乍一看来，这似乎是矛盾的：一方面假定农业资本的构成提高，也就是说，它的不变部分比它的可变部分相对地增大，另一方面又假定土地产品的价格上涨到足以使新的、比以往耕种的土地更坏的土地也支付地租，而这种地租在这种情况下只能来自市场价格超过价值和生产价格的余额，简单地说，只能来自产品的垄断价格。"这就是说，偶然一看，这里有一个矛盾：一方面，由于农业中的有机构成等于或高于工业，价值不再高于生产价格，因而绝对地租消失了；另一方面，任何土地，即使是最坏的土地投入耕种，也必须支付绝对地租。在这一种绝对地租已经消失，但另一种绝对地租还要支付的情况下，有没有绝对地租的存在呢？有的，但不是"上述意义上的绝对地租"，即由价值高于生产价格而产生的绝对地租，而是由于市场价格高于价值而产生的地租，即由垄断价格而产生的地租。这种地租，我认为，还可以称为绝对地租。因为绝对地租的概念是：由于土地私有权的垄断，不论租种好地和坏地，都要向土地所有者支付地租，这就是绝对地租。以上所说的由于农业有机构成低，价值高于生产价格的那种意义上的绝对地租消失了，但由于土地私有权的存在，租种土地仍要支付地租，这种地租是由市场价格高于价值或生产价格而产生的差额形成的。这就是说，前一种意义上的绝对地租已经消失，后一种意义上的绝对地租仍然存在，只要有资本主义的土地私有权的垄断，就会有绝对地租。这就不能说马克思的绝对地租理论过时了，而是完全适合当前资本主义农业的发展情况。

有人把因垄断价格形成的地租一概称为垄断地租，其实，这是要进行细致分析，加以区别的。必须把两种不同的垄断价格区别开来。一种情况是，由于特殊的自然条件下提供的特殊产品，是一般条件下生产不出来的，例如驰名国内外的茅台酒，是用当地泉水酿造的，离开了那里的泉水，同样的配方和技术也无法生产这种名酒，因此茅台酒的市场价格，就会以高于价值的垄断价格出售，这种价格只“由购买者的需要和支付能力决定”，由这种价格形成的地租，可以称为垄断地租。另一种情况是，不管是好地和坏地，只要土地私有权存在，要进行租种，就必须支付地租。如不支付地租，土地就不能耕种。如按农产品的价值或生产价格出售，农业资本家就得不到平均利润，他就不会对土地进行投资。因此，必须将农产品按高于它的价值或生产价格的垄断价格出卖，由这种垄断价格而取得的市场价格高于价值或生产价格的余额，也形成绝对地租，但这是另一种意义上的绝对地租，和前述绝对地租是有区别的。所以说，这种垄断价格形成另一种意义上的绝对地租，并不是形成垄断地租。可见，两种不同的垄断价格，形成两种不同的地租（即垄断地租和另一种意义上的绝对地租）。

这种由垄断价格产生的市场价格高于价值部分的另一种意义上的绝对地租，不是由生产中形成的，也不是由价值和价格形成产生的，它是由购买者来支付的。如果购买者是资本家，就是从他所剥削到的平均利润中转化而来的，这仍然是剩余价值的一部分，通过分配和再分配转化而来的；如果购买者是工人，那就是对工资的扣除，是工人的必要劳动的一部分，是对工人的进一步剥削。可以说，由垄断价格高于价值而产生的这种绝对地租的来源，是对整个社会总利润和总工资的扣除，归根到底还是对劳动者的剥削。不过，这种情况和“上述意义上的绝对地租”不同。由价值高于生产价格而产生的绝对地租，是由农业雇佣工人创造的剩余价值的一部分转化而来的，而由垄断价格高于价值而产生的绝对地租，则不仅是农业雇佣工人创造的剩余价值的一部分，还要包括工人及其他劳动者所创造的剩余价值的一部分和必要劳动的一部分，这是两种不同意义上的绝对地租在来源上的差别。

上述两种意义的绝对地租的区分，马克思并未明确指出，但实际上却是这样看的。证据之一是，马克思在论及绝对地租的本质时，就是把这两种意义上的绝对地租加以并列的。在第 872 页第 2 段，马克思指出："只要真正的农业地租单纯是垄断价格，那么，这种垄断价格只能是微小的；同样，无论产品价值超过它的生产价格的余额是多少，在正常条件下，绝对地租也只能是微小的。因此，绝对地租的本质在于……"这说明，马克思把上述这两种情况都是当作绝对地租看的，仅仅是对前者加了个分号以示区别，以后又作出关于"绝对地租的本质"的论断。特别是他指出，这种垄断价格所形成的是"真正的农业地租"，而不是在特殊生产条件下的垄断价格所决定的垄断地租。证据之二是：在第 865 页第 2 段，马克思指出："如果农业资本的平均构成等于或高于社会平均资本的构成，那么，上述意义上的绝对地租，也就是既和级差地租不同，又和以真正垄断价格为基础的地租不同的地租，就会消失。"在这个相比中，就是说，价值高于生产价格的绝对地租消失了，个别生产价格低于社会生产价格的级差地租还会存在，由垄断价格高于价值或生产价格的另一种意义上的地租也还会存在。马克思在这里虽未正式指出这就是另一种意义上的绝对地租，但已包含有这一种意思。如果说，马克思在这里指的是垄断价格所决定的垄断地租，但那是在特殊条件下形成的地租，就不必要拿来和"上述意义上的绝对地租"相比。在绝对地租上冠以"上述意义上"这个词，显然，就会有与"上述意义"不同的另一种意义上的绝对地租的存在。证据之三是：当他在第 865 页这一段中指出"矛盾"后，他说，一方面，农业有机构成提高，绝对地租消失了，另一方面，即使耕种最坏的土地还要支付地租，这种地租，"简单地说，只能来自产品的垄断价格"。这显然是说，在农业有机构成高于工业时，仍然需要支付绝对地租，但这种绝对地租是由垄断价格高于价值而产生的。证据之四是：第 910 页谈到绝对地租的先决条件时，马克思指出："绝对地租的先决条件或者是产品价值超过它的生产价格以上的已经实现了的余额，或者是超过产品价值的垄断价格"。显然，马克思在这里已经区分了两种不同意义上的地租都是绝对地租，故而把这两者都作为绝对地租的先决条件来看待。

马克思的绝对地租理论，是建立在劳动价值理论的基础上的，如果说，前一种意义上的绝对地租，是依据劳动价值理论来说明，那么，后一种意义上的绝对地租，即农产品以高于价值的垄断价格出售而产生的绝对地租，是否违反劳动价值理论呢？不会的，马克思对此也曾有所说明，他指出，“如果各不同生产部门中剩余价值平均化为平均利润的过程，遇到人为的垄断或自然的垄断的障碍，特别是遇到土地所有权的垄断的障碍，以致有可能形成一个高于生产价格和高于受垄断影响的商品的价值的垄断价格，那么，由商品价值规定的界限也不会因此消失。某些商品的垄断价格，不过是把其他商品生产者的一部分利润，转移到具有垄断价格的商品上”[①]。这同利润率的平均化一样，只是一部分利润的转移。平均利润只是通过部门之间的竞争而形成；垄断价格所转移的利润，只是通过产品的销售而实现。

从第 866 页第 2 段到第 869 页第 1 段，马克思又研究了下述几个问题。

首先，在考察农业资本有机构成时，不能仅从价值构成方面看，还要从能够表示社会劳动生产力发展的技术构成方面看。我们知道，由技术构成所决定，并反映着技术构成变化的价值构成，是资本的有机构成。农业中的资本有机构成，有许多复杂情况，在研究农业资本有机构成的提高时，必须注意进行具体分析。例如，从一方面看，在技术构成相等的情况下，可能有不同的价值构成。如果有机构成是 60c＋40v，但因原料或机器的价格提高，不变资本增加，可变资本相对减少，价值构成就可能变为 70c＋30v，价值构成虽然提高，但使用的劳动力和机器、原料等均不变，这就是技术构成不变的情况下，因机器、原料价格上涨引起价值构成的提高，这种价值构成的提高并没有反映技术构成的变化，社会劳动生产力并没有提高。反之，如果原料价格下降，“只要较贵的原料的价格下降到较贱的原料的价格”，不变资本就会减少，可变资本会相对增加，如上例，减至 50c＋50v，虽然价值构成下降了，但技术构成仍不变。从另一方面看，在价值构成相等的情况下，可能有不同的技术构成。

① 《资本论》第 3 卷，人民出版社 2004 年版，第 975 页。

假定一个有机构成是 60c＋40v，另一个是 40c＋60v，前者使用的机器、原料较多，使用的活劳动较少，后者则相反。如果机器、原料的价格下降，前者的价值构成可以下降到与后者相等；相反，如果机器、原料的价格提高，后者的价值构成也可以提高到与前者相等。在这两个场合，两个不同的技术构成可以有相同的价值构成。总之，“有机构成相等的各个资本，可以有不同的价值构成；价值构成的百分比相等的各个资本，可以处于有机构成的不同阶段上，从而可以表示劳动社会生产力的不同的发展阶段”。这就告诉我们，在研究农业资本的有机构成时，不能仅看到价值构成方面，还要看到技术构成方面。“因此，单是农业资本在价值构成上已经达到一般水平这一情况，并不证明，劳动的社会生产力在农业资本中已经发展到同样高的水平。”我们必须根据这样的要求，来研究发达资本主义国家农业的资本有机构成，是否真正不仅在价值构成上，而且在反映劳动社会生产力的技术构成上，接近或达到工业的有机构成。

其次，“还要考虑到农业的独特性质”。这就是说，在农业上，不仅要考察劳动的社会生产率，还要考察劳动的自然生产率。可能有这样的情况，从一方面看，劳动的社会生产率增长了，提高了，从另一方面看，劳动的自然生产率却下降了，如果两者向相反方向发展是成比例的，那么，社会劳动生产率虽然提高，并不会有显著的经济效果；如果社会劳动生产率的提高还不够补偿劳动的自然生产率的下降，那么，农业生产的经济效果还会下降，这时，尽管技术发展，不变资本增长，价值构成和技术构成都提高，“产品还是不会便宜，只是产品的价格不致上涨得更高而已”。这说明，由于农业生产在很大程度上依赖于自然条件，劳动的自然生产率有重要作用，所以，农业技术虽发展，有机构成虽提高，还要注意研究劳动的自然生产率的发展变化情况，研究它对农业生产的作用，不能片面地孤立地看待农业资本有机构成的变化。

再次，在大规模的畜牧业中，所用劳动力的总量是非常微小的，因而相对地说，使用的不变资本多，使用的可变资本少，但这是由大规模的畜牧生产的特点所决定的，并不能说明它有较高社会劳动生产力水平，不能说明它就是高位的资本有机构成。因为在这里，价值构成虽然高，但并未反映有较高的技术构成。同样，在这里，也不能用来说明畜牧业所用土地的地租只能来自垄断价格。在这里，有一个完全不同的价格决定方法，这就是："例如，一块土地用作畜牧业的人工牧场，但这块土地同样也可以变成有一定质量的耕地，那么，这块土地的产品的价格必须提高到足够的程度，才能使这块土地提供和一块质量相等的耕地所提供的一样多的地租；在这里，谷物地的地租就会参与决定牲畜的价格。"假设有一块耕地，如种粮食，除去一切成本和平均利润外，可取得地租1000元；现在将这块地改为牧场，饲养牲畜，除去对这些饲养的投资成本及平均利润外，也要取得相当于地租1000元的超额利润，这1000元就要分摊在这些牲畜上，形成牲畜的价格的一部分。这样一来，在牲畜的价格中，不仅包括成本价格和平均利润，而且还要包括这分摊来的1000元超额利润，因此，通过土地所有权，通过地租，牲畜的价格就被人为地提高了。

最后，关于森林的地租问题。森林的所有者从采伐木材的资本家那里取得地租，从表面上看来，"这个地租就好像是这个纯粹自然产物的纯粹垄断加价"。但是事实上，在森林采伐上，主要是使用大批劳动力，可变资本的量很大，因而少量的不变资本就可推动大量的剩余劳动，因此，和那些有机构成较高的产品相比，木材价值中包含的剩余价值的量较大，经营森林采伐的林业资本家，从这部分剩余价值中，可以拿出其中的一部分作为平均利润，把剩余价值的相当大的另一部分作为地租交给森林的所有者。林业中的地租就是由此产生的。可见，林业中的有机构成低，提供剩余价值多，转化为地租的部分也多，这是由林业生产的特点决定的。

以上四点说明，在考察农业中的资本有机构成时，必须从实际出发，对具体情况进行具体分析，不能仅从价值构成的高低来确定有机构成的高低。

（四）新耕种的土地同样可以提供地租

第869页第3段到第872页第1段，马克思又研究了新耕种的较好的土地同样可以提供地租的问题。以前在研究级差地租时，曾经指出，如果新耕种的是坏地，由于它投入耕作，怎样引起起调节作用的生产价格的变化（如新耕地是 a，a 投入耕种后，它的个别生产价格成为社会生产价格，从而使 A 地的个别生产价格低于社会生产价格，A 地由不提供地租转化为提供地租）。现在，进一步研究：如果新耕地是好的或较好的，由于它投入耕种，不仅要提供级差地租，而且也要提供绝对地租。

第一，由于土地位置和自然肥力的相互影响，好地和坏地会交替地被耕种。例如，农产品的市场价格上涨，能使那种虽较肥沃但位置不好的未被耕种的土地投入耕种，也能使那种位置一般、较不肥沃、长期未被使用的土地投入耕种。又如，农产品的市场价格没有上涨，原来那种虽较肥沃、但位置不好而未被使用的土地，因为交通工具改良之故，使不好的位置向较好的方面转化，这样的土地也会被耕种。“所以，首先，位置和肥力的互相矛盾的影响和位置因素的可变性”，“会交替地使同样的、较好的或较坏的土地同旧的耕地发生新的竞争”。

第二，“随着自然科学和农艺学的发展，土地的肥力也在变化”。有些原来被认为是坏地或较坏的土地，由于进行各种改良，会变成好地被投入耕种。也有这种情况的坏地：从它的化学构成来看，土地并不坏，可能还是较好的土地，但由于某些机械的、物理的障碍妨碍着它的耕作，因而被人们当成坏地而未被利用，一旦这些障碍克服了，这种土地也会被当作好地投入耕种。

第三，有些土地的逐步被耕种，并不在于土地本身，而完全是由外在情况决定的。“例如在国有地、公有地等的形式上，使大片大片的土地纯粹偶然地被排除在耕种之外，这些土地只是逐渐地被耕种的”。如果查阅历史，这种情况还是屡见不鲜的。

第四，“土地耕作面积的扩大总是取决于一国资本市场和营业状态的整个情况”。从资本市场这个方面看，在资本紧迫时期，即使投资农业，除去地租外能够取得平均利润，资本也不会投入农业；在资本过剩时期，只要具备了其他方面的条件，如租赁到土地，资本就会涌到农业上来。从营业状态的情况看，新土地“是否会被开垦，还要取决于市场价格和信用关系的状况”。如果农产品的市场价格低，除去交纳地租外资本家得不到平均利润，这种土地就不会被租赁耕种；如果农产品的市场价格高于生产价格，租地农业资本家不仅能取得平均利润，还能提供地租，这种土地就会被耕种。“因此，土地互相之间的竞争，不是取决于土地所有者是否让它们去进行竞争，而是取决于有没有资本可以在新的土地上同其他的资本进行竞争。”

总之，在新耕种的好地上，不仅要提供级差地租，也要提供绝对地租。

（五）结　　论

绝对地租的本质

第 872 页第 2 段，马克思概括以上的分析，指出绝对地租的本质。他说：“绝对地租的本质在于：不同生产部门内的各等量资本，在剩余价值率相等或劳动的剥削程度相等时，会按它们的不同的平均构成，生产出不等量的剩余价值。在工业上，这些不同的剩余价值量，会平均化为平均利润，平均分配在作为社会资本的相应部分的各个资本上。在生产上要用土地时，不论是用在农业上还是用在原料的开采上，土地所有权都会阻碍投在土地上面的各个资本的这种平均化过程，并攫取剩余价值的一部分，否则这一部分剩余价值是会进入平均化为一般利润率的过程的。这样，地租就成了商品价值的一部分，更确切地说，成了商品剩余价值的一部分，不过它不是落入从工人那里把它榨取出来的资本家阶级手中，而是落入从资本家那里把它榨取出来的土地所有者手中。”在这里，马克思告诉我们：第一，资本主义绝对地租，来源于农业雇佣工人所创造的一部分剩余价值；第二，农业资本有机构成比工业低，因而农产品价值高于生产价格，产生超额利润；第三，土地私有权的垄断阻碍超额利润参加利润率的平均化，使它转化为绝对地租。但是，随着农业的进步，农产品的价格和生产价格之间的差额必然会缩小，所以，绝对地租的量，“只能是微小的”。如果土地私有权被消灭，绝对地租就会消失，可见，绝对地租具有一定的历史性质。

采掘工业的绝对地租

最后，马克思还研究了真正采掘工业中的地租问题。如在煤矿的开采过程中，只需要机器和劳动力，很少需要原材料，因而不变资本较小，有机构成也较低。“正是在那里，在地租似乎只是由垄断价格产生的地方，需要有非常有利的市场状况，才能使商品按它们的价值出售，或使地租同商品的剩余价值超过商品生产价格的全部余额相等。例如，渔场、采石场、野生林等等的地租，就是这样。”可是“李嘉图对这点的考察非常肤浅”[①]。李嘉图认为：农产品是由土地生出的，把地租支付给土地所有者，是为了对土地的利用支付报酬；而森林、矿山、石场的地租，是对投资于土地而支付的资本利息和利润的报酬。李嘉图认为：原始的野生林中生长的木材和矿坑中的矿物，都是有价值的商品，而地租则是这种商品价值的报酬，它是由商品的售卖中产生出来的。显然，李嘉图的上述观点是错误的，他不仅把地租同土地资本的利息、利润混为一谈，而且也把价值和使用价值混为一谈了。事实上，野生林的木材和矿坑中的矿物都是可能性的使用价值，并不具有价值。因为它们都不是人类劳动的产品。对森林、矿山支付的地租，既不是为商品价值而进行的支付，也不是由商品的售卖而产生，它只是同真正农业中的地租一样，是土地私有权垄断的结果。

■ 关于资本主义绝对地租的理论，是马克思首先创造出来的，是马克思的科学的地租理论中的一个重要组成部分。重农学派的代表人物魁奈，把地租当作“纯产品”的一般形式，但由于他没有科学的劳动价值理论，不可能从理论上正确地解决地租问题。古典学派的代表人亚当·斯密，是在经济学说史上系统地研究地租的第一人，他把地租和利润区别开来，把地租看成是由垄断价格产生的，是归地主阶级占有的特殊收入，而地主所以能取得地租，是土地私有权垄断的结果。但是他不了解价值和生产价格的区别，仅仅从流通过程来说明地租的来源，因而错误地认为，地租并不包括在农产品的价值之内，而是价格高于价值的结果。古典学派的集大成者李嘉图比斯密前进了一大步，他坚持用劳动价值理论分析地租的形成。他系统地研究了级差地租，并提出了许多正确的见解。但他只承认有级差地租，不承认有绝对地租。他不懂得农产品

① 《资本论》第3卷，人民出版社2004年版，第873页注(37)。

价值会高于生产价格，他认为，如果承认有绝对地租，那就只能承认农产品是按在价值以上的价格出售，这就会违背价值规律。因此，他为了坚持劳动价值理论，就不承认绝对地租的存在。马克思在创立剩余价值理论的过程中，认为必须解决李嘉图所没有解决的这个问题，要在劳动价值理论的基础上，在不违背价值规律的情况下，论述绝对地租的存在。马克思在写给恩格斯的信中说："至于绝对地租**存在**的问题，那末这是每个国家都应当**从统计上**来解决的问题。但是纯粹从理论上来解决问题的重要性，是由下列情况产生的：三十五年来统计学家和实践家全都坚持说有绝对地租存在，而（李嘉图派的）理论家则企图通过非常粗暴的和理论上软弱的抽象来否认绝对地租的存在。直到现在，我始终确信，在所有这一类争论中，理论家总是不对的。"① 这就说明，实践家认为绝对地租在现实生活中是存在的，而李嘉图等理论家却否认它的存在，理论和实践发生矛盾，理论不能正确地说明实际问题。这就要用新的科学理论来代替。马克思就是创造这种科学理论的第一人。他说："我必须**从理论上**证明的唯一的一点，是绝对地租在不违反价值规律的情况下的**可能性**。这是从重农学派起直到现在的**理论**论战的中心点。李嘉图否认这种可能性；我断定有这种可能性。"② 马克思在劳动价值论的基础上，研究了资本主义农业的有机构成，指出了农产品价值高于生产价格的状况，分析了土地私有权的垄断，又使这部分超额利润转化为绝对地租，使绝对地租成为农产品价值构成的一部分，这就在不违背价值规律的条件下，论述了绝对地租的存在，从而创立了科学的绝对地租理论，并成为马克思科学的地租理论的一个重要组成部分。

---

① 《马克思恩格斯〈资本论〉书信集》，人民出版社 1976 年版，第 167 页。

② 《马克思恩格斯〈资本论〉书信集》，人民出版社 1976 年版，第 167 页。

第四十六章

建筑地段的地租。矿山地租。土地价格

本章着重研究非农业用地的地租，如建筑地段的地租、矿山地租，以及土地价格的变动。

（一）非农业用地的地租

要建筑房屋，开采矿山，都不能离开土地。只要土地私有权存在，要使用土地，就同样要交纳地租。建筑地段的地租，矿山地租，都属于非农业用地的地租。在这些土地上，不仅有绝对地租，而且也有级差地租。马克思指出："凡是存在地租的地方，都有级差地租，而且这种级差地租都遵循着和农业级差地租相同的规律。"

建筑地段的地租

对于建筑地段的地租，斯密早已指出，这种地租的基础，和一切非农业土地的地租的基础一样，是由真正的农业地租调节的。但是，除了和农业地租有共同点之外，建筑地段的地租还有它自己的特征，这些特征是：

首先，在这里，土地的位置对级差地租具有决定性的影响。例如，在大城市的市中心区的建筑地段，地租就特别高；反之，郊区建筑用地的地租，比市中心要低得多。

其次，建筑地段的土地"所有者显然具有完全的被动性"，就是说，这些土地所有者的寄生性和榨取社会发展成果的残酷性，彻底地表现出来了。他们只是利用社会发展的进步，不断地收取高额地租，自己并不直接参与经营活动，不冒什么风险，而是坐享其成。

最后，在这种地租上，垄断价格起着很大的作用，甚至是决定性的作用，所以建筑地段的地租之高，往往达到惊人的程度，使得工人无法租到一块供居住用的土地，有些工人无容身之所。

随着资本主义向前发展，建筑地段的地租不断提高。这种提高的原因是：第一，“不仅人口的增加，以及随之而来的住房需要的增大，而且固定资本的发展”，都必然使建筑地段的地租提高。在这里必须注意，要把地租和房租区别开来。地租是由于土地私有权垄断而产生的，房租则是投在房屋上的资本的利息和折旧的结果。在房租中，除包含作为房屋地基的租金，其中包括上述意义上的建筑地段的地租以外，还包含：逐渐收回的建筑费用和利润；附加在建筑费用和利润上面的利息；房屋的修缮费等等。可见建筑地段上的地租，只是房租的一部分。第二，土地所有权从以下两方面要求提高地租，“一方面，土地为了再生产或采掘的目的而被利用；另一方面，空间是一切生产和一切人类活动的要素”。这两方面的原因使得人们需要土地，土地所有者也就因此把它们作为提高地租的理由。第三，建筑投机家提高地租。“建筑投机的真正主要对象是地租，而不是房屋”。这就是说，建筑投机家的主要目的，不仅是为了建筑房屋、进行投资、取得利润，而且是为了提高“土地以及土地上的一切建筑物”的地租，即所谓房地产投机。当然，在租约期限内，这种收入都会被建筑业的资本家直接占有，一旦租约期满，土地连同土地上的建筑物就会完全归土地所有者占有，这就是“从建筑投机家或他的合法继承人那里，再回到原来那个土地所有者的最后继承人手里”。

矿山地租

“真正的矿山地租的决定方法，和农业地租是完全一样的。”当然也有一些特殊情况。例如，有些特别贫瘠的矿山，它们的产品仅够支付劳动报酬，不能提供利润，更不能提供地租，像这种过分贫瘠的矿山，资本家不愿投资，往往是由土地所有者自己直接投资，进行开采。

把和地租相联系的两种不同的垄断价格区别开来

非农业用地的地租，是由农业地租规定的，但垄断价格也起着很大作用。在这里，我们必须把和地租相联系的两种不同的垄断价格区别开来。一种是，由特殊自然条件而产生的真正的垄断价格，它一般和产品价值或生产价格无关，例如，一个葡萄园能生产出一种特别美味的葡萄，用这种葡萄酿造出来的葡萄酒又是用其他葡萄所不能酿造出来的特别好的葡萄酒，因而这种葡萄酒就可以高于价值或生产价格的垄断价格出售，这种价格，只是由购买者的购买欲和支付能力决定。由这种垄断价格产生的超额利润，“由于土地所有者对这块具有独特性质的土地的所有权而转化为地租，并以这种形式落入土地所有者手中”。这种情况，就是垄断价格产生地租。这种地租，可以称为垄断地租。另一种垄断价格是，由于土地私有制的存在，对于投资造成了一种限制，农业资本家如果不向土地所有者支付地租，就不能投资耕作，而如果农产品按照价值出售（把由价值高于生产价格的差额而转化的绝对地租暂时撇开不谈，假定价值等于生产价格），只能取得平均利润，无法交纳地租，因此农产品就必须高于它的价值或生产价格出售，即按照人为的垄断价格出售，从而取得超额利润，并由此转化为地租。这种情况，就是由地租产生垄断价格。这种地租，正如上一章中已经指出过的，可称为另一种意义上的绝对地租。这种地租，是土地私有权垄断的结果。只要有土地私有权存在，就会产生地租。如果土地私有权被消灭，这种垄断价格就会被消灭，从而，由这种垄断价格产生的地租也会被消灭。马克思指出，“从一个较高级的经济的社会形态的角度来看”，如从发达的社会主义社会来看，由于实行了生产资料公有制，土地私有权不复存在，人们只是“土地的占有者，土地的受益者”，绝对地租已不复存在，当然不会再发生由地租产生垄断价格的情况了。

（二）土 地 价 格

第 878 页第 2 段到第 882 页第 2 段，着重研究了土地价格的变动问题。

所谓土地价格，不外是资本化的地租。实际上，土地价格并不是购买土地的价格，而是对由土地所提供的地租的购买价格，它是由地租量的大小和利息率的水平所决定的。土地价格和地租成正比，和利息率成反比。这个问题在第三十七章中就已研究过。[①] 现在着重分析的是，土地

① 《资本论》第 3 卷，人民出版社 2004 年版，第 702—703 页。

价格的变动情况。在这里，暂时撇开一切竞争的变动，一切土地投机，甚至小土地所有制，纯粹地从地租量和利息率的变动方面来考察。

第一，"土地价格可以在地租不增加的情况下提高"。这可能由两种情况引起。一种情况是，单纯由于利息率下降而引起的土地价格的增长。例如，原来一块土地可取得地租 5 元，这时利息率为 5%，则该块土地的价格即为 100 元。如果利息率下降为 4%，则该块土地的价格增加至 125 元。这就是单纯由利息率下降而引起的土地价格的上涨。另一种情况是，"因为投入土地的资本的利息增长了"。假定该块土地收取租金 5 元，其中真正的地租 4 元，土地资本的利息 1 元，在利息率 5%的情况下，该块土地价格为 100 元。现在，资本的利息由 1 元增加到 2.25 元，从而租金也增加了，由 5 元增加到 6.25 元，尽管真正的地租没有发生变化，但租金增加了，把这些租金资本化，则该块地的价格就不是 100 元，而是 125 元了。

第二，"土地价格可以因地租增加而提高"。这种地租的增加，可能在土地产品价格提高、不变、下降等不同情况下发生，从而引起土地价格的提高。具体地说，一种情况是，土地产品的价格提高，引起地租增加，引起土地价格提高。"在这种情况下，无论最坏耕地的地租是高、是低、还是根本没有，级差地租率都会提高。"级差地租率的提高，意味着级差地租的增加。在最坏土地上，农产品价格的提高，意味着这种土地也能提供地租。结果是，由于地租的提高，引起了土地价格的提高。另一种情况是，土地产品的价格不变，地租增加，引起土地价格提高。这种情况，是由于以下两种原因形成的：或者是，"在旧地的投资量不变的情况下，耕种了质量较好的新地，但这种新地只够满足已经增长的需求，因此起调节作用的市场价格仍然不变"。在这个场合，旧地的价格不会提高，但新耕地的价格会提高到旧地的价格以上。或者是，"在相对肥力和市场价格都保持不变的情况下，经营土地的资本的量已经增长"，因而地租量会因资本本身的增加而增加。这就是说，虽然地租率不变，但由于投资量的增加，按每亩计算的地租量却增加了，从而使土地价格提高。再一种情况是，土地产品的价格下降，但地租却增加，仍然引起土地价格的提高。"在这种情况下，由于级差的扩大，较好土地的级差地租从而土地价格可以增加。或者，在情况不是这样时，土地产品的价格在劳动生产力增加时可以下降，但生产的增加，除抵消价格的下降外还有余。”例如，原来一亩地生产粮食一担，每担粮食的生产价格 60 元，现在，每担粮食价格由 60 元下降至 40 元，但该亩产量却增加，不是生产一担，而是生产两担，两担粮食可卖得 80 元，比原来还多 20 元。这就是说，虽然每担粮食的价格下降了，但由于产量提高之故，每亩地上的收入却增加了，由此引起地租的增加，也会引起土地价格的提高。

第三，分析了上述情况后，马克思得出结论说：上述使地租提高，从而使土地价格提高的各种不同情况，“可以部分地发生竞争，部分地互相排斥，并且只能交替地发生作用”。但是，从上述情况可以看出，不能从土地价格的增加，直接得出地租的增加；也不能从地租的增加，直接得出土地产品的增加。这是因为：分析土地价格的变动，不仅要看地租量，而且要看到利息率；为了研究地租量的变化，还要分析土地产品的价格的变化。这些变化，又往往是错综复杂地交织在一起的。

（三）对所谓“土地肥力递减规律”的批判

“土地肥力递减规律”，也称“土地报酬递减规律”“土地收益递减规律”，是资产阶级经济学家提出的错误理论。他们认为：“在一块空间有限的土地上，并不是任何数量的资本都可以投入。”就是说，土地的增产能力是有限的，如果投入土地的资本和劳动达到一定程度以后，还继续投入资本和劳动，产量就会递减。例如，第一次投资 500 元，可生产 5 担粮食，第二次追加投资 500 元，只增产 3 担粮食，第三次再投资 500 元，只增产 1 担粮食，每次追加投资和所生产的粮食的比例不断下降，直至追加投资不能增产，因而资本家不愿继续追加投资为止。他们有人据此反证说：如果土地肥力不是递减的话，那么，耕种一小块土地就可以养活全国的人口了。

马克思指出，“土地肥力递减规律”，和实际存在的经济情况是完全相反的。农业生产上使用的土地，和工业生产上使用的土地不同。“在农业中，各个连续的投资是会有成果的，因为土地本身是作为生产工具起作用的。”如果农业技术不改进，农业生产力不发展，在同一块土地连续追加投资，土地的产量是有可能递减的。但是实际上，在同一块土地上连续追加投资，往往是同采用新技术、改良土壤、使用各种化学肥料、使用新的更有效的生产资料等联系在一起的。在追加投资和改进技术相结合的场合，增产的比例不仅可以保持不变，而且还可能递增。工业生产则不同，在工厂中，土地只是作为地基，作为劳动的场地，作为操作的基地而发生作用，当然，这个地基是否充分利用，是盖一层平房的车间，还是盖几层、十几层的大厂房，这是由不同工厂的实际情况决定的，但由此不会引起土地的改良。至于工厂里的生产工具，如机器，仅仅是安装在一定的土地上，它是会随着科学技术的发展而不断得到改良的，但是，当新的机器普遍采用时，陈旧的机器就会作为一堆废铁而弃置不用，必然会丧失作用；可是作为农业生产工具的土地则不同，“土地的优点是，各个连续的投资能够带来利益，而不会使以前的投资丧失作用”。例如，第一次投资 500 元，生产粮食 5 担，第二次追加投资 500 元，可增产粮食 5.5 担，第三次追加投资 500 元，可增产粮食 6 担，三次共投资 1500 元，共可生产粮食 16.5 担。由于农业追加投资，进行技术改良，是在以前投资继续发生作用的基础上进行的，而工业中机器的改良，则是在把旧机器废弃掉的情况下进行的，因此，在同一块土地上，伴随着技术改良而进行的追加投资，和上一次没有进行技术改良的投资相比，会提供更多的产品，则是完全可能的。当然，每次连续追加投资所取得的产量并不会完全相等，“这些连续投资在收益上产生差额的可能性”是完全存在的。“土地肥力递减规律”的主张者，是以技术不变、生产力不变、生产工具没有任何改良为前提，从而得出收益递减的结论，这既不符合资本主义农业的实际情况，在理论上也是根本不能成立的。

■ 建筑地段的地租，矿山地租，都是非农业用地的地租，和农业地租既有联系，也有区别。非农业用地的地租，是由真正的农业地租决定的，它的“决定方法，和农业地租是完全一样的”[①]。在土地私有权存

① 《资本论》第 3 卷，人民出版社 2004 年版，第 876 页。

在的情况下，不管是租入土地进行耕种，还是租入土地建筑厂房，或进行采掘等等，都要交付一定数量的地租。它们不同之处在于：农业地租，是为了把土地投入耕种，以便取得一定的农产品而进行支付的，在这里，土地这个自然物质作为生产工具而起作用，它直接参加产品的形成。建筑地段的地租，或者是，工厂主为了获得生产场所而进行支付的，在这里，土地虽然是生产的条件，但并不是生产的要素，它不像在农业中那样，直接以它本身的自然物质参加产品的形成；或者是，房产经营者通过建筑房屋，租赁给别人居住，收取房租而进行支付的，它纯粹是为了生活消费之用，同工业中的用地一样，也不会直接参加产品的形成。至于矿山地租，它既不是为了生产某种产品的要素而支付，也不是为了生产场所或生产消费而支付，它只是作为一个物质财富的贮藏而支付。采矿，无非是把天然存在的物质财富，从这个贮藏中挖掘出来。尽管它们有上述不同，但根据它们提供的地租来确定土地价格，又都是共同的、一样的。所有土地价格，都不是对土地的购买价格，而是对土地所提供的地租的购买价格。土地价格由地租量和利息率这两个因素所决定。但是，正如在农业中各种不同等级的土地会提供不同等级的地租，从而有不同的土地价格一样，在非农业的土地上，由于位置等自然条件不同，在不同地块上，也会提供不同数量的地租，从而也有不同的土地价格。这些不同地块上的地租的变动和土地价格的变动，又是和农业地租和非农业地租本身所具有的不同特点密切联系着的。

马克思在《资本论》中，着重研究的是资本主义农业地租，本章虽然涉及非农业地租，但论述比较简单。因为《资本论》第三卷是恩格斯根据马克思的遗稿编辑而成的。马克思直到逝世前还继续研究地租问题。可以猜想：马克思对地租理论有重大贡献，但对城市地租这个重要课题却来不及研究。随着中国的改革开放以及城市土地市场的建立和发展，对城市土地进行批租，就要确定土地价格，相应地就要研究社会主义城市地租。因此，以马克思地租理论为指导，从中国实际出发，研究社会主义城市地租，就成为理论上和实践上都需要解决的重要问题，这是马克思遗留给我们的历史任务。

第 四十七 章

资本主义地租的起源

本章着重研究资本主义地租怎样从封建地租发展而来，也就是研究资本主义地租产生的历史过程。资产阶级经济学家往往把资本主义地租和资本主义以前的地租混为一谈，这就不可能揭示资本主义以前的地租的本质、特征及其和资本主义地租的区别和联系。因此，马克思在“导论”中首先分析批判了资产阶级政治经济学家的几种错误的地租理论，分析了资本主义以前地租的特征，以及这种地租演变为资本主义地租的历史过程。地租是生产关系的表现，地租的发展过程实质上也就是资本主义生产关系的发展过程。在本章中我们可以看到，生产关系的发展是地租形式发展的基础，反过来，地租形式的发展又促进了生产关系的发展。

本章共五节，第一节，批判资产阶级政治经济学家的几种错误的地租理论，综述了他们对地租研究的历史情况；第二、三、四节，分析了资本主义以前地租的具体形式、本质和特征及其和资本主义地租的区别；第五节，分析了资本主义以前地租向资本主义地租过渡的历史发展过程。

Ⅰ. 导　　论

地租研究上的真正困难所在

研究资本主义地租，困难究竟在哪里，资产阶级的经济学家是不理解的。研究资本主义地租，“困难不在于说明农业资本所生产的剩余产品和与之相适应的剩余价值一般”。这就是说，困难并不在于说明地租是剩余价值的一部分，“困难在于证明，在剩余价值已经在各个资本之间平均化为平均利润之后，即各个资本在一切生产部门的全部社会资本所生产的总剩余价值中分得与它们的相对量相适应的比例部分之后，也就是说，在这种平均化之后，在待分配的全部剩余价值看来都已分配完毕之后，从哪里又会冒出这种剩余价值的超额部分，由投在土地上的资本以地租形式支付给土地所有者”。这就是说，困难是在于剩余价值平均化之后，这种剩余价值的超额部分又是从哪里来的？有些资产阶级经济学家代表产业资本的利益，站在反对土地所有权的代言人的立场上来研究地租，他们不能正确说明，为什么农业中会产生超过平均利润的超额利润，这种超额利润又为什么会转化为地租，因而也就不能对资本主义地租作出正确的说明。在他们中间，有的人认为：地租“是来自这个投资部门本身的一种特别的作用，是来自地壳本身具有的各种特性”，这就等于说，地租是由土地产生的，不是由劳动创造出来的，这种放弃价值概念本身来说明地租，实际上是放弃了科学地认识地租的一切可能性。也有的人认为：“地租是从土地产品的价格中支付的”，是农业的自然生产率高于其他产业部门的生产率的结果，这也等于说，地租是由自然力提供的。试问：如果农业生产率高，单位农产品的价值就应该降低，“因为体现同量劳动从而体现同一价值的使用价值的量就越大”，那么，为什么农产品的生产价格反而高于它的个别生产价格，而价值又高于它的生产价格呢？显然，上述解释和现实情况是相矛盾的。

“因此，地租分析上的全部困难在于，要说明的农业利润超过平均利润而形成的余额，即不是说明剩余价值，而是说明这个生产部门所特有的超额的剩余价值，也就是说，不是说明‘纯产品’，而是说明这个纯产品超过其他产业部门的纯产品而形成的余额。”这就是：要说明农业中的超额利润是如何产生的。我们知道，超额利润是超过平均利润的余额，平均利润是在资本主义的经济关系中才形成的，如果在某个社会的经济生产中还不存在平均利润，当然也不会有超过平均利润的超额利润，更谈不上有什么超额利润转化为地租。资本主义地租是“超过平均利润即超过每个资本在社会总资本所生产的剩余价值中所占的比例部分而形成的余额”，如果没有资本主义生产，“根本谈不上现代意义的地租”，也就不会有资本主义地租。一些资产阶级经济学家离开了对决定资本主义地租的资本主义生产方式的分析，来研究资本主义地租，这就不能克服上述研究中的困难，从而产生种种错误说明。

老的资产阶级经济学家对地租的分析

在资本主义初期，资本主义生产方式还不发达，那时候，农业人口还占全国人口中的绝大部分，土地所有者依靠土地所有权能够把直接生产者的剩余劳动直接占为已有，同时，土地所有权又是自耕农生产的主要条件，这时候，离封建时期较近的老的资产阶级经济学家，如配第、康替龙等人，“都把地租看成是剩余价值一般的正常形式”，也就是把地租看成是剩余价值；相反，他们有时却把利润和工资混在一起分不清楚。如配第认为，从农业收获量中扣除了工资和种子以后，剩下的部分就是地租。这样，作为独立范畴的利润就不见了，利润只是包括在工资中，作为企业主的报酬了。他们甚至还认为，利润是“剩余价值中由资本家从土地所有者那里强行取走的部分”。上述情况表明，在这里，还不存在资本主义地租问题，因此，“对他们来说，地租的分析或者毫无困难，或者困难的性质完全不同”。

重农学派是对资本主义生产方式最早的系统解释者，他们“试图分析剩余价值一般的性质”。在他们看来，“地租是剩余价值借以存在的唯一形式”。他们认为，提供地租的资本是唯一生产剩余价值的资本，它所推动的农业劳动，则是唯一的生产劳动，即生产剩余价值的劳动。“他们完全正确地把剩余价值的生产看作是决定性的事情。”他们的巨大贡献是：第一，把对剩余价值的研究从流通领域转到生产领域，批判了重商主义把剩余价值看成是来源于流通领域的错误观点；第二，正确地指出了，“超过劳动者个人需要的农业劳动生产率，是全部社会的基础”，这就把一切剩余价值的生产，从而一切资本的发展，建立在农业劳动生产率的这个自然基础之上。重农学派在地租问题上的错误是：把地租看成是剩余价值存在的唯一形式，由土地的自然生产力而产生，是自然界恩赐的结果。由于他们没有科学的劳动价值论，也就不可能建立科学的地租理论。

资产阶级庸俗经济学家的地租观点

至于较近的资产阶级庸俗经济学家，例如德尔、帕西等等，他们在古典经济学趋于没落的时候，“又重拣起了关于剩余劳动和剩余价值一般的自然条件的最原始的观点”，还自以为提出了新的独创性的见解。马克思指出，“在这里，所谓新，几乎总是倒退到早已被驳倒的观点上去”①。其实，这正体现了庸俗经济学的特征。因为“庸俗经济学的特征恰恰在于，当那种在一定的已经过去的发展阶段上是新颖的、创造性的、深刻的和正确的见解已变成平凡、陈旧和错误的东西的时候，又把它们重新拣起来”。他们关于地租的新见解，究竟是些什么呢？这就是：否定资本主义地租的性质，把实物地租和关于中世纪的观念，拉到资本主义的地租中来，“由此就造成一种印象，好像地租不是由农产品的价格产生的，而是由它的量产生的，因而不是由社会关系产生的，而是由土地产生的”。他们企图用实物形式的地租来说明资本主义地租，从而证明地租不是由农产品价格产生，而是由农产品的总量产生，这是完全错误的。关于产品地租或实物形式的地租，首先，应该指出，它是由一个已经过时的生产方式，即由已经过时的封建生产方式遗留下来的残迹，和资本主义的生产方式是相矛盾的，因而它会由于私人契约而取消，或者像什一税那样被法令强制取消。其次，如果在资本主义生产方式的基础上，产品地租还会继续存在，它只不过是“货币地租穿上中世纪的外衣的一种表现而已”。最后，利润是用现实货币或计算货币表示的成本总额计算的，它代表总产品的一个确定的部分，它“是由总产品的价格决定的。余下的部分便形成地租”。“不以产品价格为依据的产品地租”，已经是一个过时的形式。“事实上，产品地租在它不仅在名义上而且在实质上是地租的时候，完全要由产品价格超过它的生产费用的余额决定。”因此，在资本主义生产方式下，这种作为残迹而存在的产品地租，也是由产品的价格决定，绝不会由产品的总量产生。帕西之流以实物地租作为研究的

① 《资本论》第3卷，人民出版社2004年版，第884页。

出发点，作为立论的根据，企图把封建地租和资本主义地租混淆起来。马克思讽刺地写道："实物地租的这种完全复辟，不过是这样一种蠢举：从若干舍费耳小麦中扣除生产价格，从一个容量中扣除一个货币额。"这就是：从一个使用价值中减去交换价值，余额就是地租。这种天真的观念，真是荒唐之至。

Ⅱ. 劳 动 地 租

劳动地租的性质

劳动地租或称劳役地租，是最简单和最原始的地租形式，也是封建社会初期占主要地位的地租形式。在这种地租形式下，农民在一定的时间内，以一部分时间，用实际上或法律上属于他自己所有的牲畜和农具在地主的自营土地上，为地主进行无偿劳动，而其余的一部分时间，则在自己的份地上为自己劳动。这种形式的地租，首先，从质的方面看，"在这里，地租和剩余价值是一致的。在这里，无酬剩余劳动所借以表现的形式就是地租，而不是利润"。这具体表现为，农民在地主直接经营的土地上进行劳动所生产的产品，是农民在剩余劳动时间内所生产的剩余产品，被地主直接地无偿占有，并直接表现为地租。在这里，这部分剩余价值，既不表现为平均利润，所以这种剩余产品是地租，不是利润。"在这里，地租不仅直接是无酬剩余劳动，并且也表现为无酬剩余劳动"。其次，从量的方面看，农民除掉在自己的土地上进行必要劳动，以求得到一个必不可少的生活资料的量以外，这种地租的量，取决于农民在地主直接经营的土地上进行了多少时间的剩余劳动，这就是，"在其他条件不变时，取决于他的劳动时间是按什么比例划分为为自己劳动的时间和为地主从事徭役劳动的时间"。再次，从反映这种地租形式的生产关系来看，一方面，"在直接劳动者仍然是他自己生存资料生产所必需的生产资料和劳动条件的'占有者'的一切形式内，财产关系必然同时表现为直接的统治和从属的关系，因而直接生产者是作为不自由的人出现的"。另一方面，"直接生产者还占有自己的生产资料，即他实现自己的劳动和生产自己的生存资料所必需的物质的劳动条件；他独立地经营他的农业和与农业结合在一起的农村家庭工业”。这就是说，一方面，从事劳动的农民，自己占有必要的生产资料，能够独立地进行生产；另一方面，他还要受地主的直接剥削，表现为直接的统治和从属关系。由于农民自己也有一些生产资料，因此地主要实现对农民的剥削，仅仅依靠经济手段是不够的，还必须借助经济以外的手段，实行超经济的强制，即在政治、法律以及日常生活习惯上，拥有种种特权。所以，“在这些条件下，要从小农身上为名义上的地主榨取剩余劳动，只能通过超经济的强制，而不管这种强制采取什么形式”。但是，地主和农民的这种统治和从属关系，同奴隶主和奴隶的关系是不一样的。奴隶主不仅占有全部生产资料，而且占有奴隶，不仅可以驱使他们去无偿劳动，而且可以买卖他们、杀害他们，奴隶的人身是完全不自由的，奴隶都是用别人的生产条件来劳动，他们生产的产品，全部被奴隶主拿走，因而生产是不独立的。显然，这与劳动地租形式所表现的地主对农民的剥削关系是完全不同的。如果土地不是为地主所有，而是属于国家的，农民耕种国家的土地，在这里，“地租和赋税就会合为一体，或者不如说，在这种情况下就不存在任何同这个地租形式不同的赋税”。在这里，臣民对国家的臣属关系，不需要更严酷的形式，因为“国家就是最高的地主”。总之，以劳动地租形式反映出来的地主和农民的统治和从属的关系，“是直接从生产本身中生长出来的，并且又对生产发生决定性的反作用”。因此，我们在任何时候，总是要在生产条件的所有者同直接生产者的直接关系中，“为整个社会结构，从而也为主权和依附关系的政治形式，总之，为任何当时的独特的国家形式，发现最深的秘密，发现隐蔽着的基础”。

劳动地租的特点

接着，马克思分析了劳动地租的特点。

第一，“在这里，地租是剩余价值的原始形式，并且和剩余价值是一致的”；

第二，这种地租所表现的是全部剩余劳动时间创造出来的全部剩余产品，由农民所提供，由地主所占有，剩余价值和别人的无酬劳动的一致性以明显的形式存在着；

第三，农民在自己的份地上耕种和他在地主的土地上为地主耕种，不仅在空间上，而且在时间上，都是明显地分开着的；

第四，农民在地主的土地上为地主耕种，是直接以强制劳动的野蛮形式表现出来的；

第五，可以明显地看出，在地主经营的土地上会提供地租，是由于农民无酬剩余劳动的结果，是从地主对农民的奴役关系中产生的；

第六，地租，表现为对劳动者的无酬剩余劳动的直接占有，因为农民除无酬劳动以外，没有给地主支付任何其他地租。

总之，在劳动地租的情况下，“不仅剩余价值和地租是一致的，而且剩余价值还明显地具有剩余劳动的形式，同时地租的自然条件或界限也十分清楚地表现出来”。在这里，直接生产者首先必须具有足够的劳动力，其次还必须要有一定的自然条件，如耕种的土地，必须有足够的肥力，才能使农民除去在必要劳动时间内生产出一定量的生活资料补偿劳动力的消耗以外，还能提供一定时间的剩余劳动。但是，只是有可能提供剩余劳动，并不等于这种可能性就创造出地租来。要把这种可能性变为现实性，就必须进行超经济的强制，迫使农民把全部剩余劳动时间无偿地在地主的土地上为地主劳动。在生产力水平还不高的情况下，如果这种劳动力是微小的，那么，提供的剩余劳动也是微小的，它所生产出来的剩余产品也是微小的。

在分析了劳动地租的特点以后，马克思得出结论说：“在这里，地租是剩余劳动的正常的、吞并一切的、可说是合法的形式，而远不是超过利润的余额，也就是说，在这里远不是超过工资以外的任何别的余额之上的余额；这样的一种利润，在其他条件相同时，不仅其大小，甚至其存在，都取决于地租的大小，也就是说，取决于强制地为土地所有者进行的剩余劳动的大小。”这就是说，和资本主义地租（由社会生产价格超过个别生产价格而形成的级差地租、由价值超过生产价格而形成的绝对地租）不同，地租并不是剩余价值的一部分，而是剩余价值的全部；它并没有采取转化形式，而是直接表现为地租的形式；它所体现的并不是农业工人和农业资本家、土地所有者的关系，而是体现着地主对农民的统治的超经济强制的剥削关系。总之，这种劳动地租和资本主义地租有着本质上的不同。

最后，在第 896 页第 3 段，马克思还指出：在劳动地租的条件下，直接生产者也能有财产的独立发展，这是由当时经济条件和政治条件决定的。在这里，首先，“传统必然起着非常重要的作用”。其次，地主的利益必须通过法律固定下来。如制定有关的法律，规定农民每周必须在地主的土地上从事无偿徭役劳动的天数。正是由于在法律上作了上述规定，农民完成在地主土地上的徭役劳动以后，就可以在其余的时间内，尽量提高劳动程度，从事农业生产和家庭副业生产，以增加收入。可见，尽管劳动地租形式是建立在生产力还不发达的基础上，农民还是可以在为自己劳动的时间内，提高劳动效率，独立发展自己的财产。

Ⅲ. 产　品　地　租

劳动地租转化为产品地租，没有改变地租的本质

产品地租又称实物地租。随着生产力的发展，劳动地租逐渐为产品地租所代替。在产品地租的形式下，地主把土地租给农民耕种，农民则定期向地主交纳一定数量的实物，如粮食、家禽以及其他农副产品。

由劳动地租转化为产品地租，并没有改变地租的本质。这是因为：“就我们这里考察的几种形式来说，地租的本质就在于，它是剩余价值或剩余劳动的唯一的占统治地位的和正常的形式。”而这又表现为，一方面，直接生产者把剩余劳动时间内生产出来的剩余产品作为地租交纳给地主，另一方面，地主则依靠对土地的私有权，无偿地占有别人的剩余产品。不管是劳动地租，还是产品地租，都反映了地主占有土地、剥削农民、无偿占有农民的剩余劳动和剩余产品的关系，它们都是农民向地主提供全部剩余劳动和全部剩余产品的正常形式。

从产品地租和劳动地租的区别看它的特点

和劳动地租是简单的原始的地租形式不同，“产品地租的前提是直接生产者已处于较高的文明状态，从而他的劳动以及整个社会已处于较高的发展阶段”。从产品地租与劳动地租的区别中，可以看出它有如下的

特点：

第一，剩余劳动已经不再在地主的监督和强制下进行，而是由直接生产者“自己负责来进行这种剩余劳动了”，在这里，“是法律的规定，而不是鞭子”。

第二，“剩余生产”，是直接生产者在自己耕种的土地上，而不是在地主直接经营的土地上进行，在这种情况下，“直接生产者或多或少可以支配自己的全部劳动时间”，虽然劳动时间的一部分仍然要作为无酬剩余劳动被地主剥削去，但地主已不能在劳动时间上直接进行剥削，只能在该时间内所创造的产品的自然形态上得到它。

第三，直接生产者为自己的劳动和为地主的劳动，在时间上和在空间上，已不再明显分开。

第四，“在这个地租形式上，体现剩余劳动的产品地租，根本不需要把农民家庭的全部剩余劳动吮吸光”；相反，农民可以有更多的劳动时间，生产出归他自己所有的产品。在这种情况下，“会使各个直接生产者的经济状况出现较大的差别”，发展到一定程度，就会发生分化。

第五，由于出现差别，发生分化，有些农民就会掌握较多的生产资料，“获得再去直接剥削别人劳动的手段”的可能性也已经存在。

从上述产品地租所具有的特点看，它标志着社会生产力以及与之相适应的生产关系，已发展到一个较高的阶段。

产品地租和劳动地租的共同点

虽然产品地租和劳动地租有如上区别，但它们也有共同点。马克思指出：“在这里，和在以前的劳动地租形式上一样，地租是剩余价值的正常形式，从而也是剩余劳动的正常形式，即直接生产者不得不无偿地，实际上也就是在强制下——虽然对他的这种强制已经不是旧的野蛮的形式——为他的最重要的劳动条件即土地的所有者完成的全部剩余劳动的正常形式。”这就是说，不管是劳动地租，还是产品地租，农民必须把全部剩余劳动所生产的全部剩余产品交给地主，所以在这里，剩余劳动和剩余产品都直接表现为地租。在这里，利润“并不决定产品地租，倒不如说这种利润是在产品地租的背后发生的，并且以产品地租的大小为自己的自然界限”。这就是说，产品地租和劳动地租一样，都不是平均利润以上的余额，都不是由资本主义意义上的利润和超额利润来决定，而都是由剩余劳动和剩余产品直接表现出来，因而劳动地租和产品地租在本质上都是一样的，但和资本主义地租相比，却都有着本质上的区别。

Ⅳ. 货 币 地 租

货币地租的性质和特点

劳动地租和产品地租，都是自然经济占统治地位条件下的封建地租形式。到了封建社会后期，随着商品经济的发展，自然经济逐渐解体，产品地租逐渐为货币地租所代替。在货币地租的形式下，农民要把体现剩余劳动的那部分剩余产品作为商品卖出去，取得货币，然后以货币去交纳地租。

这种货币地租，是“单纯由产品地租的形式转化而产生的地租，就像产品地租本身只是已经转化的劳动地租一样”。这就是说，货币地租和以上所说的劳动地租、产品地租，在本质上都是一样的；但和那种由超过平均利润的余额而产生的资本主义地租有着本质上的不同。

从货币地租与前述的两种地租的区别看，有如下特点：

第一，在货币地租的形式下，农民不是把产品作为地租交给地主，而是把这部分产品作为商品卖出去，取得货币，然后把货币作为地租交给地主。

第二，农民必须把作为地租的产品，转化为商品卖出去，因而也就要把这部分产品当作商品来生产，“因此，整个生产方式的性质就或多或少发生了变化。生产方式失去了它的独立性，失去了超然于社会联系之外的性质”。这就是说，整个生产方式已经不是完全的自然经济了，已经有商品经济的因素介入其中了。

第三，生产费用中货币支出部分的比率有了决定性的意义；在总产品中，分解为补偿消耗了的生产资料、用作劳动者的生活资料和转化为货币以便作为地租的那部分余额（即货币地租），这三部分的比率的大小，也更加重要起来。

第四，除土地以外的劳动条件（农具和其他动产），已经逐渐转化为归直接生产者所有，“这一点对货币地租形式来说，更是先决条件”。

第五，商业、城市工业、一般商品生产、货币流通，都有了比较显著的发展，产品有一个市场价格，并或多或少接近自己的价值出售，是货币地租产生的前提。

总之，货币地租是在社会劳动生产力有了一定程度发展的条件下产生的，如果“没有社会劳动生产力的一定程度的发展，这种转化[①]是不能实现的”。

货币地租是前资本主义地租的解体形式

“纯粹形式的货币地租，和劳动地租、产品地租一样，不代表超过利润的余额。从概念上说，它吞并利润。”这就是说，上述三种地租形式，都是前资本主义的地租形式，和由超过平均利润的余额所构成的资本主义地租有着本质上的不同。在历史发展过程中，前资本主义地租经历了劳动地租、产品地租、货币地租这三种不同形式。而货币地租的发展，导致了资本主义地租的产生。因此，货币地租是前资本主义地租的最后形式，“同时又是它的解体形式”。为什么说货币地租是前资本主义地租的最后形式和解体形式呢？因为货币地租在其进一步的发展过程中，“必然或者使土地变为自由的农民财产，或者导致资本主义生产方式的形式，导致资本主义租地农场主所支付的地租”。简单地说就是，货币地租的发展，一方面必然使封建生产方式解体，另一方面又会促使资本主义生产方式的因素产生，从而为过渡到资本主义地租创造条件。

为了论证货币地租是前资本主义地租的解体形式，马克思从如下两方面进行了分析：

首先，货币地租会在农业中引起生产关系性质的变化。本来，在实行货币地租以前，如实行劳动地租和产品地租时，农民和地主的关系主要是由传统的合乎习惯法的关系规定着的；实行货币地租以后，上述关系就必然转化为通过契约所规定的纯粹的货币关系。因此，原来“从事

---

① 指由产品地租到货币地租的转化。

耕作的占有者"，现在则"实际上变成了单纯的租佃者"。这种转化，又会使这些占有土地的旧式农民发生分化，一方面出现了资本主义的租地农场主，另一方面形成了一个靠出卖劳动力为生的"受人雇用的短工阶级"。这样，"在这些旧式的、亲自劳动的土地占有者中间，也就形成了培植资本主义租地农场主的温床"。

其次，"地租一旦取得货币地租的形式，同时，交租农民和土地所有者的关系一旦取得契约关系的形式"，"也就必然出现租赁土地给资本家的现象"，因而，城市中的资本家就会把资本投到农业上来，从而变成为租地经营的农业资本家。一旦租地经营的农业资本家在土地所有者和农业雇佣工人之间出现，"一切从农村旧的生产方式产生的关系就会解体"。只要这种租地经营的农业资本家成为农业雇佣工人的实际支配者和实际剥削者，土地所有者就不再直接和农业工人发生关系，而是只和租地农业资本家发生关系，而且是单纯的契约关系和货币关系，这时，地租的性质就会发生变化。"现在地租就由剩余价值和剩余劳动的正常形式，变为这个特殊生产部门即农业生产部门所特有的、超过被资本当作应优先归自己所有并且通常也归自己所有的东西而要求取得的那部分剩余劳动而形成的余额。现在，剩余价值的正常形式已经不是地租，而是利润，地租已经不是剩余价值一般在特殊情况下独立化的形式，而只是剩余价值的一个分枝即超额利润在特殊情况下独立化的形式。"总之，这种地租已经是资本主义地租，而不是前资本主义的地租了。

单有租地农业资本家出现，还不能说明资本主义地租

资本主义地租，是超过平均利润的余额，如果只有租地农业资本家的出现，还不能说明农产品的价格必然会高于工业品的生产价格，农产品的价值必然会高于由平均利润调节的生产价格。可是，有些资产阶级庸俗经济学家，如德国的洛贝尔图斯，却从传统的方法出发，认为只要租地农场主在农业生产上出现，就足以说明资本主义的地租。实际上，这种观点是不正确的。因为：第一，"资本在农业上作为一种独立的和主导的力量，并不是一下子普遍出现的，而是逐渐出现在各个特殊生产部门内"。第二，"这种资本主义生产最初只是偶然出现”，因此，超过平均利润以上的余额转化为资本主义地租，就不能靠最初的偶然的不是普遍的情况来说明。第三，在资本主义生产方式初出现时，土地产品的价格高于生产价格；只要在农业中进行改良，生产费用就会降低，就会出现土地产品价格的下降，从而使它高于生产价格的情况由于反作用而趋于平衡。“因此，用这种传统的方法，是不能说明作为超过平均利润的余额的地租的。”要对资本主义地租作出正确的科学的说明，必须在资本主义生产方式充分发展的基础上，对工业中已经形成的生产价格和平均利润等范畴作出科学的说明，然后才能在科学的劳动价值论和科学的剩余价值论的基础上，建立起科学的地租理论。

结　论

通过对货币地租的分析，最后得出如下结论：货币地租并不就是资本主义地租，它们之间有着本质的不同。但是货币地租的进一步发展，会引起封建生产关系的变化，引起资本主义地租的产生。所以马克思说：货币地租的发展，“会促使以前的剥削方式，所有者和实际耕作者之间的关系，以及地租本身发生变革”。

Ⅴ. 分成制和农民的小块土地所有制

以上所说的劳动地租、产品地租、货币地租，都是从地主和农民的关系中来进行研究的，即一方面，地主是土地所有者，另一方面，农民是租入土地进行耕种的实际劳动者。这种情况，是封建社会生产关系的实际情况。

现在，就要进一步研究如何由封建地租向资本主义地租过渡的问题，马克思着重研究了分成制和农民的小块土地所有制。

分成制是由封建地租到资本主义地租的过渡形式

马克思指出，“分成制可以看成是由地租的原始形式到资本主义地租的过渡形式”。所谓分成制，即土地所有者和租地农民共同经营土地，共同分配土地产品。在这种形式下，土地所有者不仅租出土地，而且还要提供如大牲畜、大农具等类的经营资本的一部分；租地农民不仅要在土地上进行劳动（自己的劳动或别人的劳动），而且也要提供如肥料、种子、小农具等类的经营资本的另一部分，生产出来的农产品，根据已经由契约规定的确定的比例，在租地农民和土地所有者之间进行分配。

那么，为什么说这种分成制是由封建地租到资本主义地租的过渡形式呢？因为在这里，地主和租地农民之间，已经不是纯粹的封建的生产关系，而是增加了资本主义关系的因素。从一方面看，租地农民不仅要投入劳动，而且也要投入一定量的经营资本；从另一方面看，地主不仅出租土地，而且也要投入一定量的经营资本，可见，资本主义因素已经插进来了。但它还不完全是资本主义的生产关系。这是因为，一方面“租地农民没有足够的资本去实行完全的资本主义经营”，他还没有成为租地农场主，自己还是实际耕种的劳动者；另一方面，地主在这里得到的收入部分，并不具有纯粹的地租形式，其中还可能包括由他预付资本所带来的利息和利润，所以他除去主要是土地所有者的身份以外，还兼有一点经营资本家的身份。特别重要的是：“地租在这里已不再表现为剩余价值一般的正常形式”。这就是说，全部剩余产品已不是直接都表现为地租。一方面，租地农民，不仅作为劳动者，而且作为一部分劳动工具的所有者，作为他自己的经营资本家，不仅取得必要产品，而且也取得剩余产品的一部分，这部分，不是以地租的形式出现，但与平均利润的形式相类似；另一方面，地主，不仅是土地所有者，而且也是一部分经营资本的投放者，因此，他要取得剩余产品中的绝大部分，但这部分既包含着地租，也包含着一部分平均利润。可见，在这里，地租已不再是纯粹的封建地租，而是增加了资本主义地租的因素，地租也不再是全部剩余劳动和剩余产品的直接表现形式，因为在全部剩余产品中，既包含了地租的成分，也包含了利润的成分，只是不像资本主义地租那样纯粹，那样明确地表现出来而已。

农民的小块土地所有制

小块土地所有制，即独立的个体农民经济，是由古代公有制解体后逐步过渡而产生的。在古代公有制的情况下，一部分土地属于单个农民，由他们独立耕种，另一部分土地则共同耕种，其产品用于公社的公共开支和储备等等。随着生产力的发展，生产关系相适应地发生变化，土地私有制出现了，一部分农民占有土地，直接耕种，形成小块土地所有制；另一部分人，如国家官吏之类，不仅掠夺公地，而且也掠夺个体农民的土地，成为大地主，或奴隶主等等。在这里，对于奴隶经济，对于大地主经济，暂不进行研究，现在只来考察这种农民的小块土地所有制。

农民小块土地所有制的特点

首先来看看农民小块土地所有制的特点。

第一，农民自己只有小块土地，直接进行耕种，他既是劳动者，又是小块土地的所有者，在这里，“土地则是他的主要生产工具，是他的劳动和他的资本的不可缺少的活动场所”。

第二，正是因为农民自己是土地所有者，就不需要向地主租入土地，也不需要向地主支付租金和地租，“因而，地租也不表现为剩余价值的一个分离出来的形式”；尽管由于他经营土地，可以得到额外收益，相当于超额利润，但这种额外收益，同劳动的全部收益一样，都为农民自己所得，不必把它交给地主。

第三，农民小块土地所有制存在的前提是：和城市人口相比，农村人口在数量上还占巨大优势；资本主义生产方式虽已产生，但相对地说还不大发展；自然经济仍占统治地位，在农民生产出的产品中，绝大部分作为生产资料由农民直接消费，只是其中的小部分才作为商品投入市场。

第四，不管土地产品的市场价格是如何决定的，在这里，由自然肥力较好的土地或由位置较好的土地提供的级差收入，即相当于形成级差地租的那部分超额利润，必然是存在的，但这种级差收入，不是归土地所有者所有，而是归那些在比较有利的自然条件下进行劳动生产的个体农民所有。

第五，只要在小块土地所有制旁边，同时还存在着封建的货币地租，存在着土地价格，那么，“土地价格也会作为一个要素，加入农民的实际生产费用”。这就是说，在小块土地所有制的土地上，虽然不存在地租，也会直接由地租的资本化而产生土地价格，但事实上，“地租也就好像同土地的肥力和位置上的任何差别无关而独立存在着”，由此土地价格也就同样地存在着。特别是在分配遗产时，土地也可以折算为货币，还可以用货币来补偿土地分配的不均。

第六，在这里，“假定绝对地租不存在”，因为对最坏土地不支付地租也能够被耕作，这表明这种小块的土地所有制，不会成为土地投资的限制。这就是说，对于耕种土地的农民来说，既不受平均利润的限制，也不受地租的限制，他们不像租地耕种的农业资本家那样，得不到平均利润就不向农业投资，也不像土地所有者那样，不提供地租就不出租土地，他们只要在出售农产品的价格，扣除实际的生产成本以后，能够取得工资就行，所以“付给自己的工资才表现为绝对的界限”。这样，农产品的市场价格就不必高于生产价格，更不必高于价值，“这就是小块土地所有制占统治地位的国家的谷物价格所以低于资本主义生产方式的国家的原因之一”。实际上，在最不利条件下劳动的农民，他们的剩余劳动的一部分，白白地送给了社会，它既不参与生产价格的调节，也不参与一般价值的形成。这种较低的农产品价格，“是生产者贫穷的结果，而决不是他们的劳动生产率的结果”。

总之，这种自耕农的小块土地所有制，一方面，“作为占统治地位的正常形式”，是他们独立发展的基础；另一方面，又是封建土地所有制解体所产生的各种形式之一，也是过渡的形式之一。

农民小块土地所有制的历史作用和局限性

小块土地所有制是小农经济的基础，“在这里，土地的所有权是个人独立性发展的基础。它是农业本身发展的一个必要的过渡点”。为什么说它是一个必要的过渡点呢？这就要从它必然灭亡的原因进一步看它的历史局限性。

第 911 页第 3 段，马克思指出小块土地所有制必然灭亡的原因，这就是：第一，大工业的发展破坏了农村家庭手工业，没有家庭手工业的补充和配合，农民的收入就会逐渐减少；第二，“处在这种耕作下的土地逐渐贫瘠和地力枯竭”，因为在小农经济条件下，对土地不可能利用先进的科学技术进行改良；第三，由于公有地已经为大土地所有者所霸占，有些依附于公有地的自耕农，就难以继续维持并存在下去；第四，由于资本主义大农业出现，加入了竞争，个体农民经受不了大农业的竞争，在竞争中处于不利地位；第五，要对农业进行各种改良，需要投入一定量的资本，个体农民提供不出这一定量的资本。由于上述原因，小块土地所有制发展到一定的程度，就必然走向灭亡。

第 912 页第 2 段到第 916 页第 1 段，马克思又进一步指出了小块土地所有制的历史局限性。

第一，“小块土地所有制按其性质来说排斥社会劳动生产力的发展、劳动的社会形式、资本的社会积聚、大规模的畜牧和科学的累进的应用”。因此，它就不可能具有合理的按科学方法进行耕作的条件，对生产力起着阻碍作用。

第二，小农经济是以独立地分散地进行耕种为前提的。它既经受不了高利贷的剥削，又要负担沉重的税收，“生产资料无止境地分散，生产者本身无止境地相互分离。人力发生巨大的浪费。生产条件越来越恶化和生产资料越来越昂贵是小块土地所有制的必然规律”。

第三，小农业和小块土地所有制结合在一起的地方，就会产生一种特有的弊病，这就是：耕者必须投资购买土地。个体农民为了购买土地，就要支付大量的货币。本来，他们的本钱是极为有限的，除了用于购买土地的货币以外，就没有更多的钱来投入农业进行耕种，这就“相应地减少了他们的生产资料的数量，从而缩小了再生产的经济基础”。

前面说过，土地价格是由地租量和利息率这两个因素决定的，在地租量已定时，土地价格就要由利息率来调节。如果利息率低，土地价格就高，反之，如果利息率高，土地价格就低。“但在小块土地所有制占统治地位的地方，情况实际上不是这样。”这是因为：第一，信用的一般规律并不适用于农民，农村中大量存在的是封建的高利贷，而不是一般的资本主义的利息率；第二，在小块土地所有制占统治地位的地方，相对地说，资本是微弱的，“借贷货币资本的形成，则更加微弱”；第三，在小块土地所有制的条件下，土地所有权既是生产者的生活条件，又是生产者从事生产和投资不可缺少的场所，“所以，土地价格上涨是由于对地产的需求超过供给，而和利息率无关”。在这里，土地价格和利息率，不一定向相反的方向变化，而是可以向同一方向发展，即土地价格上涨，利息率也上涨。在这里，土地价格对农业生产起着破坏作用，“可以提高到使生产不能进行的程度”。

不管是小块土地所有制还是大土地所有制，都是农业发展的障碍

从以上对小块土地所有制的分析可以看出，小块土地所有制对于农业生产有一定的历史局限性，发展到一定程度就必然要被大土地所有制所代替。资本主义大农业的出现，与之相适应大土地所有制的出现，与小农业和小块土地所有制相比，有一定的历史进步性。但是，土地私有权的存在，不仅对小农业的发展是一种限制，而且对大农业来说，“这种所有权也是一种限制，因为它会限制租地农场主所进行的、最终不是对他自己有利而是对土地所有者有利的生产投资”。对地力的剥削和滥用，在小块土地所有制的场合，是由于科学技术和先进的劳动手段不可能得到充分的应用；在大土地所有制的场合，“却是由于这些手段被用来尽快地增加租地农场主和土地所有者的财富”。所以，不管是对小块土地所有制的批判，还是对大土地所有制的批判，最后都归为对私有权这个农业的限制和障碍的批判。不管是大农业，还是小农业，土地私有制都是阻碍它们发展的基本原因。

马克思指出，小块土地所有制的前提是：大量的人口生活在农村，他们进行的“不是社会劳动，而是孤立劳动”，在这种情况下，不可能具有合理耕作的条件，也不可能使再生产得到顺利进行。大土地所有制则在农村本身中，破坏了劳动力。在这方面，资本主义大工业和资本主义大农业一起发生作用。“如果说它们原来的区别在于，前者更多地滥用和破坏劳动力，即人类的自然力，而后者更直接地滥用和破坏土地的自然力，那么，在以后的发展进程中，二者会携手并进，因为产业制度在农村也使劳动者精力衰竭，而工业和商业则为农业提供使土地贫瘠的各种手段。”这就说明，不管是个体经济的小农业，还是资本主义的大农业，都会成为生产力发展的障碍，都是历史上的过渡性的农业制度，只有建立在生产资料公有制基础上的社会主义大农业，才是农业经济发展的唯一出路。

■ “地租是土地所有权在经济上的实现，即不同的人借以独占一定部分土地的法律虚构在经济上的实现……”[①] 一切形态的地租都是土地

① 《资本论》第3卷，人民出版社2004年版，第715页。

所有权在经济上的实现，都是以土地所有权的存在为前提的。不管是在封建社会里，还是在资本主义社会里，封建地主和资本主义的土地所有者之所以能租出土地，收取地租，都因为他们占有土地，凭借土地的私有制剥削、掠夺别人的劳动果实，这一点是在土地私有制条件下不同性质的地租所具有的共同点。

但是，不同性质的地租，又和不同形式的土地所有权相联系，从而构成不同地租的差别点。从封建地租来看，它是全部剩余劳动和剩余产品的直接表现形式，是农民新创造产品中减去自己生活消费以后的余额。资本主义地租则不同，它只是剩余价值的一部分，通过超额利润的转化而成，它或者是由社会生产价格高于个别生产价格而产生，或者是由农产品价值高于生产价格而产生，还可能是由于垄断价格高于价值和生产价格而产生，简单地说，资本主义地租是超过平均利润以上的余额。在资本主义生产关系还未充分发展，生产价格、平均利润还未普遍形成的封建社会里，根本谈不上平均利润，因而封建地租根本不可能是平均利润以上的一部分，在那里，地租只是“剩余价值和剩余劳动的正常形式”[1]，也就是剩余劳动和剩余产品的直接表现的形式。

不同性质的地租表现着不同的生产关系。封建地租所表现的是地主对农民的剥削关系，地租是这种剥削的主要形式。资本主义地租体现着资本主义农业中，土地所有者和租地农业资本家共同剥削农业雇佣工人的关系。从对农业工人的剥削来说，他们二者的利益是一致的；从瓜分剩余价值的角度来说，租地农业资本家和土地所有者之间又是有矛盾的，这种矛盾集中表现在：超额利润是转化为地租，还是归租地农业资本家直接占有。社会主义对土地实行公有，但仍然存在地租。社会主义地租体现着国家、集体或企业、劳动者之间的关系。马克思的地租理论，仍然是党和国家制定土地政策和农业政策的理论基础。认真学习马克思的地租理论，联系中国社会主义建设的实际，研究新情况，探索新问题，是经济理论工作的一项重要任务。

① 《资本论》第3卷，人民出版社2004年版，第903页。

第 七 篇
各种收入及其源泉

第 四十八 章
三位一体的公式

在以上六篇中，一方面研究了资本如何分裂为产业资本、商业资本、生息资本和农业资本，另一方面又研究了剩余价值如何转化为利润，利润如何转化为平均利润，以后又如何分割为商业利润、利息和企业主收入，以及超额利润如何转化为地租。在第七篇中，进一步研究资本主义社会的各种收入及其源泉。实际上，资本主义社会的各种收入，都是雇佣工人的劳动所创造的价值转化而来的。雇佣工人在为自己劳动的部分，创造出补偿劳动力价值的价值，表现为工资；在剩余劳动部分，创造出剩余价值，并转化为利润、利息和地租。把工人劳动所创造的新价值，在劳动者和不同剥削集团之间进行分配，这体现着一定的分配关系。这种分配关系的实质，是由资本主义的生产关系的实质决定的，资本主义生产关系本身所包含的对抗性矛盾，必然反映到分配关系上，因此，资本主义的分配关系和分配形式同资本主义生产关系一样，本身就有历史的过渡性，必然要为更高级的生产关系与分配关系所代替。在第七篇中，马克思通过对各种收入及其源泉的分析，研究了资本主义分配关系的实质，同时也批判了资产阶级庸俗经济学歪曲资本主义生产关系和分配关系的所谓“三位一体”公式，批判了“三位一体”公式的理论来源“斯密教条”。通过经济关系的分析，指出了与三种收入形态相适应的资本主义社会的三大阶级——工人、资本家、土地所有者——之间的阶级对立和阶级斗争，最终必然导致推翻资本主义制度，建立无产阶级专政的社会主义社会。由此可见，第七篇不仅是对《资本论》第三卷所作的总结，也是对《资本论》第一至第三卷所作的全面总结，是对资本主义生产关系进行系统分析后所作的历史性总结。

第七篇共五章：第四十八章，批判资产阶级庸俗经济学的三位一体公式，说明各种收入的源泉都是雇佣工人所创造的新价值；第四十九章，通过对资本主义生产总过程的分析，批判了三位一体公式的理论来源于“斯密教条”；第五十章，运用价值和剩余价值理论，进一步批判“斯密教条”的错误，并指出它的产生与竞争的假象有关；第五十一章，分析了分配关系与生产关系之间的辩证关系，为资本主义的发展作出理论的和政治的结论；第五十二章，把对经济关系的分析引申到阶级关系上来，研究资本主义三大阶级的阶级对立和阶级斗争，可惜这一章只开了个头，没有写完。所以恩格斯在 1895 年 3 月 16 日写给维克多·阿德勒的信中说：“第七篇很精彩，遗憾的是只有一个骨架”①。

在第四十八章中对资产阶级庸俗政治经济学的所谓三位一体公式的批判，是马克思在已取得研究资本主义生产方式全部成果的基础上进行的，这是一种实质性的批判，带有综合性质。

（一）三位一体公式掩盖了新创造价值的源泉

什么是三位一体公式

从第 919 页第 1 段到第 924 页第 1 段，共三个片断，原来分散在第六篇手稿的不同地方，恩格斯在编辑时，把它们从第六篇中移过来。在这三个片断中，马克思对所谓三位一体公式进行了一般性的分析。

① 《马克思恩格斯〈资本论〉书信集》，人民出版社 1976 年版，第 582 页。

所谓三位一体公式，是法国资产阶级庸俗经济学家萨伊（1767—1832）首先提出来的。他认为：资本创造利润，土地产生地租，劳动取得工资。如果把平均利润分割为利息和企业主收入，则企业主收入表现为资本家的工资，利息表现为资本所固有的独特的产物，这样，三位一体公式可以更确切地归结为：资本创造利息，土地产生地租，劳动取得工资，或"资本—利息，土地—地租，劳动—工资"。在这个公式中，利润作为资本主义生产方式特征的剩余价值形式，就被排除在外，看不见了，资本主义的生产实质就被歪曲和掩蔽起来了。

上述三位一体公式，把利息、地租、工资看成是由三个不同的来源产生的。我们知道，利润、利息、地租都是由工人所创造的剩余价值转化、分割而来的，工人的工资，则是工人在必要劳动时间内创造出的补偿劳动力价值的新价值，它们都是由工人新创造的价值所构成。萨伊认为产品的价值来源于使用价值，把价值和使用价值混为一谈，因而错误地认为创造商品价值的，除了劳动以外，还有资本（生产资料）和自然(土地)。萨伊说："生产物的价值发生于劳动、资本和自然力量的共同作用中，只有这三要素才能创造价值和新的财富。"[①] 萨伊对他的上述独特"见解"，既没有进行任何解释，也没有提出任何证据。萨伊能够提供的唯一依据是，资本能够带来利息，因为资本能够创造价值。按照萨伊的上述公式，资本、土地、劳动这三个生产要素是创造价值的源泉，这样，作为资本主义生产方式特征的剩余价值形式就完全不见了，各个资本家集团和土地所有者的收入都是剩余价值的转化也完全不见了，资本主义剥削关系也就完全被歪曲、被掩盖起来了，资本主义"社会生产过程的一切秘密"也就都包含在这个公式中了，这样，劳动价值理论和剩余价值理论也就完全不能存在了。所以马克思讽刺地说："正如一个经院哲学家在谈到'圣父、圣子和圣灵'这一公式时感到十分自在一样，庸俗经济学家在谈到'土地—地租，资本—利息，劳动—工资'这一公式时也感到十分自在。"[②]

---

① 萨伊：《政治经济学概论》，1830年英译本。

② 《马克思恩格斯全集》第26卷第3册，人民出版社1974年版，第559页。

资本、土地、劳动属于完全不同的领域，彼此之间毫无相同之处

进一步考察利息、地租和工资这些收入的所谓源泉——资本、土地和劳动，就会发现，这三者“属于完全不同的领域，彼此之间毫无相同之处”，就像公证人的手续费、甜菜和音乐这三者之间毫无相同之处一样。

先看资本：资本是什么？“资本不是物，而是一定的、社会的、属于一定历史社会形态的生产关系，后者体现在一个物上，并赋予这个物以独特的社会性质。”这就是说，资本不是物，而是一定历史条件下的社会生产关系。虽然资本可以表现在生产资料的形式上，但生产资料本身不是资本，只是在一定的社会条件下，生产资料才具有资本的形式。这就是，社会上的一部分人占有生产资料，并把它作为剥削雇佣劳动的手段，而广大劳动者由于丧失生产资料，不得不把劳动力作为商品出卖，受资本的剥削，可见，资本所表现的是，资本与劳动对立、资本剥削雇佣劳动的关系。“在这里，对于历史地形成的社会生产过程的因素之一，我们有了一个确定的、乍一看来极为神秘的社会形式”。

再看土地：土地是什么？它是“无机的自然界本身”。价值是由劳动创造的，土地当然不能创造价值，更谈不上能创造剩余价值。但是由于土地的自然肥力不同，同量劳动在不同肥力的土地上可以取得不等量的产品，这些产品就会有不同的个别价值，“这些个别价值平均化为市场价值”，这就使自然肥力较好的土地的经营者可以取得超额利润，并转化为地租，归土地所有者所有。这种情况只是由土地私有权所造成的结果。超额利润并不是由土地创造出来的，归根到底是由工人创造的剩余价值的一部分转化而来的。土地终归仅仅是“无机的自然界本身”。

最后看劳动：劳动是什么？抽象地说：“只是指人借以实现人和自然之间的物质变换的人类一般的生产活动”。这种劳动，在一切社会都会共同存在着。如果说不是一般劳动，而只是与资本相对立的劳动，那就只是雇佣劳动，只有在资本主义社会才存在。

可见，资本是社会关系，土地是自然界本身，劳动是任何社会里都存在的人类生产活动，这三者，就其一般意义讲，彼此是毫无关系，毫无共同之处的。

三位一体公式把各种收入源泉之间能够发生联系的社会形式抛弃掉了

本来利息、地租和工资都是工人的劳动创造出来的，三位一体公式却把资本、土地和劳动看成是这三种收入的源泉。从资本主义三大阶级看，资本家凭借资本取得利息，土地所有者凭借土地所有权取得地租，雇佣工人通过出卖劳动力取得工资，这样，利息、地租和工资，就不是表现为来源于工人的劳动，而是表现为来源于资本、土地和劳动了。三位一体公式本应包括各种收入源泉之间的联系，因为不仅资本表现着一定的社会的生产关系，雇佣劳动也是劳动的社会形式，土地所有权也是被垄断的土地的社会形式，它们在同一的社会经济形态中，是可以互相联系着的，但是，三位一体公式却偏偏把这个联系的社会形式抽掉了，这表现为：

第一，在这个公式中，与资本相并列的是土地和劳动。前面说过，资本是一定的社会形式，而土地和劳动却是一切社会共有的物质要素，怎能把一个特有的社会形式和另一个每个社会共有的物质要素并列在一起，联系在一起呢？

第二，在这个公式中，资本、土地和劳动，分别表现为利息、地租和工资的源泉，这就把资本主义生产过程中，由工人的劳动新创造的价值这个真正的源泉掩盖起来了。利息、地租、工资，是产品中新创造价值的三个部分，资本—利息这个公式，虽然是资本的最无概念的公式，表现不出资本的实质，但终究还是资本的公式。但土地—地租这个公式，从土地看，是一个自然要素，是生产的物质条件，它本身是一个使用价值，而地租则是新创造价值的一部分，它本身是一个价值，那么，怎能由一个使用价值的土地，创造出来一个价值的地租呢?! “价值体现在使用价值中，而使用价值是创造价值的一个条件；但是，如果在一方面摆上一个使用价值，即土地，另一方面摆上一个价值，而且是一个特殊的价值部分，借此形成一个对立，那是愚蠢的做法。”至于说到土地产品的数量，即使用价值量，又是和价值量不相同的。一定时间的劳动凝结在产品中，形成商品的价值，这只是劳动的对象化，究竟它凝结在什么使用价值上，分摊到多少使用价值上，那是无关的；但是，不同等级的土地却可提供不等量的产品，也就是说，一定量的价值，究竟分摊到多少数量的使用价值上，从农业的情况看，则取决于自然生产率或土地生产率，因为“农业劳动的生产率是和自然条件联系在一起的”。这种情况只能说明，由于土地的自然肥力程度不同，可以提供较多或较少的使用价值（农产品）；但不能由此说明，土地能够创造价值，或者说，土地能够创造地租。

总之，三位一体公式把各种收入的源泉之间能够联系起来的社会生产关系抛掉以后，又把它们还原为互不相关的各种收入的直接源泉，好像利息、地租、工资就是由资本、土地、劳动这些互不相关的源泉本身产生出来的，这样就把资本主义生产过程新创造价值的真正源泉掩盖起来了。在资本家凭借资本取得利息、地主凭借土地所有权取得地租、工人靠出卖劳动力取得工资的公式下，资本主义三大阶级好像没有剥削与被剥削，没有矛盾，可以互助合作，团结一致，平等共处了，这就把资本主义生产关系的实质巧妙地掩盖起来了。

三位一体显然是三个不可能综合在一起的部分

庸俗经济学所提出的这个三位一体公式，无非是代表资本家的观念，为之作理论上的说明，实质上，庸俗经济学者只是资本家的代言人。“庸俗经济学丝毫没有想到，被它当作出发点的这个三位一体：土地—地租，资本—利息，劳动—工资或劳动价格，是三个显然不可能组合在一起的部分”。为什么呢？首先来看土地—地租：土地是没有价值、只有使用价值的，而地租却是具有交换价值的，把使用价值的土地和交换价值的地租安置在一定的比例关系上，让两个不能通约的量来互相保持一定的比例，是十分荒唐的。其次来看资本—利息：资本本身表现为一定量的价值额，是一定历史条件下的社会关系，庸俗经济学却硬说资本是生产资料，是使用价值；另一方面，利息是剩余价值转化来的一部分，是一定的社会关系，这样一来，就又重新搬出一个完全不能通约的关系，一方面是生产资料，是使用价值，是物，另一方面是剩余价值，是社会关系的特殊形式，这就同土地—地租一样，把使用价值和价值这两个不能互相通约的量，又放在一定的比例关系中，这显然也是悖理的。最后再来看劳动—工资：这个公式也同样与价值的概念相矛盾。因为一方是劳动，另一方是劳动的价值，即工资。劳动是创造价值的，但劳动本身没有价值。价格是价值的货币表现。说劳动本身有价格，就要承认劳动本身也有价值。现在说没有价值的劳动却有价格，这显然是悖理的。① 因为这又是一个完全不能通约的关系。总之，三位一体公式和价值的概念是矛盾的，所以马克思讽刺地说："恰好这个公式和价值概念的矛盾使他免除了理解价值的义务"。

（二）三位一体公式抹杀了资本主义经济关系的历史性质

剩余劳动体现为剩余价值，是资本主义生产过程的特征

"资本主义生产过程是社会生产过程一般的一个历史地规定的形式"。要弄清三位一体公式的错误的实质，就必须从生产关系的物的外壳下解脱出来，通过物和物的关系来研究人和人的关系。

一般地说，社会生产过程既是物质资料的生产过程，又是历史上经济上独特的生产关系的再生产过程，因此，不仅有物质资料的再生产，而且有生产关系的再生产。这种物质条件和生产关系，既是资本主义生产过程的前提，又是资本主义生产过程的结果和创造物，资本主义再生产就是不断地再生产着这些物质条件和生产关系。

资本主义再生产过程具有资本主义的特点，这就是：资本在与它相适应的生产过程中，从工人身上榨取一定量的剩余劳动，"这种剩余劳动体现为剩余价值，而这个剩余价值存在于剩余产品中"。剩余劳动一般作为超过一定的需要量的劳动，应当始终存在。只不过它在资本主义制度下，像在奴隶制度等之下一样，具有对抗的形式，表现为强制劳动的结果。但是，资本主义社会榨取剩余劳动的方式和条件不同于奴隶制社会

① 马克思有时也曾用劳动价格一词，那是为了方便起见，沿用了资产阶级经济学的概念，借以说明劳动力的价格及其转化的现象形态。

和封建社会。在奴隶制社会和封建社会里，奴隶主和封建地主对剩余劳动的剥削，是在人身依附或半人身依附、统治和从属的关系下直接占有剩余劳动。在资本主义社会里，由于商品经济占支配地位，剩余劳动创造出剩余价值，从而对象化在剩余产品中，通过直接生产过程和流通过程，不仅生产出剩余价值，而且使剩余价值实现，并在不同剥削集团之间分配。利润、利息、地租就是同一剩余价值转化的不同形式，是不同剥削集团之间分割剩余价值的结果。正是这种剩余劳动所体现的剩余价值的生产和分配，体现了资本主义生产过程的特征。

在一切社会里，进行扩大再生产，都必须有追加的生产资料和生活资料，这些又都必须由剩余劳动生产出来，因此，一定量的剩余劳动是任何社会进行扩大再生产所必需的。从资本主义再生产过程来看，剩余劳动所创造的剩余价值，又是资本主义积累的重要源泉，也是不断榨取剩余劳动和剩余价值的条件。但是，把资本主义制度下的剩余劳动和以前几个社会的剩余劳动相比，有其显著的不同之处："资本的文明面之一是，它榨取这种剩余劳动的方式和条件，同以前的奴隶制、农奴制等形式相比，都更有利于生产力的发展，有利于社会关系的发展，有利于更高级的新形态的各种要素的创造。"一方面，由资本主义社会发展到更高级的社会，如社会主义社会，虽然剩余劳动依然存在，但由于已经消灭了阶级对抗和剥削，剩余劳动不再为剥削阶级所占有，而是为社会集体占有，体现着为社会的劳动，不再表现为一个阶级对另一个阶级的剥削关系了；另一方面，在社会主义和共产主义社会里，剩余劳动的时间虽然可缩短，但剩余劳动的生产率则大大提高，在同样的剩余劳动时间内，可以提供大量的产品（使用价值）。"社会的现实财富和社会再生产过程不断扩大的可能性，并不是取决于剩余劳动时间的长短，而是取决于剩余劳动的生产率和进行这种剩余劳动的生产条件的优劣程度。"所以，在一定的剩余劳动时间内，生产出更多的使用价值，不断提高剩余劳动的生产率，才能使生产力扩大；而这种生产力的扩大，又是不断满足日益扩大的需要的根本条件。

利润、地租、工资只是收入，并不是收入的实体本身

既然资本主义生产过程的特征是生产剩余价值，那么这种剩余价值是怎样进行分配呢？它是“按照社会资本中每个资本所占的份额的比例，在资本家之间进行分配的”。剩余价值在总资本的分配中形成平均利润，这个平均利润又分为企业主收入和利息，前者为工商业资本家所有，后者为生息资本家所有。但是资本在分配时，又受到土地所有权方面的限制，这就不得不把剩余价值的一部分转化为地租的形式，交到土地所有者手中，“因此，资本利润（企业主收入加上利息）和地租不过是剩余价值的两个特殊组成部分，不过是剩余价值因属于资本或属于土地所有权而区别开来的两个范畴，两个项目。它们丝毫也不会改变剩余价值的本质。它们加起来，就形成社会剩余价值的总和”。可见，利润、利息、地租只是不同的收入形式，它们的实质都是剩余价值。剩余价值分割并转化为利润和地租，丝毫也没有改变剩余价值的实质。至于工资，那只是工人出卖劳动力而取得的收入，是工人自己在必要劳动时间内创造的新价值用以补偿劳动力价值消耗掉的部分。所以，从资本主义生产过程的真实关系看，资本家是剩余价值的直接生产者；土地所有者则与现实的生产无关，他们仅仅凭借土地所有权，把工人已经生产出来的剩余价值的一部分，从资本家的口袋里拿到自己的口袋里；工人则是劳动力的所有者和出卖者，他们的劳动创造出的新价值，除一部分作为工资补偿自己的劳动力消耗外，其余部分则作为剩余价值，被各个剥削集团攫取去。

不管利润、地租、工资三者在收入分配上多么不一致，但它们都有一个共同点，这就是：资本每年都为资本家提供利润，土地每年都为土地所有者提供地租，劳动力每年都为工人提供工资，每年的生产总价值中都要包含这三个价值部分或与之相适应的产品部分（撇开积累不说），并且每年都被它们各自的所有者消费掉，“而不致造成它们的再生产源泉的枯竭”。它们好像三株长生树一样，每年都会在树上长出长生果，从而被它们的所有者作为收入消费掉。尽管这些收入是由职能资本家作为剩余价值的直接榨取者和劳动力的使用者来进行分配的，但在表面上，资本家的资本，土地所有者的土地，工人的劳动力，还是表现为他们各自特有的收入，即利润、地租、工资的不同源泉。首先，它们从下述意义上讲确实是收入的源泉：对资本家来说，资本永远是一台吸取剩余价值的抽水机；对土地所有者来说，土地永远是把一部分剩余价值从资本家手中吸到土地所有者手中的磁石；对工人来说，劳动是工人依靠它取得必要的生活资料的手段，以便使劳动力得到不断的更新和保存。其次，它们从下述意义上讲也是收入的源泉：由于资本主义生产关系的再生产，资本会把价值的一部分固定在利润的形式上，土地所有权又会把价值的另一部分固定在地租的形式上，雇佣劳动又会把价值的再一部分（即第三部分）固定在工资的形式上，正是由于这种转化，使利润变成资本家的收入，地租变成土地所有者的收入，工资成为工人的收入。

以上这三个阶级的三种不同收入，只是一种分配关系，“但是并没有创造转化为这几个不同范畴的实体本身。相反，这种分配是以这种实体已经存在为前提的，也就是说，是以年产品的总价值为前提的，而这个总价值不外就是对象化的社会劳动”。这就是说，利润、地租、工资只是不同阶级的收入，这只是一种分配关系，至于这些收入的实体是什么，收入本身是不能回答的，因为收入并不同于收入的实体本身。要进行分配，必须以所分配的实体已经存在为前提，如果没有这个实体，拿什么东西来进行分配呢？那么，这些收入的实体是什么？这无非是对象化的社会劳动，无非是工人劳动创造的新价值。由于这些新价值的存在，不同阶级对它进行分配，才构成各个不同阶级的收入。可见，新创造的价值可以转化为各阶级的不同收入，但不能把不同收入转化为收入的实体本身，即不能把收入作为新价值的创造者。庸俗经济学的错误在于：把资本、土地、劳动看成是三种收入的源泉，而且认为这些收入的实体，即年产品的新价值，“就是从这些源泉本身产生出来的”。也就是说，这些新价值是由资本、土地、劳动创造出来的。这样，就把新价值分解为三部分和形成新价值的源泉这两个不同的概念混为一谈了。“因此，不仅这个价值作为社会生产过程的各特殊因素所分得的收入的不同形式，是从这些源泉产生出来的，而且这个价值本身，从而这些收入形式的实体，也是从这些源泉产生出来的。”一句话，在庸俗经济学家看来，各种收入的形式（利润、地租、工资）和它们的实体，都是由它们的源泉（资本、土地、劳动）产生出来的。所谓三位一体公式，就是以此作为立论根据的。

从第931页第3段到第933页第1段，马克思进一步指出，三位一体的公式是错误的。从土地—地租这个公式看：如以级差地租而论，它是与土地的自然肥力结合在一起的，如果从表面上看，自然肥力较好的土地，会提供较多的级差地租；反之，肥力较差的土地，级差地租就较少。这样，好像级差地租是由土地产生出来的。但是，如前所述，土地肥力只是产生超额利润的条件，不是超额利润产生的源泉。超额利润是由剩余价值的一部分转化而来的，是农业雇佣工人的剩余劳动创造的。至于超额利润的大小，也不是直接由土地肥力所决定，而是由起调节作用的市场价格和竞争规律决定的，这是“社会规律，既和土地无关，也和土地肥力的不同程度无关”。可见，土地是个自然要素，地租是个社会范畴，怎能把一个社会范畴说成是由自然要素产生出来的呢?！从劳动—工资这个公式看：这个公式也许可以表现一些合理的关系，如劳动新创造价值的一部分，用来补偿劳动力的价值，转化为工资。但是在这个公式中，并没有表现这种关系。从劳动形成商品价值来说，这只是价值的创造问题，与分配无关。当我们把劳动作为创造价值的要素来考察时，又不是从它的具体形式上来考察它，而是从不同社会的劳动的社会规定性上来考察它。资本主义社会的劳动的社会规定性是雇佣劳动，因此，公式中只讲劳动，不讲雇佣劳动，把雇佣劳动的社会规定性抽掉，用一般劳动代替雇佣劳动，这就抹杀了资本主义雇佣劳动的特点。从资本—利润这个公式看，也是不正确的。资本通过对劳动力的直接剥削，产生了剩余价值，在这种剩余价值中，既包括利润，又包括地租，其中利润又要分割为利息和企业主收入。总之，资本所直接剥削到的是“包括全部没有分割的剩余价值”，而公式所表现的资本—利润，或资本—利息，“这不是资本榨取的全部剩余价值，而只是资本为资本家榨取的那部分剩余价值。”这就是仅仅表现为资本家所榨取的利息或企业主收入的那部分剩余价值，而不是剩余价值的全部，这样，在资本—利息的公式下，资本剥削剩余价值的全部秘密就看不出来了。

总之，在三位一体公式中，不仅资本和劳动的对立关系不见了，就是连一般的价值关系也不存在了，剩下来的只是一些不相关联、不能通约的物与物之间的关系了。

三位一体公式，把劳动条件的社会性质看成是自然的、永恒的、生产过程天生就有的物质性质

第 933 页第 2 段到第 936 页第 2 段，进一步考察了三位一体公式，指出它的错误还在于：把劳动条件的社会性质看成是自然的、永恒的、生产过程天生就有的物质性质。如果说，第一，我们考察的这三个源泉是不一致的，资本是一定的社会关系，土地是自然要素，劳动是每个社会都存在的，那么，第二，“它们的产物，它们的幼仔，即各种收入”，又都是一致的，不管是利润、地租还是工资，都是新创造的价值，都属于同一的价值的范围。但是，如果把资本不看成是社会关系，而把它看成是单纯的生产资料，那么，资本也就像土地一样，也仅仅是一个自然的物质实体，因此，第三，“资本—利息（利润），土地—地租，劳动—工资这个公式，显示出一种既整齐对称又不一致的性质”。为什么呢？这是因为：如果把资本和工人的社会关系抽象掉，资本就被还原为生产资料，三个源泉就都是自然的物质属性，一致起来了。这样，就会有三个自然的物质属性与三个具有社会属性的价值相对立，公式就变成为一种整齐的对称的不相称的东西了。所谓整齐、对称，是就资本产生利润、土地产生地租、劳动取得工资的关系而言；所谓不相称，即前者都是自然的物质属性，后者却都是社会属性的价值。用自然属性来说明社会属性的产生，使它们互相对立，这显然是不相称的。事实上，在这个公式中，雇佣劳动既不表现为劳动的社会规定性，而是被当成一般的劳动，当作一切社会劳动的共同形式，那么，这种物质劳动的条件，如土地和生产资料，也就都是不以任何社会形式为转移的物质生产条件，而与劳动合而为一了。这样，一切劳动都表现为雇佣劳动，生产资料本身就天然地是资本，土地会天然地转化为土地所有权。“这些劳动条件在劳动面前所显示出来的形式上的独立，它们在雇佣劳动面前所具有的这种独立化的特殊形式，也就成了它们作为物，作为物质生产条件所具有的不可分离的属性，成了它们作为生产要素必然会有的、内在地固有的性质了。它们在资本主义生产过程中具有的为一定的历史时代所决定的社会性质，也就成了它们自然的、可以说是一向就有的、作为生产过程的要素天生固有的物质性质了。”这就是说，劳动自身和生产资料发生关系，这些生产资料不被看成是在一定社会关系下转化成的资本形式，而是仅仅被看成是物质的实体，仅仅当作劳动材料和劳动手段，而与劳动相区别；土地也仅仅是当作自然存在的劳动手段，而与劳动相区别；所以，把雇佣劳动看成是一般劳动，把土地仅仅当作自然物质，把资本仅仅当作生产资料，这样，资本、土地、劳动的社会性质就被抽象掉，单纯地作为物，作为物所固有的自然属性存在着，因而，劳动条件的社会性质，也就成了它们自然的作为生产过程的要素天生就有的物质性质了，就是说，这些社会属性的经济范畴，好像本来就是自然属性的物质性质，是自然的范畴了。这样，利润，好像是由生产资料产生，即由资本的物质要素产生；地租，好像是由自然属性的土地产生；工资，也是由一切社会共有的劳动产生。既然利润、地租、工资，都是由自然的物质要素产生，就与它们的社会规定性无关了，与一定的社会关系也就无关了。本来，利润和地租都是剩余价值的转化形式，工资是劳动力价值或价格的转化形式，可是在这里，“转化成了真正的源泉”。正是由于这种转化，使得新创造价值这个真正的源泉被掩盖起来，看不清楚了，相反，利润、地租、工资，都好像是由不同的物质属性的资本、土地、劳动所产生出来的了。由此可见，三位一体公式，把劳动条件的社会性质歪曲成为自然的天生就有的物质性质，从而抹杀资本主义生产的历史性质，掩盖了各种收入所由以产生的真实的源泉。

（三）三位一体公式是根据被颠倒了的资本主义经济关系的表面现象而制造出来的

上述三位一体公式，把劳动条件的社会性质歪曲为自然的天生就有的物质性质，也就把人和人的社会关系，歪曲成为单纯的物和物的关系。在以前分析资本主义商品和简单商品生产时就已指出，商品本身有一种神秘性质，本来，通过商品和货币的交换，体现着人和人之间交换劳动的社会关系，但从表面现象上看，这种人和人的关系却为物和物的关系所掩盖。人和人的关系只有通过物和物的关系才能表现出来，这种物和物的关系掩盖着人和人的关系，使商品的社会属性表现为它的自然属性，这是一种颠倒，由于这种颠倒，产生了商品拜物教，使商品本身具有一种神秘性质。在资本主义生产方式占统治地位的情况下，“这种着了魔的颠倒的世界就会更厉害得多地发展起来”。这表现在如下方面：

首先，从直接生产过程看，如果仅仅从绝对剩余价值的榨取来分析资本剥削剩余价值的关系，那么，这种关系还是非常简单的。但实际情况并不是这样。即使在直接生产过程内，资本对劳动的剥削，也并不怎么简单明了。这是因为，随着相对剩余价值生产的发展，劳动的社会生产力也同时向前发展，资本家为了取得相对剩余价值，不断改进机器设备，采用先进科学技术，使这种生产力和劳动在直接生产过程内的社会联系，都好像由劳动转到资本身上，劳动的全部社会生产力，好像不是劳动本身所有，而是为资本所有，好像是由资本自身生出的力量，这就是，本来是劳动的生产力，却表现为资本的生产力，因而由劳动所创造的剩余价值，却好像是由资本创造出来的，因此，资本就取得了一种神秘的性质。

其次，由于流通过程插进来了，这种神秘性质也跟着发展起来。“不管资本在直接生产过程中所吸取的并且体现在商品中的剩余价值究竟如何，商品中包含的价值和剩余价值都必须在流通过程中才能得到实现。”正是由于流通过程能实现剩余价值，使得原来的价值生产的关系被掩盖起来了，好像价值和剩余价值不仅仅是在流通中实现，而且也是在流通中产生。特别是由于市场的变化，竞争和欺诈，使得有些人取得的剩余价值较多，有些人取得的剩余价值较少；加上流通时间的长短，对利润量的多少有一定的联系，正是由于这两种假象，使得人们更加认为，剩余价值或利润是由流通过程创造出来。这就使上述神秘性质得到进一步的发展。

再次，从现实的生产过程看，也就是从直接生产过程和流通过程的统一的再生产的总过程看，又会产生出种种新的形式，“在这些形态中，内部联系的线索越来越消失，各种生产关系越来越互相独立，各种价值组成部分越来越硬化为互相独立的形式”。就是说，在再生产的总过程所产生的各种新的形式中，内部联系的线索更加看不见了，这种神秘性质就更加隐蔽，更加看不出来了。这表现为：

剩余价值转化为利润，既是由生产过程决定的，同样也是由流通过程决定的。本来，剩余价值是由可变资本产生的，不变资本只是生产剩余价值的必要条件，可变资本才是剩余价值的唯一源泉，但当剩余价值转化为利润以后，表现在利润形式上的剩余价值，不是仅仅与可变资本发生关系，而是与全部预付资本发生关系，利润表现为全部预付资本的产物，是由全部资本产生的；与此相适应，表示资本对工人剥削程度的剩余价值率发展成为利润率，资本剥削劳动的程度就不能清楚而准确地反映出来。利润率和剩余价值相独立地变化，就更加掩盖了剩余价值的真正性质和资本的本性。“这一切使剩余价值的真正性质越来越隐蔽，从而也使资本的实际的驱动机构越来越隐蔽。”

利润转化为平均利润，价值转化为生产价格，资本关系的神秘性质也就跟着发展起来。由于各个生产部门的平均利润和它直接剥削到的剩余价值量不一致，生产价格和价值又会发生偏离，因而，好像平均利润不是由剩余价值所决定，生产价格也不是由价值所决定，这样，“正常的平均利润本身好像是资本所固有的，不以剥削为转移的；过度的剥削，或者，甚至十分有利的例外条件下的平均剥削，好像只决定对平均利润的偏离，并不决定平均利润本身”。这就是说，平均利润好像不是由资本剥削产生的，过度的剥削好像只能引起平均利润的变动，不是生产平均利润本身，因而，平均利润的来源就被掩盖起来了。

利润分割为企业主收入和利息，“就完成了剩余价值形式的独立化，完成了它的形式对于它的实体，对于它的本质的硬化”。企业主收入完全从资本本身中分离出来，表现为资本家自己的劳动工资，这样，好像它“不是来自剥削雇佣劳动的职能，而是来自资本家本身从事的雇佣劳动”。利息则完全脱离了直接生产过程，好像与工人的劳动无关，也和资本家自己的劳动无关，而是由资本本身直接产生的。“如果说资本起初在流通的表面上表现为资本物神，表现为创造价值的价值，那么，现在它又在生息资本的形式上，取得了它的最异化最特别的形式。”这就是说，资本关系的神秘化，在生息资本和利息的形式上，发展成为最特别的形式。因此，资本—利息这个公式，比资本—利润这个公式更加隐蔽。“因为在利润的场合，我们总会想起它的起源”，即还会想起它是工人在生产中创造出来的；“而在利息的场合，不仅想不到它的起源，而且让人想到的是和这个起源完全相反的形式”。因为利息脱离了生产过程，人们想到的，只是资本的作用，即由资本生出利息，贷出货币可以带来更多的货币。至于利息的本质无非是一部分剩余价值的转化，不仅看不到，而且也想不到。资本的神秘性质，就更进一步发展了。

超额利润转化为地租，这种神秘性质发展到最高点。在这里，转化为地租的这部分剩余价值，已不是和直接的社会关系联系在一起，而是和一个自然要素（土地）直接联系在一起。地租，好像不是工人的劳动创造的，而是由土地产生的。“所以剩余价值的不同部分互相异化和硬化的形式就完成了，内部联系就最终割断了，剩余价值的源泉就完全被掩盖起来了，而这正是由于和生产过程的不同物质要素结合在一起的各个生产关系已经互相独立化了。”

由此可见，不仅从直接生产过程，而且从流通过程，从再生产的总过程看，人和人的关系表现为物和物的关系，物和物的关系掩盖着人和人的关系，即物的人格化和生产关系的物化，这样，资本主义生产方式就完全以被颠倒了的神秘性质而表现出来。三位一体公式，就是根据这些被颠倒了的资本主义经济关系的表面现象而制造出来的。在资本—利息、土地—地租、劳动—工资这个三位一体中，“资本主义生产方式的神秘化，社会关系的物化，物质生产关系和它们的历史社会规定性的直接融合已经完成：这是一个着了魔的、颠倒的、倒立着的世界”。三位一体公式，正是这种颠倒了的资本世界表面现象的公式化、教条化。

三位一体公式并不是古典学派的发明，相反，资产阶级古典政治经济学的一些观点，和三位一体公式是完全不同的。古典学派认为：利息是利润的一部分，地租是超过平均利润的余额，它们都是在生产过程中创造出来的；流通过程仅仅是单纯形态的变化，不能创造价值和剩余价值；商品价值和剩余价值只能在生产过程中由工人的劳动所创造；“这样，它就把上面那些虚伪的假象和错觉，把财富的不同社会要素互相间的这种独立化和硬化，把这种物的人格化和生产关系的物化，把日常生活中的这个宗教揭穿了”。这是古典政治经济学的伟大功绩。但是，由于他们还是从资产阶级的立场出发，还或多或少地被束缚在上述被颠倒了的假象世界里，因而，都或多或少地陷入不彻底性、半途而废和没有解决的矛盾中。

但是，三位一体的这种假象，对于资本家来说，却完全是自然的事情，因为他们每天都是在这些假象形式中活动的，每天都要和这些假象形式打交道，所以，在资本家看来，三位一体公式完全是天经地义的事情。因此，作为资本家的代言人的庸俗经济学，从为资本家的利益辩护出发，把资本家的观念公式化、教条化，把这些日常的假象安排在某些合理的秩序中，从而创造出所谓三位一体公式，这完全不奇怪，因为“这个公式也是符合统治阶级的利益的，因为它宣布统治阶级的收入源泉具有自然的必然性和永恒的合理性，并把这个观点推崇为教条”。

在本章的最后，马克思指出，在商业、货币、资本关系不存在的地方，社会关系的神秘化也就不会发生。如在生产主要是为了使用价值的自然经济的情况下，或者是在奴隶制和农奴制社会，生产条件对生产者的统治为统治和从属的关系所掩盖的情况下，不需要通过商品交换来表现人和人的社会关系，这种神秘化就会被排除。只有在资本主义生产方式中，这种神秘化才达到登峰造极的地步。

■ 三位一体公式的实质，在于掩盖资本主义的剥削关系。在这个公式的制造者看来，资本主义生产中逐年创造的新价值，转化为工资、利润和地租各种收入的形式，就成为各种收入的实体，也就是创造各种收入的直接源泉，这样，资本是产生利润（利息）的源泉，土地是产生地租的源泉，劳动是创造工资的源泉，资本主义的剥削关系不见了，剩下来的，只是自然的关系了。资本，天然就是生产资料，它能产生利润；

土地，是天然的劳动手段，它能创造地租，因而，人和人的社会的关系通过物和物的关系来表现，人和人的社会关系被歪曲为纯粹的自然的关系了。在这里，充分显示出三位一体公式掩盖资本主义剥削关系，歪曲资本主义生产实质，为资产阶级辩护的性质。

庸俗政治经济学所制定的三位一体公式，是有其阶级根源的。因为他们是站在资产阶级的立场上，用资本家的观点看待资本主义的生产过程和流通过程，完全抹杀资本主义的历史形态和社会关系，把资本主义的社会关系仅仅当作物和物的自然的关系来理解，因此，他们把资本、土地、劳动看成是三个不同的独立的源泉，而利息、地租、工资是由这三个源泉直接产生的，这样，资本家因有资本而取得利润，土地所有者凭借土地取得地租，工人依靠劳动领取工资，就成为天经地义、完全合理的了。这样，工人阶级就不必为反对资产阶级而斗争，而应该和资本家团结一致，合作互助，共同生产了。这样，资本主义社会也就没有经济矛盾和阶级对立，资本主义就不再是历史的过渡形态，而是万世长存了!

庸俗经济学的三位一体公式的错误，也有其认识论根源。庸俗经济学的特点是，不去研究事物的本质，仅仅停留在表面现象上，把表面现象公式化、教条化。实际上，资本主义的经济现象往往和本质不一致，是在本质被歪曲以及转化了的形式上出现的，“如果事物的表现形式和事物的本质会直接合而为一，一切科学就都成为多余的了”①。这些远离本质的形形色色的现象，不仅构成了资本家的日常观念，而且也构成了资本家的代言人、庸俗经济学的理论观念。“庸俗经济学无非是对实际的生产当事人的日常观念进行教学式的、或多或少教义式的翻译，把这些观念安排在某种有条理的秩序中。因此，它会在这个消灭了整个内部联系的三位一体中，为自己的浅薄的妄自尊大，找到自然的不容怀疑的基础，这也同样是自然的事情。”②

---

① 《资本论》第3卷，人民出版社2004年版，第925页。

② 《资本论》第3卷，人民出版社2004年版，第941页。

自19世纪初法国资产阶级庸俗经济学家萨伊创造出三位一体的公式后，19世纪末叶出现的奥地利学派的代表庞巴维克创造的“归属论”，或所谓补全财富价值论，则是对三位一体公式的继承和发展；到了20世纪初，美国的资产阶级经济学家约·信·克拉克，又提出了所谓“边际生产率论”，这又是三位一体公式在不同历史条件下的新变种。[①] 学习和研究马克思对三位一体公式的批判，掌握基本的理论武器，对于识别和批判近代和当代资产阶级的经济思想，有一定的现实意义。

① 参阅沈志求：《资产阶级庸俗政治经济学中的“三位一体公式”》，《教学与研究》1962年第6期。

第四十九章

关于生产过程的分析

本章通过对资本主义生产总过程的分析，科学地回答了社会收入的来源问题，不仅批判了斯密把商品总价值分解为工资、利润和地租的“斯密教条”的错误，还批判地指出三位一体公式是从“斯密教条”引申出来的，从而进一步揭示了这个公式的根本错误在于把生产和分配相混同。可以说，这一章是上一章的直接继续。

（一）问题的提出

为了分析问题的简便起见，暂时把价值和生产价值的区别撇开，假定生产价格和价值完全相等，第 943 页第 2 段中谈到“价格”的地方，都是指生产价格，不是指市场价格。在这个情况下，必须注意下述两个前提条件。

第一，假定利润加地租和全部剩余价值相等。我们知道，地租是超过平均利润的超额利润，利润又可分解为企业主收入和利息，不管是利润还是地租，都是由剩余价值转化而来的，“平均利润加上地租就等于剩余价值”。剩余价值量的大小，是它分割成为利润、地租等各部分的界限。如果有 100 元的剩余价值，分割为企业主收入、利息和地租，其总和，仍然只能是 100 元，不可能是 110 元，因为不可能把 100 元的东西分割成为 110 元的东西。既然剩余价值要分为利润和地租，表现为地租的那部分剩余价值就不会在平均利润中表现出来。“无论如何，即使商品价格（按：指生产价格）中没有表现出来的一部分剩余价值在形成价格时消失了，平均利润加上地租的总和在其正常形式上决不会大于全部剩余价值，虽然会小于全部剩余价值。”为什么不会大于剩余价值呢？即以垄断价格为例，价格高于价值，取得超额利润，好像由于这部分的加入，会使剩余价值量加大，其实并非如此，因为垄断价格高于价值的部分，如果这种产品的购买者是资本家，资本家用高于价值的垄断价格来购买商品，这部分差额是由资本家已剥削到的剩余价值转化而来的，因此，“只要它不是对工资的扣除，因而不形成任何特殊的范畴，它就必然间接地总是剩余价值的一部分”，也就是说，它“毕竟是同这种具有垄断价格的商品进行交换的其他商品的剩余价值的一部分”。所以马克思说：“平均利润加上地租的总和，决不会大于分成这两部分而在这种分割以前就已存在的量。”为什么会小于剩余价值呢？由于劳动生产力的不断变动，决定商品价值量的社会必要劳动量也在变化，那些在生产条件较差的情况下生产的商品，个别劳动时间高于社会必要劳动时间，其个别价值总是高于社会价值，因此“总是要低于自己的个别价值出售”，这样，一部分剩余劳动就不能实现，就会使实现的剩余价值量小于生产出来的剩余价值量。但是，不管怎样，对我们这里的研究来说，“已实现的剩余价值可以看作同全部剩余价值相等”，也就是说，全部剩余价值和利润、地租相等。

第二，假定工资和可变资本部分相等。可变资本是用来购买劳动力的，它形成工人的工资，工人所得到的工资，“是工人用来再生产他自己的劳动力的价值或他的劳动的价格的那部分商品价值”。工人的总工作日分为两个部分，一部分是必要劳动，是他总劳动中的有酬部分，“是他的劳动中为维持他自己和再生产他自己所必要的部分”。另一部分是剩余劳动，是他总劳动中的无酬部分，在剩余劳动时间创造的价值形成剩余价值，这种剩余价值又可分为利润和地租。

根据以上分析，工人在一年内所创造的新价值，应该等于工资、利润加地租。因为体现必要劳动部分的新价值，表现为工资；体现剩余劳动部分的新价值，即剩余价值部分，表现为利润和地租。工人的总劳动分为必要劳动和剩余劳动，除了这个劳动之外，工人没有完成任何劳动，因此，“除了这个采取工资、利润、地租形式的产品总价值之外，工人再没有创造什么价值”。总之，工人在年产品中创造的新价值部分，相当于工资价值加上剩余价值，或者说，相当于工资、利润和地租。反过来说，工资、利润、地租，相当于可变资本价值加剩余价值，相当于工人在一年内新创造的价值部分，这样就可看出，在新创造的价值中，“没有再生产出不变资本部分的价值”，不包含不变资本的价值部分。由此，就会产生两个方面的困难，一方面，在年总产品的价值中，不仅包含工资、利润、地租、即 v、m 部分，还要包含不变资本即 c 部分，那么，一年内创造的新价值工资、利润、地租（或 v＋m），“怎么能够买到一个价值等于(工资＋利润＋地租）＋C 的产品呢”？也就是说，按照等价交换原则，只用年产品中新创造的价值（v＋m），怎能买到全部的年产品（c＋v＋m）呢？另一方面，生产中消费掉的不变资本部分，必须既在价值形式上又在实物形式上得到补偿，才能维持简单再生产，在劳动生产力不变的情况下，“谁应当去完成这种劳动，又是谁完成这种劳动的呢”？就是说，谁完成这种劳动去补偿已消费的不变资本部分呢？总之，上述困难归结到一点，这就是：在再生产过程中，已消耗的不变资本，如何既从价值形式方面又从物质形式方面（即使用价值方面）进行补偿的问题。

实际上，这里提出的问题，马克思在《资本论》第二卷第三篇考察社会总资本的再生产时已经解决了。那么，为什么马克思现在又提出这个问题进一步加以研究呢？这是因为：第一，在《资本论》第二卷第三篇研究社会总资本的再生产时，还没有对剩余价值的各种转化形式（如利润分割为利息、企业主收入和地租等）加以阐明，那里只是从剩余价值如何分为积累和消费的角度来进行研究的。现在呢？既已研究了剩余价值的各种转化形式，就要进一步研究这各种转化形式如何通过再生产过程而不断地补偿和替换。第二，正是在工资、利润、地租形式的分析上，从斯密以来，包含着一个贯穿整个政治经济学的令人难以置信的错误，对这一问题的进一步研究，才能进一步肃清斯密的错误及其影响。

以下，就从这两方面进行分析。

（二）马克思的分析

首先，我们来看看马克思怎样根据剩余价值的各种转化形式来进一步分析资本主义再生产的总过程，从而解决上述的困难或问题。

在第二卷第三篇，一方面，马克思把社会资本再生产分为两大部类：第Ⅰ部类生产生产资料，第Ⅱ部类生产消费资料，这是从产品的物质形式或使用价值方面来进行区分的。另一方面，马克思又从产品的价值方面，把年产品的价值分为不变资本、可变资本和剩余价值（c＋v＋m）三个部分。现在我们又知道，在这个新创造的价值 v＋m 中，又表现为三种收入，即工资、利润、地租。我们就根据这些原理来分析以上提出的困难或问题。

先看第Ⅱ部类，从物质形式看，它的全部产品是以消费资料的形式存在着的，它是用来供工人、资本家、土地所有者这三个阶级消费用的，所以工资、利润、地租等各种收入可以全部花费在第Ⅱ部类的全部产品上。从价值方面看，它的产品价值也是由不变资本价值、可变资本价值、剩余价值这三部分组成。在这里，从可变资本来说，体现为工资，从剩余价值来说，体现为利润和地租，这两个部分可以直接购买本部类产品进行消费。但是从不变资本部分来说，既不能为第Ⅱ部类的资本家和工人所消费，也不能为土地所有者所消费，必须把它们卖出去，不仅取得相等的价值，而且必须在实物上进行补偿，即换回相等的生产资料。

再看第Ⅰ部类，从物质形式看，它的全部产品是生产资料。从价值形式看，也是由不变资本价值、可变资本价值、剩余价值所构成。在这里，可变资本价值加剩余价值，成为第Ⅰ部类的收入部分，表现为工资＋利润＋地租。但是，形成收入的这两个部分（v＋m）的产品，是以生产资料的形式存在着的，它不可能作为收入来消费掉，“因此，第Ⅰ部类各种收入的价值，必须消费在第Ⅱ部类中形成第Ⅱ部类待补偿的不变资本的那部分产品上”，就是说，必须卖给第Ⅱ部类。而第Ⅱ部类中必须用来补偿自己的不变资本的那部分产品，即以消费品形式存在的那部分产品，又要卖给第Ⅰ部类，被第Ⅰ部类的工人、资本家、土地所有者消费。这样，从第Ⅰ部类来看，把相当于 v＋m 价值部分的生产资料卖给第Ⅱ部类，从而买进相等价值的消费品，供第Ⅰ部类的工人、资本家、土地所有者消费，这时，新创造的价值就表现为工资、利润和地租，作为这三个阶级的收入而被消费掉。从第Ⅱ部类来看，把相当于 c 的价值部分的消费品卖给第Ⅰ部类，然后从第Ⅰ部类买回相等价值的生产资料，补偿已消耗的不变资本，使再生产能继续正常地进行。总之，第Ⅰ部类产品代表收入的部分，其实物形式是生产资料，第Ⅱ部类产品代表要补偿的不变资本部分，其实物形式是消费资料，两个部类之间的交换，既能使第Ⅰ部类的收入部分，在价值和使用价值两方面都得到实现，又能使第Ⅱ部类补偿不变资本的部分，也在价值和使用价值两方面都得到实现。在简单再生产的情况下，其条件是：Ⅰ(v＋m)＝Ⅱc。这样，剩下来的还有第Ⅰ部类内部的不变资本，即Ⅰc，是以生产资料的形式存在着的，其补偿的方法是，一部分，可以在第Ⅰ部类资本家之间进行交换，如煤矿把煤炭卖给钢铁厂，钢铁厂把钢铁卖给机器厂；一部分是由这个部类的资本家把自己的产品直接当作生产资料来使用，如钢铁厂把自己生产的铁直接用来炼钢。

由此可见，两个部类的产品价值都是由c、v、m构成，只有v＋m，才是新创造的价值，才能构成收入，第Ⅰ部类的v＋m构成第Ⅰ部类的收入，第Ⅱ部类的v＋m构成第Ⅱ部类的收入。至于不变资本价值部分(c)，只是由生产资料转移到新产品中的价值部分，是旧价值在新产品中的再现，并不是新创造的价值，这种作用是由劳动二重性引起的，即具体劳动转移旧价值，抽象劳动创造新价值所产生的结果。在简单再生产条件下，第Ⅱ部类代表c部分的产品，需要第Ⅰ部类的收入Ⅰ(v＋m)来消费，因此，第Ⅰ部类收入的价值，要和第Ⅱ部类不变资本的价值相等，也就是，“第Ⅰ部类的工资、利润和地租的价值总额，就必须等于第Ⅱ部类的不变资本部分的价值”。这就是马克思把各种收入形式引入再生产过程进行具体分析所得出的结论，也就是对上述提出的困难和问题所作的科学回答。同样，在扩大再生产条件下，依据上述原理，仍然是可以把各种收入形式引入再生产过程来进行分析。

（三）从斯密以来一个贯穿整个政治经济学的令人难以置信的错误

其次，我们再来看看，马克思是怎样分析批判，在工资、利润、地租问题上，从斯密以来，一个贯穿在整个资产阶级政治经济学中的令人难以置信的错误的。

关于资本和收入、总产品、总收益、总收入、纯收入的区别

按照马克思的价值理论和再生产理论，在资本主义社会中，每年生产出来的全部商品的总价值，以及每一个特殊生产部门每年生产出来的该种商品的总价值，和个别商品中所包含的价值，都可分解为两个部分，一部分补偿不变资本（c），这只是旧价值的转移，不是新价值的创造，可简称为A；另一部分是新创造的价值，包括v+m部分，以工资、利润、地租的收入形式存在着，可简称为B，这就是说，A属于资本部分，B属于收入部分，作为A的资本，决不会采取B的收入形式，所以二者形成一种对立。在作为收入B的内部，也包含着对立：虽然利润、地租、工资都是共同的收入形式，但它们之间还有着本质的区别，这表现为，利润和地租是由剩余价值转化而来的，是无酬劳动的产物；而工资则是补偿劳动力价值的部分，是必要劳动，是有酬劳动。但是还须注意，作为工资的这部分的价值，还有一个特殊的地方，首先，它以一定量货币的可变资本的形式，存在于资本家手中，用来与劳动力相交换，从资本家来说，这部分的价值表现为资本；其次，当这部分货币作为工资转到工人手里，即成为工人的收入，工人把它用来购买生活资料，用于生活消费，从工人来说，这部分的价值表现为收入。可见，这部分的价值执行着双重的职能。“这个双重的过程，是以货币流通作为中介表现出来的。”因此，产品中代表工资的价值部分，在它要转化为工资以前，必须以货币的形式作为可变资本流回资本家手中。如果没有这种流回，劳动者就不能继续成为雇佣劳动者，生产资料也不能继续充当资本而发生作用，资本主义的生产关系就不能再生产出来，资本主义生产方式也就不能存在。

为了进一步说明这种区别，以便批判庸俗经济学的错误，马克思还把总产品、总收益、总收入、纯收入、国民收入等概念，作了严格的规定：

总产品是一年内再生产出来的全部产品。

总收益也就是总产品的价值，“等于预付的、并在生产中消费掉的资本即不变资本和可变资本的价值，加上分解为利润和地租的剩余价值”，即：c＋v＋m。

总收入指包括在总产品中的本年内新创造的价值，即总产品价值中减去不变资本价值的部分。总收入等于工资＋地租＋利润，即：v＋m。

纯收入是剩余价值，即新创造价值中减去工资部分，它表现为利润和地租，即：m。

国民收入是从整个社会来考察的收入，表现为工资＋利润＋地租，即：v＋m，也就是总收入。但它和总收入的不同之处是：国民收入是指整个社会的总收入而言；至于总收入，既可以是整个社会的总收入，也可以是某一部门的总收入，还可以是某个企业的总收入。后两者不能称为国民收入。

“斯密教条”和它的进一步庸俗化

如上所述，总产品、总收益、总收入、纯收入是有明显区别的，可是资产阶级政治经济学却把它们混同起来。例如，庸俗经济学家萨伊就认为：“全部收益，全部总产品，对一个国家来说都分解为纯收益，或者同纯收益没有区别”。他认为，生产费用是由地租、工资和利润构成的，认为“产品的价值，生产性服务的价值和生产费用的价值，都是性质相同的价值”①。在这里，萨伊就把总产品、总收入、纯收入混为一谈，看成完全没有区别。萨伊的上述错误观点，只是一种幻想，是由“斯密教条”引起的，是“斯密教条”的进一步庸俗化。

为什么说萨伊的幻想是“斯密教条”的进一步庸俗化呢？我们在第二卷第三篇第十九章中已经研究过，所谓“斯密教条”，就是把商品价值看成是由工资、利润、地租所构成，商品价值同时又会全部分解为工资、利润和地租。就单个资本家所生产的商品来看，要生产商品，不仅要雇佣工人，支付工资，而且要有一定量的生产资料（机器、设备、原材料等），这就是说，商品价值中，既要包括可变资本价值，也要包括不变资本价值，这是清清楚楚的。问题的困难并不是在考察单个商品的生产，而是在“从总体上来考察生产过程时”发生的。体现为工资、利润、地

① 《资本论》第3卷，人民出版社2004年版，第953页注（51）。

租的全部消费品的价值，可以归结为三种收入的总价值，这些产品都是作为收入来消费的，全部表现为收入；但是这部分产品和作为不变资本的生产资料的产品价值构成一样，也是由 c+v+m 构成，就是说，作为收入的消费品部分，不仅包含 v+m 的价值，而且还有 c 的价值，但是，这些产品却又构成为三种收入的总价值，又都要作为收入部分，“以上这种情况，一方面在实际上是不可否认的事实，另一方面在理论上又是同样不可否认的矛盾”。所谓实际上是不可否认的事实，就是说，这部分产品全部作为收入进入消费领域，在实际上是客观地存在着的；所谓在理论上的矛盾，就是说，商品价值构成包括 c+v+m，但这部分又只是作为收入来消费，只作为 v+m，那么，c 从什么地方来呢？又到哪里去了呢？这在理论上不是一个矛盾吗？为了解释这种矛盾，资产阶级经济学家有种种不同的说法。如有人断言，对一个人是收入的东西对另一个人是资本，这只是兜圈子不能解决问题，在第二卷第十八章中就已批判过。对这个好像是无法解决的谜，亚当·斯密却用“斯密教条”来解释：即商品价值只包括 v+m，表现为工资、利润和地租，至于不变资本 c 的部分，“可以分解为工资、利润和地租，而表现工资、利润和地租的商品价值，又是由工资、利润和地租决定的，依此类推，无穷无尽”。例如，生产用的役马，是由养马用的土地的地租、养马的劳动和租地农场主的利润三部分构成的，至于养马所消耗的生产资料，如马吃的谷物，从养马本身来说，可以构成第四部分，但这些谷物，也是由工资、利润、地租所构成，以此类推，一切商品的价值都是由工资、利润、地租所构成，这就是“斯密教条”。斯密以后的资产阶级经济学家，都把“斯密教条”作为颠扑不破的真理，加以继承和宣传。像萨伊，一方面把总产品、总收入、纯收入混为一谈，另一方面又依据“斯密教条”制造了三位一体公式。所以，三位一体公式是在“斯密教条”的基础上的进一步发展和进一步庸俗化。

导致“斯密教条”及其进一步庸俗化的原因

接着，马克思分析了导致上述错误的原因，有如下五点。

第一，“不理解不变资本和可变资本的基本关系，所以也不理解剩余价值的性质，从而不理解资本主义生产方式的整个基础”。因此，他们不能解决这样的困难和问题：既然商品价值等于 c+v+m，那么，工人用工资，资本家用利润，地主用地租，怎么能够购买一个除了包含这三个部分以外还包含不变资本价值部分的产品呢？也就是说，“他们怎么能够用一个由三部分构成的价值购买一个由四部分构成的价值”？因此，就闹出了由工资、利润、地租三部分构成的价值（v+m），可以购买一个由工资、利润、地租，再加上不变资本四部分构成的价值（c+v+m）的笑话！关于这个问题，马克思在第二卷第三篇分析社会资本再生产时，早已解决了。

第二，由于他们不懂得生产商品的劳动具有二重性，因而不懂得劳动在创造新价值的同时，既保存了旧价值，又转移了旧价值。在他们的视野里，资本主义的生产过程仅仅创造了新价值，并不存在对旧价值的保存、转移和补偿问题，从而误认为旧价值也是重新生产出来的。

第三，“不理解再生产过程从总资本而不是从单个资本来看时所表现出来的联系”。就是说，他们不懂得从社会总资本的联系上来研究资本主义的再生产，不懂得从物质形式上把社会总产品区分为两大部类，因而不懂得从实物形式和价值形式两方面来进行分析，这就不能理解：为什么没有新追加的劳动，就不能既从实物形式方面，又从价值形式方面，来补偿已消耗的不变资本。

第四，由于他们不懂得总收入和总产品的区别，因而被商品价值实现过程中的复杂的交换关系所迷惑。这表现为：首先，由于收入和资本会互相交换、互换位置，以致从单个资本家来看，它们好像只是相对的，而从整个生产过程来看，它们就消失了。例如：Ⅰ(v+m) 是第Ⅰ部类的收入，但其物质形态是用于补偿第Ⅱ部类的生产资料即不变资本的，因此，造成一个假象，好像对一个人来说是资本，对另一个人来说就是收入了。其次，由于消费品在一年内会通过不同阶段，如把棉花纺成纱，把纱织成布，在一阶段上，是生产资料，是不变资本的一部分，在另一阶段上，它供人们消费，全部成为收入，因而使人们认为：似乎“不变资本只是商品价值的一个表面的要素，它会在总的联系中消失”。再次，由于可变资本作为工资支付给工人，工人取得工资后又用它去购买资本家的商品，因此，资本家又从货币形式上把可变资本部分收回，这样，又造成一种假象，好像资本与收入是同一个东西。最后，第Ⅰ部类内部的生产资料，如Ⅰc，会在第Ⅰ部类内部得到实现和补偿，这是一个同消费者毫无关系的过程，但是人们往往忽略了这点，产生了一种假象，好像消费者的全部收入补偿了全部产品，从而也就补偿了产品中的不变资本价值的部分。

第五，由于剩余价值转化为利润和地租，使他们忘记了“商品的价值是基础”，因而出现了混乱。本来，商品价值会分成各个特殊的组成部分（如分为 c、v、m），而 v+m 部分又会转化成为各种收入的形式，给它们加上不同的名称，在不同的所有者之间进行分配（如工人取得工资，资本家取得利润，地主取得地租），“这丝毫也不会改变价值决定和价值决定的规律本身”。剩余价值如何转化为平均利润，在各个资本家集团之间分配，土地所有权又如何对利润平均化造成阻碍，使一部分剩余价值转化为地租，“这种情况也丝毫不会改变价值规律”。这些情况，如利润的平均化和地租的出现，只会使单个商品中所实现的剩余价值量发生变化，但不会取消剩余价值本身，也不会取消商品的价值本身。但是，上述情况都会造成一些假象，引起一种混乱，这就是：好像这些价值组成部分不是由商品的价值分解而成，相反，是由这些组成部分结合在一起才形成了商品的价值。“于是形成了这样一个美妙的恶性循环：商品的价值来自工资、利润和地租的价值总和，而工资价值、利润和地租的价值，反过来又由商品的价值决定，等等。”

总之，从以上分析可以看出，“斯密教条”及其进一步庸俗化的真正根源，在于他们都是资产阶级经济学家，都存在着资产阶级立场的局限性和认识论上的错误。

（四）收入和资本的关系

从第 959 页第 2 段到本章结束，马克思又通过对收入和资本的关系的分析，进一步批判资产阶级经济学混淆收入和资本的错误。

把剩余价值资本化，进行资本积累，就要有追加的生产资料，即追加的不变资本，这个追加的不变资本，是由剩余价值的一部分转化而来的，也就是由利润的一部分转化而来的。但是，这一部分剩余价值不是直接转化为追加的不变资本，而是先采取利润的形式，作为资本家的收入，然后再由收入转化为追加的不变资本，因此，这就出现了收入和资本的关系问题，资产阶级经济学往往也由此把收入和资本混淆起来。

关于这个问题，马克思指出了如下几点：

第一，“在再生产的正常状态下，只有一部分新追加的劳动用在不变资本的生产上，因而用在不变资本的补偿上；这就是用来补偿生产消费资料即收入的物质要素时用掉的不变资本的那部分。这种情况会由于这个不变部分不需要第Ⅱ部类花费任何追加劳动而得到平衡。”这就是说，在简单再生产的情况下，Ⅰ(v+m)=Ⅱc，从Ⅰ(v+m)来说，是新追加的劳动、新创造的价值，并作为第Ⅰ部类的收入，但它是通过和Ⅱc相交换，取得平衡的，Ⅱc则不花费任何新追加的劳动，不是新创造的价值，只是旧价值的再现和转移。所以，Ⅱc部分只是旧价值的补偿，同那种把新创造出的剩余价值的一部分资本化，通过利润的形式再转化为追加的不变资本的情况，是不同的。

第二，“这个不变资本在再生产过程中，从物质方面来看，总是处在各种会使它遭到损失的意外和危险中”。从价值方面来看，由于劳动生产力的变化，也可能发生贬值，因此，就要把利润的一部分，即剩余价值的一部分，作为保险基金。这种保险基金既要在价值形式上存在，也要在实物形式上存在，同资本积累一样，要从剩余价值中取出来，“是收入中既不作为收入来消费也不必用作积累基金的唯一部分”。甚至在资本主义生产方式消灭以后，它还要继续存在。

第三，在资本积累的过程中，剩余劳动的产品转化为资本的现象是会不断发生的，由于一切新资本都来自利润、地租或收入等其他形式，这就产生了一种错误观念，好像商品的全部价值都是来自收入。其实，正好相反，由利润到资本的再转化的事实表明，不断表现为收入形式上的追加劳动，并不是用来维持再生产的旧资本的价值，只要收入不完全消费掉，就会作为资本积累起来。这说明，新积累的资本并不是由收入创造的，而是由创造收入的劳动创造出来的。

在这里，会发生这样的困难：一切新追加劳动所创造的新价值，除去工资部分外，都表现为剩余价值，即利润和地租，从个别资本家来看，则是存在于他的收入的形式上。但是，这个新创造的剩余价值，既体现在生产资料形式上，又体现在消费资料的形式上，既可用于生产消费，也可用于个人消费，即既可以作为资本来用，也可以作为收入来用，“因此很明显，年追加劳动既创造资本，也创造收入”。正是因为全部剩余价值首先转化为全部收入的形式，因而剩余价值中的那一部分，即转化为新资本的那一部分，首先要转化为利润，转化为收入形式，然后才由利润再转化为新的追加的资本，即再由收入转化为资本，这样，原来创造这部分剩余价值的劳动，是看不出来的，因而也就看不出这种新积累的资本是来源于工人劳动所创造的剩余价值的一部分，而表现为由资本家收入的一部分转化而来，这就出现了资本由收入产生的假象。

第四，“我们还看到，新追加劳动的一部分总是被吸收来再生产和补偿已经消费掉的不变资本，尽管这种新追加的劳动只是分解为各种收入，即工资、利润和地租。”这样，又把一些问题搞得更乱了。在这里，我们要注意：其一，如Ⅰ（v＋m），是新追加劳动的产品，是新创造的价值，是第Ⅰ部类的收入；但它要和Ⅱc相交换。这个被交换的Ⅱc，并不是新创造的价值产品，也不是第Ⅱ部类的收入，它只是已消耗掉的生产资料的价值，即不变资本的价值的转移，只“是以实物形式补偿这个不变资本的生产资料”。其二，从Ⅰ（v＋m）来说，它是以生产资料的形式存在着的，在这个物质形式上，它不能被用于生产消费，不能直接转化为收入，而必须与Ⅱc相交换。至于Ⅱc，则又不是新追加劳动的产品。正是由于Ⅰ（v＋m）和Ⅱc的相交换的复杂关系，就使得有些人错误地认为第Ⅱ部类的全部产品，都可分解为工资、利润、地租，即分解为全部所得。其三，由于劳动生产力的变化，每年用于补偿已消耗掉的那部分不变资本的产品，所花费的劳动是不一样的。如果劳动生产力不变，已消耗的100个产品（生产资料），原来要十小时生产出来，现在仍要十小时生产出来。如果劳动生产力提高了，生产这100个产品不再需要十小时，只需要八小时或九小时，这时，为补偿这部分产品的劳动就会减少；相反，如果劳动生产力降低了，100个产品要十二个小时才能生产出来，这时，为补偿这部分产品的劳动就会增加，剩余产品就会减少。对上述复杂情况，必须进行具体分析，否则，就会把对过去的不变资本的补偿和替换和对新的追加的不变资本的形成不加区别地混为一谈，以及把这两者又和收入混同起来，就会产生资产阶级经济学混淆收入与资本的错误。

第五，在资本主义制度下，剩余价值转化为利润，即首先转化为资本家的收入；然后才以利润的一部分，作为积累的资本，即再由收入转化为资本，由此，就把新的追加的不变资本的真正来源掩盖起来了。为什么这部分剩余价值要先转化为收入，然后才再由收入转化为追加的资本呢？因为“支配着这种剩余劳动的不是工人，而是资本家”，即这部分剩余劳动所创造的剩余价值，所体现的剩余产品，都不是由工人直接占有，而是由资本家直接占有，然后才由资本家再把它转化为资本。但是，实际上转化为资本的东西，并不是利润本身，而是工人创造的剩余价值，“剩余价值转化为资本，只是表示剩余价值和剩余产品不是被资本家当作收入用在个人消费上”。在这里，“剩余价值只是从一种形式转化为另一种形式”。资产阶级经济学对上述实质不理解，因而错误地认为，“构成不变资本的商品同样包含工资、利润和地租这几个要素”。这就不可能真正弄清楚追加资本的真正来源，把资本和收入混为一谈了。

第六，资本是由剩余价值转化而来的，它本身的主体就是一个自动的价值。首先，从质的方面看，不管价值如何分解为资本和收入，都不能改变劳动创造商品价值的这个科学原理。其次，从量的方面看，商品的价值量是由社会必要劳动时间决定的，“全部商品价值都只是一个商品中包含的社会必要劳动的尺度”，但是这种情况不会妨碍任何一个商品的价值可以分割为各个单独的部分，即分割为不变资本部分、可变资本部分、剩余价值部分。这就是说，分析资本与收入的关系时，必须看到，不管是资本还是收入，它们都是来源于工人劳动所创造的价值，都必须以劳动价值理论为基础，不能像庸俗经济学那样，认为资本创造利润，土地产生地租，劳动取得工资。

最后，马克思还批判了俄国庸俗经济学家施托尔希的错误。施托尔希认为：形成国民收入的各种产品，在对个人的关系上应看作价值，在对国民的关系上应看作财富，即它的效用。马克思指出，施托尔希的上述观点是错误的，其原因在于：第一，把按照资本主义生产方式组织起来的资产阶级国家“看成是一个单纯为了满足国民需要而工作的总体，这是错误的抽象”。这就既抹杀了资本主义国家的实质，也否定了资本主义生产的目的和商品的价值性质。第二，所谓从国民的关系上看，产品只是财富，不是价值，这种观点也是错误的。作为商品，就必须具有价值。即使在资本主义生产方式消灭之后，商品消灭了，价值决定的原理仍然会有一定的重要的作用，因为“劳动时间的调节和社会劳动在不同生产类别之间的分配，最后，与此有关的簿记，将比以前任何时候都更重要”。

■ 自斯密以来，一个贯穿整个资产阶级政治经济学的令人难以置信的错误，就是“斯密教条”。“斯密教条”的含义是：商品的全部价值不仅会分解为工资、利润和地租，而且由工资、利润、地租所构成。庸俗经济学继承了斯密的错误，并把它进一步推向庸俗化。把社会总产品和社会总收入混同起来，认为资本主义生产的全部产品都要转化为三种收入，又都是由三种收入所构成，从而认为，决定这种转化的东西，就是被转化的东西自身产生的源泉，在此基础上，制造出三位一体公式。在前一章中，马克思分析批判了庸俗经济学三位一体公式的错误，在本章中，又分析批判了“斯密教条”的错误，从而可以看出：三位一体公式是从“斯密教条”引申出来的，是“斯密教条”错误的进一步庸俗化。那么，马克思在本章怎样分析批判“斯密教条”及三位一体公式的错误呢？

第一，马克思揭示了总产品（c+v+m）、总收入（v+m）、纯收入（m）之间的差别，这就揭示了自斯密以来以及庸俗经济学把社会总产品、总收入、国民收入完全相混同的错误；这就进一步在确定商品价值是由 c+v+m 构成的基础上，批判了他们把 c 丢掉，把商品价值只看成是由 v+m 所构成的错误。

第二，马克思揭示了他们把生产与分配相混同的错误。本来，剩余价值的生产和分配是完全不同的两回事。剩余价值的生产，主要在于说明剩余价值的来源问题；剩余价值的分配，主要在于说明生产出来的剩余价值归谁所有的问题。但他们却把两者混为一谈了。他们把剩余价值分配所表现出来的各种转化形式——利润、利息、地租，以及劳动力价值转化为工资的形式，和它们的生产混为一谈，因而一方面说明，商品价值要分解为工资、利润和地租，另一方面又反过来证明，工资、利润、地租构成商品的价值，这就把价值的分解看成是价值的源泉，把分配问题也看成是生产问题，产生了把生产与分配混为一谈的错误。

第三，马克思揭示了他们为复杂的现象所迷惑，只看现象、不看本质的形而上学错误。例如，新资本，即追加的资本部分，是由剩余价值的一部分转化而来，是剩余价值资本化或资本积累的结果。但是由于资本主义的生产资料私有制，全部产品首先要为资本家所占有，因而剩余价值首先要转化为利润，转化为资本家的收入，然后才以其中的一部分作为追加资本积累起来，即再由收入转化为资本。这样一个转化，庸俗经济学就认为，资本是由收入转化而来的，从而产生把收入与资本相混同的错误。

总之，在这一章中，马克思运用自己创立的科学的再生产理论，批判“斯密教条”和三位一体公式的错误。在下一章中，马克思还将运用科学的劳动价值理论和剩余价值理论，进一步分析批判“斯密教条”的错误。

第五十章
竞争的假象

本章运用科学的劳动价值理论和剩余价值理论，进一步批判“斯密教条”的错误。

（一）不论工资、利润、地租的分割比例如何变化都不会引起商品中新创造价值的变化

商品中新创造的价值，不会因为它分割为工资、利润、地租的比例的变化而变化

商品的价值，或由商品总价值调节的生产价格，可以分解成如下三个部分：第一是不变资本的价值部分，这是补偿已经消耗的生产资料的对象化劳动；第二是可变资本的价值部分，它转化为工人的工资；第三是剩余价值部分。第一部分是过去的对象化劳动转到新产品中来的，第二、三部分是工人劳动新创造的价值，这种新创造的价值不断地分解为工资、利润、地租三种形式的收入。因此，把不变资本部分暂时撇开不说，说商品价值中新创造的价值会不断地分解为工资、利润和地租，这是正确的。如果反过来说，商品价值是由工资、利润、地租这些要素结合而成，“换句话说，说它们是商品价值或生产价格的组成部分，是错误的”。因为前者说明价值的分配问题，后者说明价值的形成，即来源问题，它们之间是有本质区别的。

例如：甲企业，资本500的产品的价值＝400c＋100v＋150m＝650，在150m，再分割为利润75，地租75，如果有机构成和生产价格都相等，在新创造的价值250（100v＋150m）中，不管依什么比例分割成工资、

利润、地租，都不会使这个250的新价值量有所改变。这就是说，在三者分割为工资100、利润75、地租75的情况下，如果分割的比例改变了，工资为150、利润为50、地租为50，则新创造的价值仍然是250。可见，工资、利润、地租在量的方面的分割比例，只能在这个新创造的价值量(250)范围之内发生变化。

又如：乙企业，资本的有机构成相同，推动同样的400不变资本，不是支付100工资，而是要支付150工资，即支付150的可变资本，那么资本550的产品价值量＝400c＋150v＋100m＝650。在这里，与甲企业相比，产品价值仍为650，新创造的价值仍为250，但工资和剩余价值的比例改变了，即工资由100增加为150，剩余价值由150下降到100，在100m中，假定利润为45，地租为55，这就看出，新创造的价值250中，分割的比例大大改变了，改变为工资150，利润45，地租55，但新创造的价值量仍然是250，没有发生任何变动。虽然在这里，剩余价值由150减为100，剩余价值率由150%下降到$66\frac{2}{3}$%，利润率由30%下降到$18\frac{2}{11}$%，“利润率按比例来说比剩余价值量下降得多，但比剩余价值率下降得少”。但是，“工资价值、利润率和地租率的变动，不管调节这些部分互相间的比例的各种规律会起什么作用，总只能在新创造的商品价值250所划定的界限内进行”。

当然，也有一种特殊情况，即由垄断价格高于价值或生产价格而产生的地租时，这种地租是由于在价值以上的纯粹加价而产生。初看起来，这种加价好像不以新创造价值的范围为界限，其实“这不会使规律有丝毫改变”。因为加价本身，是由购买者来支付的，“如果我们只考察产品本身，不同的就只是剩余价值的分割”，如果和其他商品比较而言，只不过是购买者把从其他商品中取得的剩余价值，转移到这种特殊的商品上来，也就是把另一商品中新创造的价值转移到这种特殊商品中来而已，这种加价仍然是新创造价值的一部分，这只会引起工资、利润、地租的进一步分割，仍然不会改变新创造的价值量的本身，仍然只是在新创造价值的范围之内的变动。

与新价值变动有关的几种情况的分析

包含在商品中的新创造的价值，既不会随工资、利润、地租的分割比例的变化而变化，那么，新创造的价值部分是由什么因素来决定它的变化呢？在第一卷第一章中就已指出，商品的价值量，随着劳动生产力的变化而变化。从本卷的第969页第4段到第972页第2段，马克思又分析了与新价值变动有关的几种情况，进一步证明新创造的价值的变化与三种收入分割的比例的变化无关。

第一，工资提高是由于劳动生产率降低引起的，在同样劳动的时间内，只能生产出较少的商品，因而，同样时间的劳动只能对象化在较少的使用价值中，结果是，新创造的价值总量不变，而单位商品的价值量却增加了。在新创造的价值总量中，工资部分也会增加。这种情况说明：由劳动生产率降低而产生的工资增加，引起三种收入比例的变化，引起单位商品价值量的变化，但新创造的价值量不会发生变化。

第二，由于生产资料的价值提高或降低，从而引起不变资本的价值提高或降低，就会引起商品价值的提高或降低，但不会引起新创造价值的变化。例如，在一种情况下，产品价值是：450c＋100v＋150m＝700；在另一种情况下，产品价值是：350c＋100v＋150m＝600。前者的产品的价值为700，后者为600，但这种变化是由不变资本价值变化引起的，新创造的价值仍然都是250（100v＋150m），没有发生变化。

第三，如果劳动生产力不变，可变资本的价值量发生了变化，增加或减少，“会由剩余价值的相反的运动得到补偿”，产品的价值仍旧不变。例如400c＋100v＋150m＝650，和400c＋150v＋100m＝650相比，如以前者与后者相比，可变资本减少了，由150减少为100，但相对地说，剩余价值却由100增加到150；如以后者与前者相比，可变资本则由100增加为150，剩余价值则由150减少为100。这就说明，可变资本与剩余价值分割比例的变动，仍然是在新创造价值的范围内进行。

第四，如果劳动生产率提高或降低，引起生产资料的价值的变化，从而引起劳动力价值的变化，引起工资的提高或降低，“那就会影响产品的价值”，引起单位商品中所包含的新价值增加或减少，但在这种情况下，单位商品中包含的新创造价值的增加或减少，并不是由工资的提高或降低产生的，而是由于劳动生产率的提高或降低产生的，这说明，从现象上看，工资的变动会引起商品价值和价格的变动，但实质上，这种变动是劳动生产率提高或降低的结果。

第五，可变资本的提高，工资的提高，不是由本部门劳动生产力降低产生，而是由另一生产部门劳动生产力降低引起的，本部门的产品价值仍然保持不变。这说明，上述情况只能引起本部门新创造价值分割为工资、利润、地租的比例发生变化，但不会引起新创造的价值量的变化。

第六，由于节约等等，消耗的生产资料减少了，从而使不变资本的支出减少了，生产出来的生活资料更便宜，因而可变资本的支出也相应地减少了，在同样的劳动时间内，新创造的价值量不变，但剩余价值量却因此增加了，从而利润率也提高了。在这里，利润率的增长既是由于资本的价值的减少，又是由于剩余价值量的增加。在这种情况下，工资、利润的比例会发生变化，但新创造的商品价值量仍不变。

总之，在其他条件不变时，一个企业新创造的价值量，只能随劳动生产力的变化而变化。同样，在这些新创造的价值中，按照什么比例分割为工资、利润、地租，也是由我们以前研究过的，如工资的规律、利润的规律、地租的规律等等特殊规律独立地决定的，与商品中新创造的价值量无关。由此可见，把商品价值说成是由工资、利润、地租构成，显然是错误的。

（二）商品中新创造的价值是分解为工资、利润、地租总和的绝对界限

如上所述，商品价值中包含的新创造的价值部分，是由工人的劳动创造出来的，是凝结在商品价值中的对象化劳动量，尽管工资、利润、地租的分割比例发生变化，也不会改变新创造价值的本身的量。如新价值为 100，不管工资、利润、地租是按 50、30、20 的比例来分割，还是按 40、35、25 的比例来分割，其总量仍然是 100，绝不会因为分割比例的变动，使 100 变成 110 或 90。因此，第一，从三者收入总和的界限来看，工资、利润、地租总和的绝对界限是已定的，就是说，是由新创造

的价值所决定的，三者分割的绝对界限，不能超过新创造价值的总和，如上例，不能把100分割为110。第二，“就各个范畴本身来说”，也就是就工资、利润、地租本身来说，决定它们本身的界限也是已定的。接着，马克思就对三者本身的界限进行了分析。

关于工资。“工资是各个范畴的这种界限的基础。”因为创造新价值的工人的全部劳动，分为必要劳动和剩余劳动两部分。只有在必要劳动确定后，才能确定剩余的无酬劳动的量有多少。工资部分是工人在必要劳动时间内创造出来的新价值，是用以补偿工人自己的劳动力再生产所必需的生活资料的价值的，劳动者的最低生活需要，是形成工资的一个界限；但是，不仅如此，劳动力的实际价值不仅取决于身体需要，还取决于历史上发展起来的社会需要，如因气候和社会发展水平的不同，劳动力的实际价值也就不同。当然，在每个国家的一定时期内，劳动力价值是有一个平均水平的，因而起调节作用的平均工资是一个已定的量，这个已定的量就是工资本身的界限。在新创造的价值中，减去工资部分以后，余额部分是剩余劳动时间所创造的剩余价值，这种剩余价值的量是由剩余劳动时间的量决定的，这种剩余价值又分割为利润和地租，因而利润和地租的总和，就是由剩余价值的量作为绝对界限。“因此，形成剩余价值并分解为利润和地租的价值部分的绝对界限是已定的，是由工作日的有酬部分以外的无酬部分决定的，因而是由总产品中体现这个剩余劳动的价值部分决定的。”可见，剩余价值的总量，是利润和地租总和的绝对界限。

关于利润。首先，从利润来看，如在第三卷第一篇所说过的，把全部预付资本和剩余价值相比，剩余价值就转化为利润，这种利润量就应该等于剩余价值量，可见，利润的界限和剩余价值的界限是一样的，都是按照规律来决定的。其次，从利润率来看，利润率是全部剩余价值对生产上预付的社会总资本的比率，如果预付总资本为500，剩余价值为100，利润率就是20%，这20%就是利润率的绝对界限。可见，“利润率的高度，同样也是一个要保持在确定的、由商品价值决定的界限以内的量”。再次，利润转化为平均利润，商品价值转化为生产价格，既没有使价值决定价格的性质消失，也没有取消利润的界限，“只是改变了它在构成社会资本的各个不同的特殊资本之间的分配，按照这些资本在这个总资本中所占的价值部分的比例，把它均等地分配给这些资本”。

关于地租。地租也是有界限的。如果说的是级差地租，那是由个别生产价格和社会生产价格之间的差额决定的，这个差额形成超额利润，本来是被资本家直接剥削去，现在则转化为级差地租被土地所有者占有，因此，“在这里，地租的确定的价值界限，就是生产价格通过一般利润率实现的调节作用所引起的个别利润率的偏离”。也就是说，个别生产价格和社会生产价格之间的差额，形成级差地租的界限。如果说的是绝对地租，那是由土地私有权引起的、阻碍土地产品的价值平均化为生产价格，从而使土地产品价值超过它的生产价格而产生的余额，“那么，绝对地租就会受到土地产品的价值超过它的生产价格而形成的余额的限制，因而受到土地产品中包含的剩余价值超过按一般利润率应归各个资本所有的利润而形成的余额的限制”。这就是说，上述余额是形成绝对地租的界限。总之，不管是级差地租和绝对地租，是由上述这两种不同的差额所形成，因而“这个差额于是形成地租的界限；地租仍然只是既定的、商品中包含的剩余价值的确定部分”。

如果剩余价值到平均利润的转化，在有的生产部门遇到人为的垄断或自然的垄断，产生了高于价值或生产价格的垄断价格，“由商品价值规定的界限也不会因此消失”。这种商品的垄断价格，不过是其他商品生产者的一部分利润，转移到具有垄断价格的商品上。这时，剩余价值在不同生产部门之间的分配，会间接受到局部的干扰，“但这种干扰不会改变这个剩余价值本身的界限”。如果购买这种垄断价格商品的是工人，工人因而提高劳动力的价值，就会使他创造的剩余价值相对地减少；如果工人的工资被压低在劳动力价值以下，垄断价格高于价值的部分，就是对工人实际工资的扣除。总之，垄断价格是通过对其他资本家利润的扣除和通过对实际工资的扣除来支付的，因而“垄断价格能够在什么界限内影响商品价格的正常调节，是可以确定和准确计算出来的”。

至于利润分割为利息和企业主收入，也没有取消商品价值确定的界限，不论它们是按什么比例来进行分割，“平均利润本身就是二者总和的界限”。虽然，分割的比例带有一定的偶然性，完全要由竞争关系来决定，但终究不能超出提供出来的平均利润的一定量。

由此可见，上述范畴（工资、利润、地租）本身的界限是已定的，由它们的总和所形成的界限也是已定的，它们只能在新创造价值的范围内进行分割，而分割的比例完全由竞争来决定。如果要超出这个新创造的价值量来进行分割，那是不可能的，因为不能无中生有。所以，商品中新创造价值可以分解为工资、利润和地租，但决不能反过来说，工资、利润、地租构成商品价值。“实际上，商品价格是一个已定的量，不管工资、利润、地租相互间的相对量如何，商品价值总是它们的全部价值的整体。”如果说，工资、利润、地租构成商品价值，那就是由工资、利润、地租本身独立的价值量，并由它们相加而成的总量，来产生、限制、决定商品的价值量，新创造的价值就不能成为它们的界限，相反，它们却会决定着新创造的价值，成为新创造价值的界限，这显然是错误的。

（三）工资、利润、地租构成商品价值的观点是错误的

按照“斯密教条”，工资、利润、地租构成商品的价值。这就必然产生两个方面的错误：首先，否认了不变资本价值的存在；其次，实际上也否认了价值概念的存在。为什么说它是否认了不变资本价值的存在呢？按照斯密的说法，工资、利润、地租构成商品的价值，虽然在单个商品中他也承认有不变资本部分的存在，如役马所消耗的谷物（生产资料），但他却认为，这部分价值，归根到底，还是由工资、利润、地租的价值构成的，所以，“正如已经指出的，这种见解甚至否认这样一个不变价值部分的存在”。为什么说它在实际上也否认了价值的存在呢？斯密也曾经主张商品的价值是由劳动创造的，但在这里，却又认为，商品价值是由工资、利润、地租构成的，这就抹杀了劳动创造价值的这个实际内容，所以，“很清楚，价值的概念在这里完全消失了”。正是由于价值的概念消失了，“剩下的只是如下意义上的价格的观念：把一定数量的货币支付给劳动力、资本和土地的所有者”。这样，在理论上便陷入一个不可解脱的重复循环。这是因为，价格是由货币表现的，货币是什么？只是一般等价物，这就必须以价值为前提。如果把货币固定在金银上，说金银的

价值是由工资、利润、地租决定的，那就等于说，工资、利润、地租本身的价值，与一定量的金银货币相等，而一定量的金银货币的价值又是由工资、利润、地租所构成，这等于说，工资、利润、地租的价值由工资、利润、地租决定。显然，这种荒唐的论断，既不能说明商品的价值，也不能说明工资、利润、地租的价值。

首先，拿工资来说。工资是劳动力价值或价格的转化形式，但工资的市场价格，是围绕着劳动力的供给和需求而发生变动的。退一步说，就算工资是由劳动力的供求所决定的，这里所说的劳动力的需求是指什么呢？那只是资本提出的需求，因此，工资就成为由资本决定的了。而资本是由什么构成的呢？是由商品和货币构成的，但是货币只是一种特殊的商品，因此，资本是由商品构成的，按照“斯密教条”，商品价值又首先由工资构成，即由生产商品的劳动价格构成，结果是：资本决定工资，工资又决定资本，还是不能说明工资究竟是如何决定的。“因此，我们不能以资本为前提来决定工资，因为资本本身的价值是由工资参与决定的。”

如果把竞争带到问题中来，也不能说明工资究竟如何决定的问题。在供求不一致时，劳动的市场价格会提高或降低。如果供求一致，工资也还是存在的，这时，工资就不由供求决定了。显然，工资的决定与供求无关。

在这里，“只有一个办法，就是使劳动的必要价格由工人的必要生活资料来决定”，但是，这种生活资料也是有价格的商品，按照“斯密教条”，这种生活资料作为商品，其价格也是由工资、利润、地租决定，结果还是：生活资料的价值决定工资，而工资又决定生活资料的价值。或者说，生活资料的价格是由劳动价格决定的，而劳动价格又是由生活资料的价格决定的，就等于说，劳动价格是由劳动价格决定的。在这里，劳动价格究竟是由什么决定的，是说不清楚、无法回答的，所以结果还是无法说明工资如何决定的问题。

其次，再拿利润来说。在正常的条件下，平均利润由平均利润率决定。平均利润率又由什么决定呢？如果平均利润率是由竞争决定，那也是说不通的，因为这种竞争已经以利润的存在为前提，竞争只能使不等的利润率平均化，但不能在没有利润的地方由竞争而创造出利润来。“要使不等的利润率平均化，利润作为商品价格的要素必须已经存在。竞争不创造利润。”在竞争以前，利润已经产生，“竞争不过使它提高或降低，但并不创造它。”“平均利润率是在互相竞争的资本家势均力敌的时候出现的。竞争可以造成这种均势，但不能造成在这种均势下出现的利润率。”这说明，利润量的大小和竞争无关。那么，按照庸俗的见解，在竞争出现以前的这种利润量究竟由何决定呢？“只有一个办法，就是把利润率，从而利润，解释为一个以无法理解的方式决定的加价，它被加到在此之前已经由工资决定的商品价格上去。”显然，这种解释是完全不能成立的。因为竞争告诉我们，这个利润率必须是一个已定的量，利润在竞争以前必须存在。而加价只能从流通产生，而“流通永远不会提供事先没有向它提供的东西”，就是说，它事先不会存在。

最后，再拿地租来说。如果“把这个荒谬的推论过程搬到地租上来重新探讨一番”，就是说，把竞争决定利润的庸俗见解，拿来说明地租，“是完全不必要的”，这只是把利润改为地租在同样的论证过程中重演一次，根本说明不了什么问题。马克思深刻地指出：“一句话，竞争必须说明经济学家所不理解的一切东西，其实正好相反，经济学家必须说明竞争。”这就是说，资产阶级经济学家企图用竞争来说明他们不能说明的东西，其实，这些东西只靠竞争是不能说明的，相反，他们应该去说明竞争，即研究竞争对这些东西的作用，究竟在哪些方面、在多大程度上起作用。

实际上，用商品的出售加价，来说明利润和地租，是不能成立的。因为互相出售商品的人，如果都把 100 价值的商品加 25 出售，都成为 125，那么，甲之所失，即为乙之所得，乙之所失，即为丙之所得，丙之所失，又为甲之所得，结果，还是和大家都按 100 出售商品完全一致。

但是，按照庸俗的见解，却是用商品“加价”的方法来说明利润和地租的。在这里，假定某一商品，由工资决定的价格是 100，再加利润 10，地租 15，即加价 25，共 125。“按照这个见解，工资这个词，即 100，等于产品的价值”，而利润和地租，又被说成是“通过加在工资上的百分之几的名义上的加价而实现的”。于是，商品的价格不但包含工资，而且也包含利润和地租了。很显然，“在这里，工资首先被假定和商品的价值相等，然后又和它区别开来”。实际上，对于上述庸俗的解释，通过迂回的道路，追到最后，只能把问题的实质归结为：“商品的价值是由其中包含的劳动量决定的，而工资的价值则是由必要生活资料的价格决定的，价值超过工资的余额形成利润和地租。”

（四）把工资、利润、地租看成是商品价值构成的错误的原因

本来，商品的价值，扣除了生产上所耗费的生产资料的价值以后，在新创造的价值中，可以分解为工资、利润和地租。但在工业家、商人和银行家的观念中，以及庸俗经济学家的观念中，总是颠倒地表现出来，在他们看来，不仅是商品中新创造的价值分解为工资、利润和地租，而且工资、利润、地租这三种收入的总和形成商品的价值。那么，为什么由新创造的价值分解为三种收入，却反过来，颠倒地表现为，由三种收入构成商品的价值呢？产生这种颠倒的必然原因究竟何在呢？马克思分析了以下五方面原因。

第一，由于商品价值的各个组成部分是作为独立的收入互相对立着，加上这些独立的收入又和彼此不同的生产要素发生关系，如地租和土地所有权发生关系，利润和资本所有权发生关系，劳动和劳动力的所有权发生关系，因此就造成一个假象，好像这种收入是由三种不同的生产要素产生的。实际上，“价值并不是因它转化为收入而产生的，它在能够转化为收入，能够取得这种形式以前，必须已经存在”。而这三种收入的相对量，又是由它们本身各自不同的规律决定的。但这三种收入和商品价值本身的联系，在表面上却表现不出来，使得人们看不清三种收入和商品价值的联系，看到的只是上述被颠倒了的假象，即三种收入是由三种不同的生产要素产生的。

第二，在复杂的经济现象中，首先，工资的变动会引起利润向相反的方向变动，从而改变不同商品的生产价格，并按照各有关生产部门的资本有机构成的不同情况，使一些生产部门的商品价格上涨，使另一些

生产部门的商品价格下降，因而这些部门凭经验就会知道，“工资上涨，商品的平均价格就上涨，工资下跌，商品的平均价格就下跌”。相反，如果工资上涨，只是在特殊生产部门由于特殊情况发生的，该商品的价格就会提高，这种由工资提高而提高了的特殊商品的价格，和那些工资已变但价格仍不变的商品价格相比，就会取得更多的利润，即更多的剩余价值，它就会使剩余价值在不同生产部门的平均分配受到局部的破坏，这种现象仍然说明，特殊商品价格之所以提高，是由于工资的提高引起的，“这里‘经验’说明的，仍旧是价格由工资决定”。因此，上述两种场合都说明，工资决定商品的价格。但是，那种不以工资为转移的价值决定本身，却隐蔽着看不出来了。其次，工资是由劳动力的价值转化而来的，而劳动力的价值又是由必要生活资料的生产价格决定的，如果必要生活资料的生产价格上涨，劳动力价值就要提高，因而工资也就要相应地提高；反之，如果必要生活资料的生产价格下降，就会引起劳动力价值下降，因而工资也就会相应地下降。这个事实说明，工资的提高或降低，是必要生活资料的生产价格提高或降低的结果。但在现实的经济生活中，从经济现象看，“原因可以表现为结果，结果也可以表现为原因”。就是说，本来是，由于必要生活资料价格的提高，才引起工资的提高，却会相反地表现为：好像由于工资的提高，才引起生活资料的价格的提高，这就好像是，工资变动才引起价格的变动，工资是形成价值和价格的因素了。再次，虽然工资的变动会引起利润率向相反的方向变动，即“工资提高，利润率就降低，工资降低，利润率就提高”，但这只是一种可能情况，工资和利润率也“可以不按相反的方向，而按相同的方向变动，二者可以一同提高，或一同降低”。例如，在生活资料价格上涨从而引起工资提高的情况下，由于提高劳动强度或延长工作时间，也会使利润率提高，这样，人们就会看到，工资提高，利润率提高，商品价格上涨会同时出现，好像它们都是价值的构成因素，而不仅仅是由价值分解而来的了。总之，“所有这些经验，都证实了由于各个价值组成部分具有独立的颠倒的形式而引起的假象，好像决定商品价值的，只是工资，或工资加上利润。”这就是说，根据上述假象，好像决定商品价格的是工资和利润，而商品价格的变化是由商品价值变化所引起的这个事实，却看不出来了。

第三，“假定社会价值产品的分割和生产价格的调节，都是在资本主义的基础上，但在排除竞争的情况下进行的”，“现实的运动也必然会以颠倒的形式表现出来：好像不是一个预先已定的价值量分为具有互相独立的收入形式的三部分，而是反过来，好像这个价值量是由构成这个价值量的各个独立地、分别地决定的要素的总和，即由工资、利润和地租的总和形成的”。为什么必然会产生这种假象呢？这是因为：在单个资本及其商品产品的现实运动中，不是商品价值表现为分割成三种收入的前提，恰恰相反，而是三种收入表现为商品价值的前提。这具体表现为：

从工资来看，分解为工资的这部分价值，并不是资本家从工人自己生产的产品中，把这部分拿出来给工人；而是因为工人在他生产的产品中，生产了一个和工资相等的价值，用来补偿资本家支付的可变资本的价值。“工资在与它相当的价值等价物被生产出来以前，已经由契约规定”。这就是说，工人的工资，在工人生产以前，就已经被规定了的，因此，工资就不再表现为是工人创造的产品中所包含的新价值的一部分分解出来的，恰恰相反，而是表现为，它是一个已定的量，它预先决定商品的总价值，是价格或价值的一个形成要素了。

从平均利润看，和工资的情况相类似，因为商品的生产价格等于成本价格加平均利润，这个平均利润虽然是由于竞争使不同的利润率平均化的结果，但利润率既已平均化，取得平均利润的形式，就“会在资本家本人的观念和计算上成为一个起调节作用的要素”，“它就是一个预先存在的量”，在生产以前就已确定了的，它决定着投入多少资本，就能取得多少利润。这种平均利润，和该部门实际生产的剩余价值量完全无关，从现象看，好像它是“在商品生产过程中预先存在并决定着商品本身的平均价格的量，也就是说，是价值的形成要素”。

从利息和地租来看，平均利润的一部分采取利息的形式，对职能资本家来说，它是在贷入生息资本进行生产以前，就已经在契约上确定了的，不管利息率如何变化，在一定时间内，利息总是一个已定的量，被资本家计算入他们生产的商品的成本价格中去，这样，它就表现为商品价值的形成要素了。至于地租，也和利息一样，是由农业资本家向土地所有者租入土地耕种以前，就由租约规定了的，租地经营的农业资本家也把它看作是成本价格的要素而计算到商品价格中去，从而也表现为商品价值的形成要素。

总之，“这些由商品价值的分割带来的产物所以不断地表现为价值形成本身的前提，其秘密简单说来就在于：资本主义的生产方式，和任何别的生产方式一样，不仅不断再生产物质的产品，而且不断再生产社会的经济关系，即再生产物质产品形成上的经济的形式规定性。因此，它的结果会不断表现为它的前提，像它的前提会不断表现为它的结果一样”。这就是说，各种收入形式，在各种生产要素所存在的契约上，是当作前提假定的，但它又会不断地被再生产出来，这样，结果不断地表现为前提，三种不同的收入就好像是商品价值的形成要素了。

不仅如此，对个别资本家来说，“经验就会告诉他，他自己生产的产品，会作为不变资本部分加入其他的生产部门，而其他生产部门的产品，也会作为不变资本部分加入他的产品”，这样，不变资本部分的价格，最后会归结为，都是由工资、利润、地租相加而成的了，因而不变资本部分的价值，也就可以排除在商品的总价值之外了。

第四，商品是否按价值出卖，这对单个资本家来说，是完全没有关系的。“因为在每个生产部门，成为起调节作用的平均价格的，不是价值，而是和价值不同的生产价格。”他对价值决定感兴趣的，只在于劳动生产力的提高会降低商品的生产费用，使他的商品按现有的市场价格出售能够得到额外利润。在他看来，商品的价格（按生产价格而出卖的市场价格），是由它的成本价格决定的，这个成本价格除去生产资料的价格外，是由工资、利息、地租决定的，超过成本价格的余额就是他自己获得的企业主收入。如果他能够成功地把工资压低到劳动力价值以下，即使工资降低到正常水平以下，按较低的利息率获得资本，和在地租的正常水平以下支付地租，这就会使商品中包含的工资、利息、地租降低，在生产价格不变的情况下，就会相对地增加企业主的收入。可见，工资、利息、地租是对企业主收入起调节作用的界限。资本家的目的就是要尽可能多地取得企业主收入，这就要千方百计地降低工资、利息和地租，至于商品是否低于价值出售，商品价值与生产价格的关系如何，他生产的商品中是否有一部分剩余价值被别的资本家攫取去，对他来说都是无关紧要的。在资本家看来，“除了作为已定的价格量加入他的商品生产中的生产资料的价值外，作为起限定作用和调节作用的价格量加入这种生产中的东西，正是工资、利息和地租”。因此，在他们看来，工资、利息、地租，好像是决定商品价格的要素，是对商品价格起限定作用、创造作用和决定作用的要素。

在世界市场上，工资、利息、地租，是作为已定的量加到商品成本的计算中去的，相对于市场价格来说，形成不变的界限。在世界市场的竞争中，既要按照低于世界市场的价格出卖商品，又要在出卖商品时能够得到企业主收入，关键在于降低工资、利息和地租。如果一个国家的资本主义不发达，工资、地租都较低，但利息却较高，另一个国家的资本主义较发达，工资和地租在名义上都很高，但利息却很低，这样，要使得产品在国际市场的竞争中居于有利地位，资本主义不发达的国家就要较多地使用劳动和土地，发展劳动密集型企业；资本主义较发达的国家就要较多地使用资本，发展资本密集型企业和技术密集型企业。因此，在国际市场竞争中，在计算商品的成本价格时，工资、利息、地租“这些因素是起决定作用的要素”。“因此在这里，经验从理论方面，资本家的利己盘算从实际方面表明：商品价格由工资、利息和地租决定，由劳动的价格、资本的价格和土地的价格决定；这些价格要素确实是起调节作用的价格形成要素。”至于除工资、利息、地租以外的第四个因素，即企业主的收入，则是由竞争决定的。

第五，在资本主义生产方式的基础上，新创造的价值会分割为工资、利润和地租这几种收入形式，这种方法，在资本主义生产方式并不存在的情况下，也会通过类比，被人应用。例如，一个独立生产的小农，是为自己而劳动并出售自己的产品的，他首先可以把自己当作雇佣工人对自己支付工资；其次，可以把自己当作资本家对自己支付利润；最后，还可以把自己当作土地所有者对自己支付地租。正是由于和资本主义生产方式不同的经济形态中也可以包含这几种收入形式的分割，因而，“资本主义生产方式和与之相适应的关系”就会被“假定为一般的社会的基础”，“所以，资本主义关系好像是每一种生产方式的自然关系的这种假象，就更加具有迷惑作用”。

在未来的共产主义社会里，工资、利润、地租这些具体形式已不存在，但每个劳动者的劳动仍然要分为必要劳动和剩余劳动，“也就是说，如果我们把工资和剩余价值，必要劳动和剩余劳动的独特的资本主义性质去掉，——那么，剩下的就不再是这几种形式，而只是它们的为一切社会生产方式所共有的基础”。这时候，被颠倒地表现出来的上述假象，就会完全消失。

■ 本章是马克思运用科学的劳动价值理论和剩余价值理论对“斯密教条”的进一步批判。首先，从商品的价值构成看，按照科学的劳动价值论，商品的价值分为不变资本、可变资本和剩余价值三部分，前者是对象化劳动的转移，后二者是新创造的价值，而新创造的价值则采取工资、利润和地租的形式。可是“斯密教条”却反过来认为：不仅工资、利润、地租构成新创造的价值，甚至商品的全部价值都是由这三种收入构成，这样，商品价值就不是 c＋v＋m，而只是 v＋m 了，这就把产品价值和价值产品混为一谈了。其次，从商品价值的源泉看，不管包含在什么商品中的新创造的价值，都是工人劳动创造的，从质上看，它是抽象的社会劳动的凝结，从量上看，它是由社会必要劳动时间决定的。可是在“斯密教条”看来，商品价值却是由工资、利润、地租构成的，工资来源于劳动，利润来源于资本，地租则来源于土地，这样，商品价值就不是由工人的劳动所创造，而是由资本、土地、劳动所共同创造出来的了，这样，劳动价值论和剩余价值论都被抛弃掉了。再次，从价值的界限看，新创造的价值是分割为工资、利润和地租的界限，不管三者如何分割，都不能越出新创造价值的量的范围，不能把 100 分割为 110 或 90，这是显而易见的。但是，“斯密教条”却认为，既然工资、利润、地租的总和构成新创造的价值，那么新创造价值就不是工资、利润、地租的界限，相反，工资、利润、地租却成为新价值的界限了，这就是说，有多少工资、利润和地租，就会有多少新创造的价值。这样一个颠倒，就把价值决定，价值与价格的关系，价值、价格与生产价格的关系等等一系列问题掩盖起来，好像决定价值和价格的，只是工资、利润和地租，它们构成生产费用的要素。总之，马克思以科学的劳动价值论和剩余价值论为武器，进一步分析“斯密教条”的上述错误，然后再进一步分析产生上述错误的根本原因，这就既从科学的理论深度，又从资本主义的实际经验、情况出发，进一步批判和肃清了从亚当·斯密以来一个贯穿在整个资产阶级政治经济学的令人难以置信的错误及其既深又广的影响。

第五十一章

分配关系和生产关系

在上三章中分析批判了“斯密教条”和三位一体公式的错误之后，在本章中，又从正面阐述了分配关系和生产关系，指出了资本主义的分配关系是由资本主义的生产关系决定的，它们都是一定历史条件下的社会关系，都同样具有历史的暂时性质。

（一）分配关系不是自然的关系，而是历史的社会关系

分配关系具有历史的暂时的性质

前面说过，每年新创造的价值采取三种不同收入形式，一部分以工资形式归劳动力所有者，一部分以利润形式归资本所有者，一部分以地租形式归土地所有者。这种分配形式表示新创造价值在不同生产要素的所有者之间进行分配，是一种分配关系。

如何看待这种分配关系，人们的认识并不是一致的。资产阶级经济学家通常的看法是：把这种分配关系看成是自然关系，“是从一切社会生产的性质，从人类生产本身的各种规律产生出来的关系”。这种把分配关系当成自然关系的看法，把分配关系在各种历史条件下的特殊性质抽掉了，把不同社会分配关系的区别性质抽掉了，只看到所有社会里分配关系的共同性。当然不同社会里的分配关系是有其共同性的，例如：任何社会里的劳动都可区分为必要劳动与剩余劳动，前者用于满足个人消费，后者用于满足社会需要，如果把它在不同社会里所表现的特殊性抽掉，任何社会里的劳动都可根据这二者来进行分配。但是，除去不同社会里

分配关系的这种共同性之外，还有其特殊性，分配关系的这种特殊性是由该社会的生产关系决定的。把分配关系仅仅看成是自然关系的资产阶级学者，就是犯了只见共同性，而忽视了特殊性的错误，因而不能认识特殊历史条件下分配关系的特殊性质。资产阶级经济学家中间还有一些人，对分配关系采取了另一种看法，像英国的资产阶级庸俗经济学家约翰·斯图亚特·穆勒，虽然承认分配关系的历史性质，但不承认生产关系的历史性质。他一方面认为，生产关系是永恒的，是由人的本性决定的；另一方面却认为，分配关系是"人为制度"的事情，既然有某物在那里，人们就可以随心所欲，任意处理。他宣称：财富的分配，只受支配于社会的法律与习惯，而决定分配的规律，则依存于社会支配者的意志与感情。穆勒关于生产关系与分配关系的上述观点是错误的，他把生产关系与分配关系割裂开来，虽然承认分配关系的历史性质，但却认为资本主义生产关系具有永远不变、永世长存的、"从人类本性产生出来的、因而与一切历史发展无关的性质"。其实质仍然是为资本主义制度作辩护。

对资本主义生产方式的科学分析证明：第一，资本主义生产方式是一种特殊的历史的生产方式；第二，与这种生产方式相适应的生产关系，"具有一种独特的、历史的和暂时的性质"；第三，从属于资本主义生产关系的资本主义分配关系，也具有历史的暂时的性质。由此可见，分配关系和生产关系一样，都是一定历史条件下的社会关系，同样具有历史的暂时的性质。

不能离开生产关系来孤立地考察分配关系

资产阶级经济学家研究分配关系时，往往离开生产关系来孤立地考察分配关系，首先从年产品分为工资、利润、地租这种所谓事实出发，这种方法是错误的。实际上，产品的初次分配，总是分解为资本和收入。而作为收入的一种形式的工资，首先要作为可变资本，存在于资本家手中，和工人相对立；只是作为工资付给工人以后，才取得收入的形式。在资本主义条件下，生产出来的劳动条件和劳动产品，都首先为资本家直接占有，作为资本和生产者相对立，这个事实就已说明：直接生产者早已被剥夺，他们丧失一切生产资料，在这里劳动条件转化为资本，土地采取了土地所有权形式，而与生产者相对立了。这样，在把新创造价值分割为工资、利润、地租以前，资本主义生产关系早已存在了。如果没有资本主义的生产关系，也就是“如果产品的一部分不转化为资本，它的另一部分就不会采取工资、利润和地租的形式”。可见，资产阶级经济学研究分配关系先从工资、利润、地租出发是完全错误的。

从资本主义再生产过程看，它不仅再生产出物质产品，而且还不断地再生产出资本主义的生产关系，并相应地再生产出资本主义的分配关系，可见，生产关系与分配关系是不能割裂的。

这里产生一个问题：既然是生产关系决定着分配关系，而生产关系中最基本的问题是生产资料归谁所有的问题，那么，在占有生产资料以前，就有一个生产资料的分配问题，这种分配和生产关系处于怎样的关系呢？当然，资本所有权和土地所有权必须以这样的分配为前提，即劳动者被剥夺了劳动条件，资本家占有生产资料，土地所有者占有土地。但是，这种生产条件的分配和产品的分配不同，它本身就属于生产关系之内，并起着决定作用。马克思说：“前面所说的分配关系，却是在生产关系本身内部由生产关系的一定当事人在同直接生产者的对立中所执行的那些特殊社会职能的基础。这种分配关系赋予生产条件本身及其代表以特殊的社会的质。它们决定着生产的全部性质和全部运动。”我们决不能把包含在生产关系之内的各种生产条件的分配，和在此基础上生产出来的产品如何归不同的生产条件所有者之间的分配混为一谈。实际上，正是由于资本家占有生产条件，才能把这些生产条件作为资本，作为剥削雇佣劳动的手段，才会形成资本主义剥削雇佣劳动的生产关系。而资本和雇佣劳动的关系，又决定着资本主义生产方式的全部性质和全部运动。

（二）资本主义生产方式的两个特征

资本主义生产方式一开始就有以下两个特征。

商品生产占统治地位，劳动力成为商品，劳动表现为雇佣劳动

第一，在资本主义生产条件下，商品生产占统治地位，在这里，连工人的劳动力也成为商品，从而劳动者表现为自由的雇佣工人，劳动也表现为雇佣劳动。在这里，不仅产品作为商品，而且商品也作为资本的产品，从而决定着资本主义生产方式的全部性质。资本家和雇佣工人，成为这种生产方式的主要当事人，“是资本和雇佣劳动的体现者，人格化”。产品作为商品、商品作为资本产品的这种性质，就已经包含着一切流通关系，同样，也包含着资本家与工人之间的关系，“这种关系决定着他们的产品的价值实现和产品到生活资料或生产资料的再转化”。同时，这种性质，“就会得出全部价值决定和价值对全部生产的调节作用”。正是在这个十分独特的价值形式上，一方面，劳动只作为社会劳动而起作用，只有通过商品交换，劳动的社会性质才能实现；另一方面，社会劳动的分配，产品的物质变换，都听任资本家个人摆布，这就产生了生产和劳动的社会性同生产资料以及生产成果为资本家私人占有的矛盾，成为资本主义商品生产的基本矛盾。为了调节这个矛盾，“在这里，价值规律不过作为内在规律，对单个当事人作为盲目的自然规律起作用，并且是在生产的各种偶然波动中，实现着生产的社会平衡”。由此可见，资本主义商品生产，是在盲目状态下进行的，是通过竞争、平衡的被破坏、经济危机以及经济周期的循环而达到暂时平衡的。

“其次，在商品中，特别是在作为资本产品的商品中，已经包含着作为整个资本主义生产方式的特征的社会生产规定的物化和生产的物质基础的主体化。”所谓“社会生产规定的物化”，就是说，在资本主义制度下，物和物的关系掩盖着人和人的关系，人和人的关系只有通过物和物的关系才能表现出来。所谓“生产的物质基础的主体化”，就是说，在生产过程中，本来，人是生产的主体，可是在资本主义工厂里，却出现了机器支配工人、工人受机器所支配的现象，生产资料成为生产的主体，工人却处于被支配的地位了，这种物支配人的现象，是劳动隶属于资本的具体表现。

资本主义生产的直接目的是榨取剩余价值

第二，“剩余价值的生产是生产的直接目的和决定动机”。从本质上说，资本是生产资本的，资本只有生产出剩余价值，然后才能把一部分剩余价值转化为资本。正是从上述的资本主义的生产目的出发，首先，“劳动社会生产力的提高只是表现为资本生产力的不断提高”。这是因为，资本家生产的目的是为了取得剩余价值，这就要不断提高劳动社会生产力，使生产商品的个别劳动时间低于社会必要劳动时间，使个别价值低于社会价值，从而取得超额剩余价值。同时，不断提高劳动社会生产力，还可以不断地增加相对剩余价值和绝对剩余价值，这样，劳动生产力提高的成果，都被资本家所占有，因而劳动生产力的提高，却表现为资本生产力的提高，并和工人本身的发展相对立。其次，在资本家的工厂里，生产是有组织、有计划地进行的，资本家是资本的人格化，在直接生产过程中，作为生产的指挥者和统治者，具有一定的权威，工人们都要服从他的指挥和支配；资本家在生产中的这种权威与以前社会里的政治统治者或神权统治者的权威不同，他仅仅是劳动条件的人格化，但他本人又是当作商品所有者和其他资本家相对立；在资本家之间，上述权威就会消失，而代之以竞争和无政府状态。所以，资本主义生产存在着个别企业生产的有组织性和整个社会生产的无政府状态之间的矛盾，这是不依资本家的个人意志而客观存在着的经济规律，这种矛盾发展到一定程度，只有通过经济危机才能获得暂时的解决。再次，只有在劳动采取雇佣劳动的形式，生产资料采取资本的形式，即这两个基本的生产要素采取上述独特的社会形式的前提下，剩余劳动时间所创造的价值才表现为剩余价值，这种剩余价值也才表现为利润和地租，然后才可能把剩余价值的一部分积累起来，作为追加资本，用于扩大再生产，这才表现为资本主义的积累过程。由此可见，剩余价值的生产，是由劳动采取雇佣劳动形式和生产资料采取资本形式这两个前提条件决定的。如果不具备这两个前提条件，也就不会有剩余价值的生产。至于在社会主义条件下，资本和雇佣劳动已不再存在，当然剩余价值的生产也就不会存在了。

这里还要注意：虽然资本主义生产是以雇佣劳动为特征的，对于资本主义生产的性质起着决定作用，但“雇佣劳动却并不决定价值”。在价值的决定上，“只是社会一般劳动时间，只是社会一般可以支配的劳动量”，而不是劳动的特殊形式。

上述资本主义生产的特征表明：由资本主义生产过程内部规定了的生产关系同时也决定资本主义的分配关系。

（三）资本主义的分配关系是资本主义生产关系的表现

现在，我们再来考察资本主义分配本身。既然工资以雇佣劳动为前提，利润以资本为前提，“因此，这些一定的分配形式是以生产条件的一定的社会性质和生产当事人之间的一定的社会关系为前提的”。这里所说的“生产条件的一定的社会性质”，实际上是指生产资料的所有制形式。马克思曾经说过，“说财产（占有）是生产的一个条件，那是同义反复”①。这里所说的“生产当事人之间的一定的社会关系”，实际上是指生产过程中人和人之间的关系。这二者是分配关系的前提，也就是说，分配关系要由生产资料所有制关系和生产中构成的人和人之间的关系决定。所以，“一定的分配关系只是历史规定的生产关系的表现”，它既表现为生产关系的结果，又会反作用于生产关系。

先看利润。利润是剩余价值的一定的形式，是资本家的收入，是分配关系。但是，从一方面看，利润“是在资本主义生产形式中新形成生产资料的前提；因而是一种支配再生产的关系”。这就是说，不把利润全部用于资本家的个人消费，而是把它的一部分积累起来，转化为资本，作为追加的生产资料，用来扩大再生产，可见，这种分配关系反过来却对生产起着反作用，成为支配再生产的关系了。实际上，资本家也不可能把全部利润都当作收入用于个人消费，他会遇到再生产的规律和竞争规律等等限制，必须把其中的一部分转化为资本，所以“利润并不只是个人消费品的分配范畴”。从另一方面看，利润转化为平均利润，价值转

① 《马克思恩格斯选集》第2卷，人民出版社2012年版，第687页。

化为生产价格，是由于竞争引起资本转移，因而不同生产部门的利润率平均化而产生的结果，这是以资本在不同的社会生产部门之间的分配来调节的。由于在生产中存在着资本关系，才会引起不同利润率的平均化，才会产生平均利润这样的分配关系。所以，“在这里，利润不是表现为产品分配的主要因素，而是表现为产品生产本身的主要因素，即资本和劳动本身在不同生产部门之间分配的因素”。再者，利润分割为企业主收入和利息，表现为同一收入的分配，是分配关系。但是这种分割所以会发生，首先是由于资本关系在生产过程中占统治地位，同时还由于信用的发展，一部分资本作为生息资本执行职能，这就是说，上述二者分割的分配关系，仍然是资本的生产关系直接引起的结果。反之，作为利息从利润中分割出来以后，它又会促进信用的发展，而信用的发展又会促进生产的发展；同时，利息还会作为决定的生产要素加入价格，这又会反作用于生产关系。

再看地租。地租只是分配形式，是分配关系。为什么土地所有者能够取得地租？只是因为他对土地所有权的占有。但资本主义地租和资本主义以前地租不同，第一，地租只限于超过平均利润的余额，第二，土地所有者不参加生产经营活动，只是单纯的收租人，这种情况是资本主义制度下的独特的历史产物。“土地取得土地所有权的形式，是资本主义生产方式的历史前提。土地所有权取得允许农业实行资本主义经营方式的形式，是这个生产方式的特殊性质的产物。”土地所有权体现生产资料归谁所有，是所有制问题，是生产关系中的最基本的问题。正是由于资本主义土地所有权构成的这种资本主义农业中的生产关系，才会出现资本主义地租这种独特的资本主义分配关系。如果没有资本主义的生产关系，也就不会出现资本主义地租这样的分配关系。

根据以上分析，马克思得出结论说：“可见，所谓的分配关系，是同生产过程的历史规定的特殊社会形式，以及人们在他们的人类生活的再生产过程中互相所处的关系相适应的，并且是由这些形式和关系产生的。这些分配关系的历史性质就是生产关系的历史性质，分配关系不过表现生产关系的一个方面。资本主义的分配不同于各种由其他生产方式产生的分配形式，而每一种分配形式，都会随着它由以产生并且与之相适应的一定的生产形式的消失而消失。”这就是说：第一，分配关系是由生产关系产生的，并和生产关系相适应；第二，分配关系只是生产关系的一个方面；第三，生产关系的历史性质，同时也就决定着分配关系的历史性质；第四，资本主义的分配关系和其他社会的分配关系不同，是由于资本主义生产关系和其他社会的生产关系不同而产生的；第五，一定的生产关系消失，与之相适应的分配关系也会消失。

一些资产阶级经济学家，如前述约翰·斯图亚特·穆勒，只把分配关系看成具有历史性质，但不把生产关系看成是历史的性质，这是由于资产阶级的局限性和对社会生产过程的非历史观点所造成的。其实，社会的生产过程，从一方面看，是人和自然之间的过程，这个过程的简单要素就是生产资料和劳动等等，这个过程，对于一切社会来说，都是共同的；从另一方面看，任何生产，都是在一定的历史条件下进行，都是在一定的社会生产关系中进行，都有与其物质基础相适应的生产关系和分配关系，从这点看，生产过程在不同的社会里都是不同的，所以，特定历史条件下的生产过程，是特定的历史的规定形态，是由特定的生产力和与之相适应的生产关系所决定的。随着生产力不断向前发展，生产关系和与之相适应的分配关系，会逐渐与发展了的生产力不相适应，生产力与生产关系的矛盾逐渐发展、扩大，日益尖锐化，这就要求推翻旧的生产关系，建立新的与生产力相适应的生产关系，这就要由一种社会形态发展为另一种更高级的社会形态，这就造成生产关系与分配关系的历史性质。随着资本主义的发展，资本主义的生产关系和分配关系与日益发展了的生产力之间就发生了冲突，必然产生资本主义的经济危机，必然导致资本主义生产方式的灭亡和一个新的更高级的社会主义社会的建立。

■　一些资产阶级经济学家把分配关系看成是自然的关系，从而否定它的社会历史性质；又一些资产阶级经济学家只承认分配关系的历史性质，不承认生产关系的历史性质，以便为资本主义制度的永世长存作辩护，他们都是站在资产阶级立场上，从维护资产阶级利益出发的。只有马克思运用唯物辩证法，依据客观经济规律，揭示了生产关系和分配关系之间的辩证关系，一方面指出了分配关系是由生产关系产生的，并且由生产关系所决定，另一方面分配关系对生产关系也有一定的反作用，把生产关系和分配关系辩证地统一起来，从而指出了它们都是历史的社会关系，都具有历史的暂时性质。这不仅是对生产关系与分配关系所作出的科学结论，而且也是对资产阶级经济学的有力的批判。

工资、利润、地租是资本主义的各种收入，是资本主义的分配关系，在这个分配关系中，包含着深刻的对立，但是，分配关系中的这种深刻的对立，是由资本主义生产关系中包含的深刻对立产生的。由于资本家占有资本所有权，土地所有者占有土地所有权，工人丧失一切生产资料，只是劳动力的出卖者，才会产生工资、利润、地租的分配形式。正是由于在生产中资本和劳动的对立，才会出现在分配中利润和工资的对立。可见，资本主义分配关系的对立性质，是由资本主义生产关系的对立性质所决定的。一些空想社会主义者，企图在保存资本主义生产资料私有制条件下，只是改变分配方式，来建立社会主义社会，这是完全不切实际的空想。实际上，要改变资本主义的分配关系，必须首先改变资本主义的生产关系。如果把生产关系与分配关系割裂开来，孤立起来，用形而上学的研究方法，必然不可能得出科学的结论。

关于生产关系和分配关系，马克思在《〈政治经济学批判〉导言》中有详细的论述。本章只是对本篇分析的问题作更高更深的概括，实际上，也是对本篇的总结。因此，在学习本章时，还可以同时阅读马克思的《〈政治经济学批判〉导言》的有关部分。

第五十二章

阶 级

这是本书的最后一章，关于这一章，马克思在1868年4月30日写给恩格斯的信中曾说："既然这三种形式（工资、地租、利润（利息）），是土地所有者、资本家和雇佣工人这三个阶级的收入来源，结论就是**阶级斗争**，在这一斗争中，这种运动和全部脏东西的分解会获得解决。"[①] 由此可见，通过本章对阶级的分析，是为了在研究资本主义生产关系的基础上，得出政治结论，也就是说，为整个资本主义制度作出历史性的政治总结。实际上，在资本主义制度下，劳动和资本的对立，工人阶级和资产阶级在生产中、在经济上的对立，必然产生在政治上的对立，必然引起阶级斗争。所以，在资本主义社会里，工人阶级和资产阶级之间的对立和斗争，是客观存在着的。这种阶级斗争的趋势，必然导致推翻资本主义制度，建立无产阶级专政和社会主义社会。

在这一章中，马克思首先指出：在资本主义社会里，存在着三大阶级，这就是：雇佣工人——单纯劳动力的所有者，资本家——资本的所有者，土地所有者，这是"形成建立在资本主义生产方式基础上的现代社会的三大阶级"。

当然，即使在资本主义充分发展的国家，如英国，除了这三大阶级以外，也还会有一些中间的过渡性的其他阶级存在，可见，在资本主义制度下，阶级结构不会纯粹地仅仅以这三个阶级表现出来。这对于我们的研究来说，无关紧要。因为随着资本主义的发展，一方面生产资料不断转化为资本，劳动越来越转化为雇佣劳动；另一方面土地所有权同资

① 《马克思恩格斯〈资本论〉书信集》，人民出版社1976年版，第269页。

本和劳动分离而独立，越来越成为适应于资本主义生产方式的土地所有权。这就是说，随着资本主义发展，各种中间阶级和阶层会不断发生分化，分别归属于三个基本阶级，这是“资本主义生产方式的经常趋势和发展规律”。

其次，马克思指出，阶级是怎样形成的？也就是：“是什么使雇佣工人、资本家、土地所有者成为社会三大阶级的成员？”

从表面上看，好像阶级是由收入决定的，工人靠工资生活，资本家靠利润生活，土地所有者靠地租生活，也就是说，工资、利润、地租三种收入是形成三大阶级的要素，这种看法是错误的。如果说收入是划分阶级的决定因素，那么，医生和官吏都有不同的收入，他们不是也成了两个阶级了吗?！如果说收入是划分阶级的决定因素，工人、资本家、土地所有者在社会分工中所处的地位可以无止境地划分，例如土地所有者可以分为农场所有者、森林所有者、矿山所有者、渔场所有者，与之相适应，不是也要有农业工人阶级、森林工人阶级、矿山工人阶级、渔场工人阶级吗？那整个社会不是有几十个、几百个阶级吗？显然，这是不能说明阶级的实质的。

马克思写到这里，正要进一步阐明阶级形成的时候，手稿中断了。

关于什么是阶级？为什么不能从收入来源划分阶级，列宁有明确的论述。列宁在《社会革命党人所复活的庸俗社会主义和民粹主义》一文中指出：“从收入来源中去寻找社会不同阶级的基本特征，这就是把分配关系放在首位，而分配关系实际上是生产关系的结果。这个错误马克思早已指出过，他把看不见这种错误的人称为庸俗的社会主义者。区别各阶级的基本标志，是它们在社会生产中所处的地位，也就是它们对生产资料的关系。占有某一部分社会生产资料，将其用于私人经济，用于目的在出售产品的经济，——这就是现代社会中的一个阶级（资产阶级）同失去生产资料、出卖自己劳动力的无产阶级的基本区别。”① 他在《伟大的创举》一文中又指出：“所谓阶级，就是这样一些大的集团，这些集团在历史上一定的社会生产体系中所处的地位不同，同生产资料的关系

① 《列宁全集》第7卷，人民出版社1986年版，第30页。

(这种关系大部分是在法律上明文规定了的) 不同，在社会劳动组织中所起的作用不同，因而取得归自己支配的那份社会财富的方式和多寡也不同。所谓阶级，就是这样一些集团，由于它们在一定社会经济结构中所处的地位不同，其中一个集团能够占有另一个集团的劳动。”①

关于阶级和阶级斗争以及无产阶级革命和无产阶级专政的问题，不仅从马克思其他著作中可以找到一些论述，也可以从其他的马克思主义经典作家的著作中，从中国共产党的文件中找到一些论述，在这里，就不再一一列举了。

■ 为什么马克思没有写完这一章？恩格斯也没有进行补写？其具体原因，恩格斯在第三卷《序言》中曾经有明确的看法。恩格斯说：“最后一章只有一个开头。在这一章，同地租、利润、工资这三大收入形式相适应的发达资本主义社会的三大阶级，即土地所有者、资本家、雇佣工人，以及由他们的存在所必然产生的阶级斗争，应该当作资本主义时期的实际存在的结果加以论述。这种结论性的总结，马克思通常总要留到快付印的时候再作最后的加工，因为那时最新的历史事件会按照永不失效的规律性为他的理论阐述提供最恰当的现实例证。”

① 《列宁全集》第 37 卷，人民出版社 1986 年版，第 13 页。

弗·恩格斯

《资本论》第三册增补

恩格斯的《资本论》第三卷增补的两篇文章，是在《资本论》第三卷出版以后，1895年5月间写的。它们在恩格斯生前都没有发表。1895年5月21日恩格斯写给考茨基的信中说："我打算给你一篇使你高兴的著作在《新时代》上刊登，这就是《资本论》第三卷增补：Ⅰ.《价值规律和利润率》，答桑巴特和康·施米特的疑问。随后就是Ⅱ.从1865年马克思著文论述交易所以后**交易所**作用的巨大变化。"[①] 第一篇文章《价值规律和利润率》，是针对资产阶级经济学著作围绕着《资本论》第一卷和第三卷之间所谓"矛盾"掀起的喧闹写的，恩格斯根据经济发展史的大量资料，进一步阐明了价值转化为生产价格、利润转化为平均利润的历史发展过程。恩格斯逝世后不久，这篇文章就在德国社会民主党机关报《新时代》上发表了。第二篇文章只是手稿，手稿的标题是《交易所。〈资本论〉第三卷补充说明》。该稿是一个七点的提纲，概括了1865年以后交易所发展的新情况。恩格斯把这种交易所作用的巨大变化和股份公司的迅速扩展，看成是资本主义社会发展中的新特征，这实质上是概括了19世纪70年代以后，自由资本主义向垄断资本主义过渡过程中出现的亟待研究的新问题，作为对第三卷的增补，是有重大意义的。

恩格斯在向读者建议认真阅读《资本论》原著时说："而对于那些希望真正理解它的人来说，最重要的却正好是原著本身。"接着他又谈到为什么要写增补的原因："在这里，为了排除理解上的困难，为了把一些重要的、其意义在原文中没有充分强调的观点提到更重要的地位，并且为了根据1895年的形势对1865年写成的原文作个别较为重要的补充，我插进来说几句当然会有用处。事实上已经有两点，在我看来需要作一个简短的说明。"

Ⅰ. 价值规律和利润率

批判资产阶级学者对价值规律的歪曲

恩格斯在编辑《资本论》第三卷并为出版做准备工作时就预计到："这个包含着最后的并且是极其出色的研究成果的第三卷，一定会使

① 《马克思恩格斯〈资本论〉书信集》，人民出版社1976年版，第588页。

整个经济学发生彻底的变革，并将引起巨大的反响。”[①] 果然，1894 年《资本论》第三卷出版后不久，资产阶级学者就发出叫嚣，叫嚷所谓第一卷和第三卷有“矛盾”。像恩格斯在第三卷序言里就已指出的那个采用惊人手法的洛里亚，就又重演马克思逝世后恶毒攻击马克思的故伎，在报刊上发表文章，宣称“第三卷直接抛弃了价值理论”[②]，马克思关于生产价格的理论是马克思价值理论的破产，妄图推翻马克思的经济学说，并反驳恩格斯在《资本论》第三卷序言中提出的原理。恩格斯很快就从拉布里奥拉那里得知了这些情况。与此同时，还是恩格斯在《资本论》第三卷序言中提到的那个施米特以及德国的庸俗经济学家韦尔纳·桑巴特，也发表了文章，虽然对《资本论》第三卷的基本理论在有些方面“作了很好的论证”[③]，但是“对价值规律、利润率和生产价格作了错误的解释”[④]。恩格斯在 1895 年 3 月 11 日写信给韦尔纳·桑巴特，3 月 12 日和 4 月 6 日写信给康·施米特，批评了他们的错误观点，同时阐明了对这些范畴的马克思主义理解的实质。恩格斯对洛里亚、桑巴特、施米特错误观点的批判，是《资本论》第三卷增补的第一篇文章中的一个主要内容。

先看洛里亚。在《资本论》第三卷出版后，洛里亚愤怒地叫道，“什么，这就是解决办法吗？简直是故弄玄虚!”洛里亚除了破口大骂以外，还提出了哪些理论上的见解呢？他不仅武断地说商品从来没有按照也不能按照由劳动决定的价值来出售（这个问题留在后面再说），还说什么商品价值既然由劳动量决定，又要按照生产价格出售，是“十足的谬论”，是“重大的理论上的破产”。为此，洛里亚也提出了自己对价值的看法，他说：“因为价值既然不外是一个商品和另一个商品相交换的比例，所以单是总价值这个观念，就已经是荒谬的，是胡说”。在洛里亚看来，价值只是商品交换的比例关系，纯粹是偶然的、外在的、没有实际内容的，可能今天是这样，明天又是那样，所以他认为总价值这个概念是根本不存在的、没有的。那么，价值既然是交换的比例，这种比例是由什么决

---

① 《马克思恩格斯全集》第 36 卷，人民出版社 1974 年版，第 288 页。

② 《马克思恩格斯〈资本论〉书信集》，人民出版社 1976 年版，第 580 页。

③ 《马克思恩格斯〈资本论〉书信集》，人民出版社 1976 年版，第 580 页。

④ 《马克思恩格斯生平事业年表》，人民出版社 1976 年版，第 563 页。

定的呢？洛里亚认为，价值和价格是等同的。每一个商品有多少种价格，就有多少种价值。而价值是由需求决定的。说到底，商品价值是由市场上的供求关系决定的。那么，在供求平衡的情况下，价值又是由什么决定的呢？洛里亚对此是无法回答的。洛里亚除了企图否定马克思的劳动价值理论和生产价格理论以外，还继续耍弄他的惊人的手法，胡说什么马克思根本没有打算写《资本论》第二卷和第三卷，是恩格斯自己编造出来的。为什么马克思不想写《资本论》的第二、三卷呢？他说："在我看来，这证明马克思在发表他的光辉（splendido）著作以后就没有打算写什么续卷。说不定，他原来就是想把他的巨著交给他的继承人去完成，而自己不担负什么责任。"[①] 说穿了就是：《资本论》第一卷和第三卷有矛盾，马克思无法解决第一卷提出的问题，只好把这工作让给别人做，以便自己不负任何责任。这样，他就可以用第三卷来否定第一卷，或用第一卷来否定第三卷了。这个用别人的羽毛来装饰自己的无耻之徒，制造这种无中生有故弄玄虚的把戏，以欺世惑众，真可谓脸皮三寸矣！

谈到韦尔纳·桑巴特（1863—1941），这个德国资产阶级庸俗经济学家，打着不承认《资本论》第一卷和第三卷有矛盾的招牌，装着捍卫马克思主义的幌子，虽然在他的书评中，"对于马克思体系的轮廓，总的说来作了出色的描述"，但在价值问题的研究上，却得出了错误的结论。他认为：价值在按资本主义方式生产出来的商品的交换关系中不会表现出来；价值在资本主义生产当事人的意识中是不存在的；它不是经验上的事实，而是思想上、逻辑上的事实。这就是说，在资本主义制度下，根本不存在什么价值；价值只是无内容的抽象，是由理论家在自己意识中，用综合和分析的方法得出的观念上和逻辑上的虚构。但这只是桑巴特自己的错误看法。至于他在书评中介绍马克思的价值理论时，"不能说不正确"，只是从形式上理解，"未免太空泛了"。

再看施米特。恩格斯把他在布劳恩的《社会政治中央导报》1895 年 2 月 25 日第 22 期上发表的有关《资本论》第三卷的文章称为"精辟论

① 《资本论》第 3 卷，人民出版社 2004 年版，第 1011 页注（1）。

文”，在这篇文章中，第一次回答了平均利润率的水平是怎样决定的问题。但是，施米特对价值规律，有他的形式主义的见解：一方面，“他把价值规律叫作为说明实际交换过程而提出的科学**假说**”，宣称“资本主义生产形式内的价值规律是一种虚构，即使是理论上必要的虚构”；另一方面，他又把这种“假说”和“虚构”的价值规律，说成是研究资本主义必要的理论上的出发点，是说明资本主义经济现象所必不可少的东西。恩格斯指出，施米特的“这种理解是完全不正确的”，由于“没有经常注意总的联系”，所以“把价值规律贬为一种虚构，一种必要的虚构，差不多就像康德把神的存在贬为实践理性的一种假定一样”。[①]“在现实中，利润率是根据各行各业、各个年度的各种不同情况而变化的，一般利润率只是作为许多行业和许多年度的平均数而存在。但是，如果我们竟想要求利润率（比如说是14.876934……）在每一个行业和每一个年度直到第一百位小数都完全一样，不然就把它贬低为虚构，那我们对利润率以至经济规律的本质就误解得太不像话了，——它们没有任何其他的现实性，而只是一种近似值，一种倾向，一种平均数，但不是**直接的**现实。”[②] 恩格斯在这里批判施米特的所谓“虚构”的同时，对经济规律在现实中的表现，作了深刻的说明与解释。

除了洛里亚那样一个可笑的庸俗经济学的标本以外，桑巴特和施米特都有一个共同的错误，这就是，他们“都没有充分注意到：这里所涉及的，不仅是纯粹的逻辑过程，而且是历史过程和对这个过程加以说明的思想反映，是对这个过程的内部联系的逻辑研究”。这就是说，对于价值、价格、生产价格、平均利润等问题的研究，必须采用历史与逻辑相一致的方法。至于在历史发展过程中如何由价值发展为生产价格，马克思在本书第三卷第197—198页已有简略的论述，但那只是一个大概的轮廓，可惜未充分发挥。恩格斯为了排除对原著理解上的困难，把这个重要的、其意义在原文中没有充分强调的观点提到重要的地位，所以特作如下增补，“较为详细地谈谈这一点”。

---

① 《马克思恩格斯〈资本论〉书信集》，人民出版社1976年版，第577页。
② 《马克思恩格斯〈资本论〉书信集》，人民出版社1976年版，第577—578页。

价值发展为生产价格的历史过程

全部困难是由这样的事实产生的，这就是，商品不只是当作商品来交换，而且是当作资本的产品来交换，“因此，商品按照它们的价值或接近于它们的价值进行的交换，比那种按照它们的生产价格进行的交换，所要求的发展阶段要**低得多**。按照它们的生产价格进行的交换，则需要资本主义的发展达到一定的高度”①。为此，恩格斯运用大量的经济史料，详细地论证了价值的产生和发展直至转化为生产价格的历史过程，论证了价值规律和利润率如何转化为平均利润率的历史过程。

首先，从第1015页第3段到第1019页第1段，恩格斯论述了由产品到商品的转化，以及自然经济和小商品经济的历史发展过程。恩格斯指出，“在社会的初期”，也就是在或多或少是按共产主义方式组织起来的原始社会里，产品主要是生产者自己消费的，只有少量的剩余产品才会拿出去和别人交换。这种交换，首先发生在不同的氏族公社之间，然后发展到公社的内部，这就促进了公社的解体，导致了自给自足的自然经济的产生。在自然经济的小农家庭里，他所需要的一切都几乎由自己的田地上生产出来，只有一小部分必需品，才是用自己生产的剩余产品同别人进行交换得来的。他们不仅生产粮食等消费品，而且自己还从事家庭手工业，生产自己所需要的日用品，如织布、鞣皮、制造工具和家具之类。他们从别人那里交换来的主要是手工业产品，这部分产品他们自己所以不生产，或者是因为没有原料，或者是因为买到的物品比他自己生产的更好得多或便宜得多。在这种自给自足的自然经济里，一个显著的特点是，他们生产的商品是直接以劳动时间来计量的。“中世纪的农民相当准确地知道，要制造他换来的物品，需要多少劳动时间。”“他们在生产这些产品时耗费了什么呢？劳动，并且只是劳动。”“如果不按照花费在他们这些产品上的劳动的比例，他们又能怎样用这些产品同其他从事劳动的生产者的产品进行交换呢？在这里，花在这些产品上的劳动时间不仅对于互相交换的产品量的数量规定来说是唯一合适的尺度；在这里，也根本不可能有别的尺度。”所以，“在农民自然经济的整个时期内，

① 《资本论》第3卷，人民出版社2004年版，第1014页。

只可能有这样一种交换，即互相交换的商品量趋向于越来越用它们所体现的劳动量来计量”。不仅在农民相互之间要进行交换，而且农民还要和城市手工业者进行交换，即使如此，“不仅农民知道手工业者的劳动条件，而且手工业者也知道农民的劳动条件。因为手工业者自己在某种程度上也还是一个农民”，他们在生产某种产品时，花费多少原材料和辅助材料，花费多少劳动时间，都能够计算出来，尽管谷物生产周期长，并且还夹有自然生长时间，尽管放牧牲畜所花费的劳动时间也较难精确计算，但“每个人必须大体上收回成本这一点又总是会帮助找出正确的方向”。可见，在初期的简单商品交换中，由于上述客观情况，人们还知道劳动时间是交换比例的内在根据，还没有受物和物的假象所掩盖。但是，这种简单商品交换的发展，引起货币产生以后，就会出现新的情况，特别是使劳动成为形成价值的唯一因素的那些条件发展起来了，在这里，最重要和关键的是，向金属货币的过渡，因而，“价值由劳动时间决定这一事实，从此在商品交换的表面上再也看不出来了”。在实际生活中，不是劳动时间成为价值尺度，而是表现为，货币成为决定性的价值尺度，“货币在人民大众的观念中开始代表绝对价值了”。这就是说，由商品与商品的交换发展为商品与货币的交换以后，商品交换的比例与体现在商品内部的劳动之间的关系，却被商品与货币的交换关系掩盖起来了，这时，在人们的心目中，一切商品与货币相交换以及按怎样的比例交换，已经不是反映对象化在产品中的劳动的比例关系和社会关系，而是因为商品本身具有某种作为均等的价值的物质属性，金属货币本身就成为它的天然尺度，从此，人们对于商品，才认识到它一方面是使用价值，另一方面又具有价值。至于这种价值是什么，货币的本质是什么，就认识不清了。因此，人们从日常生活实际的现象上来理解，把货币本身看成是“决定性的价值尺度”，“代表绝对价值”，好像它本身就是价值了。但是，不管怎样的现象形式掩盖着事物的本质，只要有商品生产和商品交换，“马克思的价值规律对于整个简单商品生产时期来说便是普遍适用的，也就是说，直到简单商品生产由于资本主义生产形式的出现而发生变形之前是普遍适用的”。在商品转化为资本商品之前，在价值转化为生产价格之前，“价格都以马克思的规律所决定的价值为重心，并且围绕着这种价值而波动，以致简单商品生产发展得越是充分，一个不为外部的暴力干扰所中断的较长时期内的平均价格就越是与价值趋于一致，直至量的差额小到可以忽略不计的程度”。因此，从产品转化为商品起，价值规律就发生作用。在欧洲，由于商品的出现已有5000年至7000年的历史，“因此，价值规律已经在长达5000年至7000年的时期内起支配作用”。总之，在资本主义商品出现以前，商品是直接按照价值来出售的。洛里亚所说的商品从未按照由劳动决定的价值出售，完全是违反历史事实的胡言乱语。

其次，从第1019页第2段到1023页第1段，恩格斯又进一步论证了，由简单商品到资本主义商品发展过程中，商业所起的变革作用。恩格斯指出：“商人对于以前一切都停滞不变、可以说由于世袭而停滞不变的社会来说，是一个革命的要素。”为什么说以前的社会是世袭的停滞不变的呢？从农业来看，农民只是在地主占有的土地上耕种，处于依附于地主的佃农或农奴的地位，“世袭地和几乎不可转让地继承下来”。从城市手工业来看，由于行会特权，也几乎是把他们的顾客、销售市场、祖传技术“世袭地和几乎不可转让地继承下来”。这就使整个社会经济处于世袭的停滞不变的状态。但是，由于商业的作用，商人来到了这个世界，却使这个世界发生革命，并成为“这个世界发生变革的起点”。从农村看，上述世袭因素主要表现在农业中的马尔克公社这个组织形式上。在马尔克公社里，起初，每个农民都有同样大小的份地，每个人在公共的马尔克中，也相应地享有同样大小的权利，但是由于继承遗产的原因，对份地进行了再分割，相应地，马尔克的权利也发生了再分割，如分割为二分之一、四分之一、八分之一等等。从城市手工业来看，上述世袭因素主要表现在手工业行会这个组织形式上。它和马尔克的世袭制度相同，所不同的只是，马尔克公社所享有的是对份地的世袭的再分割，而手工业行会所享有的是，根据行会的规章制度，每个行会成员都同等地分享行会所保证的特权和利益。上述原则也同样出现在商业上，因此从商业来看，商业公会也是根据上述原则组织起来的，“它们的成立是为了对付竞争者和顾客”，他们规定共同遵守的商品销售价格和购买原材料的价格，他们在出售的商品上盖上印记作为质量的保证。在这里，参加商业公会的商人，由于收购价格和出卖价格都相等，他们都会取得均等的利润率，当然，这种均等的利润率，和资本主义的平均利润率是有所不同的。资本主义的平均利润率，是由于不同企业有不同的利润率，因而通过竞争，引起资本转移，使不同生产部门之间利润率的平均化而产生的。上述商业上的均等的利润率，是在商业公会共同协议、统一市场价格的情况下产生的，它并没有涉及生产部门，更不是资本在不同生产部门发生转移的结果。“相等的利润率，在其充分发展的情况下本来是资本主义生产的最后结果之一，而这里在其最简单的形式上却表明是资本的历史出发点之一”。由于当时经商的风险较大，由于商业资本的周转迟缓，由于当时通行的利息率很高，因而这种均等的商业利润率必然是很高的。这种由商业公会所造成的均等的利润率，使得不同民族、不同市场、不同的商业公会之间，都各有不同的特殊的利润率，“这些不同的团体利润率的平均化，是通过相反的道路，即通过竞争来实现的”。随着销售市场的扩大，交通运输事业的发展，通商线路的改变，殖民地越来越多，“商会贸易就越会让位于单个商人的贸易，从而利润率的平均化就会越来越成为只是竞争的事情”。这就是说，随着商业的发展，大的商人资本不断出现，以世袭原则组织起来的商业公会逐渐解体，单个商人、单个商业资本家成为商业中的中心人物，商业不再受商业公会所支配，而是由不同的商业资本家所直接支配了。这样，由商业公会所引起的商业利润率的平均化，就逐渐为由竞争而引起的利润率平均化所代替，就会从前资本主义的商业平均利润率过渡到资本主义的工商业企业共同参加分配的平均利润率。在这种商业的平均利润率的情况下，我们仍然假定，商品是按照价值出售的。只有在资本主义平均利润率出现以后，价值才会转化为生产价格。随着商业公会的解体，世袭制度在商业中逐渐消失，同时，也会引起手工业行会和农村马尔克公社的解体，使世袭制度从农业中、手工业中逐渐消失。随着商品经济日益扩大，简单商品经济就逐渐发展为资本主义的商品经济。

最后，从第1023页第2段到1027页，恩格斯又进一步论证了，产业资本出现以后，如何使商品变为资本产品，如何使利润率平均化，从而使价值转化为生产价格。恩格斯指出：“在价格的形成上逐渐引起这种变革的工具是产业资本。”在中世纪，产业资本的萌芽就已经出现，它首先存在于航运业、采矿业、纺织业三个领域。从纺织业看，商人从购买手工业者的产品发展为供给他们原料、付给他们固定工资，让他们为他把纱织成布，这就由单纯的购买者发展成为包买商。生产者虽然还在自己占有生产工具的条件下进行生产，但很大程度上依赖于包买商的原料供给和支付的工资。包买商则尽量压低工资，以取得更多的利润。在这里，“包买商就成了超过他原来的商业利润以上的剩余价值的占有者”。

“产业从属于资本的下一步，是工场手工业的出现。”在工场手工业的生产条件下，劳动生产率有了进一步的提高，能够比一般手工业者以更便宜的方法从事生产。某些工场手工业自己直接经营商业，能够比其他的竞争者以更便宜的价格出卖商品，还能取得较多的利润，即额外利润，“直到新的生产方式得到普遍推广为止，这时平均化就又重新出现”。

机器大工业的出现，使商品的生产费用越来越低，无情地排挤掉以往的一切落后的生产方式，最终地为资本征服了国内市场，使自给自足的小农个体经济破产，把小生产者间的直接交换排挤掉，工业取得了应有的支配地位，这就清除了资本在不同生产部门之间转移的障碍，使工业和商业部门的利润率平均化为一般利润率，“这样，对整个交换来说，价值转化为生产价格的过程就大致完成了。可见这种转化是在当事人的意识或意图之外，依照客观规律进行的”。这就是由商品发展为资本产品，由特殊利润率转化为平均利润率，由价值转化为生产价格的历史过程，这个历史的发展过程，是不以人们的意志为转移、按客观经济规律发展的。至于如何由于竞争引起不同部门之间的资本转移，从而形成平均利润和生产价格，马克思在本卷第二篇已有详细的分析，在这里，恩格斯只是对上述历史发展过程作补充说明，所以就不再进行详细分析了。

Ⅱ. 交　易　所

恩格斯在这篇文章中着重考察的是，1865 年到 1895 年这三十年中，资本主义经济生活中所发生的重大变化。这个时期，正是自由资本主义阶段向垄断资本主义阶段过渡的时期，这个时期的经济生活中的重大变化突出表现为交易所的作用大大增强。文章的题目虽然是《交易所》，但着重点并不是分析交易所本身，而是探讨这个时期交易所作用扩大的原因。恩格斯指出，自1865年以来，交易所的作用大大增强了，并且还在不断增强。他预计：这种变化的发展趋势是，包括资本主义工农业生产在内的全部生产，包括交通工具和交换职能在内的全部流通，都将集中在交易所经纪人手里，“这样，交易所就成为资本主义生产本身的最突出的代表”。

作为资本主义经济组织形式之一的交易所，早在资本原始积累的16世纪初期就已经产生了。当时，在比利时安特卫普和法国里昂都出现了证券交易所。随着资本主义的发展，股票交易以及其他有价证券的交易日益增多，各种证券交易所也相继成立。17世纪时期的荷兰阿姆斯特丹证券交易所和18世纪到19世纪的伦敦证券交易所，都是当时世界上主要的证券交易所。作为交易所，主要是买卖股票，也就是买卖公司所有权的场所。它不像传统的拍卖那样——一个卖者，许多买者，而是既有许多买者，又有许多卖者。这许多买者和卖者，在交易所里进行竞争。参加交易所活动的人员可以分为五种，即专家、佣金经纪人、大厅经纪人、登记商人和零股商人。在1865年以前，这种“交易所在资本主义体系中还是一个**次要的**要素”。为什么呢？因为第一，当时在交易所内买卖的主要是国债券，而国债券的数量也比较小；第二，股份银行还未充分发展，“它们的数量还比较少”；第三，股份公司还未充分发展，直接生产事业很少采用股份形式，铁路股票也比较少。但是，自1866年危机以后，情况大大不同了，交易所在资本主义经济生活中的作用大大增加了，这表现为：第一，积累很快地增加，以致“生产的扩展赶不上积累的增长”，因而积累的资本不能全部投到生产上去，这就出现了大量的过剩资本；第二，食利者的人数也增加了，一些资本家不直接参加生产和流通的经营活动，成为坐食其利的剥削者，他们手上拥有大量资本，专门拿来从事股票买卖的投机活动；第三，为了使过剩资本得到使用，以及适应大企业发展对资本的需要，股份公司普遍地发展起来。股份公司的大量地迅速地出现，使资本主义经济生活起了突出的变化。首先，在工业中，由于重工业得到较快的发展，铁业、机器制造业以及新兴的化学工业，都需要大量的资本，因而“工业逐渐转变为股份企业”。首先，股份有限公司的出现，然后有托拉斯。“这种托拉斯创立了实行共同管理的巨大企业（例如联合制碱托拉斯）。”托拉斯的出现，垄断组织逐渐形成，引起工业生产上的巨大变化。其次，在商业中，股份公司也大大发展，几乎“全都变成股份公司了”，甚至连零售商店也是如此。再次，在银行业，信用大大发展，“大批新设的，都是股份有限公司”。更次，在农业中，大大扩充了的银行，日益成为抵押土地的持有者，“地产的实际的最高所有权被转移到了交易所手中”。最后，“一切国外投资都已采取股份形式”，甚至达到瓜分殖民地的地步，“欧洲列强为了交易所的利益在几年前就把非洲瓜分了”。总之，由于股份公司的发展，大垄断企业的出现，使得整个资本主义经济生活都发生了突出的变化，这种变化正是向垄断资本主义阶段过渡的表现，这时，垄断资本主义的新特征在逐步形成的过程中。虽然，这个时期的垄断资本主义的特征还未完全和充分地显现出来，但恩格斯对当时出现的新问题，及时加以揭示，进行分析研究，在本文中所指出的工业托拉斯，是揭开工业垄断组织统治经济生活这一新特征的序幕；文中所说的银行和信用机构中股份有限公司的发展，是进一步发展为财政资本和财政寡头统治的开端；文中所说的一切国外投资已采取股份形式和为了交易所利益而对殖民地的瓜分，实际上是资本输出和在经济上瓜分殖民地的开始。这一系列的新情况、新因素的进一步发展，就形成垄断资本主义阶段的新特征。对垄断资本主义新特征的揭示和概括，是列宁在《帝国主义是资本主义的最高阶段》一书中完成的。但恩格斯在本文中对向垄断阶段过渡中一些新的经济因素的分析，已经为揭示垄断阶段的新特征作了良好的重要的提示和开端，也是运用《资本论》的基本原理分析新情况，研究新问题，把马克思经济理论不断推向前进，在实际中不断运用和发展的典型范例，真正成为《资本论》第三卷的极其重要的补充。我们学习《资本论》，研究《资本论》，不仅要切实掌握、深刻领会马克思的经济理论和经济思想，还要学习恩格斯运用马克思主义理论研究新情况，解决新问题的理论联系实际的学风。我们既要运用《资本论》的基本原理来分析今天已经比 20 世纪初期有了新的更大发展变化的资本主义世界的经济状况，还要运用《资本论》的基本原理总结中国建设社会主义的经验教训，用来指导当前正在进行的中国特色社会主义建设。1895 年 3 月 11 日恩格斯在写给桑巴特的信中说："马克思的整个世界观不是教义，而是方法。它提供的不是现成的教条，而是进一步研究的出发点和**供**这种研究**使用**的方法"[①]。按照恩格斯的教导，我们学习《资本论》，就是要学习马克思的经济理论，学习马克思的立场、观点、方法，分析新情况，研究新问题。

① 《马克思恩格斯〈资本论〉书信集》，人民出版社 1976 年版，第 575 页。

《资本论》年表

1842 年

10 月 15 日　马克思任《莱茵报》主编。

10 月—12 月　马克思写《关于林木盗窃法的辩论》一文，发表在《莱茵报》的附刊上。他初次遇到对所谓物质利益问题发表意见的难事。对林木盗窃法的研究和当时《莱茵报》就摩塞尔农民状况同莱茵省议会展开的论战，以及关于自由贸易和保护关税的辩论，促使马克思开始研究经济问题。在上述文章中马克思第一次研究了经济问题。

1843 年

12 月—1844 年 3 月　马克思着手系统研究政治经济学，他阅读了亚当·斯密、让·巴·萨伊、弗·斯卡尔贝克等资产阶级经济学家的著作，并写札记。

1844 年

4 月—8 月　马克思继续研究资产阶级经济学家的著作，他阅读了斯密、李嘉图、詹·穆勒、麦克洛克、西斯蒙第、毕莱等人的著作，并作了摘要。写了《工资》《资本利润》《地租》等政治经济学论文，和《对黑格尔的辩证法和整个哲学的批判》等文章，这就是现在的《1844 年经济学哲学手稿》。

12 月底—1845 年 1 月　马克思在巴黎继续研究 18 世纪和 19 世纪初期英国和法国经济学家的著作。

1845 年

2 月—7 月　马克思在布鲁塞尔继续写他的政治经济学著作。阅读毕莱、麦克库洛赫、洛西、萨伊、西斯蒙第、西尼耳、施托尔希、拜比吉、尤尔、加尼耳等人的著作，并作了摘要。

7 月—8 月　马克思和恩格斯在曼彻斯特期间，整天在切特姆图书馆研究英国经济学家的著作，阅读配第、图克、伯克、汤姆逊、科培特等人的著作，并作摘要。

1846 年

8 月—年底　马克思阅读欧文、魁奈、傅立叶等人的著作，并作摘要。

1847 年

1 月—6 月 15 日　马克思写《哲学的贫困》。该书于 7 月初出版。

12 月下半月　马克思在布鲁塞尔德意志工人协会做关于雇佣劳动与资本的讲演。

1848 年

2 月 24 日　马克思和恩格斯合写的《共产党宣言》在伦敦出版。

1849 年

11 月—1850 年 9 月　马克思在德意志工人教育协会多次发表演讲，阐述政治经济学原理和《共产党宣言》的基本思想。

1850 年

7 月间　马克思利用关于英国和欧洲大陆的价格史、银行制度史和经济危机史方面的专门著作，以及整套伦敦的《经济学家》杂志，开始系统地研究近十年来的经济史。

9 月底—10 月初　马克思重又着手早在 1844 年春就打算进行的批判资产阶级政治经济学的写作工作。他经常到英国博物馆图书馆去研究约·斯·穆勒、约·富拉顿、罗·托伦斯、托·图克及其他经济学家的著作，并作摘要，精读每期《经济学家》杂志。

10 月—12 月　马克思继续研究政治经济学，主要是关于货币和信用等著作，阅读了吉尔巴特、加尔涅、西尼耳等资产阶级经济学家的著作，并作了摘要。

1851 年

1 月—12 月　在这一年中，马克思继续紧张地研究政治经济学，经常去英国博物馆图书馆，作了十四册较厚的摘要笔记。

1 月 7 日　马克思把批判李嘉图地租理论的意见告诉恩格斯。

1 月　马克思研究货币本位制度和货币流通问题，阅读杰可布的《贵金属生产与消费的历史研究》、培利的《货币及其价值变动》、劳埃德的《各种考察》、亨·查·凯里的《信用制度》等著作。

2 月　马克思阅读休谟和洛克有关政治经济学著作，特别是约翰·格雷的《货币的性质和作用》，并作了摘要。

3 月　马克思研究李嘉图的《金银条块价值高昂论》、图克的《货币流通理论的研究》、托伦斯的《关于 1844 年银行特许法的应用》等著作，并重读了斯密的《国富论》。

4 月　马克思深入阅读李嘉图英文版的《经济学原理》、蒙塔纳里的《货币》、托伦斯的《论货币和货币》，并作了摘要。

4 月—5 月　马克思研究关于应用电提高土壤肥力方面的著作。

5 月　马克思阅读亨·查·凯里的《工资率的探讨》《政治经济学原理》《过去、现在、未来》，以及马尔萨斯的《经济学原理》，并作了摘要。

6 月　马克思阅读马尔萨斯的《价值尺度论》、托伦斯的《论财富的生产》、凯里的《经济学论文集》、莱文斯顿的《论公债制度及其影响》、托马斯·霍吉斯金的《通俗政治经济学》、查·琼斯的《政治经济学绪论》、乔·拉姆赛的《论财富的分配》等著作，并作了摘要。

7 月　马克思阅读了霍吉斯金的《劳动保护论》、欧文的《工业体系》、约·菲尔登的《工厂制度的危害》。此外，还阅读了有关农业和地租方面的著作。下旬，阅读了马尔萨斯的《人口原理》。

8 月—11 月　马克思整天在英国博物馆图书馆里，研究土地所有制的历史、殖民问题、人口问题、信贷问题、银行体系问题，以及其他问题，阅读大量的经济著作，并作了摘录、评注。同时，还研究了农艺学和农业化学，为此，阅读了李比希和约翰斯顿的著作。

11 月下半月　马克思阅读蒲鲁东的《无息信贷》，对该书作了彻底否定的评价。

1853 年

1 月—3 月　马克思研究货币理论。

3 月—4 月　马克思认为，创立自己的经济学说是头等重要的事情。阅读了英国经济方面的书籍，作了许多摘录，特别注意货币流通、土地和地租、人口，以及国家在经济生活中的作用等问题。

1854 年

1 月—12 月　马克思继续研究政治经济学，系统地收集统计资料和其他具体经济资料。

12 月—1855 年 1 月　马克思审阅自己前几年作的政治经济学笔记，作了简单的纲要，标出作者、著作名称和自己笔记本的页码。他后来写《资本论》第三卷时利用了这份材料。

1855 年

1 月—2 月　马克思继续阅读自己的政治经济学笔记本。按照地租和人口论问题，编制这些笔记本的索引。

1856 年

10 月　马克思鉴于经济危机日益临近，重新研究政治经济学，特别着重研究了白银问题。

1857 年

1 月—2 月　马克思开始写作政治经济学著作的“货币章”。

2 月—4 月　马克思继续写作“货币章”。阐明自己的价值理论和货币理论。继续研究经济学方面的文献，特别是图克的《价格史》、麦克劳德的《银行业务的理论与实践》，并作了摘录。

4 月后　马克思开始写作“资本章”。

8 月底—9 月中旬　马克思写《〈政治经济学批判〉导言》。

10 月—1858 年 2 月　马克思收集了大量有关英、美、德、法等国经济危机发展进程的材料，对经济危机进行研究。

11 月—1858 年 6 月　马克思写了内容广博的“资本章”，分析了资本的一系列问题。粗略地阐释了剩余价值理论。

1858 年

1 月　马克思研究企业资本周转对利润和价格的影响问题。

3 月初　马克思为了探讨工业再生产周期，研究机器磨损问题。

4 月 2 日　马克思写信给恩格斯，说明他写经济学著作的详细计划。

8 月初—11 月中旬　马克思从事经济学第一分册的写作，重新写了“货币章”。同时，阅读了麦克拉伦的《货币流通史纲》。

11 月—1859 年 1 月 21 日　马克思写了新的“商品章”，对“货币章”进行了加工，校订了手稿的最后定稿。

1859 年

1 月 26 日　马克思把《政治经济学批判》手稿寄给柏林出版商敦克尔。

2 月 23 日　马克思把《政治经济学批判》的序言寄给柏林出版商敦克尔。

2 月 28 日—12 月　马克思写《政治经济学批判》的第二分册。继续在英国博物馆里研究英、法、意以及其他国家的经济学家的著作，并作了许多摘录。

6 月 11 日　马克思的著作《政治经济学批判》第一分册在柏林出版。

1860 年

1 月—2 月　马克思继续写《政治经济学批判》第二分册。经常到大英博物馆图书馆研究 1855—1859 年工厂视察员的工作报告，研究斯密、魁奈、杜尔哥等人的著作，重新阅读恩格斯的《英国工人阶级状况》。

7 月以后　马克思继续研究政治经济学。阅读西斯蒙第的《论商业财富》、约·塔克尔和约·贝勒斯的著作，以及德尔编的《重农学派》，作了摘要。

1861 年

8 月　马克思开始写作《政治经济学批判》第三章“货币转化为资本”。

8 月—12 月　马克思详细研究了货币转化为资本、绝对剩余价值生产，并开始研究相对剩余价值的生产问题。

8 月—1863 年 7 月　马克思研究资本主义生产方式和批判资产阶级政治经济学的结果，分载在 23 本笔记中，这是一部篇幅巨大的手稿，总标题为《政治经济学批判》。

1862 年

1 月—2 月　马克思着手写《剩余价值理论》。在这部著作中，批判地分析了17世纪中叶以来的政治经济学。同时，还研究了资本主义再生产的诸问题。

6月　马克思重读洛贝尔图斯的《给冯·基希尔曼的社会问题书简。第三封信：驳李嘉图的地租学说，对新的地租理论的论证》。批判洛贝尔图斯以及李嘉图的地租理论。

6月—8月　马克思在写作《剩余价值理论》过程中，发展了他的关于平均利润和生产价格的理论，以及资本主义级差地租和绝对地租的理论。

9月　马克思在批判分析李嘉图的积累理论的过程中，发展了关于资本主义积累和经济危机的理论。

12月　马克思写《资本和利润》章的初稿。此章内容相当于后来的《资本论》第三卷的前三篇。

1863年

1月　马克思完成了《剩余价值理论》主要篇章的写作。写《资本论》第一和第三部分的提纲，这两部分后来成为《资本论》第一卷和第三卷的基础。

3月—7月　马克思联系着他的经济学著作——未来的《资本论》——中已经写成的部分，从有关政治经济学史的书籍中作补充摘录，共摘录八本笔记。马克思利用这些资料写了一些文章，其中包括论配第的详细论文，这些文章是后来《剩余价值理论》主要篇章的补充。

7月　马克思更多地研究了数学，特别是微分学和积分学。

8月—1865年12月　马克思决定用更有系统的形式来表述自己的经济学著作的理论部分，着手撰写新稿，经过紧张的劳动，写成了《资本论》(共三卷) 的新手稿。

1864年

9月—12月　马克思紧张地写作《资本论》。

1865年

2月—3月、5月—7月　马克思经常在夜间紧张地写作《资本论》。

6月20日和27日　马克思在总委员会会议上作了关于工资、价格和利润的报告，通俗地表述了剩余价值理论的实质。

11 月 20 日　马克思写信给恩格斯，要有关曼彻斯特棉纺织工业工人状况的实际材料，因为写作《资本论》需要这些资料。

12 月　马克思深入研究地租问题，阅读了尤·李比希和克·弗·申拜因的著作。

12 月底　马克思初步写完《资本论》的手稿本。

1866 年

1 月、6 月—7 月、11 月—1867 年 3 月　马克思誊写《资本论》并进行文字润饰工作，作付印准备。

11 月中旬　马克思把《资本论》第一卷手稿的第一部分寄给汉堡出版商迈斯纳。

1867 年

1 月上半月　马克思继续写作《资本论》，包括补充“资本主义积累一般规律”的那一章，为此，读了詹·爱·罗杰斯的《英国农业史和价格史》。

3 月 27 日　马克思完成了《资本论》第一卷手稿的誊写工作。

4 月 15 日—5 月 15 日　莱比锡维干德印刷所开始印刷《资本论》第一卷。

6 月 17 日—22 日　马克思按照恩格斯的意见，写作《资本论》第一卷第一章的附录《价值形式》。

7 月 25 日　马克思写完《资本论》第一卷序言，并把它寄给迈斯纳。

8 月　马克思继续写作《资本论》第二卷，研究固定资本的周转问题。

9 月 14 日　《资本论》第一卷出版。在汉堡的迈斯纳书店发行 1000 册。

10 月 12 日、22 日、11 月 3 日—8 日、12 月 12 日—13 日　恩格斯写了几篇有关《资本论》第一卷的书评，分别在《未来报》《爱北斐特日报》《杜塞尔多夫日报》《观察家报》《维尔腾堡工商业报》发表。

12 月下半月—1868 年 4 月底　马克思不顾极其不良的健康状况，继续写作《资本论》。他研究了若干统计材料、议会蓝皮书，阅读了约·摩尔顿、卡·尼·弗腊斯、约·亨·杜能的农业著作。

1868 年

4 月　马克思研究利润率和剩余价值率之间的有关问题。

5 月 20 日　马克思在伦敦德意志工人教育协会作工资问题的演讲。

9 月 11 日　在布鲁塞尔代表大会上，德国代表们提出一项决议案，建议各国工人学习马克思的《资本论》，并协助把这一著作译成各种文字。他们指出，《资本论》作者有不可估量的功绩，因为他破天荒第一次对资本主义作了科学的分析。

9 月 16 日　马克思和恩格斯认为，必须出版一本供工人阅读《资本论》的通俗小册子，这个打算没有实现。

11 月初　马克思研究地租和土地关系的文献。

11 月 14 日　马克思写信请恩格斯寄给他关于银行在业务活动中的作用的实际材料，因为在《资本论》中阐明这一问题需要这些材料。

1869 年

1 月—2 月　马克思为了写作《资本论》，翻阅 1868 年英国《金融市场评论》和《经济学家》等杂志，并作了大量摘录。

2 月 13 日—8 月　马克思因病休息了几个星期以后，重新从事《资本论》的写作；他研究了有关信贷问题和银行流通问题的文献；阅读约·莱·福斯特、费勒、奥德曼的著作，并作了大量摘录。

5 月初　马克思为了继续写《资本论》，阅读了有关英国农业中使用童工的官方报告。

1870 年

2 月　马克思深入地研究了弗列罗夫斯基的《俄国工人阶级状况》一书。

3 月　马克思重新写《资本论》，到 23 日前后，基本上完成了第二卷的手稿。

4 月—5 月　马克思研究爱尔兰问题，特别是关于地租的问题。

1872 年

1 月　马克思继续进行《资本论》第一卷德文第二版的准备工作。把第一版第一章的附录（即《价值形式》）加到第一章的正文里。

3 月 27 日　《资本论》第一卷俄文第一版在俄国出版，这是该书的第一个外文译本。

7 月　《资本论》第一卷德文第二版第一分册出版。

9 月 17 日　《资本论》第一卷法文版第一辑（共五个分册）出版。第一天就售出了 234 套。

1873 年

1 月 24 日　马克思为《资本论》第一卷德文第二版写跋，并将跋的手稿寄给迈斯纳。

6 月初　《资本论》第一卷德文第二版在汉堡出版。

6 月—7 月　马克思从事《资本论》法文译本的校订工作。

1874 年

1 月—4 月　马克思为了完成《资本论》以后各卷写作而收集和研究各种资料；研究土地所有制问题，把古代作家关于这方面问题的资料同最新的有关著述加以对比。

2 月—3 月　马克思为了继续写作《资本论》其他各卷而研究土地问题，钻研植物生理学和关于土壤的人工施肥的理论，阅读约·奥的《李比希的土壤贫瘠化学说和经济人口论》一书和其他有关农业化学的著作。

1875 年

4 月 28 日　马克思给亲自校订的法文版《资本论》第一卷写了跋。

5 月 20 日—8 月　马克思做了多次计算，以便说明剩余价值率同利润率的差别。这项工作成为《资本论》第三卷第三章的基础。

9 月 20 日—10 月　马克思研究俄国的土地关系。

11 月—12 月　马克思研究有关农业化学、物理学、政治经济学的专著，特别是有关土地问题的专著。

1876 年

2 月　马克思研究《资本论》第三卷的问题时，对凯里的“级差地租和地租只是投入土地的资本的利息”这一庸俗见解写了几段评语。后来恩格斯把评语收入《资本论》第三卷第四十四章。

5 月—6 月　马克思研究公社所有制形式；读了德国历史学家格·路·毛勒的著作。

12 月　马克思读格·汉森、弗·德梅利奇关于公社所有制的著作，弗·卡尔德纳斯关于西班牙土地所有制历史的著作。

1877 年

1 月—12 月　马克思继续研究俄国改革后的经济和社会政治状况，特别是俄国的土地关系，阅读了亚·伊·瓦西里契柯夫的《俄国和欧洲其他国家的土地占有制和农业》第 1—2 卷，米·瓦·涅鲁切夫的《俄国的土地占有制和农业》。

3 月底　马克思恢复整理《资本论》第二卷手稿的工作。

7 月—8 月　马克思阅读俄国经济学家和统计学家伊·伊·考夫曼的著作《价格波动论》、《论货币和信贷学说》第一册，卡·克尼斯著的《货币。货币基本学说论》。

10 月 26 日　马克思开始誊写《资本论》第二卷第一章。

11 月—1878 年 7 月　马克思进行《资本论》第二卷第一章的付印准备工作。

1878 年

3 月—5 月　马克思阅读了考夫曼的《银行业的理论与实践》，并作了详细摘要。

7 月 2 日　马克思再次修改《资本论》第二卷第一章。

10 月—11 月　马克思为了写《资本论》，阅读了彼·罗塔等人关于银行史和货币流通史的著作，作了摘记，并写了批评意见。

12 月—1879 年 1 月　马克思研究金融业和银行业，做了大量笔记，阅读了奥·吉斯特—达贝尔、约·加西奥等人的著作。

1879 年

4 月　马克思在给柯瓦列夫斯基的信中，提出了自己对重农主义在政治经济史上的地位的看法。

4 月 10 日　马克思在给丹尼尔逊的信中，解释延期出版《资本论》第二卷的原因。

7 月—1880 年 11 月　马克思对阿·瓦格纳的政治经济学教科书第一卷写了批评意见，同时并发展了《资本论》中所阐述的一系列价值论原理。

10 月—1880 年 10 月　马克思专门研究地租问题和整个土地关系问

题。阅读了柯瓦列夫斯基的《公社土地所有制，它的瓦解原因、过程和结果》，作了详细的摘记。

1880 年

1 月—12 月　马克思修订《资本论》第二卷和第三卷。重新写了第二卷的第三篇。

1881 年

5 月—1882 年 2 月　马克思为了研究原始公社制度，对摩尔根《古代社会》一书写了详尽的摘要，并附有许多评语和论断。

1882 年

10 月 30 日—1883 年 1 月 12 日　马克思从事《资本论》第一卷德文第三版的准备工作。

1883 年

3 月 14 日　马克思逝世。

4 月 2 日　恩格斯写信告诉拉甫罗夫，他从马克思的遗物中，发现《资本的流通》和第三册中的《总过程的各种形式》的手稿。

4 月—12 月　恩格斯着手整理马克思遗留下来的文献和手稿，阅读《资本论》第二卷和第三卷的手稿；继续进行《资本论》第一卷德文第三版的准备工作。

9 月下半月　恩格斯开始准备出版未经马克思审订的《资本论》第二卷的手稿。在几乎两年中，他把自己的大部分时间都用于这一工作。他核对手稿中各种不同方案，确定全卷的结构，根据马克思的最后研究成果编写出定稿，以及对全文进行总校订。

11 月 7 日　恩格斯为《资本论》第一卷德文第三版写了序言。

1884 年

1 月 28 日　恩格斯写信告诉拉甫罗夫，《资本主义生产的总过程》即第三册，有 1869 年以前写的两个稿本，后来的就只是一些札记和笔记。

2 月—3 月　恩格斯仔细研究马克思 1861—1863 年写的、作为《资本论》各卷第一个系统草稿的经济学手稿。

2 月初　《资本论》第一卷德文第三版出版。

11 月 12 日　恩格斯开始进行《资本论》第二卷第三篇的最终审订

工作。

1885 年

2 月 23 日　恩格斯完成了《资本论》第二卷的最后一部分手稿的整理工作，并把它寄给出版商。

2 月底　恩格斯开始整理《资本论》第三卷手稿。这一工作一直进行了十年左右。在此期间，恩格斯辨认手稿，根据保存下来的马克思的提示，确定了本卷的纲目和结构，把材料重新作了相应的安排，补写某些只有草稿的篇章，撰写出马克思拟写而未写的某些部分，而且还根据自己对 19 世纪最后二十五年资本主义经济中的某些新现象的研究作了一系列的补充；他对正文作了大量订正和修改，写了序言，对最后定稿作了总校订。

7 月上旬　《资本论》第二卷出版。

12 月　在丹尼尔逊的帮助下，《资本论》第二卷俄文版出版。

1886 年

8 月 13 日—14 日　恩格斯写信给弗洛伦斯·凯利－威士涅威茨基夫人说："如果出一套用通俗的语言解说《资本论》内容的小册子，那倒是件很好的事情。"

11 月 5 日　恩格斯写完《资本论》第一卷英文版序言。

1887 年

12 月—1888 年 3 月　恩格斯每天忙于准备《资本论》第三卷手稿的付印工作。

1888 年

10 月—1889 年 1 月　恩格斯进行《资本论》第三卷第一篇付印前的准备工作，确定这一篇的结构和各章的标题，根据马克思的个别提示，编写第一、二、三章和只有一个标题的整个第四章。

1889 年

1 月 28 日　恩格斯写信给考茨基，把编辑出版《资本论》第四卷的工作交给他，考茨基把这项工作承担下来了。

1890 年

1 月—12 月　恩格斯继续进行整理出版《资本论》第三卷手稿的

工作。

6 月 25 日　恩格斯为《资本论》第一卷德文第四版写序言。

10 月 25 日　恩格斯收到路·克文维茨基寄来的《资本论》第一卷的波兰文译本。

11 月　《资本论》第一卷荷兰文译本在莱比锡出版。

1891 年

11 月—12 月　恩格斯紧张地从事整理出版《资本论》第三卷手稿的工作。

1892 年

1 月　恩格斯阅读德国资产阶级庸俗经济学家尤·沃尔弗的文章《马克思的平均利润率的谜》，此后，恩格斯为《资本论》第三卷写的序言中，尖锐地批评了这篇文章。

12 月 24 日　恩格斯写信给考茨基，请他归还《资本论》第四卷——《剩余价值理论》的手稿。1893 年 1 月初，恩格斯通过倍倍尔收到了这份手稿。

1893 年

1 月—5 月　恩格斯继续整理出版《资本论》第三卷手稿的工作。

6 月 12 日　恩格斯从屠拉梯那里收到《资本论》第一卷意大利文版。

7 月 15 日　恩格斯为《资本论》第二卷德文第二版写简短的序言。

1894 年

1 月一 5 月 11 日　恩格斯继续整理出版《资本论》第三卷手稿的工作。

1 月 12 日　恩格斯分别为《前进报》和《新时代》杂志撰文，简略评介《资本论》第三卷的内容。

6 月 27 日　恩格斯把《资本论》第三卷的第二十三章和第二十四章寄给《新时代》杂志编者；这两章刊登在 7 月的杂志上。

10 月 4 日　恩格斯写成《资本论》第三卷序言。

12 月上旬　《资本论》第三卷（两册本）在汉堡迈斯纳书店出版发行。

1895 年

1 月—3 月　恩格斯从拉布里奥拉那里得到关于洛里亚及其追随者又在报刊上发表妄图推翻马克思的经济学说，并反驳恩格斯在《资本论》第三卷序言中提出的原理的言论的报道。

3 月 11 日和 4 月 6 日　由于施米特和德国资产阶级经济学家韦·桑巴特发表的《资本论》第三卷书评里对价值规律、利润率和生产价格作了错误的解释，恩格斯写信给他们，批判这些错误观点，并阐明这些范畴的实质。

3 月 16 日　恩格斯写信给阿德勒，向他提供一些关于钻研《资本论》第二卷和第三卷的意见。

5 月　恩格斯写《资本论》第三卷增补，共两篇文章。第一篇文章《价值规律和利润率》，剖析了许多对《资本论》第三卷的书评。第二篇文章《交易所》，分析了交易所作用的变化和股份公司的迅速发展，把它看成是资本主义社会发展中的新特征。

8 月 5 日　恩格斯在伦敦逝世。

1905 年

由考茨基编辑出版《资本论》第四卷——《剩余价值理论》第一、二卷。

1910 年

由考茨基编辑出版《资本论》第四卷——《剩余价值理论》第三卷。

（本表是根据人民出版社 1976 年出版的《马克思恩格斯生平事业年表》，并参考有关资料编辑而成的）

第一版后记

从1962年到1981年的近二十年时间内，经过几番曲折，时断时续，终于写完了《〈资本论〉解说》五册。现在，作为全书与读者见面了，解说《资本论》三卷的工作，初步告一段落。当然，本书难免还有缺点和错误，需要进一步修订，敬希广大读者批评指正。

《资本论》是一部伟大的马克思主义的不朽巨著，“是国际工人阶级的圣经”。马克思为了写作这部巨著贡献了毕生的精力。恩格斯为此书的写作、编辑和出版，也付出了大量的劳动。《资本论》问世一个世纪以来，世界形势发生了巨大的变化，一些资本主义国家已发展到国家垄断的新阶段，一些国家的工人阶级在马克思主义指导下，有的已取得了无产阶级革命的胜利，有的正在进行艰苦的革命斗争。在我国，以毛泽东、邓小平为主要代表的中国共产党人把马克思基本原理同中国革命和建设相结合，用来指导我国的革命和建设，在中国共产党领导下，不仅取得了新民主主义革命的胜利，而且正在为建设四个现代化的社会主义强国努力奋斗。

在革命形势大好的情况下，一些资产阶级学者从各个不同方面攻击、歪曲马克思主义，企图阉割《资本论》的革命精神，胡说什么《资本论》过时了，只适用于自由资本主义阶段，不适用于垄断阶段，只适用于资本主义国家，不能应用于社会主义建设。在林彪、“四人帮”猖獗时期，在“左”的错误思想影响下，学习、研究、讲授《资本论》，甚至被当作白专道路而被批判。因此，中华人民共和国成立以来的三十余年中，可以说，我们对《资本论》学习得不够，研究得不够，应用《资本论》的有关原理来指导社会主义建设则更不够。《资本论》是马克思主义的主要著作。我们学习马克思主义，学习《资本论》，主要学习其立场、观点、方法。虽然《资本论》研究的是资本主义经济，但是它所阐述的许多原理，特别是有关社会化大生产的一些基本原理，除去反映资本主义生产的特点以外，其基本内容对社会主义建设是极为有用的。近年来，为了更好地总结中华人民共和国建国三十年来社会主义经济建设的经验教训，为了更好地为建设四个现代化的社会主义强国提供理论武器，中央号召全国广大县以上干部都要认真地学习马克思的再生产理论，学习马克思的《资本论》，并编辑、出版了《资本论》第二卷摘要和有关书籍、资料，大大推动了人们对《资本论》的学习和研究，有关《资本论》的研究会在逐渐成立，有关《资本论》的学术讨论会在分别召开，有关《资本论》的研究著作在陆续出版。可以预期：在不长的时间内，人们对《资本论》的学习、研究和运用，将会进入一个新阶段。

对《资本论》学习不够、研究不够的另一个原因是：它是一部长篇巨著，理论深奥，知识渊博，初学者较难读懂。这就要求读者具备必要的有关经济学、哲学、历史等基础知识，同时也要求有一系列帮助初学者阅读原著的辅导材料。我想，为了满足读者的需要，可以做两个方面的工作：首先，从横的方面，按原著章节，指出其中心思想、主要内容，阐明章、节、段之间的逻辑联系，回答有关的疑难问题，帮助读者读懂原著并初步掌握其立场、观点和方法，这就是我为写作《解说》所确定的任务。其次，从纵的方面，对《资本论》的基本原理，作历史的阐述，帮助读者进一步弄通这些原理，并了解其现实意义。例如：在阐述马克思的劳动价值论时，首先要说明在马克思以前，资产阶级学者在这方面提出了哪些问题，解决了哪些问题，还有哪些问题没有解决；然后阐述马克思在《资本论》中怎样分析和解决了这些问题，提供了哪些新东西，作了哪些创造、发展和贡献，如何实现政治经济学的伟大革命；此后，还要进一步分析，自《资本论》问世以后，围绕着上述问题，有哪些新情况、新发展，马克思主义者继续进行了哪些斗争，以及这些问题对当前的现实意义等等。对《资本论》的基本原理作这样历史的纵的探索，是我目前正在进行的工作。我自知基础很差，学识有限，但为了学习和宣传马克思主义，还将勉力而为。我相信，在不太长的时间内，作为从纵的方面学习《资本论》的辅导材料——《马克思的经济理论——试从纵的方面对〈资本论〉研究》一书，将会向读者请教。

本书能够出版，要感谢有关领导和许多同志的支持帮助。已故的老友郑奇方，我们的校长范公荣，过去的领导肖枫华等同志，都对本书的写作进行了指导、鼓励和支持。同时还要感谢福建人民出版社的同志，如颜南冲、李瑞良、李文华同志。特别是李文华同志，认真审阅了全部书稿，提出了许多宝贵意见，积极地帮助修改，避免了许多错误，为本书的出版，付出了大量的辛勤的劳动。对于本书的第三、四、五册，福建师大政治教育系经济学专业研究生严正、吴有根、郭铁民、何干强、陈明森、夏桂年、陈俊明等同志，积极地参与校阅，提出意见，也花费了大量劳动，一并顺此致谢。最后，还不得不提到朱香林同志，不仅帮助搜集资料，辛勤地抄录稿件，还为本书的写作，提供了尽一切可能利用的一切业余时间，如果没有她的帮助，此书能于现在问世，确实是难以想象的。

“大江东去，浪淘尽，千古风流人物。”代表马克思主义革命真理的马克思的巨著《资本论》，独自巍然不动，在世界各地不断放射出革命的光辉。值此《解说》初成，不禁思绪万千，信手拈来，遂成一阕，虽曰雕虫小技，聊志鸿泥云尔。调寄《金缕曲》：

史页开新貌。正笔底、风雷叱咤，龙蛇缭绕。无限晶光环宇宙，争说人间瑰宝。胜无数山崩海啸。天外凤凰谁得髓？问人生真谛知多少！千秋业，群山小。　　补天顽石原草草。倩祖生、鸡鸣起舞，着鞭先否。学海书山勤撷取，岂为翱翔华表，但愿得环球春早。廿年辛苦寻常事，赞神州十亿春先到。人依旧，心未老。

陈　征

1981 年 11 月 8 日

于福建师范大学

第四版后记

《〈资本论〉解说》自出版以来，得到广大读者的喜爱和学术界的赞许，在续出二版、三版的基础上，最近福建人民出版社又将出第四版，感谢福建人民出版社的大力支持和广大读者的盛情热爱，但由于我年已九旬，老病缠身，不能作更大的修订，全靠孙晓军同志帮助查找引文更改出处等外，只能在原有基础上略加校正。错误之处，敬请读者批评指正。

陈　征

2017 年 1 月 19 日

于资红书屋，并纪念香林同志。